学术期刊与学术创新

关注学术前沿

把握时代脉动

突出问题意识

探索求解路径

张耀铭 著

中原出版传媒集团
中原传媒股份公司

大象出版社
·郑州·

图书在版编目(CIP)数据

学术期刊与学术创新 / 张耀铭著. — 郑州 : 大象出版社, 2021. 7
ISBN 978-7-5711-1098-7

Ⅰ. ①学… Ⅱ. ①张… Ⅲ. ①学术期刊-研究 Ⅳ. ①G237. 5

中国版本图书馆 CIP 数据核字(2021)第 123886 号

学术期刊与学术创新

XUESHU QIKAN YU XUESHU CHUANGXIN

张耀铭 著

出版人 汪林中
责任编辑 曲 静
责任校对 牛志远 安德华 万冬辉 张绍纳
装帧设计 张 帆

出版发行 大象出版社(郑州市郑东新区祥盛街 27 号 邮政编码 450016)
发行科 0371-63863551 总编室 0371-65597936
网 址 www.daxiang.cn
印 刷 河南新华印刷集团有限公司
经 销 各地新华书店经销
开 本 720 mm×1020 mm 1/16
印 张 34. 5
字 数 500 千字
版 次 2021 年 7 月第 1 版 2021 年 7 月第 1 次印刷
定 价 150. 00 元
若发现印、装质量问题,影响阅读,请与承印厂联系调换。
印厂地址 郑州市经五路 12 号
邮政编码 450002 电话 0371-65957865

序　一

也许是职业关系，也许是性格使然，也许是一种缘分，本人在近30年的主编生涯中，结识了众多期刊界、学术界的朋友。亦师亦友，以文论道，兄弟情怀，令人感念，张耀铭就是其中的一位。近10年来，《澳门理工学报》先后刊发了他的多篇佳作，从2011年敝刊改版的开篇之作《学术创新的几个问题》起，一发而不可收。随后的《学术期刊肩负的使命与职责》《重建学术期刊的公信力和权威性》《"媒介融合"：学术期刊转型发展的新趋势》《数字人文的价值与悖论》等，陆续有来，足见其与敝刊之情谊。其文选题之大气，论证之严谨，行笔之酣畅，文采之激扬，学术价值与现实意义兼具，实属难得。

耀铭兄是一位才华横溢的性情中人，在这群三观一致、酒风相似的朋友中，无疑是出类拔萃者。他所供职的《新华文摘》，系集理论性、学术性、综合性于一身的大型文摘类名刊。耀铭兄担任总编辑8年，其间进行了刊物的改版、改革尝试，承前启后，建树良多。我特别赞赏他的眼界与睿智、学识与雄辩、霸气与自信、仗义与柔情。兴许是职业相同、性情相近之故，我们对"主编"两字有了更多的理解，更多的感慨——我们的血汗，我们的激情，我们的智慧，我们的痛苦，我们的良知，都融进了主编的生涯——春花秋月，风雨兼程，也真的不易。生活中的张耀铭，似乎总是以硬汉的形象示人，挺拔、阳刚、霸气，有时还不苟言笑，其实走进他的世界，也许还能领略到他似水柔情的另一番景致。当故友聚会，开怀畅饮，酒过三巡，兴之所至，一腔经典的吕梁口音——“额没见过世面”“额和女同志说话脸红”，引来满堂笑声。这语境，这声调，这表情，竟幽默中透露着几分憨厚，状甚可爱。醉眼看人间，个个都温柔。彼时的张耀铭，也似乎更为真实与质朴，你能想象这条山西汉子也有脸红和腼腆的时候吗？

庚子年春，惊蛰刚过，突然收到耀铭兄发来的书稿——《学术期刊与学术创新》，竟是洋洋洒洒45万字的大著，并叮嘱我一定要为此作序，而且口气是毋庸置疑的。他说书是你提议编的，其中主体的多篇文章也是在贵刊发表的，似乎已经没有商量的余地了。接下这个“作业”，心中甚是不安。虽说时值阳春三月，春暖花开，但面对这45万字的长卷，总有一种沉重的感觉，细细读来，也是一件极不容易的事。

本文集共分为上、中、下三编，收文凡35篇，大致是近10年发表的新作。其中上编主要围绕学术期刊的转型发展、媒体融合、期刊评价、学术使命，中编涉及当前学界比较关注的热门话题学术评价、学术创新、人工智能、数字人文，下编则收录了近年所作的序言、书评、随笔、评论，从中或可窥见耀铭兄退休前后十年学术之路的点滴印记。

综观全书，给我印象最深的大致有如下三点：

其一，选题与眼界。选题是学术研究的起点。选题的确定是极其考验作者的眼界的。唐代王维有诗云“眼界今无染，心空安可迷”，眼睛未被庸俗所染，心境空灵，才不会为之迷失，眼界宽广者其见识自不同凡响。从某种意义上说，一个好的选题就意味着成功的一半。耀铭兄在学术上的建树，除了自身的学术积累，还与其36年的编辑生涯、尤其是在《新华文摘》27年的历练大有关系，因而在选题上别有一番功力，换位思考，视角不同，另辟蹊径，或有新见。例如收入本书的《学术创新的几个问题》即是一个很好的例子。原文发表于2011年《澳门理工学报》

第4期,该期也是敝刊实施全面改版的首期,文章选择之分量可想而知。作者认为,中国的和平崛起离不开思想崛起,而思想崛起有赖于学术创新。社会科学能否取得有价值和有成效的学术创新,不仅取决于是否具有问题意识,更取决于从何处发现问题、如何找准问题和怎样回答问题;创新是学术研究的终极目标,而提出新问题、新视角、新观点,运用新方法,掌握新史料,开辟新领域,找到新的学术增长点,才是学术创新的基本途径,是所谓选题高低关乎学术价值之大小也。

收入本文集中的文章,大致都可以看到作者之选题倾向——恢宏大气、观照现实,是耀铭兄文章的一大特点。如上编的《顾颉刚创办〈禹贡〉半月刊的学术启示》《学术期刊与新媒体融合的关键与进路》《一本期刊与其崇尚的"海纳百川"——〈澳门理工学报〉现象分析》、中编的《学术评价存在的问题、成因及其治理》《中国崛起与"中国学"的本土化》《互联网驱动的青年与社会变革》《数字人文的价值与悖论》等。这些选题大多具有前沿性、新颖性,紧扣时代的脉搏,最大限度地吸引读者的关注,给人耳目一新的感觉,这也是张氏的过人之处。当然,学术研究并不排斥冷门、偏门的研究,"碎片化"的研究也有其存在的必要,但这是问题的另一个侧面。耀铭兄常自嘲其学术研究多属"兴之所至""误打误撞"之作。其实不然。没有长期的积累与相当的功力,是难以"尽兴"的。2019年初,我与耀铭兄同获"2019世界经济特区(伊斯兰堡)发展论坛"的邀请,为在巴基斯坦举行的"经济特区与中巴经济走廊建设"国际学术会议撰写论文。耀铭兄的《中巴经济走廊建设:成果、风险与对策》,对作为"一带一路"重要组成部分的中巴经济走廊建设,重点分析其目前面临的安全风险、投资风险、社会文化风险与地缘政治风险,提出了维护可持续发展的若干政策建议。其对选题的立意与把控,观点的提炼,论证的推进,资料的运用,眼界自是了得。文章颇获好评,后发表于《西北大学学报》,真是不经意间"撞"进了经济研究的大门。

其二,编辑与学者。关于期刊编辑与学者的关系,前两年《澳门理工学报》的"总编视角"专栏,曾经用三期的篇幅进行了相当深入的讨论,此处不赘。笔者倒是想从另一个角度进行叙说——其实,当编辑并不是一件轻松的事。学术期刊编辑属于出版界、学术界中的一个特殊群体。编辑在处理文稿或参与相关课题的研究上,其观察、思考问题的立意、视野与路径往往是匠心独具。学者与编辑的关系,或可各司其职,亦可合二为一。记得有高人在总结现代学术期刊编辑的"三重境界"中曾提出:第一重境界是合格的文字型编辑,第二重境界是策划型编辑,第三重境界是学者型编辑。学者型编辑,既要精通编辑业务,要有高屋建瓴的选题策划意识与驾驭能力,同时要兼具某一领域的学术造诣与创新水平,达到相当的学术高度。当然,要达致第三重境界,是需要有先天的秉赋与后天的不懈锤炼的。耀铭兄系二级编审、享受国务院政府特殊津贴专家、国家社科基金学科评审组专家,除了在本专业的编辑、策划功力深厚,还参与了多项学术课题的主持、研究工作。其所参与主持策划、主编或责编的大型图书有多种,如《中国历代奏议大典》《第二次世界大战通鉴》《中国航天员飞天纪实》等,均甚获好评,还曾先后荣获中宣部第五届"五个一工程"优秀图书奖、第十四届中国图书奖等奖项,可喜可贺。

编辑出版行业中可谓藏龙卧虎,名家辈出。自近代以来,从事学术出版及期刊编辑的队伍中,有很多编辑本身就是知名学者,前辈名家如叶圣陶、郑振铎、胡愈之、傅璇琮、华岗、黎澍等,即誉满学界。当前活跃于期刊界、出版界中的新一代知名编辑、著名学者,也不在少数。虽然他们与传统的学院派学者或有某种不同特质,但笔者在此所要强调的是,作为主编、编辑,由于其所处的角色不同,他们的历练与境界,他们的思维与视角,确有其独到之处。他们的研究在其所涉猎的专业中,尤为出彩,有时甚至从文章的选题中也能折射出其学术特点与职业痕迹,耀铭兄的文集中同样可以看到这一鲜明的烙印。他在《学术期刊肩负的使命和职责》一文中就特别强调,一本优秀的学术期刊,必须突出问题意识,必须大力提倡创新研究,必须引领学术潮流,必须扶持新人、造就新人,必须关注学术的大众化、展现人文的魅力。这是一本优秀学术期刊所应担当的历史使命与神圣职责。正是由于职业特有的敏锐与关注,从本文集中的"人工智能"与"数字人文"系列文章,即印证了笔者的感觉。

人工智能(AI)的时代已经来临。在当今这个人工智能时代的门槛上,"媒介融合”是近年来国内传播学界一个新的研究热点，是在数字技术和互联网技术驱动下出现的一种新趋势，继“信息社会”“地球村”“第三次浪潮”“后工业社会”之后，再次引来众多专家学者的持续关注。早在2017年，耀铭兄即发表了《“媒介融合”：学术期刊转型发展的新趋势》的长文，从“媒介融合”概念起源到发展过程与趋势做了全景式的论述，并在此基础上，探讨了在融合发展的大背景下我国学术期刊面临的机遇与挑战，指出了我国学术期刊在融合发展中出现的新趋势。文章视野开阔，文思绵密，是较早关注“媒介融合”领域颇为难得的佳作。此后美文迭出，在短短的4年时间内，连续发表了《人工智能驱动的人文社会科学研究转型》《人工智能：人类命运的天使抑或魔鬼——兼论新技术与青年发展》以及近期推出的《数字人文的价值与悖论》《数字人文的张力与困境——兼论“数字”内涵》等10多篇大作，这令人不得不佩服作者敏锐的洞察力以及他在新技术对人文学术研究具有深远影响上的准确预判。

其三，在任与退休。人到了一定的年龄，才会触摸到“退休”这个字眼的含义，年轻的时候总觉得退休是一件很遥远的事。我认识耀铭兄的时候，是他刚刚担任《新华文摘》副主编的1995年，其后，他担任了8年的副主编和执行主编，接着又担任了8年的总编辑。相识相知二十五载，也是一件非常值得珍惜的事。之所以想聊聊“在任与退休”的话题，既是表达友情的珍重，也是感慨耀铭兄退休之后角色转换之不易，这与人生冷暖无关。茶还是那杯茶，暖暖的，沁人心脾。笔者在拜读文集书稿中，发现了一个有趣的现象——在上编及中编收录的21篇论文中，按发表的先后统计，除了2006年发表于《清华大学学报》的《中国学术期刊的发展现状与需要解决的问题》，其余20篇论文，均为他卸任总编辑职位后所作，其中自卸任总编辑至退休的四年间共发文6篇，退休后的2015年至2020年六年间则发文14篇，以井喷式产出来形容并不为过，这真的有点不像一位退休编辑的生活常态。圈内友人为此均甚表惊讶，这让在岗的中青年编辑情何以堪？还未包括其间频繁出席学术界、期刊界举办的各类研讨会、演讲会、报告会，以及相关期刊的编委会、编辑会。在各地高校、科研院所，经常可见其忙碌的身影，我常调侃他比在任主编还忙乎呢。

其实,退休生涯,倘若有继续学术研究之雅兴,挥翰临池,读书写作,自属难得,而含饴弄孙,养花种草,颐养天年,亦各具精彩。到了这般岁月,学术、志趣、休闲、健康,似乎缺一不可。光有学术的功底与兴趣还不够,真正喜欢了才能乐在其中。心存一个闲梦,其他随了秋风。保持对学术的敬畏与持续的求知欲望,探求新的知识领域,有所寄情,有所追求,也是一种修身的"秘诀"。退休后的张耀铭,执着于对新技术、新领域的探索,情有独钟,近年更与儿子合作,撰写了多篇"新媒体"的佳作。爷儿俩切磋学术,其乐亦融融尔。心若年轻,岁月不老。日前偶遇耀铭兄,看他硬朗的身板,还是那样神清气爽、精力旺盛,再写几本书,自是情理之中。

说了这么多"闲话",既是与"藏晖阁"主人的隔空对话,对其华丽转身的由衷赞赏,也是笔者对退休生涯的一种自我期许——大家都是同路人。虽说是老歌不老,再回首恍然如梦。孔子曰:五十而知天命,六十而耳顺,七十而从心所欲。到了这年龄,退休有年,不仅知天命、耳顺,而且已近乎可随心所欲,做点自己想做的事,写点自己喜欢的文章,不亦乐乎?风风雨雨数十载,回头终归是书生。所谓书房挑灯,雨夜温炉,雪天遛狗,闲云野鹤,雁过南楼,孔雀归隐,身无牵挂,也是一种境界了。

行文至此,想起了耀铭兄在书中的一段话——铁打的营盘流水的兵,主编是随时可以替换的。飘扬在营盘上的标志常有变换,不时可见祭出新的图腾。至于我们个人,所有的跌宕悲喜,都是人生的历练。转过身,从容走进暮色,我们与夕阳一起沉落……

读罢文集,几许悲壮,几许感慨,令人不禁为之动容。

是为序

刘泽生

2020 年 3 月 1 日于澳门理工学院

序 二

与耀铭兄交往二十多年,我们之间始终是亦师亦友的关系。毫无疑问,耀铭兄首先是我尊敬的老师,在工作、学业及生活方面,他都是我老师。但是,在我心目中,他更是我的大哥,也是我最为敬佩的大哥。

记不得是哪年与耀铭兄认识了,也不知怎么就成了无话不谈的朋友。他比我年长几岁,作为编辑同行,在我刚入道时,他已经成为编辑行当的名角。耀铭兄在我国最知名的出版社工作,后来又在影响非同一般的期刊工作,这使他有机会在比较大的平台上施展自己的才华和影响力。我毕业后懵懵懂懂从上海来到北京,误打误撞当了编辑,又有幸到了代表全国哲学社会科学最高水平的学术期刊编辑部工作。这种机缘巧合,让我们的交往既有现实基础,又有很多戏剧性。

我与耀铭兄交往逐渐增多、关系逐渐加深,是在他主持《新华文摘》之后。我当时在《中国社会科学》杂志社工作,除编辑《历史研究》外,还负责杂志社总编室的部分工作,因此我们有机会在各种学术会议场合见面。我俩更深入地交往,应该是在 2000 年之后。大约在 20 世纪的最后一年,杂志社接到上级一个重要任务,要办一个学术文摘期刊，刊名响亮得很，叫《中国社会科学文摘》。当时总编辑秦毅特别忙，于是委托我来办理。从申请刊号，到筹备创刊，甚至具体的版式设计，全部亲自操作，这件事耗费了我大量时间，也是我当年最投入的一项工作。因为没有办文摘期刊的经验，所以当时《新华文摘》和《高等学校文科学报文摘》就成了我学习的主要榜样。正式创刊前，我去拜访耀铭兄，请他支招。或许是多年哥们儿交情，或许是他为人坦荡，对潜在的竞争对手并未设防，毫不保留地告诉我经验教训，让我受益匪浅。当时我被任命为《中国社会科学文摘》的常务副主编，因为年轻，想法非常简单：一定要多转载有真正创新的学术论文，以及引起争议的学术观点，不能办成平庸的期刊。因此，创刊伊始，《中国社会科学文摘》就在学术界引起很大反响，逐渐得到了学者的广泛认可。现在想来，那时因为阅历少，无所畏惧，所以敢作敢为；也应该感谢那时较为宽松的环境，学术期刊及学者都较少束缚，因此能在文摘期刊集中展示学术界最感兴趣、最具创新性的观点；当然，还应该感谢老朋友们的支持，尤其是耀铭兄。

现在三大文摘已经成为学术评价的重要指标，很多学者以被三大文摘转摘为荣，很多高校也给被转载的学者重奖。当然，在三大文摘中，《新华文摘》是龙头，地位至今无人能够撼动。尽管《新华文摘》并非纯学术文摘，但此刊在学术界的地位却至高无比。因此，《新华文摘》总编辑及各学科编辑在高校及科研单位都被奉为上宾。不过，我接触的《新华文摘》编辑朋友都非常平易近人，耀铭兄尤其如此。

与耀铭兄相交多年，其中的一个小插曲让我终生难忘。在一个周末，耀铭兄给我打电话，说要来我家聊聊，可把我惊着了！我说我去拜访他，但他不肯，坚持来我家。聊的具体内容已经模糊，但肯定与《新华文摘》从月刊改为半月刊有关系，更与《新华文摘》是不是可以更多关注学术、学科有关。现在我们敢说，当年《新华文摘》的改革是非常成功的，是《新华文摘》发展史上的一个大举措，了不起。可在当时，刚担任总编辑不久的耀铭兄敢冒如此大的风险，真不是“一般人”所能做所敢做的！因为《新华文摘》的生存完全靠市场，如果发行量下降、利润下降，势必引起竞争力下降、影响力下降，无论在人民社，还是在编辑部，耀铭兄都脱不了干系，势必为千夫所指。现在看来，《新华文摘》的改革举措胆大而又心细，步步稳扎稳打，不仅影响力大增，而且确立的学科导向和栏目框架具有前瞻性，顺应了学术发展的潮流。

我从2000年开始创办《中国社会科学文摘》，到2005年调入清华大学，在这五年多的时间中，我与《新华文摘》及耀铭兄的接触越来越多。尽管办这样一本新刊物耽误了我很多时间，耗费了我很多的精力，但我从不后悔。正是因为有了《中国社会科学文摘》，学术界才有了"三大文摘"之说。更重要的是，《中国社会科学文摘》的创办及在学术界影响的迅速扩大，可能也促进了《新华文摘》的改革，而耀铭兄的胆识魄力以及对学术创新的敏锐判断，成就了改刊后《新华文摘》的辉煌。不仅如此，《中国社会科学文摘》的创办，更是直接影响了《高等学校文科学术文摘》。此刊原名《高等学校文科学报文摘》，2003年改名《高等学校文科学术文摘》，总编辑姚申与我和耀铭兄也成为文摘期刊的三叉戟。

前面提到，耀铭兄之所以把《新华文摘》改为半月刊，主要意图之一就是可以有更多的篇幅摘发学术文章。这一方面说明耀铭兄的眼光高远，意识到"思想淡出，学术凸显"已成一时之潮流，所以尽可能多地关注学科发展和学术研究，可以吸引更多学者的注意，也是《新华文摘》转型发展的一大关键。同时，这也是耀铭兄的个人情怀，因为他对学术研究的兴趣一直浓厚，难以割舍，尽管总编辑工作极其繁忙，但他总是想方设法撰写学术文章。耀铭兄毕业于复旦大学历史系，受过名师教诲，既能做专业的学术论文，还能写报告文学、人物传记、随笔，有"水陆两栖"的能力，这一点让我佩服得五体投地。

在一般人看来，编辑类似一个文化经纪人，是给别人做嫁衣裳，因此尽管很多人对编辑非常客气，但骨子里却常看不起。关于这一点，我与耀铭兄都有同样的感受和清醒的认识。他经常提醒我，千万不能做一个眼高手低的编辑匠，要注意提高自己，要有自己的研究专长；无论在什么场合，都要尽量表达新内容新观点，决不能走过场，当摆设。耀铭兄的肺腑之言让我受益良多，也是此后我一直提倡和鼓励年轻编辑一定要做“学者型的编辑”的原因。当然,做到这一点并不容易,因为编辑毕竟是第一职业,只有付出比别人更多的辛苦才能收获一二;或者别人的苟且,才成就了我们的努力。

尤其让我敬佩的是,耀铭兄从总编辑岗位退下来后,学术成果不断推出,学术情怀一发不可收,且具有跨界研究的特征。比如,关于学术期刊与学术评价问题,他撰写了多篇语言犀利的批评文章,在学术界引起极大反响;关于学术期刊的媒体融合问题,他用力甚勤,发表了好几篇有深度、有分量的文章;为了支持青年类学术期刊,他专门研究青年与互联网、青年与新媒体问题,且锐见迭出、旁征博引;为了探究新技术对人文社会科学的影响,他购买了几十本相关著作去研究人工智能和数字人文。以他的耳顺之年和人生阅历,决不是赶时髦,更不是蹭热度,而是发自内心对学术的喜欢,对学术的敬畏!吃饭、喝茶、看书、写作,最简单的就是最幸福的。这种坚持探究、刻苦钻研的精神,真是我学习的好榜样,真不愧是我的好大哥!

我羡慕耀铭兄的胆识和学识,我更羡慕耀铭兄的人品和涵养。

耀铭兄是智慧型的总编辑,读史观时,把握大局,拿捏分寸,恰到好处,使《新华文摘》在他掌舵期间能够躲过明枪暗箭安全航行;耀铭兄是有魄力的总编辑,坚持创新,反对跟风,追求卓越,反对平庸,敢转载别人不敢转载的文章,敢说真话实话。作为学者,他深知独立观点是学术期刊生命的血脉;作为总编辑,他深知说套话空话四平八稳的期刊尽管可以确保官位无忧,但精气内销、神志外伤距行尸走肉也就不远了。正是在耀铭兄的驾驭下,《新华文摘》改刊后的8年能够实现社会效益和经济效益双赢,这真不是“一般人”所能做到的。

耀铭兄是山西人,可是他身上的那股义气豪情,却分明更像山东人。耀铭兄作为《新华文摘》的资深总编辑,朋友多,聚会场合多,最近十几年,我们经常一起外出,他所到之处,从不提要求讲条件;相反,他经常设身处地为对方着想,为对方做事,尤其是经常设法为地方期刊争取有利的办刊条件,这让我感佩不已!

耀铭兄那种平易近人的处世风格,使他既获得了很高的社会声誉,更拥有了很多真诚的朋友。一个显而易见的事实是，很多人退休后便门前冷落鞍马稀，但耀铭兄退休后却是各种会议、评奖、讲学、约稿邀请不断，这让很多人啧啧称奇。朋友们都知道，耀铭兄退休后已不再过问具体编辑工作，因此大家都不是奔着《新华文摘》转发文章邀请他的，是耀铭兄的人格魅力和学识情怀吸引着大家。所以，朋友们依然亲切地称呼耀铭兄为“张总”，称呼他为“大哥”，这里饱含着浓浓的情谊和敬意。

耀铭兄是我编辑生涯最为敬佩的总编辑，更是我贴心的大哥！

是为序

仲伟民

2020 年 3 月 9 日于清华大学

编研岁月亦生香（自序）

《左传》称立德、立功、立言为“三不朽”，这也成为中国历代知识分子追求的一种最高理想境界。据说，中国历史上能够做到“三不朽”的人只有两个半，分别是孔子、王阳明和曾国藩（半个），可见我等一般凡人是望尘莫及的。但作为一个人，来到世上走一遭，决不能行尸走肉、碌碌无为。我们必须有一个努力的方向和标杆，持之以恒、不断追求，才能在“做人、做事、做文”上有所收获，有所进步，有所乐趣。其实，平常人生也有滋味，也有境界。

名字由来

古槐、老井、窑洞、炊烟、羊群，山西省吕梁市交口县康城镇克胡村，便是我生命的起点。小山村只有十几户人家，王、张、陈三姓为主，60多口人。这里的人世代为农，距镇偏远，交通不便，即使在康城镇也属于姥姥不疼舅舅不爱的穷山沟。10岁时我跟着姥姥去镇里舅舅家串门，舅妈快人快语逗我说：“鼻涕搽唇，山沟里又穷，将来恐怕连媳妇都找不到。”说得我压力山大，焦虑了好长时间。掐指算来，离开故乡已经45年了。岁月匆匆，往事如烟，活着活着就老了，仕途浮沉、人世宠辱早已看得云淡风轻。但却怀旧、恋土、乡愁、伤逝，对故乡的生活仍然魂牵梦绕，对故乡的情谊仍然时常惦念。乡愁是故园家国的情怀，风物长宜的胸襟，是乡土、乡音和乡味的牵挂。有故乡的人才有春天。每当大雁飞过老墙，每当明月照在高台，每当秋雨敲打窗棂，都会牵动游子的离愁别绪，都会勾起我对故乡的眷恋。

我原名张计生，是姥姥起的名。她老人家在世时，我也没有问其中的含义。后来查字典才明白，是让我谋划如何在艰难的环境中生存下来的意思。姥姥没有文化，但为人善良，又明事理，知道读书的重要性。哥哥和我，从小离开山沟住在姥姥家读书，度过了在康城中学求学的时代。哥哥读师范前，儿时长大的几个发小酝酿改了名字，如跃升、跃峰、跃进等，我叫跃铭。高中毕业后，我到交口县广播站做临时工，开始使用张跃铭这个名字。这个名字伴随我一路爬山涉水艰难前行，从交口县走向上海，走向北京。大学毕业后我分配到人民出版社工作，办理集体户口时，由于工作人员的疏忽，把“足”字旁写成了“光”字旁，此后只能将错就错，以致一错误终身。2008 年春，楚辞专家文怀沙先生为我的书房题名“藏晖阁”。三字篆体，古奥、朴厚、生拙、浑融，其声情窾坎镗鞳，其势态宽博雍容。在条幅的跋中，先生调侃：“岁在戊子，抚殷墟文，藏晖阁记，老友张公耀铭。耀贵在藏，岂容张扬乎？铭之铭之，燕叟文怀沙。”先生西去，佳作长留，时时提醒我低调做人。所以我微信群的昵称叫“雁过南楼”，悠云白雁过南楼，楼南过雁白云悠，其实也是一种精神寄托。

求学之路

1975 年秋，我进入复旦大学历史系学习。我属于“工农兵学员”倒数第二届，入学一年“四人帮”被粉碎，入学两年高考制度恢复。1978 年春“77 级”的学生入学，与我们在同一个校园学习，同一批历史系老师教学，同一个宿舍楼生活，但两者之间的社会落差与心理落差却是巨大的。这不仅是“77 级”学生个体命运的拐点，也是一个国家和民族的拐点。某种程度上说，或许也是我们“工农兵学员”的拐点。历史如同一只“无形的手”，将这两批学生标上截然不同的标签，赋予了他们不同的底色和内涵,也预示着将有不同的前途与命运。如何评价"工农兵学员"?如何比较他们与77级、78级?仁者见仁、智者见智者有之,不全面、不中肯、不公正者也有之。中山大学长江学者吴承学教授这样认为:"一、就世界观与知识结构、长处和缺陷而言,77级、78级与'工农兵学员'基本一样,他们虽然是不同级,本质是同一代人。二、77级、78级平均的知识水平比'工农兵学员'要高,这并不是因为他们的智商,而是因为录取的方式不一样。77级、78级是通过考试的,他们的知识水平基本有一个底线,有一个知识准入制度。而同是'工农兵学员'之间,知识水平的差异简直是天壤之别。三、在我所敬重的当代优秀学人中,'工农兵学员'人数甚多,有不少是能在学术史上传世之人。他们的优秀,和77级、78级是一样的,并不是因为'文革'打下的基础,恰恰是获得'改革开放'的'红利',乘风而起的。"吴承学教授是77级,他能够跳出学历背景,客观评述工农兵学员,把遮蔽的存在还原出来,便有了史家态度与思想暖意。作为我们这些"当事人",也大可不必为昨夜的泪,去弄湿今天的阳光。

我们班同学工人、农民、军人、知青都有,年龄和文化程度相差很大,有高中毕业生,也有极个别小学文化程度的;有带薪的,也有完全靠助学金的。我出身草根,家境贫寒,前途渺茫,所以特别珍惜上大学的机会。那时,许多"禁书"已经开放,我废寝忘食地泡在图书馆和系资料室,阅读了大量的外国名著,如《红与黑》《安娜·卡列尼娜》《基督山恩仇记》《战争与和平》《第三帝国的兴亡》,还有名人传记《丘吉尔传》《蓬皮杜》《庇隆传》等。专业课分为中国现代史、中国近代史、中国古代史、世界史,讲课的老师许多都是名家,如蔡尚思、谭其骧、杨宽、陈旭麓、施一揆、樊树志、徐连达、杨立强、沈渭滨、李华兴、姜义华、庄锡昌、袁传伟、黄瑞章等,虽风格有异,但专业上都有建树。三年的大学生活,由于政治形势的干扰,教育体制的破坏,我们不可能学到系统全面的专业知识,但老师们坚持学术操守的良知,授人以渔的教诲,帮助我们学会了独立思考,掌握了基本的学习研究方法。可以这么说,在时代转型之中,我们这一批人有过个体生命在时代洪流中浮沉不定的境遇,也有面对世俗偏见与生存压力的种种人性挣扎。

在我的求学路上，有三位老师对我的影响颇深。第一位是施一揆先生，他是我大学毕业论文《论郭守敬的历史地位》的指导老师。施老师是著名历史学家、蒙古学家韩儒林先生招收的第一批研究生弟子，与陈得芝、邱树森、丁国范齐名。施老师治学严谨，功底扎实，20 世纪 60 年代就已成名，曾在《历史研究》《复旦学报》《南京大学学报》等刊物发表《关于元代的驿站》《元代的军屯制度》《关于元末昆山腔起源的几个问题》等论文。在指导我期间，施老师既教诲谆谆，又要求严格，从题目确定、文章结构、资料取舍到观点提炼、论证方法、评价分寸都抠得很细，不厌其烦。论文修改了三次，在最终的修订稿上，施老师叮嘱两条：一、千万不要因为别人的眼光而随便改变了自己；二、到北京工作后，可以去中国社会科学院历史所找白钢，他是我在南京大学教学时的学生，或许能在元史研究上给你一些指点。话虽不多，但字里行间流出暖意，使我对老师的学问与做人产生双重尊敬。第二位是蔡尚思先生。蔡先生 24 岁开始执教，先后讲授中国学术大纲、中国史学史、中国哲学史、中国社会史、中国思想史等。他名气很大，讲课口若悬河，博古通今，有胆有识，深受学生们的欢迎。1982 年秋，我与马学新同学合写的《蔡尚思教授走过的道路》（插页选用了蔡先生十多张照片），在《社会科学战线》发表。杂志社除了稿费，还支付了一笔 300 多元的图片费。我给蔡先生打电话，要把图片费转给他，结果先生一口拒绝："君子有所取有所不取。照片不是我拍的，这个钱不能收。"那时候大家的工资很低，这笔钱算不菲收入了，可我不能据为己有。纠结再三，我把图片费又退回杂志社。先生以道德文章立身，对后学如我之影响更是潜移默化。30 多年过去，我与《社会科学战线》的继任主编聊起这件事，依然特别感慨，叹老师的真，笑学生的愚。尽管先生已逝，且已行远，而思想的感召又让人感到他似乎不曾远去。第三位是袁传伟先生。袁老师中等身材，戴副眼镜，文质彬彬，英文极好。他 1959 年毕业于吉林大学并留校任教，后调入复旦大学历史系教世界史，译著有《西欧中世纪史》《外国历史大事年表》《外国历史之谜》等。其实，大学读书期间除了听袁老师的课，并没有太多的交往。然而，我分配到人民出版社工作不久，袁老师便给他吉林大学毕业的学生苑兴华、胡文彬写信，请他们帮助、提携我这个"师弟"，颇令人感动。苑兴华、胡文彬那时分别在人民出版社政治编辑室、《新华文摘》编辑室工作，属于业务骨干，从此我与他们成为同事，并结下了不解之缘。

编辑生涯

1978 年 8 月，我大学毕业被分配到人民出版社工作。人民出版社始建于 1921 年 9 月 1 日，重建于 1950 年 12 月 1 日，是党和国家政治读物出版社，也是我国第一家著名的哲学社会科学综合性出版社，社名由毛泽东同志亲笔题写。新中国成立后，胡绳、王子野、曾彦修、张惠卿、薛德震、李长征、黄书元等人相继为社领导，出版社人才荟萃，名家辈出，有杂文家严秀、谢云，出版家范用、戴文葆、张惠卿、吴道弘，翻译家王以铸、林穗芳，哲学家薛德震、金春峰、李连科，历史学家邓蜀生、张作耀，图书装帧设计家马少展、宁成春、钱月华。中共一大代表刘仁静，著名文化人陈瀚伯、陈原、史枚等，叶籁士、臧克家、廖盖龙、王子野的夫人、川军起义高级将领刘文辉的长子、大画家陆俨少的儿子都曾在人民出版社工作。我很庆幸能到这样的文化单位工作，耳濡目染，接受熏陶，穿越视见，看出辽阔。

我们这届分配来的 6 个"工农兵学员"，都被安排到校对科工作。科里安排施明珠老师带我，从最基础的出版知识、校对符号、校对方法、查工具书手把手地教起，她还引荐我认识历史编辑室的江平老师请教论文修改，这是让我至今想起仍会感念的经历。1978 年底我看到《辽宁师范学院学报(社会科学版)》创刊的消息，便斗胆投稿，1979 年第 2 期我的大学毕业论文《论郭守敬的历史地位》全文发表。这对初出茅庐的我来说无疑是一种极大的鼓励。周日，我出入图书馆查文献读资料，晚上则泡在办公室写论文。1979 年底，我又在《北方论丛》发表论文《清代文字狱简论》。生活、工作基本安定后，便去拜访施一揆先生的高足白钢。白老师那时四十出头，知人论世，得失之辩，有超时空的味道。但他并非正襟危坐，谈笑之间不乏幽默风趣。他建议我先研究郝经，继而拓展至元初的整个汉族士大夫。在白老师的指点下，那几年我先后在《江淮论坛》《内蒙古社会科学》《学习与探索》《北方论丛》等学术期刊发表了《〈马可波罗游记〉在中国的翻译与研究》《略论郝经》《李自成在北京史实考察》《试论士大夫在元初政权建设中的作用》《论曾国藩的人才观》等论文，在单位的“工农兵学员”中崭露头角。大学时的班主任沈渭滨先生来信给予勉励：“盖在校时，你在班级中科研颇勤，文采亦富，基础较好。你自离校后，用功研究，文章数见，诚可喜可贺之事。望能继续努力，谨慎从事，选定专业方向，痛下苦功，则成材之日不远也矣。”

在思想解放的推动下，1978 年中国的报刊呈现一派繁荣复苏景象。1979 年人民出版社先将《新华月报》分为“文献版”和“文摘版”，增加篇幅，更好地适应读者的需求。两年后，《新华月报·文摘版》正式改名为《新华文摘》。1980 年人民出版社创办新刊《人物》杂志，以发表名人传记和当代高端人物报道为主。苑兴华是《人物》杂志的主要策划者之一，他虽然不是负责人，但却殚精竭虑付出了艰辛的努力。1981 年《人物》扩充编辑实力，在苑兴华的推荐下，我很荣幸地进入编辑部门工作。在我们那届“工农兵学员”中，我是较早从校对科调入编辑部工作的。那时候的我，有理想，有情怀，但缺乏工作经验。苑兴华便耐心指导说，编辑要有狗一样的鼻子，敏锐地嗅到好信息、好题材；编辑要有鹰一样的眼睛，准确地发现好稿件、好作者；编辑要有牛一样的情怀，无私地提供好建议、好服务。这些比喻虽然有些另类，但入木三分，令人至今难忘。他带我拜访了艾青、廖沫沙、舒群、杨宪益、吴晓玲等文化名人，也约请不少名家为刊物撰写稿件，并鼓励我自己动笔采写稿件。那是我编辑生涯的起步阶段，在苑兴华老师的提携下少走好多弯路。从此，苑兴华与我亦师亦友，话语投机，成为一辈子的“忘年之交”。

1985 年初苑兴华离开《人物》编辑室，调到三联编辑部编图书。1987 年初胡文彬要调离《新华文摘》编辑室，到中国艺术研究院红楼梦研究所搞研究。胡文彬原先负责编辑的“历史学”“人物与回忆”两个栏目，急需找一个合适的人接替工作。苑兴华便向《新华文摘》编辑室主任李连科推荐我，理由有三：一是学历史出身，二是编过人物杂志，三是还能写点文章。经过考察、谈话，最终我被调入《新华文摘》工作，这年我 33 岁。此后的 8 年时间，我编辑转载了陈铁键《论西路军》、欧阳哲生《重评胡适》、程中原等《张闻天与西安事变》、王学典《"阶级观点"再认识》、苏绍智《对布哈林的再评价》、刘泽华《论帝王尊号的政治文化意义》、董汉河《西路军失败原因综论》、黎澍《李大钊研究中的几个问题》。不少长期被遮蔽或被边缘化的题材,以及一些看来是处在禁区或"雷区"的问题得以在更大的平台上传播,从而在史学界产生了一定影响,当然也时有批评之声。不过主编于干与李连科主任勇于担责,对我依然爱护有加、鞭策倚重。那些年,我十分荣幸收到了赵俪生、刘泽华、胡厚宣、韩国磐、庞朴、丁守和、唐振常、罗荣渠、罗哲文、姜义华、刘梦溪、瞿林东等先生的书札,给予肯定和鼓励。因编结缘,我与王学典、欧阳哲生、张艳国等年轻学者成为一生挚友。在编辑"人物与回忆"稿件的同时,我坚持利用节假日采访写作,出版了描写侯宝林、常宝华、马季、姜昆等著名相声演员的报告文学集《中国十二笑星》,并先后在《新观察》《报告文学》《炎黄子孙》《纵横》《喜剧世界》《人民教育》《科学家》《光明日报》《北京晚报》等报刊发表《毛泽东的亲家张文秋》、《人生坎坷铸神奇——记青年画家常宝立》、《易培基与"故宫盗宝案"》、《八十求索——记全国政协常委谭惕吾》、《学者的恋爱史》(赵元任与杨步伟)、《星星还是那颗星星——关于焦裕禄的新思考》(与李林合作)、《人道与天道——"弃婴现象"的社会学透视》、《灵魂在炼狱中涅槃——记著名画家韩美林》等文学作品。沈渭滨老师看我不务正业,便来信告诫:"真要命,冬瓜全部缠到茄子那儿去了。不固守一城,研究兴趣广泛,无可厚非。但史门后学,却偏偏去文学领域里再插上一脚,颇有些个'花脸'硬去演'小旦'的嫌疑。"我怅然放下信笺,很久回不过神来,只好回信自嘲:"乖乖隆嘀咚,干脆韭菜炒大葱。"那个时候太年轻见识短浅,在学术上没有深挖一口井,以致后来一事无成,愧对沈渭滨老师。

1992年我被评为副编审,1995年起任《新华文摘》副主编、执行主编。在这期间,我与丁守和、陈有进先生合编《中国历代奏议大典》(共4册,930余万字),由谷牧、周谷城、程思远、萧克、宋健题词,1994年12月由哈尔滨出版社出版。我主编的《第二次世界大战通鉴》,由中共中央军委副主席迟浩田上将作序,李德生、廖汉生、王诚汉、孙毅将军题词，1995 年 7 月由天津人民出版社出版，1996 年获中宣部第 5 届“五个一”工程优秀图书奖。1998 年 9 月到 2000 年 9 月，作为新闻出版总署培养的“跨世纪人才”，我在对外经济贸易大学读在职研究生。2003 年任《新华文摘》总编辑，与梁彬同志策划、责编的《中国航天员飞天纪实》，由人民出版社出版。2004 年《中国航天员飞天纪实》获第 14 届中国图书奖。2003 年、2005 年《新华文摘》先后获第二届、第三届国家期刊奖，2011 年又获中国出版政府奖期刊奖。2012 年我被评为二级编审，同年享受国务院特殊津贴。2015 年增补为国家社科基金学科评审组专家，并被聘为国家新闻出版广电总局报刊司专家咨询委员会专家委员。

我在《新华文摘》坚守 27 年，承上启下，经历了这本刊物的风雨兼程、跌宕起伏，有幸成为重要的见证者和参与者。20 世纪 80 年代的《新华文摘》，于干、刘元彦先生先后任主编，兼收并蓄，广采博收，贯彻百花齐放、百家争鸣的方针，转载了许多理论、学术、文艺方面的讨论文章以及某些有争议的作品，成为一道亮丽的风景线，也成为思想解放的晴雨表。90 年代初，张作耀先生受命于危难之际，以人民出版社副总编辑身份兼任《新华文摘》主编，殚精竭虑，稳中求变，使刊物终于走上新的征途。自 1994 年开始，《新华文摘》改铅排铅印为激光照排胶版印刷，并对栏目做出微调，减少文学栏目的篇幅，增设《国内外大事记》《世界文化之窗》《台港澳学术》等栏目，注重现实主义、注重宏观视角、注重权威报刊，逐渐形成庄重稳定、彰显主旋律的选刊趋向。20 世纪末，《新华文摘》换了主编，由于体制与出版产业的发展不相适应，观念保守与传播先进文化的要求不相适应，出版周期与读者的阅读需求不相适应，自 2001 年开始刊物的销量、影响力大幅度下降。如何破解发展困境、提升品牌效益，成为 21 世纪初《新华文摘》的迫切任务。2003 年在黄书元社长的领导下，人民出版社对《新华文摘》的运营机制进行了改革，成立杂志社，任命李椒元为社长、我为总编辑，实行现代企业管理制度。运营机制的改革使《新华文摘》迎来了科学发展的春天，拥有了更多的办刊自主权，能够以崭新的办刊理念和积极的态度应对“入世”后的激烈竞争。

文脉相继，追求卓越。任总编辑8年，我主要做了四件事：一是主持《新华文摘》2004年半月刊的内容改版。名刊改版风险极大，需慎之又慎。读者调查、学者咨询、专家论证、领导会审，改版方案几经推敲才最终确定。考虑到“入世”后的读者更关注学术的品质、价值的判断、思想的传递、意义的解读，更愿意以全球的眼光考量中国社会的现代化进程，把握中国的发展在世界格局中的地位，我们大幅度调整了刊物栏目，增设了“法学”“社会学”“管理学”“国外社会科学”等栏目，开辟了新的研究领域。与时俱进将《读书与出版》栏目改为《读书与传媒》，增加本栏目对新兴传媒领域的关注，扩大了选编稿件的视野范围。特别是“新华观察”栏目，更多地展示了中国人文社会科学领域交叉学科、跨学科研究的成果；“国外社会科学”栏目，及时翻译、介绍、转载了国外的新兴学科、学术动态与前沿研究成果。改变原来相对粗放的编辑加工，转变为有整体的编辑主体意识，加强专题研究与笔谈，提高编辑含量与策划力度，特别强调问题意识、国际视野、论文质量、“相关链接”、“回溯文章”。“相关链接”是专题研究的重要补充，能够将所讨论问题的历史背景、发展脉络、争论焦点更加清晰地展现给读者。“回溯文章”是对过去权威作者代表性观点的“旧文新摘”，以此与当下的专题讨论形成动态比较，体现学术研究的连续性、纵深性、前瞻性。总之，《新华文摘》改为半月刊，加快了传播速度，提升了前沿性；加大了承载容量，增强了学术性；加强了精选精编，体现了权威性。改版扼住了质量、销售量下滑的颓势，令人耳目一新，得到了社会各界的广泛认可。这不仅提升了刊物的学术公信力和社会影响力，而且成为《新华文摘》发展史上的重要里程碑，由此确立了《新华文摘》此后的编辑思想、学科导向、栏目框架与内容结构。二是着力建设高素质专业化编辑团队。我任总编辑期间，先后引进四位博士（哲学、社会学、法学、传播学），同时支持三位同志在职攻读并获得政治学、文学、教育学博士。我当总编辑后，便鼓励青年编辑多参加学术会议，在做好本职工作的同时，可以做学术研究并著书立说。年轻同事们也特别努力，有的拿到社科项目，有的出版著作，有的发表学术论文，从而使《新华文摘》杂志社形成了一支高素质、能编会写、能打硬仗的优秀团队。三是策划组织了

“纪念《新华文摘》创刊30周年座谈会”和“全国学术期刊发展论坛”。2009年是《新华文摘》创刊30周年，30年风云激荡，30年春华秋实，值得总结、反思，值得纪念、前瞻，所以我们做了三件事。第一，在北京人民大会堂举办了“纪念《新华文摘》创刊30周年座谈会”。中共中央政治局常委李长春同志发来贺信，肯定《新华文摘》创刊30年来，“始终坚持正确办刊方向，关注实际问题，突出理论特色，荟萃时代精品，凝聚历史精华，已经成为国内集政治性、思想性、权威性于一身的大型理论学术期刊，在宣传科学理论、促进思想解放、繁荣学术研究、弘扬民族文化等方面做出了积极贡献”。刘云山、陈至立、蒋正华、王选、路甬祥、孙家正、范敬宜、王晨、王梦奎、徐冠华、袁贵仁、柳斌杰、于友先、张锲、梁衡、杨牧之、李东东、闫晓宏等领导同志，于光远、厉以宁、吴敬琏、铁凝、郑欣淼、杨宪宜、方汉奇、叶秀山、顾明远、潘懋元、郑航生、唐凯麟、刘梦溪、贾平凹、雷达等文化界、学术界的著名专家，题词给予勉励。第二，纪念活动期间，召开“全国学术期刊发展论坛”。近百家知名学术期刊的主编出席了“全国学术期刊发展论坛”，围绕学术评价、学术期刊专业化转型与集约化、数字化发展展开了热烈讨论。举行这么大的学术研讨会，彰显了《新华文摘》的责任和担当，加强了与学术期刊的对话交流，进而确立在学术史上的地位。第三，为纪念《新华文摘》创刊30周年，策划出版《新华文摘》(2000—2008)精华本。精华本共10卷，分为政治学卷、新华观察卷、哲学卷、经济学卷、历史卷、文艺评论卷、文化卷、教育卷、散文卷、人物与回忆卷。精华本500余万字，装帧大气，印刷精美，正如吴敬琏先生题词所说，“博采学苑精华，荟萃百科奇葩”。第四，经济效益和社会效益获得双突破。2010年《新华文摘》杂志创利近千万元，2011年初获得“第二届中国出版政府奖期刊奖”。

学术追求

无论什么时代，学术期刊的真正核心竞争力不外乎内容、特色和品牌价值，而创造这些价值归根结底的是人：你所拥有人才的质量和数量。古人云：千军易得，一将难求。一本优秀的学术期刊，总是投映着主编的胆识魄力、学术理念、人文精神、胸怀气度、操守格调，以及对学术公信力、权威性的追求和处理复杂问题的政治智慧。即使理想很丰满但现实很骨感，我们至少也应该像著名经济学家西蒙所要求的那样："让世界不要比没有我们时更糟。"这是一种底线。学术期刊的价值，在其独立风格、思想力量和学术创新。什么样的人办什么样的刊物，华岗办《文史哲》、巴金办《收获》、黎澍办《历史研究》、宋振庭办《社会科学战线》、范用办《读书》《新华文摘》，都是很好的范例，也是我仰慕的目标。可惜人生际遇难料，努力争取，却未必得到。

陆放翁有诗云："四海交情残梦里，一生心事断编中。"60 多年人生岁月，经历了不少风雨；36 年编辑生涯，留存了多少心事？期待有合适时机再细说是非成败、青山夕阳。时代不同了，编辑不能再简单将自己定位为"为他人做嫁衣裳"，而应该提出更高的目标。我以为，现代学术期刊编辑应该具备三重境界。第一重境界是合格的文字型编辑。一名合格的文字型编辑要具备四种基本功能：一是鉴审能力。从政治与学术两个维度认知稿件，做出基本判断。二是编辑加工能力。对文字不通、句子歧义和逻辑混乱等进行加工处理。三是编辑规范运用能力。体例要统一，引文要核查，学术要规范。四是校对能力。校对是编辑工作的延续，是对编辑工作的重要补充，不能眼高手低或不屑一顾。第二重境界是策划型编辑。以往多数学术期刊更重视编辑的文字功底，在政府主管部门的期刊质量评审中，强调更多的是政治导向、出版规范、编校质量等，而对策划能力注重较少。在媒体融合与信息海量的变革年代，期刊之间的竞争实质上是选题策划与优质稿件的竞争。一流的学术期刊，需要一流的策划编辑和优质稿件。一个策划型的编辑，应当是学术前沿的跟踪者，应当是"走出去"的约稿者，应当是各种资源的整合者，应当是重大选题的参与者，应当是重要成果的推广者。第三重境界是学者型编辑。学者型编辑是指既精通编辑业务又学有专长的编辑。学者型编辑的能力主要表现在三个方面：一是编辑业务精，改稿功力深，能够去皮剔骨，削繁为简，洗尽铅华，提升学术论文的内容质量。二是在策划选题时有问题意识，更懂得深度挖掘，能够给作者提出建设性的修改建议。三是术有专攻，对某领域的学术有研究、有著作、有创新，可以与学者进行对话和交流。

“流光已逝情怀在，静看浮云杂水声”，借罗宗强先生诗句浇自己心中块垒。浮云过眼，流水不回，做个学者型编辑已成梦想，不过“虽不能至，然心向往之”。从总编辑岗位退居二线再到退休，虽不能说想干什么就干什么，但不想干什么可以不干什么。一段老路的尽头是新路的开始，转身之后又回到了文人的老本行——写文章，正如亨里克·诺德布兰德在《莱芙卡斯岛》所写：“我要一张床，而你给了我一条路。”退休 6 年，书房挑灯，雨夜温炉，读书、交友、写文章，一直在路上。虽无法眼穿云后的透辟，却也常说些真话、实话，批评的锐气总是有的。从精神意义讲，心底无私，身无挂累，坦荡胸怀总自由。

有人说三春醉里三秋别后，是人一生中最好的时光。“三春醉里”我误在红尘大半生，想想挺不容易，总算干了点事儿。“三秋别后”期待能闲云野鹤，学会优雅。路还长，天地也大，好在还年轻，赶路要紧，山野有歌声。

2020 年 3 月 6 日于京城藏晖阁

目录

上编　学术期刊

中编　学术创新

下编　学术随笔

上编

学术期刊

“媒介融合”：学术期刊转型发展的新趋势

“媒介融合”(Media Convergence),国内又译为“媒体融合”,被视为近年来的国际性研究热点与前沿课题。对我国来说,不单单是翻译引进一个概念,更是要吸收西方的研究成果,借鉴西方的实践经验,解决我国媒介融合发展进程中的现实问题。因此,本文试图梳理这一概念的内涵,探讨其所涉及的相关问题,展望我国学术期刊的发展趋势,以就教于方家。

一、“媒介融合”的概念及美国模式

1.“媒介融合”概念的界定

“媒介融合”的概念源自美国,或许并不奇怪。20 世纪 70 年代,美国不仅计算机技术发达,更发明了一个改变世界的工具——互联网。这无疑为美国的科学家、思想家、学者打开了一扇全新的观察世界的窗户,由此产生了许多关于“未来”的预测、关于“未来”的思想、关于“未来”的理论。

根据《牛津英文词典》注解“融合”(Convergence)一词最先使用于自然科学领域。美国新媒介技术专家罗杰·菲德勒在其著作《媒介形态变化:认识新媒介》中记述,把“Convergence”一词真正引进传播研究领域的是美国未来学家尼古拉斯·尼葛洛庞帝(Nicolas Negroponte)。早在 20 世纪 70 年代末,尼葛洛庞帝在为麻省理工学院媒介实验室筹集资金进行巡回演说时,就已经开始宣讲“融合”(该书中文译者当时将“convergence 译为“汇聚”)。[①] 他首先提出了“‘广播电视业’‘计算机业’和‘印刷出版业’将在数字化浪潮下呈现交叠重合的发展趋势”的观点,并用“三个重叠的圆圈”来描述计算机、印刷和广播三者的技术边界,认为三个圆圈的交叉处将成为成长最快、创新最多的领域。[②] 尼葛洛庞帝的预言,开启了媒介形态未来发展研究的新思路,由此奠定了他至今不衰的经典地位。

美国麻省理工学院教授伊契尔·索勒·普尔(lthiel De Sola Pool)承上启下,最早提出“传播形态融合”(the convergence of modes)的概念,将融合与媒介真正联姻,由此产生了具有划时代意义的影响。[③] 在 1983 年出版的《自由的科技》一书中,普尔指出电子信息技术的发展使传统媒介的边界慢慢消失,从而向新的融合模式演进,“一个既定的物理网络能够提供任何类别的媒介设备,反过来,一个曾被限制于一种技术的媒介设备现在能够被传递到任何物理上分散的网络上”[④]。

20 世纪 90 年代以后,“媒介融合”成为继“信息社会”“地球村”“第三次浪潮”“后工业社会”之后的又一热点词,引来众多学者、专家的持续关注。美国学者在这一领域的研究,呈现出多样化的视角。本文仅从技术融合、内容融合、产业融合、规制融合四个方面做简要的梳理。

(1)技术融合

从根本上讲,技术融合源自技术改变和新技术的出现。以蒸汽机的发明和应用为主要标志的第一次科技革命,使人类进入机器时代;以发电机和电动机的发明和应用为主要标志的第二次科技革命,使社会生产力进入电力时代;以原子能、

---

① 罗杰·菲德勒:《媒介形态变化:认识新媒介》,明安香译,华夏出版社 2000 年版,第 21 页。

② 陈映:《欧美传媒政策的范式转型:以媒介融合为语境》,中国社会科学出版社 2016 年版,第 29—30 页。

③ Pool, Ithiel de Sola: *Technologies of Freedom*, Cambridge, MA: Harvard University Press, 1983, p. 24.

④ 斯蒂夫·琼斯:《新媒体百科全书》,熊澄宇、范红译,清华大学出版社 2007 年版,第 94 页。

电子计算机和互联网技术的发展为主要标志，把人类推进到信息时代。媒介作为一种传播手段、一种传播载体、一种传播渠道，通过与新技术的融合，并不单单是工作方式的变化，它带来的是传播方式和生活方式的深刻变革。美国新媒体研究专家约翰·帕夫利克在《新媒体技术：文化和商业前景》中认为："融合是指所有的媒介都向电子化和数字化这一种形式靠拢，这个趋势是由计算机技术驱动的，并在网络技术的推动下变得可能。融合的出现是对现有媒体秩序上一个意义深远的挑战，它为多媒体产品的发展铺就了道路。所谓多媒体，是指文本、图片、视频、声音以及这些元素的链接和交互的混合体。"①英国传媒经济学家道尔认为，媒介融合是指电子通讯技术、计算机技术和媒体的融合。② 他们强调了技术融合是整个媒介系统融合的基础，其中最重要的技术体现在数字技术和互联网技术，它们在传统媒介与新技术的结合过程中发挥了巨大的驱动作用。

（2）内容融合

媒介内容从物理形态上看，可以分为文字、声音、图片、图像等；从媒介载体上看，可以分为报纸、期刊、广播、电视、互联网等。在数字化之前，这些不同的产品形态还是各自为政，不能直接兼容。数字技术的产生打破这些内容产品在技术上的壁垒，不同介质的内容产品都可以进行数字化处理和传输，内容生产逐渐走向融合。因此，内容融合的实质是内容产品形态的数字化融合。美国新闻学会媒介研究中心主任 Andrew Nachison 就将"融合媒介"定义为"印刷的、音频的、视频的、互动性数字媒体组织之间的战略的、操作的、文化的联盟"③。在美国多所新闻学院担任教职的澳大利亚教授 Stephen Quinn 在《融合新闻：多媒体报道基础》中指出，随着新闻来源和信息渠道的剧增，在多种媒体融合的新闻编辑部中，记者编辑

---

① 约翰·帕夫利克：《新媒体技术：文化和商业前景》，周勇、张平锋等译，清华大学出版社 2005 年版，第 126 页。

② 蔡雯、王学文：《角度·视野·轨迹——试析有关"媒介融合"的研究》，《国际新闻界》2009 年第 11 期。

③ Andrew Nachison: Good business or good journalism? Lessons from the bleeding edge, A presentation to the World Editors' Forum, Hong Kong, June 5, 2001.

的主要职能已经不是采集新闻,而是对浩如烟海的新闻和信息进行筛选和重新组合,使这些杂乱的信息呈现出相互联系和深刻意义,并使其转化为知识。新闻从业者的工作也因此在某种意义上成为知识生产与管理的工作。① 美国南卡罗来纳大学的新媒体专家魏然则将“媒体融合”定义为“在内容(包括新闻、信息、娱乐节目和数据)的制作、播出和传播上传统媒体与具有互动性的新媒体相结合”②。正如内容是传统媒介竞争的核心,内容系统的融合也是媒介融合的核心。数字技术的应用和发展,使我们清醒地看到,消费者消费的不再是“媒介”,而是媒介所承载的“内容”。

(3)产业融合

产业融合是指不同产业或同一产业不同行业相互渗透、相互交叉,最终逐步形成新产业的动态发展过程。美国密苏里大学新闻学院的章于炎、乔治·肯尼迪等认为:“媒介融合是大众传播业的一项正常的项目或者说是一个渐进的发展过程,它整合或利用处于单一所有权或混合所有权之下的报社、广播等电子媒体,以增加新闻和信息平台的数量,并使稀缺的媒体资源得到最优配置,在规模经济和范围经济的作用下,这些融合的媒介形式以及被重新包装的媒介内容,将提供给受众更大的信息量,从而实现领先竞争对手、获得盈利、提供优质新闻的目的,并最终在数字时代的媒体竞争中保持优势地位。”③通过融合,从而在产业内取得竞争优势。Lind 则提出了一个具有操作性的融合定义:“以前各自分离的市场的合并以及跨产业进入壁垒的消除”,并用四个圆圈彼此渐进融合成一个大圆圈的图像来形象地说明 IT、电信、媒体和消费电子业融合成一个大产业的过程。④ 跨产业进入壁垒的消除,市场整合出一个巨大的“融合型产业”。美国学者 Gordon 将

① 蔡雯:《从“超级记者”到“超级团队”——西方媒体“融合新闻”的实践和理论》,《中国记者》2007 年第 1 期。

② 魏然、黄冠雄:《美英媒体融合现状与评析》,《华中师范大学学报》2015 年第 6 期。

③ 章于炎、乔治·肯尼迪等:《媒介融合:从优质新闻业务、规模经济到竞争优势的发展轨迹》,《中国传媒报告》2006 年第 3 期。

④ 李美云:《国外产业融合研究新进展》,《外国经济与管理》2005 年第 12 期。

其细分为五个领域:①公司企业所有权融合,即内容生产平台和流通渠道的集团化;②传媒策略性融合,即在不并购的情况下,多家媒体以合作形式实现内容、销售等资源的共享;③传媒公司结构性调整,即媒介融合给媒介产业内部的组织结构带来深刻变化;④在新闻制作层面,信息采集出现融合,即媒介融合对新闻生产所带来的变化——新闻记者需掌握多媒体的报道技能;⑤新闻报道发布的融合,即数字媒体所提供的全新的、多媒体的叙事方法。①

(4)**规制融合**

在产业分立时代,传媒业、电信业、出版业都形成了大相径庭的纵向规制体系,规制缘由、规制内容、规制目标各不相同。在媒介融合大潮的冲击下,传统的规制模式面临根本性挑战。美国联邦通讯委员会政策与规划办公室主任罗伯特·佩特在第一届中美有线电视高级管理研讨会上针对这一现象说道:"我们的旧规定不一定适合新的技术,联邦通讯委员会的管理难题是如何从竖井这样的管理模式和机构上转到融合上来。② Blackma 认为必须重新设计一种适应信息市场的新的规制框架,其主要设计原则应是营造一个最能发挥新技术效率的竞争性市场,但同时又能对消费者和公共利益提供必要的保护。③ 1997 年欧盟在发布的有关规制融合的绿皮书中定义了四个层次的融合,其中包含了政策与规制框架的融合,并提出了应对融合的三种可能的规制模式:在传统纵向规制的结构上扩张;为新服务发展独立的规制模式,与现有的电信、广播电视规制并存;引入新的规制模式覆盖传统服务与新兴服务。④

2. "媒介融合"的发展阶段

早在《1934 年通信法》中,美国就定义了电信服务、无线通信服务、广播电视

---

① 魏然、黄冠雄:《美英媒体融合现状与评析》,《华中师范大学学报》2015 年第 6 期。

② 罗伯特·佩特:《美国联邦通讯委员会及通信政策管理概览》,转引自赵子忠《内容产业论》,中国传媒大学出版社 2005 年版,第 136 页。

③ 朱春阳:《媒介融合规制研究的反思:中国面向与核心议题》,《国际新闻界》2009 年第 6 期。

④ 肖赞军:《规制融合的欧盟模式及其启示》,《湖南师范大学学报》2013 年第 4 期。

服务、有线电视服务等不同的服务类别，并建立了独具特色的分类规制体系。1996年美国颁布具有里程碑意义的《1996年电信法》，率先在电信业、广播电视业进行规制融合改革。该法律奠定了规制融合的基本政策框架，主要体现在两个方面：一是解除了电信业与有线电视业之间的交叉准入禁令；二是将通信服务区分为信息服务与电信服务，信息服务可免于规制或轻度规制，电信服务则要严格规制。“美国规制融合模式的基本逻辑，是在走向融合的产业全面放松规制、全面引入竞争，通过市场机制吸纳投资、实现公共利益。而形成这样的一种规制模式，不仅是由于美国的规制哲学尊崇完全的市场自由，而且是因为美国的政治体制形成了充分的分权规制。”①

美国的媒介融合错综复杂，发展极不均衡，很难用一个明确的时间概念来划分其发展，但大体上经历了三个阶段：

第一阶段（1987—1998），从世界第一份报纸电子版出版到“第四媒体”的正式使用。这从根本上挑战了传媒业，使传统媒介与互联网之间进行内容和营销领域的互动和合作，具有数字化和网络化两个本质特征。数字化是前提，在互联网上，无论是图像还是声音，都要转换为“0”和“1”这两个数字信号。这使得信息第一次在内容和形式上获得了同一性，不仅便于复制和传送，更方便了不同形式信息之间的相互转换。网络化是基础，互联网不仅传播、接收、储存、检索便捷，而且具有即时性、海量性、全球性、互动性等特性，极大地改变了人们传播信息的方式。

1987年，美国《圣何塞信使报》率先出版了世界上第一份报纸电子版，从而开创了网络媒介的新纪元。20世纪90年代初万维网问世，它以超文本链接的方式存取信息文档，并支持图像、声音、视频和文本。1993年，美国国家超级计算机中心进一步开发了基于这项技术的浏览器软件，这就大大方便了网上浏览，使得上网漫游成为普通人都能做到的事情，从而掀起了《纽约时报》《华盛顿邮报》《华尔

---

① 肖赞军：《规制融合的美国模式及其启示》，《湖南师范大学社会科学学报》2014年第3期。

街日报》《洛杉矶时报》《芝加哥论坛报》《时代周刊》《新闻周刊》等著名报刊一波又一波的上网浪潮。“1994年底,Internet上的电子报纸仅有100多家,到1995年底迅速增加到1000多家。据美国报协统计,到1998年3月1日,全美1520家日报中已经有500多家在Internet上出版了网络版,占总数的三分之一。”①随着传播跨媒体经营限制的取消,开放电信、互联网和广播电视网之间的业务融合,媒介融合在美国被正式提上日程。传统新闻媒体借助内容和技术上的优势,率先建立起了一批有影响力的网站,以抢占网络传播的制高点,如美国广播公司、美国在线、美国有线电视新闻网、路透社、《纽约时报》等。

1998年5月,联合国秘书长安南在联合国新闻委员会上提出,在加强传统的文字和声像传播手段的同时,应利用最先进的第四媒体——互联网。自此,“第四媒体”的概念正式开始使用。传统媒体都十分重视报纸的数字化和网络化建设,许多媒体或自建网站,或通过合并与合作实现与网络的整合。

第二阶段(1999—2008),从风起云涌的兼并浪潮到媒体集团化衰减的趋势。这是各种不同类型媒体通过并购等方式在组织结构上的融合,具有集团化和国际化两个本质特征。其实早在20世纪80年代,美国企业的并购浪潮,就令人眼花缭乱、目不暇接。20世纪90年代中期,美国掀起了新一轮的企业兼并浪潮。此次浪潮的一个典型特征,就是媒体兼并成了主角,其频率之繁、规模之大、历时之久都十分引人注目。

进入新世纪以来,美国媒体的市场并购主要围绕着新媒体展开,包括老媒体对新媒体并购、新媒体之间的并购,“美国网络媒体在2007年进行过555次并购,占据全年媒体并购总次数的66.2%;交易值达到430亿美元,占据全年并购交易总金额的40%。”②2007年7月,AOL耗资2.75亿美元并购Tacoda(精确广告集团);微软迫于市场压力,以57亿美元天价买下aQuantive(数字营销与在线广

① 林燕:《国际互联网:信息控制与舆论引导》,《现代传播》1998年第3期。

② 王积龙:《美国新媒体“四巨头”之战》,《中国记者》2008年第5期。

告);2007 年 9 月,雅虎公司以 3 亿美元收购蓝锂(网络广告);2007 年 12 月,Google 公司共支付 31 亿美元巨款,如愿以偿并购 Double Click(网络广告)。这些并购,已不再是初级并购与扩张,而是深层次的资本调整与布局。经过激烈竞争,美国大的新媒体集团化已经基本完成,初步形成了 Google、微软、雅虎与 AOL 占据较大份额的局面。

美国传媒集团从单一传媒集团向跨媒体集团发展的过程中,实力雄厚者再也不愿偏安于一区一国的市场,开始通过内涵式渗透或外延式扩张向国际市场进军,并形成跨国传媒集团,开始了国际化的征程。1999—2008 年,主要通过跨国并购这种方式,美国传媒集团购买了成百上千家外国广播电视公司、广告公司、报业集团、电信公司等。可以说,美国传媒集团的发展史就是一部并购史,从电视业到广告业,从报刊业到电信业,从新媒体到娱乐业,几乎都是通过频繁的跨区域、跨媒体、跨行业并购实现的。

2008 年美国金融危机爆发,并持续发展成为一种"腐蚀性"力量,全面影响到媒体产业。拥有《洛杉矶时报》《芝加哥论坛报》等 10 家日报和 23 家广播电视台的美国论坛公司遭受重创,于 12 月 8 日正式宣布申请破产保护。具有百年历史,曾七次获普利策奖的《基督教科学箴言报》也因亏损而停刊印刷版。风起云涌的媒体集团化浪潮出现明显的衰减趋势,"2008 年上半年全美媒体集团化市场总交易额仅有 231.56 亿美元,只相当于 2007 年同期 657.74 亿美元的 33%,相当于 2006 年同期 426.49 亿美元交易值的 54%,甚至还不到 2005 年同期 278.55 亿美元的 84%"①。

第三阶段(2009 年以来),是媒介深度融合阶段。媒介依靠信息与通信技术和社交媒体的发展与普及,深层挖掘信息内容,将不同媒介形态集中到一个多媒体数字平台上,实现报纸、广播、电视、期刊、电脑、手机等信息终端的深度融合,具有移动化、一体化两个本质特征。2009 年 2 月,为了应对金融危机,奥巴马签署

① 王积龙:《美国媒体集团化衰减趋势分析》,《中国记者》2008 年第 12 期。

"美国复兴与再投资计划",把恢复经济的重点放在了"信息与通信技术"(Information and Communication Technology,简称ICT)领域。美国希望通过ICT技术发展战略来构建新型国家信息基础设施,继续保持其在未来信息社会的技术和产业制高点。

2009年之后,有三种新型网络工具在美国异常活跃,并给传播技术带来深刻的变革。第一,互联网宽带技术。2008年,在全球宽带应用方面美国仅排名第15位,明显落后于许多发达国家。奥巴马上任后,政府投入72亿美元,私人企业则投入410亿美元的资金,建成或升级换代了约28万公里的高速宽带基础线路。2013年时,只有不到30%的学校可以使用宽带网,2015年则遍及99%的学校,发展速度可谓惊人。近年来,在美国市场上,消费者对带宽的需求十分巨大,促使宽带提供商提供的速度变得越来越快。2012年,谷歌光纤服务在堪萨斯城首次推出,速度达到1 Gbps,相当于美国平均网速的30倍。谷歌光纤进军宽带领域,对美国宽带市场产生巨大刺激作用,引发了一场史无前例的宽带大战。如今,随着时代华纳、AT&T等多家公司的角逐,美国的超高速宽带市场竞争日趋激烈。第二,移动终端。移动终端或者叫移动通信终端,是指可以在移动中使用的计算机设备,广义地讲包括手机、笔记本、平板电脑等。但是大部分情况下是指具有多种应用功能的智能手机以及平板电脑。今天的移动终端,特别是智能移动终端,在硬件体系上具备中央处理器、存储器、输入部件和输出部件,在软件体系上具有Windows Mobile、Palm. Android、iOS等操作系统,在通信能力上可以支持GSM、WCDMA、CDMA2000、TDSCDMA、Wi-Fi等多种制式网络。几乎在一瞬之间,移动智能终端正在转变为互联网业务的关键入口和主要创新平台。据皮尤研究中心发布的2015年调查数据,目前,美国成年人中68%拥有智能手机,和2011年相比增长35%,成年人中45%拥有一部或一部以上平板电脑。年龄在18—29岁的人群中有86%的人拥有智能手机,年龄在30—49岁的人群中有83%的人拥有智能手机,家庭年收入75000美元以上的人群87%拥有智能手机。第三,社交媒体。这个概念最早出现于2007年安东尼·梅菲尔德的一本名为《什么是社会化媒体》

(*What Is Social Media*)的电子书中,作者将其定义为一种给予用户极大参与空间的新型在线媒体。国内学者认为,社交媒体是一个建立在互联网技术,特别是Web 2.0基础之上的互动社区,具有参与、公开、交流、对话、社区化、链接和超链接六个方面特征。① 美国最具代表性的社交媒体有维基(Wiki)、领英网(Linkedin)、聚友网(MySpace)、博客网(Blog)、脸书网(Facebook)、掘客网(Dig)、优视网(YouTube)、推特网(Twitter)、拼趣网(Pinterest)等。自2008年以来,社交媒体在互联网上蓬勃发展,不仅制造了一个又一个热门话题,而且还吸引传统媒体争相跟进,进而成为左右美国总统大选结果的一股不可忽视的媒体力量。

3. "媒介融合"的美国发展趋向

根据传媒业智库的研究报告,在金融危机前,媒介融合在美国31个州的媒体产业中都被采用。这表明,媒介融合已经成为美国传统媒体焕发新生的必由之路。美国的媒介融合经过了30年的探索和实践,有成功、有失败,大体上形成了三种发展趋向。

(1)"报网深度融合"趋向。《纽约时报》是美国纽约出版、全世界发行、有相当影响力的一张日报,由于其风格传统、严肃,被人戏称为"灰色女士"。面对互联网的挑战,1996年1月《纽约时报》就推出了网络版,提供在线阅读。1999年2月组建数字时报公司,进行战略调整。2004年,开始了核心业务的转型与升级之路。第一,将报纸集团与数字时报公司合并组建新闻媒体集团,通过报网的深度融合,增强核心业务的竞争力。第二,先后将期刊媒体集团、广播媒体集团出售,将资源向数字业务延伸。第三,开发运用新媒体,构筑新的增长平台。与微软公司合作开发时报阅读器,对一般性新闻实行免费;收购著名的消费者信息服务网站和消费者搜索网站,开始由"媒体公司"向"内容提供者"转型。2011年开始全

---

① 陈力丹、谭思宇等:《社交媒体减弱政治参与——"沉默螺旋"假说的再研究》,《编辑之友》2015年第5期。

面实施数字发行，下属《纽约时报》《波士顿环球报》等网站先后实施收费订阅。2012 年，《纽约时报》网络的订阅收入首次超过广告收入。2012 年 12 月 20 日《纽约时报》网站首先推出特别报道《雪崩：特纳尔溪事故》，用现场视频、3D 图片、气象图表、数字化模型、文字报道和音频等多媒体形式报道了 16 名滑雪爱好者遭遇雪崩的经过，许多人通过台式电脑、平板电脑和智能手机获取信息，3 天后纸质报纸才正式刊出，6 天内就收获了 350 万次页面点击和浏览。《纽约时报》还将“雪崩”转制成电子书，一本卖 2.99 美元，获得很好的经济效益。资深媒体人马利克评价说：“以这类型的数字化报道模式为起点，‘雪崩’开创了一种新的商业模式，它重新定义了新闻报道。”2013 年《纽约时报》因“雪崩”的全媒体报道，获得普利策新闻奖。

（2）“专业期刊在线拓展”趋向。约翰·威立公司 1807 年成立于美国，经过 200 多年的发展，已经在全球学术出版、高等教育出版和专业及大众图书出版领域建立起了卓越的品牌，业务横跨美国、欧洲、亚洲、加拿大等世界各地。1989 年收购荷兰的生命科学期刊与图书出版社 Alan R. Liss，1996 年收购德国学术与专业出版社 VCH，2003 年收购美国第一大计算机和大众图书出版商 Hangry Minds 有限公司，2007 年收购英国布莱克威尔出版控股有限公司，约翰·威立公司成为世界第一大独立的学术协会出版商和第二大学术期刊出版商。化学化工、高分子及材料、工程、生命科学、医学、数学及统计是公司的核心学科，由此出版的专业期刊基本上都是 SCI、EI 所收录的学术期刊，具有很高的影响因子。为了摆脱纸质图书与期刊销售量下滑的困境，约翰·威立公司于 2010 年正式向全球推出“威立在线数据资源平台”。该平台与 800 多家学会协会合作，覆盖生命科学、健康科学、自然科学、社会与人文等各个学科领域，收录了 1600 多种同行评审期刊、900 多种回溯期刊、15000 多种在线图书与丛书、160 多种在线参考工具书、15 种化学物理学循证医学数据库和 17 种实验室指南的 600 多万篇文章，并提供在线检索、阅读以及个性化服务。由于掌握了足够多的权威期刊，建立了足够大的专业数据库，提供了足够快的技术工具，满足了足够专业的个性化需求，约翰·威立公司大约有70%的期刊收入来自在线期刊,10%的图书收入来自在线图书,创造出远远高于纸质版的利润空间。在专注于专业领域做强做大,实现数字化转型的同时,约翰·威立公司在市场推广方面,开展了在线会员制业务,为全球百万以上学会/协会成员提供最新研究成果、引文跟踪、出版前抢先阅读、参考资料管理等专业信息,以此收取相应费用。"中国已经有超过200所高校和科研机构成为约翰·威立的用户。2012年,中国作者在约翰·威立主要期刊发表的论文数超过1.5万篇,中国在约翰·威立的投稿量位居全球第二。"①

(3)"期刊媒介360°"发展趋向。德国公司Statista发布的数据表明,2013年谷歌公司的广告年收入超过了美国报纸杂志的广告收入总和。美国虽然有19400多种期刊,但美国期刊业总体上处境比较其他行业相对艰难。杂志整体销量(包括单本销量和订阅销量)连续七年下滑,在2014—2015年又下降了2%。特别是报刊亭的单本销量的下滑达到了14%。这导致具有100年历史的美国发行量稽核局的运作模式遭遇多方质疑。为适应数字媒体时代发行和受众市场变化的挑战,美国期刊协会主持研发了美国新一代的期刊发行量计量模式。2015年2月,美国期刊协会推出"期刊媒介360°"方案,明确主张用"受众量"取代"发行量",从360°视角实现对期刊影响力的全面评估。根据该方案,新时代的期刊不再是单一的、平面的、纸质的印刷媒体,而是一个多媒体的、立体的、多渠道的"期刊媒介";期刊的受众量不仅是纸质版的销售量,而且是全媒体时代对受众的全面覆盖及最佳传播效果。"期刊媒介"包括纸质版+数字版、网络版、移动版、视频版和社交媒体版五种发行方式,销售量、访问量、阅读量或点赞数构成了期刊受众总量。"基于此统计,2015年美国期刊月均受众达5.77亿人次,受众量比2014年增长10.2%,是传统媒体中增长最显著的媒体之一。期刊发行的主导形式仍是'印刷+数字版'模式,月均受众量为3.44亿人次,占期刊受众总量的60%,增长率为0.2%,表明纸质期刊市场的增长空间有限。期刊网络版受众为0.92亿人

---

① 朱烨洋:《邬书林:学术出版要加强合作加快走出去》,《中国新闻出版报》2014年1月15日。

次，且增长率仅为0.4%，可见网络版期刊的增长空间也有限。期刊受众增长最快的是移动发行渠道，2015年移动版月均受众量首次突破1亿人次大关，增长率高达65.3%，占期刊受众的比重达22%，期刊移动版受众数量首次超过网络版受众数量。视频版受众为0.12亿人次，增长14.4%，虽然其目前尚不占优势，但未来增长空间不可限量。从发展趋势看，期刊移动版受众量仍将快速增长，但短期内'印刷+数字版'仍是主流发行模式。"①

二、我国学术期刊融合发展面临的机遇与挑战

我国学者开始关注传统媒体与网络媒体共存、互动以及整合、融合问题，始于世纪之交。早在1999—2005年，学者们已涉猎"三网融合"、电视与第四媒体、互联网与传统媒体的融合互动等问题的研究。2006年之后，随着蔡雯、彭兰、宋昭勋、喻国明、王菲、孟建、赵元珂、袁志坚、肖赞军、戴元初、肖叶飞、姜红、陈映等学者的积极介入，相关研究成果随即迅速增多，并且具有了一定的广度和深度。这些研究大致可以归纳为四种类型：一是从微观层面出发，强调媒介融合的技术基础作用和驱动作用；二是从中观层面出发，研究范围主要涵盖传媒技术融合、传媒产品形态融合、传媒运作系统融合和传媒组织机构融合等；三是从宏观层面出发，概念不仅包括上述两类定义的内容，而且强调社会监管和规则的融合，受众的参与、媒介融合的经济学以及社会学后果；四是从大传媒业角度出发，内容涵盖传媒业、电信产业、IT产业、电子产业等所有参与到媒介融合中来的产业。②

我国的媒介融合以集团化作为发端，始于20世纪90年代。截至2016年底全国共有经国务院新闻出版行政管理部门或者省级新闻出版行政管理部门批准的出版传媒集团126家，其中报刊出版集团47家，图书出版集团40家、印刷集团

---

① 吴锋、田田：《坚守与拓新：美国期刊业最新变革与发展趋向——基于"期刊媒介360°"方案解读与评析》，《出版发行研究》2015年第10期。

② 蔡雯、王学文：《角度·视野·轨迹——试析有关"媒介融合"的研究》，《国际新闻界》2009年第11期。

12 家、发行集团 27 家。[①] 传媒集团化发展，一定程度上改变了我国传媒业高度分散、极度弱小的状况，提升了市场竞争力和抗风险能力。但这种行政推动的不完全市场化条件下计划配置的结果，弊端频现，备受诟病。近两年，随着媒介形态固有壁垒被逐渐打破，大众传媒的媒介融合高歌猛进，国有新媒体集团组建力度增大，移动新闻资讯业发展速度加快，视频直播投资广度拓宽，媒体融合已从终端融合、渠道融合，进入业态和商业模式融合的阶段。传统学术期刊虽然也在融合转型中取得了不俗的成绩，但步履蹒跚，仍然面临着诸多的现实困境和挑战，主要体现在四个方面：

1. 学术期刊传播途径的颠覆

在互联网时代，我们面临着纷繁复杂的挑战，甚至是跨行业的颠覆："百度干了央视广告的事，淘宝干了沃尔玛的事，阿里巴巴干了批发市场的事，余额宝干了银行的事，微博干了媒体的事，微信干了移动的事……在这里，并不是外行干掉了内行，而是新的趋势和新的法则干掉了存量规模和传统价值。"[②]传统学术期刊是短缺传播时代的产物，传播渠道单一，采用的是线下物理性质的发行和营销模式。今天是无限传播的时代，广阔的网络空间和庞大的移动阅读市场，使得期刊的信息载体、传播介质和营销渠道日益丰富和多元。近几年，几乎所有的社科期刊都将数字传播的权利转授给了中国知网、万方、维普、龙源、超星等期刊数据库，试图在互联互通的大格局中找到自己的位置。然而，加入这些大型数据库后，传统学术期刊面对的是一系列的改变：读者的阅读方式、期刊的营销方式、编辑的工作方式等。"这一变化给予以传统纸本期刊编辑为中心工作的人文社会科学期刊的影响是致命的。如果说期刊数据库将各入编期刊送上了互联网这一信息高速公路，那么在这条高速公路上跑的显然已不是那纸本的期刊了。在中国知网等大型期

① 国家新闻出版广电总局：《2016 年新闻出版产业分析报告》，《中国新闻出版广电报》2017 年 7 月 26 日。

② 喻国明：《媒介革命》，人民日报出版社 2015 年版，第 50 页。

刊数据库中,期刊已不再作为传播的基本单元而存在,最基本的单元已变为论文,以最常见的方式检索,如题名、作者名、关键词,所得到的是来自同一检索目标下的各种期刊的一篇篇论文。因此,这样的数据库对读者阅读方式的改变,已不仅是介质上的——纸本的还是数字化的,而且,更是实质上的——期刊不见了,因期刊而存在的刊物特色、编辑思想、编排风格、专栏结构、各专栏间的呼应对话统统不见了。社科期刊这一独立存在的个体已消失在网络的海洋之中。"①

2. 学术期刊规制政策的滞后

我国现有传统媒体管理制度的设计参照了苏联的传媒管理模式,形成了以审批制度、主管主办制度、行业管理制度、属地管理制度为核心内容的规制政策。应该说,这四大制度较好地实现了党和国家政治功能的需要并确保了宣传思想文化的安全性。但较多的制度保护导致传统媒体融合内生动力不足,加之转企改制不彻底使传统媒体难以成为真正的市场主体,属地管理使传统媒体资源分散难以集中,这一切都成为媒体融合的掣肘。媒介融合是一场革命。在新媒体搭乘"互联网+"的快车深入转型、深层融合、深度洗牌之际,当传统新闻出版业、广播电视业和互联网在内容生产、传播渠道和接收终端方面出现频繁融合之时,传统规制政策显示了四个方面的不适应:一是规制政策不存在的问题;二是规制政策不统一的问题;三是规制政策不协调的问题;四是规制政策不确定的问题。② 在大众媒体领域,媒介融合过程中产生了大量的新业务、新业态,传统的规制政策根本没有覆盖,这就出现了规制政策的盲区。媒介技术进步使得不同传媒产业之间的边界不断收缩与消失,相同内容在不同平台传播,受到规制的强度与密度不一样。比如,传统的新闻出版、广播电视部门实行严格的内容监管,可电信部门只管传输并不管内容,结果因传输平台的不同,就会有天壤之别的规制差异。在学术媒体领

① 朱剑:《变革年代学术期刊的数字化生存》,《澳门理工学报》2013 年第 2 期。

② 汪向东:《三网融合中的规制政策:国际发展趋势与评论》,《中国信息界》2006 年第 14 期。

域,“双重管理体制”使传统媒体在发展新兴媒体业务时,远不如商业新兴媒体那样在“体制外”能够放开手脚大胆创新,经常是稍有创新稍越雷池,就被“约谈”、批评,甚至警告。在媒介融合的大潮之下,尽管学术新媒体快捷、方便、及时、聚合的优势凸显,但仍然拿不到体制所承认的正式刊号,那些仅在网络平台或新媒体上发表的论文统统被排除在体制认可的评价之外,这不能不说是规制政策滞后性的体现。

3. 学术期刊主体性的缺失

我国学术期刊体制形成于计划经济时代,“经过近 60 年的运作,新中国的社科期刊系统以纵横交织的管理系统和传播系统为中心,已成为超稳定结构。纵向的管理系统由国家出版行政管理部门—主管单位—主办单位—编辑出版单位四个环节组成,国家出版行政管理部门位于管制系统顶端,统领一切,期刊社及其期刊位于管制系统的底层……在横向的传播系统中,期刊因为技术制约和审批准许制约而成为稀有资源,它自然成为从作者到读者、从学术研究机构到学术研究人员的中心。在纵向管理系统中,期刊处于底层,在横向管理系统中,期刊处于中心,政府就通过对作为横向传播系统中心的期刊的管理达到动员资源、组织学术生产、管控学术成果发布,进而维护社会安全运行的目的”①。在这种体制下,传统学术期刊一直保持主流学术传媒地位,发挥着主体性作用。其一,拥有公开出版的刊号,具有体制授予的合法身份,不存在“无米之炊”的生存威胁;其二,牢牢把控着学术信息源(专业边界)和作者资源(学术水准),目前还没有任何学术新媒体能够与其分庭抗礼,构成挑战;其三,在现行的学术评价与期刊评价机制之下,只有具有正式刊号的期刊才能得到行政权力部门与专业评价机构的承认,尽管纸本期刊的传播功能早已名存实亡,但其“记录功能”仍然受到学者们的重视。但是,伴随着刊网融合和数字化的转型,“学术期刊从线下分散到网络聚合就遇到

① 李频:《数字时代社科学术期刊改革路径的思考》,《南京大学学报》2014 年第 4 期。

了种种困境。其中主要有两点:一是缺乏国家主导的公共服务数字出版平台,表现为广大分散弱小的学术期刊没有公共技术平台支撑,盲目或重复探索;二是学术期刊主体地位模糊,表现为学术期刊主体性缺失、融合动力不足"①。尤其是"搭载"中国知网、万方、龙源等大型数据库实现网络数字化转型的过程中,传统学术期刊的主导性、独立性、能动性、整体性和特色化荡然无存,令人担忧。

4. 学术期刊集群化合力不强

我国当前的部门所有制和区域性管理导致传媒市场的区域碎片化,加之期刊规模小、实力弱,各自为阵、各凭本事的媒介融合实践受到不同程度的影响。据《中国科协科技期刊发展报告(2014)》统计,中国科协所属的 677 种科技期刊有 520 个出版单位,平均每个单位出版期刊 1.3 种,说明经营集约化程度低,出版模式落后。目前,我国科技期刊虽然在某些学科和领域形成了有一定影响力的刊群,但总体来看,期刊集群化合力不强,其经营规模与国外大型期刊出版集团相比差距甚大,主要存在以下六个方面的问题:"(1)优质刊群数量少,规模小,覆盖学科不多,国际竞争力较弱;(2)新技术、新媒体应用不够深入和广泛,数字平台功能有待完善;(3)资源整合与共享程度不一,未实现联盟主体资源的深度共享与其他加盟成员的利益均衡;(4)刊群对分属不同主管、主办、出版单位的加盟期刊的管理作用有限;(5)可持续发展能力有待培育;(6)版权风险需要有效规避。"②

美国最先在电信、广播电视、出版等产业拉开媒介融合的序幕,无论是技术融合,还是产业融合、市场融合,都处于世界的前沿,具有风向标的作用。中国的"媒体融合"作为国家战略提出已近四年,正进入关键的窗口期。常言说:他山之石,可以攻玉。虽然美国的规制体制、市场环境以及"路径依赖"与我国有着天壤之别,但美国应媒介融合而变革规制政策的实践和精神仍值得我们深刻思考,美国

---

① 高自龙:《融合转型:期刊主体性困境与路径选择》,《澳门理工学报》2017 年第 1 期。

② 刘远颖:《国内刊群建设现状及分析》,《数字图书馆论坛》2015 年第 3 期。

面对变幻莫测的媒介融合而遵循的弹性原则、公平原则、竞争原则、效益原则仍具有借鉴意义,美国传媒企业在媒介融合浪潮中获得的成功经验或者失败教训仍给予我们诸多启发与警示。

三、学术期刊融合发展的新趋势

对于我国传媒业而言,2014 年似乎是一个拐点。这一年 8 月 18 日,中央全面深化改革领导小组第四次会议审议通过了《关于推动传统媒体和新兴媒体融合发展的指导意见》,习近平总书记在会上强调要推动传统媒体和新兴媒体在内容、渠道、平台、经营、管理等方面的深度融合,着力打造一批形态多样、手段先进、具有竞争力的新型主流媒体,建成几家拥有强大实力和传播力、公信力、影响力的新型媒体集团,这标志着"媒体融合"正式成为国家战略。因此,业界也把 2014 年称为中国的媒体融合元年。

"所当乘者势也,不可失者时也。"学术期刊也抓住媒体融合的窗口期,加快了转型发展的步伐,出现了一些新特点、新趋势、新模式,值得我们关注。

1. 数字化已经成为学术期刊融合发展的新方式

我国学术期刊数字化转型的步伐正在加快,已经进行了不少有益的探索,形成了三种数字出版模式。一是被动地加入以技术提供商为主导的内容数据库,利用其技术优势、资源聚合、市场化占有率,实现学术期刊的数字化传播。这种模式只需与专业数据库平台签订相关协议,在纸质期刊印刷出版的同时提交电子文本,然后再由专业数据库平台发布于网络。这就绕开了学术期刊缺乏网络技术人才的劣势,极大地降低了网络运营和管理的成本,能收立竿见影之效。但学术期刊加盟中国知网、万方数据库、重庆维普、龙源期刊网、北京世纪超星等数据库平台之后,也暴露出数据被垄断、缺少谈判话语权、数字出版盈利难、作者著作权缺少保护等问题。二是学术期刊主动地建设自己的运营网站,自己管理,自行发布,力图实现一体化的资源整合、转型发展。有研究者对我国高校 285 种科技类学报进行调查发现，自建网络平台率为56.84%，西安三才科技、北京勤云软件、北京玛格泰克是参与高校学报网站构建的主要技术支持方，分别占30.25%、29.01%、16.67%，其余24.07%的学报网站由各单位自建或与国外出版商合建。[①] 社科学术期刊独立建网站的有中国人民大学书报资料中心的"学者在线"、浙江大学学报网站、新华文摘网、上海大学期刊社网站、上海财经大学经济学期刊网等，中国知网也参与了陕西师范大学学术期刊网（1个主网站14个子平台）等高校学报的网络化建设，并提供技术支持。三是由业内公认的品牌期刊牵头，创建同行专业学术期刊数据库。比如中国光学期刊约有50余种，分散在多个主办和出版单位。由《中国激光》牵头创建的中国光学期刊网，2004年正式上线，"它集中了国内光学期刊论文最为全面的数据，发表速度快于任何一个其他平台，检索功能、二次挖掘功能等都实现了人性化设计，并初步实现了文献数据一次制作、多次发布的预期。不仅能在电脑上使用，同时在手机等移动终端也能使用。这个平台的平均排名约为全球网站前6万位，进入全球网站排名的前1%，是全球文献浏览和下载量最大的光学专业网站"[②]。此外，中国地学期刊网汇集了科技期刊235种，涉及40余家主管单位、110家主办单位，也是以专业平台带动期刊汇聚的典范。中国地学期刊网目前成为国内地学界唯一的容纳期刊最多的网站，年点击量高达7265370次。同时，该网站还吸引了大批的海外读者，国外访客的月点击量为6170次，网站海外显示度日益增加。

2. 开放存取成为学术期刊融合发展的新模式

开放存取（Open Access，简称OA），原指图书馆领域的"开架借阅"，后被赋予在互联网环境中以自由、开放、共享和免费方式获取并利用学术信息的一种出版、

---

① 贾泽军、尹茶等：《媒体融合背景下中国高校学报发展现况分析及对策研究》，《编辑学报》2016年第5期。

② 杨蕾、童菲等：《产业集群对专业化期刊集群的启示——对〈中国激光〉杂志创新与坚守的再思考》，《中国科技期刊研究》2014年第6期。

交流模式内涵。截至2016年12月,全球已有25000多种OA期刊,其中有4600多种可以在谷歌学术2016年发布的Google Scholar Metrics中查到。国内OA期刊的发展速度也比较快,特别是自科类期刊更是令人刮目相看。2010年1868种中国科技核心期刊中有461种在自建网站上实现OA出版,可免费浏览期刊全文,加上中国科技论文在线、首席医学网、科学出版社期刊出版平台实现OA出版的期刊,据保守统计,中国的OA期刊的总数近1000种,约占中国期刊总数的10%。[①] 有学者将中国科技学术期刊实现OA出版归纳为三大类模式11种具体模型:第一类为传统印刷期刊+后印本存档模式,具体包括个人主页开放存取、个人博客开放存取、网络集成代理开放存取和电子印本开放存取仓储4种模型;第二类为混合型OA期刊模式,包括双重模式开放存取、延迟开放存取、部分开放存取、开放存取索引4种模型;第三类为创建型OA期刊模式,包括基于作者付费的开放存取、受资助的开放存取和多元融资模式的开放存取期刊3种模型。[②] 社科类期刊的OA出版远逊色于自科类,但仍处于增长的趋势。有学者对《中文社会科学引文索引》(CSSCI)(2012—2013)535种来源期刊做了统计分析,结果显示,截至2012年8月其中73种期刊实施了OA出版,占总数的13.6%。[③] 而(2014—2015)533种来源期刊,就有120种期刊实施了OA出版,占总数的22.5%。目前社科类OA期刊中存在一些特点:"上网形式大部分是依赖编辑部网站或是出版单位网站,地区、学科分布不均,出版频率集中在中频区,少部分OA期刊上网时滞严重,全文回溯时间大部分从2000年开始,全文浏览格式基本统一且无阻碍。"[④]总之,开放存取成为获得学术信息的全新模式,中国也成为开放存取发展

① 王应宽、吴卓晶等:《国内外开放存取期刊研究进展综述与发展动态分析》,《中国科技期刊研究》2012年第5期。

② 王应宽、王锦贵:《中国科技学术期刊的开放存取出版模式研究》,《中国科技期刊研究》2007年第5期。

③ 陈铭、叶继元:《中文文科期刊开放存取情况的统计与分析——以"中文社会科学引文索引"(CSSCI)来源期刊为例》,《图书情报知识》2013年第3期。

④ 刘浉颖、姚长青等:《中文社会科学期刊开放获取现状调查与分析》,《中国科技期刊研究》2014年第9期。

的重要推动力量。

3. 优先数字出版成为学术期刊融合发展的新潮流

施普林格·自然是首家把图书和期刊集成在一起的出版商,20 世纪 90 年代就在行业中提出了"在线优先出版"的概念,并于 1998 年 2 月实现在线优先出版功能。此后,国际上许多知名的学术期刊为了加快出版速度,保证作者论文的首发权,缩短读者获取新成果的时间,提高科研成果的国际影响力,纷纷采用了优先数字出版方式。我国的学术期刊优先数字出版相对滞后,大约晚了 10 年。目前,根据渠道和平台的不同,主要有三种模式。一是期刊自助优先数字出版。2009 年 3 月,《浙江大学学报(人文社会科学版)》依托具有网络出版资质的浙江大学出版社建立了自主性的中文"在线优先出版"平台,并正式推出了以单篇论文为发表模式的"在线优先出版"论文。"至 2014 年 9 月 11 日,浙大社科学报已在线优先出版、在线提前出版论文 611 篇,所有定稿论文 100%优先数字出版;5 年多来,已有 20 个国家和地区的 60 多位海外著名学者在该刊网站发表单篇在线优先出版论文;15 位国际著名院士或终身教授担任了该刊优先出版栏目主持人。"[①]二是大型数据平台提供的优先数字出版服务。2010 年 10 月,中国知网"学术期刊优先数字出版平台"正式启动,以"单篇定稿出版"和"整期定稿出版"两种方式进行学术期刊优先数字出版。"截至目前,该平台优先出版学术期刊 2351 种,优先出版期刊约占期刊总数的 23. 14%。"[②]2012 年,万方数据"优先出版知识服务平台"也投入运行。除此之外,教育部科技发展中心主办的"中国科技论文在线"更是目前国内优先数字出版的重要平台。截至 2017 年 3 月 15 日,"中国科技论文在线"首发论文 92368 篇,优秀学者论文 92595 篇,自荐学者论文 31310 篇,科技期刊论文共计 1276594 篇。三是个人自助优先数字出版。有些个人在文章出版

---

① 徐枫、郭沁:《中国学术期刊出版模式的变革——中文学术期刊"在线优先出版"及其进程》,《澳门理工学报》2015 年第 1 期。

② 郝振省:《学术出版融合发展的几个新动态》,《出版发行研究》2015 年第 10 期。

之前,将自己学术论文的观点上传微信、微博等新媒体,实现优先数字出版。

4. 微信公众号成为拓展学术期刊影响力的新平台

微信是腾讯公司2011年1月推出的一款智能手机应用软件。2012年8月微信公众号正式上线,开辟了个人、企业或组织通过这个公众平台面向特定群体发布文字、语音、图片、视频和图文消息,实现与目标用户全方位沟通互动的航程。截至2017年2月,微信用户达到7.5亿,汇聚公众账号超过1000万。微信公众号服务模式,在商业、政务、公共服务等领域已得到普及应用。学术期刊也不例外,许多家期刊都开始与腾讯合作,开通了微信公众号,通过信息揭橥、内容发布、优先出版、稿件查询、在线投稿、审稿、编辑加工、读者关系维护等来增加手机网民读者群,并拓展学术期刊的影响力和知名度。"截至2015年5月30日,1200种中国科学引文数据库(Chinese Science Citation Database,简称CSCD)期刊共有283种期刊开通了微信公众号,占全部样本期刊的23.6%。"①在学术期刊与微信的融合转型之中,科技期刊的微信公众号结构相对完善,服务有序。《中国激光》《中华医学杂志》等以专业化、个性化的服务受到专家的点赞。2014年11月人大数媒科技(北京)有限公司依托人大书报资料中心148种学术刊群,推出"壹学者"微信学术平台,提供"壹阅读""壹科研""壹社交""壹传播"的一站式服务,可谓独树一帜。"壹学者"微信学术平台的主要功能:一是实时推送学科资讯,二是建立学者交互空间,三是提供各类科研服务,四是扩大科研传播渠道。可以查看周边会议、沙龙信息,并快速结识参会学者。"'壹学者'坚持用户价值导向,着力于满足用户社交与传播需求,打造'内容'+'工具'+'社交'的移动互联网产品架构,并开展了丰富的用户运营探索,构建了一个全新的学术生态系统。"②

---

① 王宝英:《中国科学引文数据库来源期刊微信公众号现状调查与分析》,《中国科技期刊研究》2016年第1期。

② 张文飞、胡娟等:《用户经营构筑强大传播力,纸网互动共建学术出版生态——以"壹学者"移动学术科研服务平台为例》,《传媒》2016年第19期。

5. 域出版成为学术期刊融合发展的新方向

2014 年 2 月 7 日，美国人乔纳森・格里克(Jonathan Glick)发表《平台型媒体的崛起》，在文章中作者使用了 Platisher 这个词，当天，就引起了广泛关注。其实 Platisher 一点不神秘，就是 Platform(平台商)和 Publisher(出版商)两个字合成后杜撰的新词。对于 Platisher 最好的定义，来自 digiday 的一位撰稿人，他认为"平台型媒体"，是既拥有媒体的专业编辑权威性，又拥有面向用户平台所特有开放性的数字内容实体。简而言之，平台商仅仅掌握技术是远远不够的，必须与专业的编辑运作结合，才能在内容生产与传播方面产生不小的新能量。美国脸书(Facebook)在这一年创建了一个叫 Paper 的 APP 内容聚合平台，就雇用了一批编辑专职负责组织内容。推特的 CEO 迪克・科斯特罗更扬言："我们要为我们的用户在组织内容方面提供更好的服务。我们不仅要按照时间线顺序提供最快最新的内容，还要按照话题、主题、专题来组织内容。"[①] 由此说来，平台型媒体或者说 Platisher，不仅是一个词的问题，而且是一个互联网媒体发展方向的问题。北京超星公司与"中国高校系列专业期刊"合作推出的"域出版"，正是这种双向互动的产物。正如朱剑所说："'域出版'理念的要义是将'域'的概念引入互联网出版领域，在信息聚合型编辑、出版、传播平台上，实现以'专域'为基本单元的多元、有序、高效的出版和传播。在这里，'专域'将取代传统秩序中的基本单元书、报、刊，成为新的传播基本单元和构建新秩序的基础，而'域出版'平台将为'专域'的编辑、制作和传播提供强大的信息资源和技术支撑，以实现内容、形式、渠道的统一。"[②] 对于学术期刊来说，只有与新媒体融合，才能实现真正的数字化、专业化和集约化转型。仲伟民认为域出版是学术期刊未来发展的方向，是学术期刊走媒体融合之路的桥梁，并列举了如下六个理由：一是域出版有利于新旧学术期刊体制

---

① 杰罗姆：《平台型媒体，科技与媒体缠斗百年再平衡》。

② 朱剑：《域出版：传播秩序的重构》，《澳门理工学报》2017 年第 1 期。

的融合，二是域出版有利于作者、读者与编者的深度融合，三是域出版是公私融合共赢的典范，四是域出版是决策层与民间智慧融合的典范，五是域出版有望使综合性期刊和专业性期刊走向融合之路，六是域出版有望实现专家与技术的深度融合。①

6. 私人定制成为学术期刊融合发展的新形态

Blendle 网站及其对应的 APP 于 2014 年 4 月推出，这款应用程序致力于将荷兰所有的报纸聚合起来。"用户在 Blendle 注册时，就可以选择自己感兴趣的媒体或者新闻类别，之后 Blendle 会通过在线或邮箱推送的方式，为用户推送最新的、经过筛选的新闻报道。这种将纸质媒体搬到互联网平台中的做法，不仅提升了纸质媒体的内容时效性与传播度，同时也使得优质新闻内容更精准地到达受众。对于受众而言，Blendle 成为其具有专属性质的内容库，通过一个平台便得到来自多家媒体的优质新闻内容，而且也实现了内容的专属化与个性化。"②Blendle 平台的付费方式，为用户绑定银行卡之后按篇支付。用户可以对已付费内容进行评价，甚至可以对不满意的内容进行退货。Blendle 在荷兰的成功，带来了新闻行业的新一轮"革命"。2016 年 3 月进入美国市场，收录了《纽约时报》《华尔街日报》《经济学人》等报刊的文章，然后向平台用户收取一小笔费用（9—49 美分）。这种方式被人们称为"iTunes 新闻"模式。这种精准推送的私人定制模式，同样适用于小众化、专业化的学术期刊。"以专栏为单元的个性化私人定制期刊，可能是未来期刊的主打形态。其实现途径有两种：一种是由用户选择自己感兴趣的专栏，订阅个人专属的期刊。另一种是利用大数据技术，通过对用户偏好的分析，由系统自动生成主动定制期刊并定向推送。经过系统筛选的学术动态和会议信息等，也可以作为定制期刊中的一个版块。在线平台将通过电子邮件、APP、微信等方式，向用户定期发送这种经过个性化组合的期刊，学术信息将由此进入学者和学术大

① 仲伟民：《域出版助学术期刊走向真正的媒体融合之路》，《澳门理工学报》2017 年第 1 期。

② 刘健、陈卓：《荷兰新媒体 Blendle 的成功与启示》，《中国记者》2016 年第 11 期。

众的日常生活。"①精准推送的个人定制期刊从本质上看，开始颠覆迄今为止存在的编辑提供者和信息接收者的关系。2014年，上海大学期刊社面向作者和读者就推出了按需印刷、按需出版服务。有读者对某一个专题特别感兴趣、提出要求之后，编辑部就会把散见于各期刊物上的相关文章集结出版；有作者要参加国际学术会议，希望能把自己近年来发表在期刊上的文章集成一本册子，编辑部也可以满足这个要求。随着数字出版产业链的不断成熟，科技期刊利用网络快速、低成本、主动地为读者提供个性化服务，从浏览、收藏、分享到在线购买，可全程定制化满足读者需要。2015年中国知网推出的"大成编客"，就是一个为读者、编者、作者提供个性化服务的平台。有远大抱负的数据库平台和期刊社已经在这个新的领域试水，学术传播或许开始进入到按需生产的时代。

7. 集群化成为学术期刊融合发展的新途径

国际大型科技出版公司如施普林格·自然、爱思唯尔、约翰·威立的期刊出版，普遍采用集团化、产业化经营模式，而且近年来开始抢滩中国市场，进行战略合作。相比之下，我国期刊受体制和机制的影响，规模化程度低，集约化水平差，竞争能力比较弱。随着媒介融合步伐的加快，期刊集群化发展已是大势所趋。目前，我国学术期刊在集群化建设过程中，形成了多种实现路径。第一，改造式路径。"改造式路径的核心在于从刊群整体定位布局和发展战略出发，有目的有计划地对刊群中的已有子刊或作为潜在刊群成员的期刊进行改造。改造的内容包括单刊的品牌定位、服务定位、栏目设置以及后台的采编管理工作等，使其适应刊群的整体发展定位和发展布局。"②北京卓众出版有限公司一方面深耕农业机械领域的期刊，另一方面又改造拓展《汽车与驾驶维修》原有的某些栏目，相继推出

① 桑海：《我们需要什么样的在线学术平台——"中国高校系列专业期刊"之未来构想》，《澳门理工学报》2015年第3期。

② 王铮：《我国科技期刊刊群实现形态和路径研究》，《中国科技期刊研究》2015年第12期。

《商用汽车》《车主之友》《汽车导购》《越玩越野》等新刊，形成《农业机械》《数码摄影》《机电商报》和卓众汽车网等 17 刊 1 报 3 网的刊群。通过构建互联网、手机、平板电脑等多层次、多平台的数字期刊产品，卓众出版初步形成了立体化的媒介传播形式。第二，加盟式路径。在数字出版时代，网络聚合刊群已经成为一种行之有效的手段。来自不同主管单位、主办单位和不同地域的学术期刊，完全可以聚集在一个网络平台下面抱团取暖、借力而行。典型的案例有中华医学会刊群、材料期刊网、中国光学期刊网等。《中国激光》杂志牵头成立的“中国光学期刊网”囊括了国内 51 家期刊，以“共享资源、共享经验、抱团取暖、做大做强”为宗旨，致力于推动光学期刊的发展和光学知识的传播，发展到如今在行业内颇具影响力。第三，孵化式路径。孵化式路径指同一主办单位将分散在各编辑部的人、财、物实施统一管理和运行，通过资源共享、打造名刊、孵化新刊、共同发展，形成差异化定位、优势互补的期刊群。上海大学期刊社率先实施社科类期刊与科技类期刊、综合性期刊与专业性期刊、中文期刊与英文期刊集约化管理运营模式，并创办《先进制造进展》等英文刊，成为目前上海地区规模最大的学术期刊集群。

8. 跨界融合成为学术期刊融合发展的新趋势

伴随着媒介融合的不断深入，无论是报纸、电视还是出版都已意识到自身传播力量的单薄，于是纷纷谋求向综合传媒集团转型。跨界融合一般在三个层面展开：一是不同媒体之间通过收购、合并等手段，进行产权、营运、产品的整合，形成规模异常庞大的多媒体集团，开展具有规模效益的多种业务；二是同一媒体集团内部的不同媒体，发挥协同效应，使信息资源的用途多样化；三是国内互联网媒体利用其庞大的用户群、先进的技术和巨大的资金实力，倒过来融合传统媒体。《中国国家地理》依托内容优势，纵深挖掘，出版青春版《博物》、电子杂志《行天下》，收购《中华遗产》，创建中国国家地理网，成立国家地理影视公司，推出手机报和“掌途”客户端，通过与网站、电子杂志、手机报、户外媒体多介质渠道全媒体化运营，不仅打造了“中国专业地理多元化经营体系”，而且为长远的媒介融合发展做了好的布局。"国内互联网巨头也抓住媒体融合的窗口期,以更加强势的姿态介入内容产业。新浪将读书频道分拆出去,整合微博读书、微漫画,成立了北京新浪阅读信息技术有限公司。腾讯收购盛大文学,收编起点中文网团队,启动创世中文网,并整合旗下读书频道、QQ 读书、QQ 书城等推出腾讯文学。百度推出原创文学网站多酷文学网,为用户提供涵盖玄幻、武侠、都市、历史、军事、游戏、竞技、灵异、科幻、言情、穿越等内容,并实行二八分成,作者占大头。这对于网络作家来说,颇具吸引力。"①同时,百度获得的仅是作品的互联网和无线版权,游戏、图书、影视、漫画改编权仍归作者,作者可自行销售。在互联网公司"倒整合"传统媒体的浪潮中,阿里巴巴发挥了头狼效应。2013 年投资《商业评论》,2014 年投资文化中国,2015 年投资无界新闻、《北京青年报社区报》、"第一财经"、封面传媒,收购《南华早报》等。"阿里巴巴通过在传媒业的一系列并购,已经成功在视频、社交媒体、传统媒体、电影业、新闻客户端等传媒业领域布局,传媒帝国已然成型。"②

9. 国际化成为学术期刊融合发展的新走向

"学术期刊国际化"是近年来争论的热点问题,随着媒体融合的迅疾发展,无论学者、期刊人还是相关行政管理部门都有了一个共识,即国际化是学术期刊融合发展的新走向。我国科技期刊国际化,走的基本是中国学者在被 SCI 收录的国际学术期刊发表论文并全盘接受其评价的路径。近几年,每年都有超过 10 万篇次的中国学者的论文在被 SCI 收录的国际学术期刊发表。即使国内创办的英文科技期刊,也特别强调一些形式化特征,诸如编委、审稿专家的国际化,论文编排的国际化,出版发行的国际化,西方检索系统收录的国际化,等等。根据 2014 年 5 月发布的《中国科技英文期刊引证报告(2012)》,中国内地有英文期刊 244 种,其中 134 种科技期刊被国际著名检索系统 SCI 收录。这种做法的好处是用最短的

① 张耀铭、张路曦:《互联网驱动的青年与社会变革》,《中国青年社会科学》2017 年第 1 期。

② 郭全中、胡洁:《平静中听风雷:2015 年中国传媒业发展盘点》,《现代传播》2016 年第 2 期。

时间、最快的速度在西方学术平台发出了中国学者的声音,弊病在于好稿外流导致国内科技学术期刊质量始终难以提高的恶性循环。社科期刊的国际化如何?截至 2014 年 11 月,中国内地有 42 种英文社科期刊,绝大多数为专业学术期刊。这些期刊,"为了获得国际认可,主动'与国际接轨',利用国际上普遍使用的话语和规范进行表达。它们在学术规范和期刊设计、排版、印刷等外在形式上,都借鉴了西方主流学术期刊的做法。同时,还纷纷加入西方出版集团的营销平台,以免费提供内容甚或支付高昂的出版费用为代价,'借船出海'。不过,更为重要且遭人诟病的是,在国内缺乏权威的英文期刊评价体系的情况下,许多中国英文社科期刊及其主管主办部门事实上主动把加入国际知名检索系统(尤其是美国的三大检索系统)视为期刊国际化的主要评价依据,以致出现了 SSCI 崇拜的现象"①。社科学术期刊由于受意识形态、民族性、文化差异等因素的影响,其国际化的进程会更为艰难。总之,学术期刊的国际化是大势所趋。但其国际化的标准必定是多元的,语言载体必定是丰富的,与外国出版商的合作必定是多样的。更为关键的是,我们在管理体制方面必须进行改革,转变办刊理念,创新机制、模式,要构建自主的大型学术传播平台,既根植于中国的语言文化,又能丰富和发展世界学术,提供优质内容,建构国家话语,熟悉国际传播渠道与模式,通过集群化、网络化、专业化促进期刊的国际化。不忘初心,方得始终。

原载于《澳门理工学报》2017 年第 4 期

---

① 李存娜、吕聪聪:《中国英文人文社科期刊的国际化研究》,《清华大学学报》2015 年第 4 期。

学术期刊与新媒体融合的关键与进路

互联网的崛起，不亚于人类的一场革命，正在颠覆我们的生活、工作和互相关联的方式。互联网"更像一种基础设施，一种支撑社会的全新技术形态。社会成员、各行各业只有理解它、适应它、依靠它，在它的逻辑基础上进行自我革命式的改造后才能继续生存发展"①。然而，学术期刊人对互联网还缺乏清醒的认知，喊几句"大数据、云计算、媒体融合"等耳熟能详的口号，跟着潮流加入网络期刊，利用微信公众号传播纸本期刊发表的论文，目前几乎人人都会。但不少人没有真正看到互联网摧枯拉朽的趋势力量，没有从根本上意识到互联网才是未来真正的主流媒体。因此，媒体融合是一场全新的艰苦征程，更是一次浴火重生的良机。媒体融合的坐标，必然是以移动互联网的发展为基础，以平台型媒体建设为路径，以积极拥抱新技术为抓手。媒体融合为传统学术期刊的转型发展，提供了无限的可能性与无限的机会。问题仅仅在于，怎么融合，谁融合谁，融到什么程度？

一、新媒体概念的界定及其特点

关于新媒体(New Media)这一概念的提出，可以追溯到50年前。1967年，美国哥伦比亚广播电视网(CBS)技术研究所所长P. 戈尔德马克(P. Goldmark)发表

① 喻国明：《媒介革命》，人民日报出版社2015年版，第70页。

了一份关于开发电子录像商品的计划,其中首次提出了"New Media"(新媒体)一词。1969 年,美国传播政策总统特委会主席 E. 罗斯托(E. Rostow)向尼克松总统提交的报告书(即著名的"罗斯托报告")中也多处使用了"New Media"一词。由此,"新媒体"这一概念风行美国,并很快蔓延欧洲直至全球。

1. "新媒体"概念的界定

对于"新媒体"概念的界定,国内外业界和学术界众说纷纭。联合国教科文组织对新媒体下的定义为:以数字技术为基础,以网络为载体进行信息传播的媒介。美国《连线》杂志的定义是:由所有人面向所有人进行传播。2002 年,美国网络新闻学创始人丹·吉尔默提出"We Media"(自媒体)概念。2003 年 7 月,美国新闻学会的媒体中心出版由谢因·波曼与克里斯·威理斯两位联合撰写的有关博客传播模式的研究报告。报告不仅采用了丹·吉尔默所提出的"自媒体"概念,而且还下了一个十分严谨的定义:"We Media 是普通大众经由数字科技强化、与全球知识体系相连之后,一种开始理解普通大众如何提供与分享他们本身的事实、他们本身的新闻的途径。"[①]美国媒介理论家保罗·莱文森(Paul Levison)在 2009 年出版的《新新媒介》中提出了媒介"三分法":旧媒介、新媒介以及新新媒介。旧媒介是指互联网诞生之前的一切媒介,它们是空间和时间定位不变的媒介,比如报纸、期刊、广播、电视、电影等,其突出特征是自上而下的控制,通常由专业人士生产和传播。新媒介是指互联网的第一代媒介,发端于 20 世纪 90 年代,比如电子邮件、亚马逊网上书店、iTunes 播放器、报刊的网络版、留言板、聊天室等。新新媒介是指互联网的第二代媒介,如博客网、维基网、聚友网、脸谱网、播客网、掘客网、优视网、推特网等,最大的特点是让每个消费者成为了生产者。[②] 进入新世纪,国内学术界出版的著述中都涉及了新媒体的定义。清华大学新闻与传

---

① Shayne Bowman. Chris Willis, We Media. Media Center at the American Press Institute, 2003.

② 保罗·莱文森:《新新媒介》,何道宽译,复旦大学出版社 2011 年版,第 1—3 页。

播学院教授彭兰认为,"'新媒体'主要指基于数字技术、网络技术及其他现代信息技术或通信技术的,具有互动性、融合性的媒介形态和平台。在现阶段,新媒体主要包括网络媒体、手机媒体及其两者融合形成的移动互联网,以及其他具有互动性的数字媒体形式"①。换言之,新媒体的核心要素是终端、内容、关系与服务四者的交织。北京大学新媒体研究院教授谢新洲则指出,"新媒体不仅是一种具体的媒介形态,更是一种网络化的媒介环境、泛在的信息场域和多态的存在方式"②。

基于以上梳理,不难看出关于"新媒体"定义的争议很大,众说纷纭,尚未形成统一定论。但就目前而言,相对于传统媒体,新媒体具有三个最核心的基本特征:一是传播媒介由传统媒体转移到了互联网和手机媒体。二是内容导向、平台导向、算法导向三种模式,组成了新媒体的组织架构。"第一种模式,是自己做内容(成功者,把自己嫁出去了;不成功的,为他人做嫁衣);第二种模式,是自己不做内容,提供平台让他人做内容;第三种模式,是在他人的内容之上做自己的内容,用他人的内容做自己的内容。"③三是新媒体是一个相对的、动态的概念,随着数字技术的飞速发展和人工智能时代的崛起,未来新媒体的定义仍将持续改写。

2. 新媒体与自媒体的区别

当下的中国,正陷入一个数字技术和互联网造就的万物皆媒的全新环境,新媒体、自媒体八仙过海,各显神通,都摆开架势,以惊人的速度和各种方法开发、创新,试图不断推出其最新形态。这场集体狂欢,也引起了学术界和传媒业前所未有的关注和研究热情。然而不少人却将新媒体与自媒体混为一谈,或者互相替代使用,正所谓剪不断理还乱。尤其令人忧虑的是,自媒体的概念正在泛化、变形,科技自媒体、企业自媒体、机构自媒体、官方自媒体等,不一而足。"自媒体"是个

---

① 彭兰:《"新媒体"概念界定的三条线索》,《新闻与传播研究》2016年第3期。

② 谢新洲:《新媒体将带来六大变革》,《人民日报》2015年4月19日。

③ 杰罗姆:《从内容生产、内容平台再到算法,一文看清互联网媒体的"食物链"》,钛媒体。

筐,什么都敢往里装,鱼龙混杂,哗众取宠。所以,有必要在这里梳理一下两者既有联系又有区别的关系。

联系在于:(1)从技术背景看,都是数字化的媒体形态,即以数字技术为基础,以网络为载体,以互动传播为特点。(2)从涵盖范围看,新媒体和自媒体都是社会化媒体的子集,它们都具有社会化属性,是人们彼此之间用来分享意见、见解、经验和观点的工具和平台。(3)从概念定义看,新媒体是互联网新兴媒体的基本架构,是"具有媒体属性和舆论动员功能的网络传播平台"。自媒体是新媒体的一种形式或一个部分。"新媒体的表述可以独立存在,而自媒体无法脱离新媒体独立存在。从这一意义上,它只能是新媒体的衍生物或新媒体的子概念。"①

区别在于:(1)传播主体的不同。新媒体属于媒体平台(Platform),传播主体是多元化的,主要由传统媒体转型的新媒体机构和非专业化的传播机构(利用自身的资源注册域名、微信公众账号、微博等工具)等组成。平台是媒体的入口、中心,也是所有媒体在互联网时代生存与发展的根本起点。自媒体是由个人而非机构运作的个性化的互联网媒体(Media,Publisher),"人人都可以当记者",无论是博客、微博,还是微信,都有可能成为即时新闻的消息源,所以也叫"个人媒体"。自媒体的内容只有搭乘形形色色的互联网技术平台,才可以跑得更快更远。(2)传播方式的不同。相比传统媒体的"线式传播",新媒体具有全时、全域、全渠道、全媒体、去中心化等特征,传播方式更加广泛,但并不针对特定的主体,通常打造的也是"企业品牌"。为了与粉丝之间拉近距离,它们也会将自己的内容进行"人格化"处理,以增强与粉丝的对话与互动。自媒体采用的是"病毒式传播"方式,"点到点""单点对多点",它使传播真正形成一种循环互动,即"传者主动传播—受众接受—受众转变为传者,自愿再传播"模式,体现了受众的参与性和主动性。自媒体通常更偏向于输出"个人品牌价值","由一个人(或者非常有限的几

---

① 吴潮:《新媒体与自媒体的定义梳理及二者关系辨析》,《浙江传媒学院学报》2014年第5期。

个人)来运作维护的彰显出强烈个人风格特征的数字化媒体”。① (3)内容生产方式的不同。新媒体平台自行生产的内容已经远远超过购买的内容,其自采内容主要通过三种方式实现:一是通过平台与用户互动生产的UGC内容(指用户生产的内容)。这部分内容,在体量上远远大于专业的媒体机构生产的PGC内容(指专业生产的内容)。二是利用大数据和算法导向整合创生新闻内容。新媒体平台通过数据统计、分析和挖掘等手段,从海量信息中发现引爆舆论的新闻线索,或进一步拓展新闻价值的广度与深度。三是通过自己采访名人、事件、体育赛事等产生的内容。一般来说,是以传统媒体的理念、信条与规矩来做新媒体。自媒体生产的内容,是为了通过内容来获得更大的流量,实现流量变现。所以“人人都是爆料王”,虽然更加随机和及时,但多数自媒体没有传统专业媒体的现场能力和一手信源,转载消息和发布评论缺少对事实真实性的考察,而是个人恣意文字后的风格特征,所以缺乏权威性与可信度。“大多数使用自媒体平台的人,更多的是把自媒体当作一种娱乐工具,一种分享八卦的地方,一个聊天社交工具。”②

3. 新媒体传播的特征

新媒体的迅猛发展,不仅改变了人类信息的传播方式,甚至已经超越媒体的范畴而重塑文化模式、推动社会变迁,并开创了媒介传播的新语境时代。新媒体传播的特征,主要表现在以下几个方面。

(1)数字化。数字化就是将许多复杂多变的信息转变为可以度量的数字、数据,建立起适当的数字化模型,进而把它们转变为一系列二进制代码,引入计算机内部统一处理,这就是数字化的基本过程。早在1996年,美国学者尼葛洛庞帝就在《数字化生存》一书中提出:“当无数产业扪心自问‘我在数字化世界中前途将如何’时,事实上,它们的前途归根结底要看它们的产品或者服务能不能转化为数

---

① 魏武挥:《自媒体:对媒介生态的冲击》,《新闻记者》2013年第8期。

② 刘阳:《自媒体终极秘诀》,哈尔滨出版社2016年版,第74页。

字形式。"数字化是计算机、多媒体技术、软件技术、智能技术的基础,可以说,没有数字化技术,就没有今天的计算机、互联网,也就没有今天的新媒体。到目前为止,新媒体主要包括数字报刊、数字广播、数字电视、数字影视、手机媒体等网络媒体形态。所以,一般将新媒体又概称为"数字化新媒体"。

(2)移动化。以手机和平板电脑为代表的移动设备,越来越成为人们获取信息的主要手段。据第40次《中国互联网络发展状况统计报告》显示,截至2017年6月,中国网民规模7.51亿,占全球网民总数的五分之一;我国手机网民规模达7.24亿,网民中使用手机上网的比例已高达96.3%。移动时代,视频已经成为新闻传播的潮流,用户更多地谋求"进入"到新闻事件现场,体现自己的"在场感",以自己的主观视角来观察现场。因此,移动互联网主导地位强化,手机上网持续提升,已成为收看新闻事件、网络视频的第一终端。

(3)平台化。"平台化指的是将多种垂直应用联结成为生态级平台,形成多边优势互补和多元价值交换的平台经济,通过满足互联网用户的多样化需求,获得较强的用户黏度,从而促成平台运营的整体价值变现。"①互联网上的应用绝大多数都是把各种各样不同的供方、需方放在一个平台上打通,相互进行连接,通过各种技术手段、服务产品和聚合资源、响应需求,为传媒经济提供运行的基本条件。信息在一个平台上互动分享,各种资源在同一个平台上聚合,各种垂直的应用在一个平台上共享用户,才可以充分发挥互联网传播的特点,使得整个用户运营的成本最低,变现的方式最多,创造的价值最大,从而引发各种社会资源连接方式的结构和制度的变革。传统媒体机构正在从单一的内容提供者向综合服务提供者转变,依托已有或新建的网络平台聚合用户资源,不断扩大影响,拓展盈利模式。

随着互联网的发展,依靠搜索起家的百度、依靠交易起家的阿里巴巴、依靠QQ起家的腾讯等新兴科技公司,越来越不局限于"媒体"属性,而是呈现了最强

① 宋建武、黄淼等:《平台化:主流媒体深度融合的基石》,《新闻与写作》2017年第10期。

势的"平台型媒体"的属性。"平台型媒体"发展的一个显著影响是新闻生产与新闻分发两者的分离,出现了很多新类型的新闻分发平台:一是整合类平台,多源聚合+人工分发;二是搜索引擎,多源搜索+算法调度;三是社会化媒体,人际网络+大众传播;四是个性化推荐平台,个性分析+算法匹配;五是视频和VR/AR平台,临场体验+社交传播;六是服务类平台,生活场景+新闻推送。"每一种新平台的分发机制不尽相同。但它们的共同点是,都并非为传统媒体所掌控。这也是整个传媒业生态发生深刻变革的一个关键路径。"①

(4)社交化。社交媒体(Social Media)是建立在互联网技术,特别是Web 2.0基础之上的互动社区,其主角是用户,而不是平台的运营者。社交媒体最大的特点是赋予每个人创造并传播内容的能力。人们彼此之间可以在平台分享见解、信息、经验,也可以以文本、图片、音频、视频等多种形式呈现,建立"联系"和生成"意义"。

中国社交媒体的发展经历了BBS时代(这种形式被大众称为"论坛")、娱乐化社交网络时代、微信息社交网络时代和垂直社交网络应用时代,形成了中国社交媒体的特色,主要是独特的"防火墙"国情与过度娱乐化和挥之不去的利益链条。② 社交媒体广泛存在于互联网应用的各个方面,已形成多种传播形态和运营模式:平台型、社群型、工具型、泛在型。"目前社交媒体已超越搜索引擎,成为互联网第一大流量来源,二者占比分别为46%和40%。在今天,社交媒体几乎等同于新媒体。"③

(5)视频化。国内互联网公司在视频社交上的尝试并不迟于国外,在Vine和玩拍国外上线的同时,国内就相继出现了微视、美拍等同类产品。2016年,短视频迎来黄金爆发期。《三联生活周刊》原副主编苗炜加入了刻画,《外滩画报》原执行总编辑徐沪生创办了"一条",《中国企业家》原总编何伊凡加盟了盒饭秀,

---

① 彭兰:《未来传媒生态:消失的边界与重构的版图》,《现代传播》2017年第1期。

② 李娜、胡泳:《社交媒体的中国道路:现状、特色与未来》,《新闻爱好者》2014年第12期。

③ 谭天、张子俊:《我国社交媒体的现状、发展与趋势》,《编辑之友》2017年第1期。

《澎湃新闻》原CEO邱兵创办了梨视频……不少来自传统媒体的专业人士纷纷踏入短视频行业。陌陌、花椒、映客等直播平台,"抢滩"短视频;互联网巨头BAT更是不甘落后,重金砸向短视频领域。在这场短兵相接的肉搏之中,优质内容以及有料、有干货的生产者成为新媒体巨头的竞争重点,并迅速获得资本青睐。2015年4月上线到2016年8月,美妆电商的短视频社区小红唇接连斩获了4轮融资,仅第4轮就获得华策国际6384万美元的融资。2016年9月,微博宣布投入1亿美元补贴短视频创作者。2017年2月,腾讯宣布推出芒种计划2.0,投入12亿元扶持自媒体,并将其中10亿元现金补贴集中在原创和短视频自媒体上,以鼓励优质内容、原创内容、短视频与直播类内容。2017年5月,今日头条内部孵化的火山小视频宣布将在未来12个月拿出10亿元补贴小视频内容;11月今日头条宣布用10亿美元估值收购北美音乐短视频社Musically。

2016年中国移动短视频用户规模为1.53亿人,2017年达到2.42亿人,增长58.2%。对于移动互联网行业来说,每个千万级MAU(月活跃用户人数)应用的诞生都意味着一个新风口的开启。在已经过去的2017年,短视频无疑是产生现象级应用最多的行业之一。易观数据发布的《2017年度千万级MAU增速榜TOP10》显示,在2017年增速排名前十位千万级MAU应用中,仅短视频APP就占了4个名额。其中火山小视频(娱乐直播),活跃用户规模8478.29万人;西瓜视频(短视频综合平台),活跃用户规模6761.09万人;快视频(短视频聚合平台),活跃用户规模2612.96万人;波波视频(短视频综合平台),活跃用户规模1501.89万人。[①] 360旗下的快视频,平均月度增长率达到了72.8%,成为高居榜首的最大黑马。今日头条旗下的西瓜视频以及抖音、火山小视频增长迅猛,三者瞄准不同的用户群体,搭建起差异化产品矩阵,形成短视频市场发展强劲的集团军。

(6)智能化。自20世纪50年代美国科学家首次提出"人工智能"(Artificial

① 易观数据:《2017年度千万级MAU增速榜TOP10》。

Intelligence)这一概念之后,人工智能迅速发展成为一门广受世界关注的交叉和前沿学科。人工智能的发展经历了两起(1950—1969、1980—1986)两落(1970—1979、1987—1996),直到21世纪初迎来了第三次发展浪潮。[①] 随着互联网的普及、新媒体的崛起、大数据的涌现、深度学习技术的突破,语音识别、图像识别、机器人技术等领域取得较大进展,人工智能进入了新一轮的快速发展阶段。2006年辛顿等人提出"深度学习"神经网络,使人工智能性能获得突破性进展。2009年洛桑联邦理工学院发起的"蓝脑计划",声称已经成功地模拟了部分鼠脑。2011年Watson(沃森)作为IBM公司开发的人工智能程序参加美国智力问答节目,打败了两位人类冠军。2013年深度学习算法在语音识别及图像识别领域取得突破性的成果,识别率分别超过99%和95%。2014年谷歌推出无人驾驶汽车,也被称为轮式移动机器人,主要依靠车内的以计算机系统为主的智能驾驶仪来实现无人驾驶。2016年围棋人工智能程序AlphaGo(阿尔法狗)与围棋世界冠军、韩国职业九段棋手李世石进行围棋人机大战,以4比1的总比分获胜。2017年英国深度思维公司推出的"阿尔法零",24小时之内击败了此前最强的国际象棋、日本将棋和围棋对弈软件,显示了人工智能掌握多种技能"通杀"的强大本领。总之,经过多年积累,美国具备了一个从底层的开源算法、核心器件到上层应用的完整产业体系。

我国高度重视人工智能技术的发展,人工智能企业快速发展,总量居全球第二。随着人工智能技术的发展,其与实体经济融合的速度正在加快,对智能经济和智能社会发展的带动作用愈发明显。2017年7月,国务院发布《新一代人工智能发展规划》,其中提到新一代人工智能发展分三步走的战略目标,到2030年使中国人工智能理论、技术与应用总体达到世界领先水平,成为世界主要人工智能创新中心。2017年11月,科技部在北京召开新一代人工智能发展规划暨重大科技项目启动会,会上公布了首批四家国家人工智能开放创新平台名单:阿里巴巴、

---

① 尹丽波:《人工智能发展报告(2016—2017)》,社会科学文献出版社2017年版,第3—5页。

百度、腾讯和科大讯飞。至此，人工智能国家队正式成立，标志着我国人工智能的发展上升到了国家战略层面。人工智能在媒体领域的应用包括：媒体与受众交流平台的智能化、媒体内容生产设备的智能化以及媒体发布内容涉及的数据智能化。随着自然语言处理、视觉图像处理与机器学习等技术的不断更新，写稿机器人凭借信息搜集的全面性与及时性，以及较快的成稿速度等特点，正在改变现有的媒体环境。新闻出版领域内的人工智能在算法层面已经取得重大突破，期刊业离人工智能似乎并不遥远。不过，加速前进的人工智能是未来学术期刊出版的推动力还是掘墓者，目前下结论还为时尚早。

二、学术期刊与新媒体融合的关键

自 2014 年中央深改组会议通过《关于推动传统媒体和新兴媒体融合发展的指导意见》到现在，媒体融合已进入关键时期。在大众传播领域，深入转型、深层融合、深度洗牌正在传媒行业不断上演，传统主流媒体面临腥风血雨，前景堪忧。然而在学术传播领域，却是另一番景象：一是“新瓶装旧酒”。学术期刊采用更多的是把纸本内容平移到网站、微博、微信和 APP 上，以自己为原点，构建自己的小圈子，视新媒体为纸本期刊价值链条上的一种延伸和补充。二是“对内融合”。部分学术期刊把投稿组稿、专家审稿、编辑加工、在线出版、传播互动等关节点都打通，再在其上增加一些移动互联网时代的微博、微信。这种修修补补、敲敲打打的“内向型融合”，很难改变整体格局。因此，“先进”的新媒体并没有撼动“落后”的纸媒体的主流地位。面对这样的悖论，究竟应该如何客观地评估学术期刊与新媒体的融合？如何为学术期刊在新媒体坐标中找到合适定位？或许是更为残酷的现实，融合并没有什么建树，反而留下了一块永远无法愈合的伤口。

互联网进入移动互联网时代，一切都会变得很不一样。我们必须看清中国学术期刊与互联网未来发展的趋势，才能寻求新的生存与发展空间。由此，当前学术期刊人要重点关注以下四个关键问题。

1. **从数字化、集约化到分众化、个性化的挑战**

从1994年引入到现在,互联网在中国的发展大体经历了三个阶段:一是门户媒体时代,即Web 1.0,用户数、点击率和流量为最大目标;二是社交媒体时代,即Web 2.0,用户数据是最大的价值和最大的资源,通过分析数据提供精准服务;三是智能场景时代,即Web 3.0,以场景、细分和个性化服务为特征。大众传播媒体正从社交化走向智能化,选择以云端化为产品存储平台、以垂直化为内容整合方式、以场景化为需求对接入口、以智能化为行业演进方向的路径,探索媒体融合的布局与发展。① 大多数学术期刊利用微博、微信和APP等新媒体进入了Web 2.0,但依然有部分停留在门户网站Web 1.0时代。学术期刊虽然完成了数字化、集约化转型,但在推动媒体融合方面还存在很多问题,"观念没有转变,思维没有转换:有的满足现状,患得患失,担心打破原有格局,认为不搞融合发展也还能活;有的存在畏难情绪,对融合发展缺乏信心,不愿试不愿闯;还有的存在惯性思维,用办传统媒体的方法来对待融合发展,拿出的方案、提出的措施往往不对路"②。缺乏互联网思维,被制度圈养,享受着"政策红利",导致几乎所有的学术期刊只重视内容,不重视入口建设,从而失去了在媒体融合中充分把握自己命运的机会。

互联网的发展已经从最初的跑马圈地式,靠用户规模、用户红利快速增长的发展阶段,进入到了分众化、个性化和精细化的发展阶段。在移动互联网时代,分众化传播成为优化信息、规避信息同质化、实现传播效果最大化的重要手段。分众化市场追求的是稀缺资源,而越是与受众个性化需求相符的小众化网站,越是能满足受众专业化要求的专业化网站,越是能保证其用户黏度和忠诚度。分众化也给我们提供了量身定制的信息,促使今天的内容越来越多地要从通识性的内容向专业化的内容转化,而这恰恰是传统学术期刊的优势所在。2017年,期刊业面

① 胡正荣:《智能化:未来媒体的发展方向》,《现代传播》2017年第6期。

② 吴尚之:《抓住机遇,趁势而上,加快推进期刊业融合发展》,《出版发行研究》2015年第2期。

临的新媒体环境进一步裂变。互联网新兴科技公司全面进入内容产业,头条号、企鹅号、UC 号和百度百家号等纷纷爆发,微信平台更衍生出数十家估值过亿的企业。《2017 年中国知识付费市场研究报告》显示,近两年中国知识付费用户规模呈高速增长态势,预测 2018 年知识付费用户规模将达 2.92 亿人。一种新的盈利模式正在兴起,豆瓣、喜马拉雅、中国知乎、果壳、罗辑思维等平台相继推出豆瓣时间、好好说话、值乎、分答、得到等知识付费产品,钛媒体、36 氪等垂直媒体纷纷开设付费专栏,互联网公司利用技术与流量的优势,正在攫取内容产业发展的又一波红利。目前线上知识付费的主要内容类型有:(1)低频度使用的知识和内容;(2)跨界度高的内容和知识;(3)精粹度高的内容和知识;(4)高场景度的内容和知识。[①] 面对知识付费这条搅局的鲇鱼,学术期刊人不能仅仅当个看客或悠闲地吹个口哨而已。从体制与特征上看,学术期刊或许并不具有内容付费的基因,但可以走捷径入驻其他新媒体平台,凭借平台的技术与经营理念,四两拨千斤,实现内容付费转型。一是线下以纸本期刊为依托,线上以新媒体为平台,提供优质的专业内容,满足用户刚需。二是布局新媒体平台,增加学术期刊的社群化和社交化运作,实现内容传播的最大化,提升用户的黏度和依赖度。三是注重学术期刊的品牌建设,并将品牌影响力延伸至新媒体平台,建立一种共生共荣的生态关系。四是线上线下融合,线上扩大影响,线下固体强基。线上线下融合是未来的发展趋势,是"你中有我、我中有你"的新型关系,而不是谁吃掉谁的二元对立关系。学术期刊只有增强自己的核心竞争力,才能在分众化、个性化传播的道路上走得更快、更远。随着资本巨头的相继入场,谁能说得准学术付费不是下一个"风口"?

2. 从"内容+渠道"到"内容+平台"的挑战

纸本时代的学术传播,以平面印刷为出版技术支撑,以邮局垄断发行印刷品

---

① 喻国明、郭超凯:《线上知识付费:主要类型、形态架构与发展模式》,《编辑学刊》2017 年第 5 期。

为主要渠道,形式单一,互动性差。互联网时代,渠道可以理解为"网络+终端"。"网络"是指信息传播经过的通道,"终端"是指使最终的内容产品得以呈现的设备。学术期刊采用"内容+渠道"的战略,通过与中国知网、万方、维普等数据库合作,利用其技术、网络渠道实现了内容的数字化传播,极大地提升了中国学术期刊在数字世界的地位。当然,同时也极大地压缩了中国学术期刊在数字世界的空间,丛林法则使互联网天下竞逐的残酷性日益显现。很不幸,学术期刊扮演的是提供内容的"长工"角色,面临的是有传播不一定有盈利,有盈利不一定有尊严。学术期刊的虚化,阅读习惯的改变,传播中心的旁落,与狼共舞,与魔鬼签约,把自己的脑袋系在别人的裤腰带上,学术期刊人既迷茫又受伤,这究竟是福还是祸?

斗转星移,物是人非,这世界变化太快。移动互联网时代,浏览器衰落,APP盛行,"渠道为王"都在变得Out,曾经时髦的互联网新兴科技公司都被迫去争一张移动船票。随着传播渠道地位的弱化,渠道运营商已不具有核心地位,取而代之的是平台运营商。徐晋在《平台经济学——平台竞争的理论与实践》中指出,"平台实质上是一种交易空间或场所,可以存在于现实世界,也可以存在于虚拟网络空间,该空间引导或促进双方或多方客户之间的交易,并且通过收取恰当的费用而努力吸引交易各方使用该空间或场所,最终追求收益最大化"。平台不生产内容,只是各种已有内容的聚集平台。也就是说,将不同的用户数据库有效地链接起来,形成一个更大的服务平台。在这个平台,内容被重新"打包"和"组合",最终被消费者"购买"和"享用"。平台快速崛起,并在商业上取得了巨大成功,其价值正被越来越多的传统媒体所认知并重视。学术期刊必须架构在互联网所构建的新媒体平台之上,而不能自外于这个平台。从"内容+渠道"到"内容+平台"是学术期刊与新媒体融合的战略选择。对于学术期刊,要么自建平台,要么入驻平台,除此之外,别无生路。然而,与新媒体平台竞争并求存,是所有APP开发者的难题。到目前为止,全球范围内除极少有高端影响力的报刊在APP付费阅读上获得盈利之外,大多败走麦城。虽说内容也不差,但是仅仅作为互联网上的一个孤岛,又有多少人会访问?在中国,学术期刊自建平台(造船)门槛太高,实施收购(买船)成本太大,所以大多采用“借船出海”模式。在高度同质化、碎片化的移动互联网时代,能真正赢得用户消费和口碑的,只有独立观点、专业研究、原创内容。对于产业链上游的学术期刊来说,只有与平台型媒体合力才能完成这样的目标,才能全面领先单打独斗的狼群(自媒体作者)。内容需要用户来消费,期刊需要在平台上求新生,用户需要内容来锁定,平台需要广告来变现,这成为一个命运共同体,平台、期刊都是利益相关者。有了良性的互联网生态,才能使平台与学术期刊避免同时陷入一种西西弗斯困境——“既要生产内容,又要内容免费;既要招徕粉丝,又不能让粉丝消费。这对于内容采购、运营成本更高的传统媒体,伤害尤大”①。

3. 从单一人才到复合型人才的挑战

互联网进入中国 24 年,江湖浩浩,风云激荡。从当年三大门户(新浪、网易、搜狐)的兴风作浪,到后来 BAT(百度、阿里、腾讯)的叱咤风云,再到如今各路独角兽的野蛮生长,以及赶到风口上猪也会飞的奇特场景,令人目不暇接。中国的互联网行业蓬勃发展,演绎了无数的传奇故事,也造就了很多引领行业发展风向的风云人物。随着移动互联网时代到来,电商、团购、社交、手游、视频等新兴产业的快速发展,人才需求呈现井喷状态,互联网公司就陷入剧情越来越狗血的人才争夺大战中。在这场硝烟弥漫的博弈中,有钱的公司强取豪夺,钱少的公司暗度陈仓,有人抢到真金,也有人只是堆高了泡沫。过去一段时间,传统媒体经历了一场声势浩大的人才大出走。2010 年《京华时报》副社长兼总编辑朱德付加盟阿里巴巴集团,出任副总裁兼多媒体事业部总经理。2012 年《21 世纪经济报道》新闻总监左志坚辞职,创办社交阅读应用“拇指阅读”;《京华时报》副总编辑刘明胜辞职,任万达集团总裁助理、企业文化部总经理。2013 年 21 世纪传媒执行总裁刘洲伟辞职,转型做新媒体财务类手机软件“公牛炒股”。2014 年《南方周末》副总

① 张晓波:《大变局:平台为王与媒体生死》,《读书》2016 年第 2 期。

编辑伍小峰离职,出任万达集团文化中心副总经理;新浪执行副总裁、新浪网总编辑陈彤辞职,出任小米公司副总裁。2015 年《南方都市报》总经理陈朝华离职加盟搜狐,担任副总裁及搜狐网总编辑;《第一财经日报》总编辑秦朔成立上海那拉提网络科技有限公司,辞职创业做自己的自媒体"秦朔朋友圈"。浙江广播电视集团副总编辑夏陈安、东方卫视经营中心广告总监袁春杰、江苏卫视副总监龚立波、湖南卫视广告部主任樊旭文、湖南芒果 TV 董事长聂玫等也纷纷离职。传统媒体已经成为夕阳产业,骨干离职大潮正在全国蔓延。传统媒体现有人才结构和管理方式还不能适应媒体融合发展的要求,如果不从人才激励制度、更加灵活与公平的考核体制来吸引人才、留住人才,其前景令人担忧。

移动互联网时代所需的技术基因,几乎是所有学术期刊的先天不足。没有大数据技术可以支撑,没有新媒体平台可以依靠,更没有王志东、陈彤这样的 IT 天才,即使来自草根那些毛头小伙脑子里的一星半点火花也会被体制扼杀。学术期刊普遍存在严重的"重内容、轻经营、无技术"的问题,导致技术的地位极为边缘化,不重视复合型人才的培养和储备。我国学术期刊的主办单位以高校、科研院所以及学会为主,由"体制内"任命的多数期刊领军人物,具有很好的专业水平和学术理念,却缺乏驾驭新媒体业务的技术素养,缺乏拓展新媒体业务的基本目标,更缺乏规划新媒体业务的长远战略。目前很多学术期刊已通过集成的采编系统完成了审稿、编稿、发稿过程数字化,并实现了与 PC 端以及互联网的融合;但这一流程与移动互联网的融合,却行动迟缓。其关键在于,缺乏新型的复合型编辑人才。现在很多学术期刊微信公众号的运维是由传统编辑兼任的,内容受制于传统纸本期刊,信息推送模式单一,缺乏线上线下联动,缺乏用户管理,推广运营力度不够。老编辑面对新融合,专业技能(信息检索能力、计算机操作能力与多媒介转换能力等)的缺乏影响了他们对学术新媒体的热情和探索精神,也影响了互联网思维在学术期刊领域的运用和发展,更制约了以融合的业务技能实现对多种媒体的资源整合。互联网就是这么残酷,它是"原住民"的主场,学术期刊人即使有胆闯入,也只能放下身段,老老实实学习,使自己尽快从单一人才成长为复合型人才。所以学术期刊在与新媒体的融合中,必须突破软件、硬件、网络等方面的技术障碍,无论是通过引进技术人才自建平台,还是入驻技术服务商搭建的平台,这都是学术期刊必须补齐的短板。

4. 从体制改革到传媒制度现代化的挑战

审批制、主管主办制、行业管理制和属地管理制构成了我国传统媒体管理的四大制度。在严格的审批制下,学术期刊"一号难求",成为高度垄断的行业,导致从布局、结构到评价的极不合理。另外,学术期刊只要不踩政治红线,办得再平庸也"只生不死",退出机制形同虚设。在这种体制下,传统学术期刊一直保持主流学术传媒地位,发挥着主体性作用。"其一,拥有公开出版的刊号,具有体制授予的合法身份,不存在'无米之炊'的生存威胁;其二,牢牢把控着学术信息源(专业边界)和作者资源(学术水准),目前还没有任何学术新媒体能够与其分庭抗礼,构成挑战;其三,在现行的学术评价与期刊评价机制之下,只有具有正式刊号的期刊才能得到行政权力部门与专业评价机构的承认,尽管纸本期刊的传播功能早已名存实亡,但其'记录功能'仍然受到学者们的重视。"①"体制病"也给媒体融合带来严峻的挑战:第一,多头管理,权责不一。在互联网的监管上,工业和信息化部是行业主管部门,而公安机关负责打击利用网络实施的各种犯罪活动,文化部门对文化产品、文化活动实施监督管理,国家新闻出版广电总局负责全国网络出版服务的审批和监督。这种管理体制职能交叉、条块分割,以致在监管的具体过程中形成政府管理越位或政府管理缺位两种现象。比如在相当长的时间里,我国是把互联网和手机作为信息产业来定位的。但是,互联网和手机既有产业属性,又有媒体属性。单纯由产业部门管理,很容易造成行业管理和舆论监管的脱节。特别是新闻出版广电部门实行严格的内容监管,而电信部门只管传输并不管内容,结果因传输平台的不同,就会有天壤之别的规制差异。第二,法律"跟不上、

① 张耀铭:《媒介融合:学术期刊转型发展的新趋势》,《澳门理工学报》2017 年第 4 期。

管不住”。近些年,虽然我国在新媒体管理方面已出台数部法律法规,但总体上立法层级不高、法律效力较低。“一方面,行政机关对现行行政法律文件的修改、补充滞后于新媒体的快速发展,造成法律制度不该有的缺位;另一方面,各行政机关进行行政活动所参照的法律文件多为行政法规和部门规章、规定,效力较低,仅限于本部门范围,造成有法可不依的尴尬;且各行政机关在制订、执行部门规章和行政规定时往往各行其是,又造成了行政法律制度执行的冲突。”①第三,“双重管理体制”的弊端。在学术传播领域,传统媒体在发展新兴媒体业务时,远不如商业新兴媒体那样能够放开手脚大胆创新,经常是稍有创新、稍越雷池,就可能被约谈、批评。在媒体融合的大潮之下,“平台型媒体”尽管具有快捷、方便、及时、聚合等优势,但仍然拿不到与学术期刊刊号相当的学术传媒身份,因此那些仅在互联网或新媒体上发表的论文统统被排除在体制认可的评价之外,这不能不说是体制壁垒与规制政策滞后性的体现。

说一千道一万,媒体融合的关键是传媒制度的现代化。传媒制度是实现政治理念的根本保障,只有不断深化党管媒体的内涵,丰富领导和管理媒体的途径、方法,才能形成有利于媒体融合发展的体制环境。一是解放思想,树立由“传统媒体+”到“互联网+”的治理理念。传统媒体的融合多半是在原有的发展逻辑上进行的改良式的融合,以自己为原点在互联网上画延长线,延伸产品、延伸价值、延伸影响力,所以鲜有做强做大的范例。互联网媒体融合是一种更加深度的融合,内容、渠道、平台、经营、管理各个层面的融合,在互联互通中创造价值并形成新的社会功能。所以思想解放的程度,决定了媒体融合的力度;思想认识的高度,决定了媒体融合的深度。二是从战略高度谋篇布局,整体推进传媒体制改革。媒体融合的过程,本身就是改革的过程,不能仅仅止步于技术创新,更深层的问题还是制度创新。“融合由慢到快、由小到大,引爆于技术产品,碰撞于产业组织,结果于政策制度,最终触动社会文化的转型。言及融合,人们习惯紧盯技术领域,其实,依

① 李隽:《中国新媒体行政法律制度刍议》,《广播电视信息》2007年第7期。

循效率最优的技术融合过程达到一定程度必然会引发两个力量的参与，一是以政府为代表的行政力量，再是以资本为代表的市场力量。如果主导力量出自行政，那么这场融合势必会将规制重置和组织扩张放在首位；如果主导力量来源于市场，那么资源把控、利益优先就成为必然的选择。主导者是谁，目的何在，决定了融合方向、性质，乃至融合之后的组织架构以及文化体系。”①有新媒体学者主张由BAT等互联网公司来融合中国传统媒体，认为只有这样的高起点，高举高打，才能多快好省地有效地推进媒体融合，补强网络强国的重要一翼。然而，在深入研究媒体融合的发展趋势时，就会察觉一些悖论的存在。首先，民营力量主导媒体融合，势必与党和政府强调的媒体的政治属性、舆论导向冲突，很难满足“可控可管”的传播要求；其次，这些互联网新兴科技公司虽然已经拥有了世界级的媒体平台，但其在学术信息源、专业编辑权威性、学术共同体关系等方面存在明显的短板，因而无法替代学术期刊承担的学术使命和社会责任。由于受体制的庇护，传统学术期刊虽然仍处学术传媒的主流地位，但其根本无法承担起媒体融合的主导权。首先，多数学术期刊的市场主体地位模糊，在媒体融合过程中必然遭遇体制障碍。其次，学术期刊分散弱小、技术落后、经济实力不强，根本没有实力与能力去主导媒体融合。再次，传统媒体虽然进行了多种融合尝试，但总体来说，都不具备改天换地的潜质。局面令人尴尬，选择必然纠结，这或许是学术新媒体难产的宿命。三是坚持分类指导，形成定位明确、各具特色的传媒体制。2003年以来，我国传统媒体的市场化改革进入快车道，其本质是“分类改革”，即党报党刊、通讯社、广播电视台实行事业体制，非时政类报刊、出版发行、影视制作单位由事业单位转制为企业。随着全国580家出版社改制的完成，新闻出版总署又发布了《关于报刊编辑部体制改革的实施办法》。按照总署制定的“路线图”，绝大多数学术期刊和高校学报都将“转企”。一石激起千层浪，文件发布后立即遭到学术界与期刊界激烈的公开批评和质疑，着实令官方尴尬。当然，这个“分类”显然是

① 刘珊、黄升民：《解读中国式媒体融合》，《现代传播》2015年第7期。

有跛脚的地方，不是一个深思熟虑的产物。学术期刊具有公益性质，属于公共产品，不应被完全推向市场。我国应该借鉴国外经验，加快建立与完善学术期刊非盈利出版制度。改制的不彻底，使换块牌子的"翻盘企业"，或改制后依然还没有建立现代法人治理结构的传统媒体，难以成为竞争所需要的市场主体。当前可着重对一些有利于传统媒体与新媒体融合的关键制度进行重点改革：(1)从国家层面继续推动并深化传统媒体的转企改制工作；(2)以特殊管理股为突破口弥补单一国有产权存在的不足；(3)以股权激励、公开选拔等方式留住和吸引高层次传媒人才。① 四是加强传媒领域的法律制度建设，形成符合国情的互联网管理制度。(1)以网络立法为重点，健全法规制度；(2)综合利用法律、行政、经济和行业自律等手段，规范网络信息传播秩序；(3)加强传统媒体原创内容的版权保护，研究制定个人信息保护法、未成年人网络保护条例；(4)加强对"具有媒体属性的网络传播平台"进行管理，在内容管理上要坚持同一标准；(5)通过法律法规支持互联网新兴科技公司做大做强，以抵御咄咄逼人的外国公司随时准备兵临城下、破门抢食。

三、学术期刊与新媒体融合的进路

随着新媒体发展的突飞猛进，资本裹挟着技术大举入侵媒体，互联网企业对传统媒体的"倒融合"逐渐成为趋势。"当前，资本在新闻市场的布局表现在三个方面：一是财团收购、参股新闻媒体，获得新闻市场入口，如阿里巴巴收购《南华早报》、入股《第一财经》，恒大集团收购香港新传媒集团，万达集团收购瑞士盈方体育集团。二是媒体平台与传统新闻媒体展开内容合作，传统媒体变为新闻供应商，如2015年底，今日头条和湖北省新闻出版广电局签署战略合作框架协议，湖北省200余家报纸、400余家杂志入驻今日头条'头条号'平台。三是打造自身的内容和分发平台，扶持自媒体的内容生产，如2015年9月淘宝推出的'内容开放'

① 朱鸿军、农涛：《媒体融合的关键：传媒制度的现代化》，《现代传播》2015年第7期。

计划,优质内容创作者与机构三年内共享20亿市场佣金。当前BAT全部加入移动资讯分发市场,加大技术算法投入;2015年腾讯上线天天快报,用户使用微信或者QQ登录,系统即刻识别用户的阅读兴趣和习惯;2016年阿里通过UC实施‘媒体赋能计划’打造‘懂你的UC’;2016年百度‘百家号’上线,采用机器+人工审核方式,运用技术手段简化流程,提高效率。”①以BAT为代表的民营资本不仅踏入传统媒体的世袭领地,而且开始并且会持续施展无情的挤压。互联网不相信眼泪,传统新闻媒体过去作为“信息媒体”的功能已经不可逆转地走向衰落。正如美国著名新媒体学者杰夫·杰维斯讽刺的那样:在他们安身立命的市场里,互联网击败了他们。他们是正在哭泣的大叔。面对这样的场景,学术期刊人是否会有兔死狐悲的感觉?他们的今天难道不会成为我们的明天?因此,学术期刊在与新媒体的融合中要么雄起,要么倒下,这是一场零和游戏。

我们正处于力度之大前所未有的转型之中,选择非常重要,路径非常重要。民营互联网新兴科技公司在我国媒体融合战略中应该如何定位?平台型媒体与传统学术期刊如何融合共生?如何培育起更适应互联网生存的学术新媒体?如何为取得合法身份的学术新媒体创造宽松的生态环境?如何避免资本的过度渗透而影响学术的公共属性?如何防止数据库平台滥用市场支配地位形成垄断?这些都是政府和学术期刊人在媒体融合中面临的新课题,需要深刻反思。

1. 媒体融合的公益性模式:建设国家级的数字化学术传播平台

《新闻出版业“十二五”时期发展规划》就将“国家学术论文数字化发布平台”纳入四大精品生产工程之一,主要内容包括:建立覆盖主要学科领域数字学术期刊,打造基于“云计算”技术的学术论文发布平台,建立多学术期刊单位的在线投稿、同行评议、出版与发布系统,鼓励传统学术期刊与数字学术期刊互动,推动学术期刊出版数字化转型,带动原创学术文献数字出版的产业化、规范化、规模化发

① 李良荣、袁鸣徽:《中国新闻传媒业的新生态、新业态》,《新闻大学》2017年第3期。

展。然而7年过去了,该工程依然为空中楼阁。与此同时,来自学术期刊界的底层尝试与探索,虽然取得了一些成绩,但距规划的要求差之甚远。

2013年7月,"国家哲学社会科学学术期刊数据库"[简称"国家期刊库(NSSD)"]正式上线。这是由国家社会科学基金特别委托的项目,具体由中国社会科学院图书馆(调查与数据信息中心)承建。"国家期刊库"收录精品学术期刊1000多种,论文超过485万篇以及超过101万位学者、2.1万家研究机构相关信息。其中有国家社科基金重点资助期刊200种,中国社会科学院主管主办期刊80多种,三大评价体系收录的500多种核心期刊。项目组已完成了期刊库、论文库、人员库、机构库等四个核心基础库的建设,实现了期刊浏览、在线阅读、用户管理等通用功能,并在此基础上完成了全文检索、期刊原貌阅读、在线批注、期刊数据分析等多项特色功能的开发。该数据库的目标,是通过收录1000余种精品学术期刊和特色学术期刊,建设国家级、开放型、公益性的国家哲学社会科学领域的精品数据库。此外,由中国社会科学院牵头,教育部和国家新闻出版广电总局配合建设的"国家哲学社会科学文献中心"也已上线。由国家新闻出版广电总局牵头的国家数字复合出版系统工程,已经取得阶段性成果。这至少说明,"国家队"是可以利用自己的优势,在互联网上寻找立足点,并有所作为的。

学术期刊是发表学术创新成果、进行学术交流与对话的主要传播载体,具有公益性质,属于公共产品。公共产品在经济上的意义,不是以营利为目的,体现为被政府需求所购买的那部分社会产品,是公共需要的使用价值形态。因此,不应被完全推向市场。从国家层面搭建一个大型的以公益出版为主的哲学社会科学数字化学术传播平台,就是要将学术期刊架构在互联网所构建的平台之上,整合资源,提高效益,推进学术资源的公益使用、开放共享,实现学术期刊的数字化、集约化、规模化,更好地推动哲学社会科学繁荣发展,切实增强国家文化软实力,提升中国国际话语权。一般而言,构建大规模的用户平台的途径主要依靠技术、依靠内容、依靠服务。在技术方面,中国知网、万方数据、维普等公司凭借自身的技术优势打造了成功的应用平台,吸引了大量的用户,而全、散、小、弱的学术期刊难以在这方面建立优势。在内容方面，具有优质内容专业把关的学术期刊，不得不面对学术论文虽然有较强的刚性需求但其用户黏度不足的现实，以及学术期刊数字版权没有保护的窘境。入驻国家级、开放型、公益性的数字化学术传播平台，学术期刊的聚变与裂变才有可能在这个"核岛"发生。不过，这种能量的聚合与释放，需要海量用户的聚集。用户数据是平台实现价值的前提，如果只是搭建了平台，而不能聚集相当规模的用户，平台的价值就无法实现。从这个意义上讲，"国家哲学社会科学学术期刊数据库"与互联网新媒体平台的海量用户数相比，只是沧海一粟。因此，抓住用户、依靠服务将成为国家级、公益性的数字化学术传播平台建设的重点和难点。

2. 媒体融合的市场化模式："平台型媒体"

2014 年 2 月，美国社交媒体网站创始人乔纳森·格里克（Jonathan Glick）发表了《平台型媒体的崛起》的文章，引起了社会的广泛关注。所谓"Platisher"，其实是 Platform（平台）与 Publisher（媒体）两个字合成后的新词。2014 年 8 月，美国一位叫 Digiday 的撰稿人对 Platisher 做了这样的定义：平台型媒体是指既拥有媒体的专业编辑权威性，又拥有面向用户平台所特有开放性的数字内容实体。平台型媒体的本质是一个开放性和社会性的服务平台，按照推特 CEO 迪克·科斯特罗的说法：我们要为我们的用户在组织内容方面提供更好的服务。我们不仅要按照时间线顺序提供最快最新的内容，还要按照话题、主题、专题来组织内容。脸书为了创建 Paper 的 APP 内容聚合平台，就曾雇佣了一批编辑专职负责组织内容。2016 年 4 月，美国新闻博物馆首席执行官杰弗瑞·赫伯斯特在《华尔街日报》发表题目为《The Algorithm Is An Editor》的文章，更开宗明义指出"算法也是编辑"。由此，"平台型媒体"的内涵进一步被放大，原先那些发布并聚合众多内容的技术平台，虽然没有专业编辑，但因为有了算法，也可以称之为"平台型媒体"。伴随着新概念的产生、新技术的推进、新研究的深入，技术平台与媒体平台的界限被彻底打破，脸书推出 Instant Articles、谷歌推出 AMP、苹果推出 News、推特推出

Moment 等,美国构建平台型媒体的实践搞得风生水起,虎啸山鸣。平台型媒体也一直是国内热议的话题。喻国明教授撰文指出:“对于现阶段的媒介融合转型而言,我认为现在几乎所有的媒介融合和媒介转型的发展逻辑都是错误的,因为它是在传统媒介发展逻辑的基础上,对于互联网因素的某种粗暴简单地植入,时间已经并且将继续证明,这样做是没有任何效果的。我认为,真正应该成为媒体转型融合发展主流模式的是与互联网逻辑相吻合的平台型媒体。……这种平台型的媒介不是单靠自己的力量做内容和传播,而是打造一个良性的开放式平台,平台上有各种规则、服务和平衡的力量,并且向所有的内容提供者、服务提供者开放,无论是大机构还是个人,其各自的独到价值都能够在上面尽情地发挥。”① 2016 年,新媒体学者杰罗姆综合美国学者的一些研究,提出了一个新的定义:“平台型媒体,是依托热门互联网应用或海量用户基数,拥有开放内容生产体系(UGC),以专业编辑机制与算法推荐机制相结合的数字内容生产、聚合、分发体系。”②杰罗姆认为,形形色色的互联网新兴科技公司,正在进行新一轮的以内容为目标的扩张。如果此前大平台商们因为种种原因没有看清楚是不是一个有效的商业模式,那么现在百万雄师准备过大江了。平台型媒体充满了张力,空间巨大,许多人认为是未来的“金牛”,正在上面做着充满想象力的探索与搏击。

从信息聚合的方式看,国内主流的“平台型媒体”有门户类、社交化和个性化分发三种。

(1)以中国知网、万方数据、维普网、龙源期刊网等为代表的门户网站,它们依靠数字技术和互联网技术,较早建立了期刊数据库。由于几乎所有的社科学术期刊都将数字传播的权利转授给了期刊数据库,完成了信息聚合的门户网站也就垄断了具有专业编辑“把关”的学术期刊的传输。数据库不仅对所有入库期刊进行了外科手术式的拆解,而且导致学术传播的中心从期刊转移到了论文。没有流

① 喻国明:《互联网是一种高维媒介》,《新闻与写作》2015 年第 2 期。

② 杰罗姆:《中外互联网巨头重新定义“平台型媒体”》。

量的内容没有价值,没有内容的流量也没有价值,双方互有需要,合作才能利益共享。所以高校学术期刊人和中国知网一拍即合,在2011年推出了“中国高校系列专业期刊”。“网刊”借助数字平台与流量的东风,展开自己的翅膀,找到了上升的气旋。到2015年,加盟“网刊”的学术期刊已经有140余家,专业刊增加到12个,并陆续创办了《三农问题研究》《儒学研究》等7个专题刊。然而,理想很美好,现实很骨感。“在实践上,由于种种原因,很多设想难以实现,比如合作仅限于最终产品的重组,而没能推进到出版全流程;网刊的发起者既不是社会团体也不是企业,而是分散的学术期刊,这些期刊编辑部几乎都没有独立的法人身份,这导致了网刊主体身份的暧昧,也限制了外部资源的投入;由于缺少现实利益的支撑,提供技术平台的合作者投入动力不足,使得网刊缺少进一步发展的支撑。在理念上,网刊创办针对的是纸本期刊的现实焦虑,尽管运用了互联网技术,但在观念上还没有转变为互联网思维。比如,网刊仍执着于‘期’和‘刊’,时间上按期出版,形式上保持传统期刊固有的模式,与纸本期刊的区别只是搬到了网上而已,没有真正发挥出互联网的优势。”[①]具有讽刺意味的是,数字化平台实践并没有给学术期刊带来媒体融合的转机,反而成了门户网站或期刊数据库赚钱的商业模式。在可以预见的相当长的一段时间内,平台型媒体与学术期刊的地位是极不平等的,内容分发者吃肉,内容提供者喝汤。学术期刊只能眼睁睁地看着自己的内容在他人的平台上为他人创造财富。

(2)以微博与微信等为代表的社交化聚合平台。微博属于典型的平台型社交媒体,已成为当今中国最大的公共信息发布平台,并对当下中国的网络舆论产生巨大的影响力。2016年微博提供网络直播服务,实现日均观看人次773万。2017年微博全年营收超过11.5亿美元,创下上市以来的最高增速。不少学术期刊利用微博碎片化、交互性强、传播迅速、使用便捷等特点,实现了学术论文的“微出版”,增加了用户黏度,扩大了期刊的影响力。微信更趋向于服务型平台模式,

① 桑海:《新新媒介时代的学术平台》,《澳门理工学报》2017年第1期。

利用微信公众号服务读者是学术期刊数字化建设的一个重点。大多数学术期刊已经在微信公众平台上注册了公众号，并且利用微信的平台优势发展移动公众号服务，内容包括信息发布、论文发布、优先出版、稿件状态查询、移动在线编辑加工、读者关系维护等。

（3）以今日头条和一点资讯等为代表的个性化内容分发平台。截至 2017 年 1 月，今日头条累计激活用户数达到 7 亿，平均日活用户 7800 万，用户平均使用时长 76 分钟，平均日阅读量 35 次。平地起高楼，爆发式增长，此起彼伏的版权纠纷，引来一轰而上的“群殴”。为了解决版权问题，今日头条逐步建立了明确的版权机制，对稿源采取“先授权、后使用”“未授权、不使用”的原则，积极发展与传统媒体的多形式合作，以体现对内容心怀敬意，对版权无比尊重。2017 年度移动应用风云榜单揭晓，今日头条、一点资讯、网易新闻成为个性化新闻行业获奖的“三甲”。由此，“内容分发”成为互联网最火热的关键词，BAT 巨头争相进入相关领域，百度将“搜索内容分发”变为自身主业标配，腾讯推出竞品天天快报，阿里巴巴也推出竞品“UC 头条”。不过在激烈的肉搏中，今日头条依然保持一骑绝尘的优势。作为个性化内容分发平台，今日头条具有三大特点：一是新闻资讯的高度聚合。与传统媒体、门户网站、中小网站及自媒体的合作，是今日头条重要的内容资源来源。截至 2015 年 5 月，与今日头条有正式合作的媒体、政府和机构总计 5000 家，其中签约的传统媒体超过 1000 家。此外，头条号账号超过 2 万，每个账号都签订了入驻电子协议，版权约定清晰。合作的传统媒体涵盖大多数中央级媒体，省市级重点网站和报业集团，地方晚报、都市报，各类专业性和商业性期刊等。比如《三联生活周刊》就入驻了今日头条的微头条和悟空问答，通过今日头条的人工智能技术，把优质内容精准分发给受众。《读者》在喜马拉雅 FM 的总播放次数近 5000 万次，《国家人文历史》《财经国家周刊》等报刊社的音频已经占到凤凰 FM 原创类节目的 10%左右。这不仅规避了版权纠纷，而且也保证了信息内容的权威和可信。二是智能算法为核心的精准推荐。据报道，今日头条共有 4 万多台服务器进行运算，来保证以秒级速度收集海量信息，对用户特征做出反应并推送信息,2016年更是成立人工智能实验室,主要研究自然语言理解、计算机视觉、机器学习(算法与系统)、人机交互等AI技术。在张一鸣看来,算法是今日头条这款兴趣推荐搜索引擎应用的核心,这也是与传统媒体最本质的区别。三是个性化的信息定制。凭借着智能算法,今日头条能够快速抓取用户数据,精准分析用户需求,高效把关内容质量,在合适的时间把合适的内容推荐给合适的人。根据人的特征、环境特征、文章特征三者的匹配程度进行推荐,这就是今日头条能够杀出重围,在移动资讯领域站稳脚跟的核心优势。

3. 媒体融合的专业化模式:由学术集刊到学术新媒体

"学术共同体"这一概念是20世纪英国哲学家迈克尔·波兰尼(Michael Polanyi)提出来的。波兰尼在《科学的自治》一文中,首次使用了"学术共同体"(academic community)这个概念。他把全社会从事科学研究的科学家作为一个具有共同信念、共同价值、共同规范的社会群体,以区别于一般的社会群体与社会组织,这样的一个群体就称之为学术共同体。原祖杰认为,相对独立的学术共同体在内部构成上,对其成员的知识素养和学术活动是有一定的要求的。第一,须接受严格的学术训练。第二,须遵守学术规范与学术伦理。第三,要密切关注学术动态,积极参与学术活动。第四,要具有全球化视野。① 学术共同体主要包括学术期刊与专业学会两部分。在组织层面,学术期刊作为公共平台,发挥着聚合、培养学者和交流、传播学术的重要功能,许多著名的学派即因学术期刊而产生;在制度层面,专业学会主要围绕同行评议这一核心制度形成了系统性的学术制度,"它们作用于学者发表学术论文和专著,获得学术职位和晋升、申请学术奖励和资助以及荣获学术声誉等学术行为和过程之中,从制度上守卫着学术评价的程序正义和学术资源的公平分配"②。在历史上,学术期刊与学派是相互尊重、相互联系、

① 原祖杰:《学术期刊何以引领学术》,《澳门理工学报》2014年第1期。

② 张斌:《我国学术共同体运行的现状、问题与变革路径》,《中国高教研究》2012年第11期。

相互影响的关系，如代表18世纪法国启蒙思想的百科全书学派和对当代学术思想与研究方法影响显著的年鉴学派。有的时候，学派的领军人物或许就是学术期刊的主编，编辑就是这个学术共同体的成员，如霍克海默1932年创办的《社会研究》杂志就成为法兰克福学派的旗舰，顾颉刚1934年创办的《禹贡》半月刊就是禹贡学派的会刊。学者创办刊物，编研一体，优势有四："一是作为教授，他的周围聚集着一些学术团体和学生队伍，可以保证刊物的稿源和质量；二是他有很高的学术水平，对所从事研究领域的发展现状及学术前沿、发展趋势有清楚的认知，可以敏锐判断学术的创新点和突破点；三是他是知名学者，在学术界有一定影响，能够提升学术期刊的知名度和影响力；四是他有写稿、投稿的经历，其中甘苦自知，因此在编辑中所透析与发散出来的那种难以割舍的和一以贯之的人文情怀，催人思考，亦感人至深。"[①]按照马库斯·韦伯的说法，学术共同体的成员，必须"以学术为志业"。由此，每一本知名的学术期刊背后一定有一个强大的学术团体作支撑，它们才是构建学术传播秩序的当然主角。然而与西方普遍采行的注册制不同，中国学术期刊体制的核心是审批制度、主管主办制度和属地管理制度。审批制度的核心是对刊号的把控；主管主办制度的核心是办刊主体是单位而非学者，从而由行政权力部门掌控了期刊准入和日常管理。行政权力的一家独大，编研一体传统的被废弃，主编、编辑外在于学术共同体，学术期刊评价权被评价机构所取代，导致学术共同体与学术期刊的紧密联系被人为阻断，学者与学术期刊的关系日渐疏离。

钟摆可以过头，但它终将修正。出于对学术期刊现状的不满、创办新刊又难上加难的困境，学术共同体人选择了另一条路径：创办学术集刊。相对于学术期刊严格的审批制度，学术集刊使用书号出版，既不受国家期刊总量的限制，又突破了现有期刊管理的某些瓶颈。学术集刊具有四个基本特征：一是具有固定的书名和较为固定的出版单位；二是以高校系统院系和社会研究机构的学术同人发起，

① 张耀铭：《顾颉刚创办〈禹贡〉半月刊的学术启示》，《澳门理工学报》2014年第1期。

知名学者担任主编和编委,比较典型地承袭了"编研一体"的传统,有较为固定的编辑队伍;三是以特定的研究领域、研究共同体为依托,有比较清晰的学科或专业边界,代表一种思潮、学派和取向;四是以分册形式按周期连续性出版,并有年、卷、期标识序号。尽管学术集刊一直被新闻出版管理部门列入违规出版物,其发表的成果一般也不会被种种学术评价所承认,但依然阻挡不了学者们创办学术集刊的愿望与情怀。究其原因,正如陈思和在其与哈佛大学教授王德威共同主编的学术集刊《文学》创刊时所说:"《文学》是一本定位于前沿文学理论的刊物。摒弃目前社会流行的办刊思想,不朝所谓核心刊物、权威刊物去靠拢,不接受所谓学报体的论文,也不发那些短平快的报章体,力求走高端的学术道路,寻找真正的学者,发表积累多年、有深刻思想内涵、有学术含金量的学术研究论文,目标就是反映文学理论前沿的各种探索和思考,从而打造其独具特色的权威性。"①这才是学术共同体要找的视角,也是一个更直白、更具冲击力的视角。

新世纪以来,学术集刊异军突起,不少集刊为世界著名大学图书馆和相关院系所订阅,发表的高质量论文也有不少在本学科的世界范围内产生影响。早在2004年,杨玉圣教授就提出"学术集刊现象"。② 社会科学文献出版社(简称"社科文献出版社")从新世纪初开始出版学术集刊,历经16年的发展,从近千种学术集刊中精选出版了220种,几乎涵盖了哲学、经济学、社会学、政治学、法学、历史学、地理学、语言学、文学等大多数人文社科领域。在数字出版方面,社科文献出版社搭建了"中国集刊网(数据库)"学术平台,专注于中国学术集刊的编纂、出版、传播和推广。在专注集刊出版的同时,社科文献出版社还非常重视学术集刊出版规范和评价体系的构建,已发布了《SSAP学术集刊手册——编辑、出版与评价指南》,每年组织集刊的评选工作。2012年起,社科文献出版社开始组织召开"人文社会科学集刊年会",已连续举办6届,围绕"学术集刊与学术共同体建设"

---

① 蒋楚婷:《前沿文学理论丛刊〈文学〉创刊》,《文汇读书周报》2017年6月21日。

② 杨玉圣:《值得关注的学术集刊现象》,《云梦学刊》2004年第4期。

"学术集刊与学术传播""学术集刊与学术评价""学术集刊与中国学术国际化"等主题展开讨论,为扩大学术集刊的影响力,推动学术集刊的规范化、国际化做出了积极的贡献。2005 年 7 月,南京大学中国社会科学研究评价中心发布 2006—2007 年度 CSSCI 来源集刊目录,《语言学论丛》《中华文史论丛》等 33 种学术集刊首次纳入了 CSSCI 评价体系。到 2017 年,已经有 189 种学术集刊被纳入了 CSSCI (2017—2018)来源集刊目录,拥有了与学术期刊同等重要的学术地位。与此同时,新闻出版管理部门也打开了一扇窗,部分内容优质、学术规范的学术集刊已获得了新闻出版广电总局颁发的正式刊号,而成为名副其实的学术期刊。

对大多数学术集刊来说,没有国家新闻出版部门授予的期刊号、不具有被广泛认可的学术地位、经费无保障,是制约其发展的三大难题。这种状况不仅影响到学术集刊优质稿源的征集,而且也制约了学术集刊的健康发展。凭借他们的一己之力,根本找不到复兴之路。社科文献出版社打造的"中国集刊网(数据库)",由于具备了自己的信息源(稿件与作者)和忠实读者,从而成为一个内容导向的新媒体平台。这个平台的核心竞争力就是懂学术,能够生产出很好的内容;其他平台都是 UGC 的模式,质量上参差不齐,而这个平台可以在较短时间内产生专业内容,并保证质量和速度。社科文献出版社应该把这个新媒体平台作为主阵地,而不只是将其作为第二阵地或配角。应该将更多的资源投入这个新媒体平台,给予大力度的扶持,从而在内容生产资源方面拥有更大的话语权,从内容生产与内容消费两端,锁定客户与用户。"数字新媒体的障碍主要在体制,只要创新体制,搬走障碍,新媒体就会应运而生。"①国家层面的媒体融合战略,已为学术期刊体制改革提供了一个难得的契机。一旦"网络连续出版物管理规定""网络出版等新兴出版主体资格和准入条件"等法律法规和部门规章顺利出台,"中国集刊网(数据库)"或许会获得与学术期刊刊号相当的学术新媒体身份,届时学术集刊将

---

① 朱剑:《学术新媒体:缘何难以脱颖而出——兼及学术传播领域媒体融合发展》,《北京交通大学学报》2015 年第 4 期。

实现弯道超车或华丽转身，但愿这不是媒体融合最后阶段的一次抚慰与催眠。

4. 媒体融合的集群化模式：从学术期刊到学术新媒体

国际大型科技出版公司如施普林格·自然、爱思唯尔、约翰·威立的期刊出版，普遍采用集团化、数字化和产业化发展模式。爱思唯尔每年出版的期刊有3200多种，施普林格·自然集团每年出版期刊有3300多种，他们不仅期刊数量众多，而且在各学科领域均拥有具有世界影响的知名期刊。近年来，这些集团纷纷进军中国，开设分支机构，创建"中国在线科学图书馆"，直接寻找国内科学家办刊，仅施普林格·自然集团就与中国共同合作出版了百余种学术期刊，对中国科技期刊的发展构成严峻的挑战。相比之下，我国期刊受体制和机制的影响，规模化程度低，集约化水平差，竞争能力比较弱。随着媒体融合步伐的加快，期刊集群化发展已是大势所趋，大家都在努力补齐这个短板。目前，我国学术期刊在集群化建设过程中，形成了多种实现路径。

第一，改造式路径。"改造式路径的核心在于从刊群整体定位布局和发展战略出发，有目的、有计划地对刊群中已有子刊或作为潜在刊群成员的期刊进行改造。改造的内容包括单刊的品牌定位、服务定位、栏目设置以及后台的采编管理工作等，使其适应刊群的整体发展定位和发展布局。"①北京卓众出版有限公司一方面深耕农业机械领域的期刊，另一方面又改造拓展《汽车与驾驶维修》原有的某些栏目，相继推出《商用汽车》《车主之友》《汽车导购》《越玩越野》等新刊，形成《农业机械》、《数码摄影》、《机电商报》、卓众汽车网等17刊1报3网的刊群。通过构建互联网、手机、平板电脑等多层次、多平台的数字期刊产品，卓众出版初步形成了立体化的媒介传播形式。

第二，加盟式路径。在数字出版时代，网络聚合刊群已经成为一种行之有效的手段。来自不同主管单位、主办单位、不同地域的学术期刊，完全可以聚集在一

---

① 王铮：《我国科技期刊刊群实现形态和路径研究》，《中国科技期刊研究》2015年第12期。

个网络平台下面摆开架势、倾力一搏。典型的案例,如中国科技出版传媒股份有限公司(科学出版社)通过探索建立资本纽带、法律纽带、服务纽带等合作模式,不断吸引学科代表性、行业代表性、地区代表性的优秀期刊加盟,目前共出版近300种科技期刊,其中英文期刊70种,被SCI收录45种,被EI收录51种。为了打造平台型媒体,聚合与释放科技期刊的能量,该公司不断加大投入,并制定了"点面体"结合的发展战略:"点",就是加快创办重点英文大刊,提升高水平英文版刊物的国际影响力。一方面持续推动提升《中国科学》和《科学通报》的国际影响力,另一方面以科学出版社作为主办单位创办新刊18种,其中《国家科学评论》2017年最新发布的影响因子为8.843,在全球多学科综合类期刊中位列第五。"面",就是推动科技期刊学科集群化发展。目前,已建成地球与环境科学信息网,集聚了该领域176种优秀期刊、126个重点实验室、6000多位专家的内容资源。"体",就是通过研发SciEngine中国科技期刊国际传播平台、期刊全流程数字出版平台、中国科技期刊开放获取平台推动期刊平台化、集约化管理运营,适应国际化出版需求。[①] SciEngine的设计和开发,实现了从收稿到发布的一站式服务,通过开发符合国际标准的结构化数据和生产管理系统,实现对内无缝对接投审稿系统,对外自动对接PubMed、Crossref、Google Scholar、Altmetric等国际学术互联搜索和第三方平台,实时进行内容资源与各类应用数据的双向流动,实现快速、优质地出版和准确、及时地推送,提高期刊内容的被发现率,为国内学术期刊真正实现"走出去"提供技术支持。平台功能丰富,支持中、英双语页面切换和并列检索。基于结构化数据的排版技术,平台实现了HTML全文和PDF全文标签式阅读、数字内容的高效聚合与产品形态多样化。跨平台对接,实现了DOI生产、注册和更新,解决文献的割裂状态(CrossMark),提供一站式的链接服务,并能够实时显示期刊被权威数据库的引用情况,提升平台论文的学术影响力以及网络分享关注度,与国际平台接轨。发布平台实现自动的优先数字出版,包括接收即出版

① 林鹏:《中国科技期刊的困境与出路》,《光明日报》2018年1月18日。

(Accepted),优先出版(Online First),整期发布(Browse),并通过时间戳、水印等设置实现多种版权保护管理。SciEngine 在建设过程中获得国家文化产业发展专项资金的资助,为平台持续优化和深入发展提供了有力的资金保障。

第三,孵化式路径。孵化式路径指同一主办单位将分散在各编辑部的人、财、物实施统一管理和运行,通过资源共享、打造名刊、孵化新刊、共同发展的方式,形成差异化定位、优势互补的期刊群。典型案例,如上海大学期刊社下设《上海大学学报(自然科学版)》、Advances in Manufacturing、《应用科学学报》、Applied Mathematics and Mechanics(English Edition)、《社会》、Chinese Journal of Sociology、《上海大学学报(社会科学版)》、自然杂志《秘书》、《应用数学与计算数学学报》、《运筹学学报》、Journal of the Operations Research Society of China 和 CSR 等 13 个期刊编辑部。上海大学期刊社率先实施社科类期刊与科技类期刊、综合性期刊与专业性期刊、中文期刊与英文期刊集约化管理运营模式,并创办《先进制造进展》等英文刊,成为目前上海地区规模最大的学术期刊集群。

媒体融合已经从最初的百舸争流、无序竞争的初级阶段,进入到了抱团取暖、共克时艰的发展阶段。学术期刊如果仍然沉迷于维护自己的小舢板,根本不足以穿越风浪把自己带出苦海。学术期刊如果仍然幻想着被圈养在体制带围墙的花园里,终有一天会丧失自我救赎之路。面对生与死这个哈姆雷特式的经典问题,已经具备公信力、权威性和资本实力的期刊集群,应该抓住媒体融合的窗口期去构建自己专属的新媒体平台,实现集群的整体转型。但绝大多数学术期刊凭借自身的一己之力,根本找不到出头之日,如果不想成为恐龙,只能走捷径入驻其他平台,放下身段,寄人篱下,被人牵着鼻子接受整合与收编,成为平台型媒体中的配角。互联网融合传统媒体的过程都异曲同工:温水煮青蛙,不管你的出身门第,更不管你愿意不愿意。

5.媒体融合的期刊评价模式:从定量评价到全面评价

在学术期刊评价中,“影响因子指标”是最重要的考量目标。“‘影响因子’是由美国文献学家尤金·加菲尔德1972年提出的,是指一定时间内某期刊论文的平均被引率,其计算公式为:影响因子=期刊前两年所登载论文在统计当年被某学科论文引用的总次数/该刊前两年所登载论文的总数。影响因子现已成为国际上通用的期刊评价指标。"①"影响因子"被引入中国之后,被狂热追捧,催生出多家专业评价机构。这些评价机构的核心工作就是"评刊",具有四个显著特点:第一,评价仅限于具有正式刊号的学术期刊,网络媒体上发表的论文都被排除在体制认可的评价之外。第二,都是在用过去的文评现在的刊,再用现在的刊去评未来的文。第三,评价结果都是通过发布排行榜或排名表,给学术期刊定出等级。第四,评价的主要功能,就是为行政权力部门管理期刊服务。鉴于学术评价的复杂性、竞争性、即时性、公开性、操作性等难度,所以高校和科研单位普遍把南京大学中国社会科学评价中心的CSSCI引文索引来源期刊视为最具权威性的评价体系。尽管以计量为主的期刊评价工具具有相对优势,但这样的评价毕竟不是立体的、多维度的、全方位的。

"数字技术和互联网技术对学术传播的深度介入,以及学术国际化潮流的兴起,触发了传播秩序的危机,纸本时代以学术期刊为基点的传统秩序无法规约互联网时代多主体、多平台、多渠道的学术传播,学术传播已处于事实上的失序状态,秩序的重建刻不容缓。尽管在互联网时代无法复制纸本时代的学术传播秩序,但新的出版和传播技术在颠覆传统秩序的同时,也为学术传播秩序的重建提供了新的解释基础。"②早在1913年,德国一家报纸的总编辑沃尔夫冈·雷普就提出一个在传播历史上具有重大影响的论断:新媒体不会取代现存的媒体。③ 按照"雷普法则",互联网不是一种新的报刊,而是一种新的媒体。这意味着,互联网将按照现有媒体的范式创新性地自我塑造,而不是取代。

纸本时代产生的学术评价机制,显而易见不适合网络时代学术传播的需要。

① 张耀铭:《学术评价存在的问题、成因及其治理》,《清华大学学报》2015年第6期。
② 朱剑:《学术共同体、学术期刊体制与学术传播秩序》,《澳门理工学报》2016年第3期。
③ 何震、陈笑雪:《德国新媒体发展态势与问题探析》,《中国记者》2016年第3期。

目前,不管是报纸期刊、广播电视,还是互联网,衡量媒体价值的主要指标都是判断"人与媒介"关系的接触点,比如订阅数、收听收视率、点击率和下载量,但接触点只是证明有多少受众曾经接触过某个媒体,以及这样的接触点在整个市场所占据的份额。"实际上同样的内容,在不同的接触点、不同的媒体上所产生的效果有天壤之别。原因在于接触之后,存在更多、更为关键的态度及行为反应变量:比如说接触之后对受众的影响是正向的还是负向的,影响力度是强的还是弱的,是否能触发其行为的改变——接触仅仅是个开始,对媒体传播价值的评估只看接触点是很不全面的。"[①]互联网时代的学术评价,究竟会是什么样子?我们不知道。但是,新媒体技术、平台型媒体必然带来评价理念、目标、内容、方法的调整。大洋彼岸的探索,或许给了我们一个参照的坐标。2015 年 2 月,美国期刊协会推出"期刊媒介 360°"方案,明确主张用"受众量"取代"发行量",从 360°视角实现对期刊影响力的全面评估。根据该方案,新时代的期刊不再是单一的、平面的、纸质的印刷媒体,而是一个多媒体的、立体的、多渠道的"期刊媒介";期刊的受众量不仅是纸质版的销售量,更是全媒体时代对受众的全面覆盖及最佳传播效果。"期刊媒介"包括纸质版+数字版、网络版、移动版、视频版和社交媒体版 5 种发行方式,销售量、访问量、阅读量或点赞数构成了期刊受众总量。"基于此统计,2015 年美国期刊月均受众达 5. 77 亿人次,受众量比 2014 年增长 10. 2%,是传统媒体中增长最显著的媒体之一。期刊发行的主导形式仍是'印刷+数字版'模式,月均受众量为 3. 44 亿人次,占期刊受众总量的 60%,增长率为 0. 2%,表明纸质期刊市场的增长空间有限。期刊网络版受众为 0. 92 亿人次,且增长率仅为 0. 4%,可见网络版期刊的增长空间也有限。期刊受众增长最快的是移动发行渠道,2015 年移动版月均受众量首次突破 1 亿人次大关,增长率高达 65. 3%,占期刊受众的比重达 22%,期刊移动版受众数量首次超过网络版受众数量。视频版受众为 0. 12 亿人次,增长 14. 4%,虽然其目前尚不占优势,但未来增长空间不可限量。从发展趋势

① 徐立军、王玉飞:《2018 年中国传媒的基本面与机会点》,《现代传播》2018 年第 1 期。

看，期刊移动版受众量仍将快速增长，但短期内'印刷+数字版'仍是主流发行模式。"①美国的这套构建于多种传播渠道的受众计量方法，无疑对我国的学术评价、媒体融合具有重要的启示意义。

四、思考未来，布局当下

中国当下的媒体融合发展有其内在的特殊性，不是单纯依靠学术期刊自身的底层实践就可以完成的，必须以顶层设计出台的法律法规和部门规章为支撑，深化改革，创新体制，放宽限制，解决关键问题，才能见到成效。第一，加快出台新闻出版广电总局与财政部在 2015 年 3 月 31 日联合发布的《关于推动传统出版与新兴出版融合发展的指导意见》中明确承诺的与学术期刊相关的"网络连续出版物管理规定""网络出版等新兴出版主体资格和准入条件"等相关文件，规范、保障、推动学术期刊的融合发展。第二，媒体融合的顶层设计思路清晰，人民不满意的也许只是执行力。所以相关的权力行政部门，必须聚精会神谋发展，凝心聚力抓落实，从战略高度打造国家学术论文数字化发布平台，支持品牌学术期刊做强做大，提升中国学术话语权。第三，学术期刊体制改革到了刻不容缓的时候。现在的学术期刊准入难、刊号流动更难、期刊退出难上加难，结构分布不合理，学术新媒体难产，"超稳定结构"，管理僵化、政策滞后……学术期刊的体制问题，事实上已经成为制约学术期刊发展的障碍。因此期刊改革必须从期刊管理体制入手，"只有将改革不合理的期刊管理体制作为改革的重点，期望才不会落空"②。第四，随着期刊管理体制的改革，与体制关系密不可分的学术评价机制的改革也势在必行。第五，所有的新媒体平台，包括商业网站，都是资本下的蛋。"充足的资本投入，是成功融合的前提；完善的资金链，为成功融合提供有力保障。目前，媒

① 吴锋、田田：《坚守与拓新：美国期刊业最新变革与发展趋向——基于"期刊媒介 360°"方案的解读与评析》，《出版发行研究》2015 年第 10 期。

② 仲伟民：《缘于体制：社科期刊十个被颠倒的关系》，《南京大学学报》2013 年第 2 期。

体融合发展已经初步形成政府补贴、上市融资、组建融合基金、引进战略投资等多渠道资本来源的基本格局。"①学术期刊集群如果得不到政策优惠和扶持,不能上市融资或引进战略投资,很难形成发展与做大新媒体平台的物质基础,更不要妄谈与 BAT 等新兴科技公司在网络空间的竞争。上市资源是最大的资源,新媒体进入资本市场,就可以游刃有余。但是,"截至目前,民营甚至外资控股的商业网站和新媒体,上市融资顺风顺水,而传统主流媒体创办的新媒体,上市却比西天取经还难,上市成功的公司寥若晨星"②。即使在大众传播领域,传统媒体办的新媒体与位于第一方阵的互联网巨头相比,无论是在用户数、影响力还是在市值、体量方面的差距不是在缩小,而是在持续地扩大,市场上用户规模过亿、日活跃用户过千万的"平台级"新媒体至今都不为主流媒体集团所有。第六,从内容到平台,是学术期刊集群发展新媒体的战略选择。如果只谈融合,不做平台,只是战术级的思维,很难吸纳资源,聚集用户,扩大影响。互联网上"现象级"的应用只有导向"平台级"的流量入口和商业模式,才是真正有前途的成长路径。学术期刊集群在新媒体平台要围绕客户端打造优质内容,建设完善的用户需求分析系统,精准推送专业产品、付费阅读、学术咨询等,改善用户体验,从而实现平台的整体变现。

马克思曾把商品转换成货币的过程称为"惊险的跳跃","这个跳跃如果不成功,摔坏的不是商品,但一定是商品占有者"③。媒体融合倒逼改革,改革的主要突破口在于体制。刊与网之间张力的最有力的维持者无疑是期刊体制,学术新媒体迟迟得不到与学术期刊刊号相当的、合法的学术传媒身份,也是因为期刊体制。不过,束缚人们思想解放的传统媒体思维正在打破。2016 年 7 月中共中央办公厅、国务院办公厅印发《国家信息化发展战略纲要》,文中明确强调:"对所有从事新闻信息服务、具有媒体属性和舆论动员功能的网络传播平台进行管理。"这份纲领性文件把基于互联网应用诞生的网络传播平台纳入媒体范畴,对其"媒体属

① 戴莉莉:《牢牢把握融合发展的关键环节》,《人民日报》2017 年 2 月 19 日。

② 傅绍万:《媒体融合成败的关键》,《传媒》2014 年第 24 期。

③ 《马克思恩格斯文集》(第 5 卷),人民出版社 2009 年版,第 127 页。

性”重要性的认知提高到了前所未有的高度,这将深刻改变人们对于互联网时代媒体的定义与定位,从而改变媒体融合的路径与方向。

最后借用一位媒体掌门人的话与同行共勉:“隧道深远,亮光已然可见!”

原载于《济南大学学报(社会科学版)》2018年第3期

学术期刊媒体融合的新模式与新问题研究

媒体融合的概念,源自20世纪80年代的美国。2006年之后,我国的相关研究成果逐渐增多,并具有一定的研究广度与深度。与此同时,中国传统媒体(尤其是纸媒)的衰落已成不争的事实。为了摆脱困境,传统媒体终于放下了权威的架子,开始探索转型的路子。然而,假转型、乱转型的现象随处可见,有的传统媒体即使真转型,也常常以失败告终。互联网不相信眼泪,传统媒体如果不弄明白要朝哪个方向转型,很难实现自我救赎和后续发力。长此以往,即使是金字招牌也只能成为墓志铭。

2014年8月18日,中央全面深化改革领导小组第四次会议审议通过了《关于推动传统媒体和新兴媒体融合发展的指导意见》,这标志着媒体融合上升为国家战略,业界因此将这一年称为中国的媒体融合元年。

一、学术期刊媒体融合的新模式

媒体融合为传统学术期刊插上了一双"隐形的翅膀":可以提高学术期刊信息传播的速度,增加学术期刊信息的发布渠道,扩大学术研究成果的传播范围,增加学术研究成果的获取途径,满足用户的个性化需求。

面对一条新的起跑线,传统学术期刊抓住媒体融合的窗口期,通过加强跨媒体融合,探索纸媒与互联网、纸媒与手机终端、纸媒与微媒体等多种媒体融合方式，加快了转型发展的步伐，蹚出了不同的道路，积累了丰富的经验，形成了一些新的模式。

1. 刊网融合模式

刊网融合是近年来学术期刊界研究与实践的一个热点问题。随着数字化转型步伐加快，学术期刊进行了不少有益的探索，目前形成了三种刊网融合的模式。

第一，合作模式。学术期刊与中国知网、万方等大型期刊数据库合作，利用这些数据库的技术优势、资源聚合功能和市场占有率，间接实现刊物的数字化。这种模式只需与数据库平台签订相关协议，即可实现学术期刊的数字化出版与网络传播。这就规避了传统学术期刊缺乏网络技术人才的劣势，极大地降低了网络运营和管理的成本，能收到立竿见影之效。

第二，自建网站模式。学术期刊主动创建和运营网站，自己管理，自行发布，努力实现一体化的资源整合和转型发展。社科学术期刊独立建网站的有中国人民大学书报资料中心的"学者在线"、浙江大学学报网站、新华文摘网、上海大学期刊社网站、上海财经大学经济学期刊网等。科技类期刊自建网站的较多，这些网站主要的技术支持方为西安三才科技、北京勤云软件、北京玛格泰克、中国知网等。

第三，联盟模式。联盟模式是由业内公认的品牌期刊牵头，创建同行专业学术期刊数据库。比如由《中国激光》牵头创建的中国光学期刊网，2004 年正式上线，"它集中了国内光学期刊论文最为全面的数据，发表速度快于任何其他平台，检索功能、二次挖掘功能等都实现了人性化设计，并初步实现了文献数据一次制作、多次发布的预期。不仅能在电脑上使用，在手机等移动终端也能使用。这个平台的平均排名约为全球网站前 6 万位，进入全球网站排名的前 1%，是全球文献浏览和下载量最大的光学专业网站"①。此外，还有中国地学期刊网，其汇集了

① 杨蕾、童菲等：《产业集群对专业化期刊集群的启示——对〈中国激光〉杂志社创新与坚守的再思考》，《中国科技期刊研究》2014 年第 6 期。

235 种科技期刊,涉及 40 余家主管单位、110 家主办单位,是以专业平台带动期刊汇聚的典范。

2. 开放存取模式

开放存取(Open Access,简称 OA),原指图书馆领域的“开架借阅”,后被赋予新的内涵,即在互联网环境中以自由、开放、共享和免费方式获取并利用学术信息的一种出版、交流模式。国内 OA 期刊的发展速度比较快,特别是自科类期刊的发展速度令人刮目相看。早在 2010 年,1868 种中国科技核心期刊中就有 461 种在自建网站上实现了 OA 出版,可让用户免费浏览期刊全文,加上中国科技论文在线、首席医学网、科学出版社期刊出版平台实现 OA 出版的期刊,据保守统计,中国 OA 期刊的总数接近 1000 种,约占中国期刊总数的 10%。[①] 有学者将实现 OA 出版的中国科技期刊归纳为三大类 11 种具体模型。第一类为传统印刷期刊+后印本存档模式,具体包括个人主页开放存取、个人博客开放存取、网络集成代理开放存取和电子印本开放存取仓储 4 种模型。第二类为混合型 OA 期刊模式,包括双重模式开放存取、延迟开放存取、部分开放存取、开放存取索引 4 种模型。第三类为创建型 OA 期刊模式,包括基于作者付费的开放存取、受资助的开放存取和多元融资模式的开放存取期刊 3 种模型。[②]

中国社科类期刊的 OA 出版远逊色于自科类,但仍呈现增长趋势。有学者对《中文社会科学引文索引》(CSSCI)(2012—2013)535 种来源期刊做了统计分析,结果显示,截至 2012 年 8 月,有 73 种期刊实现了 OA 出版,占总数的 13.6%。[③] 而《中文社会科学引文索引》(CSSCI)(2014—2015)533 种来源期刊,有 120 种期

① 王应宽、吴卓晶等:《国内外开放存取期刊研究进展与发展动态分析》,《中国科技期刊研究》2012 年第 5 期。

② 王应宽、王锦贵:《中国科技学术期刊的开放存取出版模式研究》,《中国科技期刊研究》2007 年第 5 期。

③ 陈铭、叶继元:《中文文科期刊开放存取现况的统计与分析——以“中文社会科学引文索引”(CSSCI)来源期刊为例》,《图书情报知识》2013 年第 3 期。

刊实现了OA出版，占总数的22.4%。尽管社科类OA期刊还存在地区和学科分布不均、上网时滞严重、全文回溯时间有限等不足之处，但开放存取已经成为获得学术信息不可逆转的历史潮流。

3. 微信公众号出版模式

微信是腾讯公司于2011年1月推出的一款智能手机应用软件。2012年8月23日微信公众号正式上线，开启了个人、企业或组织通过公众平台面向特定群体发送文字、语音、图片、视频和图文消息的模式，实现了个人、企业或组织与目标用户全方位沟通互动的变革。根据腾讯发布的2017年第三季度财报，截至2017年9月30日，微信用户达到9.8亿，日发送的消息数约为380亿条，月活跃公众号为350万个，月活跃公众号关注用户数为7.97亿。“微信是一个全新的内容推送平台，更是一种新的创作模式和数字出版模式。”①随着微信的风靡，专家和学者对其有过很多阐述，比如微信内容传播就有十大特征：第一，内容自由度高；第二，受众黏度强；第三，多媒体传播；第四，系统开放免费；第五，传播互动及时；第六，阅读可选择性强；第七，受众可辨认度高；第八，碎片化内容过多；第九，垃圾信息泛滥；第十，安全性脆弱。② 目前，微信公众号在学术期刊领域已经得到普及应用，许多期刊开始与腾讯合作，开通微信公众号，通过信息揭橥、内容发布、优先出版、稿件查询、在线投稿、审稿、编辑加工、读者关系维护等方式来扩大手机读者群，提升学术期刊的影响力和知名度。“截至2015年5月30日，1200种中国科学引文数据库(Chinese Science Citation Database，简称CSCD)期刊，共有283种期刊开通了微信公众号，占全部期刊的23.6%，且比例在不断递增。”③在学术期刊与微信的媒体融合过程中，科技期刊的微信公众号结构相对完善，服务比较有序。《中国

① 王钟雄：《微信或将推动数字出版新革命》，《出版广角》2013年第15期。

② 聂震宁：《我看当前数字出版热点》，《现代出版》2014年第6期。

③ 王宝英：《中国科学引文数据库来源期刊微信公众号现状调查与分析》，《中国科技期刊研究》2016年第1期。

激光》《中华医学杂志》等期刊的微信公众号更是凭借专业化、个性化的服务得到专家点赞。2014 年 11 月，人大数媒科技(北京)有限公司依托人大书报资料中心 148 种学术刊群，推出“壹学者”微信学术平台，提供“壹阅读”“壹科研”“壹社交”“壹传播”的一站式服务，可谓独树一帜。“壹学者”微信学术平台有几个主要功能：一是实时推送学科资讯，二是建立学者交互空间，三是提供各类科研服务，四是扩大科研传播渠道，比如可以查看周边会议、沙龙信息，快速结识参会学者。“‘壹学者’坚持用户价值导向，着力于满足用户社交与传播需求，打造‘内容’+‘工具’+‘社交’的移动互联网产品架构，并开展了丰富的用户运营探索，构建了一个全新的学术生态系统。”①

4. “域出版”模式

2011 年 3 月，《复旦学报》《南京大学学报》《清华大学学报》《四川大学学报》等 17 家“名刊工程”学报联合发起“中国高校系列专业期刊”(简称“网刊”)，创办了《马克思主义学报》《历史学学报》《哲学学报》等 10 个一级学科的专业刊，在中国知网以开放获取方式正式上线。“网刊”创办以来，取得了很好的效果，不仅提高了收录文章的下载量、引用率和影响力，而且得到了管理部门的充分认可与支持。然而由于体制的掣肘和思维惯性，不可避免地存在诸多局限。“在实践上，比如合作仅限于最终产品的重组，而没能推进到出版全流程；‘网刊’的发起者既不是社会团体也不是企业，而是分散的学术期刊，这些期刊编辑部几乎没有独立的法人身份，这导致了网刊主体身份的暧昧，也限制了外部资源的投入；由于缺少现实利益的支撑，提供技术平台的合作者投入动力不足，使得‘网刊’缺少进一步发展的支撑。在理念上，‘网刊’创办针对的是纸本期刊的现实焦虑问题，尽管运用了互联网技术，但在观念上还没有转变为互联网思维。”②

---

① 张文飞、胡娟等：《用户运营构筑强大传播力，纸网互动共建学术出版生态——以“壹学者”移动学术科研服务平台为例》，《传媒》2016 年第 19 期。

② 桑海：《新新媒介时代的学术平台——以域出版为中心》，《澳门理工学报》2017 年第 1 期。

在媒体融合的大背景下，以互联网思维思考构建学术传播新秩序的问题时，“期”和“刊”这两个最具纸本时代特征的要素恰恰成了首先要突破的框框。2015年3月，《南京大学学报》主编朱剑在清华大学筹办的首届学术期刊文学编辑论坛上，明确提出“专栏是在线数字传播的最佳单元”。2015年4月北京超星公司副总经理汪新红在澳门华文学术期刊发展趋势国际研讨会上，公开使用“域出版”来指称超星公司正在开辟的期刊业务。此后，经过多次接触、沟通、协商、谈判，超星公司完全认同并接受了高校期刊界提出的“以专栏为中心的期刊数字出版理念”，并将其定名为“域出版”。2016年9月，高校学报界在吉林大学召开“‘域出版’暨学术期刊联盟建设研讨会”，2016年10月，北京超星公司在北京外国语大学国际大厦举行了“期刊智能出版传播平台暨‘域出版’发布会”，这标志着“域出版”这个名称已经正式被学术期刊界接受。

“域出版”是高校学术期刊界与北京超星公司双向互动、合作创新的产物，也是思想与技术、专域与渠道、内容与平台融合的新尝试。正如朱剑所说：“‘域出版’理念的要义是将‘域’的概念引入互联网出版领域，在信息聚合型编辑、出版、传播平台上，实现以‘专域’为基本单元的多元、有序、高效的出版和传播。在这里，‘专域’将取代传统秩序中的基本单元——书、报、刊，成为新的传播基本单元和构建新秩序的基础，而‘域出版’平台将为‘专域’的编辑、制作和传播提供强大的信息资源和技术支撑，以实现内容、形式、渠道的统一。”①对于学术期刊来说，只有与新媒体融合，才能实现真正的数字化、专业化和集约化转型。《清华大学学报》主编仲伟民认为，“域出版”是学术期刊未来发展的方向，是学术期刊走媒体融合之路的桥梁。理由有六：第一，“域出版”有利于新旧学术期刊体制的融合；第二，“域出版”有利于作者、读者与编者的深度融合；第三，“域出版”是公私融合共赢的典范；第四，“域出版”是上层决策与民间智慧融合的典范；第五，“域出版”有望使综合性期刊和专业性期刊走向融合之路；第六，“域出版”有望实现专家与

① 朱剑：《域出版：传播秩序的重构》，《澳门理工学报》2017年第1期。

技术的深度融合。[1]

5. 集群化发展模式

随着媒体融合步伐的加快，期刊集群化发展已成为大势所趋。我国学术期刊在集群化建设过程中，探索出多种实现路径，取得可喜成果。

第一，改造式路径。"改造式路径的核心在于从刊群整体定位布局和发展战略出发，有目的、有计划地对刊群中已有子刊或作为潜在刊群成员的期刊进行改造。改造的内容包括单刊的品牌定位、服务定位、栏目设置以及后台的采编管理工作等，使其适应刊群的整体发展定位和发展布局。"[2]北京卓众出版有限公司一方面深耕农业机械领域的期刊，另一方面又改造拓展《汽车与驾驶维修》原有的某些栏目，相继推出《商用汽车》《车主之友》等新刊，形成《农业机械》、《数码摄影》、《机电商报》、卓众汽车网等 17 刊 1 报 3 网组成的刊群。通过构建互联网、手机、平板电脑等多层次、多平台的数字期刊产品，卓众出版初步形成了立体化的媒介传播形式。

第二，加盟式路径。在数字出版时代，网络聚合刊群已经成为一种行之有效的手段。来自不同主管单位、主办单位、不同地域的学术期刊，完全可以聚集在一个网络平台下抱团取暖、借力而行。典型的案例有中华医学会刊群、材料期刊网、中国光学期刊网等。由《中国激光》杂志牵头成立的中国光学期刊网，囊括了国内 51 家期刊，以"共享资源，共享经验，抱团取暖，做大做强"为宗旨，致力于推动光学期刊的发展和光学知识的传播，如今在行业内颇具影响力。

第三，孵化式路径。孵化式路径指同一主办单位将分散在各编辑部的人、财、物实行统一管理和运作，通过资源共享、打造名刊、孵化新刊、共同发展的方式，形成差异化定位、优势互补的期刊群。比如上海大学期刊社率先实施社科类期刊与

---

① 仲伟民：《域出版助学术期刊走向真正的媒体融合之路》，《澳门理工学报》2017 年第 1 期。

② 王铮：《我国科技期刊刊群实现形态和路径研究》，《中国科技期刊研究》2015 年第 12 期。

科技类期刊、综合性期刊与专业性期刊、中文期刊与英文期刊集约化管理运营模式，并创办《先进制造进展》等英文刊，形成目前上海地区规模最大的学术期刊集群。

6. 跨界融合模式

随着媒介融合的不断深入，无论是报纸、期刊还是电视都已意识到自身传播力量的薄弱，于是纷纷谋求向综合传媒集团转型。传统媒体跨界融合一般有三种模式：一是不同媒体之间通过收购、合并等手段，进行产权、营运、产品的整合，形成规模庞大的多媒体集团，开展具有规模效益的多种业务；二是同一媒体集团内部的不同媒体发挥协同效应，使信息资源的用途多样化；三是国内互联网媒体凭借其庞大的用户群、先进的技术和巨大的资金实力，反过来融合(即“倒整合”)传统媒体。以下将以具体案例分析传统媒体的三种跨界融合模式。

第一，《中国国家地理》的跨界融合。《中国国家地理》依托内容优势，纵深挖掘，出版青春版《博物》、电子杂志《行天下》，收购《中华遗产》，创建中国国家地理网，成立国家地理影视公司，推出手机报和“掌途”客户端，通过在网站、电子杂志、手机报、户外媒体等多介质渠道的全媒体化运营，不仅打造了中国专业地理多元化经营体系，而且为长远的媒介融合发展做好了布局。

第二，浙江大学社科学报的跨媒体融合。浙江大学社科学报的数字化建设起步较早，多年来曾做过多方面的尝试和实践。(1)在全国社科期刊中率先建立线上内容永久数字标识系统——DOI(Digital Object Identifier)，以确保数据的权威性。(2)实行开放获取，提供免费下载服务。(3)尝试在线提前出版，这种模式是“整期印刷本期刊的提前本”。(4)在全国中文期刊中率先推出“在线优先出版”，这种模式是“以单篇论文为发表模式的中文在线优先出版论文”。(5)建立网络投稿与审稿系统，实现生产过程的数字化。(6)尝试新媒体，开通手机版，首推学术期刊移动阅读与印刷本同步出版的全新传播模式。(7)在全国高校综合性期刊中首开微博，以“微编辑”创新平台、整合期刊内容，借“碎片化”“浅阅读”开拓数字传播新渠道。(8)试水平板电脑,提供全新阅读体验。[①] 浙江大学社科学报的探索表明,传统学术期刊完全可以根据自身特点及读者需求量身打造属于自己的媒体融合之路。

第三,阿里巴巴"倒整合"传统媒体。在互联网公司"倒整合"传统媒体的浪潮中,阿里巴巴频频出手,取得了不俗的战绩:2013 年 3 月投资 5.86 亿美元,收购新浪微博 18%的股权;2013 年 4 月战略投资号称中国管理第一刊的《商业评论》(中国社会科学院主办),加入推动传统媒体向新媒体变革的行列之中;2014 年 3 月斥资 62.44 亿港元,收购文化中国传播(影视、游戏、广告、报刊)60%的股权;2015 年投资 12 亿元,入股上海第一财经传媒有限公司(《第一财经日报》《第一财经周刊》)。此外,还有投资无界新闻、《北京青年报社区报》、封面传媒,收购香港《南华早报》,等等。"阿里巴巴通过在传媒业的一系列并购,已经成功在视频、社交媒体、传统媒体、电影业、新闻客户端等传媒业领域布局,传媒帝国已然成型。"[②]

二、学术期刊媒体融合中的新问题

随着技术创新与媒体生态变化,三年来媒体融合加速推进,前行至深水区。学术期刊为了破解传统传播渠道的"中断"或"失灵"问题,几乎全部把数字传播的权利转授给了中国知网、万方等大型期刊数据库,并尝试运作"两微一端",希望由此搭上互联网和新媒体的高速列车,实现华丽转身。然而事与愿违,聚合型的数据库由最初的合作伙伴,摇身一变成了竞争对手,导致孤立的纸本期刊学术传播中心的地位日趋旁落。大型期刊数据库不仅垄断了学术期刊的在线传输渠道,更为致命的是引领了读者"去纸质化"的阅读方式和数据库下载论文获取信息的方式。可以说,学术期刊在媒体融合的过程中,旧的瓶颈尚未突破,新的问题

① 徐枫、郭沁:《传统学术期刊的数字化转型:做最好的线上传播》,《澳门理工学报》2013 年第 1 期。

② 郭全中、胡洁:《平静中听风雷:2015 年中国传媒业发展盘点》,《现代传播》2016 年第 2 期。

又开始缠绕,距深度融合还有很长的路要走。

1. 复合型编辑人才缺乏

媒体融合不是不同媒介形态的简单拼接,而是技术融合、渠道融合、平台融合、内容融合、经营融合、管理融合等全方位的调整,新技术的采用、传播渠道的改进、内容生产方式的创新、传媒组织形态的升级、传媒产业链条的重构、管理体制与政策的改革都要随之发生相应的变革。技术融合是整个媒体融合的基础,其中最重要的是数字技术和互联网技术,它们在传统媒体与新媒体的融合过程中能发挥巨大的推动作用。然而,目前传统学术期刊的人才储备与技术支持无法满足媒体融合建设的需求。

我国学术期刊的主办单位以高校、科研院所以及学会为主,由"体制内"任命的部分期刊领军人物,具有较高的专业水平和很好的学术理念,却缺乏驾驭新媒体业务的技术素养,没有树立拓展新媒体业务的基本目标,更没有规划新媒体业务的长远战略。目前很多学术期刊已通过集成的采编系统实现了审稿、编稿、发稿过程数字化,以及这一流程与 PC 端和互联网的融合,但这一流程与移动互联网的融合却进展迟缓。其问题在于,缺乏新型的复合型编辑人才。老编辑对新融合、专业技能(信息检索能力、计算机操作能力与多媒介转换能力等)缺乏了解和掌握影响了他们对学术新媒体的热情和探索精神,影响了互联网思维在学术期刊领域的运用和发展,更制约了行业借助融合业务技能实现对多种媒体的资源整合。

2. 媒体融合主导权缺位

我国现有传统媒体管理制度产生于计划经济时代,形成了以审批制度、主管主办制度、行业管理制度、属地管理制度为核心的规制政策。在这种体制下,传统学术期刊一直保持主流学术传媒地位,发挥着主体性作用。"其一,拥有公开出版的刊号,具有体制授予的合法身份,不存在'无米之炊'的生存威胁;其二,牢牢把控着学术信息源(专业边界)和作者资源(学术水准),目前还没有任何学术新媒体能够与其分庭抗礼,对其构成挑战;其三,在现行的学术评价与期刊评价机制之下,只有具有正式刊号的期刊才能得到行政权力部门与专业评价机构的承认,尽管纸本期刊的传播功能早已名存实亡,但其'记录功能'仍然受到学者们的重视。"[①]然而,恰恰是这类媒体,在媒体融合的道路上走得跌跌撞撞,深陷"不做等死,做了找死"的困惑之中,无法承担起媒体融合的主动权。其主要原因有三:一是缺乏国家主导的大型公共服务数字出版平台,表现为具有公益性质的学术期刊没有公共技术平台的强力支撑,盲目"嫁接"或重复探索;二是学术期刊的市场主体地位模糊,身份尚为事业单位或改制后只是换块牌子的"翻盘企业"、改制后依然没有建立现代法人治理结构的传统媒体,在与新媒体融合过程中必然遭遇体制障碍与规制约束;三是学术期刊分散弱小、技术落后、经济实力不强,作为媒体融合中的被动者,它们根本没有实力与能力去主导媒体融合。

互联网企业与新媒体公司是否具有媒体融合的主导权?答案也是否定的。从技术、平台与资本实力来看,它们有舍我其谁的优势。然而,在深入思考探究媒体融合发展的趋势时,我们会察觉到一些悖论的存在。首先,民营力量主导媒体融合,势必与党和政府强调的媒体的政治属性、舆论导向冲突,很难满足"可控可管"的传播要求;其次,中国知网、万方等大型期刊数据库虽然在数字传播方面几乎取代了纸本传播,但其在学术信息源、专业编辑权威性、学术共同体关系等方面存在明显的短板,因而无法替代学术期刊承担的历史使命和社会责任;再次,互联网企业与新媒体公司并没有获得体制授予的合法身份,还不具备与学术期刊刊号相当的学术传媒地位。目前流行的微信公众号与论文在线网站,不过是学术期刊的附庸或补充,暂时不足以动摇学术期刊的主流地位。

3. 政策与规制缺陷

新媒体与传统媒体融合过程中出现的新问题,也给政府的媒体管理工作带来

---

① 张耀铭:《"媒介融合":学术期刊转型发展的新趋势》,《澳门理工学报》2017年第4期。

严峻的挑战。一是多头管理，权责不一。在互联网的监管上，工业和信息化部是行业主管部门，公安机关负责打击利用网络实施的各种犯罪活动，文化部门对文化产品、文化活动实施监督管理，国家新闻出版广电总局负责全国网络出版服务的审批和监督。这种管理体制职能交叉、条块分割，致使在监管的具体过程中，形成政府管理越位或政府管理缺位两种现象。比如在相当长的时间里，我国是把互联网和手机作为信息产业来定位的。但互联网和手机既有产业属性，又有媒体属性。单纯由产业部门管理，很容易造成行业管理和舆论监管的脱节。特别是新闻出版广电部门实行严格的内容监管，而电信部门只管传输不管内容，结果因传输平台的不同，就会产生天壤之别的规制差异。二是法律“跟不上、管不住”。近些年，虽然我国在新媒体管理方面已出台数部法律法规，但总体上立法层级不高、法律效力较低，“一方面，行政机关对现行行政法律文件的修改、补充滞后于新媒体的快速发展，造成法律制度不该有的缺位；另一方面，各行政机关进行听政活动所参照的法律文件多为行政法规和部门规章、规定，效力较低，仅限于本部门范围，造成有法可不依的尴尬；且各行政机关在制订、执行部门规章和行政规定时往往各行其是，又造成了行政法律制度执行的冲突”①。

在学术传播领域，“双重管理体制”使传统媒体在发展新兴媒体业务时，远不如商业新兴媒体那样能够放开手脚大胆创新，经常是稍有创新、稍越雷池，就可能被“约谈”、批评。在媒体融合的大潮之下，尽管互联网与新媒体具有快捷、方便、及时、聚合等优势，但所在企业仍然拿不到体制所承认的正式刊号，那些仅在网络平台或新媒体上发表的论文统统被排除在体制认可的评价之外，这不能不说是体制壁垒与规制政策滞后性的体现。

4. 传统传播秩序危机

在纸本时代，学术传播主要是通过书、报、刊出版发行完成的，三者各有分工，

---

① 李隽：《中国新媒体行政法律制度刍议》，《广播电视信息》2007 年第 7 期。

各有渠道,各有受众。图书以编辑出版学术著作为主,期刊以编辑发表学术论文为主,报纸以撰写发布学术信息为主,各司其职,按照相应体制的规章制度或业界的约定俗成规则独立地运行,从而形成了编辑校对、装帧设计、出版发行、质量检查等一系列学术传播的基本秩序。17 世纪 60 年代,学术期刊诞生于欧洲。"学术期刊出现以后,随着其专业化程度越来越高,作为发表平台,其展示功能很快超越了其交流功能。与彼此交流相比,学者更注重如何展示他们的学术发现。"①学术期刊得到了学术共同体普遍的认可,因此逐渐成为学术展示、学术传播、学术交流的基本单元,扮演了比书、报更为重要的角色。

近些年,由于我国科研管理评价机制出现弊端,论文发表需求过旺,导致纸本学术期刊买卖版面、平庸之作泛滥现象的出现。为了规范学术期刊出版秩序,优化学术期刊出版环境,提高学术期刊出版质量,国家新闻出版广电总局于 2014 年 4 月下发《关于规范学术期刊出版秩序 促进学术期刊健康发展的通知》,并先后开展了学术期刊清理和学术期刊资质认定工作。这份通知对学术期刊网络出版服务机构做出明确规定,要求其严格审核委托单位期刊出版许可证和学术出版资质,不得收录非学术期刊、内部资料性出版物、以书号形式出版的"学术期刊"、利用境外刊号出版的"学术期刊"及其他非法学术期刊,自觉维护学术期刊出版秩序。

新媒体时代所需的技术基因,几乎是所有学术期刊的先天不足。所以学术期刊在媒体融合过程中,必须突破软件、硬件、网络等方面的技术障碍,无论是引进技术人才自建期刊网站,还是合理搭载技术服务商构建的技术平台,都是学术期刊必须补齐的短板。然而在与中国知网、万方等大型期刊数据库合作过程中,学术期刊编排丰富的专业语言完全被肢解了,编辑、策划、主持人语等被活生生地阉割了。学术期刊不仅把数字出版权交给合作方,而且还失去了主导地位,这种技术突变导致了传统传播秩序的危机。一是从线下到线上的挑战。学术期刊内容

① 原祖杰:《交流与对话:学术期刊一个被忽视的基本功能》,《澳门理工学报》2016 年第 2 期。

的传输已经从线下转到线上,转到了互联网、手机和新媒体领域。数字技术和移动互联网几乎克服了传播过程中可能遇到的任何障碍,包括空间和时间维度上的距离障碍,甚至文化传播意义上的语言障碍。新媒体依托在传播广度和传播速度方面的优势,彻底改变了传统以纸本期刊传播学术的基本路径。面对这样的强劲对手,纸本学术期刊不堪一击,必然深陷四面楚歌的危境。二是从订户到用户的挑战。互联网与新媒体改变了人们的阅读方式和阅读习惯,主要表现在从读纸本期刊到读数据库、论文内容表现形式与传播形式的多元化、阅读终端的多屏化与阅读时间的碎片化等方面。读者从订户到用户的转变,迫使期刊人必须强化用户意识和服务意识,以满足用户的需求和选择。三是从期刊到论文的挑战。在纸本时代,学术传播的中心是学术期刊,其刊物风格、栏目特色、专题策划、编辑思想、专家主持等是确立名刊与权威的重要维度。在新媒体时代,学术期刊的基本结构和整体形象在数据库平台消失了,新媒体反规则、碎片化、去中心解构式的传播方式,把学术传播的中心转移到了单篇论文。检索题名、关键词、被引量、下载量、高被引问题、高被引作者……很多网络词语渐渐成为人们的口头语,甚至成为文化现象。我们曾经引以为豪的高大上的专业学术期刊,在波涛汹涌的网络空间,犹如一条拼命挣扎的小船,令人情何以堪,生出今夕是何年的感慨。学术期刊何时才能逃出苦海、到达彼岸?恐怕留给业界的时间不多了。

三、结语

也许我们仍然有足够的理由怀疑,“政策红利”究竟还能维持多久?但至少可以肯定的是,随着 2017 年的过去,与大众传媒相比,学术期刊领域并没有打造出构成致命威胁的独立新媒体,严峻挑战也仅限于学术期刊的传播环节与受众的接受环节,学术期刊的主流学术传媒地位并没有发生根本动摇。塞翁失马,焉知非福?或还有仁智两说。

原载于《出版广角》2018 年第 5 期

中国学术期刊的发展现状与需要解决的问题

一、中国期刊业的现状

1815年,英国传教士马礼逊和米怜共同主编的《察世俗每月统计传》(*Chinese Monthly Magazine*)在马六甲创刊,这是近代以来以中国人为读者对象的第一个中文期刊,为近代中文报刊之发轫。经过漫长的190年,中国期刊虽然在数量和效益方面也取得了一些骄人的成绩,但作为产业规模仍然还比较小,甚至比不上小国荷兰的期刊业。

一是从发行量看:截至2004年底,中国大陆(不含港澳台地区,下同)正式公开出版的期刊总数为9000余种,总印数为28亿余册。目前,日本居民平均每年每人拥有期刊30册、美国25册、巴西8册,中国居民平均每年每人拥有2.32册期刊,而中国18年前就是人均2册的占有量,这说明近年来期刊种类增多了但市场占有率却没有增加。

二是从读者量看:调查显示,"目前中国各类期刊所拥有的日均读者总数为2.31亿,占居民总数的19.25%。读者每日阅读杂志的平均时长为46分钟,而他们阅读杂志的第一'黄金时间'是下午时段。调查显示,期刊尚未成为人们生活的'必需品'。目前期刊的'标准读者'大致为:女性,平均年龄三十四五岁,拥有大学专科的教育背景,其收入水平较一般居民高"①。2003年《新华文摘》筹备改半月刊时,曾请"零点调查公司"做了一次详细的调研,报告表明这本刊物的"标准读者"大致为:高端读者、社会精英阶层,细分为各级党政领导干部和知识分子,再分为40岁以上的中老年男人为主要读者。可见,每份刊物都有自己特定的读者群。

三是从广告收入看:2003年期刊广告收入为23.38亿元人民币,占全国广告营业额的2.26%;2004年期刊广告收入为55.08亿元人民币,比上一年增长57.5%。数据分析表明,中国期刊广告经营有两个特点:一是行业集中,机动车、计算机、通信、家电、服饰、化妆品、房地产行业广告投放占全部期刊广告的50%以上的份额,教育、出版、会展、会议、旅游占全部期刊广告的30%以上的份额。二是广告经营的地区集中,北京、上海、广州、南京、青岛5个城市稳居前5位,达到了31.51%;而北京就达到了65亿,占总量的9.53%。② 虽然目前中国期刊业的主要经营收入80%来自发行收入,但广告主导型期刊越来越成为期刊市场的亮点。研究表明,我国广告市场存在巨大的增量空间。

四是从发行收入看:2003年期刊发行收入为123.9亿元人民币,全国居民人均期刊消费的费用支出为9.59元人民币/年。可以看出,中国期刊业的经营模式仍然是以传统的发行收入为主。

五是从运作模式看:目前真正进入市场、实现商业化运作的期刊约为2000种,不足全部期刊总量的四分之一。党政部门办的指导类期刊和教育学术类期刊,举步维艰,困难重重,难有较大的发展。

六是从人物排行榜看:2005年1月14日《中国图书商报》发布了"刊业十年之人物榜",上榜的"风云人物"有:法国桦榭菲力柏契出版公司中国区董事总经理曹伟明,成名期刊是《ELLE世界时装之苑》;上海文艺出版社社长何承伟,成名

---

① 喻国明:《蓄势待发的中国期刊业》,《中国图书商报》2005年1月14日。

② 喻国明:《蓄势待发的中国期刊业》,《中国图书商报》2005年1月14日。

期刊是《故事会》(兼杂志主编);《时尚》杂志社社长、总编辑吴泓,副社长、副总编辑刘江,两人联手锻造了中国本土的时尚传媒巨舰;《汽车族》杂志出版人兼总编辑孙刚;广东《家庭》期刊集团社长徐春连;广东新闻出版局《新周刊》执行总编辑封新城;湖北《知音》杂志社社长胡璧勋;《iLOOK 世界都市》出版人洪晃;甘肃《读者》杂志社社长彭长城;《瑞丽》杂志社社长赵济清;《财经》杂志主编胡舒立;《中国国家地理》杂志社社长李栓科;《中国汽车画报》杂志主编孟冀;《消费者 Mei Mei》主编兼运营总监吴迪;海南省作协《天涯》杂志主编李少君;《中华医学杂志》杂志社社长王德;《三联生活周刊》主编朱伟。[①] 18 位人物中,有 6 位是女性,没有一家社科类学术期刊的总编辑或主编入选。由中共中央组织部、中共中央宣传部和人事部共同组织,中宣部具体实施的全国宣传文化系统"四个一批"人才培养工程,确定了包括理论界、新闻界、文艺界和出版界在内的 82 名优秀人才,其中有广东《家庭》期刊集团社长徐春连、《读者》杂志社社长彭长城,依然没有学术期刊的总编辑或主编。这种现象,从一个侧面反映了学术期刊在整个中国期刊界所处的尴尬地位,值得深思。

二、中国社科类学术期刊面临的困境

有学者按照品牌影响力、市场运营能力、利润水平等指标,将中国期刊格局比喻为一个"工"字形。"以广告为主要盈利模式的大品牌高端期刊市场,构成'工'字的上杠;以本土的《时尚》杂志社和《瑞丽》杂志社为竞争主体","以发行为主要盈利模式的老品牌期刊如《读者》《知音》《家庭》等,构成'工'字的下杠,它们因为庞大的读者市场和发行基数,市场竞争相对平缓和稳定。"上下杠之间的则是期刊市场上林林总总的绝大多数,这部分期刊最多。时政、财经、时尚类期刊新人最多,资源流动最快,当然死掉的期刊也最多。[②] 社科类学术期刊老人最多,生存压

---

① 程三国:《刊业十年之人物榜》,《中国图书商报》2005 年 1 月 14 日。

② 彭澎:《中国期刊业趋势探询》,《中国图书商报》2005 年 4 月 15 日。

力最大,赔钱的最多,最不被社会关注和重视的也最多。

毫无疑问,目前的市场经济大环境对传统的中国社科类学术期刊(简称学术期刊,下同)运作产生了极大的冲击。学术期刊在新的历史时期面临诸多的困境。

一是发行量小。学术期刊不属于大众传媒的范畴。它拥有比较特定的专业读者群,并主要服务于相关的专业领域,市场需求弹性小,开拓空间十分有限。目前,单纯靠发行量能维持杂志成本运作的学术期刊几乎没有。学术期刊发行比较好的是中国社会科学院主办的《历史研究》《中国社会科学》,发行量近 8000 册。作为一个老品牌、权威性学术刊物,《历史研究》还走出了国门,在国外发行 1000 余册,非常难得。地方社科院、社科联、大学主办的学术期刊,发行好的 2000—3000 册,发行差的 300—500 本,最少的只有几本。一些学报以赠送为主。因此这些期刊实际上只是发表论文的平台而已,只是变成职称评定、学生毕业的工具,失去了交流的功能。

二是经费短缺。学术期刊无论是社科院、社科联还是大学主办,普遍存在的一个问题是经费短缺,投入严重不足。一般来说,办好一份比较有分量的学术期刊,每年大约需要 20 万—50 万元的投入。而我们的现状是不管双月刊还是月刊,一期平均投入达到 2 万元的凤毛麟角,大多数期刊还得自己想方设法筹措经费。虽然出版经费已经非常紧张,但还得解决特聘栏目主持、作者稿酬、编辑差旅、办公设备等费用。

三是行政化。按照《出版管理条例》规定,期刊出版必须有符合条件的主管和主办单位,必须为厅局级以上的政府部门或国有事业单位。根据这个规定,学术期刊的单位化也就毫不奇怪。主管和主办部门大体有五个系列:社会科学院系列、高等院校系列、部委党校系列、社科联系列、新闻出版业系列。说这是计划经济时代单位所有制的产物也罢,说这是社会主义初级阶段的产物也罢,既有其历史原因,也有其现实的制度约束,所以必须正视现实,也必须遵循市场经济规律。因此,简单地批评学术期刊单位化毫无意义,也没有说服力。

学术期刊有它自身的特殊性和规律性,应该给学术生产创造一个宽松、和谐的环境,创建一个比较合理、建设性的学术体制,从而生产出高质量、高品位的学术成果。但目前值得我们进行反思的地方确实很多,比如学术期刊的行政化问题就存在两种严重影响学术生产的倾向:一种倾向是边缘化,有的主办单位把期刊只作为下属的一个行政部门,而且是并不重要的边缘部门,用行政标准任用人员,主编有的是主办单位分管领导兼任,有的是主办单位科研处长兼任,或不懂办刊,或精力根本不在办刊上。由于没有人事权,期刊需要的人才进不来,不需要的人员硬塞入。在职称、待遇上,编辑往往比科研、教学人员低一等。用行政指令下达任务,要求期刊必须安排本校或者本院人员多少篇文章,内容、质量反而放在其次;另一种倾向是把学术期刊的分层高度行政化。根据主办单位的行政级别,把学术期刊笼统地分成中央级、省部级、地市级、县团级,而基本不考虑期刊在学术界的影响力和公信力。这种用单位行政级别建立学术期刊的等级,用行政指令来解决学术生产中的问题,显然严重违背了学术期刊出版的规律,也大大影响了"评价学术刊物之标准的自主性"。邓正来认为:"在明确鼓励学术资源和人才广泛流动的今天,在学术投稿趋于多元化的今天,那种仅仅根据主管或主办相关学术刊物的机构之行政地位的高低、而不是根据学术刊物经由发表优秀或重要的学术论文而形成的学术声誉来决定学术刊物之地位的做法,显然是不妥当的。因此,'捍卫评价学术刊物之标准的自主性',在这里意味着我们应当逐渐确立起一种学术本位的判断标准,亦即根据学术刊物经由自己的努力而赢得的学术声誉来决定自身的学术地位。"①

四是"趋同化"现象。学术期刊尤其是拼盘式的综合性期刊,"趋同化"现象非常严重。中国高等院校文科学报有千余家,综合类的期刊就占了三分之二。编辑方针趋同、编辑模式趋同、栏目设置趋同,甚至探讨的社会热点问题也趋同。大家一味走"泛综合化的路子",文学、史学、哲学、经济学、法学、社会学、教育学面面俱到,众刊一面,使读者失去了新鲜感和阅读兴趣。

---

① 邓正来:《中国学术刊物的发展与学术为本》,《吉林大学学报》2005 年第 4 期。

五是学术腐败。浮躁、抄袭、拼凑、炒作，制造“学术泡沫”是近年来在中国学术界出现的新现象，并日益引起各界人士的关注。具体到学术期刊，也不是净土一块，编辑滥竽充数者有之，发人情稿、关系稿者有之，按版面收取费用者有之，权钱交易者有之。对此现象，有的学者进行了激烈的批评，认为“学术界加入‘市场’后，刊物、经费和论文相互运动，形成了权、钱、学之间封闭式的‘三角贸易’。这种‘学术’很容易丧失社会大众的信任，‘信任危机’唯此为大。这种不公正、不合理现象倘不加以扭转，真的会出现‘学将不学’的局面”[①]。这段话虽然过于尖锐，但并非危言耸听，在某种程度上应该说点中要害！上述诸种不正当的做法，使学术期刊走向了商品化、功利化，助长了学术腐败，其后果贻害无穷。

三、中国社科类学术期刊需要解决的问题

党的十六大报告将文化领域划分为文化事业和文化产业两个部分；十六届三中全会又进一步对公益性文化事业单位和经营性文化产业单位分别提出了深化体制改革的任务。“文化产业”概念及“继续深化文化体制改革”战略任务的提出，使“转制”成为当前整个文化行业关注的焦点。在这次文化体制改革中，新闻出版业是改革的重点。中央确定了35个首批文化体制改革试点单位，其中新闻出版单位占20个。处于文化产业龙头地位的中国出版业首当其冲，中国出版集团及大多数出版社将在今后五年内逐步由目前的事业单位企业化管理性质转制为企业。面对如此大的浪潮冲击，中国期刊业决不能无动于衷，必须未雨绸缪。

纵观学术期刊并不乐观的现状和面临的严峻挑战，为了使其进一步健康发展，以下问题需要认真研究和加以解决。

一是重新定位。中国的学术期刊目前定位不明确，管理体制比较混乱，亟须进行各方面的改革。上海世纪出版集团总裁陈昕在探讨出版社“转制”问题时认为：“从经济学角度来看，作为文化和知识载体的书籍与一般商品相比有一个显著

---

① 李天纲：《荒唐的学术刊物“版面费”》，《文汇读书周报》2004年2月20日。

的不同，即部分图书有较强的公共产品性质，其私人收益同社会收益可能会产生背离。对于那些社会效益很高而私人效益较低的图书品种，政府应该成为事实上的提供者，以满足社会对这类图书的需求；而对那些公共产品性质较弱而私人收益同社会收益背离较小的品种，则可以交由市场，按市场经济的法则来提供。基于此，图书市场可基本上分为三类，即公共产品类图书、半公共产品类图书和非公共产品类图书。与此相对应，现代出版社一般有三种类型：一是政府出版机构，一般附属于政府某个部门，没有独立的主体地位，其出版物是为社会公益事业服务的，大都免费派送。二是经营性的非盈利组织，发达国家的大学出版社一般采用这种企业形态……这类出版企业也完全采取公司制的形态，其运营与其他公司制企业并无不同，只是其出版的内容更多地偏重于学术和文化，因此政府对这类出版企业给予免缴所得税的优惠政策予以扶植。但同时也规定其公司利润不得用于股东分红，而必须继续用于教育和文化事业。三是股份有限公司，其中有的是上市公司。"①国际出版界的改革和"转制"，对中国期刊界尤其是学术期刊有着非常及时和重要的借鉴价值，我们应该充分消化、吸收和改进，继而提出更加符合学术期刊实际的改革方案。从办刊的宗旨、性质、责任、目标等要素综合考量，学术期刊应该属于半公共产品性质，所以学术期刊未来的类型选择，应该是经营性的非盈利组织。根据这类期刊的不同情况，应该区别对待转制的具体做法：一种是转为公益性的事业单位，让刊物成为学术交流、科研成果发布的平台和媒介；另一种发行量大的品牌期刊，也可以转为文化企业，其运作模式完全可以采取公司制的形态，但期刊的内容和经营范围更多地偏重于学术和文化。

二是过渡时期的对策。学术期刊未来的类型选择，最大的可能性既然是经营性的非盈利组织，其过渡时期的发展模式应明确为：公益性的事业单位。在现阶段要以"提升高度、增加投入、转换机制、增强活力、改善服务"为重点。

1. 必须提高我们对学术期刊的认识。2004 年 3 月 20 日，中共中央发出的

---

① 陈昕：《当前中国出版业的发展状况与需要解决的六大问题》，《中国图书商报》2005 年 5 月 20 日。

《关于进一步繁荣发展哲学社会科学的意见》指出："繁荣发展哲学社会科学事关党和国家事业发展的全局。哲学社会科学是人们认识世界、改造世界的重要工具，是推动历史发展和社会进步的重要力量。哲学社会科学的研究能力和成果是综合国力的重要组成部分。建设中国特色社会主义离不开以马克思主义为指导的哲学社会科学的繁荣发展。在改革开放和社会主义现代化建设进程中，哲学社会科学与自然科学同样重要，培养高水平的哲学社会科学家与培养高水平的自然科学家同样重要，提高全民族的哲学社会科学素质与提高全民族的自然科学素质同样重要，任用好哲学社会科学人才并充分发挥他们的作用与任用好自然科学人才并充分发挥他们的作用同样重要。""三个重要""四个同样"体现了中央的重视程度。因此，我们要对学术期刊进行反思，就必须把它放在中国整个哲学社会科学学术生产体制中进行考量，才能把握学术期刊在这一体制中所承担的功能。哲学社会科学学术生产完成之后，必须借助相应的学术期刊，才能实现知识产品的社会化和公共化。在这一过程中，学术期刊是展示学术水平和学术阵容的重要窗口，是引领学术研究方向和评价学术成果的重要标识，是开展国内外学术交流的重要桥梁，是发现和培养学术人才的重要园地。概括起来说，学术期刊应该是学术生产和生产者培养的重要部门，是学术生产和生产者培养流程的重要环节，是学术生产和生产者培养整个体系中的重要部分，是学术生态的必不可少的构成要素。我赞同夏锦乾的观点：(1)学术期刊不是行政机关，不能作为一个简单的行政部门来管理；(2)学术期刊的全部工作应纳入学术生产和生产者培养的流程，它的成本也应计入学术生产的成本，国家社科基金在统筹学术生产时应把这块成本纳入计划。① 因此，必须克服原先的模糊思想，提升我们对学术期刊的认识高度，要把学术期刊放在中国哲学社会科学事业重要组成部分的大背景、大视野、大工程下给予高度的重视。

2. 增加投入，重点扶植。既然明确了学术期刊的事业单位性质，我们就应该

① 夏锦乾：《探索中国学术期刊的当代理念》，《文汇报》2004年12月12日。

理直气壮地进行呼吁,催促主管和主办部门尽快制定相关政策法规,建立起财政拨款机制。如果主管和主办部门不能全额拨款,必须有补贴机制。经费不够,可以争取上级的政策支持,通过各种渠道尤其是社会渠道,建立各类学术出版基金。教育部实施的“名刊”“名栏”工程,就起到了很好的示范作用。还有的学术期刊采用的是“刊企联姻”方式,即与企业合办或成立由其他单位参加的理事会,利用刊物本身的资源“以刊养刊”。但这种方式只是短期行为,也存在弊端。

3. 成立杂志社。期刊走杂志社体制在我国期刊界并不新鲜,社会各界、各团体、各部门主管的刊物早就是这种模式。比如新华通讯社主办的《半月谈》、中共党史学会主办的《百年潮》、中国社会科学院办的《中国社会科学》等,再比如《中国青年》《中国妇女》《中国老年》等。这些刊社实行的是社长、总编辑(主编)负责制,从而建立起独立自主的经济实体和管理、编采、经营三位一体的干部队伍。不过,大多数学术期刊仍然是编辑部模式。学术期刊虽然保留了事业单位体制,但绝不能把事业性质当作“保护伞”。必须根据自身实际,制定相应的人事、劳动、分配三项制度的改革计划,转换杂志社内部运行机制,并通过强化内部管理,控制成本,改善服务质量,变目前的事业费用以养人头为主到投入一定数量的事业费用要求产出一定的产品和服务,实现“养人”到“干事”的转变。只有在合力的拉动下,公益性的学术期刊才能最终实现活力的增强。而只有首先做活,才能在效率中求得效益。

4. 文化创新。创新是学术期刊的灵魂。学术期刊创新的核心或主体在于编辑创新,编辑创新的重点是选题创新。这就提出了一个严肃的问题,我们的时代需要新人、新思想、新观点。中共中央发出《关于进一步繁荣发展哲学社会科学的意见》,审时度势地指出,与时代和事业发展的要求相比,哲学社会科学重要的战略地位还没有受到普遍重视,其基础理论研究特别是反映当代马克思主义最新成果的理论研究和教材及学科建设亟待加强,创新环境需要进一步改善,成果转化机制需要进一步健全。最鼓舞人心的就是提出了哲学社会科学制度创新问题。只有制度创新,才能保证理论研究都能尊重实践的检验,扭转唯上唯书的倾向;只有制度创新,才能使哲学社会科学工作者解放思想,站在“深处”、走在“前头”,提供战略性、前瞻性和前沿性的研究成果。通过深入学习文件,我们要把对哲学社会科学的认识上升到是国家综合国力重要组成部分的高度,国家资源不仅包括物质形态资源,而且包括知识形态资源。作为智囊团,“它不应该是少数研究者卡拉OK的自言自语,而是紧紧把握着时代脉动的守望者”;作为思想库,“它不是隔靴搔痒的泛泛之作,而是善于击中社会绷得最紧的那根弦”。汤因比说过:“一部人类文明史,不过是人类面对自然和社会的挑战而不断应战的历史。”哲学社会科学工作者必须“科学地观察这种‘挑战—应战’的社会状态,揭示这一时代发展中的瓶颈因素,深刻地反映人类应对挑战的智慧及其成果”①。与此相应,学术期刊必须着眼于建设社会主义市场经济实践的成果,多发表研究新情况、解决新问题、形成新认识、做出新概括、开辟新境界、为哲学社会科学的繁荣发展注入新活力的文章,不发表那些观点重复、论证重复甚至资料也重复的平庸之作。那种“没有一句话是错的,没有一句话是新的,没有一句话是有用的”正确而无当的套话空话应该杜绝。只有这样,才能增强学术期刊的竞争力。

5. 克服纯学术化的倾向。“政治淡出,学术凸显”已成为近年来学术界心照不宣的流行话语。有些学者为了避免与政治有任何关联,对改革开放大局和生动活泼的现实生活采取了规避的态度。他们躲进书斋,自己搞自己的“学术性诉求”,比如从概念到概念、从范畴到范畴的逻辑推演式的辨析与厘清,比如从史料到史料、从学术到学术的纯粹思想自我的叙述和研究。这种理论、学问在多元社会中应该有一席之地,不必大惊小怪。问题是成为一种倾向、一种思潮,就值得我们思考其中的深层原因了。这种越来越不关心国际国内的形势变化、不关心现代化建设的重大理论和实践问题、不关心社会存在的热点焦点问题、不倾听和解决人民群众的心声与要求,老百姓会在意吗?领导部门会在意吗?这样的研究成果,又能产生多大的社会影响?“从学术实践来看,‘淡出’的不仅仅是‘政治’,而

---

① 喻国明:《一本好的社科学刊》,《光明日报》2004年6月24日。

且还有‘思想’和‘现实’。”[①]当然,学术期刊发表这样的文章不会“触雷”,政治上有安全系数,但势必降低学术期刊的价值倾向和政治倾向,也丧失了学术期刊所承担的历史责任和社会使命!

学术性并不是学术期刊唯一的功能定位,它还承担着服务于党的政治任务的使命,有着很强的政治导向性。学术期刊必须坚持以马克思主义、毛泽东思想、邓小平理论和“三个代表”思想为指导,坚持先进文化的前进方向,坚持理论联系实际,为党和政府决策服务,为精神文明建设服务。近年来,政府官员在工作中出现重大渎职、失职行为是要引咎辞职的。新闻出版单位也开始实行“问责制”,出了问题要追究责任。所以,总编或者主编必须要有高度的政治责任感和敏锐性。

学术刊物是哲学社会科学研究成果传播的渠道,同时又是哲学社会科学研究成果传承的重要工具。它除了正确的政治导向,还有学术导向。学术导向是学术刊物的主体导向和落实、体现政治导向的载体。它由多个子系统构成:一是学术水准导向。通过发表高质量、高水准的论文,引导研究者向本学科学术研究的深度发掘。二是学术课题导向。通过选用的稿件、开辟的专栏讨论、刊发的“按语”、编后,引导学术界对一定阶段内的重点、难点、热点问题开展研究。三是学术服务导向。将学术研究向社会改革实际引导,促使人们转变陈旧的学术服务观念,使学术期刊成为现代化建设和改革开放的智囊团和思想库。四是学术争鸣导向。贯彻党的“百家争鸣,百花齐放”的方针,鼓励不同学术观点的商榷、争鸣,创造一个宽松活跃的学术空间。学术争鸣要避免意气用事、党同伐异,更不能乱扣帽子、乱打棍子。钟南山的名言“学术分歧无需政治化”[②],同样适合哲学社会科学。五是学术风气导向。严守学术规范,引导学者自律,倡导严肃认真、与人为善、以理服人、心平气和讨论的学风。认真落实这些导向,是我们每个编辑人员努力的方向,只要在这些方面做得扎实,刊物的内容质量就有保证。

---

① 鉴传今:《没有灵魂的“厮杀”》,《浙江学刊》2005年第3期。

② 黄建林:《钟南山“学术分歧无需政治化”的启示》,《南方都市报》2003年6月24日。

6. 克服以宣传代替研究的倾向。与纯学术化倾向相反，还有一种以宣传代替研究的倾向，同样值得我们给予关注。这种倾向，只强调基础理论、学术研究的意识形态属性，而“缺乏用马克思主义基本原理研究当代现实、回答当代问题的勇气和自觉性，也缺乏与当代各种思想学术体系对话、交流并论争的热情与魄力，不能真切地解读民间的文化生存和生活诉求，空话、套话盛行，思想和表达显得苍白无力与枯燥乏味”①，满足于“跟形势、写文章”，满足于唯上唯权的意识、本本主义的观念。“这种做法使不少人对哲学社会科学的性质和意义产生误解，误以为马克思主义就是单纯搞意识形态、搞宣传，根本不存在什么科学性、普遍性。这不仅贻误了理论研究和基础研究，甚至还为某些借此搞政治投机的人提供了可乘之机，丑化了哲学社会科学的人格形象，败坏了党的马克思主义形象。”②学术活动是探讨真理和传播真理的活动，它只以通过实践检验证明何者是真理为依归。这就决定了“在学术研究活动中只能实行自由的原则，而不能实行民主的原则”。“学术自由是学术活动不受非学术性干预的自由，在本质上是社会成员对新思想的创造、阐述和传播的自由权利。”③因此，政治因素如果不恰当地渗透于学术活动的全过程，就会使学术成为政治的附庸，使学术部分乃至全部丧失其自主性、独立性和科学性。作为学术期刊，更多地侧重于严肃性、学理性、深邃性、思想性、历史性，而不是大众性、短期性、概念性、说教性、宣传性。即使要刊登一些宣传性文章，也要“善于正面地、真实地、亲切地、有效地表达自己。在宣传主流意识形态时不妨多些人文关怀，在唱响主旋律时不妨吸取民间话语，在保持权威大气时不妨有些平民风格。摈弃过去那种墨守成规的思维定式、居高临下的说教口吻、生硬呆板的叙述方式。从而切实增强主流意识形态的吸引力和影响力，使社会主义的人生观和价值观真正深入人心”④。

---

① 罗成琰：《加强和改进主流意识形态建设的思考》，《学习时报》2004 年 4 月 5 日。

② 李德顺：《这几个学术关系亟须调整》，《北京日报》2004 年 7 月 12 日。

③ 宋惠昌：《“学术民主”还是“学术自由”?》，《学习时报》2005 年 7 月 4 日。

④ 罗成琰：《加强和改进主流意识形态建设的思考》，《学习时报》2004 年 4 月 5 日。

7. 学术为本，推陈出新。有人说"学术乃天下之公器，学术期刊更是公器之公器"，很有道理。不同学术观点的碰撞、交流，乃至争鸣和批判，是学术健康发展必需的条件，是培养创新人才和大学者不可缺少的氛围。学术期刊必须以"学术为本"，为天地立心，为生民立命。只有承担起"公器之公器"这一伟大的历史使命，才能在繁荣和发展中国哲学社会科学中发挥更重要的作用。什么叫推陈出新？汤志钧认为："推陈出新，意味着不是遗弃全部传统，而是去其糟粕、取其精华，创造新事物，取得新进展。"[①]王国维曾为人书写过一副对联："旧德醉心如美酒，新篇清目胜真茶。"他本人就是既汲取外来的"新篇"，又有"前修"的"旧德"，从而在考古、美学等方面做出了创造性贡献。这对我们做学问、编刊物，都有着借鉴意义。

学术是一种发现问题、解决问题、积累知识的智性活动。学术期刊应该杜绝那种"缺乏问题意识""没有学术针对性"以及"自己就没有弄明白"的理论稿件。只有提高和强化"问题意识"，只有有意识地策划和组织稿件，才能形成"专题研究"，继而开辟为"特色栏目"。实践证明，组织"专题研究"、开辟"特色栏目"是打破学术期刊"趋同化"顽症的有效经验和模式。

学术期刊要勇于扶植和培育"学派"。"学派"指的是同一学科中，由于学说、观点不同而形成的派别。典型的学派在国外应具备这样一些特征：有一位特殊威望的学术大师为领导，有一个不同层次的学术群体，有一个学术研究基地，有自己的学术出版物和连续出版物。而学术期刊就是这种学术思潮和主体意识的阵地和体现者。"学派是学科发展的生长空间，学术创造的可能性在学派的觉醒和成熟中得到不同程度的认证。当一位学者的标志性成果成为一个学派的标志性成果的时候，这个成果才是严格意义上的经典。从毕达哥拉斯学派到智者学派，从布拉格学派到哥本哈根学派，从法兰克福学派到耶鲁学派，不同的认知世界方式，不同的经验系统，不同的学术资源，不同的治学理念，相互敞开、相互参照、相互整

---

① 汤志钧：《学术引进与推陈出新》，《人民日报》2004年11月12日。

合，共同书写人类思想的成果，共同搭建人类心智的平台。"学派不盛是20世纪中国学术文化的一个重大欠缺，已经不同程度地影响了学术繁荣和学科发展。学术期刊和编辑"应当肩负起引领学术对话和思想撞击的责任，保护、扶植、培育学派"①。"中国学术体制，需要重新为学派定位。中国学术研究，呼唤学派意识。"②

学术期刊还有一项重要的功能就是推出新人、扶植新人。学者之所以成为学者并得以著名，是因为他们的研究成果和创新观点为社会所承认，而编辑在社会与学者之间扮演的中介作用不能忽视，其中公认的名编辑和权威性学术刊物发挥的作用尤为重要。青年学者是学术研究的主力军，开展百家争鸣也是扶植青年学者的重要途径。尽管他们的观点还显得不够成熟，尽管他们的论证还不严谨，但我们还是要热情地支持他们，扶植他们，为他们提供平台，使他们能够尽快成长起来。正如伏尔泰所说：或许我不赞同你的观点，但我坚决捍卫你发表观点的权利。

我们还应当不断地提高自身的综合素质，努力做一个有思想的办刊人。19世纪俄国著名期刊《祖国纪事》《现代人》之所以办得声名显赫，在俄国思想界、文学界拥有巨大影响力，就是因为一批有思想的办刊人如别林斯基、车尔尼雪夫斯基等发挥的作用。但愿我们能不断地从痛苦中分娩思想，把我们所主持的期刊办成主流大气、站在时代制高点上的、有品质的学术期刊！

原载于《清华大学学报》2006年第2期

① 谭学纯：《中国学术研究：呼唤学派意识》，《光明日报》2004年12月16日。
② 金得存：《学术期刊要勇于扶植和培育学派》，《编辑之友》2005年第3期。

中国社科学术期刊的困境与出路

根据新闻出版总署发布的《2009年全国新闻出版业基本情况》,全国共出版期刊9851种,平均期印数16457万册,总印数31.53亿册,总印张166.24亿印张,定价总金额202.35亿元。中国期刊业1985年的总印数是25亿册,其间徘徊了22年,到2007年才突破30亿册,可谓举步维艰。2008年的国际金融危机,不仅波及中国传媒业的广告收入和资本运营,更直接影响正处于结构化和市场化转型过程中的中国期刊业。

一、中国期刊业的结构现状

新闻出版总署把期刊分为七大类,从2009年的中国期刊结构看,期刊品种的比重是这样的:第一位,自然科学、技术类4926种,占期刊总品种50.01%。与上年相比,种数增长2.75%,平均期印数下降5.66%。第二位,哲学、社会科学类2456种,占期刊总品种24.93%。与上年相比,种数增长5%,平均期印数增长2.19%。第三位,文化、教育类1204种,占期刊总品种12.22%。与上年相比,种数增长2.47%,平均期印数下降1.77%。第四位,文学、艺术类631种,占期刊总品种6.41%。与上年相比,种数增长2.94%,平均期印数下降9.03%。第五位,综合类485种,占期刊总品种4.92%。与上年相比,种数增长1.25%,平均期印数下降2.19%。第六位,少儿读物类98种,占期刊总品种0.99%。与上年相比,种数持平,平均期印数下降 1.71%。第七位,画刊类 51 种,占期刊总品种 0.52%。与上年相比,种数持平,平均期印数持平。

综合期刊发展现状并结合数据分析,可以得出以下几点结论:

一是 2009 年与上年相比,期刊总印数增长 1.53%,总印张增长 5.23%,定价总金额增长 7.96%。杂志在保持出版数量上升的同时,其总印数、总印张数、定价总金额数的增长速度都比 2008 年下滑。

二是 2006—2007 年中国期刊品种数量基本稳定,但 2008 年品种增长了 0.86%,2009 年品种更增长了 3.16%。中国期刊的平均期印数,2006 年增长 0.91%,2007 年增长 1.59%,2008 年增长 0.86%,可到了 2009 年却下降了 1.85%。在国际金融危机的冲击下,中国的大多数期刊的发行量下降。

三是第七次全国国民阅读调查结果显示,2009 年,18—70 周岁的国民中,图书阅读率为 50.1%,报纸阅读率为 58.3%,而期刊阅读率为 45.6%。期刊的阅读率最低。

四是《2010 年中国传媒产业发展报告》统计显示,2009 年中国传媒广告收入:电视广告经营额 536.2 亿元,同比增长 7%;报纸广告经营额 370.46 亿元,同比增长 8%;广播广告经营额 71.87 亿元,同比增长 5%;期刊广告经营额 30.37 亿元,同比增长-2%。期刊广告相对于上年度,经营额降低了两个百分点。

五是中国目前 9851 种期刊,科技期刊占一半,有 4900 多种,大学学报 1500 多种,行业期刊有 1000 多种,也就是说,有 80%以上的期刊基本上不面向市场,真正在市场上打拼的消费类期刊不到 1000 种。而在美国,完全走市场的消费类期刊就有 6800 多种。因此,调整中国期刊业的结构势在必行。

六是目前全国 9851 种期刊分散在 5000 多个单位,一个单位平均经营 1.6—1.7 种期刊,而发达国家 80%以上的期刊市场份额控制在不超过 20%的期刊传媒集团手中。体制上的“小、散、弱”的问题,以往“跑马圈地”式的粗放型经营,严重制约了中国期刊业的集约化发展。

七是忧中带喜,在满足不同层次读者不同需求的同时,一批优秀期刊成为全国知名品牌,比如《科学通报》《中国国家地理》《物理学报》《舰船知识》《中草药》《中国社会科学》《新华文摘》《读者》《当代》《收获》《考古》《文史哲》《三联生活周刊》等。

八是市场意识增强,一批新锐期刊在竞争中迅速做强做大。比如国家旅游局主管、中国旅游协会主办的《时尚》杂志,自 1993 年创刊以来,坚持"国际视野、本土意识"的办刊方针,并以其高雅的品位、独特的风格、风趣的文字、新颖的设计引导着潮流。主办《时尚》《时尚先生》《时尚家居》《时尚旅游》等 16 本刊物,已经成为时尚传媒集团,业务涵盖期刊编辑、图书策划、网络传媒、广告、印刷、发行等,并在上海、广州设立了分公司,年销售收入已达 10 亿元。再比如中国轻工业出版社主办的《瑞丽》,1995 年创办了第一本期刊《瑞丽服饰美容》,其中 70%的内容来自版权合作方日本《Ray》期刊,经过多年的经营,通过自营媒体和合作媒体,把内容资源转换成适合期刊、网站、图书、手机、广播、电视、报纸、音像等媒介形式的时尚资讯产品,实现了"一次内容,八次销售",成为期刊多元化发展的典范。

总而言之,经过 30 多年的改革开放,今天的中国期刊业已经走到了十字路口,面临着艰难选择和重新洗牌,需要从战略高度做深层次的思考。

二、中国社科学术期刊当前面临的困境

毫无疑问,计划经济时代中国社科学术期刊的办刊体制几乎原封不动地延续了下来,尽管市场经济的大潮对其产生了极大的冲击,但许多结构性矛盾、实质性问题,并不是社科学术期刊自身能够解决的。社科学术期刊,在新的历史时期面临诸多的困境,概括起来可归纳为以下四点。

1. 经费短缺,发行量小

社科学术期刊,无论是社科院、社科联还是大学主办,存在的一个普遍问题是经费短缺,投入严重不足。一般来说,办好一份比较有分量的社科学术期刊,双月刊每年至少需要 20 万元的投入,月刊至少需要 40 万元。而现状呢?不管双月刊

还是月刊,一期投入平均达到 2 万元的凤毛麟角,大多数期刊还得主编去筹措经费。就这点钱,得解决特聘栏目主持、作者稿酬、编辑差旅费用、办公费用、期刊的印制成本等,时常捉襟见肘。2003 年 11 月教育部正式启动了"名刊工程",到现在评了三届,共 26 家入选,对评上的期刊由部里和学校投入专项资金重点扶持,解决了部分学报的问题,但大多数期刊并没有得到实惠。

与投入不足相伴的是发行量小。目前单纯靠发行量能维持杂志成本运营的社科学术期刊,屈指可数。社科学术期刊,发行量比较大的是文摘类刊物,高者每期达到十二三万册,低者也有五六千册。中国有 1500 多家社科学报,发行量达到 1000 册的不足 50%,差的 200—300 册。不少期刊变成了自言自语、自娱自乐、自产自销,它只是发表的平台,而失去了传播和交流的功能,自然也就谈不上影响力了。

2. 结构不合理,"同质化"现象严重

中国期刊结构不合理人所共知,这是计划经济造成的严重弊端。比如医学类期刊数量有 1100 多种,占科技期刊的四分之一。社科学术期刊尤其是综合性期刊,"同质化"现象也非常严重。中国高等院校文科学报大约有 1500 家,综合类的期刊就占了相当大的比例。编辑方针趋同、编辑模式趋同、栏目设置趋同,甚至探讨的社会热点问题也趋同。大家一味走"泛综合化的路子",文学、史学、哲学、经济学、法学、社会学、教育学面面俱到,重复出版造成恶性竞争、资源浪费,严重影响社科学术期刊整体质量的提高,也使读者失去了新鲜感和阅读兴趣。

3. 数字化和杂志书的前后夹击

数字化出版已经进入快速发展期,正在悄悄地改变着中国期刊的格局。2008 年国内期刊网站达到 580 家,电子期刊总量已经达到 9000 种,年产值达到 7.6 亿元。[①] 目前中国有三大期刊数据库：中国知网、万方数据、龙源期刊网。中国知网目前服务的读者超过4000万，在海外机构用户已遍布美国、德国等30多个国家和地区，包括哈佛大学、剑桥大学、美国国会图书馆等500多家。CNKI旗下的中国期刊网，收录约8000种期刊全文，是中国最大的期刊数据库。万方数据集纳了理、工、农、医、人文五大类约6000种科技类期刊全文。这三大数字期刊库，占据了全国电子期刊市场90%以上的份额。在这些数据库中，期刊正在扔掉纸质这沉重的外衣，而独立以数字化形式存在；文章则试图挣脱结构性的目录，而独立以数字化特征被检索。中国传统的学术期刊"走出去"的不多，但学术期刊数据库远销世界几十个国家和地区，而且需求量越来越大。

面对网络"期刊矩阵"的"圈效应"，即借助互联网技术平台，打破刊与刊、期与期界限，以规模化存在形成联动和辐射，提高接触率和阅读量，期刊社很不满意的是交给数据库的内容是完整的，但进去之后却被割裂得支离破碎、惨不忍睹。《南京大学学报》主编朱剑就说："任何一家期刊，在这些库中都不再以独立的形式存在，封面、目录已与正文割裂而基本消失，剩下的就是一篇篇论文，而这些论文也已被拆散而分置于各个专题库中，以最常见的方式检索，如题名、作者名、关键词，所得到的是来自各种期刊的一篇篇论文。因此，这样的数据库对读者阅读方式的改变，已不仅仅是介质上的——纸本的还是电子的，更是实质上的——期刊不见了，因期刊而存在的刊物特色、编辑思想、编排风格、专栏结构、各专栏间的呼应对话统统不见了。社科期刊这一独立存在的个体已迷失在网络的海洋之中。"学术期刊沦为初级资源提供者的角色，编辑与主编的创造性劳动被彻底消解。

对于社科学术期刊来说，不仅前有堵截，而且后有追兵，这就是杂志书的威胁。杂志书又称"mook"，是杂志(magazine)和图书(book)的结合体。"杂志书"这个概念，20世纪90年代从日本被引入中国台湾，随后进入大陆。近两年，青春

---

① 石峰：《关于当前期刊业几个热点问题的思考》，《编辑之友》2010年第12期。

文学、人文系列、心理和悬疑类作品的渗透成为最新趋势。有专家认为，杂志书正在成长为与图书、杂志并列的第三大类出版。1996年底山东画报出版社的系列丛刊《老照片》（冯克力主编）的出版，应该是国内杂志书出版的发端。《老照片》首印1万册，很快加印，最多达到30万册。到今天，这个有14年历史的杂志书已经出版70多辑，并且开始出珍藏本，具有很强的生命力和竞争力。2000年山东人民出版社推出的《经济学家茶座》，是国内第一本经济学杂志书，发行2万册，受到了广泛关注。此后，当《批评家茶座》《法学家茶座》《社会学家茶座》《艺术家茶座》《历史学家茶座》全面铺开时，"学者茶座"系列杂志书的品牌也牢牢树立起来，而延续性的出版特性为这个品牌培养了一批长年忠实追随的读者。此外，广西师范大学出版社的《中国书评》（邓正来主编）、《温故》（刘瑞琳主编，陆续出版的历史文化读物），中信出版社的《比较》（吴敬琏主编，是为读者提供的一个有关比较制度分析的学术性平台），上海人民出版社的《今日先锋》（蒋元伦主编，严肃的艺术批评丛刊）等都是某个学者做主编，凭借大量的学术资源，走专业化、小众格局的路子，居然也办得有声有色，在专业圈内树立良好的品牌形象。2006年是"杂志书"发展比较生猛的一年：郭敬明主编、长江文艺出版社出版的《最小说》，以低价位走市，以青春小说主打，赢得庞大粉丝群的追捧，单期最高销量达到50万册。2008年，上海《译文》杂志在出完第6期后，悄然停刊。业界认为《译文》停刊主要是由于纯文学市场狭小导致长期亏损，并称文学期刊已进入"寒冬"。但与《译文》停刊形成鲜明对比的是，《最小说》2008年全年总印数突破600万册，总码洋达6000万元，创下近年同类杂志销售新纪录，成为名副其实的"中国青春文学第一刊"。张立宪主编、新星出版社出版的《读库》，占据"中篇读本（5000—50000字）"的出版空白点，举凡人物、纪实、小说及关于阅读、观影、爱乐等各类文字都可入"库"，选稿的标准是：要细节，要故事，要人物；不要观点，不要结论，不要评判；追求有趣、有料、有种（个性）。《读库》每期销量稳定在15000册，令人刮目相看。

中国期刊实行的是"审批制"管理模式，期刊号便成为一种"行政性垄断"资源。由于刊号不好审批,“杂志书”便受到有识之人的青睐,成为打“擦边球”的连续出版物。经过近20年的打拼,变成了一种不可小觑的出版形式。这对社科学术期刊来说,无疑是前后夹击,腹背受敌,处境更为艰难。

4. **学术水平不高,影响力小**

近年来,中国的学术论文、学术专著数量以惊人的速度增长,在世界上名列前茅。最新的媒体数据显示,中国科技人员发表的期刊论文数量,已经超过美国,位于世界第一。然而,这些科研论文的平均引用率却排在世界100名开外。① 在内容上,真正能反映国内领先水平、国际前沿成果的论文凤毛麟角。另外,科技论文“唯国外发表”的评价模式,导致国内学术期刊约不来高质量、高水平的文章。科研评价体系“授柄于人”,危害有三:一是大量优质稿件外流,导致中国学术期刊在整体上缺乏国际竞争力;二是学费昂贵,我们在国外期刊发表文章要交钱,我们国人阅读那些文章还得再花钱;三是中国的科研跟着国外的指挥棒转,不仅任人宰割,而且缺乏安全感。②

当前,学者抄袭、剽窃、造假等不端行为严重,学术期刊收取版面费问题突出,学术评价标准政出多门,最后导致“学术是学术的墓志铭,造假是造假者的通行证”。权、学、钱之间的“三角贸易”,使学者丧失了人格,学术出现了虚假,期刊失去了公信力。

三、中国社科学术期刊的出路

新闻出版总署2009年4月制定并出台了《关于进一步推进新闻出版体制改革的指导意见》,明确了新闻出版改革的“路线图”和“时间表”。截至2010年底,中央各部门各单位的148家出版社转制工作全部按期完成。103家高校出版社

---

① 雷宇:《中国论文数量世界第一,引用率排在100名开外》,《中国青年报》2011年2月10日。

② 姜咏江:《科研评价体系怎能“授柄于人”》,《文汇报》2010年4月23日。

中，除新疆大学出版社外，其他高校出版社已经完成转企改制任务。

2009年以来，新闻出版总署对中国期刊业状况也做了较大规模和范围的摸底调研。在此基础上，将分类改革与加快报刊结构调整结合起来，按照做强做大一批、整合重组一批、退出停办一批的原则，推动报刊资源向优质报刊出版单位流动。社科学术期刊参与改革是毫无疑问的，但究竟如何改革众说纷纭。这里谈几点不成熟看法，供相关部委管理层和期刊界同行参考。

1. 分类改革

期刊既有文化属性，又有产业属性，这就决定了中国期刊业必须分类改革。要区分出版单位的公益性、经营性两种不同功能和不同性质，以功能定性质，以性质定体制，以体制定机制。对于公益性出版单位，比如《求是》《中国统一战线》《中共党史研究》等，重点要在强化内部管理机制、人事制度、分配制度等改革上下功夫，建立健全考核、激励和约束机制，激发公益性期刊的自身活力，增强公共服务的能力和水平。对于面向市场的经营性期刊，比如《时尚》《瑞丽》《家庭》《知音》《财经》《三联生活周刊》等，有的早在十几年前就已经完成转企，实行现代企业制度，完善法人治理结构，调整自我发展的内在机制，增强吸纳资本和人才的功能，做成大刊名刊。

社科学术期刊比较复杂，近3000种期刊分布在四大板块：一是社科院、社科联及其下属单位主办的期刊。这是中国社科学术期刊的重镇，大多数期刊内容扎实、质量上乘。《中国社会科学》《考古》《历史研究》《经济研究》《哲学研究》《社会科学战线》等刊，基本反映了国内社会科学研究的最高水平。二是高等院校及其科研机构主办的学报和专业期刊。这是中国社科学术期刊的主力，每年刊载论文不少于18万篇。[①] 办得比较好的是《文史哲》《中国人民大学学报》《北京师范大学学报》《南京大学学报》《清华大学学报》等刊，所刊载的论文能够产生较大影

① 薄洁平：《告别"全、散、小、弱"》，《光明日报》2011年3月22日。

响。北京大学主办的《国际政治研究》、中国人民大学主办的《教学与研究》、中国政法大学主办的《政法论坛》等专业性期刊，也颇具特色。有相当数量的学报办得不尽如人意，没什么学术影响，以至于有“学报产生垃圾”的诟病。三是中央及地方党政部门和专业研究机构主办的期刊。这部分期刊分为三类：一是工作指导类。如国家保密局主管的《保密工作》、国家广电总局主管的《中国广电》、国家外国专家局主管的《国际人才交流》、教育部主管的《中国高等教育》、中共中央对外联络部主管的《当代世界》、中国人民解放军总政治部主管的《政治指导员》、北京市委主管的《前线》、贵州省委主管的《当代贵州》等。二是学术类。如《管理世界》《中央党校学报》《宏观经济研究》《故宫博物院院刊》《中国藏学》《党的文献》《中国行政管理》《西域研究》等。三是具有双重性质的期刊。如《中国财政》《中国金融》《中国审计》《学习与研究》《宏观经济管理》《中国宗教》等，既有工作指导性质，又有较强的学术性。四是中央新闻出版机构、出版集团主办的期刊。这类期刊数量不大，但专业性强、影响大，有的已经是品牌期刊。如新华社主办的《中国记者》、人民日报主办的《人民论坛》、光明日报主办的《博览群书》、人民出版社主办的《新华文摘》、文物出版社主办的《文物》、上海辞书出版社主办的《辞书研究》、中国出版集团主办的《读书》、山西出版集团主办的《编辑之友》、中南出版传媒集团主办的《书屋》等。

由于管理单位体制不同、身份属性不同、改革阶段不同、工资待遇不同、服务群体不同，因此对这些期刊的改革不能一刀切，而要充分调研，精心设计，分类改革。对社科学术期刊的改革，应分为三部分：一是事业单位主办的带有公益性质的学术期刊，包括一些基础学科、前沿学科，继续实行事业体制。二是企业法人主办的公信力差、影响力小的综合性、专业性期刊要转为企业，确立市场主体地位。三是政治上出了问题、学术质量极差、靠收取版面费生存的少部分期刊，要实行退出机制。

2. 设立国家重点学术期刊建设工程

中国学术期刊的发展虽然取得了长足的进步，但从宏观层面来看，存在“四个缺乏”：缺乏国家层面的系统的战略规划，缺乏择优扶持的长效机制，缺乏国家级重点项目的支持和引导，缺乏国家对学术期刊的财政专项经费支持。新闻出版总署正在研究设立国家重点学术期刊建设工程，以完善学术期刊的出版保障机制，加大对学术期刊出版扶持力度，提高学术期刊出版质量，优化学术期刊发展环境和学术生态，提升中国学术期刊的总体竞争力。总之，不能把学术期刊再作为一个简单的行政部门来管理，而要把其放在“提高国家文化软实力”大背景、大视野、大工程下给予高度的重视。

全国政协委员、新闻出版总署副署长李东东在全国政协十一届四次会议召开期间提交的《关于设立国家重点学术期刊建设工程的提案》，其中有五点建议，应特别引起期刊界的注意：

第一，建立“国家重点学术期刊”遴选与动态管理机制。通过政府主导，设立专门项目，建立“国家重点学术期刊”遴选标准和选拔机制，优中选优，集中力量扶持一批瞄准国际先进期刊阵列的“重点跨越”学术期刊 20 个左右，培育一批具备国际水平、有潜力快速发展的“重点培育”学术期刊约 200 个。

第二，推进建设重点学术期刊学术质量保障体系。支持重点学术期刊面向海内外选拔学术带头人担任主编，进入编委会、编辑部队伍；面向海内外组织高质量稿源，建立国际化的审稿人队伍、作者队伍，不断提高稿件内容的学术质量水平；支持重点学术期刊远程编审系统国际化，改造或使用国际通行的远程采编系统，引进国内外学术不端行为检测系统，保障同行评议的审稿质量和审稿效率。

第三，全面推进重点学术期刊传播能力建设。支持重点学术期刊自建或参与重要的海内外出版发行渠道、发行平台，扩大刊物在海内外科学界的直接影响力；支持重点学术期刊建立自主门户网站或参与学科门户、地区重大学术交流平台的建设，提高重点学术期刊网络发布能力，提高重点学术期刊国内外网络影响力；支持重点学术期刊开展外语版本出版，支持中国特色研究代表性成果的外语出版。

第四，全面推进重点学术期刊出版效率建设。支持重点学术期刊不断优化出版流程、缩短刊期、缩短出版周期，提高发表效率的措施；支持重点学术期刊在纸本出版同时，加强网络化、数字化出版工程建设，支持刊物数字出版的全面改造。

第五，全面提升重点学术期刊专业人才建设水平。支持开展重点学术期刊主编、编辑人才的国际化学术交流、学者互访活动，推进编辑队伍的国际化水平；支持重点学术期刊发展急需的市场经营人才、技术支撑人才、管理人才的遴选、使用和培养。

与国家重点学术期刊建设工程相衔接，新闻出版总署从今年 8 月份开始，通过两年的全国百家重点科技学术期刊和全国百家重点社科学术期刊社长及总编辑培训，初步形成中国重点学术期刊方阵，瞄准国际一流目标，转变学术期刊社长及总编辑办刊理念，了解掌握国际有影响的学术期刊运作方式，为在“十二五”期间培养 20 种国家一流学术期刊打下基础，发挥榜样示范作用，推动中国学术期刊整体质量和水平的提升。

3. 建立国家学术论文数字化发布平台

目前，绝大多数学术期刊，已经加入一个甚至多个数据库，探索学术期刊数字化的途径。然而分散的学术期刊无法形成集群效应，在合作过程中仍是弱势群体，处于两难境地。不参与会被边缘化，跟不上时代潮流；参与合作也颇令人失望，不仅经济上得不到多少好处，而且刊物的影响力也没有明显提升，好比一根鸡肋，食之无味弃之可惜。“环顾国内期刊界，目前还没有一家刊社真正找到切实可行的数字化模式，也没有哪家刊社能够站出来说数字化收入已经成为主要经济来源……关于期刊业的数字化，整个行业似乎都在等待一个契机，而这个契机的发生跟收入模式、版权、技术进步等均有关系。”[①]学术期刊数字化缺乏一个引爆点，

① 晓雪：《期刊数字化需要一个引爆点》，《中国图书商报》2010 年 10 月 19 日。

许多期刊社都强烈地希望能够有一个具有较高社会公信力的机构,牵头共同寻找一种替代的模式。

目前,新闻出版总署做出了积极的回应,正在主导调研、座谈并制订建立国家学术论文发布平台的可行性报告。这个项目的目标,就是要建设服务于中国学术期刊业的公益性的、数字化的公共服务平台。主要内容有:一是新创覆盖全学科领域原发数字学术期刊。运用数字化出版技术优势和专家资源优势,建立论文发布平台,实现学术论文网上发布,大幅提高中国学术期刊的论文发表规模,以缩短学术论文发表周期,解决论文发表与版面需求之间的矛盾。二是通过学术论文发布平台建设,为学术期刊数字化编辑出版提供全方位的服务,透过平台技术,将帮助众多学术期刊完成数字化转型,完成在线投稿、在线编辑、在线销售、过刊资源的数字化及数据库建设。三是将全国优秀的学术论文资源及其他学术资源汇聚成国家学术文献知识总库,管理好信息资产,保障好中国学术安全,提高中国学术数据库的学术服务能力和国家竞争力。仅此远远不够,作为国家学术论文数字化发布平台,还必须处理好商业化与公益性的问题、版权保护与产业发展协调的问题、学术评价的问题、期刊个性特色的问题等。

当然,这个报告还处在酝酿、调研、讨论阶段,还需要经过专家的多次论证,补充完善,才能公开招标,进行建设,这需要时间。但对学术期刊来说,无疑看到了一丝曙光,看到了比较明确的方向。

4. 转企改制,重塑学术期刊的市场主体地位

继去年全国经营性出版单位体制改革之后,党中央又启动了非时政类报刊转企改制的改革,这也是今年新闻出版体制改革的一项重要任务。目前全国非时政类报刊大约有6000多家,主要包括中央和地方党报党刊所办的子刊和都市报、晚报;所有企业法人办的报刊,比如中国出版集团办的《当代》《三联生活周刊》等44种期刊、深圳报业集团办的《深圳少年报》《汽车导报》《深圳周刊》等;还有中石油、中石化、中航工业等大公司办的《中国石油报》《中国石化报》《中国航空报》

《虚拟经济研究》等行业报刊。今年首先对这三类报刊进行转制。湖北68种非时政类报刊已开始实行整体转企，重点推动文化艺术、生活、科普三类报刊。按照新闻出版总署披露的信息，目前已经改制了1300多家单位，其余还涉及5000多家单位。在非时政类报刊改革中，要设立报刊企业准入条件，非法人报刊出版单位必须拥有3种报刊以上才可以设立企业，单一的编辑部不能转为报刊企业单位。

社科院、社科联、高等院校主办的学术期刊，绝大多数是编辑部，不是法人实体。这些期刊存在的问题更多，改革的难度更大，今年不会被推到改革前沿，管理部门将“另行制订改革方案”。但改革是大势所趋，早改早主动，晚改就被动。目前中国学术期刊真正转企改制的单位很少，但期刊界的不少有识之士也在积极探索改革之路。目前存在四种发展模式。

第一种模式是“中科期刊”集群，目标是打造大型学术类期刊集团。中国科学出版集团于2010年10月正式成立了北京中科期刊出版有限公司(以下简称“中科期刊”)，汇聚了集团260多种专业科技期刊，每年出版科技论文3万余篇，形成了以地球科学、生命科学、技术科学等为主体的科技期刊学科集群，构成了中国科技期刊出版的第一方阵。这些期刊，有相当一部分是以加盟的形式进入中国科学出版集团期刊集群的。期刊公司的建立，创新了科技期刊合作出版模式，建立了三条新型出版纽带关系。服务纽带，即加强期刊出版服务，丰富期刊的服务内涵，提高期刊公司服务的竞争力和吸引力，吸引更多期刊加入“中科期刊”出版服务平台。资产纽带，即中国科学出版集团与期刊主办单位共同投资设立期刊杂志社，与期刊建立资产关系，通过这样一种资产纽带，投资双方可以长期共享期刊的内容。法律纽带，即加强与期刊主办单位合作，通过内容与经营分离，发挥各自优势，促进期刊发展，使中国科学出版集团成为期刊的第二主办单位或出版单位，与期刊建立实质性的法律关系。从源头开始实施全程管理，从而共同负责提升刊物学术水平。①

---

① 晋雅芬:《打造科技期刊向集约化进军》,《中国新闻出版报》2010年4月29日。

第二种模式是中国社会科学杂志社，目标是打造大型综合性报刊传媒集团。这是中国社会科学院直属的事业单位，编辑、翻译出版《中国社会科学》《中国社会科学（英文版）》《历史研究》《中国社会科学文摘》《国际社会科学杂志》《中国社会科学内部文稿》和《中国社会科学报》。既有国内社科学术研究的权威性期刊，也有介绍国外社科学术研究最新成果的期刊；既有原创性的学术期刊，也有文摘性的学术期刊；既有公开发行的期刊，也有内部发行的期刊；既有学术期刊，还有学术理论报纸；既有中文版，也有英文版。中国社会科学杂志社已经形成多媒体、多层次、综合性的报刊传媒集团雏形，但未来究竟走向公益性还是企业还是未知数。

第三种模式是中国高校系列专业期刊，目标是打造专业性强的精品期刊集群。以南京大学、清华大学、复旦大学、山东大学等17家学报主编提出的"名刊工程"专业化发展方案，即"联合创办数字化专业期刊"的设想。具体做法是：成立联合编辑部，对纸本综合性学报拟发表的文章进行同步数字化、专业化重组，在主要一级学科联合打造"中国高校系列专业期刊"，通过中国知网进行传播。首批推出系列专业期刊10种，定名为《马克思主义学报》《文学学报》《哲学学报》《历史学报》《政治学报》《经济学报》《法学学报》《社会学报》《教育学报》《传播学报》，统一封面和版式设计。本方案有三个特点：其一，变一校一刊、各自为政的综合性期刊为打破校域界限、集中名校科研优势的系列专业期刊，实现专业化。其二，名刊综合性学报与系列专业期刊相依共存、各展其长。在论文组合上，分别以综合性与专业性见长；在出版载体上，分别以纸本和数字版为主；在出版时间上，完全同步或后者更早，实现集约化。其三，系列专业期刊通过中国知网进行传播。中国知网将在技术层面全面配合，并在知网首页设立专门入口，可进行仿纸本的全本阅读和进行各种检索，并向专家学者定点推送；还将为系列专业期刊建立专门网页，开辟工作交流及编读往来平台，实现数字化。这无疑是一种全新的期刊样式，也是高校学报探索改革的一种尝试，目标是专业办刊，围绕品牌，放大优势，符合集约化、数字化、品牌化、规模化发展的方向。但这种模式属于松散联合体，缺乏实体,缺少核心,缺少资本纽带,不利于实际操作和可持续发展。

第四种模式是将学报和学术期刊并入高校出版社一起转制,目标是建立现代企业制度。高校学报有1500多家,占据了中国社科学术期刊的半壁江山,但高校学报却没有独立法人资格,学报的办刊经费、编制、办公用房、人员多由学校或者由学校的二级机构科研处、高校出版社负责。随着高校出版社转企改制的推进,部分高校将校办期刊资源整合成"期刊中心",先达到设立报刊企业的准入条件,然后将其并入高校出版社一起转企改制。转企第一要完成人员的身份转变,将事业员工身份转变为企业员工,员工开始缴纳医疗、退休、失业三项社保资金;第二要将原来的事业单位注销,重新注册为企业法人。国家工商部门对企业注册资本是有明确标准的,经过调研目前大多数期刊没有资本,所以并入高校出版社以解决注册资本。转企只是第一步,之后就是改制,形成规范的公司治理结构。衡量一个真正的市场主体有两点:第一,产权是否明晰。转制首先要对事业资产进行全面清晰的评估核算,确定产权归属,明确投资主体,引入股份制,建立现代企业制度和独立法人治理结构,原来的事业单位转化为国有企业。第二,在人事上独立,拥有独立的决策权,其经营决策由董事会来决定。社科学术期刊并入高校出版社,即使完成改制,进行企业化运作,还会遇到以下主要难点:一是如何合理定位,创造规模化的市场需求;二是如何吸引高水平稿件,打造优势期刊品牌;三是如何降低出版发行成本,提高赢利空间;四是如何拓展营销渠道,扩大发行;五是如何延揽优秀人才,提高办刊能力和水平。

5. 建立健全中国报刊业的退出机制

中国报刊业实行的是审批制,不是登记制。刊号资源紧缺,总量控制多年,流动不畅,活力不足,弊端丛生。2009年上半年,新闻出版总署就报刊市场退出机制问题在辽宁、河北两地进行试点。辽宁省先后停办12家报刊,河北省有3家报刊退出市场。2009年以来,全国有188种报刊以调整、兼并、重组、停办等方式退出市场,其中不乏《中国足球报》《市场报》《中华新闻报》《中外服装》等当年颇有影响的报刊。2010 年 4 月,新闻出版总署在沈阳召开“全国报刊退出机制工作交流会”,从此报刊退出市场将做到常态化。中国报刊业实行退出机制,将有利于报刊的结构调整,有利于报刊的优胜劣汰,有利于报刊的有序管理,有利于提高报刊的创新能力。

报刊退出的根据有四:其一是休刊制度。有关报纸期刊《出版管理规定》中明确规定,报纸休刊超过 180 日仍不能正常出版,期刊休刊超过 1 年,要撤销出版许可证。其二是报刊出版质量评估制度。根据 2011 年 1 月出台的《报纸期刊出版质量综合评估办法(试行)》,新闻出版总署将组织有关专家,对报刊的基础建设、环境资源、出版能力、经营能力等进行全面评估。经评估,对出版能力不足、出版质量长期低下,报刊经营不善、资不抵债,不能维持正常出版活动的报纸期刊予以退出。报刊退出的形式为:报刊调整定位(包括调整业务范围等),由有实力的传媒集团或报刊企业兼并、重组或托管,报刊停办。初步的方案是每 3 年评估一次,在一个评估周期中,各地退出的报刊比例一般不低于本区域报刊总数的 3%。其三是年检制度。未通过年度核验的报刊出版单位,第二年起就停办报刊。其四是行政处罚制度。依据《出版管理条例》《报纸出版管理规定》《期刊出版管理规定》等有关规定,三年内连续被予以停业整顿、警告、罚款等行政处罚的报纸期刊,无须经过评估,实行一票否决,实施退出。

6. 加快建立与邮政发行并存的全国性期刊发行网络

有学者认为,中国现行的报刊发行有五种模式:第一,物流模式。发行部门主要承担报刊社的物流配送功能。第二,销售模式。主要靠零售、征订两种传统的发行基本方式开展报刊销售服务工作。第三,营销模式。发行部门不仅承担传统的发行销售,还要利用发行终端优势,根据报刊社的特性做好营销推广活动。第四,展示(直投)模式。就是将报刊这种特殊商品直接投送到展示场馆,进行展示。第五,多功能组合模式。就是至少有2—3种以上发行功能模式的组合。[①] 从发行模式、策略、手段、效果等方面综合看,报纸、文化生活类期刊的发行做得较好,学术期刊的发行做得较差。

中国的学术期刊是小众期刊、专业期刊,其发行主要依赖邮局的征订。由于发行量小,经费缺乏,舍不得宣传,舍不得公关,所以在邮局属于"姥姥不疼舅舅不爱"的角色,征订工作很难取得成效。而零售市场(机场、超市、报刊亭)门槛比较高,费用比较大,也不适合学术期刊的销售。所以我们呼吁政府相关部门,要寻求有经济实力的社会资本和外国资本参与期刊发行,建立全国性的期刊物流配送体系,形成一个与邮政期刊发行并存的全国性期刊发行网络。这个网络,必须打破区域界限,打破零售市场垄断,将网点延伸到新华书店、大学、社区,达到规模效应,探索一条学术期刊发行的新路子。

7. 以内容质量为导向改革学术评价机制

学术期刊无论载体形式如何变化,但"内容为王"永远是期刊的生命力。因此办刊人必须苦练内功,加强策划,全面提升内容质量。管理者必须下大的决心,改革我们目前学术评价中的弊端,比如重数量不重质量、重名望不重实绩、重论文不重工作水平、重短期成果不重长远积累、重设施改善不重人才队伍建设等问题。

如何构建和完善定性与定量相结合的、公正、公平、科学、合理的学术评价体制?专家们提出了许多建设性意见,主要有:一是要强化问题意识,无论是基础研究还是应用研究,都必须着眼于解决问题。对于那些能够发现问题、提出问题、回答问题、解决问题的社科研究成果,经过专家论证和后期实践检验得到认可的,要给予适当奖励并作为提职晋级的考评依据;反之,不管在什么刊物上发表或转载,不管发表了多少篇,也不能作为提职晋级的依据。二是学术理论刊物必须坚持质量标准,维护学术的科学性和严肃性,除商业广告外,决不应该收取文章的版面

---

① 刘建学:《报刊发行的多种功能模式》,《今传媒》2009年第1期。

费,更不允许搞钱版交易。三是不能盲目抬高国外人文社科学术期刊的评价等级。有关中国问题的研究,权威应该是在中国,而不是在国外。中国哲学社会科学成果的评价未必一定要得到外国刊物的认可,外国所崇拜的研究成果其政治倾向和价值观很多情况下同中国的核心利益相背离。四是要减轻和放宽高校人文社科研究成果的数量要求。没有高质量的研究成果,就难有高质量的教学效果。但是,高校教师必须以教学为主,把教书育人放在第一位。[①] 五是要实行代表作制度,从而抵消以数量取胜的量化方法的弊端。六是要摒弃年度考核科研成果的做法,以2—3年或更长的一段时间为周期考察科研成果,允许一些学者踏踏实实地坐"冷板凳"搞研究。七是要废除研究生发表论文与毕业挂钩的规定,给研究生营造认真学习、踏实研究的良好氛围。八是要把学术评价体系与期刊分级制度脱钩,让学术评价回归学术评价,让期刊分级回归传播学术文化。

8. 加快培养重点人才和紧缺人才

学术期刊的核心竞争力,突出地表现在主编的灵魂作用和团队的凝聚力、创新力。期刊要想在未来的改革中有所作为、做大做强,归根结底要靠人才、靠队伍。

一是要加强主编人才培养。主编是期刊的灵魂,主编的思想意识、专业背景、学术眼光、进取精神、胸怀气度、操守格调、领导能力乃至个性特征,在很大程度上都会影响学术期刊的质量优劣、水平高低,甚至刊物的特色、风格、情怀、境界。办好刊物最重要的是主编。美国总统肯尼迪在《时代》杂志十周年的贺词中讲道:"伟大的杂志都是它主编身影的延长。"这句话很值得我们思考。可我们的现实生活中,"官本位"思想严重,很多事情做得不尽如人意,令人扼腕三叹:一叹学术期刊变成了官场。不少官员被任用为主编,可他们仅挂名不干实事。二叹学术期刊变成了名利场。有的领导利用手中的权力,安排关系稿、人情稿,进而拉关系、

① 张国祚:《提升中国文化软实力的战略思考》,《红旗文稿》2011年第8期。

搞公关、谋升迁。三叹学术期刊变成了行政部门。有的单位将主编混同于一般的行政干部,凡年满55岁,不管你贡献大小、能力强弱、身体好坏,实行“一刀切”退居二线,这是对人才的极大浪费。应该加快推进期刊主编专业化、职业化的进程。在加强后备主编人才培养的同时,更要珍惜、爱护现有的主编人才,要创造“事业留人,待遇留人”的良好环境。

二是要加强期刊经营管理人才培养。随着期刊转企之后市场化程度越来越高,应重点培养熟悉国际期刊出版运作规律、熟悉市场规则、懂经营、善管理的经营管理人才,既善于掌握市场又了解国际期刊出版惯例的外向型人才,既懂编辑策划又懂市场运作的营销策划人才等。

原载于《广西民族大学学报》2011年第5期

关于学术期刊生存发展的几个问题

2012年,对于中国报刊界来说是不平静的一年;2012年,对于中国学术期刊界来说更是刻骨铭心的一年。有两件事作为标志:第一件事是全国哲学社会科学规划办公室根据《国家社科基金学术期刊资助管理办法(暂行)》,6月公示了第一批100家入选名单,每种每年40万元,"通过有重点、持续性的资助,促进我国学术期刊改善办刊条件,提高办刊质量,扩大学术传播力和社会影响力"。这无疑是传达了正能量,使学术期刊看到了一点光明。第二件事是新闻出版总署在7月发布了《关于报刊编辑部体制改革的实施办法》,这个办法在"转企改制"的市场化导向以外并没有新的改革路径。这与中办19号文件属于科研部门和高等院校主办的非独立法人科技期刊、学术期刊编辑部"另行制定具体改革办法",显然存在矛盾。所以实施办法出台之后,在学术界和期刊界引起一片哗然。《南京大学学报》主编朱剑认为转企改制的后果不堪设想:一是学术期刊将与学术研究母体相分离,必将成为无源之水、无本之木。二是人才流失无法避免。近年来学报推进的编研一体化,使许多著名学者走入学术期刊编辑队伍,转企必定使他们选择离开期刊而回归科研队伍,这可能使学术期刊从此一蹶不振。三是高校期刊的门户壁垒无法打破,大型学术期刊集团并不能因转企而自然形成。四是市场化后得不到足够资助的期刊只能靠收费维持,提高学术质量只能是空想,市场混乱是可以想见的。五是与学术界对学术期刊的期望完全背道而驰,必然引起学术界的强烈反弹。[①]《清华大学学报》主编仲伟民指出:"单纯的'转企'是政府犯错,期刊吃药,疗效不会明显。"[②]面对众多质疑,以及新闻出版总署机构的被合并,"实施办法"是否继续推进,一时间充满了悬念。

2013年6月7日,全国新闻出版工作座谈会在京召开。时任国家新闻出版广电总局党组书记、副局长蒋建国给予明确回答:"当前的重点任务是继续推进报刊出版单位体制改革。"为此,蒋建国提出几点具体举措:一是推进非时政类报刊出版单位改革。在做好第一、二批3388种非时政类报刊出版单位转企改制扫尾工作的同时,提出和确定第三批非时政类报刊出版单位转企改制名单,并组织实施。二是推进报刊出版事业单位分类改革。依据报刊的性质和功能,提出和确定时政类和一般时政类报刊的具体名单,与相关部门进行沟通协调,确保报刊出版事业单位改革与整个事业单位改革同步推进。三是推进科技期刊和学术期刊出版单位改革。明确科技期刊和学术期刊认定标准,分期分批确定科技期刊和学术期刊名单。四是推进报刊编辑部改革。按照《关于报刊编辑部体制改革的实施办法》确定的原则,积极稳妥地推进报刊编辑部改革,切实破解报刊业小、散、滥的结构性弊端,实现报刊业转型升级。五是推动组建报刊出版传媒集团公司。在国家层面,着力推动具备条件的中央部门单位组建专业性报刊出版传媒集团公司;在地方层面,着力推动各省区市以党报党刊所属的非时政类报刊和实力雄厚的行业性报刊出版单位为龙头,组建大型综合性或专业性报刊出版传媒集团公司。

面对当前倒逼"转企改制"的客观形势、数字化的严峻挑战,社科学术期刊如何生存发展?我以为要顺应历史潮流,积极应对挑战,苦练内功全面提升内容质量,才能建立和保持竞争优势。学术期刊,无论管理体制如何变化,岁月如何洗礼,但优质内容是安身立命之本,也是读者不变的选择。因此办刊人必须坚守"内容为王"的理念,不能见异思迁。本文试图对关乎中国学术期刊生存发展的八个

① 朱剑:2012年11月2日在国家新闻出版总署"推进学术期刊科学发展座谈会"上的发言稿。

② 仲伟民:《缘于体制:社科期刊十个被颠倒的关系》,《南京大学学报》2013年第2期。

问题，做些简单的分析，供大家参考。不当之处，敬请批评。

一、转企改制与发展模式

改革是大势所趋，这恐怕是不争的共识。但相关部门在推动“强制性制度变迁”的同时，必须将各种因素协同整合，集聚各种改革主体制度创新的能量，增强“顶层设计”的科学性、实用性，从而使改革方案更具可接受性与操作性。时至今日，第一批报刊改革已经基本完成，第二批改革各省正在如火如荼地推进。截至2012年上半年，上海期刊已有90家进行了转制。拥有12种期刊的上海社会科学院、拥有4种期刊的上海社科联、拥有11种期刊的上海大学、拥有9种期刊的上海影视集团等机构，都已经组建了期刊社或期刊群。2012年9月，湖北省文联旗下的《今古传奇》杂志社进行整体转制，将8个独立刊号全部整合，成立了今古传奇传媒集团有限公司；2012年12月，《中国三峡工程报》、《中国三峡》杂志和《中国三峡建设年鉴》等3个报刊单位组建了长江三峡集团传媒有限公司；2013年2月，山西科技报刊总社通过划转、整合等方式又从山西省发改委、农业厅、卫生厅等部门“接收”了8种报刊，组建了囊括科技、科普、健康、养生、农业等多个门类，拥有10种报刊的山西科技新闻出版传媒集团；等等。目前，转企改制的期刊大体有三种发展模式：

第一种模式是秉承市场化的经营理念，向多元化、多层次方向发展的有限公司架构，如北京中科期刊出版有限公司。这是中国科技出版传媒股份有限公司出资组建的全资子公司，于2010年6月经国家行政主管部门批准，2010年10月正式注册成立，是专门从事科技期刊编辑出版、经营管理、技术咨询、广告发布、发行销售、业务培训、数字出版等业务为一体的专业化出版机构。期刊公司通过深化与加强期刊出版集约化生产服务、数字化平台服务、市场推广与营销、国际化交流服务、办刊队伍培养与建设等多管齐下的措施，通过尝试建立资本纽带、法律纽带、服务纽带等期刊出版合作模式，不断吸引具有学科代表性、行业代表性、地区代表性的优秀期刊加盟期刊公司。在学术期刊质量审读、联合印制、集成编排、联合发行、系统培训等方面开展了卓有成效的工作。目前期刊公司已汇聚了265种专业期刊,形成了以地球科学、生命科学、技术科学等为主体的科技期刊学科集群,构成了我国科技期刊出版的第一方阵。这些期刊,有相当一部分是以加盟的形式进入期刊公司的。

期刊公司创新了科技期刊合作出版模式,建立了三条新型出版纽带关系。其一是资本纽带,即中国科技出版传媒股份有限公司与期刊主办单位共同投资设立期刊杂志社或联合编辑部,与期刊建立资本关系,通过这样一种资本纽带,投资双方可以长期共享期刊的内容。其二是法律纽带,即加强与期刊主办单位合作,通过编辑与经营分离,发挥各自优势,促进期刊发展,使中国科技出版传媒股份有限公司成为期刊的第二主办单位或出版单位,与期刊建立实质性的法律关系。从源头开始实施全程管理,从而共同负责提升刊物学术水平。其三是服务纽带,即提供基础服务和增值服务。期刊公司现有期刊出版部、编辑业务部、生产业务部、数字出版部、业务发展部、市场部、综合管理部等7个部门,专业服务于科技期刊出版全过程。基础服务包括录排、平面设计、校对、质检、审读等。增值服务包括发行、广告、营销、培训等。其增值服务采用收入分成模式来保障中科及群内期刊的经济利益。

第二种模式是参照《关于报刊编辑部体制改革的实施办法》提出的,对于在国家基础学科和前沿学科中具有领先水平、能代表国家学术水准,并入新闻出版传媒企业或转为期刊出版企业条件不成熟的重点科技期刊和学术期刊编辑部,可暂时保留,但要建立由科研部门分别编辑、出版企业统一出版发行的运行模式。

中国社会科学院去年启动了院属期刊改革工作,改革的核心是“五统一”(统一管理、统一经费、统一印制、统一发行、统一入库)。截至2013年4月,有近70种期刊的“两统一”都交给了社会科学文献出版社。出版社的统一印制、统一发行,囊括了排版、设计、材料选择、工艺要求、征订、邮发、零售和宣传推广等所有环节,在具体交接中特别强调“提供最好服务”。在委托合同中,出版社还明确提出“确保2013年期刊销售收入不降低,并把增加部分提取50%用于宣传推广”。而有关印制等成本，也明确由中国社会科学院与社会科学文献出版社统一结算，发行收入则上交院里，实行严格的“收支两条线”。由于各刊情况不一，出版社和编辑部也采取了相对灵活的合作方式。通过管理机制的改革创新，编辑部集中精力做好内容的审读和把关，努力提高期刊的学术水准，希望在更大平台上做宣传推广工作，使发行量显著增加，期刊也获得更大的学术影响力和社会关注度；出版社承担印制和发行等，利用自身专业化的队伍和营销的渠道，最终达到提升质量、降低成本、扩大发行、改进服务、提高效益，通过发挥优秀期刊的集群效应，能让出版社的品牌价值有更大的提升。对这次改革，大家都寄予厚望。

全国高等院校也陆续启动了学术期刊的改革，将高校学报和学校科研机构办的专业期刊整合成“期刊中心”或期刊社，成为大学直属正处级的事业单位，实行分级办刊、统一管理，如中国地质大学期刊中心、西安交通大学期刊中心、宁夏大学学术期刊中心、天津大学期刊中心、北京科技大学期刊中心、太原理工大学期刊中心等，浙江大学期刊中心则属浙江大学出版社管理。期刊中心的职责大体分为八项：（一）负责组织校内有公开刊号的期刊编辑部（杂志社），贯彻、落实中央和省市有关部门和学校关于期刊管理的指示、通知、规定。（二）督促检查具有公开刊号的校内期刊编辑部（杂志社）按照学校批准的办刊宗旨、办刊方向，办好刊物。（三）加强编辑部的队伍建设和各期刊编委会委员、主编（副主编）、主任（社长）和副主任（副社长）的聘任组织工作。（四）负责期刊创办、注销、变更、出版增刊等事项的审查和报批手续。（五）负责组织具有公开刊号的校内期刊参加国家有关部门开展的年检、审验和评比工作。（六）负责有关期刊编辑部办刊经费使用的监督和管理。（七）负责组织有关期刊编辑的职称评聘和编辑业务培训，协调各期刊与挂靠单位的关系。（八）完成学校领导交办的其他工作。这些期刊中心或期刊社，主要是负责对期刊的协调、指导、监督、检查以及日常管理工作，并没有建立起由科研部门分别编辑、出版企业统一出版发行的运行模式，但已具备了雏形架构，为下一步深化体制改革打下了重要的基础。

第三种模式是中国高校系列专业期刊，目标是打造专业性强的精品期刊集群。南京大学、清华大学、复旦大学、山东大学等21家学报主编提出了“名刊工程”专业化发展方案,即“联合创办数字化专业期刊”的设想。具体做法是:成立联合编辑部,对纸本综合性学报拟发表的文章进行同步数字化、专业化重组,在主要一级学科联合打造“中国高校系列专业期刊”,通过中国知网进行传播。目前,中国高校系列专业期刊已推出12本一级学科专业期刊:定名为《马克思主义学报》《文学学报》《哲学学报》《历史学报》《政治学报》《经济学报》《法学学报》《社会学报》《教育·心理学报》《传播学报》《民族·人类学报》《艺术学报》,以及《三农问题研究》《儒学研究》等专题期刊,还准备围绕学术热点问题继续创设新的专题期刊。这个模式有三个特点:(1)变一校一刊、各自为政的综合性期刊为打破校域界限、集中名校科研优势的系列专业期刊。实现专业化。(2)名刊综合性学报与系列专业期刊相依共存、各展其长:在论文组合上,分别以综合性与专业性见长;在出版载体上,分别以纸本和数字版为主;在出版时间上,完全同步或后者更早。实现集约化。(3)系列专业期刊通过中国知网进行传播。中国知网将在技术层面全面配合,并在知网首页设立专门入口,可进行仿纸本的全本阅读和各种检索,并向专家学者定点推送;还将为系列专业期刊建立专门网页,开辟工作交流及编读往来平台。实现数字化。“学报联合体”除了对专业期刊统一封面设计和版式设计,还在制度机制上做了一些有益的探索:一是成立主编联席会,作为决策机构;二是设立协调工作小组,落实各项决议;三是组成专业学报编委会,负责各专业期刊的编辑、校对、宣传、策划;四是建立网络信息平台,运用QQ群处理相关问题及事宜。这无疑是一种全新的办刊模式,也是高校学报探索改革的一种尝试,目标是专业办刊,围绕品牌,放大优势,符合集约化、数字化、品牌化、规模化发展的方向。“中国高校系列专业期刊”的运行取得了巨大的成功,文章下载量大幅提高,在学术界的影响力与日俱增。到目前为止,已有70多家学报加入“联合体”,而且势头不减。但这种“自主联合办刊”模式属于松散型的联合体,缺乏相互依赖又相互制衡的公司治理结构,缺少行之有效的企业内部管理制度和机制,缺少明确的盈利目标,缺少资本纽带,不利于有效运行和可持续发展。如何建立现代企业管理制度,如何打破所属关系(主管单位、主办单位)的障碍,如何有利于学术无障碍传播,如何做强做大联合体,需要认真思考,进一步完善体制机制。

二、学术评价与期刊自律

自2007年10月"高校学报已成学术垃圾产生地"的观点出炉以来,学术期刊屡屡成为被质疑和抨击的对象。近年来,部分学术期刊为了进入"核心期刊"和"来源期刊",造假行为不断变换。有的期刊结成联盟,互相引用对方的论文,以提高互引率;有的期刊要求作者提交的论文必须引用本刊发表过的论文,以提高刊物的自引率;还有的期刊优先发表综述类文章,以增加被引率。这些做法,说轻了是投机取巧,说重了是数据造假,进一步损害了学术期刊的名声。由于这些不端行为的存在,落人口舌,有的人变本加厉地妖魔化学术期刊,认为其是导致学术不端、学术腐败、创新能力缺失的罪魁祸首。这显然是极端的例子。"这种认知的谬误在于:把不应由学术期刊承担的责任归咎于学术期刊,把本为极个别学术期刊的不良行为扩大为整个学术期刊界的整体行为。这既无益于去除学术之弊,亦无助于学术文化之建设。换言之,只有'去妖魔化',恢复学术期刊的本来面貌和真实地位,才有可能整改荆棘丛生的学术乱象,营造生态和谐的学术氛围。"①

当下的学风浮躁、学术腐败以及原创性的缺失,说到底根源有三:

第一,官本位意识导致研究者学术权力与学术地位的不公正。"'官升学问长''近水楼台先得月'似乎已经成为一种普遍的现象,并且也越来越得到社会的认同。这种不平等很多时候不乏学术共同体内部上下之间的利益共谋——'学术剥削'和'学术贿赂'。领导者在学术和利益互动的竞争之中,不能表示出应有的学术自信和道德品格,自己利用权力和权威占有和夺取下属和学生的成果,构成一种公然的'学术剥削';而下属和学生为了实现自己的利益需求和生存安全,主动地请领导分

① 江飞:《不要妖魔化学术期刊》,《中国社会科学报》2013年2月1日。

享甚至完全出让自己的学术成果,对其进行一种'学术贿赂'。"①学术的不公正,导致资源配置、院校发展、专业排名、报奖评优、职称晋升等一系列的不平等。

第二,过度量化的"论文评价"导致学术生产的数量繁荣、质量下降。目前的学术评价普遍强调 SCI、SSCI、EI 论文,不少高校或院系在年度工作考核中实行"工分制",即规定教师每年至少发表的论文数量以及论文发表刊物的级别。这种"一刀切"的管理方法扩大到各种学术和教育的考核、评比、提级提职、业绩考核、课题和项目的审批中,几乎达到了无孔不入的程度。过度量化的评价模式,违背了大学学术研究的基本规律,抹杀了学科文化的差异,鼓励急功近利,急于发文章、急于拿学位、急于出专著、急于评职称、急于拿奖项。由此产生了大量的学术论文和专著,但真正具有"独立之精神,自由之思想"的作品却凤毛麟角。今天的学术界,甘坐冷板凳、守得住寂寞的精神已经所剩无几,愿意以最纯粹的为人和学术去面对这个并不纯粹世界的人更少之又少。

第三,"以刊评文"的异化导致学术评价的诚信缺失。20 世纪 90 年代以来,北京大学图书馆研制的《中文核心期刊要目总览》、中国社会科学院文献信息中心研制的《中国人文社会科学核心期刊要览》和南京大学中国社会科学研究评价中心研制的《中文社会科学引文索引》(CSSCI 来源期刊库)相继出版。随着"核心期刊""来源期刊"排行榜影响的扩大,学界把是否被列为"核心期刊""来源期刊"作为期刊分级的标准,并进而把论文是否发表在这些期刊上作为判断其水平高低的依据。我国许多高校和科研机构普遍推行了"以刊评文"的做法,并根据"核心期刊""来源期刊"的学术水平、学术特色和影响力大小,将其分为 A、B、C 等类。虽然各学术机构认定的期刊等级并不一致,但客观上对评价机构的"评价权力"和"期刊排行榜"的走红,都起到了推波助澜的作用。本来应该是"以文评刊",却本末倒置为"以刊评文",这无疑是学术评价的异化。中国社会科学院《中国法治发展报告(2011)》指出,学术评价体系过于依赖期刊分级,实际是赋予期

① 张福贵:《当下中国学术危机的三大症候》,《学术界》2010 年第 11 期。

刊编辑学术评价的权力。编辑尤其是核心期刊的编辑,成了一个特殊的学术阶层,部分期刊沦为牟利私器。这并非危言耸听,事实上核心期刊的收费问题甚至比非核心期刊的收费问题还要严重,从而使学术评价缺失诚信,遭人唾骂。

评价危机已成为一个社会问题,事关学术体制、学术利益、社会风气诸多方面。因此重建科学、合理的学术评价机制,需要底层推动,更需要"顶层设计",这恐怕是一个漫长而艰难的过程。空谈误国,实干兴邦。学术期刊不能消极等待,必须加强自律,要建立一套行之有效、经得起检验的规章制度,以制度保障程序正义,以制度预防学术腐败。首先,建立同行专家匿名审稿与期刊内部"三审制"相结合的审稿制度,严格把关,尽可能少发或者不发"人情稿""关系稿",把高水平、高质量的学术文章呈现给读者。在市场经济条件下,不能要求学术期刊不食人间烟火、不切实际地空喊过高的追求,但也必须坚持道德底线和学术良知。其次,要增强法律意识,建立发稿档案,防止论文剽窃与一稿多投。再次,建立刊后检查制度,杜绝权钱交易。结合读者、作者和市场的反馈,对产品的编校质量、学术水平进行检查,对专栏编辑的职业道德、工作作风进行监管,从而保障编辑队伍的风清气正。

三、数字挑战与编辑重塑

20世纪90年代,当我们面对数字化的出现喊"狼来了"的时候,许多人不以为意,或者麻木不仁。十多年过去了,数字化浪潮已经在我们的经济、社会、文化、生活各个领域高歌猛进,学术期刊自然不能独善其身。中国的学术期刊实现数字化传播的网络平台大体有两种:一是各学术期刊自办的网站或网页,由于维护成本高、信息聚合量小,艰难维持,不具备竞争力;二是以中国知网、万方和维普数据库为代表的汇集了数千种期刊、实现商业化运营的大型期刊数据库网站,彻底改变了读者(作者)阅读学术文献的习惯:由读纸本的期刊变为读数据库。"在这些大型数据库中,期刊已不再作为传播的基本单元而存在,最基本的单元已变为论文,以最常见的方式检索,如题名、作者名、关键词,所得到的是来自同一检索目标下的各种期刊的一篇篇论文。因期刊而存在的刊物特色、编辑思想、编排风格、专栏结构、各专栏之间的呼应对话统统不见了。社科期刊这一独立存在的个体已迷失在网络的海洋之中。”①不过,数字技术的出现并不意味着学术期刊生命力的就此终结,它改变的只是传播形式和展示方式,而不是期刊的内容和本质。大型期刊数据库离开学术期刊提供的优质论文(原始数据),将变成无源之水、无本之木。大型期刊数据库还必须改变垄断式和掠夺式的建库及经营模式,与入编学术期刊建立平等、互利、双赢的、可持续的发展模式。

面对数字化的挑战,学术期刊必须转变发展方式,学会数字化生存。学术期刊的编辑不仅要了解不断涌现的各种新技术,如期刊采编系统、学术不端检测系统、电子排版系统、电子校对技术、数字出版技术、手机出版、Rss 订阅、博客等,积极将新技术应用于期刊出版中,而且必须转换自己的角色定位。

第一,由单纯的文字编辑转型为全媒体编辑。数字产品由于是“全新的形态和全新的结构”,需要编辑“利用文字和图片,利用音频和视频,利用多媒体的综合开发,利用快速检索和广泛链接,依托互联网构建开放的互动的三维空间,提供优良的个性化服务”。②

第二,由学者型主编转型为职业化主编。什么是学术期刊主编的职业化?“简单地说,就是学术期刊的主编是以一个精通业内工作特点和技能的形象出现。也就是说,主编自身不是仅仅把主编这一位置当作自己谋生的一个职业,而是要全身心投入的事业,要在主编的精心策划下,使主办的刊物体现出一种整体的编辑思路、学术导向和审美情趣;至于做课题、写文章、带学生,应当是居于第二位的,主次不能颠倒,也不应该并驾齐驱。”③“主编职业化”的提出已近十年,学者化的情结与编辑的考核指标和晋升职称条件的“错位”,使得主编转向职业化备受困扰。但是现在情况不同了,随着数字化的迅猛发展和“转企改制”大势的双重

---

① 朱剑:《变革年代学术期刊的数字化生存》,《澳门理工学报》2013 年第 2 期。

② 刘杲:《我们是中国编辑》序,海豚出版社 2011 年 10 月。

③ 田卫平:《学术期刊主编的角色》,《光明日报》2004 年 12 月 23 日。

压力,主编们必须做出选择,要么去从事教学或者研究,要么向职业化转变,做“复合型人才”,集中精力办好刊物。国内外的成功案例证明,刊物的做大做强,做出独立风格和学术品位,说到底,要依靠的还是职业化的优秀主编和编辑。

第三,由单纯的编辑部(事业主体)转变为生产经营部门(市场主体)。随着转企改制的完成,学术期刊将从单一刊物重组为三种刊物以上的集团模式,编辑部也由事业单位转变为不完全企业,再转变成真正企业,其职能也将拓展为“四大中心”。一是选题策划与编辑加工中心。编辑不再仅仅是为他人做嫁衣裳,更成为内容价值的重要创造者和优秀文化的传播者。二是营销策划中心。从期刊的宣传征订、会议论坛、社会活动到整体营销,要全流程地关注甚至必要时直接参与营销活动。三是版权经营中心。做好刊名、域名保护和商标注册,与作者签署版权协议并给出协议范本,做好网络授权,确保利益分配公平、合理。四是利润中心。统筹基金资助、发行收入、版权收入、版面收入、广告收入,完成利润指标,努力实现社会效益和经济效益双丰收。

四、特色栏目与特约主持

特色栏目是期刊的最大看点、最好招牌,也是提升学术期刊影响力最管用的手段。开辟特色栏目,一是要以地域文化和历史传统为依托,如《湖南大学学报》的“岳麓书院与传统文化”,《内蒙古大学学报》的“蒙古学研究”,《西藏大学学报》的“藏学研究”,《滨州学院学报》的“孙子研究”,《殷都学刊》的“殷商文化研究”,《河北大学学报》的“宋史研究”等;二是要以学校学科优势和专业特长为依托,如《华南师范大学学报》的“教育学/心理学论坛”,《当代财经》的“理论经济”,《求是学刊》的“文化哲学研究”,《中国青年政治学院学报》的“青年问题研究”,《北京交通大学学报》的“物流研究”,《中央音乐学院学报》的“民族音乐研究”,《武汉体育学院学报》的“体育人文社会学”等;三是要以前瞻性、前沿性问题为依托,如《北京师范大学学报》的“可持续发展战略研究”,《厦门大学学报》的“现代性研究”,《郑州大学学报》的“环境美学研究”,《广州大学学报》的“廉政论坛”,《中南民族大学学报》的“民族理论与政策”等;四是以交叉学科、多视角研究为依托,如《重庆大学学报》的“区域开发”,《中国地质大学学报》的“资源环境研究”,《上海交通大学学报》的“科学文化”,《中国人民公安大学学报》的“犯罪研究”,《东北亚论坛》的“东北亚区域合作”等;五是以期刊主编、编辑的人脉关系和作者队伍为依托,如《广西民族大学学报》原主编徐杰舜创办的“人类学研究”,《云梦学刊》主编余三定创办的“当代学术史研究”等。教育部“名栏建设工程”自2004年启动以来,第一批“名栏建设工程”共有16家期刊的栏目入选(至建设期满,已有8家期刊进入名刊工程);第二批“名栏建设工程”于2012年评选结束,共有24家期刊的栏目入选;第三批“名栏建设工程”于2013年评选结束,共有25家期刊的栏目入选。实践证明,“名栏建设工程”大大促进了高校学报质量的提高,有力推动了高校学报的整体建设。

特色栏目的相继推出,也暴露了期刊编辑人员在知识结构、前沿意识、学术水平方面的不足,为了弥补这个短板,《南京大学学报》在2000年第1期率先推出了“本专栏特约主持人”。此后几年《南京大学学报》独领风骚,其做法得到学术界和期刊界的广泛认可。从2004年开始,《北京师范大学学报》《浙江大学学报》《求是学刊》《南开学报》《复旦学报》《西南师范大学学报》《上海师范大学学报》等先后推出了“栏目主持人”制度,一时间武林高手频现江湖,各使绝招,促进了学术期刊的发展,也推动了学术研究的繁荣。不过,专家学者主持特色专栏是把双刃剑。优势有三:一是作为学术带头人,他们都拥有学术基地和学术团队,可以保证专栏的稿源和学术质量;二是他们有较高的学术水平,对所从事研究领域的发展现状及学术前沿、发展趋势有清楚的认知,可以敏锐判断学术的创新点和突破点;三是他们都承担国家重大课题,在学术界有一定影响,能够提升学术期刊的知名度和影响力。劣势也有三:一是精力有限,不可能全身心投入,有时候会让弟子客串,煮了夹生饭;二是属于期刊体制外面的人,有时候会与编辑部的宗旨、目标、工作安排产生矛盾,协调困难;三是个别人意气用事,会把自己主持的特色栏目变成近亲繁殖的阵地,甚至陷入门户之见、学派之争,损害了学术期刊的公信力。有鉴于此,不少学术期刊开始培养自己的队伍。《云南师范大学学报》开设“语言国情研究”“中国边疆学研究”“人地关系研究”三个特色栏目,每个栏目设“首席编辑”,从而增强了编辑的工作主动性和责任感,收到了很好的成效。近些年来,学者型、策划型、公关型编辑已经成为特色栏目主持人的生力军,为学术期刊的转型发展奠定了人才支撑。

五、全程策划与引领学术

策划就是出新招、出思路、出点子,要贯穿于期刊出版的全过程。一个好的策划,可以产生良好的社会效应,引领学术潮流,提升学术期刊的知名度。

第一,选题策划。要根据期刊栏目的定位及发稿方向,在上年年末由责任编辑或外聘主持人根据学术研究的动态、前沿成果以及热点、难点,提出下一年的选题计划。期刊主编再召集学术顾问、相关专业研究人员召开选题论证会,进行比较充分的讨论、提炼、筛选、论证,大致确定长期选题、短期选题、重点选题、一般选题。根据选题,再找相关领域的专家约稿,有的放矢,以保证学术质量。当然这不是一成不变的,可根据社会突发事件、学术研究实际情况,进行调整。

第二,创意策划。要提升学术期刊的影响力,还须打“组合拳”,通过一系列的创意活动来实现。一是要发起重大问题的学术讨论,探索、争论和锻造公共学术话题,引领学术潮流。二是要倡导与培养人文情怀,追求润物细无声的境界。特色栏目的编者不仅要具备从事职业工作所必需的专业能力,而且要具有一种深厚的人文情怀,要“说人话”,不要说官话,要虚怀若谷,不能“行大欺客”,要善于与作者、审者、读者沟通,形成良好的互动。特色栏目所发表的文章,要直面问题,切中肯綮、入木三分;要体现对生命的敬畏、对学者的尊重、对弱者的同情、对社会的关注、对道义的守望。三是借力新媒体渠道,增强特色栏目议题的影响。网络环境下,社科学术期刊不能完全依靠传统纸介期刊的信息传播,还需要“变革学术信息资源的加工模式,转换学术成果信息的语形、语义和语用,把刊载的前沿的、创新的、对社会生活产生潜在影响的科研成果整理成具有新闻性与普及性的知识信息，通过大众媒体传播"[①]。要善于利用论坛、博客等个性化的互动平台，将特色栏目的"文本内容"，有选择性地提炼发布，激发网络用户参与讨论的热情，以表达他们的诉求、观点、建议，由此优化传播渠道，链接期刊，联动受众，延伸特色栏目的价值。在信息传播的扁平化时代，价值观往往决定影响力。

第三，微博营销策划。目前，绝大多数学术期刊都已经加入一个甚至多个数据库。但在网络的海洋中，学术期刊独立的个体形式已不存在，学术期刊的编辑思想、创新理念、专栏结构、装帧风格甚至个性特色，统统被肢解和淹没。读者在数据库中检索出的只是单篇的文章，学术期刊沦为了初级资源的提供者，编辑与主编的工作也都被消解。这种合作，"不仅经济上的收入微不足道，在品牌影响力等方面也没有给期刊带来明显的改善，不但感觉这种合作犹如鸡肋，合作中相对弱势的地位更难免给期刊社带来很强的挫折感"[②]。当多数学术期刊将目光专注于数字阅读时，微博已在中国获得了惊人的发展。依靠 140 字的便捷传播方式，以及即时更新、成本低廉、互动性强、细分程度高、用户黏性久、信息量大、覆盖面广等特点，微博"开始实现数字出版中重要环节的优化——通过沟通创造生产力"[③]。《三联生活周刊》《财经》《南风窗》等时政、财经类期刊，就借助"官方微博"(以期刊注册)或"内部微博"(以期刊主编、编辑个人名义注册)这一平台进行市场调研、编读互动、形象包装、品牌推广、活动策划、产品宣传等功能的营销，起到了事半功倍的效果。

与市场化运作的新闻财经类期刊相比，学术期刊对微博营销普遍不是很重视。截至 2012 年底，开设微博账号的学术期刊不仅数量有限，而且定位模糊、更新慢、发帖量小、内容散乱、缺乏粉丝和人气，对期刊的销量帮助不大，导致链接期刊的网站点击率也低。面对互联网领域掀起的一场"微革命"，学术期刊再也不能无动于衷、视若不见，必须积极应对。一要借力有影响的微博网站，创建自己的

① 夏登武：《新媒体环境下学术期刊的议程设置及其传播效力》，《出版发行研究》2013 年第 1 期。

② 黎松：《我们需要什么样的期刊数据平台》，《江西社会科学》2010 年第 12 期。

③ 张芸：《谈期刊微博营销的三个策略》，《出版发行研究》2013 年第 1 期。

"官方微博"或"内部微博",从而推荐特色新栏目,发布科研新成果,提供学者新信息,讨论公共新话题,关注活跃新人群,捕捉意见新领袖,从而吸引粉丝、聚集人气、加强互动、促进交流;二要借助微博"碎片化语言"和"浅阅读文本"两大特点,构建特色栏目的微阅读模式。通过提供特色栏目专题摘要和相关文章摘要,供读者了解信息,阅读、评论,吸引读者通过付费形式深度阅读感兴趣的学术文章,实现在线订购、二次传播,培养读者对特色栏目和期刊品牌的忠诚度,促进学术期刊的品牌塑造和纸介营销。

六、问题意识与专题研究

学术期刊在组织策划稿件时必须确立问题意识,提出问题是策划成功的起点。马克思指出,对一个时代来说,"主要的困难不是答案,而是问题"①。爱因斯坦认为:"提出一个问题往往比解决一个问题更重要。"②科学哲学家波普尔曾经说过:"科学与知识的增长永远始于问题,终于问题——愈来愈深化的问题,愈来愈能启发新问题的问题。"③科学史表明,一个重大问题的提出和解决,往往会给科学发展带来革命性的变革,开创新的学科,甚至导致整个科学体系的重新组合。

关于社会科学研究的"问题",有学者归纳为四类:第一,所研究的问题在现有的"知识库存"中还无法找到,是"填补空白"、开创性的。第二,所谓"问题"也可以是指采用不同理论对一个已经做过大量研究的问题给予新的诠释,或者采用新的方法对一个旧的问题进行再研究。第三,随着社会的发展,已经做过的研究发生了新的变化,或者原来的理论已经不能有效地解释已经发生变化的社会问题、社会现象。第四,在社会科学中解决问题的方法以及问题本身也是一个问题,而不仅仅是一个技术问题。④ 所以,社会科学能否取得有价值和有成效的学术创

---

① 马克思、恩格斯:《马克思恩格斯全集》第1卷,人民出版社1995年版,第203页。

② A.爱因斯坦、L.英费尔德:《物理学的进化》,上海科技出版社1962年版,第66页。

③ 波普尔(K. R. Popper):《猜测与反驳》,上海译文出版社1986年版,第318页。

④ 仇立平:《社会研究和问题意识》,《江苏行政学院学报》2010年第1期。

新,不仅取决于是否具有问题意识,更取决于从何处发现问题、怎么找准问题和怎样应答问题。有的时候,“问题”更具挑战性,更带根本性。

学术期刊要敢于站在学术前沿,积极主动地探讨一些热点问题,自觉充当当代学术史的创造者。一是探索、提炼和锻造公共话题。“这里主要是指你能不能、你敢不敢触及学术史上比较重大,甚至成为风气、成为主流、成为倾向的东西;也就是说,你敢不敢在学术上质疑那些已成为潮流、成为主流、成为风气和倾向但又未必健康的观点和主张,从而给学术上的少数派提供版面和平台,这对许多杂志来说都是一种考验。”①二是主办一系列重大的学术问题研讨会。《文史哲》主编王学典认为:“主办相关会议意味着编辑部在主流问题上,应该拥有若干话语权,应该在关键学术领域发言,至少应该积极介入到一系列重大问题讨论中去,从而实现引领学术潮流的办刊初衷。”你提出的话题越多、覆盖面越广、敏感度越高,影响力可能就越大。三是组织专题研究。利用学术会议收到的论文和期刊版面,深度开展“专题”研究。“专题”少则一期,多则几期,每期三篇文章左右;可以单学科透视,也可以多学科交叉研究;所持观点可以不同,甚至可以完全对立,进行学术争鸣。在“专题”研究的基础上,还可以把优质论文编辑成“学术论文集”出版,以延长学术链,扩大影响力。我们必须树立一种理念:在推动学术发展上,期刊同样可以是主动的。学术期刊的编者必须超越学科壁垒,要以“问题”为中心来整合学科,而不应以“学科”平台来切割“问题”。

七、学术争鸣与主编胆识

近年来,学术氛围、学术风气出现了种种弊端,其中学术争鸣的弱化可以说是主要问题之一。学者们写文章温良恭俭让,你好我好大家好;刊物发文章自说自话多,质疑批评少。之所以出现如此局面,一是学术评价庸俗化,不让争鸣。二是学者关系人情化,不敢争鸣。三是学术研究工具化,无意争鸣。四是研究能力初

① 王学典:《光大传统 创造未来》,《文史哲》创刊60周年纪念大会发言。

级化,不能争鸣。① 学术争鸣是学术进步的必由之路。学术争鸣在其出发点上,"应当是一种'无罪推断',而不是'有罪推断',即首先是努力探寻被批评对象的合理之处,进而在探索的过程中发现其不合理之处,并对其展开批评"。学术批评"就是发现被批判对象的真正的理论困难,为解决这些理论困难提出新的理论思路,并做出新的理论论证"②。学术争鸣要鼓励不同意见的学者、学派勇于发表自己的见解,参与争鸣。"这种争鸣是学问之争,不是感想之争,不是意气之争,不是感情之争。"③既要做到有理、有利、有节,又要讲风度、讲分寸;不能以权势压人,更不能以恶言伤人。

社科学术期刊要利用微博等新媒体平台,构建一个合法的、理性的争议区,引导受众开展学术争鸣,让学者、专栏编辑、读者和意见领袖真正互动起来,以表达对相关学术命题和公共话题的不同见解。开展学术争鸣会使特色栏目成为焦点,引来学者、读者甚至看客们的关注,会比较快地提升期刊的影响力,但也会带来一些麻烦。这就考验期刊主编的胆识魄力、学术眼光、胸怀气度、操守格调,以及对学术公信力的追求和处理复杂问题的政治智慧。办好刊物最重要的是主编。主编是一本刊物的旗帜,有什么样的主编,就有什么样的期刊个性。有个性才有特色,个性与特色的相互交融,就形成期刊的风格。美国总统肯尼迪在《时代》杂志十周年的贺词中讲道:"伟大的杂志都是它主编身影的延长。"这句话值得我们深思。

八、改进文风与关注时代

近年来,我国的学术论文正呈现大跨越、大发展的景象,但文章的整体质量并没有与数量实现同步提升,结果导致学术泡沫泛滥,学术垃圾成堆。学术泡沫腐蚀了大学学术至上、以学为荣的生态环境,也动摇了教师博学笃志、守正出奇的学

① 李开盛:《学术期刊要多争鸣》,《光明日报》2010年6月8日。

② 孙正聿:《学术批评与学术繁荣》,《光明日报》2007年7月24日。

③ 张海鹏:《关于治学与学风的几点感想》,《中国社会科学院研究生院学报》2013年第1期。

术操守，更造成了一些学者空谈空论、拾人牙慧的文风。当前的文风问题，有人归纳为三：一是脱离实际，做虚假文章；二是泛泛而谈，做表面文章；三是搞形式主义，做官样文章。[①] 更有人指出中国经济学界存在重引进轻实际、重形式轻内容、重技术轻思想的文风问题。现在越来越多的经济学文章都严格遵循“新八股”范式：“问题提出、文献综述、做出假设、数据来源与处理、模型与方法、计量、发现和结论、政策含义，这八个部分一个都不能少。”[②]过多重视形式化、模型化和计量技术，势必轻视内容的丰富性、深刻性和思想性。

文风折射学术态度，也彰显学者和期刊的品位与境界。改变文风，我们期待学者们能坚持肩担道义、笔写春秋、为民请命的风骨操守；改变文风，我们期待学者们能坚持发表言之有物、关注时代、贴近群众的真知灼见；改变文风，我们期待特色栏目发挥风向标的作用，引导学风文风的走向。文化的魅力不在于宣传，而在于吸引力。面对中国崛起产生的影响，世界会有不同的声音反馈，中国必须做出回应和解释。这种回应和解释，不仅中国人可以理解，外国人也可以理解。要提高“中国话语”的吸引力，学术期刊必须关注学术的大众化。今天的大众，不仅需要了解经典，了解历史，更需要从中国现代化期待的视角去解读经典。所以，学术期刊的一项重要任务是让一流的学术走进百姓的视野，成为经世致用的显学。只有大众接受，观点才会有张力；只有大众接受，思想才会“站”起来。学术不应该是艰深晦涩的理论，不应该用曲高和寡去诠释，更不应该被搁置于暗室。学术在强调专业性、深刻性、严肃性的同时，不能忽视了实用性、大众性和可读性。学术还必须适当地改变一下自己已有的文化形象和叙述方式，要吸取民间话语，增加人文精神，展现人文魅力。

原载于《云梦学刊》2013 年第 4 期

① 朱永杰：《改进文风，请告别“应景”文章》，人民网 2012 年 12 月 28 日。

② 方福前：《学术期刊应当改进文风》，《光明日报》2013 年 1 月 25 日。

学术期刊肩负的使命和职责

一本优秀的社科学术期刊究竟应该具备哪些品质？应该承担何种学术职责？与学术研究、学术创新、学术发展是一种什么关系？在我看来，绝不仅仅是漂亮的装帧、华丽的文字和著名学者的署名，最重要的是期刊的编者肩负使命、铭记职责，透过内容的价值营造和学术语言的表达，体现出的是一种特色、一种传统、一种境界、一种情怀，以及由此而产生的学术创新力、学术公信力和社会影响力。

一本优秀的学术期刊，必须突出问题意识。马克思指出，对一个时代来说，“主要的困难不是答案，而是问题”。爱因斯坦认为：“提出一个问题往往比解决一个问题更重要。”科学哲学家波普尔说过：“科学与知识的增长永远始于问题。”科学史表明，一个重大问题的提出和解决，往往会给科学发展带来革命性的变革，开创新的学科，甚至导致整个科学体系的重新组合。

关于社会科学研究的“问题”，有学者归纳为以下四类：第一，所研究的问题在现有的“知识库存”中还无法找到，是“史无前例”“填补空白”或开创性的。第二，所谓“问题”，也可以是指采用不同理论对一个已经做过大量研究的问题给予新的诠释，或采用新方法对一个旧问题进行再研究。第三，随着社会的发展，已经做过的研究发生了新的变化，或者原来的理论已经不能有效地解释已经发生变化的社会问题、社会现象。第四，在社会科学中解决问题的方法以及问题本身也是一个问题,而不仅仅是一个技术问题。[①] 所以,人文社会科学能否取得有价值和有成效的学术创新,不仅取决于是否具有问题意识,更取决于从何处发现问题、怎么找准问题和怎样应答问题。有的时候,“问题”更具挑战性,更带根本性。作为学术期刊的编者,我们必须超越学科壁垒,要以“问题”为中心来整合学科,而不应以“学科”平台来切割“问题”。

一本优秀的学术期刊,必须大力提倡创新研究。大国崛起期待理论智慧,中国现在的体制变革、经济转型,特别需要社会科学研究做出贡献。然而我们的研究传统中,习惯势力和陈旧教条始终制约着人们的创新观念和思维方式,阻碍着重大的理论创新。恐怕在相当长的一个时期,解放思想仍然是我们面临的迫切任务。我们只有解放思想,才能扭转唯上唯书的倾向;我们只有解放思想,才能使学者投入到那些源远流长、内涵丰富、地域和民族差异显著的社会文化命题以及大变革过程中迫切需要深入研究与理性解释的现实问题中去,从而提供战略性、前瞻性和前沿性的研究成果。我们还要从“思想被殖民”的状态中解放出来,要有我们自己的理论体系和话语体系,不能搞“贴牌加工”,更不能把不适合中国国情的西方理论模型的假设照搬过来。在一篇文章中丘成桐指出:“中国产生世界级大师,必须探求自己的研究方向,走出自己的道路。”[②]我们期待学者们回归学术研究的“中国关怀”,以自己的眼光关注中国和世界,并向世界展示“中国品格”和改善自鸦片战争以来被世界扭曲了的中国形象。[③]

著名哲学家冯友兰在其《三松堂自序》中认为,学者的工作分为两种:一种是“照着说”,另一种是“接着说”。前者的重点是要说明以前的人对某一问题是如何说的,后者的重点是要说明自己对某一问题是怎么想的。自己怎么想,总要以前人怎么说为思想基础,但也总要有所不同。概括来讲,“接着说”不是停留在对传统的一味继承上,而是要扬弃,要创新,要发展,要具有明显的时代性。缺乏新

① 仇立平:《社会研究和问题意识》,《江苏行政学院学报》2010 年第 1 期。

② 刘恕:《走自己的路,不盲从国外——丘成桐谈国内外基础研究》,《国际人才交流》2004 年第 6 期。

③ 胡键:《文化软实力研究:中国的视角》,《社会科学》2011 年第 5 期。

意的文章,可以说是低水平的重复,尽管道理都是对的,但它没有灵魂,我们要尽可能少发表或者不发表。学术研究的灵魂在于创新,创新需要大胆,也必然包含风险。“创新有可能符合现阶段人们的认识,也有可能超越现阶段人们的认识,真正的创新有可能被社会承认,也有可能不被社会承认,甚至有可能犯错误。所以,创新一方面要求研究者解放思想,胆子要大,不要怕犯错误”①,另一方面也要求期刊的编者要有自己的主见,敢于发表独立思考的声音。我们不赞成追风猎奇,更反对“打擦边球”,只关注“学术”本身。一本学术期刊没有创新精神是很可悲的,一个社会不能包容研究者犯错误就更可悲。学术期刊提倡创新研究,就是提升刊物的核心竞争力和品牌影响力。发表学术含量高、创新能力强、学术功底深的文章,既考验了我们的胆识,又检验了我们的眼力、判断力和洞察力,更锻炼了队伍。

一本优秀的学术期刊,必须引领学术潮流。在学术发展史上,学术期刊一直扮演着重要的角色。在一定程度上可以说,学术期刊引领着中国学术的发展。1922 年创刊的《学衡》杂志在《杂志简章》中旗帜鲜明地提出其编辑宗旨:“论究学术,阐求真理,昌明国粹,融化新知。以中正之眼光,行批评之职事。无偏无党,不激不随。”围绕着《学衡》杂志,逐渐形成了中国现代学术史上十分重要的学衡派。20 世纪 30 年代,以《禹贡》《食货》为代表的特定期刊出现,一些学术群体也开始以期刊为阵地有了进一步的聚集,由此推动了如历史地理学、中国社会经济史等新兴学术研究领域的发展。民国时期的“四大学术名刊”《国学季刊》《清华学报》《燕京学报》和《中央研究院历史语言研究所集刊》,就发表了大量高水平的研究成果,为现代历史学、考古学和语言学等学科的发展确立了学术标范,为中国传统的现代转型做出了重要贡献。20 世纪 50 年代《文史哲》崛起,它发起和推动的一场又一场学术论战和重大讨论影响深远,其目的就是探索、提炼和锻造公共

① 方兴:《缺乏新意的文章没有灵魂——访中国社科院历史所研究员王戎笙》,《中国社会科学报》2012 年 2 月 15 日。

学术话题，自觉充当当代学术史的创造者。

对于引领学术潮流，期刊主编中有人提倡，也有人质疑。其实不管哪家学术期刊，只有选择取舍稿件、编辑加工稿件、开辟学术专栏、策划学术争鸣、刊发“编者按语”或者“主持人语”等，才算尽到了自己应尽的学术职责，客观上也就具有了干预学术走向、引领学术潮流的作用。无论是“行大欺客”，还是“客大欺行”，都会严重破坏学术发展的生态环境。编辑应该敬畏学术、服务学者，学者应该理解编辑、视为知音，两者是良性互动的关系，互为倚重，互动共生。学术期刊谁把这种关系处理得好，谁就是“潜力股”，谁就拥有了若干话语权。

近年来，学术氛围、学术风气出现了种种弊端，公信力的丧失、人文情怀的欠缺、学术批评的弱化，可以说是最大的问题。学术期刊如何反对学术不端行为、维护学术尊严、引领学术潮流？我以为要从以下三点对症下药。一要站在时代发展的制高点上，高扬学术公信力的旗帜。“这其实包含两层意思：一是指它的社会品质，它不应该是少数研究者卡拉 OK 式的自言自语，而是紧紧把握着时代脉动的守望者；二是指它的价值品质，它不是隔靴搔痒的泛泛之作，而应善于击中社会绷得最紧的那根弦。”①学术期刊还要与权力部门、利益集团保持适当距离，不能被“绑架”，更不能扭曲自己的学术立场和学术操守，成为某些群体的代言人。二要倡导与培养人文情怀。学术期刊的编者不仅要具备从事职业工作所必需的专业能力，而且要具有一种深厚的人文情怀。人文情怀是一本刊物体现出的格调、气度和魅力，是对生命的敬畏、对学者的尊重、对弱者的同情、对社会的关注、对道义的守望。让我们不断从痛苦中分娩思想，以思想关注民生，对社会奉献我们的良心。“让关注人的命运和人的尊严，成为全社会的基本准则和共同诉求。让维护公平、正义和道德的阳光普照神州大地。让学习知识、科学和文化之风吹拂到每个个体生命的心田。”②倡导与培养人文情怀，不仅是一个重大的理论命题，也是

① 喻国明：《一本好的社科学刊》，《光明日报》2004 年 6 月 24 日。

② 张广智：《浅论历史学家的人文情怀》，《社会科学战线》2011 年第 11 期。

学术期刊的一个重大的历史使命。三要开展健康的学术批评。批评是学术进步的必由之路,如果没有学术批评,就会导致教条专横、错误长存。学术批评在其出发点上,“应当是一种‘无罪推断’,而不是‘有罪推断’,即首先是努力探寻被批评对象的合理之处,进而在探索的过程中发现其不合理之处,并对其展开批评”。学术批评“就是发现被批判对象的真正的理论困难,为解决这些理论困难提出新的理论思路,并做出新的理论论证”。[①] 学术批评不能避重就轻,更不能避实就虚,无论是“隔靴搔痒”之“赞”,还是“借题发挥”之“骂”,都不是正常的学术批评。

一本优秀的学术期刊,必须扶持新人、造就新人。学者之所以成为学者并得以著名,是因为他们的研究成果和创新观点为社会所承认,而编辑在社会与学者之间扮演的中介角色不能忽视,尤其是那些被社会公认的名编辑和权威性学术期刊发挥的作用更为突出。然而当前不少学术期刊热衷发表领导、专家、大牌教授的文章,唯名择稿、以人定文的现象比较严重。其实一本成功的学术期刊,不在于它吸引、发表了多少名家的稿件,而在于它发现和扶植了多少青年才俊。加州大学伯克利分校的成功经验之一就是坚持学术民主,不搞论资排辈,不用名人、权威压人。或许意识到不必要的合作可能带来的危害,该校要求新教师不与著名教授合作搞科研、写论文,鼓励年轻教师自己去开拓新领域。[②] 青年学者是学术研究的生力军,尽管他们的观点还显得稚嫩,他们的论证还不够严谨,敢不敢给他们提供版面和平台,这对学术期刊来说都是一种考验。伏尔泰早已说过:“虽然我不赞同你的观点,但我坚决捍卫你发表观点的权利。”我们呼吁学术期刊主编,放弃眼前功利,把目光放得更长远些,让学术期刊成为一个奖掖新人、鼓励新说的学术平台。

一本优秀的学术期刊,必须关注学术的大众化。今天的大众,不仅需要了解经典,了解历史,更需要从中国现代化期待的视角去解读经典。所以,学术期刊的

---

① 孙正聿:《学术批评与学术繁荣》,《光明日报》2007 年 7 月 24 日。

② 左庆润、孟庆芬等:《世界名牌大学》,人民邮电出版社 1989 年版,第 31 页。

一项重要任务是让一流的学术走进百姓的视野,成为经世致用的显学。只有大众接受,观点才会有张力;只有大众接受,思想才会“站”起来。学术不应该是艰深晦涩的理论,不应该用曲高和寡去诠释,更不应该被搁置于暗室。学术在强调专业性、深刻性、严肃性的同时,不能忽视了实用性、大众性和可读性。学术还必须适当地改变一下自己已有的文化形象和叙述方式,要吸取民间话语,增加人文精神,展现人文魅力。

原载于《澳门理工学报》2012 年第 3 期

重建学术期刊的公信力和权威性

公信力,《现代汉语词典》的解释是:使公众信任的力量。公信力的概念在我国使用时间较短,2003 年以后才逐渐成为研究"热点"。从已有的研究来看,主要有"信用"观、"资源"观、"能力"观、"信任"观,这些观点分别从某一个侧面揭示了公信力的内涵。综合这些研究,周治伟对公信力作出这样的定义:"公信力是指公共权力领域与公民社会领域中以组织形态存在的行动者(公共机构)及其具有'公共性'的抽象存在物(主要包括语言、制度、权力、货币、真理等)因赢得公民的普遍信任而拥有的权威性资源。"[①]公信力的权力主体主要包括政府、传媒、司法、组织,这些公共机构的行为不仅关涉自身,更重要的是具有公开的和公共的影响。由此,我们认为"公信力"的本质意义在于:第一,公信力映射的是一种公共权力,非公共权力也就无所谓公信力。第二,公信力是在长期的发展中日积月累而形成的信任资源,既是一种社会系统信任,同时也是公共权威的真实表达。第三,公信力指的是权力客体对权力主体在公正、公平、守信等方面的评价,获得权力客体信任、依赖的权力则具有公信力。第四,公信力权力主体与权力客体的非均衡性特征,决定了权力客体的弱势地位,一旦权力主体出现诚信、公正问题,必将导致信任的破裂。权威性,是指权力部门发布的信息或作出的决定是否具有相对的不可

① 周治伟:《公信力的概念辨析》,《攀登》2007 年第 1 期。

质疑性,如果这些信息和决定经常遭遇质疑,则不具权威性。公信力是权威性资源之一,一旦受到损伤,便会造成较大面积的"信任危机"。

就学术期刊而言,所谓"公信力",当然与其掌握的权力有关,而其所掌握的权力实际就是学术成果的评价权,能否公平、公正地对待(评价)作者及其作品,是衡量其公信力的标准。所谓"权威性",则是指其发表的学术成果的学术意义或贡献不会令人生疑(并非指不可商榷),创新性成为当然的标准。公信力与权威性有区别也有联系,两者都是针对期刊可信度的判断,但侧重不同。"公信力"更多地指向学术期刊的运作过程的公平、公正乃至公开,"权威性"更多指向学术期刊发布的学术成果的质量和影响力。

学术乃天下之公器,学术期刊则是学术成果最重要的传播平台。今天中国的学术期刊虽不至于完全沦为私器,但毋庸讳言,已陷入学术利益的泥淖之中,这是不争的事实,学术期刊正在遭遇公信力和权威性的空前危机。因此,要维护学术作为天下公器的本来属性,重建学术期刊的公信力和权威性就显得尤为重要。那么,学术期刊公信力和权威性危机主要体现在哪些方面?造成危机的原因是什么?如何挽救危机并重建学术期刊的公信力和权威性?这是亟须学术期刊界、政府管理部门和学术界回答和解决的问题。

一、学术期刊"乱象纷纭"及其根源

如果说学术期刊公信力和权威性出现了危机,那么一定是公信力和权威性的来源出现了严重问题。一般说来,媒体的公信力和权威性来源于其受众的信任和服膺,在这方面,学术媒体原本较之公共媒体具有天然的优势,因为公共媒体人与其受众(社会大众)不属于同一个社会团体,要获取后者的信任需要多方努力;而学术媒体大多属于某个学术共同体,媒体人与受众是同体的。但是,在中国出现了例外,学术期刊体制不仅造就了期刊的"行政级别",还有所谓"职业编辑",加之众多的综合性期刊不再属于某一学术共同体,受众与期刊的疏离难以避免,这就为学术期刊公信力和权威性来源的断裂埋下了伏笔。可见,首先是学术期刊体制对公信力和权威性的直接影响。在很多时候，体制决定了一切，在这样的期刊体制下，造成公信力和权威性断裂的其他原因就乘虚而入了。

学术期刊公信力和权威性的断裂与学术期刊乱象纷纭基本上是同时态的。随着市场经济中的不良现象向学术领域的不断渗透，随着以量化为主导的学术评价越来越强势，学术期刊受到了双重压力的夹击，由原先的边缘地带被推向风口浪尖，屡屡成为被质疑、被抨击的对象。早在2012年，《中国社会科学报》就发表《祛痈扶正，学术期刊治理势在必行》的报道，记者在文中指出：学术期刊乱象纷纭，存在买卖版面、违规增刊、页数增多、“假刊”、虚假引用等现象，“诸多乱象是期刊异化的产物，严重败坏期刊自身形象，玷污学术风气，令学者深感忧虑乃至愤怒”①。把一切责任都推给期刊，显然不公平。不过，现状确实令人担忧，在某种意义上说学术期刊得病了，而且还病得不轻。在笔者看来，主要存在以下乱象。

乱象之一：“假刊”牟利

“假刊”现象早在20世纪90年代就已出现，据《法制日报》2001年报道，河北省《承德医学院学报》某些编辑人员为了捞钱，竟私自出版盗版学报，受到了新闻出版部门的查处。据《中国青年报》2013年报道，北京电力高等专科学校早在2000年就已合并至北京交通大学，但《北京电力高等专科学校学报》仍在出版，每月出版3期，收取版面费。为骗取外界信任，该学报还伪造了期刊出版许可证和学报官方网站。《北京电力高等专科学校学报》(社科版)2013年第2期共刊载了259篇论文，涉及我国除港澳台外的31个省(区、市)的340名作者，其中既有副教授、教授，也有小学甚至幼儿园教师。国家新闻出版总署查明这是典型的“假刊”，根本不具备法定出版条件，因此依法予以注销。

乱象之二：增刊泛滥

增刊是指由新闻出版管理部门批准后在正常刊期外增出的刊物，原本是为了解决刊物因刊期、篇幅所限，导致供过于求的一种变通办法。根据有关规定，每本

---

① 张春海：《祛痈扶正，学术期刊治理势在必行》，《中国社会科学报》2012年7月4日。

合法期刊,一年可以出版1—2期增刊,并可适当收取一定数额的工本费用。由于增刊的主管单位、主办单位和刊号都与正常周期出版的刊物完全一致,不能称之为非法出版物或违规出版物,所以具有一定的"官方"背景和市场需求。不少学术期刊看到了"商机",争先恐后地出版增刊。一时间,出现了形形色色的增刊:有待价而沽,不计稿件质量,只要给钱即可发稿的增刊;有出让增刊编审权,由某组织或个人买断编审权的增刊;有由几个编辑分版承包组稿合成的增刊;有企业或单位赞助因而也主要刊发这些单位作者文章的增刊。① 学术期刊出版增刊,既有经济利益的驱动,也有"职称稿件"的压力,致使一些质量低劣的文章得以发表,并堂而皇之地以合法身份进入学术资源库中。2005年,教育部曾通报批评了《现代中小学教育》滥出增刊,以此作为创收手段,"严重损害了高校期刊界的形象,腐蚀了编辑队伍,破坏了出版工作秩序,在社会上造成了不良的影响"。2012年,文学期刊《大家》违背办刊宗旨,擅自出版理论版,刊登论文,牟取钱财,在社会上造成恶劣影响,结果导致停刊整顿。

乱象之三:买卖版面

据了解,国内自然科学学术期刊收取版面费起源于20世纪80年代末,当时因纸张、出版及发行费用急剧增加,绝大多数科技期刊出现亏损,且数额日益增大。为解决这一棘手问题,1988年中国科学技术协会出台了《关于建议各学会学术期刊收取版面费的通知(以下简称《通知》)。《通知》称,"各学会的学术期刊是各学科领域全国同行共有的论坛和财富。在经费问题上,除受托承办单位给予支持外,还应该争取各有关部门和单位的支持。收取论文版面费是合理的,也是可能的。因此,建议各学会的学术期刊收取版面费"。不过,《通知》还特别强调学术期刊"不得以任何理由或形式出卖版面,使期刊质量受影响"②。人文社科学术期刊买卖版面的始作俑者虽已无从查考,不过搭车跟风的现象却屡见不鲜。跟风

① 郑培君:《关注"增刊现象"》,《光明日报》2002年4月25日。
② 祁钰、周凯:《学术不端都是学术期刊惹的祸?》,《中国青年报》2009年7月13日。

者之所以热衷于"跟",归根结底都是利益驱动。其实,国内办得比较好的人文社科学术期刊都不收版面费,恰恰是一些经费短缺、学术水平差的期刊收取版面费,刊物越编越厚,论文越发越短,钱越收越黑。论文买卖,买了利益卖了学术,发表的多是粗制滥造的学术垃圾,从而陷入恶性循环。

乱象之四:学术平庸

有人以"井喷现象"形容学术论文近年的生产和发表。在这种虚假繁荣的背后,是数量与质量的不成正比,是学术质量不高、学术观点雷同、论证重复的平庸之作泛滥,是"劣币驱逐良币"的现象大量出现。教育部科技发展中心的基本科学指标(Essential Science Tadicators)统计显示,1997—2007 年的 11 年间,在世界前 145 个国家中,我国论文总数排第 13 位,论文引用数排第 6 位,但单篇论文的平均引用数却位居第 117 位;尤其在 2000 年以后,在论文总数加速增长的同时,单篇论文的平均引用数却下降至世界第 124 位。学术平庸的主要表现形式是低水平重复、肤浅分析和把学术变成"娱乐至死"的舞台,其本质特征是思想能力的缺失,阿伦特称之为"平庸之恶"。平庸之作表面上看具有某种吸引力,其实是无聊的伪学术,不可能长久。音乐教育家托马斯·塔珀曾这样评论:"平庸的作品最初会使人很开心,甚至会迷住我们,但很快就会让我们厌烦,使我们以后几乎没有耐心去听它。"①学术平庸对学术的蛀蚀,比学术不端更为普遍、更为严重,因此也更难揭露、更难治理。学术平庸与鸡肋期刊,互为因果,恶性循环,这是对学术生态的巨大伤害。所以,不少有识之士呼吁:拒绝平庸,②超越平庸!③

乱象之五:虚假引用

学术期刊作为学术成果的发布平台具有学术评价的功能,同时作为期刊主体又是被评价的对象。专业评价机构借助行政权力部门的青睐,高举"量化评价"的指挥棒,通过采集各种引文数据对学术期刊分等定级,并发布排行榜或排名表,

---

① [美]托马斯·塔珀:《和孩子们聊音乐》,肖聿译,中国广播电视出版社 2009 年版,第 74 页。

② 李醒民:《学术断然拒绝平庸》,《自然辩证法通讯》2010 年第 4 期。

③ 徐岱:《超越平庸:论美学的人文诉求》,《杭州师范大学学报》2012 年第 4 期。

一时间搞得周天寒彻,进入者弹冠相庆,落选者垂头丧气。有的期刊为挤进核心期刊的行列不惜造假,拉帮结盟互相引用对方的论文;有的期刊要求作者提交的论文必须引用本刊发表过的论文,以提高影响因子;有的期刊公开悬赏学者在CSSCI来源期刊发表引用该刊的论文,每条“奖励”500元;有的期刊为了不跌出排行榜或排名表,甚至使用各种糖衣炮弹;有的期刊为了迎合核心、来源期刊评选的偏好,更在选稿、用稿和参考文献等方面投其所好,逐渐丧失了学术个性和活力。

从以上分析不难看出,“假刊”牟利、增刊泛滥、买卖版面、页数增多、虚假引用等现象,看似乱象纷纭,各不相同,但从中都可以看到清晰的利益纠葛的影子,这是诸种乱象的共同动因。“毋庸讳言,某些二次文献期刊及某些编辑的职业操守是令人怀疑的,如某些二次文献期刊要求原发刊购买其广告版面或增加订阅,更有某些编辑人员将二次文献作为牟取私利的资源。对于这些无理要求,部分期刊为了获取较高的文摘率,不得不屈从,甚至主动迎合。一个显而易见的事实是,有些学术水平很高的学术期刊,二次文献却很少;而有些学术水平非常一般甚至是低水平的学术期刊,其二次文献率却不低。如果说,在选稿标准上投二次文献期刊所好损害的是学术研究,那么,对二次文献期刊的无理要求屈从和迎合,就在损害学术研究的同时还污染了学术空气。”①少数编辑与无良“学者”、学术“掮客”沆瀣一气,内外勾结,编发关系稿、人情稿、收费稿、垃圾稿,已经自觉或不自觉地沦为学术腐败的推手。

必须指出的是,与学术期刊乱象同时存在的是学术乱象和评价乱象,三者之间是有紧密关联的。事实上,学术功利主义笼罩着整个学术生产体制。当下的中国高校,可量化的学术研究被抬高到空前的、过度重要的位置。“学校是否优秀,教师是否能够升等、研究生是否可以毕业,科研的成绩单成为最重要的衡量指标。老师的教学可以马虎、学生的毕业论文可以勉强通过,但只要有相当量的论文发

---

① 仲伟民:《缘于体制:社科期刊十个被颠倒的关系》,《南京大学学报》2013年第2期。

表，便一俊遮百丑。多数高校对教师的年度考核和升等要求，都有严格的论文发表量规定，而一个大学每年的论文发表篇数，都影响到官方和民间的各种大学排行榜的位置，是大学领导政绩工程的核心部分。于是千军万马写论文、拼数量，就像'大跃进'时期的全民大炼钢铁，产量是最重要的，而质量如何，倒是其次的。"①功利主义太重，学风浮躁，就会急功近利：急于发文章、急于拿学位、急于出专著、急于评职称、急于争课题、急于成名家。在这一切的背后，可以清晰地看到："以科研资源配置和管理为中心的科研体制造就了一条交汇着学术权力与利益的链条，其顶端是掌握资源配置和管理权的行政权力部门，底端是仰仗资源而从事学术研究的高校和科研院所。作为学术研究重要组成部分的传统学术评价以与学术研究逐步分离为代价，在经历了五个层次的蜕变后，其与学术研究的同一性不仅彻底终结，而且凭借行政权力部门的采信，成为凌驾于学术研究之上的一种权力——评价权力，从而完成了连接两端的'桥梁'身份的转变，成为学术权力和利益链上的重要一环，而促成评价蜕变的正是科研体制。伴随学术评价的这一蜕变过程，以制作学术期刊排行榜和排名表为主打产品的评价机构相继问世，争夺评价话语权，乱象遂接踵而至。所以，与其说是评价，不如说是科研体制导致了学术乱象。将评价视为学术乱象的根源，实际上遮蔽了科研体制对学术乱象之所以产生而应承担的责任。学术之乱和评价之乱，其实是同源的。"②学术研究本应是知识分子的一种精神诉求，"当学术研究中的非学术因素成为一种主导时，不仅带来研究者的精神变异，更带来学术的社会性危机，最终使学者和学术都失去了社会的公信力"③。一言以蔽之，我们在抨击学术期刊、学术评价乱象的时候，不能忽视或者遮蔽体制所应承担的责任。

---

① 许纪霖：《回归学术共同体的内在价值尺度》，《清华大学学报》2014年第4期。

② 朱剑：《科研体制与学术评价之关系》，《清华大学学报》2015年第1期。

③ 张福贵：《当下中国学术危机的三大症候》，《学术界》2010年第11期。

二、重建学术期刊的公信力

如前所述，能否通过公平、公正地对待（评价）作者及其作品以赢得作者和受众的信任，是衡量学术期刊公信力的标准。如何重建学术期刊的公信力？要义当然是修复趋于断裂的学术期刊公信力，而改革不合理的学术体制、学术期刊体制和学术评价体制是首要的，在此基础上，逐一清除导致乱象的根源，使学术期刊真正回归学术，为学术研究服务，重新确立起在其作者和受众心目中公平、公正、公开、开放的学术平台的地位，如此学术期刊方能赢得公信力的回归。但必须看到，这样的改革是一个复杂的系统工程，绝不可能一蹴而就，需要有一个相对漫长的过程，需要政府管理部门、学术界和期刊界共同努力。千里之行，始于足下，必须从点滴做起，而眼下最重要的是要还学术期刊一个清朗的环境，这已经开始。

学术期刊的治理，已到了刻不容缓的时候。如何治理？既要整章建制，又要道德自律，只有统筹协调，上下呼应，学术界和期刊界共同努力，才能标本兼治，扶正祛邪。

（一）国家社科基金资助学术期刊

国家社科基金来源于中央财政拨款，用于开展对我国社会主义现代化建设和改革开放事业，以及学科建设和发展具有重要理论和实践意义的哲学社会科学研究。全国哲学社会科学规划办公室从2012年开始，运用国家社科基金对200家社科类重点学术期刊进行资助。《国家社会科学基金学术期刊资助管理办法（暂行）》明确规定国家社科基金期刊资助的宗旨是：通过有重点、持续性的资助，促进我国学术期刊改善办刊条件，提高办刊质量，扩大学术传播力和社会影响力。2013年度，有4家期刊因收取版面费或经费使用存在严重问题，考核“不合格”，停拨经费，限期整改。2014年度考核，34家期刊为“优秀”，资助经费60万元；139家期刊为“良好”，资助经费50万元；22家期刊为“合格”，资助经费40万元；1家期刊为“不合格”，暂停资助，要求整改。这是国家社科基金管理工作的一大创新，推动我国学术期刊加强自身建设，推出更多优秀成果，具有十分重要的意义。总体看，资助期刊不仅缓解了经费短缺的压力，杜绝了版面费现象，而且办刊成效显著，学术水平和影响力明显提升，较好地发挥了学术引领作用。

（二）国家新闻出版广电总局对学术期刊进行资质认定

国家新闻出版广电总局为进一步优化学术期刊出版环境，解决期刊刊发质量低劣论文等问题，于 2014 年 4 月开展学术期刊资质认定和清理工作。总局制定了学术期刊认定标准，对期刊主办单位资质、办刊宗旨和业务范围、编辑队伍条件、审稿组稿制度、学术文章质量等提出了明确具体的要求。对定位不准确、一号多版的期刊，一律认定为整改的对象；对超出业务范围刊发论文、不具备学术出版条件的期刊不予认定；对败坏学术期刊声誉、以牟利为目的的“学术期刊”，坚决进行清理。2014 年 11 月 18 日国家新闻出版广电总局《第一批认定学术期刊名单公示》，在提交审核的 6060 种期刊中，最终被认定为学术期刊的共 5756 种（社会科学 2043 种、自然科学 3713 种），需整改后再认定的有 127 种，不予认定的共 177 种。由国家新闻出版行政部门组织对学术期刊进行的认定尚属首次，这为实施期刊分类管理和开展学术期刊质量评估奠定了基础，为规范期刊出版秩序创造了条件，有利于推动学术期刊优胜劣汰长效机制的建立。

学术期刊体现了一个国家在人文社会科学领域的研究水平和学术优势，是衡量国家综合软实力的一项重要指标。学术期刊有其特殊的社会公益性质，不应该实行完全市场化的改革。国家新闻出版广电总局应该在资质认定的基础上，探索扶持一流学术期刊的途径。“国家出版基金扶持一流学术期刊”的口号喊了好几年了，吊诡的是只听楼梯响，不见人下来，颇耐人寻味。假如国家出版基金也能资助一批学术期刊，那何尝不是件新鲜事，不是件好事，学术幸甚，期刊幸甚！

（三）教育部采取切实措施端正学风

近些年，学术不端已成为社会公害，尽管教育部和部分高校也出台了一些措施,但学术失范、学术不端、学术腐败并未得到有效遏制。为此,2004 年 6 月教育部制定了《高等学校哲学社会科学研究学术规范(试行)》,从学术研究的基本规范到学术引文、学术成果、学术评价、学术批评等诸多方面都制定了含义明确的原则条文。2006 年 5 月,教育部成立"社会科学委员会学风建设委员会",主要任务是针对高等学校哲学社会科学学术失范、学术不端行为,选择典型事例,通过组织调研、专家鉴定、召开听证会等方法,提出研究咨询意见和建议,供有关单位参考。2009 年 3 月,教育部出台《关于严肃处理高等学校学术不端行为的通知》,进一步明确了学术不端行为的惩治范围:(1)抄袭、剽窃、侵吞他人学术成果;(2)篡改他人学术成果;(3)伪造或者篡改数据、文献,捏造事实;(4)伪造注释;(5)未参加创作,在他人学术成果上署名;(6)未经他人许可,不当使用他人署名;(7)其他学术不端行为。

针对学术评价存在的种种弊端,2011 年 11 月教育部又发布《进一步改进高等学校哲学社会科学研究评价的意见》,特别强调:"正确认识《科学引文索引》(SCI)、《社会科学引文索引》(SSCI)、《艺术与人文引文索引》(A&HCI)、《中文社会科学引文索引》(CSSCI)等引文数据在科研评价中的作用,避免绝对化。摒弃简单以出版社和刊物的不同,判断研究成果质量的做法。"这些意见有的放矢,力度空前,具有强烈的导向作用。我们欣喜地看到,许多大学深化改革的目标中都有了相应的举措。从 2012 年开始,浙江省首次在高校职称评审申报中试行设立教学为主型、科研为主型、社会服务与推广型的资格申报类型。湖北省也对高校教师发表论文数量方面的硬杠杠进行调整,教师可提供 1—3 篇经专家评审委员会认定,在相关学科领域处于领先地位、较有影响力的代表作,作为职称评定的主要依据,从而引导教师从重数量转变到重质量。"风乍起,吹皱一池春水",这有利于营造和谐的学术生态和学术氛围。

(四)加强学术期刊自律

学术期刊是人类知识传承和学术积累的重要载体,是学术界进行学术讨论、学术批评的公共平台，同时也承担着倡导优良学风、维护学术诚信、创造良好学术氛围的社会责任。学术期刊如何构筑学术反腐"防火墙"？学术期刊如何加强自律？学术期刊如何重建学术公信力？我认为，首先要以管理为抓手，加强制度建设。一是建立同行专家双向匿名审稿制度，遏制论文选稿"潜规则"带来的腐败，实现公正选稿。二是建立学术不端行为备案制度，并及时向同行通报行为不端者的有关情况，联手遏制学术不端。三是建立刊后审读制度，对期刊的编校质量、学术质量定期检查，健全对编辑的制度监督。四是强化惩治措施，对顶风敛财不收手的无良编辑严肃处理，让他们不敢贪、不能贪。其次要加强编辑自律，提升综合素质。一是要树立责任意识，坚守职业道德，杜绝人情稿、关系稿，让学术回归"天下之公器"的本质。二是要培养编辑的审鉴能力，练就相应的眼力、判断力和洞察力，沙里淘金，百里挑一，编发学术名篇，发现学术新人，当好学术质量的"守门人"。三是要加强编辑的策划能力，要主动出击，不能守株待兔，更不能"捡到篮子里都是菜"。一个好的栏目，一次成功的选题策划，会提高期刊的学术影响力和社会知名度。四是要鼓励编辑敬畏学术、理解学者、服务读者，甘当园丁，厚待青年作者，不能"行大欺客"，更不能有权就任性！

三、打造学术期刊的权威性

学术期刊的权威性，不是强制性的权力赋予的，不在于刊物的行政级别，不在于是国家一级学会或者国家重点大学主办，更不在于被哪家评价机构定为"顶级期刊""权威期刊""核心期刊"。学术期刊的权威性，关键体现是在学术创新、引领学术潮流、学术批评、独立风格等方面的突出表现而得到学术共同体的普遍认可和读者发自内心的信服、尊重。

（一）学术创新

1911 年，梁启超在《学与术》一文中写道："学也者，观察事物而发明真理也；术也者，取所发明之真理而致诸用者。"这是迄今看到的对"学术"一词所作的最明晰的分疏。“学与术连用,学的内涵在于能够揭示出研究对象的因果联系,形成建立在累积知识基础上的理性认知,在学理上有所发明;术则是这种理性认知的具体运用。”①由此可见,学术是要发明真理,学术重在创造出新的东西。笔者认为,学术创新大体应该包括以下几个方面:(1)提出新的问题,或采用不同理论对一个已经做过大量研究的问题给予新的诠释,或采用新的方法对一个旧问题进行再研究;(2)提出新的(或修正完善已有的)学说、思想、观点等;(3)提出新方法(或改进运用已有的)、新范式等;(4)发现新材料和新证据等。

学术期刊要把学术创新列为最重要的价值目标。这包含两层意思:一是指它的社会品质,它不应该是少数研究者醉心于概念演绎,致力于“纯思”的逻辑推论,无病呻吟地自说自话的“学术自留地”,而是敢于站在时代发展的制高点上,从现代化的视域去考察研究中国和世界现代化进程中的种种问题,高扬学术创新的旗帜,构建原创的话语权,自觉充当当代学术史研究的“学术开放平台”。我们要从“思想被殖民”的状态中解放出来,要有我们自己的理论体系和话语体系,不能搞“贴牌加工”,更不能把不适合中国国情的西方理论模型的假设照搬过来。聚焦“中国问题”,坚守“中国立场”,创新“中国视域”,总结“中国经验”,诠释“中国道路”。我们期待学者们回归学术研究的“中国关怀”,以自己的眼光关注中国和世界,并向世界展示“中国品格”。学术创新越来越受到学术界的高度重视,华东师范大学设立的“思勉原创奖”就是很好的例子。“思勉原创奖”希望以“原创”作为人文学科“最重要学术贡献”的具体示范和标杆,已经在学术界产生了一定的影响力。二是指它的价值品质,它不是隔靴搔痒的泛泛之作,不是停留在对传统的一味继承上,而是要扬弃,要创新,要发展,要具有明显的时代性。缺乏新意的学术理念,即使面对众多热点,也只能亦步亦趋、重复模仿;缺乏新意的学术论文,即使道理都是对的,但它没有灵魂,没有生命。学术期刊要善于提出有意义、有价值的真问题,坚决拒绝无意义、无价值的假问题。学术期刊在组织专题讨论、

① 刘梦溪:《中国现代学术经典·总序》,河北教育出版社,1996年版。

编发稿件时，不但要关心论文是否遵守形式上的学术规范，更要关心其内容是否具有学术上的原创性，是否对所研究的对象具有实质性的促进。说到底，学术期刊提倡创新研究，就是提升刊物的核心竞争力和品牌影响力。

（二）引领学术潮流

在现代学术发展史上，学术期刊一直扮演着引领学术潮流的重要角色。在一定程度上可以说，学术期刊引领着中国学术的发展，尤其是大学学报。1922 年 1 月，留美归国的梅光迪、吴宓和胡先骕等人在南京东南大学创办《学衡》杂志，《杂志简章》旗帜鲜明地提出其编辑宗旨："论究学术，阐求真理，昌明国粹，融化新知。以中正之眼光，行批评之职事。无偏无党，不激不随。"《学衡》杂志创办时间前后不过 5 年，共出版 79 期，会聚了一批对胡适倡导的文学革命或改良持不同意见的文人，逐渐形成了中国现代学术史上十分重要的学衡派。《禹贡》半月刊是顾颉刚 1934 年 3 月创办的历史地理、边疆史地和民族研究的权威学术刊物，至 1937 年 7 月被迫停刊，共出版 7 卷 82 期，刊登文章 700 多篇，开创了我国历史地理学和民族研究的新风气，有力地推动了我国历史地理、边疆史地研究的发展。"《禹贡》在学术史上留下了浓墨重彩的一页，也给当下学术期刊主编诸多的启示：一是研编并举，互为促进；二是长袖善舞，广结人脉；三是扶植新人，造就新人；四是无间新旧，兼容并包；五是引领学术，创建学派；六是经世致用，学术救国。"①

1934 年 12 月，《食货》半月刊在上海发行。主编陶希圣声称办刊宗旨是：集合正在研究中国经济、社会史尤其是正在搜集这种史料的人，把他们的心得、见解、方法，以及随手所得的问题、材料披露出来。《食货》半月刊的出版，引起学术界各方面的重视，对当时及以后中国经济、社会史的研究具有一定影响。民国时期的"四大学术名刊"《国学季刊》《清华学报》《燕京学报》和《中央研究院历史语言研究所集刊》，就发表了大量高水平的学术研究成果，为现代历史学、考古学和

---

① 张耀铭：《顾颉刚创办〈禹贡〉半月刊的学术启示》，《澳门理工学报》2014 年第 1 期。

语言学等学科的发展确立了学术标范，为中国传统学术的现代转型做出了重要贡献。20 世纪 50 年代《文史哲》崛起，它发起和推动的一场又一场学术论战和重大讨论，引领学术潮流，影响深远，有目共睹。

学术期刊能否引领学术潮流？期刊界一直存在争议。吴承学主编表示反对："如果编辑把用不用稿作为一种个人权力和资源，那是很危险的。我们要求编辑对作者绝不能有一种居高临下的心态，不要妄谈'引领学术'，而是要敬畏学术，理解学术，服务学术。"①原祖杰主编提出批评："职业编辑无视学术研究基本规律而单方面强调期刊引领学术，不仅颠倒了期刊与学术群体之间的关系，所透出的还有学术期刊对其所依归的学术共同体的傲慢。如果职业编辑以学术领袖自居，将其所服务的期刊当作一种权力资源，一种学术指挥棒，只会使不健康的学术生态进一步恶化。"②王学典主编是引领学术潮流的自觉推动者，他认为："学术期刊怎样才能引领学术潮流？最表层的一个方面，是改变已有的或者开创新的学术风气。在学术界，一种治学取向掩盖或者压倒另一种或几种治学取向，一种潮流排斥另外的学术选择是常有的现象，这就是通常所说的学术风气的形成。问题在于那些成为主流的东西未必就是健康的东西。这样的时候，如果一家甚或若干家期刊集中刊发所谓非主流的文章，给非主流的学者提供学术平台，那就会感染和影响学者们，引导和支持他们向另一个方向思考，久而久之，肯定能改变学术风气。……另一个方面，在于能否更自觉更主动地提出学术话题，从而对学术界起到所谓的'引领'作用。学术话题当然首先或主要由学者提出，但编辑部在这方面也并非无能为力。这当然首先要求编辑部能看清方向，把握学术发展的脉动，甚至把握社会和国际学术的走势。编辑部可以通过自己提出的或自己感兴趣的话题和主题，把相关学者吸引和团结到自己的周围，从而推动学术的进步。如果这样做久了，就有可能形成以某一期刊为核心的学派。当年《禹贡》和《食货》杂

---

① 吴承学：《编辑莫妄谈"引领学术"》，《光明日报》2009 年 6 月 22 日。

② 原祖杰：《学术期刊何以引领学术》，《澳门理工学报》2014 年第 1 期。

志的成功经验表明，学术期刊发挥引领学术作用的空间是非常广大的。”[①]柯锦华主编提出学术期刊编辑的三种境界：“从‘旁观者’到‘参与者’再到‘引领者’，标志着学术期刊编辑办刊理念的成熟和办刊境界的提升，意味着其编辑思想的自我超越与主体意识的自觉。一流学术期刊编辑有勇气有能力不断超越自己，不断接近学术引领者的最高境界和理想目标。”[②]笔者赞成“引领学术”，因为不管哪家机构主管主办的学术期刊，只要制定编辑宗旨、设立学术专栏、策划论文选题、审读稿件、召开学术会议、刊发“编者按语”或者“主持人语”等，客观上就是一种选择，也就具有了干预学术走向、引领学术潮流作用。需要特别强调的是，在学术发展的进程中，并非只有作者、学者是主动的，学术期刊也同样可以是主动的，特别是那些标志性的学术期刊。其实学者与期刊并非矛盾的两极，完全可以携手共进、协同创新。但我反对夸大其词，把学术期刊“引领学术”抬高到不适当的位置。因为“引领”是有条件的。学术期刊主编不仅需要有崇高的事业追求，更需要有超出单一专业的宽广视野、对前沿成果的高度敏感，以及对社会现实的深刻思考。在推动学术期刊发展和引领学术潮流方面，那些被社会公认的名主编、名期刊发挥的作用更为突出。这里可以通过四个具体的例子来说明。

例一，《文史哲》杂志就一系列重大学术问题主办相关会议。从 2006 年起他们共主办了五次高端学术研讨会，名家荟萃，讨论热烈，影响深远，体现了主流大气、引领学术潮流的办刊追求。之一是“纪念《古史辨》第一册出版 80 周年暨上古史重建学术研讨会”，之二是“中国文论遗产的继承与重构”，之三是“传统与现代：中国哲学话语体系的范式转换”，之四是“秦至清末：中国社会形态问题”，之五是“反省与展望：中国人文研究的再出发”。学术会议一般由学术团体发起或主办，由学术期刊来举办重量级的学术研讨会在学术界并不多见。《文史哲》主编王学典是著名的历史学家，他认为：“一份杂志的影响力取决于该杂志锻造公共

---

① 王学典：《学术期刊如何引领学术潮流》，《中国政法大学学报》2007 年第 2 期。

② 柯锦华：《学术期刊编辑三境界：从旁观者到引领者》，《中国社会科学报》2013 年 7 月 12 日。

学术话题的能力——提出的话题越多,覆盖面越广,敏感度越高,影响力可能就越大。"①

例二,《南京大学学报》倡立"专栏特约主持人"制度。特色栏目的相继推出,也暴露了期刊编辑人员在知识结构、前沿意识、学术水平方面的不足。诚如学者所言:"编辑人员素质的提高是有限度的。目前大量的文科学术期刊是以综合性作为自己的特征的……这样就产生了一个矛盾,假如一个编辑人员只熟悉一个二级学科(其实要做到这一点也是十分困难的,他可能至多只能熟悉一个二级学科中的某个研究方向)的话,那么他又如何去判断来自人文社会科学其他一级学科、二级学科的论文质量呢?……这就启示我们,任何一个编辑人员,哪怕他再有天赋,也无法通晓整个一级学科,更不要说其他一级学科了。"②为了弥补这个短板,朱剑主编引领学术期刊潮流,在2000年第1期率先推出了"本专栏特约主持人"。此后几年《南京大学学报》独领风骚,其做法得到学术界和期刊界的广泛认可。2004年开始,《北京师范大学学报》《浙江大学学报》《南开学报》《复旦学报》《上海师范大学学报》等相继推出了"栏目主持人"制度,一时间武林高手频现江湖,各使绝招,促进了学术期刊的发展,也推动了学术研究的繁荣。

例三,《清华大学学报》设立"百盛—清华学报优秀论文奖"。为了庆祝清华大学百年校庆,《清华大学学报》利用马来西亚金狮集团百盛基金会捐助的基金设立了"百盛—清华学报优秀论文奖",并于2011年召开了第一次颁奖会。首届评奖共有4篇文章获特等奖,每篇奖金2万元,13篇文章获一等奖,每篇奖金1万元。如王学典《"二十世纪中国史学"是如何被叙述的——对学术史书写客观性的一种探讨》、胡鞍钢《特大地震灾害的应对周期》等文章,皆在获奖之列。获奖文章全部发表于2006年至2010年间的《清华大学学报》。首届评委由李学勤、傅璇琮、童庆炳等先生担任,学界对这个奖项给予了很高的评价,称之为最有影响力

---

① 《文史哲》编辑部:《走一条不为时风所动的厚重办刊之路》,《文史哲》2011年第6期。

② 俞吾金:《文科学术期刊建设之我见》,《文汇报》2004年2月12日。

的民间学术奖项之一。2013 年又举行了第二届“百盛—清华学报优秀论文奖”评奖，经认真审读、反复讨论、严格筛选，最终产生了罗志田《一次宁静的革命：清华国学院的独特追求》、许章润《论国民的法治愿景——关于晚近三十年来中国民众法律心理的一个描述性观察》等优秀论文 15 篇。获奖文章全部发表于 2011 年至 2012 年间的《清华大学学报》，每篇奖金 1 万元。本人荣幸担任第二届评委。评选优秀论文的举措，具有明确的导向功能，意在改变“以刊评文”的不正确做法，回归以文章质量论高下，引领学者经过长期潜心研究和学术积淀创作出学术名文或某一学术领域所认可的代表作。

例四，南京大学、清华大学、复旦大学、山东大学等 17 家学报主编提出成立“中国高校系列专业期刊”（简称“网刊”）。“网刊”创刊于 2011 年 2 月，其宗旨是：打破校域界限，集中名校优势，在数字平台上实现学术期刊的专业化转型。具体做法是：联合编辑部对加盟期刊拟发表文章进行专业化选编和数字化重组，通过中国知网实现优先出版和整体传播，并利用网络和手机推送等全媒体新型手段强化传播效果。在 17 家学报主编的引领下，目前加入网刊的高校学术期刊已增至 120 余家。网刊已经形成了以学科为边界的专业期刊群和以问题为中心的专业期刊群两大体系，其中包括《马克思主义学报》《文学学报》《哲学学报》《历史学报》《政治学报》《经济学报》《法学学报》《社会学报》《教育与心理学报》《传播学报》《民族与人类学报》《艺术学报》等 12 个一级学科专业期刊，以及《三农问题研究》《资源环境研究》《性别研究》《青少年研究》《区域文化研究》《儒学研究》等 6 个专业期刊。网刊的运行获得了巨大成功，文章下载量大幅提升，在学术界的影响力不断扩大。学术期刊“借船出海”，通过与中国知网合作，不仅能实现内容与技术的融合、刊物与网络平台的融合，而且能实现编者与作者、读者的融合，知识生产与传播扩散、利用过程的融合。

（三）学术批评

近年来，学术生产的上、中、下游都出现了种种弊端，其中学术批评的弱化可以说是主要问题之一。学科之间缺少学术争鸣,同行之间缺少学术批评,你好我好大家好;学术会议奉承"权威"、专家的声音多,敢于说真话直面批评的声音少;学术期刊自说自话的文章多,质疑批评的文章少。之所以出现如此局面,究其原因,"在学人方面,除缺乏敏锐的批判眼光和强劲的批判能力外,更重要的原因还在于畏首畏尾——怕惹麻烦,怕得罪人,怕冒犯权威,怕触怒强权。一句话,怕得不到种种实惠,反而招来一大堆祸患"[①]。在期刊方面,主编怕冒风险,怕得罪权势,怕树"敌"过多,怕给领导添乱,怕承担责任,导致学术批评的勇气不足,更别提批评的公正性、正义感、使命意识。面对权力关系、利益关系、利害关系、人情关系,批评之刀缺少了锋刃,批评的功能就大大打了折扣,也就成为一种自我阉割。

批评是学术的生命,是学术进步的必由之路。离开了学术批评,学术期刊、学术评价就潜在着走向腐败;离开了学术批评,学术生产、学术共同体也就有自我塌陷的危险。学术批评大致应包括两个方面:首先是对学术不端、学术腐败行为的揭露、谴责和鞭挞,以维护学术尊严,净化学术生态;其次是对学术"问题"本身展开的辨伪、驳疑、商榷、对话等,以达至真理的发生。知识在争论中丰富,真理在批评中彰显。雅斯贝尔斯曾经说过:"对话便是真理的敞亮和思想本身的实现。"[②]所以,没有质疑性的批评,就没有真理的发现。学术批评从本质上讲是对学术成果的研究和评价,在其出发点上应当是一种"无罪推断",而不是"有罪推断",就是要深入地思考这些学术成果所具有的价值与意义,进而发现学术成果的理论局限或材料失当,提出批评并寻求解决问题的思路和办法。学术批评必须从事实出发,不虚美,不苛责,坦诚公允。学术批评不能避重就轻,更不能避实就虚,无论是"隔靴搔痒"之"赞",还是"借题发挥"之"骂",都不是正常的学术批评。"学术批评应该坚持'五个提倡':提倡使用指名道姓,这样既是对被批评者的尊重,也是批评者磊落的表示;提倡就事论事,反对上纲上线;提倡彼此尊重,反对相互诋毁;

① 李醒民:《批判是学术的生命》,《中国社会科学报》2011年6月28日。

② 雅斯贝尔斯:《什么是教育》,三联书店1991年版,第12页。

提倡理性态度,反对感情用事;提倡以理服人,反对以势压人。"①学术批评需要宽松宽容的社会氛围,需要学术期刊的主动作为敢于担当,需要批评家尖锐透彻的真知灼见。值得欣慰的是,当前部分学术期刊已经开辟了"学术争鸣"栏目,并发表了一些有深度的批评文章,期刊的学术影响力也越来越大。

(四)独立风格

"独立风格"就是学术期刊从内容到形式所体现出来的有别于其他期刊的个性和特色,它具有特殊性,不容易被别人模仿、克隆或替代。在大众传媒时代,报纸、杂志、书籍、广播、电视、互联网、微博、微信林林总总,铺天盖地,竞争激烈而残酷。学术期刊有一个最致命的弱点,就是"千刊一面",了无个性,同质化严重。如果盖住刊名,你还真分不清楚这是张三李四还是王五赵六。没有独立风格,就没有核心竞争力,也就没有了继续发展的空间。学术期刊如何形成与众不同的独立风格?我以为,至关重要的有两点。

首先要具有独立性。正念坚固,如净水无波,不随物流、不为境转,坦荡无私,保持主见,敢于挑战权威,都是其中的应有之义。然而,众人喧哗之际,静者独难。因为,发什么不发什么,以什么样的话语方式言说或不以什么样的话语方式言说,入得了"核心"入不了"核心",常常要受到"无形之手"的操控——经济利益、功利主义、短期行为,以及评价系统、影响因子、转载率,乃至权力、人情、关系等多重因素的制约。如果你没有独立的人格品质和过人之定力,便会为浮名近利所诱惑,被权力欲望所驱使,心神旁骛,或人云亦云、随波逐流,或追风猎奇、哗众取宠。学术期刊的公信力与权威性,决定了期刊必须与社会保持必要的独立,应当在世俗面前保持清醒的价值判断,才能真正拥有"独立之精神,自由之思想"。学术期刊的公信力与权威性,决定了期刊不应该是既有声音的一次次重复,而应该敢于发出独立思考的声音。

---

① 何中华:《当前学术批评亟待解决的几个问题》,《北京日报》2012年7月16日。

其次要具有思想性。学术期刊不仅是学术与知识的载体,更是思想的载体。李泽厚曾经批评道:“90 年代大陆学术时尚之一是思想家淡出,学问家凸现。王国维、陈寅恪被抬上天,陈独秀、胡适、鲁迅则‘退居二线’。”[①]后来,又有人概括为“思想淡出,学术凸现”。一时间,学术思想领域出现一种弊端:“学术与思想之间纽带的断裂状态。”[②]许多人埋头于“我注六经、六经注我”的学问之中,避免思想论争,不再从痛苦中分娩思想。然而,没有思想就没有话语权,没有思想的国家是强大不了的,没有思想的文化是走不出去的!“为国为民,不落俗世,做有思想的学术,出有学术的思想,二者不可偏废。这样的追求,又何尝不是人文学科应有的品质?”[③]作为对社会有着深刻人文关怀的学术期刊,不妨少发一些充满“犬儒主义”情结的文章,多发一些具有道义担当和思想担当的文章,这对许多期刊来说都是一种考验。

行文至此,意犹未尽。古人云“文如其人”,确实是至理名言。那么说杂志如主编,也大体不差,因为其中包含了我们所拥有的一切:我们的血汗,我们的激情,我们的智慧,我们的痛苦,我们的良知。美国前总统肯尼迪在《时代》杂志十周年的贺词中就讲道:“伟大的杂志都是它主编身影的延长。”这句话值得思考。一本优秀的学术期刊,总是投映着主编的胆识魄力、学术理念、人文精神、胸怀气度、操守格调,以及对学术公信力、权威性的追求和处理复杂问题的政治智慧。即使我们无力前行,至少,也应该像著名经济学家西蒙所要求的那样:“让世界不要比没有我们时更糟。”这是一种底线。学术期刊的价值,在其独立风格、思想力量和学术创新。什么样的人办什么样的杂志,华岗办《文史哲》,巴金办《收获》,黎澍办《历史研究》,宋振庭办《社会科学战线》,范用办《读书》《新华文摘》,都是很好的例子。办好杂志最重要的是主编,主编是杂志的一面旗帜。“主编的风格决定了期刊的风格,或强直;或柔弱;或机巧;或稳健;或庸碌度日,自得其乐;或逢迎讨

---

① 香港《二十一世纪》1994 年 6 月号,《三边互动》栏目。

② 倪梁康:《学术与思想:是否对立以及如何对立》,《学术月刊》2001 年第 10 期。

③ 吕绍纲:《让学术与思想贴近大地》,《人民日报》2010 年 10 月 29 日。

好,‘朝扣富儿门,暮随肥马尘’。各种性格造成各种不同的结果,但惟有一条是共同的铁则,那就是:主编随时可以替换。铁打的营盘流水的兵,这在杂志体现得尤为明显。正因为如此,飘扬在营盘上的标志常有变换,不时可见祭出新的图腾。”①不过,沧海之中能够站得住的总是品牌!至于我们个人,所有的跌宕悲喜,都是人生的历练。转过身,从容走进暮色,我们与夕阳一起沉落……

原载于《澳门理工学报》2015 年第 2 期

① 徐南铁:《杂志的宿命》,《粤海风》2007 年第 3 期。

顾颉刚创办《禹贡》半月刊的学术启示

民国不是一个好的时代,但却是一个色彩斑斓的时代,是一个"新学和旧学碰撞,中学和西学融汇"[1]的混沌时代。民国时期很多知识分子特立独行的生活方式和精神气质,被当下部分文人称为"民国范儿",作为一种趣味、一种风尚、一种美学在谈论。的确,文化是要有一个生态的。民国初期,教育比清朝独立,新闻出版比清朝自由,知识分子非常活跃。所以,"民国的艺术与学术,基本还保留了精神的多样性,使得各类人物有了驰骋的机会。超人的激情与禅林之风,左翼斗士与自由主义绅士,托派与安那其主义,遗老和西崽,演绎了诸多的故事"[2]。民国时代,名师辈出,群星璀璨:文学方面有文言派的黄侃、刘师培、陈介石等,白话派的有胡适、陈独秀、刘半农、周树人(鲁迅)、周作人等;史学方面有信古派的陈汉章、柳诒徵、刘掞藜等,有疑古派的钱玄同、沈尹默、顾颉刚等;社会科学方面有马寅初、陶履恭、王星拱、陈大齐、赵元任、何廉、萧友梅;自然科学方面有李四光、翁文灏、丁文江、任鸿隽;在对待文化思想的态度方面,有提倡新文化的陈独秀、李大钊、胡适,也有保守派的辜鸿铭、吴宓、梁漱溟。其时文人办刊已成风气,陈独秀、李大钊、胡适、周作人、鲁迅、张东荪、傅斯年、郭沫若、林语堂、郑振铎、冯至、高长

---

① 张军:《民国那些大师·代序》,湖北人民出版社2008年版。

② 孙郁:《在民国·自序》,浙江人民出版社2008年版。

虹都曾借期刊一试身手、登高一鸣。影响力较大者有北京的《新青年》《新潮》《每周评论》《努力周报》,以及上海的《解放与改造》《建设》《星期评论》等。

“史学是当时人文学术研究的总枢纽,一端集旧学之大成,一端启新学之门径”①,史学界涌现出了一批大师级的学者,如王国维、梁启超、陈寅恪、陈垣、胡适、顾颉刚、傅斯年、吕思勉、徐中舒、蒙文通、柳诒徵、董作宾等,他们以渊深的国学根底,融通中西,不仅开创了学术研究的新领域,更展现了极富个性的治学方法与学术风范。20世纪20年代史学期刊开始兴办,发展至30年代逐步成熟。学者们通过史学期刊这一媒介讨论问题,形成思潮,继而发展成为学派。“如《史地学报》《史学与地学》《史学杂志》《史地杂志》与史地学派的形成,《中央研究院历史语言研究所集刊》与史料学派的产生,《禹贡》半月刊与历史地理研究的兴起,《食货》半月刊与社会经济史研究的勃兴,都是其突出的代表。”②其中影响最大的当数顾颉刚创办的《禹贡》半月刊,不仅记录了社会时事的改变,同时也成为推动这些改变的工具,在学术史上留下了浓墨重彩的一页,并且也给当下学术期刊主编诸多的有益启示。

启示之一:研编并举,互为促进

顾颉刚(1893—1980),江苏吴县人,1913年就读北京大学预科,1916年升入北大本科,原倾心于章太炎的学问,后与同学傅斯年双双转至胡适门下。1920年顾颉刚毕业之际,罗家伦在致胡适的信中说:“颉刚的旧学根底,和他的忍耐心与人格,都是孟真和我平素极佩服的。所以使他有个做书的机会,其结果决不只完成他个人求学的志愿,而且可以为中国的旧学找出一部分条理来。”③胡适不负罗

---

① 李扬眉:《学术社群中的两种角色类型——顾颉刚与傅斯年关系发覆》,《清华大学学报》2007年第5期。

② 程文标:《近代史学研究公共领域的形成及其影响》,《清华大学学报》2012年第6期。

③ 中国社会科学院近代史研究所中华民国史组编:《胡适来往书信选》(上),中华书局1979年版,第54—55页。

家伦之托,为顾颉刚谋取了北大图书馆的职事。由于图书馆的薪酬较低,入不敷出,顾颉刚又求助于胡适。胡适让他标点《古今伪书考》,得到一些报酬。顾颉刚利用图书馆丰富的藏书,钩沉索引,考镜源流,探幽发微。他在研究中发现:中国古史里裹藏着许多偶像,帝系所代表的是种族的偶像,王制所代表的是政治的偶像,道统所代表的是伦理的偶像,经学所代表的是学术的偶像。这些封建偶像支配着中国的古史。因此,为了建设真实的、科学的古史体系,必须彻底摧毁这些偶像。1923 年,顾颉刚在《读书杂志》第九期发表《与钱玄同先生论古史书》,第一次公开提出了"层累地造成的中国古史"的观点。他认为中国传说的古史系统,不是自古就有的,而是由不同的时代"层累地造成的"。他把这个基本的古史观的思想内涵及历史演化归结为三个方面。第一,"时代愈后,传说的古史时期愈长"。例如,周代人心目中最古的圣贤是禹,到了孔子时代出现了尧、舜,及至战国时代出现了黄帝、神农,到了秦代又出现了"三皇",到了汉代以后则出现了"盘古"。第二,"时代愈后,传说中的中心人物愈放愈大"。例如,舜在孔子时代只是一个"无为而治"的圣君,到了《尧典》就成了"家齐而后国治"的圣人,到了孟子时代就成了一个孝子的模范了。第三,我们即便不能知道某一件事的真确的状况,也可以知道某一件事在传说中最早的状况。例如,我们即使不能知道东周时的东周史,也至少能知道战国时的东周史;我们即使不能知道夏商时的夏商史,也至少能知道东周时的夏商史。这个"层累地造成中国古史"的历史观的核心思想是:承认传说的古史并非自古皆然,而是由无到有,由简单到复杂,逐渐演化而成,这既是伪造传说古史的过程,也是传说古史由简单到复杂的演化过程。① 顾颉刚以疑古辨伪的态度考察了孔子与六经的关系,断定六经绝非孔子"托古"的著作,六经没有太大的信史价值,否定了儒家利用六经编成的整个古史系统。这如同在史学界引爆了一个炸弹,一时间众说纷纭,批评者众多。在这关键时刻,胡适撰文支持顾颉刚。1924 年 2 月,胡适在《读书杂志》发表《古史讨论读后感》一文,胡适

① 赵吉惠、毛曦:《顾颉刚"层累地造成中国古史"观的现代意义》,《史学理论研究》1999 年第 2 期。

称，“顾先生的‘层累地造成的古史’的见解真是近日史学界的一大贡献”，并认为“一个中心学说已替中国史学界开了一个新纪元”。胡适的话一出，无疑为顾颉刚在史学界赢得一定地位起到了至关重要的作用。1926年，由顾颉刚编著的《古史辨》第一册出版，再次轰动史学界，胡适称之为“中国史学界的一部革命的书，又是一部讨论史学方法的书”。从1926年到1941年《古史辨》论丛共出版七大册，其中一、二、三、五册为顾颉刚编著，四、六册由罗根泽编著，七册上、中、下三编由吕思勉、童书业编著。古史辨学派的诞生，《古史辨》论丛的出版，无疑是20世纪中国所发生的最为重大的学术史事件之一，意味着源远流长的中国上古史知识框架已经崩溃，从而开辟了中国史研究的新局面。

民国时代，思想界最引人注目的变化是刊物创办者往往兼有大学教授的身份。而且不单教授们在办刊物，许多有抱负的学生也都在创办刊物。“大学与刊物结合，使民初思想界呈现出有别于晚清的图景。”①1915年陈独秀创办《新青年》杂志，最初会聚的主要是安徽籍的读书人，影响有限。1917年出现了一个重大的历史机遇，蔡元培先生诚邀陈独秀带着《新青年》走进北大，并让其当上了文科学长。由此，刊物的“撰稿人则几尽是北大的教员和学生，《新青年》迅即成为北大革新力量的言论阵地”②。胡适、钱玄同、高一涵、李大钊、刘半农、周氏兄弟、沈尹默、陶孟和等，一时成为刊物的主要角色。有了《新青年》与北大的结合，也就有了新文化运动和五四运动。顾颉刚深受北大传统与文化的影响，在任北京大学、厦门大学、中山大学、燕京大学、云南大学、齐鲁大学、复旦大学、兰州大学教授时，先后创办了《国学季刊》《厦门大学国学研究院周刊》《民俗周刊》《燕京学报》《禹贡》《边疆周刊》《齐鲁大学国学季刊》等学术期刊。那时，“学者学有所得，常即发为演讲，布诸杂志，以相讨论，以求增益。一二年所得，罕有刊成书册者。治一学，而欲知新，而欲与时皆进，乃非读其学之杂志不可”③。大学教授投稿报刊，

① 章清:《民初“思想界”辨析》,《近代史研究》2007年第3期。

② 陈万雄:《五四新文化的源流》,三联书店1997年版,第123页。

③ 张嵩年(申府):《劝读杂志》,《新青年》第5卷第4号,1918年10月15日,“通信”,第433页。

已然成为一种生活形态。顾颉刚抓住契机创办刊物,充分发挥学术合作、学术交流平台的作用,并搭建起沟通社会的桥梁。顾颉刚创办刊物,优势有四:一是作为教授,他的周围聚集着一些学术团体和学生队伍,可以保证刊物的稿源和质量;二是他有很高的学术水平,对所从事研究领域的发展现状及学术前沿、发展趋势有清楚的认知,可以敏锐判断学术的创新点和突破点;三是他是知名学者,在学术界有一定影响,能够提升学术期刊的知名度和影响力;四是他有写稿、投稿的经历,其中甘苦自知,因此在编辑中所透析与发散出来的那种难以割舍的和一以贯之的人文情怀,催人思考,亦感人至深。

反传统的人其实是站在传统的基点起航的。顾颉刚深味传统的弊端,才有了摧枯拉朽的渴望。他教书育人、钻研学问、创办刊物一身三任,目标迥异,但却成绩斐然,充分显示了作为优秀史家的互为补充、互为促进的功力之长,由此奠定了他"大师级"的历史地位。

启示之二:长袖善舞,广结人脉

在20世纪中国学术史领域内,胡适的两位弟子傅斯年和顾颉刚都是举足轻重的人物,他们在学识、才干等方面势均力敌,堪称两种不同又彼此无法取代的学术组织模式的代表。傅斯年(1895—1950)的事业具有官方色彩,他与蔡元培、朱家骅、胡适等人交往密切,"一手抓住美庚款,一手抓住英庚款,再加上中央研究院历史语言研究所掌门人这个职位,拥有旁人难以企及的丰厚学术资源,已足以做到呼风唤雨、号令天下的地步"①。顾颉刚的"学术思潮"具有民间色彩,他靠创立现代史学新范式的学说崛起于学术界,事业鼎盛时居然身兼数职:燕京大学历史系主任、北平研究院史学研究所主任、禹贡学会及其半月刊主持人、通俗读物编刊社负责人等。1936年,为了到北平研究院上班和应酬方便,他购置旧汽车一辆,

① 李扬眉:《学术社群中的两种角色类型——顾颉刚与傅斯年关系发覆》,《清华大学学报》2007年第5期。

这在北平学界是绝无仅有的，因此招致许多人的嫉妒和反对。正因为傅斯年与顾颉刚在学术社群中扮演不同角色类型，最终导致他们由“同门弟子”走向了“阋墙之争”，二人之间的关系也成为一个长久不衰的热点话题。其实，一个学派的生存延续，一个导师的同门弟子，不都是一种色调，同门学生的差异性，其实也丰富了学术的内涵。如章太炎的学生中，既有狂放不羁的，也有书斋气十足的，他们跟随老师读书，得其一点而大加发挥，遂成学界一家，足以令人叹为观止。

顾颉刚曾在《古史辨》第一册自序中说：“如果我们要求真知，我们便不能不离开了人生的约束而前进。所以在应用上虽是该作有用与无用的区别，但在学问上则只当问真不真，不当问用不用。学问固然可以应用，但应用只是学问的自然结果，而不是着手做学问时的目的。”不少学者据此认为顾颉刚抱有“学术至上”的观念，是固守在“象牙塔”里死读书的学究，其实这是一种误读。余英时通过对《顾颉刚日记》的研究，发现“他的‘事业心’竟在‘求知欲’之上，而且从1930年代开始，他的生命形态也愈来愈接近一位事业取向的社会活动家，流转于学、政、商三界”①。顾颉刚交游之广，当时学界中人罕有其匹，不仅有青年学生、中外教授、社会名流，还有商界领袖、蒙古王公、地方大员。这些人脉关系，这些交际活动，无疑给他的事业带来很多好处。

禹贡学会成立之初，学会的筹备处和刊物编辑部就设在顾颉刚的家中，顾颉刚、谭其骧负责内容，顾颉刚女儿顾自明担任发行，“经费主要靠顾、谭月捐二十元，有时捐四十元维持，一部分来自会费：他们广泛邀约班上的学生及平、津、沪、宁、杭、穗等地的熟人参加学会，普通会员每月收费一元，学生会员收五角。刊物不设稿酬，写稿、审稿、编辑和全部工作都是义务的”②。为了改变这种捉襟见肘的办刊状况，顾颉刚多方游说教育部长王世杰、行政院秘书长翁文灏、交通部长朱家骅、燕京大学校长司徒雷登等，争取提供经费，并主动拜访中英庚款董事会、中

① 余英时：《未尽的才情——从〈日记〉看顾颉刚的内心世界》，《顾颉刚日记》第1卷，联经出版事业股份有限公司2007年版，第12页。

② 葛剑雄：《顾颉刚、谭其骧创办〈禹贡〉半月刊始末》，《历史学家茶座》2010年第4期。

山文化教育馆、民间出版商和书店，谋集资金支持，从而取得了很好的效果，使禹贡学会调查边疆现状、研究边疆历史、出版边疆丛书得以实现。由此我们得到一点有益的启示：在推动学术发展的进程中，并非只有作者、学者是主动的，刊物同样也可以是主动的，而编辑在社会与学者之间扮演的中介作用不能忽视，尤其是那些具有专业背景、博学多识、人脉资源丰富、社会活动能力强的名主编在学术史上发挥的作用更为突出。

启示之三：扶植新人，造就新人

1929年夏，顾颉刚自广州北上赴燕京大学任教，途经苏州时结识了仅为中学毕业的钱穆。钱穆把写好的《刘向歆父子年谱》交给顾颉刚，文稿以坚实的证据批驳了上至廖平、康有为，下迄顾颉刚、钱玄同等人论述的牵强武断，认为康有为所主张的刘歆伪造诸经之说不能成立，对当时流行的现代疑古思潮发出诘难。顾颉刚不以学历论高低，不介意对自己的批评，反而将这篇文章发表在自己主编的《燕京学报》第7期(1930年6月出版)上，后又编入《古史辨》第五册中。文章出版之后，震惊北京学术界，钱穆由此名声大噪。顾颉刚遂推荐钱穆在燕京大学任国文系讲师，后转任北京大学历史系教授，开设中国上古史、秦汉史等课，讲授史学，终成一家之言。晚年的钱穆回忆时还感叹：《刘向歆父子年谱》“不啻特与颉刚争议。颉刚不介意，既刊余文，又特推荐至燕京任教。此种胸怀，尤为余特所欣赏。固非专为余私人之感知遇而已”①。

童书业连中学都没上过，却记忆力惊人，酷爱文史，以熟悉历史资料见长。他沿着顾颉刚疑古辨伪的思路，写出《礼记考》和《虞书疏证》。顾颉刚为他的学识震惊，便请他做自己的助手。1935年6月，童书业应约抵达北平时，顾颉刚亲赴车站迎接，并让童书业担任自己在燕京大学和北京大学教授“春秋史”课的助教，薪金由顾颉刚自己支付，食宿也在顾颉刚的家里。此后，童书业不仅主编了《古史

① 钱穆：《师友忆》，三联书店1998年版，第89页。

辨》第七册，还与顾颉刚合写了《夏史三论》，对"古史辨派"做出了重要贡献。

1935 年 3 月 28 日，顾颉刚在致谭其骧的信中明确表达："我办这刊物，固要使你成名，但世界上埋没了的人才何限，可以造就的青年又何限，我们纵不能博施济众，但必应就力之所及，提拔几个，才无负于天之生才。例如钟凤年先生，年逾五十，以十余年之精力费于《战国策》上，然而世上有什么人知道他？因为世人不知，而他的文字又不足以表达学问，以致困顿不堪，不能给衣食。此等人我不帮他一下，再有什么人帮他？又如孙海波君，其学力为世所希见，而其文字颇有疵吝，不为他改竟不能登。难道我为了爱惜自己的时间而使他失去了发展的机会吗？又如马培棠君，有学问，有见解，又会写文章，这种人是很能脱颖而出的，但因他寡交游，没有人为他揄扬，就埋没在一个中学校里。现在我们常登他的文章，竟使注意他的人愈来愈多，我到南到北都听见提起他的姓名了，又有人托我介绍和他通信了。这样地使许多有志有为的人都得到他的适当的名誉和地位，岂不是人生一乐？所以我们若为自己成名计，自可专做文章，不办刊物；若知天地生才之不易，与国家社会之不爱重人才，而欲弥补这个缺憾，我们便不得不办刊物。我们不能单为自己打算，而要为某一项学术的全部打算。"①顾颉刚的这种操守和格调，曾经鼓舞过一代又一代后学，也充分证明：一本刊物的不朽和成功，不仅在于她能团结和吸引多少名家，更在于她能发现、扶植和造就多少新人。

启示之四：无间新旧，兼容并包

1932 年，顾颉刚在燕京大学、北京大学开设"中国古代地理沿革史"课程，专讲《禹贡》。1934 年 2 月 4 日，禹贡学会筹备处成立。同年 3 月 1 日，《禹贡》半月刊正式出版，由顾颉刚、谭其骧（后为冯家升）任主编。1936 年 5 月 24 日，禹贡学会在燕京大学正式成立，选顾颉刚、钱穆、冯家升、谭其骧、唐兰、王庸、徐炳昶七人为理事，刘节、黄文弼、张星烺三人为候补理事；选于省吾、容庚、洪业、张国淦、李

---

① 顾潮：《历劫终教志不灰——我的父亲顾颉刚》，华东师范大学出版社 1997 年版，第 164 页。

书华五人为监事,顾廷龙、朱士嘉二人为候补监事;并通过了学会章程。《禹贡》半月刊共出版了7卷82期,至1937年七七事变爆发,被迫停刊。在短短三年多时间中,禹贡学会联络组织志同道合的学者,做了大量历史地理研究工作。《禹贡》半月刊作为学会的学术刊物,共刊登了300余位作者的700余篇文章,[①]在海内外学术界产生了很大的影响。

《禹贡》半月刊作为学术研究的重要平台和中介,顾颉刚在"发刊词""纪念辞"中多次强调:"我们无间新旧,兼容并包,使得偏旧的人也熏陶于新方法的训练,而偏新的人也有旧材料可整理,他们有相互的观摩和补益而没有相互的隔膜和冲突。我们常有剧烈的争辩,但这争辩并不是有所挟持以凌人,而是把自己搜集来的材料和蕴蓄着的意见贡献出来,共同讨论一个问题,寻求适当的解决。"[②]顾颉刚不仅这样说,而且身体力行。他倡导学术争鸣,更欢迎学术批评。例如,他曾经认为禹是蜥蜴一类的虫,经人指出谬误后,立即放弃。他也曾提出对夏史的怀疑,但一旦听说偃师二里头遗址发掘后,便马上认为:"说不定是夏代物",并指出"河、洛之间为夏代政治中心"。[③] 傅斯年在《蔡元培先生六十五岁论文集》上发表了《夷夏东西说》,认为夷夏对立,夷在东方,而夏在西方。杨向奎不同意这种说法,写了《夏代地理小记》反驳,认为夏起于东方,夏中叶之前活动的中心以山东地区为主,后来向两边的山西等地发展。杨向奎把文章交给傅斯年看,傅斯年不同意杨向奎的观点,看后退还了论文。杨向奎便把文章交给了老师顾颉刚。一位权威教授,一个二年级学生,并不势均力敌的对手,但顾颉刚却能平等对待。他把杨向奎的文章发表于《禹贡》半月刊1935年第1卷第1期。杨向奎得到激励,继而向老师顾颉刚发起挑战。顾颉刚曾断言《周礼》与《左传》这两部古文经书,都是西汉末年刘歆伪造之书。杨向奎经过多方稽考,撰写了《论〈左传〉的性质及其与〈国语〉的关系》,发表于1936年出刊的《史学集刊》第2期上,确认《周礼》与

① 黄艳林、郝玉香:《论〈禹贡〉半月刊的编辑特色》,《福州大学学报》2013年第3期。

② 《纪念辞》,《禹贡》第7卷第1、2、3合期,1937年4月1日。

③ 朱佳木:《顾颉刚先生治学生涯的启示》,《中国史研究》2003年第4期。

《左传》二书都不是伪作。顾颉刚以"古史辨"鸣世,他的得意弟子却在做着颠覆导师的工作,令学人大开眼界。

民国学人的豪情、胆气、文采、激进,是当时文化的一道景观。《禹贡》半月刊刊载的争论文章中,不仅有著名学者之间的学术切磋,也有青年学者对学术权威观点的挑战,更有不同学派"对手"之间的争鸣。刘掞藜(1899—1935)作为"信古派"代表、"南高史地学派"干将,以《史地学报》为主要阵地,与顾颉刚倡导的疑古思潮开展论战,仅在1924年就先后发表《读顾颉刚君与钱玄同先生论古史书的疑问》《与顾颉刚讨论古史第二书》《与顾颉刚先生书》《与顾颉刚先生书(三续)》等多篇文章予以批评,那份咄咄逼人,每每耸动天下。顾颉刚对刘掞藜文,既有反驳,又有肯定,体现了以理服人的学术精神。刘掞藜36岁早早离世,让人无限感伤。为纪念这位"有志之士",顾颉刚在《禹贡》半月刊发表了他的论文《晋惠帝时代汉族之大流徙》,并加"按语"寄托哀思:"我想我们总有握手的一天,我想将来我们该再来打古史的官司,直到把我们心头的问题打出一个结果为止,哪知道到了现在只断定是一个虚愿呢!"从中显示了他的情感暖意和思考观察,在徐缓从容中可见波澜和洞见。青年学者张荫麟(1905—1942)1925年4月在《学衡》第40期发文《评近人对于中国古史之讨论》,激烈批评顾颉刚误用默证方法,给史学研究造成很大的负面影响。顾颉刚没有直接反驳这位青年学子,但却把其文章收录于《古史辨》第二册,以供学界和读者阅读欣赏、辨别是非。1941年张荫麟出版《中国史纲》,"改变了信古的初衷,思想认识向顾颉刚靠近","符从了顾颉刚的理念"。[①] 最早提携张荫麟的"学衡派"创始人吴宓对《中国史纲》极为不满,批评说:"宓素以荫麟为第二梁任公,爱其博雅能文,而惜其晚岁《中国史纲》之作,创为新体,未免误入歧路。"[②]1945年顾颉刚出版《当代中国史学》,将张荫麟《中国史纲》与钱穆《国史大纲》、吕思勉《中国通史》、邓之诚《中华二千年史》、陈恭禄《中国

① 乔治忠:《张荫麟诘难顾颉刚"默证"问题之研判》,《史学月刊》2013年第8期。

② 《吴宓日记》第8册,1942年10月26日,三联书店1998年版,第404页。

史》、缪凤林《中国通史纲要》等著作并列，赞扬其是当代“较近理想的通史”①，而此时距张荫麟去世已近三年，尤其令人感动。学问可以靠努力为之，而人生境界，仅靠读书恐怕是达不到的。

启示之五：引领学术，创建学派

1934年2月，顾颉刚正式邀请谭其骧共同发起筹组禹贡学会，创办《禹贡》半月刊为学会的会刊，并商定以北大、燕大、辅仁“三校学生为基本成员，并以学生们的习作为主要稿源”②。顾颉刚常出题目、提供资料、教导方法，让学生写成文章，再提修改意见，或者亲自补充润色，仍用学生的名字在《禹贡》发表，意在培养一批人才。史念海就利用乾嘉学术方法，撰写了《两汉郡国县邑增损表》《两唐书地理志互勘》《两汉侯国考》等论文，受到顾颉刚的欣赏，发表在《禹贡》半月刊上。1937年，年仅25岁的史念海就与顾颉刚合著了《中国疆域沿革史》，成为我国沿革地理学中最重要的著作。侯仁之大学毕业就参与了《禹贡》的编辑工作，顾颉刚让他边工作边习作，还特地为他拟定了写作题目《汉书地理志中所释之职方山川泽寖》，这篇习作很快就在《禹贡》半月刊登载出来。后来侯仁之回忆：“尤其使我惊异的是这篇文章的绪论和结语，都经过了了颉刚老师的修改、补充和润饰，竟使我难于辨认是我自己的写作了。这件事大大激励了我，我决心去专研古籍，就是从这时开始的。”③

《禹贡》半月刊出版之后，顾颉刚又广泛邀约平、津、沪、宁、杭、穗等地的熟人参加学会，他“希望能聚集若干肯作苦工的人，穷年累月去专研，用平凡的力量，合作的精神，来造成伟大的事业，因为惟有这样才有切实的结果，正如砖石建筑胜于蜃气楼台。我们确实承认，在这个团体中的个人是平等的，我们的团体和其他的

① 顾颉刚：《当代中国史学》，上海古籍出版社2002年版，第82页。

② 葛剑雄：《顾颉刚、谭其骧创办〈禹贡〉半月刊始末》，《历史学家茶座》2010年第4期。

③ 侯仁之：《回忆与希望》，《历史地理》1981年创刊号。

团体也是平等的。我们大家站在学术之神的前面，为她而工作，而辩论，而庆贺新境界的开展，而纠正自己一时的错误。我们绝对不需要'是丹非素'的成见，更无所谓'独树一帜'的嘘声"①。顾颉刚海纳百川、兼收并蓄的胸怀和气度，吸引了更多的学者聚集在禹贡学会的周围，如谭其骧、钱穆、冯家升、翁独健、唐兰、王庸、徐炳昶、刘节、黄文弼、张星烺、梁思懿、郑德坤、朱士嘉、张维华、顾廷龙、段承泽、薛文波、王守真、陈增敏、杨向奎、侯仁之、史念海、童书业等，形成了日本学者森鹿三称之为"禹贡学派"的强大学术阵容。可以毫不夸张地说，中国现代历史地理学中的大家名家全部出自顾氏家门（杨向奎语）。并称为中国现代历史地理学"三驾马车"的谭其骧、侯仁之和史念海，都曾是顾颉刚的学生。无论在中国学术史上还是中国期刊史上，顾颉刚都扮演了重要的角色，他既是重要的学术史见证人，又是重要的学术史创造者。

启示之六：经世致用，学术救国

在顾颉刚学术生涯中有三件事与三所大学紧密联系，并值得大书特书：一是在北京大学倡导古史辨运动，二是在中山大学倡导民俗学研究，三是在燕京大学倡导历史地理学研究。他从最初抱有"学术至上"的观念，经"经世致用"的实践，最终转变到"学术救国"的学术价值取向。顾颉刚与燕京大学结缘有多种因素，如燕大实行"中国化"、人际关系、从事学术研究的优良环境、待遇丰厚等。据《燕京大学执行委员会会议记录》（1929 年 8 月 1 日、2 日）记载，执委会表决接受哈佛—燕京学社关于顾颉刚教授任教的报告，报告内容为"哈佛—燕京学社以月薪 275 美元邀请顾颉刚教授充任该学社研究教授，并以同意他在历史学系任教不多于 3 小时为条件"。② 顾颉刚的年薪达到 3300 美元，与同行相比也是比较高的。"在同一宗档案中还讲到了历史学系讲师张星烺的薪水问题，此时张星烺的年薪

① 《发刊词》，《禹贡》第 1 卷第 1 期，1934 年 3 月 1 日。

② Minutes of the General Faculty Executive Committee, August 1st and 2nd, 1929，北京大学档案，YJ1929011。

为1000美元","历史学系研究生助教朱士嘉的月薪仅有30美元"。① 从1929年6月开始执教,到1937年七七事变后离开,顾颉刚前后有8年时间流连在燕京大学。

1931年"九一八事变"后,热河失守,华北危机,顾颉刚深感亡国的威胁,"予亦不能自止其敌忾之心,以文字参加抗日工作"②。他参加燕京大学中国教职工抗日会活动,任宣传干事;创办"三户书社",取意于"楚虽三户,亡秦必楚"表达救亡决心,编写、出版大量鼓词宣传抗日;与此同时,他又发起成立禹贡学会,创办《禹贡》半月刊,学会的宗旨明确写着:"反对'为学术而学术',力求把研究地理沿革、民族演进与发扬光大民族文化的爱国热情结合起来,使这种研究贯穿经世致用的精神。"③1934年8月,顾颉刚与郑振铎、吴文藻、谢冰心、雷洁琼等专家考察绥远时,深感"察、绥两省旦夕有继东北四省沦亡的危险,心中着急,想唤起国人共同密切注视边疆问题"。冯家升也指出了研究东北史地的迫切性:"我国学者对于自己的边疆素少研究,在前清时代和别国起了疆界问题交涉时,已不知吃了多少大亏。民国以来,一旦遇上这类问题,仍是受人欺骗。如东北四省,就历史上、地理上、法律上说,明明是中国的领土,而日本为了施展领土野心,早几年前就在国际上宣传矢野仁一的'满蒙非支那论',可怜我国学者没有一个能来加以有力反驳。"④由于身处日本侵华加剧、中国出现边疆危机这一特殊环境,禹贡学会遂把边疆史地作为这一阶段研究的重点,《禹贡》半月刊的内容也由此"转到了研究边疆历史和记录边疆现状为主"⑤。《禹贡》半月刊共发表研究边疆史地、边疆问题文章百余篇,以对内蒙、东北、西北边疆的研究为重点,既包括对古代边疆历史、民族、地理的文献考察,又包括对当时边疆地区民族分布、地理现状、交通运输、经

① 丁超:《燕京大学时期顾颉刚的学术事业与禹贡学会》,《齐鲁学刊》2010年第6期。
② 顾颉刚:《〈史林杂识〉小引》,《史林杂识(初编)》,中华书局1963年版,第2页。
③ 韩儒林:《回忆禹贡学会》,《历史地理》第2辑,1982年。
④ 冯家升:《我的研究东北史地的计划》,《禹贡》第1卷第10期,1934年7月16日。
⑤ 引自顾潮《顾颉刚年谱》,1934年8月8日,中国社会科学出版社1993年版,第223页。

济开发、基础建设等的实地考察，无论新领域的开拓、新方法的使用，还是新成果的产生，都具有拓荒性质。尤其是实地考察，更体现出经世致用、学术救国的色彩。

顾颉刚十分重视边疆研究，1936年又组织各方面的专家进行了后套水利和察绥地区两次实地调查。1937年6月童书业撰写的《〈禹贡〉半月刊序言》称："自从东北四省失陷以来，我们的国家受外侮的凌逼可算到了极点，所以有血气的人们大家都暂时放弃了纯学术的研究而去从事于实际工作。至于留在学术界的人物，也渐渐转换了研究的方向，即如本刊的由研究地理沿革而转趋到边疆调查，就是这种潮流的明显的表现。"①从1936年7月1日至1937年2月16日，禹贡学派同人以问题为中心开展研究，然后集成专号，先后策划出版《利玛窦地图专号》《西北研究专号》《东北研究专号》《后套水利调查专号》《南洋研究专号》《康藏专号》《察绥专号》《古代地理专号》，力图从学术视野廓清我国疆土范围，从而激发国人的自信、自强，"使得荒塞的边疆日益受本国人的认识和开发，杜绝了野心国的觊觎。我们要把我们的祖先努力开发的土地算一个总账，合法地承受这份我们国民所应当享有的遗产"②。《禹贡》还率先倡导和支持加强西北回族伊斯兰教的研究，出版《回教专号》《回教与回族专号》两种，并把民族问题上升到关系国家安定、统一的高度来认识。所有这一切，无不反映出顾颉刚强烈的救亡图存的爱国思想，也彰显了知识分子在道德良知上的表率性。正由于此，日军占领北平后将顾颉刚列入黑名单。

1937年七七事变爆发，《禹贡》半月刊第7卷第10期出版(7月16日)后即被迫停刊，顾颉刚与禹贡学会主要成员先后离开北平。禹贡学会在北平的房屋、图书资料，由于有赵贞信、冯世五、吴丰培等人的守护，得以保全。抗战胜利后，顾颉刚由重庆飞回北平。1946年3月10日，他在太庙(今北京市劳动人民文化宫)图

---

① 童书业：《〈禹贡〉半月刊序言》，《禹贡》第7卷第6、7合期，1937年6月。

② 《本会三年来工作略述》，《禹贡》第7卷第1、2、3合期，1937年4月1日。

书馆召开禹贡学会复会会议，参加会议的老、新会员近50人。会议决定，将《禹贡》半月刊改为季刊，由翁独健负责编辑。季刊未出版之前，先在《国民新报》上辟一个专栏——《禹贡周刊》，由王光璋、张星烺、侯仁之任编辑。之所以选择《国民新报》，顾颉刚在发刊词中明文写道："所憾物价奇昂，一时不容印行钜秩。"《禹贡周刊》出了10期停刊，后又在北平《经世日报》出了16期，终因时局多变、资金无着，彻底停刊。1954年8月顾颉刚就任中国科学院历史研究所第一所研究员后，便与禹贡学会原理事、监事们做出结束学会的决定。1955年2月6日，顾颉刚等将房屋捐献政府，现金慰劳军队，图书赠送民族学院，刊物分送大学图书馆后，在日记中写下"禹贡学会从此终了矣"。曲终人散，留下许多回忆，留下许多无奈，也留下许多感慨！

顾颉刚的学识对同代人冲击很大，流音所在，许多领域都有他的余响。民国时代因这样一批人的存在，变得丰富和神奇起来。他们不仅在旧学里坚持独立的思想和人格精神，而且在新的学问里保持思想的自由、开阔的视野。他们在困境中思考学术、人生、社会等问题，给后人留下了许多宝贵的学术遗产。

《禹贡》半月刊停刊已有76年，但其倡导的独立精神、思想自由、学术争鸣、兼容并包，至今仍值得我们认真研究和总结；而顾颉刚在办刊中坚守的求真精神和人文情怀，更是今天期刊同人学习和传承的宝贵财富。

斯人已去，风范长存！

原载于《澳门理工学报》2014年第1期

一本期刊与其崇尚的“海纳百川”
——《澳门理工学报》现象分析

一本优秀的社科学术期刊究竟应该具备哪些品质？应该承担何种学术职责？与学术研究、学术争鸣、学术发展是一种什么关系？我曾经说，一本好的期刊“绝不仅仅是漂亮的装帧、华丽的文字和著名学者的署名，最重要的是期刊的编者肩负使命、铭记职责，透过内容的价值营造和学术语言的表达，体现出的一种特色、一种传统、一种境界、一种情怀，以及由此而产生的学术创新力、学术公信力和社会影响力”①。《澳门理工学报》就是一本颇受学界好评和读者信赖的优秀期刊。

一、绿杨影里骤骅骝

澳门地处南海之滨，在中西文化交流史上久负盛名。作为近代中国东西交往最重要的桥头堡，世界多种文化在此碰撞、交融、沉淀，孕育了今天澳门独特的文化氛围。“濠江华洋相处，海纳百川，开放包容，既有东方文明之精髓，又有西方文明之特质。澳门独特的历史城区，是中国现存最古老的西式建筑遗产，中西文化多元共存的独特反映，被列为中国的第 31 个‘世界遗产’项目，成为中国乃至世界文化宝库中的一颗璀璨明珠。林则徐、郑观应、康有为、梁启超，以及传教士利玛

---

① 张耀铭:《学术期刊肩负的使命和职责》,《澳门理工学报》2012 年第 3 期。

窦、汤若望、马礼逊等近代历史名人，都在此留下了他们的足迹。伟大的民主革命家孙中山先生更是从这里走向了世界。”①

虽然早在1594年，澳门就已经诞生了亚洲第一所西式高等学府——圣保禄学院，但1762年圣保禄学院停办以后，这里就再也没有自己的高等教育。直到1981年，来自香港等地的几位知名人士在澳开办私立东亚大学，才成为澳门现代高等教育的开端。澳门目前共有10所高等院校，包括公立的澳门大学、澳门理工学院、澳门旅游学院和澳门保安部队高等学校，以及私立的澳门城市大学、圣若瑟大学、澳门镜湖护理学院、澳门管理学院、澳门科技大学和中西创新学院。

澳门理工学院成立于1991年9月16日，是一所公立、多学科、应用型的高等学府。学院下设语言暨翻译高等学校、管理科学高等学校、公共行政高等学校、体育暨运动高等学校、艺术高等学校、高等卫生学校，以及社会经济与公共政策研究所、中西文化研究所、“一国两制”研究中心、澳门语言文化研究中心、理工—伦敦大学玛丽皇后学院资讯系统研究中心、葡语教学暨研究中心、博彩教学暨研究中心、文化创意产业教学暨研究中心等研究机构。澳门理工学院以“扎根澳门，背靠祖国，面向世界，争创一流”为宗旨，以“教学与科研并重”为方针，为社会培养了大批栋梁之才。尤其是回归以来，澳门理工学院取得了跨越式发展，已经成为澳门地区一所有活力、有影响的综合性高校。

《澳门理工学报》创刊于1998年，最初为年刊、半年刊，后改为季刊。创刊初期，“学院仍在澳葡政府管治之下，刊物的设计理念及出版模式自然受到葡萄牙出版物的影响，与内地正规学术刊物的风格有很大不同。况且由于是葡汉双语刊物，而其中大部分又是中文，在葡萄牙出版风格的影响下令人觉得多少有些怪异”②。从学报的内容质量看，虽然囊括了学院当时的所有学科，作者和编者都付出了极大努力，但与其他高校学报相比尚有很大差距。

① 李向玉：《一瓣心香——写在〈澳门理工学报〉改版之际》，《澳门理工学报》2011年第4期。

② 李长森：《〈澳门理工学报〉创办往事》，《澳门理工学报》2012年第3期。

《澳门理工学报》自2011年开始全新改版，“人文社会科学版”为季刊，中文繁体，大16开本，208页。常设栏目有：名家专论、港澳研究、区域经济、总编视角、中西文化、文学研究、语言翻译等。该刊总编辑刘泽生对于改版的态度是明朗的，就是要打造一个高水平的学术平台，所以栏目、作者、文章多为新面孔，气韵也大异于普通学术期刊。其编辑理念的大致脉络是先关注栏目板块的更替，继而看重学术的更新，再专注于思想的深刻。改版5年多来，《澳门理工学报》坚持开门办刊、兼容并蓄的精神，取得了很大的成功，被学术界、期刊界誉为异军突起的一匹“黑马”。张弘范的元曲《喜春来》有名句“绿杨影里骤骅骝。得意秋，名满凤凰楼”，或可印证这匹骏马的志气豪迈。

其一，2013年度发表86篇文章，在中国人民大学“复印报刊资料”全文转载的共20篇，转载率为23.26%，在该年度全国高等院校主办学报排行榜的三项排名中，《澳门理工学报》成绩突出，其中全文转载率排名居全国第13位；综合指数排名居第17位；全文转载量排名并列第21位。2014年度发文89篇，全文转载的共30篇，转载率达33.71%。2015年度发文83篇，全文转载的共26篇，转载率达31.33%。在上述三年的转载文章中，共有25篇来自中国港澳台及国外，约占转载总篇数的32.89%。在2014年度及2015年度全国高等院校主办学报排行榜的三项排名中，《澳门理工学报》的全文转载率均居全国第6位，综合指数排名分别居第6位和第9位；全文转载量排名则为第8位和第11位。至此，《澳门理工学报》已经连续三年在排行榜上名列前茅，意味着该刊已在全国高校学报排名中处于比较稳定的领先地位。

其二，《澳门理工学报》精心策划的专题、专栏文章，获得了海内外相关学术机构和专家学者的广泛认可与充分肯定。《澳门理工学报》2014年第3期发表的罗钢《从“现代化”拯救传统——中国古代文论研究的危机与生机》、2014年第4期发表的封小云《大珠三角区域经济合作水平效应分析》、2015年第2期发表的陈平原《此情可待成追忆——中国大学内迁的历史、传说与精神》、2016年第3期发表的郭英德《喧嚣与寂寞——1616年前后剧作家汤显祖的自塑与他塑》，先后被《新华文摘》全文转载,其中有两篇上了封面要目。此外,《中国社会科学文摘》《高等学校文科学术文摘》也转载或选摘了该刊的多篇论文。

其三,2014 年 11 月,在第五届全国高等学校社科期刊评优活动中,《澳门理工学报》荣获“全国高校精品社科期刊”奖,这是唯一获此殊荣的港澳学术期刊。与此同时,《澳门理工学报》总编辑刘泽生教授荣获“全国高校社科期刊优秀主编”奖,副总编辑陈志雄副教授荣获“全国高校社科期刊优秀编辑”奖。一本刊物能在全国性评比中夺得如此三项大奖,令人刮目相看。另外,桑海博士在 2015 年荣获“首届中国高校社科期刊青年编辑业务技能大赛”第一名,也证明了编辑部的实力。

其四,由澳门理工学院与全国高等学校文科学报研究会联合主办的“华文学术期刊发展趋势国际研讨会”于 2015 年 4 月 20—24 日在澳门召开,来自中国内地和港澳台地区,以及美国、加拿大、德国、新加坡等国家的 60 多位同行专家出席会议。旧雨新知,欢聚一堂,切磋学术,共谋发展。有朋自远方来,不亦乐乎!会议围绕“华文学术期刊发展趋势与战略”“学术评价与期刊评价”和“华文社科学术期刊与国际化”等专题,展开了热烈而又有深度的讨论,受到学术界和期刊界的高度关注。作为具体承办者,《澳门理工学报》编辑部付出了极大的努力,议题的策划、论文的筛选、讨论的进展、考察的线路、食宿的安排、文集的出版,事无巨细,思虑周详,率亲为之,让人有宾至如归、如沐春风的感觉。

《澳门理工学报》在付出辛勤汗水的同时,也收获了与它的贡献完全相称的那份荣誉,得到了海内外学术界、期刊界的公认和好评。抓铁有印,踏石留痕。短短五年的时间,《澳门理工学报》就实现了“弯道超车”,令人刮目相看。这种“非常时期”采取的“非常之道”、“危”中求“机”进而实现超常规发展的做法,我称之为“《澳门理工学报》现象”。这种“现象”的出现,绝不是个人英雄主义的重新来临,而要归之于其所拥有的较好办刊资源;这种“现象”的出现,绝不是心血来潮的一时冲动,而是深思熟虑、厚积薄发的必然结果。“《澳门理工学报》现象”已经引起学术界和期刊界的高度关注,甚至有人开始研究其发展之轨迹,总结其成功之经验。

二、半江瑟瑟半江红

白居易《暮江吟》中有“一道残阳铺水中，半江瑟瑟半江红”的诗句，描写夕阳余晖铺在江面上，江水一半呈现出碧绿，一半呈现出殷红，波光粼粼，红绿相映，十分优美。细细品味这首诗，我们不能不感叹作者观察之细致，描绘之传神。发思古之幽情，数当今之期刊，毫不夸张地说，《澳门理工学报》不仅在大学学报，甚至在整个学术期刊中，也无疑是卓尔不群的佼佼者。《澳门理工学报》地处南海之滨，远离京沪学术中心，却在短短几年间迅速崛起，并呈“半江瑟瑟半江红”之景色，令人称奇，从而说明一个道理：每一本优秀期刊的崛起都是独一无二的，这种崛起都是探索符合自身特点的成长道路的结果。只可以超越，不可以模仿。

学术期刊的精、气、神，学术期刊的品质、品位、品格，不在于刊物的行政级别，不在于是国家高端智库或者重点大学主办，更不在于被哪家专业评价机构定为“顶级期刊”“权威期刊”。学术期刊的公信力、权威性，关键体现在栏目特色、专题策划、学术质量、期刊风格等方面是否表现突出而得到学术共同体的普遍认可。

（一）栏目特色

过去综合性学术期刊策划栏目，大多按一级学科命名，表面上看是学科齐全，而实际就是个学科大拼盘，你有我有大家有。这种同质化的竞争，看似不温不火，实则受伤不轻。最初的冲动和真诚逐渐消失，栏目沦于重复，论文也越见粗糙，栏目特色与学术生命一并枯萎。随着经济社会的转型，办刊理念的更新，部分综合性学术期刊突破单位“自留地”的束缚，开门办刊，并尝试策划了一些跨学科的专题栏目。一是以地域文化和历史传统为依托，如《湖南大学学报》的“岳麓书院与传统文化”、《内蒙古大学学报》的“蒙古学研究”、《西藏大学学报》的“藏学研究”、《滨州学院学报》的“孙子研究”、《殷都学刊》的“殷商文化研究”等。二是以前瞻性、前沿性问题为中心,如《北京师范大学学报》的“可持续发展战略研究”、《厦门大学学报》的“现代性研究”、《郑州大学学报》的“环境美学研究”、《广州大学学报》的“廉政论坛”、《中南民族大学学报》的“民族理论与政策”、《云南师范大学学报》的“中国边疆学研究”等。三是以多视角、跨学科研究为依托,如《重庆大学学报》的“区域开发”、《东北亚论坛》的“东北亚区域合作”、《中国地质大学学报》的“资源环境研究”、《上海交通大学学报》的“科学文化”、《北京交通大学学报》的“物流研究”、《云梦学刊》的“当代学术史研究”等。不过,仅有一两个特色栏目还远远不够。综合性期刊的转型发展还必须找准突破口,也只有找准突破口,才会有真正的转型发展。

经验可以借鉴,模式可以参考,可是,转型之路、发展之路还需要自己脚踏实地一步一步地去探索。《澳门理工学报》改版,“力图从专业化、专题化发展的方向突出刊物特色,加强专题策划,在栏目的设置上既突出学科发展的需要,也具有澳门学术研究的地方特色,该院的优势学科也在一定程度上得以在《学报》上展示,如港澳研究、旅游博彩、语言翻译、中西文化等研究方向”①。版块化的栏目设计,不仅确定了刊物的读者定位,而且也昭示着未来的发展方向。这种从学科拼盘到板块组合、从特色化到专题化的发展,带给我们的最重要的启迪就是:树立具体目标和脚踏实地去做同等重要。

“港澳研究”是《澳门理工学报》的主打栏目,涉及范围相当广泛。正如开栏时刘泽生在“主持人语”中所说:“从时间跨度上来说,即涵盖了香港、澳门地区的过去、现在和将来;从地理区域上来说,不仅仅是以香港、澳门作为研究的对象,也包括粤港澳关系、港澳与内地,乃至港澳与世界的关系;从研究内涵上来说,则涉及经济学、政治学、社会学、历史学、法学、文学等诸多学科。港澳问题受到世人的广泛关注,由来已久。尤其是20世纪八九十年代以来,‘香港学’与‘澳门学’的

① 刘泽生:《华文学术期刊的几点思考——以〈澳门理工学报〉为例》,见李向玉主编:《总编视角:华文学术期刊发展趋势国际研讨会论文集》,社会科学文献出版社2016年版,第115页。

相继提出和香港、澳门的先后回归，促成了港澳研究的热潮。港澳研究具有重要的学术价值与现实意义。”①刘泽生教授从事港澳研究与教学30多年，其学识、眼界与人脉为该专栏的高端筹划提供了良好的学术保障。自2011年第4期改版以来，截至2016年第4期，“港澳研究”专栏已连续开办20期，共发表57篇论文，约90万字。论文既有对《粤澳合作框架协议》的理论新思考，也有对澳门经济发展方式路径选择的新建议；既有对澳门历史研究现状中存在的碎片化与系统化矛盾、史学理论的取舍与应用、路径选择与空间拓展等问题的检讨，也有对澳门历史研究话语权的回归、澳门学术自主性的初步建立与澳门学学科建设有条件得以顺利开展给予的肯定；既有大珠三角区域经济合作水平的评估与效应分析，也有内地对香港直接投资的动因、特征与效应的探讨；既有对澳门博彩业监管的深度研究，也有对旅游业与博彩业产业关联的剖析；既有全球经济治理的中国模式与港澳独特作用的论述，也有“十三五”时期粤港澳合作深化的对策；等等。这些论文，有理有据、史料坚实、论证审慎、新见迭出，充分展现了思想深度和学术力度，显示了栏目作者队伍的广度和厚度。

“旅游博彩”是《澳门理工学报》的特色栏目，“旨在探讨与旅游博彩这两个特殊产业有关的经济学、社会学、法学、历史学以及其他相关领域的学术问题，同时为政府部门制定正确的旅游博彩政策法规和产业发展战略提供有益的参考，以促进旅游博彩业的健康、可持续发展，拓展澳门经济适度多元发展新空间”②。澳门是世界上最早实现赌业合法化的地区之一。澳门回归之后，澳门特区政府坚定执行“一国两制”“澳人治澳”高度自治的方针，做出了对澳门赌业实行市场化改造的“赌权开放”决策，并提出了“以旅游博彩业为龙头”的产业政策，使旅游博彩业取得了快速增长，从而带动了澳门整体经济的发展。然而，博彩业自身存在的体制缺陷、一业独大的产业风险、博彩业的激烈竞争，都给澳门的经济发展带来不确

---

① 刘泽生：《港澳研究·主持人语》，《澳门理工学报》2011年第4期。

② 王五一：《旅游博彩·主持人语》，《澳门理工学报》2011年第4期。

定因素，也引起政府和学术机构的高度关注。澳门理工学院设有博彩教学暨研究中心，主要职能是培训娱乐场管理人才、推动区内博彩领域的学术研究。2009 年又与中山大学共同成立"中山大学—澳门理工学院博彩研究中心"，主要研究方向包括澳门博彩业发展与产业适度多元化研究、澳门博彩产业发展战略研究、澳门博彩业发展的社会政治效应研究以及博彩城市的旅游与城市规划研究，同时也为内地发展和管理博彩公益行业提供参考。《澳门理工学报》正是依托两校的研究机构和研究优势，开办了"旅游博彩"专栏，为澳门特区博彩业的健康发展，为特区政府制定产业发展政策，提供了理论和实证的支撑。

"中西文化"是《澳门理工学报》的标志性栏目之一，开栏时"主持人语"强调："中国崛起时代的学术重建面临着双重矛盾：一方面，告别百年'以西为帝天'的学术路向，回到本土文化资源展开创造性研究；另一方面，又必须梳理清明清以来西学东渐的演进与影响，方能完成在历史基础上的学术重建。中西文化研究栏目以此为学术关怀，以历史为主线向东西两个方向展开。向东，展开西学东渐的人物、著作、思想的个案研究，在中西文化交流的背景下研究中国近代思想文化史；向西，展开中学西传的文本、人物、学派与影响的研究，通过对西方汉学史的研究，在世界文化的范围内揭示中国文化的影响与价值。中西文化研究必须在一个更宏大的历史背景下进行学术的重构，并赋予当代的生命与活力。由此，本栏目的研究将不再是仅仅局限于中国本土的狭义的中西文化研究，而是全球史背景下的中西文化研究。"①自 2011 年第 4 期改版以来，截至 2016 年第 4 期，已开办 13 期，共发表 36 篇论文。有明清之际《圣经》中译溯源研究，有欧洲人东方认识的拐点探讨，有明末士大夫郭子章与天主教关系新证，有清代荷兰使团贡品与西方科技、文化传华所体现的物质与文化交流意义，等等。这个栏目有两点给我留下了深刻印象：一是多数论文在原始资料的挖掘上有所推进，并能在前人所未发之处探幽发微；二是栏目热心扶植"小人物"，能够拿出不少版面发表青年学者的文章，虽

① 张西平：《中西文化 · 主持人语》，《澳门理工学报》2012 年第 2 期。

然他们的论文暂时还不能引起众人瞩目，但他们的研究所体现的学术潜力和追求，却可以使我们对这个栏目和这本期刊的未来充满信心。正如《文史哲》主编王学典教授所说："一份杂志的不朽和成功，不仅在于它能团结和吸引多少名家，更在于它能发现、扶植和造就多少名家。杂志造就名家，名家成就名刊。"①

"总编视角"是《澳门理工学报》的独创栏目，也是发表期刊总编（编辑）文章最多、影响最大的公共平台。刘泽生总编辑担任专栏主持人，为打造这个栏目用力甚勤，呕心沥血。他在首期的"主持人语"中开宗明义阐述了专栏宗旨："本栏目之所谓'总编视角'，只是借用'总编'的概念，从'编辑—总编'这一特殊群体的视角出发，观察、思考、评论与学术期刊、学术研究有关的问题，阐发个人之所思、所悟、所得，以期有利于学术的传承与学科的建设。""学术期刊是我们共同的精神家园。作为一群特殊的家园守护人，我们衷心地欢迎海内外学术界、期刊界的编辑同行、从事学术研究与期刊评论的专家学者、关注期刊事业发展的各界热心人士，从默默奉献的幕后走向台前，就学术期刊的学术导向、学术规范、学术争鸣、学风建设、学科发展、选题策划、期刊评价、电子网络等选题发表高见。"②自2011年第4期改版以来，截至2016年第4期，这个专栏已连续出版21期，共发表58篇论文；举办笔谈4期，发表文章33篇，总字数约120万。这些论文聚焦于学术期刊的体制改革、数字化转型、国际化、学术评价和核心期刊、来源期刊争鸣等热点问题，荟萃了众多总编（编辑）的研究成果和学术观点。这是一个"开放性的栏目"，地不分南北，人不分老幼，皆可同台竞技；这是一个"公共学术平台"，"英雄各有见，何必问出处"。作者们或以厚实的理论功底与丰富的编辑实践为支撑，或以开阔的视野与独到的视角为突破，或以发展的趋势与现实的困境作比较，或以犀利的观点与洗练的文字作批评，其直面问题的勇气，其言之成理的灼见，其学术争鸣的激情，其严谨求实的学风，都给期刊界、学术界留下了深刻印象，也为推动

① 本刊编辑部：《走一条不为时风所动的厚重办刊之路》，《文史哲》2011年第6期。

② 刘泽生：《总编视角·主持人语》，《澳门理工学报》2011年第4期。

学术期刊发挥文化软实力的作用做出了独特贡献。需要特别指出的是,“主持人语”的率真评述与朗然风格,紧扣时代脉搏,时有点睛出彩之笔——幽默而睿智,质朴而淳厚,为栏目增色不少,成为该刊一道亮丽的风景。

(二)专题策划

《南京大学学报》主编朱剑教授认为,专题化发展是综合性期刊专业化转型之外的另一出路。[①] 近几年,学术期刊越来越注重专题研究,但从何处发现问题、怎么找准问题和怎样应答问题,以及专题研究策划水平的高低,在很大程度上直接影响到学术期刊的质量和特色。

《澳门理工学报》除了设立相对固定的板块化栏目,还根据热点问题加强了专题研究的策划力度,比如 2012 年第 4 期的“近代国家观念与民族主义”(3 篇)、2013 年第 2 期的“海洋经济”(3 篇)、2014 年第 1 期的“蒋介石与近代中国”笔谈(6 篇)、2014 年第 3 期的“全球史”笔谈(5 篇)、2016 年第 1 期的“大国文明与教育使命”笔谈(4 篇)、2016 年第 2 期的“孙中山研究”笔谈(8 篇),以及 2014 年以来每年一次的“期刊发展”笔谈等。这些专题,问题意识极强,观点深刻,论证有力,富有新意。尤其是由浙江大学蒋介石与近代中国研究中心主任陈红民教授主持的“蒋介石与近代中国”笔谈,作者均为海内外相关领域的知名学者:如中国浙江大学陈红民教授、韩国新罗大学裴京汉教授、中国台湾政治大学刘维开教授、日本东京大学川岛真副教授、中国第二历史档案馆副馆长马振犊研究员、中国香港中文大学郑会欣教授等。近 20 多年来,随着大量珍贵史料,尤其是蒋介石档案与蒋介石日记的开放,相关学术研究已从“险学”变成“显学”,成为引人瞩目的课题,越来越多的学术单位与学者介入其中,海内外史学界已开过数次关于蒋介石研究的学术会议,国际合作与交流初显规模。[②] 这组笔谈的作者长期致力于近代

---

① 朱剑:《专题化发展:综合性期刊专业化转型之外的另一出路》,《澳门理工学报》2012 年第 3 期。

② 陈红民:《蒋介石研究:做什么? 怎么做?》,《澳门理工学报》2014 年第 1 期。

中国研究,或总结评价海内外同行的研究成果,强调应该注重研究台湾时代的蒋介石,研究作为个体的蒋介石;或切实指出蒋介石研究在史料、方法论与国际合作的方向,并要注意"因为过度依赖这种史料,最终可能包含的危险性"①;或基于严谨的史料,研究《蒋介石日记》原本、抄本之异同及其内涵价值。总之,学者们从各种不同的角度对蒋介石予以重新审视,并发表了众多有价值的学术观点,两岸学者在许多问题上的认识也越来越趋于一致。正因为如此,"笔谈"发表之后多家文摘期刊转载,在学界产生了较大的影响。

《澳门理工学报》专题策划的经验在于:第一,好的问题意识是引导学术研究前行的基础,它能使学者清楚地理出最重要的学术路径,找到好的选题;第二,好的专题策划是有特定指向和问题边界的,虽然有明晰的作者定位,但却可以跨学科研究;第三,好的主持人是专题策划成功的关键,他们有学术水平和人脉关系,对所从事研究领域的发展现状及学术前沿有清楚的认知,可以找到合适的作者并保证学术质量;第四,好的专题策划应当是差异化的组合,各有侧重,所持观点可以不同,甚至完全对立,以鼓励学术争鸣;第五,好的专题策划编辑,要敬畏学术,尊重学者,服务学术,协同创新。

(三)学术质量

"学术"这个词,中国古已有之。南朝梁何逊《赠族人秣陵兄弟》诗有:"小子无学术,丁宁困负薪。"北宋苏轼《十八阿罗汉颂》有:"梵相奇古,学术渊博。"明李东阳《求退录》有:"加以志虑日短,学术愈荒。"这都是指学问、学识。1902年,上海南洋公学译书院正式出版严复翻译的苏格兰经济学家亚当·斯密所著《原富》(*The Wealth of Nations*),并附有译者按语300余条约6万字,其中一条按语写道:"盖学与术异。学者考自然之理,立必然之例;术者据既知之理,求可成之功。学

---

① 川岛真:《蒋介石研究的新阶段》,《澳门理工学报》2014年第1期。

主知,术主行。”①严复是将近代西学引入中国思想界的第一人,但在解喻或阐释“学”与“术”两个概念时,仍然用的是中国哲学的知行关系。1911年,梁启超在一篇题为《学与术》的文章中写道:“学也者,观察事物而发明其真理者也;术也者,取所发明之真理而致诸用者也……由此言之,学者术之体,术者学之用,二者如辅车相依而不可离。学而不足以应用于术者,无益之学也;术而不以科学上之真理为基础者,欺世误人之术也。”②梁启超与严复的说法,有异曲同工之妙。刘梦溪先生认为:“这是迄今看到的对‘学术’一词所作的最明晰的分疏。学与术连用,学的内涵在于能够揭示出研究对象的因果联系,形成建立在累积知识基础上的理性认知,在学理上有所发明;术则是这种理性认知的具体运用。”③由此可知,学贵探索,术重实用。“学”是为了“求真”,即追求真理;“术”是为了“求用”,即服务现实。

19世纪末以来华西人、出洋华人、书籍以及新式教育等为媒介,以香港、通商口岸等为重要窗口,西方的哲学、天文、物理、化学、医学、生物学、地理、应用科技、史学、文学、艺术等大量传入中国,“学术”被赋予了新的内涵。《现代汉语词典》对“学术”的解释为:“有系统的、较专门的学问。”④

学术质量是学术期刊生存的基础,没有质量,谈什么特色、发展、竞争都是空话。任继愈先生强调文章学术性与科学性的统一,他认为:“学术文章,先有‘学术’,再谈‘文章’,因为文章的支柱是它的学术内容,而不是词藻、结构、章法。旧社会所谓‘桐城义法’,写不出学术论文,用‘马列义法’装点的文章多短命,有的文章连一两年的寿命也没有维持下来,一点也不奇怪,理应如此,因为文章缺少科

① 严复:《〈原富〉按语》第58节,见王栻主编:《严复集》第4册,中华书局1986年版,第885页。

② 梁启超:《学与术》,《国风报》1911年第15期(6月26日),署名“沧江”,后收入《饮冰室合集》文集二十五。

③ 刘梦溪:《中国现代学术要略》,三联书店2008年版,第6页。

④ 中国社会科学院语言研究所词典编辑室编:《现代汉语词典》(第7版),商务印书馆2016年版,第1489页。

学性。”①

有人说,大学是生产环节,学术期刊是流通环节,流通决定了生产,这话有一定道理。现实生活中,我们有太多的平庸主编,有太多的平庸期刊,发表了太多的平庸文章。平庸文章的主要表现形式是低水平重复、肤浅分析和把学术变成“娱乐至死”的舞台,其本质特征是思想能力的缺失。“平庸化学术粗制滥造,没完没了地炮制毫无独创性的学术垃圾和学术泡沫,对学术有百害而无一利。”②因此,做期刊需要静心和定力,需要一种坚守和沉淀。学术期刊应当拒绝平庸,超越平庸,引领学术,鼓励创新。学术编辑在审读学术论文时,不仅要审查论文形式上的学术规范,更要关注论文内容上的学术创新是否对所研究的问题具有实质性的推进。何为学术创新?大体应该包括以下几个方面:(1)提出新的问题,或采用不同理论对一个已经做过大量研究的问题给予新的诠释,或采用新的方法对一个旧问题进行再研究;(2)提出新的(或修正完善已有的)学说、理论、观点等;(3)提出新的(或改进运用已有的)研究方法、构造新的研究范式等;(4)发掘新的材料、发现新的证据、获得新的数据、形成新的见解、产生新的思想等。时代呼唤学术创新,但正如时代的转换本身就异常艰难一样,真正的学术创新其实是十分不容易的。美国作家亨利·詹姆斯(Henry James)曾经说过:“人们需要长长的历史才能产生出小小的一脉文学。”写小说是如此,搞学术也是如此,是需要耐心和慢功的,蜻蜓点水、急功近利是不行的。美国自然文学作家玛丽·奥斯汀(Mary Austin)写作《少雨的土地》只用了一个月,但她却花了12年的时光来观察自然,与沙漠一起经历白昼黑夜、春夏秋冬。

“名家专论”是《澳门理工学报》的品牌栏目,追求精品,力争卓越。自2011年第4期改版以来,截至2016年第4期,这个专栏已连续出版21期,共发表21篇论文,约50万字。作者既有治学严谨的饱学前辈,也有深味国学流脉的文史中

---

① 任继愈:《谈学术文章的写作》,《任继愈学术文化随笔》,中国青年出版社1996年版,第217—218页。

② 李醒民:《学术断然拒绝平庸》,《自然辩证法通讯》2010年第4期。

坚:中国社会科学院近代史研究所耿云志研究员(《呼唤新青年 传递新思想——〈新青年〉的出世及其反响》)、中国社会科学院语言研究所江蓝生研究员(《生活中的语言学》)、澳门大学中文系杨义教授(《先秦诸子研究与现代文化建设》)、清华大学国学研究院陈来教授(《生气流行——朱子德论中的气论影响》)、华中师范大学章开沅教授(《〈贝德士文献〉述略》)、山东大学儒学高等研究院王学典教授(《中国崛起进程中的史学变迁——近30年大陆历史研究的几种主要趋势》)、复旦大学文史研究院杨志刚教授(《中国的孔庙与儒家文化——以"庙学合一"为重点的历史考察》)、国家图书馆詹福瑞教授(《经典:世界性的文化遗产》)、北京大学中文系陈平原教授(《此情可待成追忆——中国大学内迁的历史、传说与精神》)、中山大学历史系桑兵教授(《"新文化运动"的缘起》)、南开大学中华古典文化研究所叶嘉莹教授(《用西方文论诠释诗词文本的"多义"与"潜能"》)、北京师范大学文学院郭英德教授(《喧嚣与寂寞:1616年前后剧作家汤显祖的自塑与他塑》)等。名家云集,佳作迭出,其选题迥别流俗,立意高远;其文字根底扎实,老而弥高;其学术里的气象,包含着文化的浑厚力量。在学术风气日益浮躁的当下,阅读"名家专论",不免使人心中流出一股暖意,有对学问与审美的双重尊敬。"板凳须坐十年冷,文章不写半句空",这应该是学者的追求,也应该是编者的期盼。

(四)期刊风格

学术期刊的"风格",是指从内容到形式所体现出来的有别于其他期刊的个性和特色。学术期刊既不是速读型的大众刊物,又区别于理论宣传刊物。学术期刊是发表学者借助已有的理论、知识、经验对科学问题的假设、分析、探讨和推出的结论,其结果应该是力求符合事物客观规律的,是对未知科学问题的某种程度的揭示。当然,学术期刊还应把握时代脉动,关注现实问题,探索求解途径。

《澳门理工学报》的风格是什么?李向玉院长在《我们的精神家园——献给〈澳门理工学报〉创刊五十期》中将其概括为16个字:"学术厚实,品位高雅,特色鲜明,编辑规范。"①

第一,学术厚实,才有力量。

强调"学术",强调厚实,就是要正念坚固,不为时风所动,不走轻浮之路。既重独断之学,也重交叉之科;既重积年之作,也重创新之见。新,"必定要旧中之新,有历史有渊源的新,才是真正的新。那种表面上五花八门、欺世骇俗、竞奇斗异的新,只是一时的时髦,并不是真正的新"②。学术乃天下之公器,只求其是,不标其异。一切从学术出发,提倡独立自由的学术研究,博通今古,融贯中西,阐发学理,传播学术,做有思想的学术,出有学术的思想。《澳门理工学报》在"学术厚实"上做足了功夫。学术厚实,期刊才有力量。

第二,品位高雅,才有格调。

《澳门理工学报》设计典雅,版式疏朗,装帧大气,这是其外在之形式;求真、求新、求深,含蓄、深沉、厚实,这是其内在之品位。学术期刊的生命力,是由其内容的品位决定的。品位高的期刊能够站在学术前沿,品位低的期刊只能追风猎奇;品位高的期刊能够提出话题,品位低的期刊只能人云亦云;品位高的期刊能够吸引大家名家,品位低的期刊只能靠炒作噱头吸引眼球。品位是一种宁静,一种涵养,一种气质,一种格调。品位高雅的期刊,才会有旺盛、持久的生命力;反之,品位低俗的期刊,一般都会夭折短命。我们应当重新拾起属于文人的那份对学术的崇敬及对编辑的执着,只有学术期刊不浮躁,才有可能打磨出学风踏实、境界高雅的论文。正如韦庄《送李秀才归荆溪》诗云:"人言格调胜玄度,我爱篇章敌浪仙。"品位高雅,才有格调。

第三,特色鲜明,才有魅力。

从某种意义上说,期刊的魅力来源于特色,有特色才有亮点,才有看点,才有支撑点。著名编辑家邹韬奋先生在总结《生活》周刊经验时说:"最重要的是要有

① 李向玉:《我们的精神家园——献给〈澳门理工学报〉创刊五十期》,《澳门理工学报》2013 年第 2 期。

② 贺麟:《五伦观念的新检讨》,《战国策》1940 年第 3 期。

创造精神。尾巴主义是成功的仇敌。刊物内容如果只有'人云亦云',格式如果只是'亦步亦趋',那是刊物的尾巴主义。这种尾巴主义的刊物便无所谓个性或特色;没有个性或特色的刊物,生存已成问题,发展更没有希望了。要造成刊物的个性或特色,非有创造的精神不可。"①

版块化结构、特色栏目、专题策划,精美而不奢华,厚实而不板滞,这些都构成了《澳门理工学报》的独特个性与魅力。前文说过的不再赘述,这里我想特别强调的是其"人文情怀"。随着优质学术论文的日益稀缺,其竞争性亦日趋激烈。"顶级期刊"供过于求、稿件积压,"核心期刊"守株待兔、等货上门,普通期刊捉襟见肘、生死煎熬。《澳门理工学报》自然不在"核心"之列,面对普通期刊的"共同苦难",刘泽生总编辑没有陷入过多的纠结和痛苦,而是选择了正确的战略:放下身段,用心血去策划,用双脚去约稿,主动贴近读者,提升阅读感受。虽然现在电子邮件很发达,但他和编辑部同人还是采用了最笨拙的办法——"用脚约稿",北京、天津、上海、南京、武汉、西安、广州等地都留下了他们背着行囊步履匆匆的背影,访专家、找作者、探编委、会读者、搞座谈……这里既有酸甜苦辣的经历,也有真诚感人的告白,更结识了一批功力深厚的专家学者。这种人文情怀既成就了这本期刊今天的地位,也蕴藏着这本期刊明天的光荣与梦想。正如刘泽生总编辑所说:"交友之道,见仁见智,精彩纷呈,但笔者还是崇尚'君子淡以亲'之境界——学术圈中的师友交谊,更多的是属于这种建立在道义基础上的高雅纯净、清澈如水的友情。笔者从事学术研究与期刊编辑多年,结识了学术期刊界的众多师友,留下了那份清纯如水的情谊,这也是一种缘分。每当捧读着这份众多读者、作者倾力支持的《澳门理工学报》,那份典雅清新,那份纯朴厚实,淡淡的,悠悠的,似水柔情,沁人心脾。此时此刻,唯有感恩于'君子之交'的情谊,尤其是创办'总编视角'一类的专栏,更是一种人脉缘分的体验,有幸的是笔者得到了众多学界师友

① 邹韬奋:《几个原则》,见《韬奋文集》第3卷,三联书店1978年版,第79页。

的倾情扶持。"①

第四,编辑规范,才有价值。

编辑规范大体上包括三个方面:业务技术上的编辑规范、道德上的学术行为规范、法律层面的编辑规范。学术期刊不仅要严格按照办刊宗旨和业务范围出版,而且要遵守学术出版规范,严格执行国家相关质量标准。学术期刊刊发学术论文,其摘要、引文、注释、参考文献等要完备准确;期刊内容、编校、装帧设计、印制质量须符合相关法规规章和学术标准。学术期刊要规范编辑出版流程,努力提高学术质量。学术期刊出版单位要建立完善内部编辑审稿制度、编委会制度和同行评议制度等质量保障机制;认真做好选题策划、稿件组织工作,科学评估稿件的学术水平、创新成果及发表价值,确保出版质量;注重学术道德和学术诚信建设,自觉抵制学术不端行为,不能出卖版面或者搞权钱交易,杜绝刊发抄袭、剽窃他人成果的文章。编辑规范既关乎学术研究过程中的求真、求新、求实精神,又关乎作者的学术道德和对他人知识产权的保护,更关乎学术期刊的质量、名声和信誉。《澳门理工学报》在稿件的同行评议、匿名评审、文献校订乃至注释标示的编辑流程上,均严格执行规范,整体质量堪称上佳,得到了作者、读者的充分认可,这是难能可贵的。

三、化作春泥更护花

在中国,现代意义上的大学,历史并不悠久。但就在这不长的历史中,有一批中国近代大学校长却做出了重要贡献,留下了许多弥足珍贵的精神文化遗产。蔡元培强调"思想自由,兼容并包",是对大学精神的最好诠释;梅贻琦倡导"自强不息,厚德载物",成就了清华的辉煌;张伯苓宣布的"允公允能,日新月异"南开校训,蕴含着不断进取的精神。这些令人激动、意义深远的人与事,物与思,丰富着中华优秀文化的内涵和传统,影响了一代又一代学子。

---

① 刘泽生:《总编视角 · 主持人语》,《澳门理工学报》2015 年第 1 期。

一本好的学报，是一所高水平大学的重要标志之一，也是学校“文化软实力”的重要体现。“夫学报者，荟萃大学科研成果，传播学人研究心得也。刊曰学报，实奉学术为生命，抒创见卓识；冠以校名，确表学府之品牌，领翰墨风骚。学理昭昭悬日月，激扬文字涵古今；报道频频如青鸟，要言妙道贯中外。担当精神创造，为民族立脊，为社会导航；崇尚理论探讨，展百家著述，播万里书香。”①《澳门理工学报》的成功，有人比之为一段无法复制的孤独传奇。我不这么看，任何事情的发生，都有其必然的原因，有因才有果。换句话说，《澳门理工学报》这几年的迅速崛起，是注重天时、地利、人和三方面因素的积累，借鉴成功经验，抓住发展机遇取得的。《澳门理工学报》的做法，对学术期刊的转型、发展，仍然具有借鉴和启迪意义。

启示之一：开放自由的学术环境

澳门虽然是弹丸之地，但在中国近代西学东渐、东学西传的进程中发挥了重要的桥梁作用。1822 年葡萄牙人巴波沙（Paulino da Silva Barbosa）创办的葡文周报《蜜蜂华报》（*A Abelha da China*），是澳门历史上的第一份报纸，也是中国境内出版的第一份近代外文报纸。1833 年基督教传教士马礼逊创办的中文期刊《杂闻篇》，是澳门历史上第一份中文期刊，也是中国境内出版的第一份近代化的中文期刊。虽然大部分内容是宣扬基督教信仰的，但第 2 期刊登的《外国书论》最早介绍了西方活字印刷术和西方报业，并引入“新闻纸”的概念。1893 年，澳门土生葡人飞南第（Francisco H. Fernandes）创办了中文报纸《镜海丛报》。《镜海丛报》原以“振兴商务，扩充智识”，沟通“官绅议论、交涉事宜”为宗旨。创刊不久，甲午战争爆发，其言论也随之注目于救亡图存。“值得注意的是《镜海丛报》还留存了有关维新运动的史料，其中以有关‘公车上书’和强学会的记录最为可贵。”②《镜海丛报》不仅在广州、杭州、长沙、上海、北京等国内城市发行，还远销里斯本、东南亚

① 龙协涛：《学报赋》，《北京行政学院学报》2009 年第 3 期。
② 汤志钧：《甲午战后的〈镜海丛报〉》，《近代史研究》2000 年第 4 期。

及旧金山等地。1897 年,康有为、梁启超、康广仁等人在澳门创办了《知新报》,旨在宣传变法、开启民智,是维新派在华南地区的喉舌。1900 年 3 月改用白话文出版,是中国较早采用白话文出版的报刊。因此,澳门被称为西式近代报刊在中国发展的一个源头,成为"近代中国新闻事业的发祥地"①。

1986 年澳门社会科学学会成立,并出版了学报《濠镜》,填补了澳门社会科学期刊的空白。此后,《文化杂志》《澳门研究》《行政》《澳门经济》《澳门写作学刊》《法域纵横》《澳门理工学报》《中西文化研究》《澳门历史研究》《澳门博彩》《九鼎》《澳门科技大学学报》《南国学术》等期刊相继问世。有学者认为,若以人口和土地面积计算,澳门可能是世界上学术期刊密度最高的地区之一。

1999 年 12 月 20 日澳门回归以来,"特区政府对人文社会科学的发展给予了高度的重视和支持,高等学府以及民间研究机构、学术社团以多种形式积极开展学术活动,使得研究队伍不断壮大,研究领域不断扩展,研究内容不断深化,研究水平不断提高……从而催生了一大批有深度、有分量、有说服力和影响力的人文社会科学研究成果"②。特别要指出的是,澳门社团数量达 3000 多个,属于人文及社会科学领域的学术社团(或称学会、协会)共计 129 个。③ 这些组织不仅出版学术著作,而且还创办学术期刊。澳门学者完全享有言论自由、结社自由、出版自由和学术自由,这些权利受法律(尤其是《中华人民共和国澳门特别行政区基本法》)的保护。开放自由的学术生态环境,为《澳门理工学报》的迅速崛起、转型发展提供了较好的条件。

启示之二:海纳百川的文化特质

澳门理工学院有着鲜明的办学理念:"我们崇尚'海纳百川',是要张扬一种胸怀宽广、兼容并蓄的大学精神,是要倡导一种沟通对话、和而不同的多元文化。

① 姜义华:《镜海丛报·序》,见《镜海丛报》(影印本),澳门基金会、上海社会科学院出版社,2000 年。

② 吴志良:《澳门社会科学期刊的历史与现状》,《行政》2008 年第 4 期。

③ 邓玉华:《探讨澳门人文及社会科学学术社团的社会功能》,见程祥徽主编:《澳门人文社会科学:回顾与前瞻》(首届澳门人文社会科学大会论文集),澳门基金会 2007 年版,第 127 页。

作为一名教育工作者，需要修炼这种大海的胸襟，民族大义，家国情怀，教书育人，传承学术，开门办刊，开拓创新，有容乃大。澳门理工学院建院二十多年的风雨历程，正是秉承着这种精神，这种信念，兼容并蓄，一路走来。"①正是这种"海纳百川"成就了澳门理工学院开放包容、和睦相处的文化特质，也成就了《澳门理工学报》学术追求、学术担当的办刊理念。澳门理工学院理事会（最高决策机构）对学报的重要性有着清醒的认识，并给予高度的重视。院长、副院长不仅亲自担任学报编委会的主任、副主任，而且还慧眼识珠引进了刘泽生教授，并在人员配备及办刊条件等方面给予强有力的支持与关怀。这对办好一份高层次的学术期刊，是一种非常重要的基础保障与精神支撑。

启示之三：人脉丰厚的期刊主编

古人云"文如其人"，我以为"刊如其人"。一本优秀的学术期刊，总是投映着主编的胆识魄力、学术理念、人文情怀、胸怀气度、操守格调，以及对学术公信力的执着追求。主编是期刊的一面旗帜，有什么样的主编就有什么样的期刊风格。刘泽生总编辑的才华和经验是毋庸置疑的。他长期在科研、教学与编辑第一线工作，先后主编过《港澳经济》《广东社会科学》和《澳门理工学报》，并在总编辑（社长）岗位上工作达23年之久，历经沧桑，阅人无数，精通业务，沉稳老练。《澳门理工学报》编辑部既有学院自己培养的年轻编辑，也有从广州、北京学术期刊引进的知名总编和优秀编辑。这是一支富有专业经验、勇于开拓创新、具有国际视野、学风严谨、工作尽责尽力的编辑团队，其学养、学识与精诚合作的团队精神，决定了学报参与竞争的实力。其实，高手比到最后，比的是自我。变革的时代，只有改变自己，才能如吹沙见金般地显现出英雄的本色。这个时代并未失去它的精彩，它依然值得我们睁大眼睛，屏住呼吸，去感受一闪一闪的惊奇。

刘泽生总编辑是一位从事港澳研究的资深教授，因为做了编辑而成了社会活动家，出入于高等学府，游走于会议论坛，与专家学者对话，与青年才俊切磋，广交

---

① 李向玉：《海纳百川　办好学报》，《澳门理工学报》2012年第3期。

新朋友，不忘老朋友，“投我以木桃，报之以琼瑶”。他把学识和美的感受融到了一起，《澳门理工学报》封面的形与神、意与境，“港澳研究”“总编视角”主持人语的敏锐与深切、意象与情思，都散发着人文的光泽和智慧。他把对学术的厚爱、对生命的眷恋，全都倾注在了一篇篇论文的推敲之中。从某种程度上说，《澳门理工学报》就是他的命，那里有他的血汗，有他的激情，有他的智慧，有他的痛苦！“落红不是无情物，化作春泥更护花”，这是他的追求，也是他的宿命！在这个老将纷纷离去、新人不断出现的期刊界，刘泽生却依然固守着那一本期刊、那一方天地，也守住了时代的尊严、学术的尊严。

启示之四：兼容并蓄的专家团队

荀子在《劝学》中说：“登高而招，臂非加长也，而见者远；顺风而呼，声非加疾也，而闻者彰；假舆马者，非利足也，而致千里；假舟楫者，非能水也，而绝江河。君子生非异也，善假于物也。”补短板，要善于借助外力，有时候借助外部力量的催化作用可以实现乘数效应。《澳门理工学报》改版，就善于借用外力，并收到了很好的效果。这里主要包括两个方面的举措：一是成立了独特结构的编委会，成为期刊核心竞争力的重要组成部分。编委会成员一部分是来自澳门理工学院所属的六个高等学校和相关科研机构的专家学者，另一部分则是来自北京、上海、南京、广州等地的十多家著名学术期刊的主编，能把这么多个性各异、观点相左、思想激荡、经验老到的主编尽入囊中并为其出谋划策，这实在是需要一定的智慧和人脉的，在学术期刊界也许还是个特例。编委会不是充门面的摆设，而是一个具有实际运作功能的实体性组织，从内容策划、论文审读、撰写稿件到学术研讨、数字化转型、品牌建设，都发挥了最强大脑的作用。二是组建了一个具有广泛代表性的审稿专家库，采用“同行评议”的办法对论文做发表前的学术价值鉴定。“公开发表的目的，是要让学术成果为同行所了解，供同行来评价，并给同行的新研究充当继承或超越的对象，从而形成一个知识和思想生产的良性循环。”[①]因

① 李剑鸣：《自律的学术共同体与合理的学术评价》，《清华大学学报》2014年第4期。

此，论文发表前的审稿就显得尤为重要。为保证专家的“自律性”，客观鉴别论文的质量，规范学术行为，《澳门理工学报》实行了匿名审稿制度，在制度上确保审稿过程的客观、公平、公正，并郑重承诺尊重和保护审稿专家、作者及稿件的私密权。

启示之五：国际视野的发展方向

澳门“多元文化”的优势，澳门理工学院“面向世界”的理念，《澳门理工学报》特殊的作者群体和读者群体，都昭示着《澳门理工学报》应该办成国际化的学术期刊，应该成为中国人文社会科学学术期刊“走出去”的先行者。事实上，《澳门理工学报》改版以来策划的“‘蒋介石与近代中国’笔谈”“‘全球史’笔谈”“‘孙中山研究’笔谈”等专题，就做了很好的尝试。

学术期刊国际化通常被学界分为两类：实质性的内容包括稿件来源国际化、论文水平国际化、学术传播国际化；非实质性内容包括编委成员国际化、审稿专家国际化、出版语言国际化。不能简单地认为，刊物出个英文版就是国际化，注释规范就是国际化，匿名审稿就是国际化。学术期刊国际化并不是全盘西化。正如刘泽生总编辑在“主持人语”中所说：“作为学术期刊国际化的最本质特征应该是学术论文的国际化，即所刊载的学术论文应该是所在领域前沿性的原创性论文，尽可能少用或不用低水平的平庸之作。”①《澳门理工学报》稿件来源虽然国际化了，但“论文水平国际化”“学术传播国际化”还需要走很长的路。如何提升国际化的水平？有三点值得注意：一是在秉持“中国立场”、创新“中国视域”、总结“中国经验”的同时，又要学习与借鉴西方先进的学术话语与叙事方法。二是要寻找中外作者共同关心的话题，在学报这个学术平台上平等地对话与交流。三是要利用好澳门这个特别行政区的区位优势，探索、提炼和锻造公共学术话题，应该积极介入到一些重大问题的讨论中，提出的话题越多，拥有的话语权越多，刊物的影响力就越大。总之，拿来主义的国际化，排外主义的本土化，都会成为学报发展的障碍。

---

① 刘泽生：《总编视角 · 主持人语》，《澳门理工学报》2012 年第 4 期。

在本文结束之前，借用李向玉院长的一段话与学报诸君共勉："海纳百川"既是一种追求、一种修养，也是一种精神、一种境界。为人处世，治学办刊，莫不如此。《澳门理工学报》要在海内外学报之林中奠定自己的学术地位，就要有博采众家之所长、兼容并蓄之雅量。①

原载于《清华大学学报》2017 年第 2 期

① 李向玉：《海纳百川　办好学报》，《澳门理工学报》2012 年第 3 期。

中编 学术创新

学术创新的几个问题

“写什么”与“怎么写”,是学术研究的基本问题。“发现问题”并“找准问题”,是学术研究的前提;广博的阅读和长期的积累,是学术研究的源流;科学的方法和缜密的论证,是学术研究的手段;“让思想站起来”,是学术研究的目的。中国的和平崛起离不开思想崛起,而思想崛起有赖于学术创新。

一、学术创新要提出新问题

马克思认为,对一个时代来说,“主要的困难不是答案,而是问题”①。爱因斯坦也指出:“提出一个问题往往比解决一个问题更重要。”②科学史表明,一个重大问题的提出和解决,往往会给科学发展带来革命性的变革,开创新的学科,甚至导致整个科学体系的重新组合。

社会科学研究的“问题”,有学者归纳为以下四类:第一,所研究的问题在现有的“知识库存”中还无法找到,是“史无前例”“填补空白”或开创性的;第二,所谓“问题”,也可以是指采用不同理论对一个已经做过大量研究的问题给予新的诠释,或者采用新的方法对一个旧的问题进行再研究;第三,随着社会的发展,已

① 《马克思恩格斯全集》第1卷,人民出版社1995年版,第203页。

② A.爱因斯坦、L.英费尔德:《物理学的进化》,上海科技出版社1962年版,第66页。

经做过的研究发生了新的变化,或者原来的理论无法再有效地解释已经发生变化的社会问题、社会现象;第四,在社会科学中解决问题的方法以及问题本身也是一个问题,而不仅仅是一个技术问题。[①] 所以,社会科学能否取得有价值和有成效的学术创新,不仅取决于是否具有问题意识,更取决于从何处发现问题、怎么找准问题和怎样应答问题。在中国当前社会经济发展的实践中,这样的例证层出不穷。

问题之一:中国搞了多年的社会主义,老百姓依然很穷。邓小平看到了问题,认为"贫穷不是社会主义"。他用社会主义市场经济理论取代了"阶级斗争理论",用农村家庭联产承包责任制取代了农村人民公社制,结果改变了中国的面貌。

问题之二:在中国的改革开放取得一定成就之后,少数西方人士开始鼓吹"中国发展掺水论""中国崩溃论"等论调,也有人重新鼓噪"中国威胁论"。面对这种挑战,中国改革开放论坛理事长郑必坚在2003年博鳌亚洲论坛发表《中国和平崛起新道路和亚洲的未来》演讲,提出"中国和平崛起"理论。关于这条道路,郑必坚着重强调三点:(1)同经济全球化相联系,而不是相脱离;(2)在积极参与经济全球化的同时,走独立自主的发展道路;(3)这是一条奋力崛起,而又坚持和平、坚持不争霸的道路。[②] 这就打消了许多人的疑虑,起到了很好的作用。

问题之三:长期以来,中国教育界有一种观念,认为知识越多,学历越高,创新能力就越强。这种以知识传授为主的教育方式造成了一个怪圈:学校设置的课程越来越多,越学越难,而学生的创新能力反而变弱。面对教育存在的误区,科学家钱学森在逝世前发出了著名的"钱学森之问":为什么我们的学校总是培养不出杰出人才?

问题之四:目前我国的学术评价制度尚不完善,在具体评价工作中存在重数

---

① 仇立平:《社会研究和问题意识》,《江苏行政学院学报》2010年第1期。

② 郑必坚:《中国和平崛起新道路和亚洲的未来》,《学习时报》2003年11月24日。

量不重质量、重名望不重实绩、重论文不重工作水平、重短期成果不重长远积累、重设施改善不重人才队伍建设等问题。最新资料显示,我国科技人员发表的期刊论文数量已超过美国,位居世界第一,但平均引用率却排在100名开外。[①] 同时,科技论文"唯国外发表"的评价模式,导致学术造假、学术腐败之风盛行。科研评价体系"授柄于人",危害有三:一是大量优质稿件外流,导致我国学术期刊在整体上缺乏国际竞争力;二是学费昂贵,我们在国外期刊发表文章要交钱,国人阅读这些文章还得再花钱;三是我国的科研跟着国外的指挥棒转,不仅任人宰割,而且缺乏安全。[②]

当然,问题有真问题、假问题,学术性问题、非学术性问题,大问题、小问题,偶然性问题、必然性问题等区别。对于社会科学来说,关键是首先要弄清所讨论问题的真假。

近年来学术界都在谈"中国问题",这一意识固然不错,但在谈"中国问题"时所用的观念和思维方式并不是"中国的"。很多人是从海外进口思想,而不是从观察中国的实践来发掘和发展思想。我们引进了许多西方的学科和体系、理论与方法、经典著作与理念,介绍了许多学派与大师,这无疑有助于开阔我们的视野,便于学习和借鉴各国有益的文化成果和研究方法。但一些人往往从概念出发,试图用西方苹果的理论来解释甚至改造中国的橘子。从本质上说,这些舶来思想有不少并无现实可行性,如果盲目应用,会引起社会政策基本理念的混乱。如在介绍发达国家的社会福利政策和改革实践时,很多新概念被介绍进来,尽管这些概念所提出的社会经济背景和我国相差很远;甚至发达国家很多新的实践,在还没有得到验证的情况下,也被纳入我国一些社会政策的设计之中。"一些我们本来没有的问题,也作为问题提出来了。于是,国际社会政策的问题,如福利国家的财政赤字问题,也成了我们要避免的问题,被当作中国的问题来研究。殊不知我们

---

① 雷宇:《中国论文数量世界第一,引用率排在100名开外》,《中国青年报》2011年2月10日。

② 姜咏江:《科研评价体系怎能"授柄于人"》,《文汇报》2010年4月23日。

的政府对社会政策的投资远远不足。再如老龄化的问题,西方国家老龄化的压力直接来自劳动力的减少和完善的社会保险制度所带来的沉重的财政负担,但是我们所面临的是在就业压力和不完善的社会保障机制下的老龄化问题。当前不少这方面的研究是沿着西方国家的问题思路讨论中国的问题。"①总之,我们陷入了伪问题的误区,这种情况的直接后果是真正的问题被遮蔽了。学术研究借鉴国外的理论和概念作为工具值得提倡,但不能简单地移植,生搬硬套使理论与实际内容缺乏有机结合,因而也就得不出令人信服的结论。

二、学术创新要提出新观点

创新是学术研究的终极目标,只有不断标新立异、别具慧眼、独树一帜,才能保持旺盛的生命力。学术创新的最高境界,应该是原创。能够做出原创贡献的人,我们称之为大师。"大师还不等同于专家,大师必须开一代文化风气之先,如胡适;必须在学术上独树一帜,如陈寅恪;必须是观点、理念、方法的创建宗师,如王国维;其思想足以影响一个时代,如梁启超;培育的学术气氛可以形成一种历史标志,如蔡元培;留下的一部作品或是几部作品能够催生出新的天地、新的历史、新的发展方向,如鲁迅。"②当然,如果创立了一个体系、一个学派,那自然更是大师了,如章太炎。

人们常说,不想当将军的士兵不是好士兵,可是能做到将军的士兵毕竟是凤毛麟角。大师也一样,其成就、学养、思想、风范与操守,我们很难逾越。作为普通人,我们力求能够成为有训练、有观点、有研究、有著述,在某个学术领域有创新、有建树的专家。

学术如何创新?冯友兰在其《三松堂自序》中认为,学者的工作分为两种:一种是"照着说",另一种是"接着说"。前者的重点是要说明以前的人对于某一问

① 张秀兰:《社会政策:实现科学发展观的一个操作化模式》,《中国社会科学》2004年第6期。

② 顾土:《大师的分量》,《新华文摘》2009年第7期。

题是如何说的，后者的重点是要说明自己对某一问题是怎么想的。自己怎么想，总要以前人怎么说为思想基础，但也总要有所不同。概括来讲，“接着说”不是停留在对传统的一味继承上，而是要突破，要扬弃，要创造，要发展，要具有明显的时代性。

观点之一：我国史学界长期以来认为辛亥革命是以孙中山为代表的资产阶级革命派领导的一场资产阶级民主革命，目的是要建立资产阶级共和国。但海外学者多年来对这一论断时有质疑。在2001年的辛亥革命90周年纪念大会上，江泽民指出“辛亥革命，开始了比较完全意义上的反帝反封建的民族民主革命”。民族革命既包括反对国内的民族压迫，也包括反对国外帝国主义的压迫；民主革命既要推翻封建专制制度，也要建立民主共和国。这就对辛亥革命的性质、意义做了精辟、科学的定位。

观点之二：我国史学界一直认为宋朝是“积贫积弱”的典型。李裕民教授则提出要“破除偏见，还宋代历史以本来面目”。他认为，宋代的经济远比唐代发达。即使就同时代而言，宋朝的经济实力、科学技术水平都超过辽、金，教育和学术文化事业也得到高度发展，可以说是继战国之后，又一个百家争鸣的时代。尽管宋朝军事实力相对较弱，但南宋仍可以与超级强国蒙古国抗争几十年。所以，指责宋代“积贫积弱”有失公允。[①] 与中国大陆学界对宋代历史评价长期流行“积贫积弱”说相反，众多研究汉学的外国学者，如宫崎市定、谢和耐（Jacques Gernet）、李约瑟（Joseph Needham）、史景迁（Jonathan D. Spence）等，却对宋代历史给予极高评价。这就涉及学术视野的问题。学术视野是一种开放眼光，一种包容气度。我们研究学问，不仅要关注国内学界的学术动态，而且要关注国外学者的前沿成果；必须博览群书，获取海量信息，加强与国际学术界的交流并论争，不断拓展学术空间，优化知识结构，才能站在学术前沿而不落后，才能思维灵敏而不闭塞，才能融会贯通而不僵化。

---

① 李裕民：《破除偏见，还宋代历史以本来面目》，《求是学刊》2009年第5期。

观点之三:出于对科学的崇拜,我们在日常生活中称赞某一事物时,经常会说这一事物很“科学”。在这样的语境中,科学被当然地假定等于正确,其实这是一种误导。江晓原教授提出了“科学不等于正确”的新观点:“因为科学是在不断发展进步的,进步的时候肯定就把前面的东西否定掉了,前面那些被否定掉了的东西,今天就被认为不正确。……由于科学还在发展,所以你也不能保证今天的科学结论就是对客观世界的终结描述。”①

观点之四:晚清洋务派所倡导的“中学为体,西学为用”,中学主要是指儒家的思想体系,西学是指学习西方的科学技术,强调西学为中学的意识形态服务,这在当时是一个很有力的口号。此后一百多年的时间里,中学与西学之争不断,至今仍有人赞成这一口号。何兆武教授认为,中学、西学只是历史上一种方便的习惯提法,不能绕离当时的语境。因为作为知识,“学”有高低、精粗、真伪之分,但无所谓中西。中学、西学的对立实际上是不存在的。近代化是一条共同的道路,尽管各民族带有自己的特色,但不能用强调特殊性来否定普遍性,因为普遍性是第一位的,特殊性是第二位的。②

只要是创新,就必须突破原有的思维定式,因而必然带有风险。1957 年,北京大学校长马寅初提出著名的“新人口论”,其核心构想是“控制人口,计划生育,普遍推行避孕,每对夫妇生两个孩子。通过人口控制,降低消费,增进积累,扩大生产”。这些很有创见的观点,却被极左路线污蔑为“马尔萨斯在中国的翻版”“向党向社会主义进攻”。面对政治高压和全国性的大批判,马寅初公开声明“决不向专以力压服不以理说服的那种批判者们投降”,用自己对学术底线的坚守赢回了一个知识分子应得的尊严。尽管马寅初不久即从政治和学术舞台上消失,但历史和实践无可辩驳地证明,他的“新人口论”是正确的,其中的预言完全被后来中国的人口实际状况证实,客观规律给予我们的惩罚比他预见的后果有过之而无

---

① 江晓原:《科学的三大误导》,《文汇报》2009 年 2 月 26 日。

② 何兆武:《中学、西学与近代化》,《社会科学战线》2009 年第 4 期。

不及。

在科学研究中,要允许对真理的认识有一个过程,要允许讲错话,允许犯错误。1880年,英国伟大的科学家开尔文(Baron Kelvin)认为,“X射线是个骗局”,但X射线后来被广泛应用。1926年,美国物理学家李·德福斯特(De Forest Lee)断言:“电视从理论和技术而言是可行的,从商业和经济的角度来看,我认为是不可能的,它不过是个浪费时间的梦想。”如今,电视已成为人类生活非常重要的一部分。1930年,英国物理学家恩内斯特·卢瑟福(Ernest Rutherford)称,“通过打破原子来产生能量是不合算的,任何希望将原子嬗变转化成能源的想法都是空想”。不久,核能就成为重要的能源。这三位著名科学家的预言都错了。

有些自然科学的研究成果要经过数十次、几百次甚至上千次的失败,才会获得成功。因此,我们也不应苛求社会科学研究一步就达至真理。马克思曾言:“你们赞美大自然令人赏心悦目的千姿百态和无穷无尽的丰富宝藏,你们并不要求玫瑰花散发出和紫罗兰一样的芳香,但你们为什么却要求世界上最丰富的东西——精神只能有一种存在的形式呢?”[①]新中国成立初期,毛泽东提出“百花齐放,百家争鸣”方针,主张“艺术上不同的形式和风格可以自由发展,科学上不同的学派可以自由争论”,体现了一种气魄宏大的包容精神。然而在相当长的时间里,由于执行失当,其所带来的负作用是显而易见的。

三、学术创新要运用新方法

有学者归纳,研究方法创新包括三种类型:一是提供前人或他人没有使用过的方法,二是首次将其他学科的研究方法应用到本学科、本领域或本项目中,三是结合集成几种方法形成的方法。[②] 这三种类型的研究方法创新,自然科学有不少例子:如培根运用实验法最早发现了热的运动本质;笛卡儿用直觉–演绎法创立了

① 《马克思恩格斯全集》第1卷,人民出版社1995年版,第111页。

② 叶继元:《推进哲学社会科学研究方法创新刍议》,《学术界》2009年第2期。

几何学;伽利略用试验方法与数学方法发现了自由落体定律;康德运用思辨的方法、假说方法提出了天体演化学说;门捷列夫用分类、比较法发现了元素周期表;达尔文用观察法、实验法、分类法、比较法提出了进化论;等等。

在一定程度上,社会科学的发展也越来越离不开研究方法的创新,离不开利用自然科学的成就、提供的手段以及开辟的新境界来丰富拓展视野。

新方法之一:英国科学家证明先有鸡后有蛋。关于先有鸡还是先有蛋问题的争论,在哲学和科学等许多领域都已持续了千百年。2010 年 7 月,英国谢菲尔德大学和瓦立克大学的科学家利用一台超级电脑"放大"鸡蛋形成过程。结果发现,鸡蛋的构造取决于母鸡卵巢中的一种蛋白。这种蛋白称为 ovocledidin-17(简称 OC-17),是加速蛋壳发育的催化剂,而蛋壳是保护蛋黄与蛋白所不可或缺的因素,可以让鸡的胚胎在里面充分发育。如果没有 OC-17 蛋白,鸡蛋的外表部分就无法结晶形成蛋壳。他们所掌握的科学证据证明,其实是先有鸡。约翰·哈丁教授称,这项发现还有别的用途:"揭开母鸡形成鸡蛋之谜本身就很有趣,同时还提供了设计新材料和新技术的线索。科学家从自然界找到了解决材料科学与技术各类问题的创新方法——我们可以从中汲取大量经验。"[①]

新方法之二:企业"平衡计分卡"的提出。以往人们判断一个企业的业绩、成长性与核心竞争力,一般看财务报表。实际上,现存的会计制度和财务报表并不能真正反映企业的能力和水平,是有缺陷的。为了挖掘和显现那些看不见、摸不着的东西,美国著名管理大师罗伯特·卡普兰(Robert S. Kaplan)和大卫·诺顿(David P. Norton)在总结了十二家大型企业的业绩评价体系之后,于 1996 年提出"平衡计分卡",将企业的指标分为财务指标、客户指标、流程指标和学习指标。财务指标是看得见、摸得着的显性指标,其他三个是隐性指标。通过隐性指标,把隐性的东西反映出来,显现化。财务是滞后指标,是即效指标,反映昨天的;非财务是领先的指标,是能力指标,是决定未来的。"平衡计分卡"不仅是一种管理手

---

① 《英专家证明先有鸡后有蛋》,《环球时报》2010 年 7 月 15 日。

段,也体现了一种管理思想。《哈佛商业评论》将“平衡计分卡”评为近年来最具影响力的管理学说。权威调查显示,在《财富》杂志排名前1000的公司中,55%以上已经使用了“平衡计分卡”这一工具或它的理念。

新方法之三:借助遗传学的基因技术论证北方汉族人群的扩张。在中华文明中,北方人是汉族的祖先,当无疑义;但现在很多自称是汉族的南方人,究竟是不是遗传意义上的汉族?换句话说,当汉文化向南扩展的时候,它究竟是一种单纯的文化传递或者说“同化”,还是人群带着文化一起往下走的?复旦大学生命科学院金力教授通过DNA分析发现,南方汉族的父系和母系结构不太一样。就父系而言,南方汉族的主体基本上源自北方汉族;但就母系而言,现在南方少数民族的母体对南方汉族的贡献更大。历史研究表明,北方汉族南迁,与政局变化密切相关,西晋灭亡、唐朝安史之乱以及辽金时期,是中国历史上三次大的移民期,从遗传学上也可以看到这样的证据。所以,汉文化的传播主要是由人口迁徙所驱动的,这种迁徙表现出一种强烈的性别偏向性。金力教授认为,借助遗传学的基因技术,我们可以对不同地点关联人群的样本进行分析,找出他们的分化路径,来判断历史人物后代或人群的迁徙路线、人种特征与民族归属。①

新方法之四:新的研究方法使社会史异军突起。20世纪80年代中期以来,社会史研究异军突起,以新史学的面目出现,成为新趋势、新潮流的研究模式。它不仅为中国史学产生了一个新的学科分支,开辟了新的研究领域和研究对象,而且应用了新的研究方法与手段。中国社会史研究在学术史上的贡献主要有:“一是社会史与地理学、人类学、考古学、宗教学、社会学、民俗学、文学艺术等人文社会科学的对话加强,开展跨学科研究;二是地域社会的研究进一步深入,研究与人类关系密切的疾病、灾害的环境史日益凸显;三是民众意识、信仰的探讨渐成风气,心态史与历史人类学的比重加强;四是深化了人口、家庭、宗族、社会结构这些社会史基础问题的研究;五是探讨国家与社会、思想与社会、法制与社会这类从某

① 金力:《写在基因中的历史》,《文汇报》2010年7月10日。

一侧面强化整体历史研究的题目增加。”①特别是“市民社会”和“公共领域”理论、“国家—社会”理论、“区域社会研究”等理论学说的大量引入，为社会史研究提供了新的解释框架；田野调查方法的广泛采用，为历史研究开辟了新天地，从根本上改变了过去历史学家以书本文献研读为中心的工作方式。“社会史使中国的历史学研究内容实现了三大转向：由精英的历史转向普通民众的历史，由政治的历史转向日常社会生活的历史，由一般历史事件转向重大的社会问题。”②对于社会史研究在理论探索与研究方法上的成就以及存在的局限，山西大学行龙教授提出了反思。他认为，目前中国社会史研究已经出现了多学科交叉的良好势头，从总体的观点进行多学科交融，有助于克服“碎片化”的现象：历史学者的田野调查应该是“史料、研究内容、理论方法”的统一体，学者从田野调查中能够找到新的创新点，而不是简单地“进村找庙，进庙找碑”；以“重提政治史”代替“除去政治史”，关键在于如何实现社会史与政治史的有机结合，在以“自下而上”的视角书写社会史时应当注意精英人物、典章制度和国家政治的作用。“中国社会史研究要走向多元，学习西方是不可或缺的功课，但是我们也不必为跟不上西方而过多地担忧，西方与我们有不同的‘学术语境’，更有与我们不同的历史内容，我们要与西方的社会史进行对话而不能仅限于‘自话自说’，我们更要从中国的历史实际出发建立自己‘本土化’的中国社会史。”③

新方法之五：用现代专业技术手段分析光绪之死。光绪三十四年（1908）十月，光绪帝与慈禧太后在相距不到 20 小时的时间里先后去世。由于两人在政治上势不两立，矛盾尖锐，一般人都认为正值壮年的光绪是被害而死。因缺乏证据，光绪帝的死因成为近代史上的一大谜案。2003 年，光绪帝死因被作为重大学术问题正式立项，由中央电视台清史纪录片摄制组、清西陵文物管理处、中国原子能

① 常建华：《中国社会史研究的回顾与展望》，《光明日报》2001 年 3 月 20 日。

② 王学典：《六十年来中国史学之变迁》，《文史知识》2009 年第 8 期。

③ 行龙：《中国社会史研究向何处去》，《清华大学学报》2010 年第 4 期。

科学研究院反应堆工程研究设计所29室和北京市公安局法医检验鉴定中心4个单位的相关人员组成课题组,进行专题研究。专家们历时5年,由光绪头发中的砷含量入手,利用"中子活化""X射线荧光分析""原子荧光光度"等一系列现代专业技术手段,通过开展对比、模拟实验、双向图例等工作,对光绪遗体的头发、遗骨、衣服以及墓内外环境样品进行了反复的检测、研究和缜密分析,最终得出结论:光绪帝死于急性胃肠性砒霜中毒,仅其部分衣物和头发上粘染的砒霜总量就已高达201.5毫克,明显大于致死剂量。

学科的交叉融合是科学发展的趋势。在所有交叉学科中,科技考古学扮演着越来越重要的角色。仇士华、蔡莲珍在充分探讨系列样品碳14数据与树轮校正曲线拟合的基础上,解决了许多难题,终于将武王克商的年代限定在公元前1050—前1020年,确保了夏商周断代工程的圆满完成。①

四、学术创新要掌握新史料

早在20世纪20—30年代,中国的文史研究就已经站在国际学术的前沿,而且在方法和工具上与国际学界同步。最成功的研究机构有两个:一是1925年由吴宓负责筹备成立的清华国学研究院,聘请王国维、梁启超、赵元任、陈寅恪四大导师为教授。1928年到1935年,云集大批知名教授:文学有杨振声、刘文典、俞平伯、黄节、闻一多等,历史学有蒋廷黻、顾颉刚、雷海宗等,哲学有张申府、冯友兰等,社会学有潘光旦、陈达、吴景超等,这些人构成了清华学派的二代中坚。二是1928年傅斯年开创的中央研究院历史语言研究所。曾在该所工作的考古学者,除了李济,主要还有梁思永、吴金鼎、董作宾、郭宝钧、尹达、夏鼐、胡厚宣等。这两家机构会集了当时国内许多一流的专家学者,20世纪初的"四大发现",使他们能够以殷商甲骨研究上古史,以汉简和敦煌文献研究中古史,以大内档案研究近世史,追踪新史料,开拓新领域。他们的著作常常被翻译、介绍到日本和西方国家。

---

① 仇士华、蔡莲珍:《夏商周断代工程中的碳十四年代框架》,《考古》2001年第1期。

葛兆光认为,那个时代的中国文史研究能够具有如此大的国际影响力,是因为“在文史研究的工具和资料上,特别重视考古发现的证据、多种语言的对比、边缘资料的使用;在文史研究的视野上,关注四裔历史,并试图与国际学术界讨论同样的话题;在文史研究的方法上,重视社会学的方法,极力将语言学与历史学联结。这些‘新’风气、‘新’方法,挟‘科学’之名义,借‘西学’之影响,又隐含着争东方学‘正统’的立场,所以一下子就站在了国际的前沿,使得这两个机构成为中国学界乃至国际学界引人瞩目的中心”①。

1925 年 7 月,王国维在清华大学发表《最近二三十年中中国新发现之学问》讲演,开头便称:“古来新学问起,大都由于新发现。”梁启超也认为,史学的发展靠两条:观念的更新与新史料的挖掘。新发现、新出土的第一手史料,可能部分或全部改写思想史、学术史,有时甚至会拨开重重迷雾,还原历史真相。

新史料之一:“火烧”阿房宫子虚乌有。千百年来,阿房宫一直被认为是我国古代历史上规模最庞大、影响最深远的宫殿建筑的杰作。在历代史家和文人的笔下,项羽是焚烧阿房宫的千古罪人,似乎已成为铁案。近年来,考古学家对阿房宫遗址作了全面系统的考古调查、勘探和发掘,发现阿房宫是个“半拉子”工程。主要有两方面的证据。首先从考古资料看,当年只完成了宫殿前殿建筑基址和部分宫墙的建设。在前殿遗址上只发现了耕土层、扰土层、汉代堆积层和夯土台基,并没有秦代的堆积层。此外,没有发现秦代的瓦当,而瓦当是秦代建筑必不可少的建筑材料。也没有发现秦代像柱子、廊道、散水排水系统等必不可少的辅助设施。没有秦代的文化层,只能说明没有秦代的建筑。其次从时间上看,阿房宫是不可能完成的。据史书记载,阿房宫从开始修建到最后停工,前后延续最多只有四年时间,实际施工时间还要短得多,仅就前殿 54 万平方米的台基来看,像这样规模的建筑,在当时的条件下是不可能完成的。② 这一考古成果,最终改写了历史,还

① 葛兆光:《追寻文史研究的新视野》,《复旦学报》2007 年第 2 期。
② 李毓芳:《阿房宫:秦代的“半拉子”工程》,《文史知识》2004 年第 12 期。

其以本来面目:既然阿房宫宫殿建筑基址以上部分还未来得及营建,那么"项羽火烧阿房宫"就纯属子虚乌有了。

新史料之二:郭店楚简揭秘。1993年,湖北省荆门市郭店村出土了一批竹简,共13000字,包含18篇学术著作,即著名的"郭店楚简"。庞朴认为,"郭店楚简"提供了许多我们过去从不知道的"儒家之秘"和"道家之秘"。(1)"儒家之秘":过去一直认为儒家相信性是善的、情是恶的,人道是从性来的。"郭店楚简"的出土基本上摧毁了这一观念,里面有好几篇明确说"道始于情",从情开始了人的道德规范、人的行为准则。(2)"道家之秘":以往的记述给人们造成的印象是,老子反对仁义,孔子提倡仁义。按照通行的《老子》版本,老子"绝仁弃义,民复孝慈";但在郭店楚简的《老子》里,"绝仁弃义"四个字却是"绝伪弃虑",即一个人必须毫无考虑,出于一种油然而生的亲子之情去孝顺父母,才是真孝慈。可见原来的《老子》并不反对仁义、礼仪,这就与孔子问礼于老子的记载吻合了。这也正是亲手触摸历史的感觉。①

新史料之三:解密档案还原卡廷惨案真相。1939年秋至1940年春,两万多名波兰军人、知识分子、政界人士和神职人员在乌克兰西部人迹罕至的卡廷森林等地被秘密枪杀。此事披露后,德国与苏联互相指责惨案系对方制造。长期以来,卡廷事件成为难解的历史之谜,也成为波兰和苏联两国关系中一道几乎不可逾越的鸿沟。苏联方面有关"卡廷问题"的档案一直被列为核心机密。苏联解体后,俄罗斯总统叶利钦于1992年下令将有关"卡廷问题"的绝密文件交给波兰;2010年3月,梅德韦杰夫总统又下令将当年转交波兰的"密档"在网上公布。这些解密的档案证实,两万多名波兰战俘是经斯大林同意后,由苏联内务人民委员会枪决的,苏联历届领导人都参与了歪曲和隐瞒历史真相。从苏联领导人掩盖、歪曲、嫁祸于人,到俄罗斯领导人最终承认确有其事,整整走过了70年的漫长岁月。可见一个国家要正视错误,需要多么大的勇气,需要走多么艰难的心路历程。我们今

---

① 庞朴:《郭店楚简探秘》,《北京晚报》2001年4月6日。

天研究历史,不是简单地去做政治结论,而是要分析犯错误的原因,包括主观原因、客观原因,历史根源、理论根源,以及国际环境的影响,等等,并从中吸取教训。

历史事实是指历史上已经发生过的事件,是不以人们的意志为转移的客观存在。这些"存在"无论在时间上还是在空间上,都已经是"过去",是无法复原的。今天我们研究历史,主要依据文献史料、实物史料和口述史料。由于政治的原因,以及战乱、自然灾害、社会变革等,首先造成文献史料和实物史料的缺失和断档;其次,以往的历史大都是统治者的历史,文献编纂受权势者的操控,为尊者讳,很难做到秉笔直书。"历史研究所依托的文献及史料的不真实,决定了凭借这些文献及史料所编撰的历史的不真实,所以中国史学的重要内容之一即是'辨伪',不仅要辨历代流传下来的历史文献及史料的'伪',而且也要辨作为历史认识结果的历史自身的'伪'。"[①]正是在这样的背景下,"疑古思想"成为中国史学的传统之一。

20世纪20年代,顾颉刚在古史研究中发现:中国古史里藏着许多偶像,帝系所代表的是种族的偶像,王制所代表的是政治的偶像,道统所代表的是伦理的偶像,经学所代表的是学术的偶像。这些封建偶像支配着中国的古史。因此,为了建设真实的、科学的古史体系,必须彻底摧毁这些偶像。1923年,顾颉刚在《读书杂志》第9期发表《与钱玄同先生论古史书》,第一次公开提出了"层累地造成的中国古史"的观点。他认为中国传说的古史系统,不是自古就有的,而是由不同的时代"层累式地造成的"。他把这个基本的古史观的思想内涵及历史演化归结为三个方面:第一,"时代愈后,传说的古史时期愈长";第二,"时代愈后,传说中的中心人物愈放愈大";第三,我们即便不能知道某一件事的真确的状况,但可以知道某一件事在传说中最早的状况。这一历史观的核心思想是:承认传说的古史并非自古皆然,而是由无到有,由简单到复杂,逐渐演化而成,这既是伪造传说古史

① 于沛:《历史认识中的"历史事实"问题》,瞿林东主编《史学理论与史学史学刊》,社会科学文献出版社2003年版,第44页。

的过程，也是传说古史由简单到复杂的演化过程。[①] 顾颉刚提出的观点，如同在史学界引爆了一个炸弹，一时间众说纷纭，一片哗然。多数人批评，少数人赞成。在这关键时刻，胡适撰文支持顾颉刚。他高度评价顾颉刚的观点，认为"一个中心学说已替中国史学界开了一个新纪元"。胡适此言一出，无疑为顾颉刚在史学界赢得一定地位起到了至关重要的作用。此后，许多历史学家在疑古思想的影响下，逐渐由疑古而释古，再由释古而考古，开始运用近现代科学方法整理史料，研究中国古代历史，从而开辟了古史研究的新天地。

中国传统史学不赞成当代人写当代史，认为当代人写不好自己的历史，自己的历史只能由后人来写，隔代来写。在这种认识偏见的影响下，尽管有些历史刚刚逝去、余音未绝，但历史当事人的沉默、失语和成功者的控制、筛选，使近现代史、当代史也变得迷雾重重。其实，当代人写当代史具有后人所无法具备的独特优势。"其中最大的优势就是当代人能直接观察、亲身感受、耳闻目染当代史本身，至少能部分地直观到历史的所谓'本来面目'。"[②]2009 年，当代中国出版社出版了王仪轩、许光建合著的《中韩劫机外交》。这本口述史著作以 1983 年 5 月发生的卓长仁劫机案为研究对象，从中韩两国由此打破多年的敌对状态，戏剧性地开启外交通道的角度，采访了当时被劫飞机的机长和参加谈判的几位中方代表。他们的讲述将这一突发历史事件的整个过程、后续谈判中的种种矛盾和双方的策略，以及事件带来的意想不到的结果全部揭示出来。如果没有这些亲历者的讲述，仅依据当时新闻报纸有限的报道，我们是不可能了解如此详尽的史实和当事人的心理历程的。[③]

英国学者约翰逊(Samuel Johnson)认为，"所有的历史最初都是以口述的形式存在的"。历史事件的亲历者或当事人的口述史料是十分珍贵的第一手资料，是

---

① 赵吉惠、毛曦：《顾颉刚"层累地造成中国古史"观的现代意义》，《史学理论研究》1999 年第 2 期。

② 王学典：《当代史研究的开展刻不容缓》，《山东社会科学》2009 年第 11 期。

③ 姚力：《中国视域的口述史学》，《人民日报》2010 年 5 月 4 日。

对文献史料和实物史料的重要补充。文献史料对一些重大历史事件和重要政策的出台不可能详细记载,关键人物在历史进程中发挥的特定作用缺少细节;而一些健在当事人的口述史料则可以对这些事件、人物以及政策发生和出台的前前后后进行详细的阐述和描写,这不但弥补了历史研究资料的不足,还可以纠正档案文献记载可能存在的偏差,了解文字背后鲜为人知的历史细节和精彩瞬间。在美国,口述史学不仅仅是作为历史学的一门分支学科,而且已被广泛应用到人类学、民俗学、档案学、社会学、妇女研究、灾难研究、文化研究等领域,并在推动跨学科研究中起到了重要作用。所以,我们研究中国当代史,必须高度重视口述史料的收集、整理和发掘,这是史学研究的重要课题之一。

唐贞观年间,魏征敢于犯颜直谏,先后上疏二百余条,强调"兼听则明,偏信则暗",对唐太宗李世民开创千古称颂的"贞观之治"起了重大作用。魏征病逝后,唐太宗望丧而哭,并称:"夫以铜为镜,可以正衣冠;以古为镜,可以知兴替;以人为镜,可以明得失。朕常保此三镜,以防己过。今魏征殂逝,遂亡一镜矣。"今天我们强调"以史为鉴",通常都是从正面积极地告诫人们吸取历史的经验教训,以便更好地把握自己,大到治理国家,小到自我修养。但"有些人是从来不肯、也不屑于'以史为鉴'的;而懂得'以史为鉴'的,却往往是那些从来不能掌握自己命运的人。于是'以史为鉴'也出现了'两种不同'的标准和'两种不同'的理解。这正应了杜牧在《阿房宫赋》结尾处说过的话:'后人哀之而不鉴之,亦使后人而复哀后人也。'"①

自古以来,中国就有"治史""学史""用史"的优良传统。作为学者,"当以良史之忧忧天下",向民众提供真实的历史,增强民族的忧患意识,发挥资政育人的作用。这是历史研究者责无旁贷的使命。

原载于《澳门理工学报》2011年第4期

① 吴小如:《以史为鉴》,《中华读书报》2002年6月5日。

学术评价存在的问题、成因及其治理

自20世纪90年代起,学术评价就成为学术研究的热门话题。进入21世纪,学术评价研究步入快速发展时期,论文呈现逐年增多的趋势。在中国知网收录的报刊中,经关键词检索,2004—2014年十年间有“学术评价”关键词的文章多达3440篇。随着“核心期刊”“来源期刊”排行榜和排名表的一次次强势推出,评价机构摇身一变成为凌驾于学者、编者之上的支配力量。然而,透过表面热闹、繁荣的背后,我们看到的却是学术评价乱象纷纭,学术评价的一次次蜕化。伴随着不绝于耳的批评和讨伐声,学术评价机构的数量不降反升,“期刊榜单”的花样不断翻新,“搭台唱戏”的声势越来越大,可学术评价“流弊”的改进却微乎其微,学术评价的整体改革更是举步维艰,这不能不令人担忧,也不能不令人深思!

一、学术评价滥觞于欧美

随着近代科学的建立,新思想、新观念、新成果成为17世纪推进西方科学技术发展的无形动力。学者之间主要靠通信方式交流思想心得与科学发现,已远远不能适应形势发展的需要。于是,一种新颖、快捷、综合的出版载体——学术期刊应运而生。

1665年1月,法国议院参事丹尼斯·戴萨罗(Denis de Sallo)在巴黎创办了世界上最早的期刊《学者杂志》(*Joural des Scavans*),创刊号共计20页,包括10篇文章和几位学者之间有关科学和学术发现的信件。"编者的话"阐述了办刊目的：1. 提供欧洲出版图书的目录及有用的信息；2. 刊载著名人物的讣告，并评述他们的工作和成就；3. 发表物理、化学、解剖学方面的实验研究成果，以及有关天文及气象的观察和记录，报道有关艺术与科学的发现；4. 刊登有关民事和宗教法庭的重要文告、判决及大学的决议通告；5. 报道读者感兴趣的有关时事。[①] 有研究者认为，这本刊物还不是有意识地用于学术交流、传递情报的科技期刊。因为该刊办刊的目的是"满足人们的好奇心和不用花多大力气就能学到东西的一种手段"[②]。

1665 年 3 月，英国皇家学会在伦敦创办《哲学汇刊》(*Philosophical Transactions of the Royal Society*)，由英国皇家学会秘书亨利·奥尔登伯格(Henry Oldenburg)负责编辑出版，仅有 16 页。在导言中，奥森伯格清楚地表明这份学术期刊将致力于科学发现、知识经验的交流，改善和增进自然科学的研究。奥森伯格负责编辑出版了 136 期，共 12 卷，涉及物理、天文、地理、航海和医学等各个方面的内容，规定每月的第一个星期一出版，周期是罕见的准确稳定。"该刊承载了近代西方引领科学革命的最重要成果，包括伊萨克·牛顿的《关于光与色的新理论》和其他 16 篇文章，查尔斯·达尔文的地理学研究成果及本杰明·富兰克林在电学实验方面的发现，让这个交流平台成为学者了解新发现和新思想不可或缺的信息库，成为科学革命的一面旗帜，当然也成为启蒙时代学术的引领者。"[③]1752 年皇家学会将刊物改名为《皇家学会哲学汇刊》，纯粹服务于学会的用途和利益。尽管过强的皇家学会背景限制了普通知识阶层的参与，但"这份期刊创造了世界上第一个由科学家组成的编委会，以协助编辑评审稿件，并形成了期刊同人评审

① 李武：《最早的两份学术期刊》，《科技导报》2012 年第 10 期。

② 杜云祥、王颖等：《科技期刊的起源与发展》，《中华医学图书情报杂志》2010 年第 9 期。

③ 原祖杰：《学术期刊何以引领学术》，《澳门理工学报》2014 年第 1 期。

体制的雏形”[①]。“同行评议”(peer review)的办法,后经多年的不断发展和完善,遂成为欧美国家知识界学术评价的主要方式。

《学者杂志》《哲学汇刊》被公认为世界学术期刊的鼻祖。它们的创刊,开启了学术期刊的时代,打破了封闭的知识传播体系,使个体研究成果迅速地变成社会化、国际化的成果。具体体现在三个方面:一是展示学术成果,二是提供学术交流平台,三是期刊定期出版。正如英国著名编辑威廉·E.迪克所说:“从17世纪开始,定期期刊是报道新发明和传播新理论的主要工具。我甚至说,假若没有定期期刊,现代科学将会以另一种途径和缓慢得多的速度向前发展。”[②]

1710年4月10日生效的《安妮女王法令》,是英国第一部关于版权的法令,也是世界上第一部现代意义的版权法,它废除了王室给书商颁发印刷许可证的封建垄断制度,承认作者有权支配和处理自己的作品,使其成为版权主体。“随着版权概念的产生,学术研究论文的出版承担起记录科学发现‘所有权’的功能,成为科学发现、发明的证明。”[③]

18世纪后,英国、荷兰、法国、德国、美国等国家相继成立各种学术团体。由于学术研究的繁荣,学科的细化,各种专业期刊陆续出现,如英国的《化学会志》(1778)和《自然》(1869),美国的《科学》(1880)和《全国地理杂志》(1888),法国的《纯粹与应用数学杂志》(1836)和《物理学杂志》(1872),德国的《矿物学杂志》(1807)和《德国工程师学会杂志》(1857),荷兰的《荷兰皇家科学院院报》(1898)和奥地利的《维也纳人类学通报》(1870)等。在知识界,这些专业期刊“首先评价知识,其次传播知识”的社会功能开始得到认可。进入19世纪,不仅科学家本人需要发明的专利和荣誉,科学家所在的学术机构也将学术发表视为其存在价值的证明。一篇经过严格评审的期刊论文,“它的首要功能是作为一种知识声明,宣布

---

① 姚远、张银玲:《奥尔登伯格与世界上最早的科技期刊:〈哲学汇刊〉》,《陕西师范大学学报》1995年第24卷(增刊),第182—184页。

② 周汝忠、杨晓玲:《科技期刊在西方科学技术发展中的作用》,《编辑学刊》1988年第4期。

③ 袁培国、吴向东等:《论引文索引数据用作评价工具的科学性和局限性》,《学术界》2009年第3期。

它已经得到了科学家同行的评议和承认"[①]。

随着科技文献数量加大,增长加快,导致文献分布既集中又分散,内容既专深又交叉,读者迫切需要以最少的时间了解各专业文献的最新情况。于是,1830年德国创办了世界上第一种文摘期刊——《化学文摘》,这意味着人类社会进入有序传递情报阶段。1884年美国工程信息公司创办《工程索引》,摘录世界工程技术期刊发表的会议文献、图书信息、技术报告和学位论文等,是供查阅工程技术领域文献的综合性情报检索期刊。1907年美国化学会创办《化学文摘》,并于1969年兼并了具有140年历史的德国《化学文摘》,在其封面上醒目地写着:打开世纪化学文献的钥匙。这本期刊摘录了136个国家用56种文字出版的15000多种期刊,内容涉及科技报告、会议记录、学位论文、图书等各种类型的文献,同时还收录了30多个国家以及两个世界性专利组织(欧洲专利组织和世界知识产权组织)的专利文献,每年发表摘要约70万条。此后,文摘、索引和附有文摘的检索期刊如雨后春笋般涌现,到1984年约有4000种。[②] 根据国际标准ISO214-1979(E)的规定,文摘是"一份文献内容的缩短的精确表达而无须补充解释或评论"。中国国家标准GB3793-83规定,文摘是"对文献内容作实质性描述的文献条目"。具体地说,文摘类期刊在发挥整序功能、检索功能、传播功能的同时,还扮演着评价功能,要对大量学术论文进行筛选分析、提炼浓缩和归纳概括,把高质量论文推荐给同行读者,使之更便于使用。

20世纪30年代初期,英国文献学家布拉德福(S. C. Bradford)发现世界上300种文摘期刊和索引存在着漏摘、漏标和重复摘标等问题,导致三分之二的文献资源无法被学者和读者使用,造成了文献资源的极大浪费。1934年布拉德福提出了"文献离散定律":"对某一特定主题而言,将科学期刊按其登载相关论文减少

---

① 戴安娜·克兰:《无形学院——知识在科学共同体中的扩散》,刘珺珺、顾昕等译,华夏出版社1988年版,第108—113页。

② 罗建雄:《西方期刊的形成和发展》,《图书馆工作与研究》1992年第4期。

的顺序排列时，都可以划分出对该主题最有贡献的核心区，以及含有论文数量与之相等的几个区。这时核心区与相继各区的期刊数量成 1 ∶ a ∶ a^2 ∶ …的关系。”①这一定律是核心期刊遴选最为原始的理论基础。不过，布氏定律还存在诸如核心区曲线上翘、游离区曲线下垂等缺陷，后经英国著名文献学家维克利（B. C. Wickery）等人的补充、修正和发展，遂成为文献计量学史上最负盛名的“经典定律”。

20 世纪 60 年代初，美国文献学家尤金・加菲尔德（Eugene Garfield）创立了引文索引系统。1963 年他编制、出版了《科学引文索引》单卷本，1964 年 ISI（科技信息研究所）开始正式出版发行《科学引文索引》（简称 SCI）。1971 年加菲尔德对 SCI 收录的 2200 种期刊上的论文进行统计分析时发现，有 25 种期刊在所有学术论文的引用文献中占了 24%，152 种期刊在所有学术论文的引用文献中占了 50%，767 种期刊在所有学术论文的引用文献中占了 75%。1969 年 SCI 论文的 70%的引用文献来源于 500 种期刊。加菲尔德由此认为：大量的引文都集中在多个学科的一小部分核心期刊中，而少量的引文则散布在大量的期刊中。因此，一个基本的、集中的期刊集合，就可以代表所有学科的核心。这就是著名的“加菲尔德引文集中定律”，他从引文角度出发证实了布氏定律及核心期刊的存在。1973 年《社会科学引文索引》（简称 SSCI）、1978 年《艺术与人文社会科学引文索引》（简称 A&HCI）出版，加菲尔德就建立了一个多学科和综合性的科学引文索引体系，成为国际公认的权威文献索引工具。以引文分析为基础的 SCI、SSCI、A&HCI 是对评价者（期刊）的再评价，作为评价期刊的工具，自然也具有了学术评价的合法性。基于这种逻辑，20 世纪 70 年代，美国的科研管理部门将 SCI 等作为科研绩效评价的主要工具，并与终身教职的任职、晋升和科研奖励等挂钩。科研管理部门的这种做法，引起了学术界的强烈不满和批评。“长期以来，知识界的评价方式主要依赖于同行评议，以引文工具为基础的评价方式在一定程度上意味着褫夺了

① 钱荣贵：《国外“核心期刊”的理论源流》，《南通师范学院学报》2002 年第 4 期。

学术共同体长期拥有的自我评价权。学术评价权的旁落,可能会进一步导致其他社会机构和集团对学术共同体的操作和控制,威胁到学术自由这一长期以来备受推崇的精神本质。因此,Gustafson 认为基于引文分析的期刊评价是对同行评议的反动。”①行文至此,不得不令人感叹:历史常常有着惊人的相似之处,几十年之后我们也不得不步了美国人的后尘,这是一种巧合,抑或一种讽刺?

1971 年,美国科学家普赖斯(Derek Price)提出了衡量文献老化程度的量化指标——普赖斯指数(某一学科领域内,发表时间不超过 5 年的被引文献与总被引文献总量之比),用以量度文献的老化速度。普赖斯指数越大,相关文献的老化速度越快,该学科发展也就越迅速。他还发现:文章发表后两年内被引用的次数最多,然后会逐渐减少,进入老化期,这被称为“引文峰值理论”。

总之,上述“文献离散定律”“引文集中定律”“文献老化指数和引文峰值理论”,既是文献计量学的重要原理,又是学术期刊定量评价的理论基础。在这三大理论指导下,欧美形成了一套严格的并长期行之有效的学术评价制度和方式。

二、学术评价引进之历程

我国的期刊评价理论与实践均引进于欧美。1964 年,张琪玉、王恩光分别在《综合科技动态情报工作》第 5 期上发表文章,第一次向中国读者介绍了美国《科学引文索引》。1973 年,中国图书进出口公司创办的《国外快译》摘译了联合国教科文组织 1968 年的一篇报道:二次文献在期刊上的分布是 75%的文献来自 10%的期刊中。钱荣贵考证,这可能是国内传媒首次提及“核心期刊”的开篇之作。②此后,吴尔中在《世界图书》1973 年第 11—12 期专文介绍了“世界化学类核心期刊”。

我国的期刊评价研究人员由最初的图书情报界,逐渐扩张到自然科学界、人

① 刘宇、叶继元等:《“通往自由之路”:期刊评价价值取向的演化》,《南京大学学报》2011 年第 3 期。

② 钱荣贵:《核心期刊与期刊评价》,中国传媒大学出版社 2006 年版,第 20 页。

文社会科学界、期刊编辑出版界和科学管理界,越来越引起社会的关注和学者的重视。有研究者认为,我国期刊评价研究队伍主要分为三个学派:一是公共价值学派。从公共管理的角度出发,以公共价值为目标,研究如何通过期刊评价指标体系引导期刊提高学术质量,如何通过期刊评价指标体系引导期刊融入到我国科学研究的大体系中来。二是理论方法学派。从科学计量学、文献计量学、图书情报学理论方法入手,研究期刊的学科属性,综合国际国内前沿的期刊评价方法与理论,更多地考虑理论上的可行性。三是实用主义学派。从个别学科或某个期刊的角度,研究如何利用期刊指标,提高自身的影响力,或强调单个指标在评价体系中的重要性,研究适用于本学科期刊的评价指标体系,也有跟着期刊评价指标体系的指挥棒,通过人为操作提高某些指标,追求短期社会效应。实用主义学派的研究,在一定程度上推动了公共价值学派的研究工作,也激发了理论方法学派的研究热情。反之,公共价值学派的研究进展,对理论方法学派和实用主义学派也起到了相同的作用。①

从 1992 年起,我国的期刊评价基本形成两大体系,一是由政府部门主导的基于质量评估的优秀期刊评价体系,二是由专业学术评价和发布机构主导的基于文献计量理论的期刊定量评价体系。

政府部门主导的期刊评价大体可分为三个阶段。

第一阶段:1992—2000 年,为引导期刊治散治乱、调整结构的时期。重要的期刊评价活动有:1992 年国家科委、中宣部和新闻出版署共同举办"全国优秀科技期刊评选"。1995 年新闻出版署举办首届社科期刊评奖。1999 年首届"国家期刊奖"评选。2000 年第二届"全国百种重点社科期刊"评选。

第二阶段:2001—2005 年,为强调期刊市场导向、办刊实力的时期。重要的期刊评价活动有:1. "中国期刊方阵"评选。2001 年 4 月新闻出版总署向全国下发了建设"中国期刊方阵"的工作方案,通过各省(区、市)推荐和中央部委评比产

① 潘云涛:《中国科技期刊评价研究》,《数字图书馆论坛》2007 年第 3 期。

生,2001 年岁末正式公布 1518 种期刊进入"中国期刊方阵"。分为四个层次,形成宝塔结构:第一层次是"高知名度、高学术水平"的"双高"期刊 65 种;第二层次是获国家期刊奖、国家期刊提名奖的"双奖"期刊 107 种;第三层次是获百种重点社科期刊、百种重点科技期刊的"双百"期刊 192 种;第四层次是社会效益、经济效益好的"双效"期刊 1154 种。这是首次以阵容形式展示我国不同类型、不同层次期刊的发展现状和标高。2. 2002 年第二届"国家期刊奖"评选。3. 2003 年教育部"高校哲学社会科学名刊工程"评选。4. 2004 年第三届"国家期刊奖"评选。

第三阶段:2006—2015 年,为鼓励期刊体制改革、融合发展的时期。重要的期刊评价活动有:1. 2011 年第一届"中国出版政府奖期刊奖"评选。2. 2013 年第一届"百强报刊"评选。3. 2014 年第二届"中国出版政府奖期刊奖"评选。4. 2015 年第二届"百强报刊"评选。政府部门主导的一系列评奖活动,突出政治导向,重视内容质量、期刊影响力、融合发展、发行量(利润)、办刊条件、编辑规范,起到了树立榜样、表彰先进的作用,但对消费类期刊(市场化)的重视大于学术期刊,对科技类学术期刊的重视大于社科类学术期刊。"针对学术期刊评价而言,尤其需要引起重视的是:政府的多种期刊评价在评价指标和导向上都不是针对学术期刊设计的,因此不利于对学术期刊的正确引导。"①管理部门的不少领导者并没有真正认识到,学术期刊是学术创新的重要推手,是学术成果转化的重要载体,是人才培养的重要平台,是学风建设的重要引擎,更是文化软实力的重要体现。因此,这些令人炫目、看起来风光的奖项,并不能解决学术期刊固有的困境和新生的难题。特别需要指出的是,权力部门过度介入这类期刊评奖,举凡专家的遴选、评议程序的安排、评议对象的选择、评选标准的设定、评选结果的公示,全由管理部门主导。评选过程,或采用"一票否决",或考虑地区平衡,或强调政策倾斜,或厚此薄彼,或搞"中国式人情",其结果必然把学术质量标准置于次要,甚至把学术期刊放在无关紧要的位置。

---

① 张楠:《我国政府部门期刊评价历程及得失分析》,《出版科学》2012 年第 2 期。

期刊定量评价是我国目前最为盛行的期刊评价方法,其引进、发展大体经历了三个阶段。第一阶段:1973—1982 年,为翻译、引进和吸收阶段。如 1980 年,王津生撰文对布拉德福定律及核心期刊的测定做了详细介绍。[①] 1981 年,陈光祚撰文指出了布拉德福定律偏袒载文量大的期刊,忽视载文量小的期刊,并建议将布拉德福定律和百分比分布的计算方法结合起来,以改进对核心期刊的测定方法。[②] 不过,这一阶段发表的论文不多,缺乏自主性的系统研究,主要特点有:"(1)翻译、介绍、引进和验证国外相关文献计量研究成果;(2)探索文献计量相关定律的应用;(3)期刊定量评价主体集中于图书情报界,评价客体以国外期刊为主;(4)评价以探索期刊'量'的特征即'信息密度'为主。"[③]

第二阶段:1983—1989 年,为自主研究并探索应用实践阶段。这个阶段著译渐多,研究内容开始转向对期刊评价理论和方法的自主研究,期刊定量评价的客体开始由国外期刊转向国内期刊。主要标志有:1. 1983 年,武汉大学为本科生开设了文献计量学课程,并编写出《文献计量学》教材。2. 研究论文数量增长很快,内容既有国外研究成果的介绍和评述,也有针对国内期刊开展的应用性研究。据中国知网资料统计,1980—1990 年间,共发表期刊评价研究相关论文 305 篇。[④] 3. 1987 年,中国管理科学研究院科学学研究所赵红州等利用《科学引文索引》(SCI)为数据源,对我国科技论文被国外引用的情况进行了统计分析,排出了 86 所重点大学发表论文的名次,引起社会强烈反响。4. 1987 年,中国科学技术信息研究所建立"中国科技论文与引文数据库"(CSTPCD),收录我国各学科重要科技期刊,其收录期刊称为"中国科技论文统计源期刊"。5. 1987 年,兰州大学靖钦恕、线家秀受中国图协的委托,编辑 1980—1986 年的《中文自然科学引文索

---

① 王津生:《浅谈布拉德福分散定律及其应用》,《情报科学》1980 年第 2 期。

② 陈光祚:《布拉德福定律在测定核心期刊中的局限性》,《情报科学》1981 年第 1 期。

③ 林树文、曾润平:《期刊评价的产生与我国期刊评价发展》,《情报探索》2013 年第 5 期。

④ 喻世华:《三十年来"核心期刊"研究的文献计量分析及研究历程回顾》,《四川理工学院学报》2011 年第 5 期。

引》,他们采用"引文法"鉴定出自然科学的中文核心期刊 104 种,并在《世界图书》1988 年第 1 期首次提出"中国自然科学核心期刊"。6. 1987 年,北京书目文献出版社出版罗式胜《文献计量学引论》,1988 年科学技术文献出版社出版邱均平《文献计量学》,为当时的代表性成果。

第三阶段:从 1990 年至今,为期刊评价研究开始走向理论研究和实践应用并重的快速发展阶段。其主要特点:1. 将核心期刊理论与方法全面推广到人文社会科学领域,引起学界激烈争论。2. 人文社科学术期刊的主编、编辑成为期刊评价研究的另一支生力军,相继撰写了一批高水平的学术论文,发出了强有力的不同的声音。3. 图书情报界的研究人员开始由个人研究转变为专业评价机构的中坚,集体攻关,推出期刊评价体系和"排行榜"。4. 专业评价机构开始从纯"定量"评价转向"定量"与"定性"相结合的综合评价。5. 专业评价机构不仅利用计算机编制中文引文索引、筛选核心期刊,甚至开始探索大数据的直接介入。

总之,我国期刊评价研究与应用在取得丰硕成果的同时,还存在着多种的负面问题,尤其是"核心期刊现象"。套用狄更斯在《双城记》开篇写的话:这是一个最好的现象,这是一个最坏的现象;这是一个智慧的评价,这是一个愚蠢的评价;这是希望之春,这是失望之冬;我们正踏上天堂之路,我们正走向地狱之门。

三、学术评价存在的问题

美国当代著名教育家本杰明·布鲁姆(Benjamin Bloom)1956 年在《教育目标分类:认知领域》一书中指出:评价(Evaluation)就是通过评价者对评价对象依据评价标准进行定性或定量的测评,最终得出一个可靠的并合乎逻辑规律的结论的过程。"学术评价的对象是多元的,学术成果(作品)、作者、期刊、出版机构、科研机构等都可归入评价对象,但只有对学术成果(作品)的评价是基础性的,对其余各种对象的评价都是建立在对成果(作品)评价的基础上的。所以,核心的评价是对成果(作品)的评价。学术成果(作品)一旦公开发表或公布,对它的评价就是所有读者和应用者的基本权利,这就决定了评价主体也是多元的。一般说来,读者和应用者通过学术批评来行使他们的评价权利。"[①]然而,现行学术评价体制的核心就是学术期刊评价,通过对学术期刊的评价来间接地评价学术成果(论文),因此,"以刊评文"就堂而皇之地成为学术评价的主要表现,并催生出众多的专业评价机构。

20世纪90年代之后,个人学术研究与学术评价的同一性彻底终结,形成了一批期刊评价体系。"不断问世的专业评价机构都有着一些共同的特征:其一是几乎均由从事文献情报工作的人员组成,除了其本专业,不是任何学术共同体的成员;其二是在明里或暗里都以为政府服务或被政府认可为主要目的;其三是通过采集各种形式数据,以量化评价的'客观''公正''公平'相标榜;其四是其主打产品即对学术期刊进行分等分级(所谓'顶级期刊''权威期刊''核心期刊'等)的排行榜和排名表。尽管专业评价机构的第一特征就决定了它不可能是学术评价适格的主体,直接采信这样的机构的评价结论已完全违背了只有同行专家才是最合适的评价主体这一学术评价的基本原则,但后三个特征正是行政权力部门最需要的,在同行评议痛遭诟病之后,专业评价机构终于得到了行政权力部门的青睐而上位。"[②]"橘过淮则枳",学术评价机制变异对科学研究事业和教育事业的发展产生了诸多的负面效应。

(一)群雄并起,竞争加剧

1992年北京大学图书馆《中文核心期刊要目总览》横空出世,从此全面拉开了国内大规模期刊定量统计与评价的序幕。截至2015年,已产生了7大中国人文社会科学评价机构与体系。

1.《中文核心期刊要目总览》,由北京大学图书馆和北京高校图书馆期刊工作研究会共同发起,由北京大学图书馆主持研究,定期出版评价成果。已出版

---

① 朱剑:《大数据之于学术评价:机遇抑或陷阱?》,《中国青年社会科学》2015年第4期。

② 朱剑:《科研体制与学术评价之关系——从"学术乱象"根源问题说起》,《清华大学学报》2015年第1期。

1992年版、1996年版、2000年版、2004年版、2008年版、2011年版。2011年版确定:7大编73个类目,核心期刊1982个,9个评价指标(被索量、被摘量、被引量、他引量、被摘率、影响因子、被重要检索系统收录、基金论文比、Web下载量),采取分学科统计评价、多指标综合评价、定量评价与定性评价相结合。① 将"基金论文比"作为学术期刊质量的评价指标,是中国期刊评价领域的独创。《中国科技期刊引证报告》在2001年即开始统计"基金论文比",《中文核心期刊要目总览》2008年版也新增设了这一指标。这项指标使评价主体与评价客体位置倒错,将课题立项评价与课题成果评价画上等号,将对学术期刊的办刊造成不良影响乃至误导,期刊筛选稿件必然会趋附"基金论文"——只要是"基金论文",即使质量差一些也会优先选用。实际上,不少科技期刊的前述做法已受到越来越多的质疑②。

2.《中国社会科学引文索引》(CSSCI),由南京大学中国社会科学评价中心于1998年创建,每2年评选一次来源期刊。通过对全国所有正式公开发行且具有ISSN或CN号并有参考文献的人文社科学术性期刊,进行他引影响因子分析,影响因子指某刊在统计当年被CSSCI来源期刊文献引用该刊前两年所登载的文章的篇次(不含该刊自引)与前两年该刊载文量之比;总被引频次指某刊被统计当年被CSSCI来源期刊文献所引用该刊创刊以来登载的文章的总篇次(含该刊自引)。结果最靠前的刊物,就是南大核心来源期刊。2014—2015年来源期刊共设25个大类,收录来源刊533种,扩张版189种,共计722种。CSSCI的研制者始终强调来源期刊不同于核心期刊,因为它还有另一种产品——期刊评价数据库。然而,令人遗憾的是期刊评价数据库完全被其发布的"期刊排行榜"遮蔽了,让读者只见树木不见森林。

3.《中国人文社会科学核心期刊要览》,2000年由中国社会科学院文献信息

① 何峻:《〈中文核心期刊要目总览〉研究综述》,澳门理工学院、全国高等学校文科学报研究会编:《华文学术期刊发展与趋势国际研讨会论文集》,第138—152页。

② 严燕、顾冠华:《"基金论文比":一个欠科学的期刊评价指标》,《东南大学学报》2011年第6期。

中心编制，初为内部参考资料，后正式出版。已出版2004年版、2008年版、2013年版。统计数据源主要来自"中国人文社会科学引文数据库"（CHSSCD）、"中国人文社会科学文摘数据库"等，先统计出各学科的引证期刊，再确定这些引证期刊的各项评价指标（包括总被引、影响因子、即年影响因子、学科自引量、学科载文量、引文率、摘转率），并赋予权重值。然后利用综合评判数学模型算出综合评价值，从而确定各学科的核心期刊预选范围，请专家定性评审。它将核心期刊定义为："某学科（或某领域）的核心期刊，是指那些发表该学科（或该领域）论文较多、使用率（含被引率、摘转率和流通率）较高、学术影响较大的期刊。"[①]2013年版，学科分为24个专业大类和综合类，最终评选出484种核心期刊。2014年11月，随着《中国人文社会科学期刊综合评价指标体系》（AMI）的强势出台，中国社会科学院一个单位就出现了两家评价机构。按常理，《中国人文社会科学核心期刊要览》应当寿终正寝，但吊诡的是，至今未见有关部门公而告知，给学术界、期刊界和读者一个交代。

4.《中国学术期刊影响因子年报》（CNKI—JIF）（人文社会科学），由中国科学文献计量评价中心和清华大学图书馆研制，清华大学中国学术期刊（光盘版）电子杂志社2010年出版。该年报在连续7年出版的《中国学术期刊综合引证报告》基础上，将引文统计源文献从期刊拓展到博士、硕士学位论文、会议论文，应用了"期刊综合统计源"和"复合统计源"，包括总被引频次、影响因子、他引影响因子和即年指标，其他指标还有基础研究类影响因子、技术研究类影响因子、人文社科类影响因子、他引总引比、引用半衰期等13个指标。《中国学术期刊影响因子年报》2014年版包括三个部分：第一部分分列出统计年为2013年的各类期刊影响因子；第二部分为2013年度各期刊的其他各类计量指标值；第三部分给出各项计量指标对应的可被引文献量与被引频次。这个年报，实际上就是一个期刊排行榜。尽管统计指标搞得很复杂，但基本克隆SCI的做法，没有什么创新。简单量

① 姜晓辉：《人文社科综合性核心期刊的统计与分析》，《江西社会科学》2004年第1期。

化，没有考虑学科之间差异；评价粗疏，结果令人大跌眼镜。

5.《中国学术期刊评价研究报告：RCCSE 权威期刊、核心期刊、排行榜与指南》，由武汉大学中国科学评价研究中心、武汉大学图书馆等单位 2008 年起研究，已出版《中国学术期刊评价研究报告》2009 年版、2011 年版、2013 年版。该报告的评价指标有基金论文比、总被引频次、影响因子、Web 即年下载率、二次文献转载率、专家定性。“报告明确提出了‘权威期刊’与‘核心期刊’的概念，而且首次同时遴选出‘权威期刊’与‘核心期刊’。所谓‘权威期刊’是指刊载基金论文数量多、被读者利用次数高、广受网络用户点击、二次文献转载篇数多或被国外重要数据库收录多的期刊。它们基本上代表了该学科领域内的学术前沿……权威期刊是核心期刊中的‘核心’，是最重要的核心期刊，在学术界与科研人员心目中享有权威地位和最高学术水平。”①2013 年版，共有 62 个一级学科，3 个综合学科，有 1939 种期刊进入核心期刊区。该评价系统的主打产品就是“RCCSE 权威期刊、核心期刊排行榜”，其评价目的，一是为科学评价与科研管理服务，二是为图书情报工作服务，而只字不提为学者的研究服务。“权威期刊”的推出，更加助长了期刊级别崇拜。

6.《“复印报刊资料”重要转载来源期刊》，由中国人民大学人文社会科学学术成果评价研究中心和书报资料中心共同研制，于 2012 年首次发布。其实自 2001 年起的每年 3 月，书报资料中心就在《光明日报》《中国新闻出版报》等媒体发布“年度复印报刊资料转载排行榜”。十多年来，从单一的转载量排名发展为转载量、转载率、综合指数、来源期刊等多种排名。在四大文摘中，唯有“复印报刊资料”公开标榜自己是学术期刊评价机构，并和专业评价机构展开竞争，抢占地盘。2014 年版有 747 种期刊进入“‘复印报刊资料’重要转载来源期刊”。

7.《中国人文社会科学期刊综合评价指标体系》（AMI），由中国社会科学院中国社会科学评价中心研制，2014 年 11 月 22 日在北京人民大会堂发布。综合评价

---

① 邱均平、李爱群等：《中国学术期刊评价的特色、做法与结果分析》，《重庆大学学报》2008 年第 4 期。

指标体系由五级指标构成,其中一级指标 3 个,二级指标 12 个,三级指标 36 个。综合评价指标体系的总分值为 208 分,其中一级指标"吸引力"的分值为 83.5 分,"管理力"的分值为 39.5 分,"影响力"的分值为 85 分。同时发布的《2014 年中国人文社会科学期刊评价结果》显示,共评出 17 种顶级期刊(其中中国社会科学院期刊有 11 种,占 64.7%),40 种权威期刊(其中中国社会科学院期刊有 14 种,占 35%),430 种核心期刊和 246 种扩展期刊。这个评价体系推出最晚,但机构最大,口号最响,不仅注入了意识形态属性、评价打分引入扣分机制,还特别强调要抢占人文社科学术评价制高点、引领学术研究方向、掌握学术评价话语权。但如何破解"近亲繁殖""部门歧视""数据控制""主观臆断"等陷阱,真正做到有公信力和权威性,仍令人质疑。

此外还产生了专门学科类、学会类的核心期刊评价,以及各学科根据自身需要直接从以上评价体系中筛选并派生出的核心期刊等。学术评价就像一块唐僧肉,谁都想咬一口。这些评价体系之间存在明显的共性和差异:共性在于这些专业评价机构受利益诱惑,准入无序,多头格局,越位评价,权力膨胀,缺少监督,而又瓜田李下,抢占地盘,自我标榜,狐假虎威,导致学术评价政出多门,评价结果乱象纷纭。差异在于评价的目的不同,评价的指标不同,评价的方法不同,评价的结果不同,标准混乱,互不买账,恶性竞争,导致重复建设、资源浪费和利益冲突。

(二)过度量化,急功近利

20 世纪 80 年代末,南京大学率先将 SCI 引入中国的科研评价体系并给予奖励。这种创新,使得南京大学 SCI 论文数量连续多年居全国首位。此后,"中国学界竞相模仿,教育部门等也将 SCI 文章的多少作为评价学术水平的重要指标。这使得 SCI 成了此后一段时间中国学术评价体系中最重要甚至是唯一的标准,以致形成了目前以SCI收录论文数量为重要考核指标的论文评价体系”①。以这种量化评价机制为导引,大学人文社会科学管理制度系统相继出台,大致包括六个方面的基本内容:一是核心期刊目录的确定和分类;二是科研项目及经费管理的相关条例;三是科研成果认定和评价的相关办法;四是学术规范管理条例;五是科研团队及平台建设的相关条例;六是学术研究活动开展的有关规定。依照这些条例,每个院系都制定了相应的考核细则:一个教师每年必须在“核心期刊”上发表多少篇论文,每2—3年必须出版多少万字的专著。许多高校更把期刊分成三六九等,论文发表期刊的级别高,考核的分值就高,科研奖金相应地也高,反之,既挣不到“工分”也拿不到钱。每到年底,高校仿佛成了“生产队”,“社员”忙着填表申报,“会计”忙着算账分钱。这种考核与每一个人的利益挂钩,单纯追求数量,类似于以GDP考核地方经济,鼓励急功近利,急于发文章,急于拿学位,急于出专著,急于评职称,急于拿奖项,结果导致斯文扫地、功利上天和学术不端行为屡屡发生。在这一切学术乱象的背后,我们是否都能看到学术评价推波助澜的影子。

(三)以刊评文,越俎代庖

单位制度是中国管理体制的一大特色,单位组织按照其级别高低和行业分布,被政党和行政的力量分割成若干个平行林立的管制领域。这些领域的不少单位办刊物,因此我国便有了部级、局级、处级、科级期刊。在行政部门的主导下,不少高等院校、科研单位将期刊主办单位的行政级别作为划分期刊级别的依据,将学术期刊人为地划分为国家级重点、国家级、省部级、地市级,或一级期刊(A类)、二级期刊(B类)、三级期刊(C类)等类别。这样赤裸裸的官本位思想,自然受到学术界和期刊界大多数人的批评和反对。面对种种质疑,2000年国家教委科技

① 李颖:《反思“SCI崇拜”》,《科技日报》2014年12月4日。

司曾明确答复:“过去在文件中有一级杂志的提法是不够严格的,今后将加以注意。”①2002年底国家新闻出版总署报刊司又进一步作了答复和解释:第一,期刊无国家级、地方级的区别;第二,目前国家与地方关于期刊的评比与期刊的学术水平无关;第三,“核心期刊”的认定是民间行为,而非政府行为;第四,目前新闻出版管理部门还没有制定衡量学术期刊质量的权威标准;第五,新闻出版总署近几年举办过国家期刊奖、全国百种重点社科期刊奖、中国期刊方阵等期刊方面的评奖活动,不能认为获得这些奖项的期刊中的学术期刊质量就是高的,“不能作为评职称时入选论文的依据”②。管理部门的解释暂时平息了争论。然而,随着专业学术评价机构的强势崛起,“核心期刊”“来源期刊”的日渐走红,级别崇拜又沉滓泛起。专业学术评价机构按文献计量学理论和“集中与分散”规律来对学术期刊进行分学科评价,即根据对期刊所载学科论文的分布情况及其在各学科的被利用情况的统计分析,找出各学科中利用率较高、影响力较大的学科核心期刊。这样的评价结果既具有了客观性和实用性,又迎合了行政权力部门分配和管理资源的需要,被青睐和看重自在情理之中。由此,复杂的论文评价被偷梁换柱成为简单的期刊分等定级,再依论文所发表的期刊等级来确定论文的等级,经过几番腾挪翻转,“以刊评文”就越俎代庖成为行政部门处理绩效考核、职称评审、项目申报、课题结项等需要评审事务的通行方法。特别需要强调的是行政级别高的期刊,由于其血统尊贵,又占有资源优势,在期刊评价中往往占得先机。从“核心期刊”的理论基础、指标体系、操作程序来看,它仅是从文献收集、期刊馆藏、读者利用的角度对学术期刊进行的一种遴选,并不是纯粹对期刊学术质量的评价,更不是评价学术论文水平的工具。正如SCI的创始人尤金·加菲尔德2009年9月12日在北京出席中国读者见面会时所说:“永远要记住SCI的主要功能是用于检索的,SCI是一个客观的评价工具,但它只能作为评价工作中的一个角度,不能代表被

① 李力民、翁甄林:《期刊级别问题与对策》,《编辑之友》2002年第6期。
② 国家新闻出版总署报刊司:《关于学术期刊有关问题的答复》,《中华读书报》2002年11月13日。

评价对象的全部;到今天SCI的主要作用仍然是一个文献检索工具,而评估科技研究成果只是SCI的衍生功能之一。”①

(四)“影响因子狂热”,危害学术

“影响因子”是由美国文献学家尤金·加菲尔德1972年提出的,是指一定时间内某期刊论文的平均被引率,其计算公式为:影响因子=期刊前两年所登载论文在统计当年被某学科论文引用的总次数/该刊前两年所登载论文的总数。影响因子现已成为国际上通用的期刊评价指标,“人们不仅用‘影响因子’来评价期刊的学术水平与整体质量,也常用期刊的影响因子来评价某篇学术论文乃至作者的学术水平”②。“影响因子”引进国内之后,被狂热追捧,迅速“泛化”成几乎“无所不能”的学术评价工具:学生毕业、晋升职称、项目资助,以及院士评审,都离不开影响因子。更有甚者,还衍生出了许多“寄生”于影响因子的产业。不过,这些充其量是小巫见大巫。汤姆逊-路透从2002年开始靠“影响因子”预测诺贝尔奖,并颁发“引文桂冠奖”。2014年10月27日,被视为诺贝尔奖风向标的“引文桂冠奖”首次在中国颁发,111名中国内地科学家获得“高被引科学家奖”,其中15名科学家被授予“最具国际引文影响力奖”。这项奖是否名副其实,颇受争议。中国科学界新锐媒体《赛先生》就“炮轰”其只为博人眼球。

影响学术期刊“影响因子”的因数很多,既有学术的,也有非学术的。非学术因数主要有学科差异、论文性质、期刊类型、编排规范等。因此,管理部门不能眉毛胡子一把抓,或杂七杂八一勺儿烩,用同一尺度、同一标准去评判学术研究和学术期刊。众所周知,在自然科学研究领域,采用精确的量化方法评价某项科研成果的水平,可以说是世界通行的规则。但即使这样,不同学科和不同专业还是有很多的差异。“《中国学术期刊综合引证报告》(2004年版),自然科学类期刊中

---

① 张婧:《“SCI”之父加菲尔德博士:为SCI正名》,科学网,2009年9月23日。

② 杨化兵、叶春峰:《论影响因子及其在科研评估等方面的应用》,《情报杂志》2001年第1期。

天文学期刊的'影响因子'均值为0.0931,而植物学期刊的'影响因子'均值为0.5052,是天文学的5倍多;数学类期刊中影响因子最高为0.5119,而相应大小'影响因子'的期刊在化学类期刊中只能排在第26位,可见与不同学科相关的期刊'影响因子'差别非常大。"①如果用影响因子作为主要评价指标对人文学科不仅不公平,而且十分荒谬。"不同学科论文之间影响因子差距极大,这就造成刊发不同学科论文的学术期刊影响因子的差别极大,人文学科与社会科学学科的影响因子差别更大。比如《经济研究》与《历史研究》同是中国社会科学院的著名期刊,但根据中国知网2014年发布的影响因子年报统计,两本最著名的专业期刊,影响因子差别极大,《经济研究》复合影响因子达9.831,而《历史研究》的复合影响因子仅为0.954,大约相差10倍。所谓经济学'帝国主义',文史哲'第三世界'在学术评价领域显露无疑。在综合性期刊中,除《中国社会科学》为5.596外,绝大多数综合性期刊如果能超过1,已经是很高的数字了。就学报而言,《浙江大学学报》和《中国人民大学学报》最高,《复旦学报》1.094,《文史哲》则只有0.646,可见我们并不能以此判断后两家学报比前两家学术水平低,为什么?道理很简单,是学术文章分布造成的。前两个学报侧重社会科学学科的文章,尤其是经济学、社会学等学科文章;而后两个学报侧重人文学科,尤其是文史学科的文章,这种学科分布造成了影响因子的巨大差异。因此,仅仅或主要依靠影响因子数据评价期刊,不仅是极不科学的,而且会对人文社科期刊造成严重的负面影响,这种评价标准没有考虑到学科之间的差异。"②滥用影响因子,扭曲了学术期刊选稿用稿的倾向,加剧了文史哲等传统学科走向边缘的趋势,从长远看对人文学科的打击是毁灭性的!2013年,包括美国科学促进会(AAAS)在内的75家机构和150多位知名科学家,在美国细胞生物学学会上,签署了《关于研究评价的旧金山宣言》。"宣言呼吁停止使用影响因子评价科学家个人的工作,反对使用影

① 陈家顺:《学术期刊"影响因子"的非学术因数分析》,《湖北师范学院学报》2005年第5期。

② 仲伟民:《量化评价扼杀人文学术——关于人文学科学术期刊的评价问题》,《澳门理工学报》2015年第3期。

响因子作为替代物用于评估科学家的贡献,以及招聘、晋升和项目资助等的评审。"①

(五)行政主导,权力异化

我国高等学校的正常运行本应是学术管理和行政管理两大系统,然而在实际工作中,学术性机构和学术性委员会往往独立性不够、学术权力迷失,以致成为行政机构的"附庸"和"幌子"。行政权力的膨胀,不断地侵蚀学术权力的空间,甚至用行政权力包办、代替乃至完全剥夺了学术权力。② 为了追求大学排行榜、科研政绩,高校的主要工作和主要目标都是围绕着各种检查、评估、验收、评价、评比、排名转,而教师的大部分精力和时间都放在搞项目、写论文、跑核心、谋转载、应考核、统数量、算"工分"上。"在高校系统,有各种级别(即行政级别)的研究课题、研究项目、研究基金,有各种级别的研究基地、研究平台、研究团队,有各种级别的研究计划、研究指标,有各种级别的验收、评估、评比、评奖,有各种级别的'建设工程''人才工程'等等"③,这些名目繁多、数不胜数的名堂,都离不开评价。虽然在操作中有请专家学者参与,但核心的主导工作还是由行政权力部门控制和具体执行。总而言之,行政主导下的学术评价虽然取得了一定的成绩,但也存在条块分割、政出多门、外行评价内行、评价不公、暗箱操作、监督缺位,导致权力异化、学术不端、学术腐败等现象时有发生。

四、学术评价乱象之根源

学术评价与学术风气、学术期刊、学术管理、学术体制、学术利益等都有着密切的联系,我们也不应该把所有的"罪恶"都归咎于学术评价,这既无益于去除学

① 吴亚生:《摈弃唯 SCI 评价体系的呼声与思考》,《中国科学报》2013 年 6 月 4 日。

② 吕红、毕红静:《我国高校的被行政化、自行政化与去行政化》,《延边大学学报》2015 年第 2 期。

③ 余三定:《关于当今学术管理所存在的问题讨论的评述》,《云梦学刊》2013 年第 3 期。

术评价之弊,亦无助于重建学术评价机制。学术评价的种种乱象根源有四。

(一)官本位意识导致学术资源、学术权力的不公平

中国社会官本位意识严重,权力崇拜根深蒂固。早在十多年前,北京师范大学历史系黄安年教授曾将当时官学一体化的倾向概括为十个方面:学术机构的管理衙门化;职称评定、专案立项、评奖活动中的“赛跑”现象;学术评价中的官僚主义和形式主义;政府官员兼任学术专案主持人日益增多;政府官员兼任院校长的现象有增无减;学术刊物主编官员化倾向突出;职称评定、奖金、住房等待遇向行政官员倾斜的力度加大;“腐败文凭”中的权钱学交易;学界新闻出版活动突显政府官员和行政领导;一些学术团体的官方色彩明显。这些年来官本位意识不但没有淡化,反而正向社会各个领域蔓延。“官大学问大,权大经费多”已成为一种社会常态。官员们不仅垄断学术资源、项目资源、招生资源、会议资源,而且还把权力之手伸到职称评审、成果评定、课题立项、课题报奖等多个方面,“管理者通吃”已经成为高等院校、科研院所的一种特有现象。“领导者在学术与利益互动的竞争中,不能表示出应有的学术自信和道德品格,自己利用权力和权威占有和夺取下属和学生的成果,构成一种公然的‘学术剥削’;而下属和学生为了实现自己的利益需求和生存安全,主动地请领导分享甚至完全出让自己的学术成果,对其进行一种‘学术贿赂’。”①学术不公正的结果,不仅带来学术权力的异化与研究者的精神变异,更带来学术的社会性危机。

(二)“一刀切”的量化评价导致学术生产的数量繁荣,质量下降

我国所有的高等院校、科研院所,都执行着一种制度化的、量化的、“一刀切”的学术评价体制。“科学研究在今日之中国高校,被抬高到空前的、过度重要的位置。不说研究型大学,即便是教学型乃至职业型学校,学校是否优秀,教师是否能

---

① 张福贵:《当下中国学术危机的三大症候》,《学术界》2010年第11期。

够升等、研究生是否可以毕业,科研的成绩单成为最重要的衡量指标,甚至没有之一。老师的教学可以马虎,学生的毕业论文可以勉强通过,但只要有相当量的论文发表,便一俊遮百丑。多数高校对教师的年度考核和升等要求,都有严格的论文发表量规定,而一个大学每年的论文发表篇数,都影响到从官方到民间的各种大学排行榜的位置,是大学领导政绩工程的核心部分。于是千军万马写论文、拼数量,就像'大跃进'时期的全民大炼钢铁,产量是最重要的,而质量如何,倒是其次的。"①理工科普遍强调 SCI 的发文量和课题金额,人文社科则是 SSCI、CSSCI 和课题级别。不少高校或院系在年度工作考核中将学术评价与特定的量化指标绑定,实行"工分制"。同时,许多单位高度重视项目,甚至是"项目至上""项目唯一"。这种"项目化生存"的怪异现象和"一刀切"的管理方法,甚至扩大到各种学术和教育的考核、评比、提级提职、业绩考核、课题和项目的审批中,几乎达到了无孔不入的程度。过度量化的评价模式,违背了大学学术研究的基本规律,抹杀了学科文化的差异,限制了合作,阻碍了深度研究,制造了很好看的数字,却失去了大学的精神。

(三)"评价标准异化"导致学术评价机构公信力的缺失

笔者曾对"公信力"和"权威性"做过专文论述,认为"'公信力'的本质意义在于:第一,公信力映射的是一种公共权力,非公共权力也就无所谓公信力;第二,公信力是在长期的发展中日积月累而形成的信任资源,既是一种社会系统信任,同时也是公共权威的真实表达;第三,公信力指的是权力客体对权力主体在公正、公平、守信等方面的评价,获得权力客体信任、信赖的权力则具有公信力;第四,公信力权力主体与权力客体的非均衡性特征,决定了权力客体的弱势地位,一旦权力主体出现诚信、公正问题,必将导致信任的破裂。权威性,是指权力部门发布的信息或作出的决定是否具有相对的不可质疑性,如果这些信息和决定经常遭遇质

---

① 许纪霖:《自律的学术共同体与合理的学术评价》,《清华大学学报》2014 年第 4 期。

疑，则不具有权威性。公信力是权威性资源之一，一旦受到损伤，便会造成较大面积的'信任危机'"①。学术评价的"公信力"，当然与其掌握的权力有关，而其所掌握的权力实际就是学术成果、学术期刊的评价权，能否公平、公正乃至公开地评价作者、作品及其期刊，是衡量其公信力的标准。为何目前学术评价机构公信力缺失？深层原因有二：一是学术评价标准的异化，二是学术评价过程的不透明、不公正。我们知道，引文数据库在建立的过程中，管理者和操作者发挥了非常重要的作用，指导思想、目标、要求不同，选择的统计方法与计算机软件不同，统计产生的期刊影响因子就很可能大相径庭。再加上评价指标的不完善、不科学及其先天性缺陷，使得核心期刊、来源期刊遴选的负面效应逐渐浮出水面。主要表现在以下十个方面：

1. 评价机构在获取数据时，违背统计学抽样调查原理，使原始数据和测评结果带有明显的生造臆断痕迹

表现在四个方面：一是单纯以复合影响因子、可被引文献比和转引率进行测评排序；二是混淆主体、客体，将办刊主体与期刊论文水平混合进行测评；三是迷信量化分值，以定量评分取代定性研究；四是将存量与流量混同，将主观指标与客观指标、时期指标与时点指标混用，或者以时点数反映时期现象，或者以时期数反映时点现象，随心所欲。②

2. 核心期刊评估体系存在着严重的时间滞后性与背离性

滞后性在于：用过去的文评现在的刊，以现在的刊评未来的文。背离性在于：把期刊推举到核心期刊的论文，却不是核心期刊论文；而那些还没有指标贡献的论文，却坐享其成地成了核心期刊论文。

3. 引文索引来源文献存在致命的涵盖性缺陷

引文索引建立的重要理论依据之一是文献计量学的二八定律，即经过筛选而

---

① 张耀铭：《重建学术期刊的公信力与权威性》，《澳门理工学报》2015 年第 2 期。

② 李金华：《走出学术期刊评价的误区》，《人民日报》2015 年 6 月 29 日。

确定的占总量20%的期刊上的论文可以满足学术论文引用需要的80%左右。显然80%的满足率是无法满足100%的需求的。在中文社会科学引文索引中，1998—2005年收录的近54万篇论文中，在1998—2007年间被引用过的论文篇数也只有30%左右。因此，"来源期刊的论文并非篇篇都比非来源期刊的论文的影响大、质量高，非来源期刊的论文也并非篇篇都比来源期刊的论文差，完全按是否是来源期刊论文来评价论文和作者的做法有失公允"①。

4. 不同学科之间引用率存在不可比性

首先，"热门"学科在某一个时期应用广泛，发展迅速，研究的人多，论文的影响因子普遍都高。"冷门"学科关注的人少，发展慢，研究的人少，论文的影响因子就低。其次，传统学科研究的人多，文章多，引用率也高。新兴学科研究的人少，文章相对少，引用更少。不能因此得出结论，前者的学术水平高，后者的学术水平低。再次，由于马太效应的影响，名人的文章引用多，无名的人的文章引用少，不能因此证明名人的文章篇篇都是精品。总之，理科和工科不可同比，人文学科与社会科学学科不可同比，应用学科与基础学科不可同比。特别需要指出，即使是同一学科不同专业的论文被引用情况，也有很大差别。比如图书情报学界，图书馆学、情报学与档案学、文献学之间的影响因子就存在巨大差别，文献计量学与文献检索学与版本学、校勘学更是一丈差九尺。

5. 不同性质的论文对期刊影响因子的影响是各不相同的②

学术论文由于其研究对象、内容、方法、角度的不同，其性质就不一样。某些热点问题（比如国家治理、中国经济新常态、"一带一路"等），写文章的人多，相互引证也会多，对期刊影响因子的贡献也就大。在高校文科综合性学报中，由于人文学科论文和社会科学、应用学科论文比重的差别而带来的影响因子差异，导致以人文学科为主的学报在评价系统发布的"排行榜"中普遍排名不高。当然有些

---

① 袁培国、吴向东等：《论引文索引数据用作评价工具的科学性和局限性》，《学术界》2009年第3期。

② 任胜利、严谨等：《影响期刊影响因子的主要因素》，《中国科技期刊研究》2001年第12期。

热点问题，不一定都是重要问题。仅仅依据引用率一项指标，也不能说明论文学术水平的高低。爱因斯坦发现了相对论，但他研究相对论的论文发表之后，并未得到应有的较高的引用率。“往往一篇论文被大量引用，并不是出于它内容的精辟，而是由于它里面所谈方法的新颖。相当普遍的看法认为，被大量引用的论文中，方法方面的论文占很大优势。”①

6. 通过“策略性编辑”行为操纵期刊的影响因子

期刊影响因子目前在学术评价与科研管理中发挥着极具魔力的作用，所以大家都跟着这根“指挥棒”转，希望影响因子越高越好。其实，通过正当途径与方法完全可以提高影响因子，比如约请高被引作者撰稿，发表高质量论文，提高参考文献的编排质量，加快审稿速度，缩短发表周期，与国际著名学术出版集团合作“借船出海”，将录用论文在网站上提前发表等。除此之外，一些国际学术期刊“通过策略性编辑行为操纵期刊的影响因子，代表性做法包括：一是将预计被引次数较高的文章发表在年初的期刊上，并在官方网站上作‘热点文章’推荐，以增加被引机会。二是控制质量不错但不属于热点文章的数量。三是发表一些不属于研究论文但是有利于提高被引次数的文章，如评论、商榷、社评等，尤其是作为非综述类期刊却大量发表综述文章，短期内可获得很多引用。四是下半年撰写社评，大量引用本年度本刊发表文章”②。而在国内，有的期刊为了挤进核心期刊不惜造假，拉帮结盟互相引用对方的论文；有的期刊要求作者提交的论文必须引用本刊发表过的论文，以提高影响因子；有的期刊公开悬赏学者在 CSSCI 来源期刊发表引用该刊的论文，给予有偿奖励。此外，过度自引、错引、漏引、伪引甚至歧视性的不引都不同程度地存在。

7. 引用目的存在多样性

负面引用包括批评性、批判性、反驳性的不同观点、意见的引用。负面引用在

① 王晓利、叶良均等：《SCI 作为科研成果评价标准的局限性研究》，《自然辩证法研究》2001 年第 11 期。

② 王凌峰、叶涯剑：《期刊影响因子操纵行为及抑制策略》，《编辑学报》2012 年第 6 期。

定量标准中难以被识别出来,单纯或主要以定量而非定性标准来评判论文乃至期刊的高下,其片面性是明显的。

8. 用非科学的态度编造、捏造、任意取舍的实验数据,被称为“学术造假”

这些造假的数据,指标体系难以识别和剔除,导致评价结果十分荒唐。

9. 评价结果软化,共享程度不高

“目前的许多评价共享程度不高,或者说因为公信度不够,无法为人所信服,因此很难达成共识,其评价结果很难为其他相类似的评价应用。”①

10. 评价体系浮躁

“目前的评价体系也浮躁,尚未成熟,不能将有限功能无限化,尤其是将期刊评价、定级视为主要功能的核心期刊评价体系建设,导致了话语权、支配权、利益和地位的争夺,发布排行榜,使学术研究变味,造成了争名夺利的浮躁现象。”②

(四)不合理的科研体制才是学术评价乱象的根源

官本位意识、“一刀切”的量化评价、“评价标准异化”,几种原因的叠加,使学术评价乱象纷纭。但最本质的根源,在于不合理的科研体制。朱剑教授曾撰文,为我们勾勒了一条清晰的权力和利益的关系链(当然也是工作链):权力(资源)—评价(分配)—评价(管理)—科研(机构与人员)。链条的顶端是握有巨大学术资源分配权的行政权力部门,链条的底端是科研单位和学术界,串联起顶端和底端的是评价,而规约这一链条的则是科研体制。“评价对行政权力部门的迎合固然是其异化的原因,但若没利益链的存在,就不会催生出这么多的评价机构;

---

① 叶继元:《学术期刊的质量与创新评价》,《浙江大学学报》2013 年第 2 期。

② 《建构学术为本的中国核心期刊评价体系——专访〈中国人文社会科学核心期刊要览〉主编姜晓辉》,《中国社会科学报》2009 年 4 月 23 日。

若没有规约利益链的科研体制的需要，评价也不至于如此走入歧途。”①因此，与其说是学术评价导致了学术乱象，不如说是科研体制导致了学术乱象。

五、学术评价乱象的治理

学术评价乱象已成为一个社会问题，事关学术研究、学术传播、学术体制、学术利益、学术生态以及社会风气诸多方面。“当下中国学术期刊面对的评价机构之多、受影响之大，已经让学术精神、学术勇气乃至学术道德濒临崩溃。”②针对学术评价存在的种种弊端，专家学者们已经提出了很多改革的建议，但实际上改革困难重重。正如鲁迅先生所说：在中国，搬动一张桌子都要付出血的代价。因此，仅有底层呼吁是不够的，改革必须要有“顶层设计”。2013 年以来，教育部先后下发了《关于深化高等学校科技评价改革的意见》《高等学校科技分类评价指标体系及评价要点》《关于开展高等学校科技评价改革试点的通知》等文件。2015 年 1 月 12 日国务院又发布了由科技部、财政部共同起草的《关于深化中央财政科技计划(专项、基金等)管理改革的方案》，总体目标是“强化顶层设计，打破条块分割，改革管理体制，统筹科技资源，加强部门功能性分工，建立公开统一的国家科技管理平台，构建总体布局合理、功能定位清晰、具有中国特色的科技计划(专项、基金等)体系，建立目标明确和绩效导向的管理制度，形成职责规范、科学高效、公开透明的组织管理机制，更加聚焦国家目标，更加符合科技创新发展规律，更加高效配置科技资源”。这虽然都是针对科技改革、科技管理、科技评价，但无疑昭示了科研体制改革的方向，对哲学社会科学也是有参考价值的。因此，治理学术评价乱象，必须立破并举、多管齐下、统筹协调、优化整合，才能标本兼治、扶正祛邪、鼓励创新、融合发展。

---

① 朱剑：《科研体制与学术评价之关系——从“学术乱象”根源问题说起》，《清华大学学报》2015 年第 1 期。

② 陈颖：《评价与被评价：当下学术期刊学术功能异化的一个视角》，《现代传播》2014 年第 1 期。

（一）建立学术评价机构准入制度和退出机制

准入制度，应该是国家对评价机构主体资格的确立、审核和确认的法律制度。政府职能部门通过批准和注册，对机构的评价准入进行管理，既避免了大量人力、物力浪费的重复建设，又可以防止评价机构无序、无资质进入过度竞争，确保学术评价的公平、公正和工作效率。同时要探讨建立学术评价机构的退出机制，不能胡评价、乱评价，甚至老少通吃，搞权力寻租、金钱交易。准入制度、退出机制的建立，有利于优化学术评价资源配置，营造良性竞争环境；有利于评价机构的创新，壮大整体实力；有利于加大违规成本，确保评价的导向性。

（二）加强学术评价的回避制度和监督机制

学术评价关系期刊定级、职称评定、教师考核、课题验收、学校评估等方方面面，关涉许多人的切身利益。因此，谁主导或掌控了评价权，谁就能左右当今中国的学术导向，甚至具备了向学术界发号施令的权威。目前开展学术评价的机构或为中国社会科学院或为教育部下属的高等院校，不仅具有官方色彩，更与学术研究、学术期刊有着千丝万缕的联系，不免有既当裁判员又当运动员之嫌。在没有产生相对独立的第三方评价机构之前，必须加强学术评价的回避制度，保障学术评价制度的程序正义。那些与被评价主体有利害关系或者其他特殊关系的相关人员不得参加学术评价活动，实现利益规避，以保障被评价主体的公平竞争。要积极开展学术批评，加大媒体曝光，对学术评价机构、学术评价程序、学术评价结果进行有效监督，形成有力制约，使之心存畏惧。

（三）规范并完善同行评价制度

早在 2011 年 11 月 7 日，教育部下发的《关于进一步改进高等学校哲学社会科学研究评价的意见》，就提出要正确认识 SCI、SSCI、CSSCI 等引文数据在科研评价中的作用，避免绝对化；并特别指出：“建立开放评价机制，基础研究以同行评价为主，大力加强国际同行评价”。同行评价是国内外公认的最为合理的学术评价制度，但在引进中国之后却发生了变异，“权力支配，人情主导，标准缺失，三者只要居其一，都会使学术评价的意义受到严重损害；可是，在我们当前的学术评价中，往往是三者一起发生作用，多路夹击，来自欧美的同行评议，怎么可能不水土不服以致彻底变异呢？”①因此，要严格标准，规范程序，完善专家遴选机制，建立公平、公正的学术评价的基石。应综合考虑知识结构、学术成就、学术道德、“小同行”等因素来确定专家人选并建立专家库，发挥各学科专家的群体优势，调动各学科专家共同参与、共同制定相关的评价标准，实行专家定期轮换制度。要建立和健全评价结果公示、反馈、申诉、复议等制度，对同行专家的评价行为进行有效的制约，加强评价专家信誉制度建设。

（四）用“以文评刊”取代“以刊评文”

核心期刊的概念被引入国内之后，主要是为图书情报部门选购期刊提供参考依据，为图书馆员指导读者阅读提供参考依据，“不具备全面评价期刊优劣的作用，不能作为衡量期刊质量的标准，更不能作为学术评价的标准”②。但行政权力部门出于科研管理的需要，看准了核心期刊的“可行”“简便”等工具理性，使之直接为资源配置和科研管理服务，由此“以刊评文”开始走红。“以刊评文”的弊端前文已经涉及，这里再做简单概括：一是以期刊的等级代替论文的学术质量，存在着明显的逻辑错误。并非核心期刊发表的文章篇篇都优质，非核心期刊上发表的文章篇篇都劣质，即使同类核心期刊或同一种核心期刊发表的论文也并非同一水平。二是机械地依据期刊影响因子来决定期刊的排序，必然导致学术评价的过分形式化、简单化。三是过分注重论文数量、获奖数量，必然导致平庸之作泛滥、低水平重复。四是为了迎合核心期刊、来源期刊评选的偏好，不少学术期刊更在选

---

① 李剑鸣：《自律的学术共同体与合理的学术评价》，《清华大学学报》2014 年第 4 期。

② 朱强、蔡蓉华、何峻主编：《中文核心期刊要目总览》（2011 年版），北京大学出版社 2012 年版，第 17 页。

稿、用稿和参考文献等方面投其所好，逐渐丧失了独立风格和创新活力。五是过度追求论文被国外检索机构收录，必然导致学术评价中的崇洋媚外。“以刊评文”早为学术界诟病，应该用“以文评刊”取代。

论文是组成学术期刊的最小单元，论文水平的高低决定着期刊质量的优劣。所以，“要正确全面反映期刊的情况，较好的办法是‘以文评刊’，通过对期刊刊载论文的学科进行统计分析，计算出其各学科论文的篇均被引次数，并与统计源所有各学科论文的篇均被引次数进行比较，从而得到各期刊各学科论文的相对影响，即期刊刊载论文的学科影响。期刊刊载论文的学科影响可以根据不同的需要从不同侧面、不同角度来量化地衡量期刊的影响”①。论文评价应该成为学术期刊评价的核心内涵，要根据一定的评价目的采用一定的评价指标，但更重要的是通过同行评议，做出专业的、权威的、有说服力的评价结果。当然评价学术论文，期刊编辑、目标读者不能缺位。因此，“研制出针对单篇论文的评价指标体系在论文评价、期刊评价中均占有决定性的基础地位。需要社科学术期刊界和文献计量学界通力合作，共同攻克这一难题”②。

（五）建立独立的、客观的、民主的学术评价机构

学术评价的本来意义“在于评判学术的进展，鉴别学者的贡献，规范学术行为，激发学者的创造力，以达到推动学术发展的目的”③。为了使学术评价真正具有公信力和权威性，必须要实现从官本位到学术本位的转变，把对学术评价的权力从官方色彩的框架中剥离出来，建立独立的、客观的、民主的学术评价机构。“学术评价、学术的标准、学术上的分歧，所有学术上的问题只有依靠学术共同体才有可能得到解决。尽管学术共同体也有可能做出错误的判断和决定，但没有别

---

① 袁培国：《中文文科期刊影响因子评价作用之反思》，《南京大学学报》2011 年第 3 期。

② 李频：《社科学术期刊评价的内在逻辑》，《清华大学学报》2014 年第 6 期。

③ 李剑鸣：《自律的学术共同体与合理的学术评价》，《清华大学学报》2014 年第 4 期。

的更好选择。"①评价的根本在于独立和客观,应当以学术水平、学术道德为标准来选择评审专家,应当独立进行分析、评价并形成专业意见,应当通过学术交流、学术批评、学术评论等"民主"的方式表达意见和进行监督,以排除评价对象、利益群体、官方机构的干扰,防止出现与行政权力部门主导学术评价相类似的问题。我们呼吁文献计量学界和学术期刊界的专家学者,不要沉浸于排行榜所带来的权力与利益之中,要聚集大家的智慧,进一步研究和夯实学术评价理论,以求取得实质性突破,以此带动我国学术评价的健康发展。

原载于《清华大学学报》2015 年第 6 期

① 韩启德:《学术共同体当承担学术评价重任》,《光明日报》2009 年 10 月 12 日。

中国崛起与“中国学”的本土化

一

中国崛起的步伐令人震撼:从1978年到2007年,中国国内生产总值由3645亿元增长到24.95万亿元,年均实际增长9.8%,是同期世界经济年均增长率的3倍多,中国经济总量上升为世界第四。2009年中国的出口额超过德国,成为世界第一大出口国,贸易总量占全球近10%,成为世界经济增长的重要动力。2010年中国经济总量超过日本,跃居世界第二位。从此,“中国崛起”成了国际学术界、理论界热议的话题。美国财政部前部长劳伦斯·萨默斯(Lawtence H. Summers)做了估算:如果说英国工业革命期间,一个人的生活水平在自己生命周期里翻了一倍的话,那么在中国当今这场现代化大潮中,一个中国人的生活水平在自己的生命周期内可翻7倍。日内瓦外交与国际关系学院张维为教授认为:“从更为长远的历史眼光来看,中国的崛起不是一个普通国家的崛起,而是一个五千年连绵不断的伟大文明的复兴,是一个人类历史上闻所未闻的超大规模的‘文明型国家’的崛起。”①英国著名学者马丁·雅克(Martin Jacques)指出:“中国绝对不会走上西方民主化道路,只会选择一种不同于西方世界的发展模式;中国的崛起将改

① 张维为:《中国震撼——一个“文明型国家”的崛起》,上海人民出版社2011年版,第1—2页。

变的不仅仅是世界经济格局,还将彻底动摇我们的思维和生活方式。”①

中国正处于大变革、大发展、大转型的时代,期待我们用新的视野去观察“中国实践”,用新的思维去研究“中国问题”,用新的理论去诠释“中国道路”,用新的学术话语去应答“中国奇迹”。因此,在新的世界格局中建构中国的学术话语体系,是当前中国理论界和学术界面临的一项重大而紧迫的时代课题。

二

进入21世纪,海外中国学的研究如火如荼,已经“成为一种世界性的学术场域”,发展成为一种显学。② 国内对海外中国学的研究方兴未艾,在人才培养、团队建设方面积累了许多经验,也取得了许多丰硕成果,已经成为不断占据学术界视野的学术焦点和发展流向。然而关于海外对中国研究的定位众说纷纭,称谓有汉学、国际汉学、海外汉学、域外汉学、世界汉学、新汉学的,也有中国学、海外中国学、国际中国学、国际中国文化等。综观国内学界的研究,存在“海外汉学研究”“海外中国学研究”两个重要的核心概念和四种不同的学术观点。

(一)超越“旧汉学”,提出“新汉学”

汉学(Sinology)是欧洲人的术语,其希腊语词根的本义是指秦始皇建立起来的秦国。按照国内学术界的习惯,汉学主要是指外国人“有关中国历史文化、语言文学等方面的研究”③。作为根植于中国,发展在海外的研究领域,世界汉学历经游记汉学、传教士汉学、学院汉学不同阶段,已经发展成为三大板块,即东亚周边国家的汉学、俄罗斯汉学和欧洲汉学,时至今日,几乎涵盖海外关于中国研究的全部内容。汉学原来的定义显然有着明显的局限和不足,所以澳大利亚汉学家任格

---

① 马丁·雅克著,张莉译:《当中国统治世界——中国的崛起和西方世界的衰落》,中信出版社2010年版。

② 周晓虹:《当代中国研究的历史与现状》,《南京大学学报》2002年第3期。

③ 李学勤:《国际汉学著作提要·序》,江西教育出版社1996年版。

瑞(Richard W. Rigby)[①]将其称为"新汉学"(New Sinology)。

2010年4月28日,澳大利亚总理陆克文在《华尔街日报》发表《新汉学》一文,文章认为:"要了解中国在塑造世界秩序中将会、能够并且必须发挥怎样的作用,我们需要更深入地了解中国,并在所有层面上同中国进行更坦诚的接触。我认为,现在是建立一种'新汉学'的时候了。"此后,"新汉学"这一概念逐渐被国内学者所引用。2012年11月3—5日,由中国人民大学与国家汉语国际推广领导小组办公室共同举办的第三届世界汉学大会在京召开,国内外百余位汉学研究者与会。此届大会正式提出了"新汉学"的构想和实践。台湾"清华大学"教授陈珏认为,提出这一概念主要有两方面的考虑:一是基于中国的迅速发展对整个亚太乃至全世界格局的改变,提出要超越"旧汉学"只注重经史子集等研究的传统,应对当下中国的政治、经济、文化、社会等各领域加以研究,即"新汉学";二是基于新文献的出土,"我们现在正处在一个重新发现和认识中国经典的时期,在这个基础上,我们可以有新的汉学"。香港城市大学教授张隆溪则认为,多年以来,汉学或西方中国研究由于种种原因,有忽略中国本土学术的倾向。在理解中国及其历史、社会和文化传统方面,应整合汉学的知识与中国本土学术。这也属于"新汉学"的一个角度。总之,相较于以往的汉学研究,"新汉学"这一概念正被广泛提及。[②]

(二)从传统"汉学"到现代"中国学"

中国学(China Studies),又称当代中国研究(Modern China Studies),脱胎于汉学,崛起于美国。1955年初,哈佛大学教授费正清(John K. Fairbank)成立"哈佛大学东亚研究中心"(The East Asia Research Center of Harvard University)。其在

---

① 任格瑞,国立澳大利亚大学中国研究院院长,代表作有:*Sun Yat-Sen*, St Lucia: University of Queensland Press, 1980。

② 唐红丽:《超越"旧汉学" 催生"新汉学"》,《中国社会科学报》2012年5月11日。

成立宗旨中阐述说,“当代中国研究是一种综合性的社会科学,必须与以中国古代历史和文化典籍为对象的‘汉学’有所区别,必须依赖个人学者们的共同努力”①,从而推动了传统汉学逐渐向中国学的演变。1959 年美国“当代中国研究联合委员会”(Joint Committee on Contemporary China,简称 JCCC)成立,“为美国当代中国学研究奠定了组织基础和资金保证,从而使中国学研究步入群体化、规范化轨道”②,并通过研究“新形势下的对华政策”③,为美国的全球战略、国家利益服务。

美国的中国学研究包含两方面的范畴:一是狭义的中国学研究,主要指具体学科领域更关注中国社会与文化的一系列重大理论与实践问题,比如中国政治体制运行研究、中国政治文化研究、当代中国软实力研究、当代中国外交研究、中国军事战略研究,以及中国“文化大革命”的研究,等等。二是广义的中国学研究,包括所有的学科领域,如政治学、经济学、哲学、宗教学、文献学、历史学、考古学、法学、社会学、伦理学、文学艺术,甚至科学技术的理论问题,等等。北京大学汤一介教授说:海外中国学研究涵盖很广,可以说任何属于中国问题的研究都可以包括在“中国学”之中。“但一般说来,可以区分为现实意义的研究和学术意义的研究两类。这两者应该是互补的,前者可以为解决中国存在的现实问题提供某些有益的参考和借鉴,并为后者提供一些可深入研究的课题;后者则是有长远意义的理论课题和基础性的学术建设。”④中国社会科学院何培忠研究员认为:“‘中国学’是传统‘汉学’在现代的延伸和发展,而使用‘中国学’这样称谓,不仅可以包容所有有关中国问题的研究,也可以是人们对历史的中国有更深刻的认识,对现代中国有更好的理解。”⑤可以这么说,从传统“汉学”到现代“中国学”的演变过程,实际上也是中国研究的内涵和外延不断拓展的过程。

---

① 中国国际关系研究所编:《美国思想库及其对华倾向》,时事出版社 2003 年版,第 69 页。

② 仇华飞:《美国的中国学研究》,中国社会科学出版社 2011 年版,第 17 页。

③ 胡国强:《美国对中国的研究和美国东亚图书馆的中国藏书》,《外国研究中国》第 2 辑,中国社会科学出版社 1989 年版,第 104 页。

④ 汤一介:《“海外中国学”研究的新视角》,《学术月刊》2010 年第 5 期。

⑤ 何培忠:《国外中国研究的发展及学科的称谓》,《社会科学论坛》2008 年第 5 期。

(三)相互兼容的"中国学"与"汉学"

北京语言大学阎纯德教授在给《列国汉学史书系》写的序言《汉学历史和学术形态》中说:"由于汉学的发展、演进,以法国为首的'传统汉学'和以美国为首的'现代汉学',到了20世纪中叶之后,研究内容、理念和方法,已经出现相互兼容并包状态,就是说Sinology可以准确地包含Chinese Studies的内容和理念;从历史上看,尽管Sinology和Chinese Studies所负载的传统和内容有所不同,但现在却可以互为表达同一个学术概念了。""汉学家从对中国物质文化到观念文化的研究,其领域越来越广,越来越深。现在,汉学不仅包括对中国的哲学、文学、宗教、历史领域的研究,还包括社会学、政治学和自然科学。Sinology(汉学)和Chinese Studies(中国学),它们已经发展到可以'异名共体'的地步。"①

北京大学严绍璗教授更主张,应该将现在流行的"汉学""中国研究"和"中国学"等概念,统一定名为"国际中国学"。新的名称不仅有利于反映这一学科近代以来"在内涵的价值层面与外在的研究材料层面"的重大变迁和改观,而且还能够观照中华民族多元一体的现实格局,以避免"汉学"的单一民族局限。②

(四)"汉学"与"中国学"学科性质不同

南京大学周晓虹教授认为,"汉学"与"中国研究"或"中国学"的区别,不仅表现在研究对象上,而且也表现在研究方法上。"具体说来,'汉学'是一门以中国传统文化为研究对象的人文学科,即英文所谓的'humanities';而'中国研究'或'当代中国研究'则是一门综合性的社会科学,即所谓'social sciences'。'汉学'与'中国研究'在学科性质上的区别,是由它们的研究对象和研究方法所决定的。""'汉学'主要以中国的历史、传统文化典籍和文学作品作为研究对象,其研

---

① 阎纯德、吴志良主编:《列国汉学史书系》,学苑出版社2009年版,第4、13页。

② 严绍璗:《"汉学"应正名为"国际中国学"》,《中国社会科学报》2010年6月1日。

究方法主要为训诂考据等人文学科的手段；‘中国研究’则以广义上的社会结构和社会行为作为研究对象，涉及的学科主要包括经济学、社会学、政治学、人类学、传播学以及心理学等，其研究方法是现代社会科学所倡导的实证手段。”①

上海社会科学院王荣华、黄仁伟研究员认为，从学术史讲，“汉学”具有400年的传统，拥有成熟完整的研究领域和研究方法；“中国学”则是一门相对年轻的学问，更注重学术研究对于现实的观照性意义。从学术功能讲，“汉学”是一种独立于现实之外的书斋式学问，是一种“钻故纸堆”的纯学术；“中国学”则注重对现实的关注，肩负为政府提供政策咨询的任务，甚至可以被称为政府的“智库”。②

三

由于理解不同、认识分歧、概念混乱，面对“海外汉学”还是“海外中国学”的定位，国内学术界一直争论不休，导致两者并存、各设机构、各办期刊、各开会议、各吹各调。

（一）海外汉学研究机构

早在1992年，清华大学就设立了清华大学国际汉学研究所。1996年9月，北京外国语大学海外汉学研究中心成立，这是全国高校第一个研究海外汉学的实体机构。北京大学教授季羡林先生、任继愈先生和中国文化书院院长、北京大学哲学系教授汤一介先生应聘担任这个中心的名誉顾问。该中心以海外汉学的发展和现状为研究对象，其根本任务是对海外中国问题和中国文化的研究进行反研究，探索中国文化在海外传播的历史、特点、方式及其规律，以便更深入地促进中国与世界各国的文化交流和合作。此后类似的汉学研究机构在全国重要高校中相继成立。

---

① 周晓虹：《“中国研究”的国际视野和本土意义》，《学术月刊》2010年第9期。

② 王荣华、黄仁伟：《中国学研究：现状、趋势与意义》，学林出版社2007年版，第4页。

2009年12月8日，北京大学成立国际汉学家研修基地，由中央文史研究馆馆长、北京大学文科资深教授、著名学者袁行霈先生担任主任，北京大学文、史、哲、考古等学科的一流学者任基地主任助理与各委员会执行委员。基地的学术活动主要有几方面：一是邀请国外著名汉学家前来进行研究，并组织学术考察、学术讲座、学术交流及学术会议等活动；二是组织翻译并向海外介绍中国的传统经典和国内优秀的学术论著，如《中华文明史》翻译项目和《五经》翻译项目；三是收集整理国际汉学家研究论著及海外传存的汉学典籍，建立特色鲜明、收藏完备的一流国际汉学图书资料中心，以弥补多年来国内各大图书馆收藏之缺失；四是编辑期刊《国际汉学研究通讯》，一方面介绍西方汉学研究前沿，另一方面把国内研究状况介绍给海外汉学界。

（二）**海外中国学研究机构**

1975年，中国社会科学院情报研究所组建了"国外中国学研究室"，成为我国学术界开展国外中国学研究的最早机构。1985年，北京大学古文献研究所建立"国际中国学研究室"，开始招收国际中国学方向的硕士研究生；1994年，北京大学比较文学研究所开始招收国际中国学方向的博士研究生。国内各大学和社科院系统也纷纷成立了研究机构：四川外国语学院"国外中国学研究所"（1991年11月）、华东师范大学"海外中国学研究中心"（1996年3月）、中国社会科学院"国外中国学研究中心"（2004年2月）、复旦大学中国学研究中心（2010年12月）、上海社会科学院"世界中国学研究所"（2012年11月）、北京联合大学"海外中国学研究中心"（2012年11月）。其中华东师范大学的"海外中国学研究中心"设有"海外中国学史"硕士和博士研究生课程，与北京大学呼应，成为一南一北海外中国学研究人才培养的重要基地。2010年浙江大学设中国学专业，成为国内首个面向留学生的本科专业。

（三）学术期刊与学术会议

《国际汉学》是国内改革开放以来第一份以研究海外汉学为主旨的学术刊物，创办于1995年，由著名学者任继愈创办并亲任主编。编辑部设立在北京外国语大学中国海外汉学研究中心，自2012年开始由原来的半年刊改为季刊，张西平任主编。《世界汉学》1998年5月正式出版，它以研究世界各国汉学的历史与传统、理念与方法，介绍汉学家、汉学著作和汉学机构，传递汉学研究最新讯息为主要内容。欧、美、日、新加坡及中国台湾、香港等20多个国家和地区的汉学机构参与合作，许多著名汉学家担任国际编委，由中国艺术研究院中国文化研究所编辑，刘梦溪任主编。《国际汉学集刊》2004年创刊，由陕西师范大学国际汉学研究所主办，陈学超任主编。此外还有龙巴尔（法）、李学勤（中）主编的《法国汉学》，阎纯德主编的《汉学研究》，朱立元、陈光磊主编的《汉学论丛》，等等，成为汉学研究机构公开发表学术成果的专业学术阵地。

20世纪90年代以来，国内海外汉学研究机构组织召开多次国际学术会议：1995年1月，中国社会科学院在海南召开的大陆首次“中国国际汉学研讨会”；1997年1月，清华大学国际汉学研究所主办的“二十世纪国际汉学及其对中国的影响”国际学术研讨会；1998年5月，北京大学中国传统文化研究中心主办的“汉学研究国际会议”。此后，东亚汉学学会和陕西师范大学国际汉学院共同主办了两届“东亚汉学研讨会”；浙江大学与丹麦哥本哈根大学、英国杜伦大学等主办了两届“杭州海外汉学与中外文化交流国际研讨会”；国家“汉办”和中国人民大学共同主办了三届世界汉学大会，围绕“文明对话与和谐世界”（2007）、“汉学与跨文化交流”（2009）、“汉学与当今世界”（2012）展开讨论，具有广泛的国际学术影响力，成为沟通中国主流学术与海外汉学研究的重要论坛。

《中国学研究》（1997）由复旦大学主办，吴兆路等主编。内容涉及中国文学、语言学、历史学、哲学和宗教学的论文，每年一辑。《海外中国学评论》（2006）是由华东师范大学海外中国学研究中心编辑出版，朱政惠担任主编，主要刊载有关海外中国学家、海外中国学名著、海外中国学研究思潮、海外中国学发展史、海外中国学档案、海外中国学文献、海外中国学研究学科建设的论文、译文及其书评等。《中国学》(2012)是由上海世界中国学论坛主办、世界中国学研究所编辑的大型学术辑刊,周武担任执行主编。辑刊以繁荣和发展世界中国学研究、促进海内外中国学研究的对话与交流为己任,发表世界中国学研究的最新中外文成果,鼓励观点创新,提倡学术争鸣。内容涉及文学、历史、哲学、政治、经济、社会、国际关系等学科,尤其关注当代中国研究,设有"特稿""对话""历史人文""当代聚焦""中国与世界""重读大师""书评"等栏目。

2000年以来,国内海外中国学研究机构组织召开多次国际学术会议:2008年6月,由华东师范大学海外中国学研究中心和历史系联合主办的"二十世纪上半叶美国中国学"学术研讨会在上海召开;2010年4月,由中国俄语教学研究会与四川外语学院联合举办的"俄罗斯中国学"国际学术研讨会在重庆召开;2011年9月,由中国北京语言大学汉学研究所和日本日中人文社会科学学会联合主办的"东亚视野下的中国学研究"国际学术研讨会在北京召开。

特别要指出的是,上海社会科学院主办的世界中国学论坛,已成功举办四届。论坛弘扬中国文化传统精神,将"和"的理念与当代中国发展进程相结合,分别以"和而不同"(2004)、"和谐和平"(2006)、"和衷共济"(2008)、"和合共生"(2010)为主题,探讨中国研究的历史、现状和趋势,认识当代中国发展的世界意义以及21世纪全球挑战与可持续发展等重大议题。累计有来自30个国家和地区的近450名海外学者和500余名中国大陆学者到会参加学术讨论,同时50多个外交机构和智库的代表与会。论坛已成为具有世界影响力的中国学研究交流平台,受到国内外学术界的高度评价。

(四)学术特点和成果

国内的研究机构基于自身的学科优势和学术背景,各自选择了一些研究领域,采用了跨学科的方法、比较研究的方法、社会科学的方法、后殖民主义、后现代主义理论与方法，形成了一些比较突出的学术特点。如“清华大学国际汉学研究所把海外中国学研究作为学术史研究的一部分，重点研究中国学术思想在海外的传播和发展；北京大学以比较文学和比较文化研究为出发点，强调文化现象的比较分析，探索中国文化域外传递的轨迹和方式，以及进入对象国后的发展变化；北京外国语大学、北京语言大学则依托语言优势，做了大量译介工作；华东师范大学海外中国学研究中心则把该研究作为史学理论和史学史的一个分支。”①

近30年来中国学者对海外中国学研究的成果丰硕，特别是从国别和专题切入的研究，取得了突破性的进展。北京大学严绍璗教授以《日本的中国学家》《日本中国学史》《日本中国学史稿》为代表，从事“日本中国学”学科史的建设；以《汉籍在日本流布的研究》《日本藏汉籍珍本追踪纪实》《日藏汉籍善本书目》为代表，从事“国际汉籍文献学”的建设。由于他的多年努力，从而奠定了北京大学在“日本中国学”学科史方面的地位。中国社会科学院耿昇研究员，多年来从事中法关系史研究，侧重于明清之际入华耶稣会士与中西文化交流方面的翻译与研究。在中亚史方面，涉及敦煌学、突厥学、藏学、蒙古学诸领域。在法国汉学方面，主要译介《法国中国学的历史与现状》《耶稣会士中国书简集》《法国敦煌学精粹》《法国藏学精粹》等汉学家的名著与研究动态。1995年获得法国政府文化艺术勋章。华东师范大学海外中国学研究中心朱政惠教授，主要进行海外中国学史、中外史学比较等方向的学术研究，代表作有《美国中国学史研究——海外中国学探索的理论与实践》《史华慈学谱》等学术专著。《史华慈学谱》具体记录了史华慈学术研究的生涯，以及与此相关的诸多学案和学术思想。由于主要文献资料采自哈佛大学档案馆，所以这本书对于了解美国中国学史、队伍状况、发展特点，以及中美关系、中美学术交流的演变都有重要参考价值。北京外国语大学中国海外汉学研究中心张西平教授，主要从事明清中西文化交流史、中国基督教史、西方汉学史研究，代表作有《传教士汉学研究》、《西方汉学十六讲》（主编）。《西方汉学十六

① 张效民：《海外中国学研究学科建设刍议》，《国际汉学》第22辑，大象出版社2012年版。

讲》是国内第一本系统介绍西方汉学发展史的专业性教材,涵盖了意大利、法国、美国等 15 个西方国家的汉学发展史,脉络清晰,内容翔实,还原了西方汉学发展的历史面貌,所以成为 2002 年北京市高等教育精品教材建设项目。清华大学历史系张国刚教授的《德国的汉学研究》、南开大学外国语学院阎国栋教授的《俄国汉学史》、同济大学政治与国际关系学院仇华飞教授的《美国的中国学研究》等,都做了扎实而有价值的学术研究。此外,"北京大学二十世纪中国学研究文库""列国汉学史书系""海外中国学史研究丛书"已经出版、即将出版的书目,也集中了一批中国学者对"海外汉学"和"海外中国学"研究的最新成果。

面对海外中国学研究的大机遇期,国内诸多学术机构都在参与,诸多学科都在介入,已形成跨学科、多学科研究的态势。但缺少系统性和整体性,研究力量没有得到整合,知识谱系亟待梳理,学科建设还没有受到应有的重视。"现在的中国学研究基本上局限于一个个点上,或者一条条线上,在点和线上,的确有不少非常出色的研究成果,但对于中国整体而言,这些点和线都是零散的,不成系统的,它们所体现的仅仅是'局部的深刻',如何在这些已描画出的点和线的基础上,绘制出中国的整体地图,形成对中国更全面、完整的看法,就是一项非常艰巨的研究工作。"①

四

中国的经济正在崛起,但中国的文化影响力却有很大的差距。改革开放初期,中国改变了"文革"式的话语体系,社会才进入思想解放、改革开放的大浪潮。但是 30 年之后,中国的改革开放进入攻坚期、深水期,可我们的话语体系中却包含了很多套话、空话、官话,把改革的锐气磨蚀掉了。近年来,国际上对中国的骂声不绝、花样翻新:"中国发展掺水论""中国不可持续论""中国崩溃论""中国威胁论"等。之所以出现这样的局面,一个重要的原因,就是我们没有形成具有比较

---

① 周武:《世界聚集中国:中国学在海外》,《光明日报》2007 年 6 月 10 日。

强大的辐射力、亲和力、说服力的“学术话语权”，中国在世界上的道义感召力和价值引导力还相当薄弱。

有人讲过，1949年我们解决了挨打的问题，改革开放解决了挨饿的问题，现在要解决挨骂的问题。不少学者赞同用“中国学”的概念来构建中国学术话语体系：一方面它可以覆盖中国文化的很多领域，如国学、藏学、西夏学、敦煌学、突厥学、蒙古学、“当代中国学”等，以及中国疆域范围内的少数民族文化；另一方面它与国际学术界接轨，民族、国家的边界和学科边界似乎统一，如研究古印度文化的学科称印度学、研究美国社会文化的学科称美国学。简而言之，“中国学”就是研究中国的学问，是以中国和整个中华民族为研究对象的学问。当然，“中国学”不是传统的国学，它“是对传统文化的扬弃和发展”；“中国学”也不是传统的汉学，“应该强调与中国伟大和丰富的社会经济实践相结合”；“中国学”也不是海外中国学，“而应该更加发展基于本土的中国学”。①

“中国学”何以本土化？我以为需要特别重视四个问题：

第一，要破除“欧洲中心论”的思维方式。“欧洲中心论”（或称“西方中心主义”）曾经在西方学术界相当流行，把欧洲（主要是西欧）的历史看作世界历史发展的主轴和主要动力，“欧洲的一切都是普遍的”；“把自己看成是若干文明之中最卓越的文明，认为自己是‘文明’世界”，并把这种长期积淀的文明优越论、价值观和偏见“强加于人”，②形成“话语霸权”。“欧洲中心论”的思维方式，就是把西方社会的文化价值观和发展道路普遍化的思维模式。中国学术界在20世纪相当长的时间内，对西方理论就是盲目信从和生搬硬套，从而产生一味模仿的“汉学心态”③和唯汉学是尊的“汉学主义”④风气。“资本主义萌芽”理论就是一种典型的

① 任远：《国家文化发展战略与发展当代中国学》，人民网2012年10月9日。

② 伊曼纽尔·沃勒斯坦：《“欧洲中心论”及其表现：社会科学的困境》，马万利译，《史学理论与史学史学刊·2002年卷》，社会科学文献出版社2003年版。

③ 温儒敏：《谈谈困扰现代文学研究的几个问题》，《文学评论》2007年第2期。

④ 顾明栋：《汉学与汉学主义：中国研究之批判》，《东南学术》2010年第1期。

"西方中心论",它将近代英国走过的经济变迁道路视为普适性的经验,因此将中国经济史的研究定位在寻找这种"普遍道路"发生发展的蛛丝马迹,或者考问它为什么没能在中国发生的原因上。李伯重教授批评说:"许多研究者真正关心的,并不是'中国究竟发生了什么变化',而是'中国应当发生什么变化'和'中国为什么没有发生它应当发生的变化'。换言之,他们最感兴趣的是如何用近代西方的标准去评判中国的过去和预测中国的未来,而非解释中国过去的实际。"①

即便在今天的学术研究中,我们仍大量使用来自西方的知识体系,用西方的逻辑、观点解释中国与世界。学术主体性的严重丧失,导致我们在用以观察中国和世界的理论中,处于"双重失语危机"。郑杭生教授针对社会学存在的问题指出:"一方面,面对现实的'失语',既难以合理解释中国社会所发生的深刻变迁,更无法科学指引甚至只能误导中国社会转型的未来走向;另一方面,面对世界社会学同行的'失语',除了充当西方学者的'复印机'或'留声机',缺乏与他们进行实质性交流和对话的能力。"②

第二,要提升中国的学术话语权。这里包含三层意思:一是批判性地反思西方话语、解构种种学术神话,这是"中国学"本土化的前提。这就需要对原有的理论和方法进行检验或修正。二是重新回顾中国的文化传统,重视中国原始经典的研究,发掘具有新的普遍世界意义、代表未来人类发展方向的思想资源,这是"中国学"本土化的重心。任何可以称为经典的作品,都有其反映人类普世价值观的内涵。"但丁、莎士比亚、雨果、歌德、托尔斯泰、萨特、卡夫卡等经典作家,既是西方的,也是东方的、世界的;孔子、庄子、李白、杜甫、曹雪芹、鲁迅既是中国的、东方的,也是西方的、世界的,并且是当代的。因此《论语》中'仁者爱人'思想,释典中普度众生的人生关怀,《老子》和《庄子》中反对过度社会化对人性的扭曲与异化,提倡自然的学说,越千年而活到现在,仍对世界思想产生着重大影响。"③这就要

---

① 李伯重:《理论、方法、发展趋势:中国经济史研究新探》,清华大学出版社2002年版,第16页。

② 郑杭生:《"中国故事"期待学术话语支撑》,《人民论坛》2012年第4期。

③ 詹福瑞:《"经典"的属性及价值》,《文艺研究》2012年第8期。

求我们要以自信的姿态积极与西方学者对话，力争以我们自己独特的方式参与，赋予原有理论和方法以新的内涵。三是聚焦“中国问题”，坚守“中国立场”，创新“中国视域”，总结“中国经验”，诠释“中国道路”，善于“在中国发现历史”，①这是“中国学”本土化的目标。这就要求我们重新建构更为切合本土实际情况问题的理论和方法。

由于全球化的深入发展，今天“整个世界正在变成一个单一的场所的过程”②，地球已经成为相互影响的文化村落。人类既紧密联系又相互纠结，文化上更是面临“全球化”与“现代化”的悖论，“全球化”与“本土化”的悖论，“全球化”与“多样化”的悖论。不过，真正意义上的“全球化”，不会是单一的文明、特定的模式、“同质化”的简单叠加。因此，我们强调“中国学”的本土化，决不意味着要搞民族文化自我中心主义；我们重视“中国学”的本土意义，决不会排斥国际化的学术视野。简而言之，本土化对我们的要求无非是两条：批判地吸收，创造性地思考。

第三，要加强对当代中国的“历史叙事”研究。在后现代史学的冲击下，曾几何时，对史学研究中宏大叙事（Grand Narrative）的摒弃成为新旧史学分离的标志，取而代之的则是“碎片化”的微观史研究。然而面对中国崛起的“大历史”“大变革”“大脉络”“大趋势”，一味求窄、求细、求小的微观史研究显得极不相称，它没有足够的能力来理解和诠释当今中国正在发生的重大转型。要回答中国是什么，已经或正在“发生”什么，以及为什么“会发生”，这就必须以真实的中国为研究对象，必须从宏观入手，通过公正、客观、科学的分析、论证，尽可能地“重现”与“还原”历史事实。“一个整体的中国，绝不是由一块块碎片缀补而成的，它需要宏大的结构作为支撑。”③克服“碎片化”的途径就是回归总体史，而“要实现‘总体史’追求，研究者至少需要把握三个方面的内容：一是要有鲜明的问题意识，二是重视

① 保罗·柯文：《在中国发现历史：中国中心观在美国的兴起》，林同奇译者代序，中华书局2002年版。

② 詹姆斯·米特尔曼：《全球化综合症》，刘得手译，新华出版社2002年版，第4页。

③ 王学典、郭震旦：《历史书写仍需宏大叙事》，《北京日报》2012年11月12日。

'长时段',三是以历史学为本位的多学科交叉"①。

我们应该汲取中国"历史叙事"求真向上、经世致用的理论精华,适当借鉴"宏大叙事"的结构和方式,改变重视条块而忽视全局、重视现象而忽视现实的弊端,从零碎的"中国现象"研究转向系统的"中国实践""中国道路"研究。中国社会转型的实践是我们搭建新结构、新框架、新理论的土壤和源泉,是我们的命脉所在。

第四,要提高"中国话语"的吸引力。文化的魅力不在于宣传,而在于吸引力。面对中国崛起产生的影响,世界不同声音的反馈,我们必须直面所有问题,以理性、生动的声音和朴实、有效的学术话语,做出回应和解释。这种回应和解释,不仅中国人可以理解,外国人也可以理解。本土化的中国学,必须关注学术的大众化。今天的大众,不仅需要了解经典,了解历史,更需要从中国社会转型的视角去阅读世界。所以,学者的一项重要任务是让一流的学术走进大众的视野,成为经世致用的显学。只有大众接受,观点才会有张力;只有大众接受,思想才会站起来。本土化的"中国学",必须关注学术的国际化。"用外国人能够听得懂、听得进的语言,讲述中国故事,介绍中国现实,解释中国原因,展示中国形象,从而使他们增加对中国的了解、理解和赞同,使中国理念在世界上得到更大传播,使中国形象在世界上更加亲和。"②

总而言之,本土化的中国学,不应该是艰深晦涩的理论,不应该用曲高和寡去诠释,更不应该将其搁置于暗室尘封当中。本土化的"中国学"在强调专业性、深刻性、国际性的同时,不能忽视了实用性、大众性和可读性。本土化的"中国学"还必须适当地改变一下学术已有的文化形象和叙述方式,要善于讲故事、讲事例、讲实际,增加亲和力、感染力和说服力;要吸取民间话语,增加人文精神,展现人文魅力。

原载于《四川大学学报》2013年第3期

① 行龙:《克服"碎片化" 回归总体史》,《近代史研究》2012年第4期。

② 李忠杰:《谈中国话语体系的科学化大众化国际化》,《北京日报》2012年5月14日。

互联网驱动的青年与社会变革

互联网起源于美国国防部高等研究计划局(Advanced Research Projects Agency,简称 ARPA)建造的阿帕网。1969 年,ARPA 建造了名为阿帕网(Arpanet)的计算机网络,连接了美国各大院校、政府机构和国防承包商的电脑主机,标志着互联网的正式诞生。1991 年 8 月,美国正式将互联网技术由军用转为民用,由此引发了全球互联网热潮,人类生活开始发生了天翻地覆的变化。美国加州大学洛杉矶分校信息研究系主任克里斯廷 · L. 博格曼在《从古腾堡到全球信息基础设施》前言中评价:互联网是自 600 年前古腾堡发明印刷术以来人类交流史上最伟大的进步。世界经济论坛的创始人兼执行主席克劳斯 · 施瓦布在最新力作《第四次工业革命》中认为:"第三次工业革命始于 20 世纪 60 年代。这一次革命通常被称为计算机革命、数字革命,因为催生这场革命的是半导体技术、大型计算机(60 年代)、个人计算机(七八十年代)和互联网(90 年代)的发展……纺锤是第一次工业革命的标志,它走出欧洲、走向世界花了 120 年。相比之下,互联网仅用了不到 10 年的时间,便传到了世界各个角落。"①

---

① 克劳斯 · 施瓦布著:《第四次工业革命》,李菁译,中信出版集团 2016 年版,第 4—5 页。

一、互联网浪潮与青年创业

1994年4月20日,NCFC工程①通过美国Sprint公司连接Internet的一条64K国际专线开通,实现了中国与国际互联网的全功能连接,从此中国被国际上正式承认为第77个真正拥有全功能互联网的国家。此事被国家统计公报列为中国1994年重大科技成就之一。

1. 互联网创业浪潮:1994—2000年

1994年5月,中国科学院高能物理研究所设立国内第一个Web服务器,推出中国首套介绍高科技发展的网页,这成为中国利用国际互联网发布信息的主要渠道之一。1995年4月,中国科学院启动京外单位联网工程(简称"百所联网"工程),其目标是在北京地区已经入网的30多个研究所的基础上把网络扩展到全国24个城市,实现国内各学术机构的计算机互联并和国际互联网相连。在此基础上,网络不断扩展,逐步连接了中国科学院以外的一批科研院所和科技单位,成为一个面向科技用户、科技管理部门及与科技有关的政府部门服务的全国性网络,并改名为"中国科技网"。

1996年早春,北京中关村南大街竖起了一块硕大的广告牌,上书"中国人离信息高速公路有多远——向北1500米"。这是一个名叫张树新的女性创办的瀛海威公司所策划的中国互联网史上第一个商业项目。这句极具诱惑力的广告词使"瀛海威时空"如日中天。1997年2月,瀛海威公司全国大网开通,成为中国最早也是最大的民营互联网服务供应商。然而"出师未捷身先死",1998年6月张树新辞职,成为"中国互联网的先烈",在黎明到来之前离去,显得非常之悲壮,这

① 由中国科学院主持,联合北京大学、清华大学共同实施的"中关村地区教育与科研示范网络项目"(被国家计委列入"世界银行贷款重点学科发展项目"),被世界银行命名为National Computing and Networking Facility of China,简称NCFC。

令人唏嘘不已。但不管怎么说,张树新作为中国互联网的先驱,最早在国内扛起网络服务大旗,为 Internet 在中国的普及做出了贡献。

1996 年,张朝阳在 MIT 媒体实验室主任尼葛洛庞帝教授和 MIT 斯隆商学院爱德华·罗伯特教授的风险投资支持下创建了爱特信公司,成为中国第一家用风险投资资金建立的互联网公司。1998 年 2 月,爱特信正式推出搜狐产品,并更名为搜狐公司。

1997 年 5 月,丁磊创办了网易公司。1998 年 11 月,马化腾与同学张志东在深圳成立腾讯计算机系统有限公司。1998 年 12 月,王志东带领四通在线完成了与美国华渊资讯的合并,创建新浪网。1999 年 3 月,马云正式辞去公职,带领被称为"18 罗汉"的团队在杭州开始了新一轮创业,开发阿里巴巴网站。1999 年 3 月,邢明创建天涯社区。1999 年 11 月,陈天桥创立了盛大网络有限责任公司。1999 年底,李彦宏辞掉美国硅谷高薪工作,回国创建了百度公司。

1998 年 11 月,李开复接受微软总裁比尔·盖茨的委托,来中国创办了微软中国研究院,进行人工智能、虚拟现实、人脸识别等前沿技术的研究。李开复为首任院长,张亚勤、沈向洋、洪小文先后继任。2001 年微软中国研究院升级为微软亚洲研究院,这里是百度总裁张亚勤、阿里云之父王坚、金山软件 CEO 张宏江、小米总裁林斌等人的摇篮,从这里走出的 500 多人活跃在中国 IT 产业的各大企业,100 多人执教于中国一流大学,所以被人称为"中国互联网的黄埔军校"①。

1999 年 7 月,香港人叶克勇创办的中华网在美国纳斯达克上市,当时的成功甚至超出预想。它的成功上市,第一次让风险投资看到了中国市场的巨大商机,带动了新浪、搜狐、网易三大门户网站 2000 年在纳斯达克上市的热潮,由此揭开了"中国概念股"进军世界资本市场新时代的序幕。那是一个激情燃烧的岁月,互联网作为一种新的开放力量出现,吸引了许多年轻人投身于这个行业,网络公司如雨后春笋般冒出来。这一年,网站并购多不胜数:搜狐并购 ChinaRen,联想并

---

① 王晶晶:《中国互联网的黄埔军校》,《人物》2016 年第 7 期。

购赢时通,Tom 并购 163. net,携程网收购国内最大的订房中心现代运通公司,盈动并购香港电讯……同时,第九城市、263 首都在线、中华英才网等都是. com 大潮中的水滴,在互联网这个平台上汇聚。① 在这股互联网创业浪潮中,有四个特点值得注意。第一,互联网企业的创建者当年都很年轻,风华正茂,敢想敢干,张树新 32 岁,张朝阳 32 岁,丁磊 26 岁,马化腾 27 岁,王志东 31 岁,马云 35 岁,邢明 31 岁,陈天桥 26 岁,李彦宏 31 岁。第二,互联网企业的创建者大多是“理工男”,学理工科出身又拥有高智商。第三,互联网企业的创建者大多下海较早,在商海中摸爬滚打,积累了丰富的经验。第四,互联网企业的创建者或接触 Internet 较早,或出国留学,眼界开阔,胆识过人,敢于引入国际风险投资。

2. 互联网电子商务浪潮:2001—2013 年

2000 年对互联网来说,正如狄更斯在《双城记》开篇写的话:这是光明的季节,这是黑暗的季节;这是希望之春,这是失望之冬;我们正踏上天堂之路,我们正走向地狱之门。当人们还沉浸在互联网制造的“暴富速成”神话之时,一个幽灵正在纽约上空徘徊。随着以科技股为代表的纳斯达克股市的崩盘和“网络泡沫”的破灭,全球互联网产业进入了严冬。“‘多米诺骨牌’效应带动 IT 产业集体下滑,市场一片低迷。据 Webmergers 统计,2000 年的泡沫破灭,令全球至少有 4854 家互联网公司被并购或者关门。”②中国互联网狂飙突进的泡沫突然破灭,赴美上市的几大互联网公司都遭遇了重大打击,其他商务网站更是尸横遍野。

在整个互联网产业进入窒息状态,似乎大家都要靠“憋住气”来比生存的时候。2000 年 6 月 21 日中国电子商务协会成立。2001 年 5 月 25 日中国互联网协会成立,标志着中国电子商务进入规范、有序的发展阶段。经过严峻的市场考验,电子商务网站开始务实经营,一种以互联网为架构、以交易双方为主体、以网上支

① 马荟:《2000:大起大落》,《互联网周刊》2008 年第 20 期。

② 方兴东、潘可武等:《中国互联网 20 年:三次浪潮和三大创新》,《当代中国史研究》2014 年第 5 期。

付和结算为手段、以客户信息数据库为依托的新的商务模式迅速发展。2003 年 5 月 10 日,阿里巴巴推出个人电子网站淘宝网,10 月推出“支付宝担保交易模式”,使消费者对淘宝网上的交易产生信任。2004 年,推出“淘宝旺旺”,将即时聊天工具和网络购物联系起来。2005 年 5 月,淘宝网超越日本雅虎,成为亚洲最大的网络购物平台。2007 年阿里巴巴在香港上市,首日股价收盘逼近 40 港元,市场价值达到 250 亿美元,一举超越腾讯和百度两大公司。2009 年,淘宝网已成为中国最大的综合卖场,全年交易额达到 2083 亿元。

2004 年,30 岁的刘强东创办“京东多媒体网”(京东商城的前身),并出任 CEO。2007 年京东获得第一笔融资,由此进入发展的快车道。京东商城能够在众多的电子商务企业中脱颖而出,物流配送、仓储管理是其最大的竞争优势。截至 2015 年 6 月,京东在全国拥有 7 大物流中心,在全国 44 座城市运营 166 个大型仓库,拥有 4142 个配送站和自提点,覆盖全国 2043 个县区。目前,京东商城已成为中国最大的自营式电商企业,而业务也从电子商务扩展至金融、技术领域,拥有近 12 万名员工,跻身全球前十大互联网公司排行榜。

随着互联网的不断发展,资源配置效率的不断提高,受众消费习惯的不断培养,电子商务的触角早已延伸至我们生活的方方面面,从餐饮、医疗、旅游等日常生活消费到汽车、房屋等大型商品的消费。

中国素有“民以食为天”之说。不过在互联网时代,餐饮企业比拼的平台已经从厨房和门店转移到键盘、电话线和车轮上。年轻的大学生、白领坐在寝室或者办公室,只要敲打几下键盘,在约定的时间内就有一份美食送到门口。餐饮外卖已经成了时下 O2O 战场最火的领域之一,3 公里、30 分钟保温、保鲜速递,满足你对时间、温度的所有要求。诸如美团外卖、百度外卖、饿了么、口碑外卖、大众点评、我有我卖、易淘食、点我吧等。大的外卖平台都有非常雄厚的投资背景,比如百度的百度外卖,背靠阿里的美团外卖,腾讯间接投资的饿了么,小米直接投资的我有外卖。这些平台一方面创造了很多新的外卖商户,另一方面也为传统餐厅增加了客流。有人认为,它们都是这些商业巨头手中的一颗棋子,是在他们庞大的身形下挖的一条护城河。实际上,这些互联网巨头并不是看上了赚外卖的钱,他们看上的是同城物流。这需要大体量的业务进行支撑,而外卖是整个市场里体量最大的业务,如果能够把外卖的时间问题解决了,那么商超、便利店、生鲜等的问题便迎刃而解。

2008 年,28 岁的王宇翔创办豆果美食,经过 3 年的努力使豆果美食成为国内首家发现、分享、交流美食的互动平台,2011 年先后获得盛大资本的投资和纪源资本的融资。2012 年,在移动客户端上先后推出了 Android 客户端和 iPhone 客户端。2013 年,豆果美食参与东方卫视《顶级厨师》、央视《味觉大战》等美食类节目合作,积极拓展媒体渠道。2014 年,豆果美食正式推出 5. 0 版本,并宣布 APP 客户端下载量超过 7500 万,日活跃用户超过 200 万。豆果美食的用户群体以 25—35 岁的年轻人为主,其中女性用户占到 80%。“在这里,家庭主妇可以变身美食达人,食谱整理癖有机会凭借爱好著书立说。独特的商业基因使得豆果美食成为一个具有持续盈利能力的互动社区。”①豆果美食虽拥有超过 40 万个食谱,但同质化严重,与美食杰、好豆网、下厨房、优食汇、美食天下等 APP 的竞争激烈。为改变行业同质化的竞争业态,豆果美食正展开“食谱+社群+电子商务”的布局,将食谱与电商打通,去撬动互动社区的厨房经济。

陈皎皎原是《新视线》杂志的主编,丈夫是创意总监,一个负责内容,一个负责视觉,是所有媒体人眼中的时尚夫妻。可在 29 岁时,陈皎皎拉着丈夫一起创立了良仓:生活美学指南,一个蛮有腔调的网上交易平台。这个平台包括五个部分:媒体、社区、电商、产品孵化、线下体验空间。简约的设计、精致的配图、淡雅的文字,让良仓看上去像是一份倡导高品质生活的杂志。2013 年良仓上线,因其“传播故事和价值”的理念吸引了大量优秀设计师的目光,很快聚集了国内外的 500 多个品牌和设计师。良仓不是一个草根市场或大众市场,而是一个分众市场或精致市场,围绕中产阶级的理想生活方式提供高品质的服务。在这个平台上,既有

① 天下网商:《下一代电商》,浙江大学出版社 2016 年版,第 188 页。

意见领袖的分享推荐,又有文化名流对生活、艺术的爱憎褒贬,还有朋友圈“邂逅式的相遇感”,更有与一些明星、设计师合作互动的机会。前卫理念,时尚追求,精准平台,口碑效应和明星效应的双重叠加,使良仓在互联网上闹了场美学革命,从而使许多人开始喜欢上了这个集分享社区、线上杂志、良品商店为一体的电商平台,感受到美学也是生产力的魅力。

2012 年 6 月,29 岁的程维从支付宝离职并创立了小桔科技,创业项目是做智能出行的应用——滴滴打车。3 个月后,滴滴打车 APP 上线。上线当日,全北京只有 16 个出租车司机在线,前景暗淡。一般创业者也许就偃旗息鼓了,可程维选择了坚持。作为一家移动互联网公司,滴滴打车在线建立了一支强大的技术开发团队,滴滴打车 APP 在短时间内进行了多次完善升级,不断推出新的改进版本。这一独特的战略决策使滴滴打车仅用了不到一年的时间,便成为打车市场中的领先者,并不断得到资本市场的认可和青睐。2012 年 12 月,滴滴打车获得了 A 轮金沙江创投 300 万美元的融资;2013 年 4 月,滴滴打车获得了 B 轮腾讯公司 1500 万美元的融资。随着腾讯公司介入滴滴,阿里巴巴介入快的,两家公司短兵相接、狼烟四起。你补十块,我补十一;杀敌一千,自损八百;轮流抬高补贴,越打越凶,双方烧掉 20 多亿元,堪称惨烈。“这是一场‘支付+红包’大战,这是出行排行第一和第二公司的一场决斗,更是互联网两巨头你来我往、不断攻守转换的一次交手,凌厉、果敢又绵里藏刀。打到中途,真的不知道怎么收手了,谁也不好意思先喊停。神仙打架的事,其他人也不好插手,只能看他们有钱任性。”①滴滴公司员工的平均年龄只有 27 岁,年轻、体力好,补贴大战进入白热化的时候,整个技术团队杀红了眼,连熬五天五宿不下楼,连续作战,使出洪荒之力,取得了攻城拔寨的胜利,从而也造就了一支特别能吃苦、特别能战斗的队伍。2015 年情人节,滴滴与快的这对冤家以史无前例的速度完成了合并,4000 多人的团队没有一个核心员工离职,令人吃惊。经历血与火的洗礼,滴滴已成为涵盖出租车、专车、快车、顺

---

① 程维、柳青等:《滴滴:分享经济改变中国》,人民邮电出版社 2016 年版,第 104 页。

风车、代驾、巴士、试驾等多条业务线的一站式出行平台，用户规模超过 3 亿，各类司机达到 1500 万，覆盖 400 多个城市，日订单量突破 1000 万。仅用短短的 4 年时间，滴滴从 80 万元创业资金到 2015 年底近 200 亿美元的估值，已发展成为全球最大的分享经济平台。

2013 年中国电子商务交易总额达到 10 万亿元，其中网络零售超过 1.8 万亿元，首次超越美国，成为网络零售第一大国。这一年，中国跨境电商进出口交易额达到 3.1 万亿元，同比增加 31.35%，交易模式也从 B2C（企业对消费者）转向 B2B（企业对企业）。跨境电商已经站到了资本市场的风口上，有望成为带动外贸增长的新引擎。

3. 互联网媒体融合浪潮：2014 年至今

“媒体融合”（Media Convergence）这一概念，最早由美国马萨诸塞州理工大学的浦尔教授在《自由的科技》一书中提出，其本义是指各种媒体呈现出多功能一体化的趋势。简单地说，媒体融合是指报纸、电视台、期刊等传统媒体与互联网、移动手机、数字电视等新兴媒体相互有效结合，资源共享，优势互补，并产生出一些新的信息产品，然后通过不同的信息平台传播给受众的过程。

2014 年被我国传媒界称为“媒体融合元年”，因为这一年 8 月 18 日中央全面深化改革领导小组通过了《关于推动传统媒体和新兴媒体融合发展的指导意见》，将媒体融合发展提升到了国家关注的层面。2015 年 7 月 4 日国务院印发《国务院关于积极推进“互联网+”行动的指导意见》，由此全国上下启动了“一场全覆盖的社会化创造性实验”。新华社评论说，“互联网+”行动计划的发布，标志着在全功能接入国际互联网 20 年后，“中国全面开启通往‘互联网+’时代的奇幻大门”。①

---

① 李斌、杨步月等：《当中国遇上“互联网+”——写在中国开启“互联网+”时代大门之际》，http://news.xinhuanet.com/fortune/2015-07/05/c_1115820337.htm。

第一,传统媒体加快转型。在媒体融合政策的推动下,传统媒体为了更好地争抢互联网尤其是移动互联网的用户,纷纷大力布局移动互联网。中国网络电视台(CNTV)全面部署多终端业务架构,拥有中央重点新闻网站——央视网,并建设网络电视、手机电视、移动电视、互联网电视、IP 电视等集成播控平台,通过部署全球网络视频分发系统,覆盖全球 210 多个国家及地区的互联网用户,并推出了英、西、法、阿、俄、韩 6 个外语频道以及蒙、藏、维、哈、朝 5 种少数民族语言频道,建立拥有全媒体、全覆盖传播体系的网络视听公共平台。

芒果 TV 是湖南广播电视台精心打造的互联网视频平台,独家提供湖南卫视所有栏目高清视频直播、点播,并为用户提供各类热门电影、电视剧、综艺、动漫、音乐、娱乐等内容。由于有强势内容产品的支撑,平台日均活跃用户超过 3500 万,日点击量峰值突破 1.37 亿次,移动端累计用户破 2 亿,累积 1 亿用户时间比微信少用 103 天。2015 年年收入近 10 亿,公司估值超过 70 亿。[①]

羊城晚报报业集团继成功开办羊城创意产业园之后,2015 年 1 月,又搭建了服务于"双创"的"创世代"平台。这个平台包括《创业园》报纸栏目、"创世代"微信公众号、"羊毛财经"网络视频频道等,重点挖掘华南地区一批优秀创业者、投资机构、孵化器,以文字、图片、视频、音频等多元形态,利用报纸、网站、微信、微博等丰富渠道进行跟踪报道。同时借助晚报的品牌影响力,举办创业沙龙、创业俱乐部、创业大赛等线下活动,为"双创"各方搭建对接的桥梁。2015 年 9 月,羊城晚报与腾讯共同打造的腾讯众创空间开园,将致力于建设全国首个"移动互联网生态树创业综合体",这标志着羊城晚报媒体融合转型之路进入快车道。

第二,跨界融合如火如荼。跨界融合让传统的新闻媒体不再局限于新闻供应商的角色,而是扩大了投资、收购可传递信息的范围和载体。2015 年 5 月凤凰传媒集团收购北京凤凰学易科技有限公司 51.80%的股权。此次投资虽然对公司业绩的贡献有限,但对于公司未来的在线教育布局立起了一个关键的支撑点,有利

---

① 吕焕斌:《湖南卫视和芒果 TV 的双引擎驱动》,慧聪网 2015 年 12 月 11 日。

于提升公司在在线教育方面的综合实力及整体竞争能力。2015 年 6 月郑州日报报业集团联手北京东方笑脸科技有限公司,共同打造了社区智能化管理平台“笑脸社区”,集成移动 APP、社区网站、多媒体终端一体机等多种智能终端,统筹物业、公交、社保等各类服务资源。

国内互联网巨头也抓住媒体融合的窗口期,以更加强势的姿态介入内容产业。新浪将读书频道分拆出去,整合微博读书、微漫画,成立了北京新浪阅读信息技术有限公司。腾讯收购盛大文学,收编起点中文网团队,启动创世中文网,并整合旗下读书频道、QQ 读书、QQ 书城等推出腾讯文学。百度推出原创文学网站多酷文学网,为用户提供涵盖玄幻、武侠、都市、历史、军事、游戏、竞技、灵异、科幻、言情、穿越等内容的文学,并实行二八分成,作者占大头,这对于网络作家来说,颇具吸引力。当下的互联网巨头们正加速跑马圈地,“由‘文学+阅读’延伸到‘文学+影视’‘文学+游戏’‘文学+社交’,以期上下游通吃。完善产业链,成就当前正热的 IP 经济”①。

国际互联网公司收购传统媒体的成功案例,催生了国内“倒整合”的浪潮,而在这一轮“倒整合”中,阿里巴巴身手敏捷、行动果敢,发挥了头狼效应:2013 年,投资《商业评论》、新浪微博;2014 年,投资文化中国、华数传媒、优酷土豆、虎嗅网、华谊兄弟;2015 年,投资光线传媒、无界新闻(与财讯集团、新疆网信办联合组建)、《北京青年报社区报》、《第一财经》、博雅天下、封面传媒(与四川日报报业集团成立的新媒体平台),收购香港《南华早报》。“阿里巴巴以电子商务起家,已经吸引了数以亿计的庞大用户群,之后进入互联网金融、泛娱乐产业、健康产业、传媒产业等,打造了一个正反馈的正强化生态系统。阿里巴巴通过在传媒业的一系列并购,已经成功在视频、社交媒体、传统媒体、电影业、新闻客户端等传媒业领域布局,传媒帝国已然成型。”②

---

① 朱寒冬:《“互联网+”出版的下一站精彩》,《出版广角》2015 年第 11 期。

② 郭全中、胡洁:《平静中听风雷:2015 年中国传媒业发展盘点》,《现代传播》2016 年第 2 期。

第三，自媒体的发展壮大。2003 年 7 月，美国新闻学会媒体中心发布了由谢因波曼与克里斯威理斯联合提出的“We Media”（自媒体）研究报告，对“自媒体”下了一个明确定义：“We Media 是普通大众经由数字科技强化、与全球知识体系相连之后，一种开始理解普通大众如何提供与分享他们本身的事实、他们本身的新闻的途径。”简而言之，自媒体是互联网打破传统媒体垄断、释放文化发展潜力之后的产物。普通大众不要特权、不要审批、不要成本，只需注册，就可以通过网络终端，在网络平台上发布自己的所见所闻。

2002 年，33 岁的方兴东和合作者王俊秀最先将 Blog 翻译成“博客”。2005 年，国内各门户网站如新浪、搜狐等也加入博客阵营。2008 年是博客的全盛期，彼时中国的博客用户数量达到 1 亿之巨。然而，到了 2009 年下半年，国内大批老牌微博产品（饭否、腾讯滔滔等）停止运营，一些新产品开始进入人们的视野。其中，新浪微博借助它强大的媒体属性横空出世，正式进入中文上网主流人群视野。从个人的生活琐事到体育运动盛事，再到社会上的突发事件，微博已经成为全国网民表达意愿、分享心情、舆论监督的重要渠道。截至 2013 年 6 月，中国微博用户规模达到 3. 31 亿，97%以上的中央政府部门、100%的省级政府和 98%以上的地市级政府部门开通了政府门户网站，政务微博认证账号超过 24 万个。仅微博每天发布和转发的信息就超过 2 亿条。[①] 微博的兴起标志着中国进入社交媒体时代。这一时期，微博上出现了一批粉丝达到百万级甚至千万级的大 V。2011 年 1 月 21 日腾讯推出微信，一个为智能终端提供即时通讯服务的免费应用程序。微信支持跨通信运营商、跨操作系统平台通过网络快速发送免费语音短信、视频、图片和文字，同时，也可以使用通过共享流媒体内容的资料和基于位置的社交插件，如“摇一摇”“附近的人”“朋友圈”“公众号”“语音记事本”等。微信创始人张小龙提出了一个新观点：微信是一种生活方式。

吴晓波 34 岁时成立的蓝狮子财经出版中心，是针对快速成长中的中国财经

---

① 蒋彦鑫：《政务微博认证账号超 24 万个》，《新京报》2013 年 11 月 29 日。

阅读市场而构建的独立图书（文本）策划出版机构。本着“只与最好的商业出版有关”之宗旨，蓝狮子开始了内容创业，出版了一批有影响的公司案例和企业家管理思想的图书，构建了自己的出版特色和体系，获得了巨大反响。蓝狮子研究过的中国公司包括万科、海尔、阿里巴巴、百度、中国平安、德隆、携程、苏宁、联想、腾讯、中兴通讯、酒鬼酒股份、招商局等，推出的代表性图书有《激荡三十年》《道路与梦想》《吴敬琏传》《解构德隆》《非常营销》《再造招商局》《这些年马云犯过的错》《我奋斗在最残酷的战场上》《大败局》《大企业病》等，聚拢了一批国内最优秀的财经作者，如陈志武、秦朔、叶檀、肖知兴、胡宏伟、胡泳、许知远、金错刀、徐明天、林军、程东沈、张翼、俞雷等，所有这一切造就了蓝狮子的品牌效应。2015 年 4 月皖新传媒用现金 1.57 亿元收购吴晓波领衔的蓝狮子公司 45%股权，成为其第一大股东。以此为契机，吴晓波联合创立了狮享家新媒体基金，重点投资自媒体。截至 2015 年 9 月，狮享家新媒体基金已经完成了对酒业家、B 座 12 楼、十点读书、餐饮老板内参、12 缸汽车、车早茶等微信公众号的投资，加上吴晓波频道，已完成近千万总订户的覆盖。

罗振宇从央视辞职成为自由职业者时，已经 35 岁。他倡导一种“U 盘化生存”的生存状态，个人不依附于任何组织，基于兴趣，打磨专能，与其他人进行时时协作，在市场中找到个人定位，即“自带信息、不装系统，随时插拔，自由协作”①。2012 年底，罗振宇与独立新媒体创始人申音合作打造自媒体视频脱口秀《罗辑思维》。罗辑思维定位为“知识运营商”，其口号是“有种、有趣、有料”，倡导独立、理性的思考，推崇自言自语与互联网思维。《罗辑思维》每周更新一期，以其丰满的知识品质和独特的个人语言表达风格，在互联网视频领域独树一帜。2013 年 8 月，罗辑思维公众平台已坐拥 50 万粉丝。当月，逻辑思维微信公众号推出微信会员收费制度，短短 6 个小时 5500 名会员名额被抢光，创收 160 万元，开创了互联网的一个神话。罗辑思维的微信订阅号用户已突破 530 万人，已逐渐延伸成为全

---

① 罗振宇：《我是个 U 盘化生存的手艺人》，搜狐网 2013 年 5 月 24 日。

新的互联网社群品牌，包括微信公众订阅号、知识类脱口秀视频及音频、会员体系、微商城、百度贴吧、微信群等具体互动形式，主要服务于“80后”、“90后”有“爱智求真、积极上进、自由阳光、人格健全”强烈需求的年轻人。2015年10月，罗辑思维完成B轮融资，估值13.2亿元人民币，将进一步加快发展步伐。

在中国，主流的自媒体平台主要分为四类：微信订阅号；门户自媒体专栏；百度百家、腾讯大家；虎嗅网、钛媒体。马海祥博客《哪个平台最适合做自媒体》认为，微信订阅号的特点是去中心化，只提供基础设施，内容、粉丝、商业化都要自己来做。它的优点在于：渠道自控，一旦经营起来，粉丝、客户都在自己手里，后期获益较有保障，因为没有门槛，所以微信订阅号最受自媒体人关注。百度百家走的是平台模式，利用百度新闻为自媒体人导来不少流量，又在专栏页面搭载广告，由广告主承担作者的收益。这种模式有利于扶持优质内容，因此，也吸引了很多优秀自媒体人的加入。

从2014年起，成熟的自媒体通过发布广告、营销性文章（每篇软文的价格从数千到上万不等）的方式获得商业上的变现。与此同时，自媒体的活跃平台也开始陆续从微博和微信向各大新闻客户端扩散。自媒体的发展有以下四大特点：（1）自媒体正在吸走传统媒体最优秀的人才。随着微博、微信、今日头条等自媒体平台的蓬勃发展，不少传统媒体的青年记者、编辑、编导、主编等纷纷脱离组织，另起炉灶。离职做自媒体，对他们来说是轻车熟路，且思想不再被禁锢、工作不再受约束、薪水不再设上限。（2）自媒体的内容生产逐渐从兼职、业余转向专业化、职业化，从大而全与普适化转向垂直化和本地化。比如读书类自媒体“十点读书”，聚集了37位爆红作家“陪你读书，与你共享暖心文字”，原先只有70万微信粉丝，但不到一年时间就突破了250万。另有旗下公众号她读（40万粉丝）和十点电影（50万粉丝），并正在全国20个城市创建线下读书会。（3）互联网主流平台启动自媒体扶植计划，支持优质的内容生产。2014年6月，新浪微博启动自媒体计划，为自媒体作者提供广告分成，鼓励他们生产更多的原创优质内容。2015年9月，今日头条宣布未来一年内，将确保至少1000个头条号创作者单月至少获得1万元的保底收入，并重点扶持至少100个“群媒体”单月至少获得2万元的保底收入。事隔一周，手机淘宝网推出“内容开放计划”，内容平台上的优质内容创作者和机构在3年内可共享20亿规模的市场佣金。在“内容写手全球招募”活动中，“欧范小姐”因在7天时间内向手机淘宝输送上百条优质内容，共获得13.6万元佣金。(4)随着移动新闻客户端崛起，自媒体分发渠道再次被拓展，也迎来了又一次高潮。在过去的一年中，不少自媒体从过去的单打独斗开始走向抱团取暖，成立了Wemedia、熊猫、壹克、界面、云侠等几十家自媒体联盟。

二、青年与社会变革

澳大利亚政治学家约翰·基恩说：“我们生活在一个传播充裕的革命性时代，在这个时代中，众多媒体技术和传播手段的创新与进步日新月异，已经形成了各种媒体设施相互重叠与连接的世界体系。”在这个“世界体系”中，移动互联网、“互联网+”已经跳出了一个行业范畴，与中国经济社会各领域深度融合，培育出许多新兴产业和新兴业态，并驱动了青年与社会的深刻变革。

1. 青年塑造时代精神

经过22年的高速发展，中国互联网已进入了一个“大众创业、万众创新”的时代。在这个历史节点，见证了工业时代向信息时代的加速过渡，我们见证了互联网、移动互联网对经济和社会的巨大推动，见证了青年人站在互联网风口“带着鼠标起飞”的壮丽场景。在这个剧烈变迁的时代，青年逐渐成为创业大军中的主力，成为中国经济增长新引擎中的重要一环，他们在消费互联网带来的渠道、内容、快乐的同时，也彰显着青年的个性，塑造着时代的精神，定义着中国的未来。

第一，政治参与的建设者。青年与新技术具有天然的亲和关系，他们不仅是接受和使用新技术的先行者，也是观念更新、技术升级的挑战者。正如尼葛洛庞帝在《数字化生存》中所说：“控制数字化未来的比特，比以往任何时候都更多地掌握在年青一代的手中。”①有人把“70后”网民称为“网络移民”，而把“80后”“90后”称为网络时代的“原住民”，因为他们是伴随着互联网、移动互联网发展而成长起来的，计算机使用更加娴熟，网络化生存特征更加凸显，人机互动更加灵敏，个性表达更加直接，信息获取更加快捷，政治参与更加主动。他们参与的途径非常广泛，并能跟随时代潮流选择热门的参与方式，如论坛、QQ、博客或微博、微信等平台。他们参与政治事件和政策的讨论，表达政治主张和看法，以期影响政治决策和社会政治活动。当代青年参与政治的新特征表现在：内涵更丰富，方式更多样，目标更清楚。他们不再是旁观者，也不是盲从者，而是负责任的建设者。虽然，网络政治参与过程中也存在功利化参与、非理性参与，甚至发泄性的“扒粪运动”，但那毕竟不是主流。我们不能以偏概全，更不能“泼脏水把孩子也泼出去”。“青年网络政治参与对青年，对社会政治民主，都具有特别重要的作用：网络参与的平等性实现了青年政治参与的主体地位，给社会民主进程带来了新的生机；网络的隐秘性赋予了青年政治参与的充分自由，推动着‘自由、平等’等社会价值的建设；网络参与的快捷化使青年的社会活力得到充分展现，是对党中央‘解放社会活力’倡导的具体落实；网络内容的丰富与参与动因的复杂推动着青年的政治成熟，促进社会民主政治环境的良性发展。青年网络政治参与是社会与青年共赢的积极社会现象。”②

第二，“社会青年化”的推动者。早在1976年保加利亚社会学家彼德·米泰夫就提出了“社会青年化”的概念。罗马尼亚学者F.马赫列尔认为：“青年化是一个描述青年在社会关系中引进变革的概念，这些变革又是同青年对于既存的社会政治体系和社会价值的新关系联系在一起的。”③近几年，随着青年学学科建设研究的开展，国内学者吴鲁平、宋德昭、刘宏森、刘俊彦等针对“社会青年化”做了深入研究。袁贵礼综合他们的观点，将“社会青年化”定义为“青年通过实践活动以

---

① 尼葛洛庞帝：《数字化生存》，胡泳、范海燕译，海南出版社1997年版，第272页。

② 陆士桢、郑玲等：《青年网络政治参与：一个社会与青年共赢的重要话题》，《青年探索》2014年第6期。

③ F.马赫列尔：《青年问题与青年学》，陆象淦译，社会科学文献出版社1986年版，第92页。

自身的独特方式改造社会并推动社会发生变革的过程”①。2015 年“互联网+”行动计划开始实施，使得年青一代在了解和接受最现代的科学技术方面远远走在了其父辈的前头。前所未有的机遇造就了前所未有的一代人。信息能力成为社会青年化的动力。凭借信息能力方面的优势，“青年成为最先进的劳动者……青年成为最具竞争力的择业者……青年使用着最重要的经济和社会资源……青年的社会影响力空前提高”②。他们成为新观念的引领者、新技术的弄潮儿、社会青年化的推动者。

第三，公益创业的实践者。中国青年志愿者协会 1994 年成立，由此拉开了全国青年志愿者行动的序幕。青年志愿者是众多志愿服务队伍中最活跃的一支力量，他们发起的“灯塔计划”“麦田计划”“多背一公斤”等活动，覆盖面之广、影响力之深超乎人们的想象。进入新世纪，互联网正在变革中国公益，“从最初的通过网站传播公益信息，到论坛时代的群组讨论，继而是公益机构和互联网巨头建立专业的公益网站，再到 2008 年汶川地震后互联网捐赠平台的相继开通，新浪微博借‘微博打拐’等公益项目不断推进微博公益氛围的营造，直至时下甚嚣尘上的移动互联网公益”③。互联网让公益项目的传播变得快速高效，让公益资金的筹集变得简单便捷，让公益组织的执行变得透明公开。借助移动互联网的优势，“青年公益活动的组织化、规范化、持续性、实效性逐渐增强，由此，社会上公益创业的热潮得以产生，社会企业的发展也开始被探索。一是传统公益组织、志愿组织转向公益创业，探索自我积累、自主发展的道路。二是优秀青年，特别是留学归国人才、博士硕士人才进入公益创业领域，探索新颖的发展之路。三是网络聚集青年，网络使公益创业资源得以汇聚，且能针对不同地区特色、不同群体需求，增加了公益发展的适应性，公益创业由此可以焕发出生机与活力。尤其是北京、广东率先

---

① 袁贵礼：《社会青年化论纲》，《中国青年研究》2016 年第 5 期。

② 刘俊彦：《信息文化与社会青年化》，《中国青年社会科学》2016 年第 4 期。

③ 张枭翔、毕维尹：《互联网变革中国公益》，《中国慈善家》2014 年第 4 期。

探索的'枢纽型组织'建设,为青年公益创业提供了政策与资源的支持,更加促进了公益创业的繁荣与兴旺"①。比如邓飞发起的免费午餐基金、中国乡村儿童大病医保公益基金、让候鸟飞基金、中国水安全公益基金、暖流基金及 e 农计划,杨临风发起的阳光书屋,万涛发起的益云(公益互联网)社会创新中心,王克勤发起的大爱清尘基金,孙春龙发起的深圳龙越慈善基金会,陈统奎发起的海口博学生态村发展理事会,高战创办的格莱珉中国计划……他们都在各自的公益领域取得了令人瞩目的成绩。2015 年首份《中国青年公益创业调查报告》发布,调研数据显示,在校大学生是我国开展公益创业活动最为活跃的群体。公益创业组织领导人或者创始人的年龄主要集中在 18—30 岁,而 18—25 岁正是创业的主要年龄段。这表明,青年参与公益创业的热情最高,是当前公益创业的主体力量和主要实践者。

第四,网络流行文化的创造者。网络流行文化以信息技术为基础,以互联网新媒介为载体,以青少年趣缘部落为主力,以物质或非物质形态为表现,以特定"文化信码"为共享,以娱乐化个性化为目的,以流行趣味为引导。网络流行文化涉及不同类型、不同样式、不同形态,如博客文化、微博文化、微信文化、"软妹"服饰文化、网络游戏、网络动漫、网络文学、网络音乐、网络影视、网络拍客、网络社交、网络表情、网络流行语等。毫无疑问,青少年是网络流行文化的创造者。(1)自身创造。以网络文学为例,从 1998 年 3 月 22 日蔡智恒把《第一次的亲密接触》贴在网上至今,网络文学已走过了 18 年风风雨雨。随着互联网的快速发展,越来越多的优秀网站为作者提供写作平台,而不断新加入的写手、作品和直线飙升的点击率,使网络文学处在高速发展之中。比较突出的作者有南派三叔、耳根、唐家三少、天蚕土豆、天下霸唱、我吃西红柿、安妮宝贝、蝴蝶蓝、烽火戏诸侯、玄色、张小三、猫腻、跳舞、步入神机、匪我思存等。《赵赶驴电梯奇遇记》在猫扑网推出 3 个月就创造了 1 亿次点击率的神话,紧随其后的《鬼吹灯》也突破千万点击

---

① 谭建光:《中国青年公益创业与社会创新》,《青年探索》2014 年第 3 期。

率大关。2010 年,《网逝》入围第五届鲁迅文学奖,2012 年被改编为电影《搜索》,在全国公映。此后,各类网络小说相继被改编成影视剧,如《失恋三十三天》《甄嬛传》《步步惊心》《倾世皇妃》等,都激发了大众文化群体对网络文学的关注。网络文学不断与影视、动漫、游戏等多种产业合作,极大地丰富了网络文学的发展平台,为网络文学注入了更多的生命力。(2)借助社会事件或现象进行模仿、改写、再造。以网络流行语为例,有些流行语来源于热点事件,如"有钱,任性""做人不要太 CNN"等;有些流行语来源于流行文化,如"做人要厚道""不作死就不会死""也是醉了";有些流行语来源于豆瓣、微博、微信等社交媒体,如"女汉子""萌萌哒"等。网络流行语的特点不仅是传播快、应用广,更在于它的鲜活性和生动性。近年来,"土豪""点赞""给力""蛮拼的""任性"等网络语,或被《现代汉语规范词典》收录,或进入官方话语体系,就是很好的说明。"青少年网络流行文化在形成过程中,在创新和流行的驱动下,对不同文化资源的需求会日益增长,对主流文化和大众文化的挪借、改写、再编是其维系自身存在的重要方式,也因此拓展了青少年网络流行文化与主流文化和大众文化展开对话并反哺主流文化和大众文化的空间。与此同时,产业和商业对青少年文化消费市场的竞争也日趋激烈,对青少年网络流行文化资源的利用、文化符号的征用、文化趣味的迎合,也使青少年网络流行文化可能在产业和商业的刺激中产生,并得以更多、更快地转化。"①当然,也有的网络流行语偏离了公众基本的人文价值期待,语言粗鄙、随意恶搞,存在对经典解构和戏谑的普遍倾向,应该引起高度关注,并加强管理,加以引导。

第五,粉丝经济的追捧者。在移动互联网时代,中国粉丝主要分为娱乐明星粉丝、网红粉丝、网络文学粉丝、二次元粉丝、其他行业名人粉丝等几大类型。目前,娱乐明星粉丝占到 43%,网红粉丝占到 28%。面对数据统计,许多平台开始做网红的聚合,直播之下的网红故事,势如潮水,一浪高过一浪。自频道里的视频网

① 马中红:《新媒介空间中的青少年文化新特征——"青少年网络流行文化研究"调研报告》,《中国青年研究》2016 年第 7 期。

红张大奕、papi酱、王大锤、卢正雨、叫兽易小星、王尼玛、谷阿莫等，虽然只在粉丝社群中享有声誉，但他们却具有强大的“吸粉”“固粉”能力，并能直接依靠粉丝的数量和购买力实现商业变现。2015年8月，淘宝就喊出了“网红经济”的口号，请来网红店家专门召开研讨会。“到了2016年，阿里出台了投资和护持计划。现在它聚集了数百位网红卖家，‘粉丝’规模超过5000万，甚至出现了网红孵化公司。术业有专攻，网红负责跟‘粉丝’沟通、推荐货品，孵化公司负责日常运营、供应链建设、物流和店铺设计。优酷土豆的自频道也是同样的思路，未来3年之内要产生10万个拥有千人‘粉丝’团的自频道，1万个月收入过万的自频道，100个估值过亿的自频道。”[①]网红主要包括视频达人、时尚达人及淘宝卖家、明星段子手、电竞女主播。2015年排名前三位的网红微博粉丝数为：papi酱857.8万、薛之谦778.5万、艾克里里614.3万。为了成为网红，一些人突破底线，炫富、色情等内容随之成为监管的难题。“网红经济”的价值在于吸引“流量”，具有极强的粉丝黏性，可以稳定并扩大用户的访问、点击行为，最终的目的是将流量变现。变现就是让粉丝们花钱，购买网红自己的产品或代言的商品。艾瑞咨询发布的《2016年中国粉丝追星及生活方式白皮书》显示，2015年网红的粉丝数量迅速爆发，从2014年初的1亿人，到2015年底增长至3.1亿人。调查显示，网红的粉丝七成为女性，“90后”超过75%，“80后”占比为21.3%。粉丝呈现高学历特征，大学本科以上达到74.3%。另外，这些粉丝中一线城市的占比为17.6%，二线城市的占比为29.1%，三线城市的占比为25.2%，四线城市及以下的占比为26.1%。[②]

网红现象在受到资本热捧的同时，也不可避免地遭到争议。肯定者认为，网红向受众传播的不仅仅是简单的产品或者内容，也包含个性化的价值观、生活理念、消费方式以及人格魅力。怀疑者认为，网红不过是一个以娱乐为形态的营销故事，浪漫地看，它是互联网里最美丽的泡沫。批评者认为，网红庸俗、低俗、媚俗

---

① 杨璐：《网红，智能手机末班车上的焦虑乘客》，《三联生活周刊》2016年第22期。

② 艾瑞咨询：《2016年中国粉丝追星及生活方式白皮书》。

的成名方式,剑走偏锋的炒作以及经济利益的驱导,将损害"只有依靠才华和努力才能成功"的主流价值取向。"网红这种新业态才刚刚起步,但它到底能走多久、走多远,除了取决于其内在的发展逻辑,也取决于其在整个社会精神文化领域的角色定位。从这个角度说,这个商业链条需要一次及时的道德校准和净化,相应的监管机制也亟须建立。"①

第六,生活方式的改变者。在信息时代,互联网与青年相伴成长。网络影响着青年的政治认同、文化参与、价值取向,"当代青年不可避免地会将自己的价值观念、行为方式、追求目标带入社会生活中,影响到社会规范、社会关系、社会心理,以至社会生活的方方面面"②。事实上,我们面对着一系列的改变。

青年阅读方式的改变。2016 年 1 月,中国互联网络信息中心(CNNIC)发布的《第 37 次中国互联网络发展状况统计报告》显示,截至 2015 年 12 月底,我国网民规模达 6.88 亿,互联网普及率为 50.3%;我国手机网民规模达 6.20 亿,网民中使用手机上网的人占比升至 90.1%;我国网民 39 岁以下群体占整体的 75.1%。③青年们选择了更为便捷和功能强大的互联网和移动互联网进行阅读,接受信息并分享信息。早晨睁开眼的第一件事情,可能不是刷牙洗脸,而是拿起枕边的手机,刷刷微信朋友圈,看看新闻客户端最早推送的一波新闻。在上班路上的公交车或地铁里,"低头族"们都在用各自的移动设备刷微博、刷微信、看新闻,或者看头一天晚上下载的热门偶像剧。读报纸杂志的人越来越少,数字化阅读已成为一股无法抵挡的新趋势。对 e 时代的青年而言,在网络上不只阅读,还可以书写,因此,也彻底颠覆了传统观念中作者与读者之间的关系。

青年社交方式的改变。对于互联网时代的青年来说,他们早已跨越"饭桌社交"一枝独秀的方式,代之而起的是网络社交、派对社交、旅游社交、俱乐部社交、

① 刘阳:《"网红经济",昙花一现还是未来趋势》,《人民日报》2016 年 3 月 31 日。

② 钱永祥、江洪等:《构建和谐社会中的中国青年——社会转型与青年发展》(上),研究出版社 2009 年版,第 32 页。

③ 中国互联网络信息中心:《第 37 次中国互联网络发展状况统计报告》,中国网信网 2016 年 1 月 22 日。

新型社区社交和公益活动社交，而微信社交和网游是最常见的交友方式。《2015微信白皮书》显示，截至2015年9月，微信用户平均日登录5.70亿人，其中15—29岁的年轻人占60%。他们平均有128个微信好友，大学毕业工作后的好友数增加了20%。这些年轻人，每隔几分钟就会拿起手机，刷一次微信朋友圈，然后点赞或评论。朋友聚餐，哪怕再饿饭菜上桌也不忙动筷子，而是先掏出手机来拍照，拍完还要发到朋友圈与朋友分享。朋友聚会已经没有办法全程面对面进行沟通，说不到三句话，就习惯性掏出手机来看两眼，即便朋友坐在对面，也要在微信、朋友圈里交流。因此，有人抱怨“世界上最远的距离不是生与死，而是我们坐在一起，你却在低头玩手机”。微信日益成为中国青年网民群体生活方式的一个重要组成部分，它深刻影响着用户的即时交流、信息获取乃至电子商务、网上恋爱、婚姻维系、生活服务等诸多方面。“网络表情”作为一种年轻人常用的网络视觉沟通语言，早已流传于各大网络社交平台，成为年轻人建构虚拟生存的重要数字载体。“年轻人通过卡通表情的在线创作、讨论与行动，来重拾集体的记忆，对抗枯燥乏味、严肃和理性的现实景观，表达亚文化群体的叛逆话语。他们的创造性实践不仅帮助年轻人建构起基于认同的、共情的‘助益性人际关系’，还给普通人提供了在体验中发现和建构真实自我的机会与自由，也增强了‘松散’群体内部成员之间的紧密程度，帮助年轻人创造出愈加积极的自我认同与群体沟通关系。”①

青年消费方式的改变。在以前，“光棍节”就是单身青年男女聚在一起吃喝玩乐，可现在却变成了各路电商纷纷大举降价促销、消费者疯狂网购打折商品的节日。大数据显示，2015年双11当天淘宝的销售额突破900亿元，远远超过美国的“黑色星期五”和“网购星期一”。网购的女性超出男性三成，中青年占绝对主导地位，“拇指一族”远超电脑使用者，而且有越来越多的人加入“移动大军”。随时随地购物，刷支付宝、刷微信支付，根本无须动用钱包。最近，洋码头发布了一份《2016上半年中国海淘消费报告》显示，在线海外购物的整体市场规模2015年

---

① 杜丹：《“书写”与认同：网络“表情党”的文化实践考察》，《青年探索》2016年第3期。

近 1 万亿元，平均每个中国人一年在线海外购物消费 655 元。海外购物在每天 10：00、14：00 和 22：00 出现三个峰值，并且深夜活跃时间更长。海淘的主力为 25—30 岁左右女性，生活在一、二线城市，本科以上学历，年收入超 10 万元，有独立消费能力，信用卡的额度平均约 3 万元。

青少年娱乐方式的改变。KTV、酒吧、迪斯科舞厅、游戏厅曾被看作都市青年最时尚的娱乐场所，可今天的它们却正在走向衰落甚至是死亡。移动互联网时代，手机娱乐已成为青少年日常休闲的主要方式，并呈现出娱乐时间碎片化、形式多元化、内容时尚化等特点。网络音乐、网络动漫和网络游戏，成为最受青少年喜爱的娱乐方式。数字音乐平台正成为"找歌、听歌、收藏歌"的一站式服务平台，从 QQ 音乐的"哼唱识别""单曲弹幕"，到考拉 FM 尝试以音频直播互动的形式报道时尚娱乐盛事，都使中国手机 APP 用户规模大幅度增长。网络动漫也拥有不少的青少年受众群体。无论是国产网络动漫《十万个冷笑话》、重新包装的《搞笑漫画日和》，还是日本动漫《进击的巨人》《东京食尸鬼》，都有不错的收视率。在社交诉求的推动下，游戏玩家已经不再满足于独自玩《英雄联盟》《穿越火线》《魔兽世界》《梦幻西游》，他们更偏向于和成千上万的爱好者共同观赏明星玩家的游戏过程。作为依托于电竞游戏和互联网兴起的新行业，游戏直播从 2014 年开始迅速扩张。国内斗鱼 TV、熊猫 TV 和虎牙等平台各投巨资，频使绝招，互挖墙脚，竞争激烈。无数电竞退役选手、游戏解说和年轻"美眉"义无反顾地进入游戏直播的前线，他们或穿插幽默，或嬉笑怒骂，用自己的风格来完成与粉丝的互动。主播人气的增长与公司的利益增长相得益彰。据报道，顶级游戏主播的年收入现已高达上千万元，不亚于当红娱乐明星。"粉丝"成为他们最大的资本，决定了主播在游戏界的江湖地位。

2. 社会变革

互联网是一场革命，比工业革命更加广泛深远、迅猛彻底。"互联网为社会结构的变迁注入了新生力量，正是因为信息自由发布和获得的非等级化，使得传统意义上的金字塔型、块状的层级结构模式变为扁平化社会结构。伴随着共享经济、网络协同和众包合作所创造的大规模、社会化协作的新模式、新业态的出现，将产生一些全新的组织类型及个人与组织关系模式，改变和重塑着传统社会结构，使其经历着一场解构与重构的革命，形成新的社会结构，整个社会将维系于信息网络呈现出一种多元网状结构。由此，中国社会在交往互动、舆论表达、利益诉求、价值观念、生活方式等方面都将呈现出不同于传统的新特性。这使得社会变得更加复杂多变，不确定性增加，需要我们创新社会管理模式来应对这个局面。"①互联网推动的社会变革，主要体现在以下六个方面。

第一，营销方式的变革。传统媒体营销的主体是线下市场的人群，并以中老年人群为主；新媒体服务的主体是线上购买力旺盛的年轻人群，小屏幕正在挤占他们越来越多的碎片时间和移动中的时间。传统广告采取电视剧插播方式，强迫性传播，受众被动接受广告信息；植入式广告通过隐性的手法，以低涉入的诉求方式，将产品、信息、品牌甚至观念与电视节目、电视剧等有机地结合起来，以达到"随风潜入夜，润物细无声"的效果。即使在互联网的媒介形态上，传统的营销传播推广渠道主要是门户网站、垂直方式、游戏方式、博客等，而新媒体营销传播推广的渠道已拓展到搜索引擎、微博、微信、知乎等自媒体平台，其新创意、新营销方式更是五花八门，如病毒营销、事件营销、口碑营销、饥饿营销、知识营销、互动营销、情感营销、会员营销等。总之，"随着电商模式越来越成熟，进入这个行业变得越来越容易，但同时崭露头角也越来越难，因此营销日益成为经营者关注的重点。调查显示，移动互联网时代产品从曝光到变现的过程变成了 3 分钟，电商必须在这 3 分钟内打动用户、引起消费冲动。所以单一的媒体呈现方式已不能满足这种需求，电商必须提高媒体的整合能力，让媒体同时成为社交分享的载体、形成体验感的最前线，要能够针对场所、场景来挖掘和应用媒体"②。

---

① 佟力强：《"互联网+"带来社会变革》，《北京日报》2015 年 5 月 25 日。

② 天下网商：《下一代电商》，浙江大学出版社 2016 年版，第 188 页。

第二,金融业态的变革。如果说2012年是互联网金融的兴起之时,那么2013年的互联网金融更呈星火燎原之势。2013年6月17日,余额宝正式上线,这是互联网和基金融合创新的第一大理财产品,一经推出便成为互联网金融挑战传统金融业的一大利器。上线5个月,余额宝的资金规模即突破1000亿。7月29日,京东成立金融集团,正式进军互联网金融。8月1日,董文标、刘永好、郭广昌、史玉柱、卢志强、张宏伟等6位资本大佬,联合投资30亿元人民币资本金,在深圳前海成立民生电子商务有限责任公司。公司定位将民生银行产业链金融电商化。这是国内第一家与商业银行形成对应关系的银商紧密合作型企业。8月5日,微信5.0版本增加"微信支付"功能。10月28日,百度正式进军互联网金融。11月6日,由阿里巴巴董事局主席马云、中国平安保险董事长马明哲、腾讯CEO马化腾联手打造的国内首家互联网保险公司——众安在线宣布开业。所有这一切,打破了传统金融行业的界限和垄断格局,重构了原有的市场、用户、产品和价值链,颠覆了传统存款业务高流动性和高收益率不能共存的铁律。"互联网金融业态可以分为三种类型:其一,由金融机构进行的互联网交易,即传统金融交易方式的网络化和电子化,手机银行等业务属于这一种类;其二,由互联网企业推出的金融业务,第三方支付、P2P和众筹等业务具有这一性质;其三,由电子商务企业与金融机构或不同种类金融机构之间进行合作而产生的新兴业态,余额宝等理财产品属于这一类型。"①互联网技术不仅促进了金融的快捷化、高效化,而且正在逐步重构社会的金融体系,唤醒人们的金融权利,改变人们的金融行为。

第三,传播模式的变革。西方传播学的媒介思想家马歇尔·麦克卢汉在《理解媒介——论人的延伸》中提出"媒介即人体的延伸"。他认为:"任何媒介都不外乎是人的感觉和感官的扩展或延伸:文字和印刷媒介是人的视觉能力的延伸,广播是人的听觉能力的延伸,电视则是人的视觉、听觉和触觉能力的综合延

① 周宇:《互联网金融——一场划时代的金融变革》,《探索与争鸣》2013年第9期。

伸。"①在传统的大众传播时代,只有报纸、杂志、电视等传达信息进而影响受众的媒介才是媒体。但是进入互联网时代,新浪、腾讯、钛媒体等网站,百度、有道等搜索引擎,博客、微博、微信等自媒体,都可以称为媒体。媒体的边界变得模糊而宽泛,媒体的内容变得特定而小众。"互联网对于社会性的传播系统构建的最大改变是将传统的以机构为基本单位的社会性传播改变为今天的以个人为基本单位的社会性传播。于是,互联网作为一种革命性力量,已经并将继续改变着整个社会的资源配置方式和权力结构。迄今为止,互联网初步实现了'人人皆可进行信息表达的社会化分享与传播'的技术民主,社会议程的设置权与社会话语的表达权也进入了人人皆可为之的泛众化时代。"②随着移动互联网的迅猛发展,受众持有的智能手机或者平板电脑就成为所有媒介新闻的来源和自媒体信息传播的终端。它将带来传播模式的五大变革:(1)从 Web 到 APP:移动互联网时代的分权;(2)从媒体受众到网络节点:移动互联网时代的关系变革;(3)从黄金时段到碎片时间:移动互联网改变的时间观;(4)从"广播"到 LBS:移动互联网改变的空间观;(5)从手机到"谷歌眼镜":移动互联网时代的终端拓展。③

第四,教育形态的变革。信息技术正在给学校的教育理念、教学范式、治理结构、商业模式等带来巨大的冲击,正在颠覆传统的教育发展模式。新技术与新媒体正加速推动教育变革,主要体现在以下几个方面:学习思维变革,从传统思维拓展到计算思维;教材变革,从纸质教材拓展到电子教材;课程变革,从传统课程拓展到慕课(MOOC)、微课;课堂变革,从传统课堂拓展到云端智慧课堂;校园变革,从传统校园拓展到智慧校园、共同体校园;授课变革,从传统授课拓展到太空授课;教学模式变革,从传统课堂教学模式拓展到翻转课堂教学模式;学习方式变革,从固定、班级学习拓展到分散、泛在学习;教研变革,从传统教研拓展到网络教

---

① 马歇尔·麦克卢汉:《理解媒介——论人的延伸》,何道宽译,商务印书馆 2001 年版,第 33 页。

② 喻国明:《互联网是高维媒介:一种社会传播构造的全新范式》,《编辑学刊》2015 年第 4 期。

③ 彭兰:《移动互联网带来五大传播变革》人民网 2013 年 5 月 9 日。

研；[①]商业模式变革，从传统的线下课程收费转变到在线教育赢利模式多样化。新东方董事长俞敏洪认为，未来的教育体系，应该在两个方向发展：一个是O2O体系，即线上线下结合的模式，这也是未来教育的必然取向。借助现在互联网的技术，使教育变得更加智能化，让学习变得更加高效，让沟通变得更加无边界。另一个是纯粹的在线教育。现在人们的时间都是碎片化的，而移动互联时代使人们碎片化的学习变得可能。由于这是一群高度自觉的学习人群，所以他们更加容易地变成纯粹的在线教育的受惠者，也就意味着在线教育本身有了很大的发展空间。[②]

第五，社会规则的变革。正如同历史上每一次科技进步都不断拓展人类生存空间、改变人类社会规则一样，互联网的狂飙突进，不仅产生了许多新的商业规则，而且也对传统法律规则提出了挑战。新的商业模式正在逐步成为主流，从用户的“价值创造”和企业的“价值获取”两个视角出发，可以总结4组8个市场变化的特征：(1)体验 & 设计——共同创造(Co-creation)：以体验设计为核心，与用户共同创造新的商业模式。对于用户，体验比功能更重要；对于企业，设计比性能更重要。(2)好用 & 免费——产品核心(Commodity)：以免费且足够好的产品为基础，构筑新的商业模式。对于用户，好用比产品更重要；对于企业，免费比赢利更重要。(3)兴趣 & 社群——社群生存(Community)：以社群成就无须细分的定位、无须广告的营销。对于用户，兴趣比归属更重要；对于企业，社群比细分更重要。(4)关联 & 网络——组织网络(Connecting)：构建更广泛的产业生态圈，在产业网络中赢得成功。对于用户，关联比产品更重要；对于企业，网络比组织更重要。[③] 互联网自诞生之日起，就面临着版权侵权的指控。为此，美国1998年制定了《数字千年版权法案》(“避风港”规则)。这一法案是数字时代网络著作权立法

① 徐福荫：《新技术与新媒体推动教育变革》。

② 俞敏洪：《在线教育未来绝不会一家独大》，人民网2015年3月5日。

③ 廖建文、施德俊：《后互联网时代的商业新规则——伴随移动社交网络而来的新冲击、新挑战、新机遇》，《清华管理评论》2014年第3期。

的尝试,亦是网络初期著作权利益冲突各方折中的产物。其主要特点体现在以著作权人为中心,加强对其权益的保护,同时又对网络服务提供商(简称ISP)的责任予以限制,以确保网络的发展和运作。围绕互联网电商发展引发的诉讼,各国相继推出了《电子商务指令》、《消费者权利保护指令》(欧盟)、《消费者合同法》(日本)等法律和新规则,试图在信息技术产业发展和保护大众利益之间找到平衡点。互联网进入Web3.0时代,对所有权规则形成冲击,对政府监管模式提出挑战;个体民事行为与商事行为边界模糊,亟待法律制度回应;大数据的法律规则尚未明晰。“从来没有一个时代像今天这样,互联网在短时期内给各国立法、行政与司法的传统法律规则带来了近乎颠覆性的挑战。任何立法者都希望对新事物管住管好,使技术进步尽量能够在政治权力的消化范围之内,希望能够以‘管’来兴利除弊,消除技术进步的不利影响。然而,对于网络而言,技术的高速发展与迅速更新是其显著特点,通过法律制度的调整实现社会的‘跨越式’发展,应该是全社会共同思考的重大战略问题,也将会是一项异常艰巨与痛苦的挑战。”①

第六,社会结构的变革。清华大学社会学教授李强在比较研究了第五次和第六次人口普查数据后认为,中国社会结构发生了较大变化:从“倒丁字型社会结构”渐变为“土字型社会结构”②。在互联网、移动互联网时代,传统社会组织与区隔单元的边界日益虚化,基于地域的社群被打破。社会结构发生十分复杂的变化,“但其中最突出的变化莫过于缺场交往的快速发展,传递经验的地位提升和社会认同力量的彰显”,主要体现在三个方面:一是网络社会中的交往是缺场交往。缺场交往不仅突破了物理空间的限制,而且在一定程度上也突破了社会空间的限制,网民们可以在广阔的网络空间中展开信息沟通、事实陈述和价值评价。虽然不能完全排除局部环境的空间限制,但具有较强局部性或特殊性的风俗习惯、群体规则、资源局限和部门权力等因素的作用却在很大程度上被淡化了。二是传递

---

① 李倩:《“互联网+”时代法律规则的变革与发展》,《行政管理改革》2016年第3期。

② 李强:《我国正在形成“土字型社会结构”》,《北京日报》2015年5月25日。

经验获得了越来越大的相对独立性。尤为重要的是,传递经验在网络社会的崛起中成为社会经验结构中的重要构成,并且已经上升为可以引导甚至支配在场经验的主导经验。三是基层群众的言谈权利不仅在不断流动的信息传递中整合成强大的横向的认同权利,而且还形成了从底层向中层乃至上层发生直接作用的纵向认同权利。① 从社会分化分层的视角分析青年群体,研究者发现:(1)青年群体加速分化。当代青年思想活动的选择性、差异性、多变性愈显突出,在思想认识、价值选择、道德意识等方面的独立性、多样性、多变性不断增强,青年群体之间的分化愈加明显,青年个体的角色分化和社会流动日趋频繁。(2)青年群体加速分层。青年群体加速分化的状态并不是在同一个水平面进行的群体区分,而是在职业声望、经济收入、政治权力以及社会地位等方面形成上下等级排列的各个阶层,不同阶层的青年分别处在不同层级。(3)青年群体分化和分层的固化。在青年分化分层加速的同时,青年群体分化形成的社会分层之间社会流动空间和流动途径减少,社会流动门槛增高和限制因素增多。青年文化内部的亚文化与青年分群体的日渐结合以及青年亚文化成了青年群体区分的重要标志,成为不同青年群体之间相互分隔甚至形成群差的重要载体和重要表现方式,由此导致青年群体分化分层的结果更容易被固化成一种既定的社会结构。②

三、从网络监管到网络治理

互联网作为重要的信息基础设施和创新发展的驱动力量,在促进中国产业结构调整,推动经济转型升级,提高政府社会管理水平,保障老百姓知情权、参与权、表达权和监督权的过程中,发挥了十分积极的作用。但也应该看到,互联网在其发展过程中出现的一些问题,诸如网络数据泄密、网络病毒、网上谣言、网络暴力、网络色情、网络欺诈等,既妨碍了其自身的可持续发展,也危及国家经济社会安全

① 刘少杰:《网络化时代的社会结构变迁》,《学术月刊》2012 年第 10 期。

② 倪邦文:《青年思想政治教育的三个关键问题》,《中国青年社会科学》2015 年第 1 期。

和青少年的健康成长。面对网络直接或间接引发的各种复杂矛盾和现实问题，政府一直很重视。因此，中国互联网行业的管理政策亦从无到有，陆续建立，不断变革，不断完善。

1. 互联网监管的理念和体制

对于互联网，我国一直奉行“互联网监管”的理念，沿用传统行业监管体系，以市场准入为抓手，通过牌照等方式管理，强调更多的是政府单方面的管理功能。1996 年 2 月，国务院发布了《中华人民共和国计算机信息网络国际联网管理暂行规定》，这是中国接入国际互联网后，国家首次出台的互联网监管的规范性文件。2000 年 9 月，国务院颁布了《互联网信息服务管理办法》，明确规定了互联网信息服务提供者不得制作、复制、发布、传播的九大内容：(1)反对宪法所确定的基本原则的；(2)危害国家安全，泄露国家秘密，颠覆国家政权，破坏国家统一的；(3)损害国家荣誉和利益的；(4)煽动民族仇恨、民族歧视，破坏民族团结的；(5)破坏国家宗教政策，宣扬邪教和封建迷信的；(6)散布谣言，扰乱社会秩序，破坏社会稳定的；(7)散布淫秽、色情、赌博、暴力、凶杀、恐怖或者教唆犯罪的；(8)侮辱或者诽谤他人，侵害他人合法权益的；(9)含有法律、行政法规禁止的其他内容的。此后，国家相继出台的《中国互联网域名管理办法》(2004)、《互联网 IP 地址备案管理办法》(2005)、《互联网视听节目服务管理规定》(2008)、《互联网文化管理暂行规定》(2011)、《全国人民代表大会常务委员会关于加强网络信息保护的决定》(2012)、《电信和互联网用户个人信息保护规定》(2013)、《关于审理利用信息网络侵害人身权益民事纠纷案件适用法律若干问题的规定》(2014)、《网络交易管理办法》(2015)、《移动互联网应用程序信息服务管理规定》(2016)等法律法规，基本涵盖了互联网业务的市场准入、互联网互通、资源管理、服务质量等各主要环节，在推动和规范互联网发展的过程中发挥了重要作用。但整体看来，现行管理体制存在明显弊端：一是多头管理，职能交叉，权责不一，效率不高。二是部门规章及其他规范性文件多，行业管理法律法规数量少。三是监管重外部管理,轻"自律"约束。"我国互联网行业协会作为行业自律组织,自身的内部结构和运作并不够成熟,职能并不完善,其功能尚未得到充分发挥。"①四是仍然沿袭"资质审核"和"限制"的管控模式,无视互联网随时随地突破界限的特质,制定的政策往往缺乏前瞻性。五是目前的立法大多侧重规定管理部门的权限和处罚措施等,强调网络服务提供者和网络用户的责任与义务,而对于保护网络用户合法权利则重视不够。

2. 互联网治理需要互联网思维

互联网治理是当前全球治理的一项重要内容。按照2005年联合国互联网治理工作组的界定,互联网治理是指"政府、私营部门和民间团体根据各自的职能,制定并应用影响互联网发展与使用的共同原则、规范、条例、决策流程和纲领",治理内容包括互联网的关键资源、互联网安全、确保使用互联网促进发展等。2006年11月,联合国决定设立国际互联网治理论坛(IGF),并每年举办一次。在上述国际背景下,中国政府提出了以"主权平等""开放互联"以及"共享共治"为基本原则的治网理念。

虽然互联网监管与互联网治理表面相似,但其理念却大不相同。互联网监管的价值取向是统辖、监控、管制,互联网治理的价值取向是协商、合作、民主。监管一般是纵向的从上到下,偏重于动用政府行政资源与手段;治理则是横向运作,是政府权力部门、私营企业和社会组织等主体的协商互动,体现的是国家管理过程中的多主体、合作化特征。监管注重的是政府部门的集权化与权威性,治理注重的是依法治理和国家行为的责任性。我国于2011年成立国家互联网信息办公室,2014年成立中央网络安全小组和信息化建设领导小组,标志着互联网治理已不仅仅是行业管理问题,而是上升到国家战略高度的国家安全问题。2014年以来,国家陆续开展了整治网络弹窗、扫黄打非、净网、清源和有偿删帖等专项行动,

---

① 黄楚新:《我国网络行业管理存在的问题及对策》,《前线》2014年第12期。

逐渐由行政手段向依法治理转变,由重点网站向微领域、移动领域和云端转移,收到了一定成效。但是,随着移动互联网的私密性、移动性、融合性、反控制、互动性、微传播等特点的空前显现,治理对象的不确定性增强,风险更加难以掌控。

截至2016年6月,我国网民规模已达到7.1亿,39岁以下的网民超过5亿。国家的未来在青年,网络的未来也在青年。一方面,我们希望青年要承担起时代重任,努力做国家网络主权的坚定捍卫者、网络秩序的坚定维护者、网络文明的坚定践行者,为国家安全和互联网发展做出积极贡献;另一方面,互联网治理需要互联网思维,要善于发声,将党的声音转化为网友乐于接受的语言方式、表达方式、说理方式,提高网络宣传的吸引力、感染力、影响力。

互联网思维的原始定义是指由众多点相互连接起来的,非平面、无中心、无边缘的网状结构。有学者认为这是类似于人的大脑神经和血管组织的一种结构。互联网最重要的特征可用三个关键词来表达:连接、平等、开放。连接是内容的连接,人与人之间的关联,各种有价值资源的重新整合;互联网不是一个层级结构,而是去中心化的分布式状态,平等是其最重要的基本原则;互联网的本质是开放(你不开放,就没有办法去获得更多的连接)。从这个意义上讲,互联网治理需要互联网思维。

第一,要坚持用户至上思维。从商业模式角度看,用户至上就是产品、服务要满足用户需求、让用户满意。“互联网在一定程度上颠覆了我们传统的思想政治工作模式——不再是我们做什么菜,就让青年吃什么,我们说什么,青年就必须信什么,而是要让我们希望青年接受的思想以青年爱听的话、爱干的事的方式表达出来。”①互联网治理,就是要让用户获得更好的互联网环境,并保护用户的合法权利,使其能够在其中感觉更满意、更舒心、更安全。互联网治理就是要在价值链各个环节中以用户为中心去考虑问题,去规划治理的内容和形式,并重视用户的心理感受和行为体验。以青年为本,得青年者得天下,唯此才能争取最广大用户

---

① 张琳、李百顺:《用互联网思维提升共青团工作》,《中国青年报》2014年7月13日。

的认同,也才能顺利推进互联网治理工作。

第二,要坚持开放平等思维。网络是没有层级之分的,虽然网络上的节点有大小的不同,但是每一个节点都可以是一个中心。也就是说,互联网创造了一种平等的环境,在这个平台上,不管是谁,剥去权力、财富、身份、地位、容貌的标签,在"网络面前,人人平等"。即使对政府和老百姓来说,互联网也是相对平等的,它促进了人们的自我表达,尤其是对政府官员和政策的吐槽与批评日常化。权力不是用来统治的,是用来服务的。所以,政府要重新认识互联网时代权力与权利的内涵和边界,并处理好两者之间的关系。互联网的平台思维,是基于平等的双向沟通。那种说教式的、居高临下式的既有的思维逻辑、宣传模式,恐怕越走越艰难,成本越来越大,效果越来越差。

第三,要坚持快速迭代思维。传统企业做产品的路径是,不断完善产品,等到完美的时候再投向市场。而移动互联网时代,讲究的是尽快将产品投向市场,然后通过用户体验,不断修改产品,实现快速迭代,日臻完美。腾讯微信从 1.0 版到 6.3 版,快速迭代,就是一个典型的案例。迭代是积累,是总结,是升华,是量变到质变的过程。随着移动互联网、云计算等新技术的飞速发展,在创造出新业务、新模式、新业态、新市场、新服务的同时,也带来业务边界交叉模糊、数据与计算聚合放大、市场竞争秩序、个人隐私保护等诸多问题。互联网治理工作若要不落后于时代的发展,就必须创新体制机制,提供公共管理和服务,并"快速迭代",持续优化,以实现快速发现、快速反应、快速应对。

第四,要坚持口碑传播思维。随着移动互联网的发展和自媒体的兴盛,社会公众拥有了前所未有的广阔公共空间。"多元主体的特征也愈发明显——网民开始拥有越来越多的自主性,每一个人都有成为传播中心的可能。"①中国网络舆论与社会舆论出现严重分化,社会舆论格局因之而发生了巨变,"过去的惯有程序是:政府设置有关议题议程,媒体随之设置相应议题议程,公众跟进。现在的情况

① 宋辰婷:《网络化时代的感性象征与互联网价值的表达》,《天津社会科学》2016 年第 3 期。

常常是相反的:公众首设议题议程,媒体随后跟进,政府随之作出相应反应。而且,在此过程中,往往出现'舆论倒逼'现象"①。部分主流媒体受众群体逐渐缩小,市场份额呈明显下降趋势,话语权的公信力严重不足,导致我们深陷"舆论困境"。如何摆脱舆论领域的危机,除提高主流媒体的内容质量、公信力和改进文风之外,还必须有意识地利用互联网口碑传播思维。要积极打造有影响力的网站、社区、微博、微信,及时披露真实、权威的信息,传播好党和政府的声音,反映好人民群众的心声;要努力发挥网络"青年意见领袖"的积极作用,在互联网治理方面,引导社会舆论走向,影响青年网络文化,净化网络环境。

第五,要坚持多元合作思维。互联网社会的本质就在于多元社会主体之间的互联、互通以及数据和信息资源的共建、共享。互联网的治理涉及多个主体,需要政府、企业、行业协会、用户个人之间的共同参与和广泛合作。政府要充分运用大数据技术,提升舆情研判检测的精准性,倡导"包容性治理",实行差异化监管、适度监管、柔性监管。企业要拥抱监管、合规发展、践行企业社会责任。行业协会要发挥好桥梁和纽带作用,引导行业自律、规范行业行为、开展行业服务、保障公平竞争。青年网民要不断提升个人素养,遵纪守法、理性表达、文明上网。你的现在,将会影响网络的未来!

原载于《中国青年社会科学》2017年第1期,与张路曦合著

① 丁柏铨:《论主流媒体在舆论格局中的话语权》,《今传媒》2013年第11期。

新媒体时代青年发展面临的机遇与挑战

早在2009年,美国未来学家雷·库兹韦尔就指出:信息技术呈指数级增长,基本上每年翻一番。曾安置在一栋建筑内的设备现在可放进你的口袋里,而今天可放进你口袋里的在25年之后将可以放进血液细胞中。这些预言并非危言耸听,有的早已变成现实。1993年最强大的超级电脑由富士通为日本航空局建造,成本大约是3400万美元,然而三星公司2015年推出的一款Galaxy S6智能手机轻而易举地就可以超越它。这款智能手机比美国银行在1985年所拥有的所有计算机强大30—40倍。微软的第二代家用游戏主机Xbox360,其计算能力比航天飞机的第一台飞行计算机强大100倍。[①] 当今世界,新媒体迅猛发展,甚至已经超越媒体的范畴而融入社会生活的方方面面。“青年是标志时代的最灵敏的晴雨表。”[②]新媒体时代呈现什么样的发展趋势?它对青年将改变什么?还能带来什么?笔者将针对这些问题进行初步探讨。

一、新媒体时代的特征

1967年美国人戈尔德马克(P. Goldmark)提出“新媒体”(New Media)以来一

① 布雷特·金:《智能浪潮》,刘林德等译,中信出版社2017年版,第69页。

② 中共中央文献研究室:《习近平关于青少年和共青团工作论述摘编》,中央文献出版社2017年版,第4页。

直存在争议,并没有达成共识。一般将“新媒体”这一概念作广义与狭义两种界定。广义界定为:“‘新媒体’主要指基于数字技术、网络技术及其他现代信息技术或通信技术的,具有互动性、融合性的媒介形态和平台。在现阶段,新媒体主要包括网络媒体、手机媒体及其两者融合形成的移动互联网,以及其他具有互动性的数字媒体形式。”①换言之,新媒体的核心要素是终端、内容、关系与服务四者的交织。狭义界定为:新新媒介是指互联网的第二代媒介,兴起于世纪之交,如博客网、聚友网、脸书网、播客网、推特网、维基百科等,其主要特征是没有自上而下的控制,信息的消费者也是其生产者。② 新媒体与传统媒体有何不同?又具有怎样的特点?笔者认为:“新媒体具有三个最核心的基本特征:一是传播媒介由传统媒体转移到了互联网和手机媒体;二是内容导向、平台导向、算法导向三种模式,组成了新媒体的组织架构;三是新媒体是一个相对的、动态的概念,随着数字技术的飞速发展和人工智能时代的崛起,未来新媒体的定义仍将持续改写。”③新媒体时代已经来临,正在全面刷新我们的生产方式和生活方式,并以日新月异、瞬息万变的惊人速度和无法估量的变革潜能在不断推出其最新形态。新媒体时代的典型特征,具体表现在去中心化、平台化和算法化。

1. 新媒体时代的去中心化

互联网的出现极大地改变了我们所在的这个世界,互联网上半场的博弈都集中在入口和流量之争,是一个不断中心化的过程。Web1.0时代,门户网站的勃兴吹响了流量之争的号角,催生了新浪、搜狐、网易、腾讯四大互联网公司;Web2.0时代,百度搜索一骑绝尘,让人与信息的联系更加紧密,使其与腾讯、阿里并肩而立成为BAT巨头;Web3.0时代,流量集中在了微信与淘宝、天猫、京东等电商交易平台上,入口出现了新的霸主。这边是新媒体巨头们的跑马圈地、开疆扩土,得

---

① 彭兰:《“新媒体”概念界定的三条线索》,《新闻与传播研究》2016年第3期。

② 保罗·莱文森:《新新媒介》,何道宽译,复旦大学出版社2011年版。

③ 张耀铭:《学术期刊与新媒体融合的关键与进路》,《济南大学学报》2018年第3期。

流量者得天下;那边是传统媒体丢盔弃甲、自乱阵脚,一次又一次地邂逅历史机遇,但一次又一次地失之交臂。

互联网进入下半场,随着新媒体、个性化技术、IP、视频、物联网、人工智能等新技术的涌现,入口随时随地,微信是社交入口,百度是搜索入口,淘宝和京东是购物入口。谁掌握了入口,谁就掌握了未来。面对这样的语境,我们不得不承认一个事实:当下中国已经进入了一个去中心化的时代,自媒体张扬的个性与独立的价值是去中心化时代来临的标志。所谓自媒体(We Media),是以各种新媒体为载体的统称,主要包括博客、微博、微信、个人视频等。美国《连线》杂志创始主编凯文·凯利就曾公开表示,去中心化是未来20年的三大主要趋势之一。新媒体研究专家杰罗姆认为,博客解决了有没有便捷工具的问题,微博解决了高效传播的问题,而微信则把自媒体推向了高潮。中国的自媒体是互联网技术把几乎所有的媒体进入门槛都推倒之后,出现的一场集体狂欢。中国的自媒体热,在很大程度上是技术平台商转型与拓展过程中所渴求的UGC(用户生成内容)所促成的,是平台的阳谋,是一种生意。①

(1)媒体的去中心化

传统媒体的传播形式,从某种程度上说,始终是一种以机构为元素构建起来的传播系统。这种机构的运行模式,必然要受到社会强力者的操控和把握,无论是政治的强力者还是资本的强力者。这是一种中心化的传播模式,少数人把传播工具牢牢掌控在自己手中,自上而下地发布内容,受众只能被动地接受,没有评论的权利。"它说到底只是少数人玩的'游戏',是一种少数人为大多数人定义世界、展示世界和诠释世界的传统方式。"②新媒体恰恰激活了比机构更为基本的要素——个人,使每个人都成为传播系统中的一个元素、一个基本单位。换句话说,人人都是记者、人人都是中心,每个人都可以连接并影响其他节点,各种各样的自

---

① 杰罗姆:《如果自媒体做大了,那就不是自媒体了》,钛媒体。

② 喻国明:《互联网是一种高维媒介》,《新闻与写作》2015年第2期。

媒体开始有了自己的声音,张扬着个性,表达不同的选择、不同的意见。这种扁平化、开源化、平等化的现象或结构,构成了“去中心化”的本质。小团队运作不一定就是自媒体。新媒体学者魏武挥的定义:“由一个人(或者非常有限的几个人)来运维的彰显出强烈个人风格特征的数字化媒体。”[①]如果以2005年作为中国自媒体发展的元年,我国自媒体已经有13年的发展历程。在这期间,新的自媒体平台如雨后春笋般不断涌现出来,按内容呈现形式可以分为文字流、照片流、视频流、图文流、语音文字流等类型。文字流、照片流以论坛为代表,视频流以抖音、快手和搜狐视频为代表,图文流以微信、QQ空间、微博为代表,语音文字流以微信、百度贴吧为代表。目前的自媒体正处于快速发展的阶段,呈现三个基本特征:第一,自媒体平台由一至众,平台不断增多;第二,自媒体的发展进入稳定期,增长速度不断减缓,逐步形成了以微信、微博为主导的,多种自媒体共存的发展现状;第三,自媒体开始进入商业变现的时期。新浪微博实施了自媒体激励计划,微信开发了微信钱包等,这些都让自媒体的商业变现成为可能。[②]

(2)内容的去中心化

中国传统媒体大多属于“中心化媒介”,从内容的生产、制作、分发到流通渠道自成体系,在自己的势力范围内画延长线。为了做好PGC(专业生成内容)包打天下,传统媒体招兵买马、占山为王,招募专业记者、撰稿人、编辑,出版、发行以及营销人才,这就导致机构体量庞大,分工细致,部门众多,互相牵制,等级化严重。新媒体时代,许多传统媒体推出新闻APP,或免费吸引用户,或付费阅读以实现商业价值。然而,这不过是燃放的几朵烟花,并不能够持续照亮夜空。于是,“媒体与作者同时陷入了一种西西弗斯困境:既要生产内容,又要内容免费;既要招徕粉丝,又不能让粉丝消费。这对于内容采购、运营成本更高的传统媒体,伤害尤大”[③]。

---

① 魏武挥:《自媒体:对媒介生态的冲击》,《新闻记者》2013年第8期。

② 刘阳:《自媒体终极秘诀》,哈尔滨出版社2016年版,第42—44页。

③ 张晓波:《大变局:平台为王与媒体生死》,《读书》2016年第2期。

在去中心化趋势下，自媒体的价值和作用日益突出。越来越多的互联网企业开始依托于微博、微信等自媒体平台，去做 UGC。互联网平台作为连接者、匹配者、市场设计者的角色，决定了它在连接用户与管道之后，要持续地为海量用户提供更多、更优、更独特的内容产品和服务。所以，很多平台如微信公众号、今日头条、百度百家、贴吧等都是采用 UGC 运营模式。内容的去中心化主要体现在两个方面：第一，从专业媒体机构生产转向众包生产。美联社记者乔纳森认为，“构成新闻业的方方面面的工作既可在编辑部内部完成，也可在编辑部外部完成，可以是专业人士，也可以是业余人士，甚至民众自己也可以通过自己生成和分析数据的方式来提高对政治事务的参与”①。英国《卫报》的“数据博客”里的很多调查性报道都是采用“众包”形式完成的，比如报道伦敦骚乱、奥运会的开支、英国政府财政支出情况等。美国体育媒体 Bleacher Report，就采用了用户撰稿加专业编辑的众包模式，他们选出了在申请作家的用户中排名前 15 的人，对其进行支持，然后依靠这些“半职业撰稿人”来生产内容。众包新闻降低了新闻写作的门槛，打破了传统的新闻写作模式，赋予新闻生产新的社会意义，推动了新闻生产的外部化。第二，内容生产模式从组织化转向社会化。在国内，以 UGC 为基本模式的内容平台十分红火，百度百家就是一个典型案例。百度百家是个用户生成内容的平台，它虽然没有专职的记者、作家、分析师，但可以组织他人在平台上进行内容生产。百度则利用其知名品牌与强大流量，负责营销这个平台上生成与出版的内容。为了保证百度百家内容的总体质量，平台编辑除了邀请名家入驻开设专栏，还对投稿进行“把关”，自媒体人只有成功发稿 3 篇之后，才有资格申请开设专栏。去中心化之后的平台运营，一是明确规则，引导用户自发产出合适的内容；二是维护符合网站平台价值观的内容氛围；三是网站的运营管理人员对用户进行协调和维持秩序。

---

① 瞿旭晟：《数据入侵：“538”博客的实践与启示》，《新闻记者》2013 年第 6 期。

2. 新媒体时代的平台化

2017 年全球市值最高的十大互联网公司分别是苹果、谷歌、微软、亚马逊、腾讯、Facebook、阿里巴巴、普利斯林、百度、赛富时，中国独占三席。它们不仅是高科技公司，也是互联网平台型公司。它们的快速崛起，以及在商业上取得的巨大成功，让平台模式声名鹊起，其产生的价值正在被越来越多的传统产业所认知并重视。

(1) 互联网平台的内涵

近年来，“平台”这个词语已是商业、经济和互联网领域最常用的词语，有平台崛起、平台竞争、平台模式、平台经济、平台时代等各种各样的说法。但在不同的语境中，使用时所指的内涵亦有很大差异。

在欧美国家，早在 2003 年就有学者开始研究双边市场、平台、反垄断问题。“双边市场”包括三个参与主体，平台企业和两方不同的用户群体，双边市场区别于单边市场最重要的特点是平台两边用户群体之间的关系。2006 年，Armstrong 通过模型构建根据对双边市场的特征分析，从网络外部性角度重新定义了双边市场，“两侧用户需要通过中间平台进行撮合交易，并且一方的收益取决于另一方参与者数量的多寡”。2007 年美国学者戴维 · S. 埃文斯与理查德 · 施马兰西出版《触媒密码：世界最具活力公司的战略》，他们认为通信技术的快速发展，正使得世界各地的相异群体比以往任何时候都更加容易联结成触媒社区。这就是为什么双面企业或说触媒，充当了权力经纪人的原因。微软公司董事长比尔 · 盖茨评价：本书是对平台商业模式重要性的一种极好的描述。通过将经营实践理念与经济学分析相结合，该书提供了一个异乎寻常的清晰图画。已使如微软这样的公司把两个或更多的顾客群体聚拢在一起，并为双方提供价值，从而创造出一种全新的产业战略。此后，戴维 · S. 埃文斯又出版了《匹配者：多边平台的新经济学》，提出了“多边平台”概念，认为传统经济学和商业战略的很多规则不再适用于平台。2015 年美国学者桑基特 · 保罗 · 邱达利出版专著《平台扩张》，深入分析了互联网平台的运作机理。2016年美国学者杰奥夫雷G.帕克、马歇尔W.范·埃尔斯泰恩等出版《平台革命：改变世界的商业模式》，他们预言，互联网让商业设计从“管道模式”正向“平台模式”转变。时下，许多增长最快的变革性大公司的成功都在为平台模式背书，如谷歌、亚马逊、微软、优步。同时，平台模式正在颠覆其他的经济和社会领域，如购物、出行、饮食、教育、咨询或者政府服务。在中国，互联网平台连接着人的线上线下生活，融合着虚拟经济与实体经济，正成为经济与社会的新主角。

（2）互联网平台的类型

第一，电商交易平台。电子商务平台即是一个为企业或个人提供网上交易洽谈的平台。企业、商家可充分利用电子商务平台提供的网络基础设施、支付平台、安全平台、管理平台等共享资源，有效地、低成本地开展自己的商业活动。阿里研究院政策研究专家郝建彬将中国电子商务的发展分为四个阶段：工具阶段（1995—2002年）、渠道阶段（2003—2008年）、基础设施阶段（2009—2013年）、经济体阶段（2013年以后）。工具阶段是互联网进入中国的探索期、启蒙期，中国电子商务以企业间电子商务模式探索和发展为主；渠道阶段是网民和电子商务交易的迅速增长时期，电子商务成为众多企业和个人的新的交易渠道；基础设施阶段是越来越多的企业和个人通过以电子商务平台为核心的新商业基础设施降低交易成本、共享商业资源、创新商业服务，也极大地促进了电子商务的迅猛发展；经济体阶段随着网络零售井喷式的爆发，促进了云计算、IT外包、网络第三方支付、网络营销、网店运营、物流快递、咨询服务等生产性服务业的发展，促进和带动经济整体转型升级，电子商务经济体开始兴起。① 新媒体时代的网络零售逐渐转变成几大电商交易平台占主导的态势，大体包括垂直电商、开放给第三方卖家的电商平台、大型B2C电商平台、独立品牌电商，流量一直是零售成功的决定性因素之一。所以，“电商平台竞争一直在围绕流量展开：电商平台获取流量，平台上的

① 郝建彬：《中国电子商务发展史话》，亿欧网。

零售商获取流量,电商平台与其他平台之间争夺流量"①。

第二,社交媒体平台。社交媒体是指互联网上基于用户关系的内容生产与交换平台。人数众多和自发传播是构成社交媒体的两大要素,是人们彼此之间用来分享意见、见解、经验和观点的工具和平台,现阶段主要包括社交网站、微博、微信、博客、论坛、音视频等。目前社交媒体已形成多种传播形态和运营模式:一是平台型,其功能是聚合资源、响应需求、创造价值。微博、微信就属于典型的平台型社交媒体,从一个好产品转变为一个基础性平台,真正成为"移动互联网时代的通信工具"。二是社群型,是有共同爱好、需求的人组成的群体,有内容、有互动,由多种形式组成。微信和豆瓣、知乎等垂直化的社交媒体都属于社群型媒体。三是工具型,把社交作为互联网产品中的重要元素而不是主导元素,即用社交的思维做工具产品。滴滴出行、网易云音乐、虎扑体育等就属于这种类型,社交只是工具,服务才是目的。四是泛在型,是以社交属性的内容和服务"嵌入"各类媒体形态中,既可以被新媒体所应用,也可以被传统媒体所吸纳。移动互联网时代的"二维码"、智能手机上的"扫一扫"、时下火爆的网络直播等,都是一种带有媒介属性的社交行为,目的在于将多个用户群体连接到一起,促成各方的价值交换。泛在不是一种独立形态的媒体,却是一种无处不在的社交连接。②

第三,生活服务平台。生活服务平台是指从信息或交易的角度,提供一站式全方位覆盖人们本地日常生活所需服务的平台级服务商。新媒体连接了一切,但最终都是将服务和资源与人连接,而这样的连接使我们的生活便捷程度发生了质的变化。艾瑞发布的《2017 中国本地生活 O2O 行业研究报告》指出,O2O 市场规模接近 1 万亿,可见新媒体时代的最大机会在生活服务领域。生活服务领域的切入点较多,涉及人们的衣食住行、教育培训、健康医疗、洗衣家政、休闲娱乐等各个方面。即使 BAT 这样的互联网巨头,也开始在生活服务领域破门而入,分食大

① 方军、程明霞等:《平台时代》,机械工业出版社 2018 年版,第 44 页。

② 谭天、张子俊:《我国社交媒体的现状、发展与趋势》,《编辑之友》2017 年第 1 期。

饼。移动互联网高速发展的这几年,也是生活服务平台爆发性成长的几年,出现了滴滴出行、美团点评、58 同城、百度外卖、饿了么、摩拜单车、携程旅行、房天下、智联招聘、世纪佳缘、平安好医生、兼职猫、闪送等一系列大型互联网生活服务平台。从商业模式看,目前生活服务类电商主要分为以下三种类型:一是垂直运营商。基本立足于一个细分行业,然后针对这个领域消费者的痛点加以深入解决,从而成为生活服务细分行业的一个专业化服务商。例如当当网(图书音像)、凡客诚品(流行服装)、红孩子(婴幼用品)、天天购物网(化妆用品)、河狸家(美甲、美容)、携程旅行网(旅游票务)、零食达(休闲零食)等,它们本身并不经营这些具体业务,只是将细分行业内广泛的经营者有效地整合起来为消费者服务。二是综合平台商。这是目前生活服务类电商的一种主流形态,其最大特点就是将餐饮、娱乐、租房、买房、工作、旅游、教育等整合在同一个电商平台上,为消费者提供所有生活方面的中介服务。如今的综合生活服务平台大体分为三类:一类是从团购或信息分类网站发展而来,形成综合类的生活服务平台,如 58 同城、赶集网、美团等;另一类则是在原有平台上进行工具、业务的扩展,如支付宝、微信、淘宝、地图类 APP 以及各种手机浏览器;还有一类是基于本地或社区的服务平台,如小区无忧、易城市、蜗牛小区等。三是自主运营商。由品牌商自主建立的生活服务类电商网站,例如餐饮行业的品牌商必胜客、肯德基等,租车行业的神州租车、一嗨租车等,它们通常都是自己经营具体的业务。不过,越来越多从垂直领域起步的 O2O 服务也暗藏着未来打造“通吃”平台的野心。在经历了美团、大众点评、百度糯米团购大战(2014 年),美团与大众点评合并(2015 年 10 月),饿了么并购百度外卖(2017 年 8 月),阿里巴巴全资收购饿了么(2018 年 4 月)等餐饮行业大事件后,2018 年国内本地生活服务 O2O 的平台竞争格局已经初步确立,从三足鼎立变成美团与饿了么双雄争霸。阿里巴巴买断科技巨头百度等其他投资者持有的饿了么股权,意在构建新零售大生态圈,这将有助于改进其送货上门的服务,同时与美团大众点评之间的竞争将更加激烈。

第四,内容分发平台。内容分发从广义上理解,就是内容分发平台以互联网工具为媒介,对内容(文字、图片、音频、视频等)进行处理,并通过互联网工具向用户传递的一系列过程。中国内容分发平台的发展,大致可分为两个阶段。第一阶段是博客时代(2002—2013年),以2002年8月方兴东、王俊秀开通博客中国网站为标志,中国互联网内容分发开始进入“博客时代”。这个时期的博客发展主要有四大类型:一是博客网站,代表性平台有博客中国、新浪博客、搜狐博客、网易博客、腾讯博客等,与此同时出现了韩寒、徐静蕾等博客大V;二是社区类博客,代表性平台有豆瓣小组、QQ空间、百度空间、天涯社区、猫扑等,与此同时也造就了芙蓉姐姐、奶茶MM、犀利哥、乞丐萝莉等中国互联网的第一代网络红人;三是个人博客网站,代表性平台有月光博客、牟长青博客、卢松松博客等,主要以IT、科技、互联网、SEO、电子商务等方面的内容为主;四是轻博客,代表性平台有点点网络、LOFTER、人人小站、新浪Qing(轻博客)等。轻博客是介于博客与微博之间的一种网络服务,几乎清一色以图片内容为主打,格调以清新为主。第二阶段是移动互联时代(2014年至今),以微信的爆发、移动支付的兴起、4G的火热为标志,中国互联网内容分发开始进入“移动互联时代”。这个阶段的内容分发,大体可以分为三种基本类型:一是媒体型。媒体型内容分发平台主要包括传统媒体新闻客户端和门户网站类新闻客户端,内容来源主要有两大板块:首先是自身媒体的“中央厨房”为新闻客户端量身打造的实时性资讯;其次是大量转载、聚合政府机构、社会组织网站以及其他媒体的内容资源。二是算法型。2012年,今日头条率先涉足基于技术算法的信息抓取和内容分发,此后天天快报、一点资讯、企鹅媒体平台、大鱼号等纷纷跟进,大大提高了用户获取内容的便利性和效率。视频类的内容分发,目前主要集中在五大主流视频平台(合一、爱奇艺、腾讯视频、乐视、搜狐视频)和两大短视频平台(美拍、秒拍)。三是关系型。关系型内容分发平台以微博、微信、知乎等社交媒体为代表,内容由自媒体以及普通用户生产,通过用户之间的关系链来传播信息。

第五,第三方支付平台。第三方支付是指具备一定实力和信誉保障的独立机构,采用与各大银行签约的方式,通过与银行支付结算系统接口对接而促成交易双方进行交易的网络支付模式。从互联网到移动互联网，广义的在线支付作为一种平台经历了两轮演变、三个场景。三个场景是在线交易场景、虚拟服务场景与线下交易场景。第一轮演变，在线支付出现在在线交易或虚拟服务场景下，新平台（支付宝等第三方支付、Q币等点卡）比旧平台（传统银行的网银支付等）更好地满足了用户的需要。第二轮演变，随着移动互联网与线下生活的融合，在线支付由线上走向线下。微信支付、QQ钱包、支付宝、Apple Pay等移动支付平台，开始在线下生活消费场景中取代过去的"平台"如现金、信用卡、储蓄卡等，而且更加便捷、高效。移动支付已经成为众多小额支付的界面，并且正快速发展成为互联网上的基础性平台。①

3. 新媒体时代的算法化

算法（Algorithm）是计算机科学领域最重要的基石之一，随着新媒体的飞速发展，算法的重要性不是在日益减小，而是在日益加强。并行算法是Google的核心优势，借助这个杀器，Google几乎能无限地增加计算量，与日新月异的互联网应用一同成长。2002年9月，Google推出谷歌新闻，这被看作算法与媒体的正式结合，也是算法新闻真正的起点。此后Google进一步升级了谷歌新闻，加强了个性化推送，推出订阅功能，甚至可以实现AI自动搭建专题。2016年11月9日凌晨，美国总统选举初步结果揭晓，共和党总统候选人唐纳德·特朗普战胜民主党候选人、前国务卿希拉里·克林顿赢得总统选举，成为美国第四十五任总统，大选结果让美国主流媒体深感意外。Facebook作为一家极具影响力的社交网络公司，在这次大选中被指扮演了民众舆论"搅屎棍"的角色。虽然Facebook的CEO扎克伯格一直否认Facebook是一家媒体公司，也否认Facebook在这次大选中对民众舆论进行过干扰，但从最终揭出来的内幕证实，Facebook的新闻算法推荐确实对民众舆论造成了极大影响。一家公司改变了美国大选，算法的强势惊得世界出了一

① 赵立兵：《移动互联时代的内容分发市场：类型与变革趋势》，《新闻战线》2017年第13期。

身冷汗,其构成的大规模杀伤力,绝非一般媒体可以比肩。

(1)算法推荐成为资讯分发的标配

人类的信息分发模式大体经历了三个发展阶段:一是传统媒体时代,倚重人工编辑,“信息—编辑—受众”是纸媒传播的基本模式;二是社交媒体时代,依托社会关系传播,“信息—受众—受众(N个)”是社交传播的基本模式;三是智能化时代,算法成为主流资讯分发产品的标配,“信息—算法—受众”是智能化传播的最新趋势。自2012年今日头条开启算法分发的尝试,到2016年各大资讯平台开始全面发力算法推荐,天天资讯、网易号、360浏览器、爱奇艺、一点资讯、百家号等都在强调自己的技术属性和分发优势。与平台合作,与算法共谋,已经成为2016年传媒业界的共识。不仅各大传统门户客户端加入了算法潮流,而且连用户与流量巨大的微信与微博都开始往自身产品功能中添加算法,甚至大手笔的资本都集中在算法类产品风投逐利。第三方监测机构易观发布了一个具有“里程碑式意义”的数据:2016年,在资讯信息分发市场上,算法推送的内容将超过50%。“这成为一个分水岭。它意味着,我们以后接触到的信息,将主要由‘智能机器人’为我们准备,而以往看似不可或缺的‘人工编辑’角色,则不可避免地被边缘化。”[①]Quest Mobile《移动互联网2017春季报告》显示,腾讯新闻、今日头条与一点资讯的月活用户分别为2.2亿、1.72亿及1.48亿,位列前三。可以看出,它们都是通过算法分发获得一席之地的,这显然是一个值得深入解析、解构的对象。不可否认,传统的编辑推荐模式正在走向没落,算法推荐以其精准、高效的特征逐渐成为新闻分发的主流。这不是中国现象,而是全球现象。不管读者主动还是被动,乐意还是不乐意,我们已经进入一个算法分发新闻的时代。

(2)新闻不再需要总编辑把关吗?

一般来说,常见的算法推荐主要有四种类型:一是人口统计学推荐,它只是简单地根据系统用户的基本信息(包括兴趣、年龄、职业、手机型号、阅读历史等)发

---

① 严九元:《算法时代到来,工程师能取代人工编辑吗?》,钛媒体。

现用户的相关程度，然后将相似用户喜爱的新闻资讯推荐给指定用户。二是内容推荐，计算机挖掘用户喜好与历史浏览关注记录（包括关键词、主题词、标签、热度、时效性等），总结出用户的兴趣图谱，然后计算新闻资讯与用户画像的相似度，将相似度最高的新闻资讯推荐给用户。三是协同过滤推荐，通过分析用户兴趣，在用户群中找到指定用户的相似（兴趣）用户，综合这些相似用户对某一信息的评价，形成系统对该指定用户对此信息的喜好程度预测。四是单因子推荐，“即基于新闻资讯的点击量、阅读量、点赞或转发量等单一因子的量值实现对用户的推荐”①。不可否认，算法推荐具有精准、高效的特征，提高了用户的参与意识，增强了用户与新闻产品之间的黏性，也意味着人类可以更加协调、有效、自如地管理自己的社会生活。

凭借着算法推荐，还有雄厚的资本实力与强烈的企图心，今日头条才能够杀出重围、摧城拔寨，在移动资讯领域站稳脚跟并确立优势。因此，张一鸣在接受《财经》杂志访问时说：今日头条不会也不需要设立传统意义上的总编辑。他说自己最忌讳价值观先行，不干涉可能是今天他对内容最好的管理。不管他传达的是一种什么样的心境与观感，但这个观点甫一出场，就立即引发了争议。这是否意味着算法主导的时代，新闻不再需要总编辑的把关、主导、引领？越来越聪明的机器算法能否取代人类的总编辑？机器算法能否做新闻信息有态度、有理想、有担当的“看门人”？传统媒体从来不是互联网浪潮中稀里糊涂的“病猫”，相反，它们是价值理性的坚定捍卫者。面对这样找上门来踢馆的科技高手，《人民日报》连续发布《不能让算法决定内容》《别被算法困在“信息茧房”》《警惕算法走向创新的反面》评论文章，予以强硬回击。实际上，这并不是党媒首次对于算法推荐做出抨击。早在2016年底，《人民日报》评论文章就指出：“算法主导的时代，更需要把关、主导、引领的‘总编辑’，更需要有态度、有理想、有担当的‘看门人’。”②算

① 张潇潇：《算法新闻个性化推荐的理念、意义及伦理风险》，《传媒》2017年第11期。

② 人民日报评论部：《算法盛行更需“总编辑”》，《人民日报》2016年12月23日。

法不能误入歧途，走向价值理性的反面。智能平台的身上也应流淌"道德的血液"，不能只为眼前的利益而输掉了未来。这场争论远没有结束，但它在国内引起的震动，会使许多人永远铭记在心。

二、新媒体时代青年发展的机遇

李克强总理在2018年政府工作报告中表示："要提供全方位创新创业服务，推进'双创'示范基地建设，鼓励大企业、高校和科研院所开放创新资源，发展平台经济、共享经济，形成线上线下结合、产学研用协同、大中小企业融合的创新创业格局，打造'双创'升级版。"新媒体时代是当代青年变革发展的最佳机遇，平台经济、共享经济、内容经济是青年人实现自己梦想的绝好平台，"双创"的提出为青年人提供了无限的商机和施展才华的可能性。

1. 平台经济：新经济的引领者

硅谷著名投资人马克·安德森曾经说过："软件正在吞食整个世界。"而2017年出版的《平台革命》进一步指出："平台正在吞食整个世界。"随着新媒体与产业融合的不断加深，平台的结构日趋复杂，类型越来越丰富，融合的范围越来越广，平台正逐步由一种商业现象发展成为一种经济形态。

(1)平台经济成为推动经济发展的重要引擎

当下的互联网平台，已经不再是简单的孤立产品，而是由一系列大大小小的平台构成的平台集群。比如腾讯的QQ社交平台，它以QQ为核心，附以QQ空间、QQ游戏、QQ音乐、QQ轻聊等小平台，共同构成一个功能丰富的活跃平台集群。"平台同时具有企业和市场的双重性质。一方面，所有的平台都有员工，有资产，在其内部有层级结构，在市场上也要参与竞争，这些都和传统的企业是类似的。但另一方面，平台并不像传统的企业一样直接生产或销售商品——阿里是电商平台，但它并不直接卖商品；滴滴提供约车服务，但其平台上的自有车辆却只占很少一部分——平台要做的，更多是把供给和需求有效匹配起来，让销售者和消费者找到最适合的彼此。从这点上看，平台企业更像一个市场，或者更确切地说，一个市场的管理者……作为撮合用户进行交易的市场，平台的最大特征是能够掌握用户的接入权。这让平台企业先天拥有了决定让谁接入市场、让它们与谁交易、怎样进行交易的权力，还让它们得以掌握在这个过程中产生的各种数据和信息。应该说，如果对于一个单纯的市场管理者，那么拥有以上这些权力是天经地义、无可争议的。但是由于平台本身也是一个企业，因此这些权力有时候就会受到质疑。"①

2016 年中国电子商务交易额超过 20 万亿元，网民 7.1 亿，互联网普及率达到 51.7%，平台经济已经占据了 GDP 的 10.5%。独角兽企业是新经济发展的重要推动力，是新经济爆发式增长的重要标志。长城战略咨询《2016 年中国独角兽企业发展报告》显示，在中国 131 家独角兽企业中，由平台型企业业务分拆而来的独角兽企业共 31 家，占 24%。其中，阿里巴巴集团孵化的独角兽企业最多，达到 7 家，包括蚂蚁金服、淘票票、阿里云、菜鸟网络等，估值高达 1363.5 亿美元，占中国独角兽企业总估值的 27.9%。2016 年独角兽企业估值榜前 15 名中，有 12 家都采用平台模式运营，如小米、今日头条、滴滴快的、借贷宝、京东金融等。平台经济的示范效应和竞争压力，也推动传统产业拥抱平台模式。据 IDC 预测，到 2018 年，超过 50%的大型企业、80%的其他企业都将拥有完善的数字化转型战略，并由此创建产业平台或与之结为合作伙伴。在中国，传统企业对平台模式价值的认识也在不断加深，并开始付诸实践，在汽车、生活服务、消费电子、金融、能源等产业已经有不少公司开始试水平台模式。从为平台客户创造的价值来看，目前产业平台大体分为三类：第一类是服务接入者。通过平台接入更多第三方的产品和服务，来满足客户的需求。如宝钢下属的欧冶云商平台，不仅为宝钢服务，而且也为钢贸商、物流商、金融服务商等提供全产业链服务的开放式平台。第二类是价值整合者。通过与平台上其他企业的协作，将各自的产品与服务进行组合打包，或是

---

① 陈永伟：《为什么互联网平台如此"反常"》，搜狐网 2018 年 3 月 7 日。

整合客户的需求,提供更具附加值的服务与更完整的用户体验。如中国平安下属的平安万里通平台,通过将各个商家提供的积分整合成通用积分,从而打通了消费壁垒。第三类是洞见提供者。通过平台上积累的数据,挖掘客户洞见,并据此提供个性化产品与服务。比如车联网服务商将车辆与驾驶员驾驶习惯的数据分享给保险公司,并助其实现精准的车险费率计算,进而给车主提供更具个性化的服务。①

(2)平台经济将赋能于有才华的青年

互联网主要是青年人的事业。在青年与互联网的互动当中,研究者发现了四个80%的规律:80%的网民是青少年,影响青少年世界观、人生观构成的信息80%来自网络,青年创业项目80%是基于网络,庞大的网络运营团队当中80%也是青年。青年是互联网的"原住民",他们与互联网有着天然的缘分,扮演着十分重要的角色——互联网发展新规律的发现、新技术的创造、新应用的使用,都离不开青年这一最富有开拓意识与创新意识的群体。马化腾在《致信合作伙伴:灰度法则的七个维度》中指出,对创业者来说,如何利用好平台开展合作,是一个值得深思的问题。以前做互联网产品,用户要一个一个地累积,程序、数据库、设计等经验技巧都要从头摸索。但平台创业的趋势出现之后,大平台承担起基础设施建设的责任,创业的成本和负担随之大幅降低,大家可以把更多精力集中到最核心的创新上来。互联网平台作为一个新的市场、新的空间,为个体提供了一个新的选择与去向,让有想法、有才华、有专业技能的青年,可以借助平台经济更便捷、更快速地实现自己的价值。

根据阿里研究院发布的《中国淘宝村研究报告(2017)》,2017年全国淘宝村数量已达2118个,淘宝镇达242个,淘宝村活跃网店超过49万个,带动直接就业机会超过130万个。在国家级贫困县和省级贫困县淘宝村数量快速增长,电子商务对减少贫困发挥了重要作用。尤其在西部六省区,淘宝村吸引了大量有学识、

---

① 埃森哲:《迈向平台——中国企业转型升级新机遇》,中国经济网2016年8月30日。

有胆识的青年返乡就业创业。这些返乡创业的电商生力军，成了当地经济的一大发动机。2017 年，在阿里巴巴中国零售平台上，国家级贫困县的网络销售额超过 370 亿元，近 400 个贫困县网络销售额超过 1000 万元，超过 60 个贫困县网络销售额超过 1 亿元。数据显示，目前淘宝村年轻网商（30 岁及 30 岁以下年龄）占比达 51.8%，销售额超过万元的店铺商平均年龄 34.6 岁。中国人民大学劳动人事学院发布的《阿里巴巴零售电商平台就业吸纳与带动能力研究（2017 年度）》显示，2017 年阿里零售生态总共创造了 3681 万个就业机会，为大学生、农民工、弱势群体创造了公平、包容的就业环境，成为传统就业的有益补充。在阿里带动的电商就业中，近半数电商商家年增速超过 50%，超过 60%的受访商家电商岗位人员月均收入超 6000 元。特别值得关注的是，电商的快速发展对于缓解大学生就业压力起到了重要作用。中国就业促进会《网络创业就业统计和大学生网络创业就业研究项目报告》显示，全国大学生创办的网店占总网店的六成。青年是网络星空最亮的星，他们正在平台经济崛起中挑战现在，挑战未来，更主要的是挑战自己，讲述中国故事，当然会有不少传奇。

2. 共享经济：快速崛起的商业新生态

共享经济（Sharing Economy），又称协同消费，是一种快速崛起的商业新生态。在全球共享经济的发展中，美国罗宾·蔡斯是较早思考和实践的科技创业者之一。在《共享经济：重构未来商业新模式》一书中，罗宾·蔡斯把共享经济的含义归为三部分：一是可利用的闲置资源，二是共享平台，三是资源供需双方的积极参与。共享经济的基本特征，就是借助高效的网络作为共享平台，以闲置资源使用权的暂时性转移为本质，以物品的重复交易和高效利用为表现形式，实现生产要素的社会化，提高存量资产的使用效率以创造更多价值，促进社会经济的可持续发展。美国《时代周刊》将共享经济称为“未来 10 年改变世界的十大思想”之一，这个结论像惊悚的预言，但是从理论上它符合社会发展的趋势。

(1)共享经济是最活跃的新动能

2015年是中国“共享经济”元年。这一年,中国出现超过30家的共享型经济企业,大致可将其划分为四大共享模式:一是空间共享。如租赁业,SOHO中国推出了共享办公空间品牌,提供办公室甚至办公桌的租赁,颇受科技、创意企业青睐。易点租免押金办公电脑租赁平台,更可以随用随租,随租随还,这种全新的模式让很多缺乏资金投入的初创企业看到了机会,纷纷开始尝鲜。二是认知盈余共享。如培训业,姬十三成立的“在行”就是共享经济下的具体体现。任何一个在某方面有所建树或有所见解的人,都可以在“在行”注册成为行家。这些行家是自由的,不依附于任何培训机构。而任何想在某方面获得指点的人,都可以在“在行”找自己合适的交谈对象。“在行”这个平台,除形式上不是培训而是一对一学习交谈外,在本质上其实是用共享经济造一所“社会大学”。三是渠道共享。如物流业车货匹配的共享物流模式。目前在物流领域,比较著名的物流平台有罗计智慧物流、运满满、云鸟配送、物流小秘、神盾快运、货车帮、车旺、易配货、发哪儿等。共享经济在物流领域的拓展,大概包含了三个方面:首先是物流资源的共享,包括车辆运力、货源信息、仓储空间等。其次是物流基础设施的共享。再次是使用权与所有权分离,企业分工走向协同共享。四是多方共享。如交通业,尤以摩拜、ofo小黄车等共享单车为例,通过大量的市场投放,实现了出门有车、随骑随放的便捷。共享单车成为新的风口,聚集了数十亿元资金、30多家投资机构。截至2016年底,全国至少有25个品牌汹涌入局,摩拜单车、小鸣单车、小蓝单车、智享单车、黑鸟单车、酷骑单车、悠悠单车、熊猫单车、ofo小黄车、优拜单车、小鹿单车、小白单车等,行业竞争惊心动魄,每个品牌都在使出浑身解数,寻找或者打造自己的诺亚方舟。

2017年注定是共享经济的分水岭,向左是资本泡沫与共享单车的最后疯狂,向右是2B领域广阔天地大有作为。风口转向,创业者每一天都在生死关头。在共享单车领域,“互联网马太效应”也开始显现。卡拉单车、悟空单车等跟风小玩家纷纷倒闭,折戟沉沙。随着腾讯、滴滴和小米分别站队摩拜和ofo,这意味着共享单车竞争从野蛮生长的初期进入了巨头争霸的时代。正如硅谷创投教父 Peter Thiel 所言,“规模”是互联网商业战争必胜四大法则之一。这一年,大批像销售易这样的企业级服务提供商,率先得到了资本的青睐。而以阿里巴巴和腾讯为代表的互联网巨头,对 2B 企业级服务市场的布局速度也明显加快。国家信息中心发布的《中国共享经济发展年度报告(2018)》显示,截至 2017 年底,全球 224 家独角兽企业中有中国企业 60 家,其中具有典型共享经济属性的中国企业 31 家,占中国独角兽企业总数的 51.7%。2017 年中国共享经济市场交易额约为 4.9 万亿元,比上年增长 47.2%。中国共享经济平台企业员工数约 716 万人,比上年增加 131 万人,占当年城镇新增就业总人数的 9.7%,意味着城镇每 100 个新增就业人员中,就有约 10 人是共享经济企业新雇用员工。中国参与共享经济活动的人数超过 7 亿人,比上年增加 1 亿人左右。中国共享经济融资规模约 2160 亿元,比上年增长 25.7%。交通出行、生活服务和知识技能领域融资规模位居前三,分别为 1072 亿元、512 亿元和 266 亿元,同比分别增长 53.2%、57.5%和 33.8%。总之,中国共享经济继续保持高速增长,结构继续改善。共享经济拉动就业成效显著,有力地促进了包容性增长。共享经济在解决产能过剩、行业工人再就业以及贫困地区劳动力就业等方面的作用开始显现,对去产能和脱贫攻坚起到积极推动作用。制造业产能共享悄然崛起,运营模式创新取得积极进展。共享经济是最活跃的新动能,集中体现了理念创新、技术创新、模式创新和制度创新的内在要求。中国共享经济发展时间虽然不长,但在市场规模、创新应用、国际影响力以及制度创新探索等方面都走在了世界前列。①

(2)共享经济改变了青年人的生活

总体而言,过去的三年是共享经济蓬勃发展的三年。交易平台淘宝、拼车平台滴滴拼车、房屋短租平台蚂蚁短租、餐饮平台大众点评……共享经济的故事,的

---

① 国家信息中心分享经济研究中心、中国互联网协会分享经济工作委员会:《中国共享经济发展年度报告(2018)》,中国社会科学网 2018 年 2 月 28 日。

确才刚刚开始。我们正生活在一个共享经济呈爆炸式增长的时代:城市的道路上出现了小黄车、小蓝车,甚至是共享汽车;餐厅里、车站里、电影院里出现了共享充电宝,共享办公、共享服装、共享车位、共享雨伞等也非常火热。从吃饭到洗衣,从购物到出行,从住宿到金融,共享经济包揽了我们所有琐碎而又重要的生活细节,正在改变着我们的生活。虽然也出现了一些噱头,但共享经济不相信眼泪,只敬畏趋势。我们还是边走边看,不忙着下结论。

在新媒体时代,新经济、新现象层出不穷,“80 后”与“90 后”已经成为共享经济的主要推动者,越来越多的青年创业者在共享经济中崭露头角。好未来董事长兼 CEO 张邦鑫、大疆创新科技有限公司创始人汪滔、今日头条创始人兼 CEO 张一鸣、滴滴 CEO 程维、拼多多董事长黄峥、乐米科技创始人总经理韩振杰、摩拜创始人胡玮炜、转转 CEO 黄炜、知乎 CEO 周源、易货嘀 CEO 秦愉、觅跑 CEO 毕振、“共享纸巾”创始人郑品、ofo 创始人兼 CEO 戴威、“陪我”APP 董事长兼 CEO 孙宇晨、YOU+国际青年社区创始人刘洋等,都是其中杰出的代表。《2017 胡润 80 后富豪榜》显示,99 位“80 后”富豪的个人财富超过 20 亿元人民币,其中白手起家的比 2016 年多 15 位,达到 37 位。中国最成功“80 后”创业者来自教育行业,以 400 亿元身家排胡润百富榜第 48 名。胡润表示:“这些‘80 后’企业家创造了很大的社会价值,37 位‘80 后’成功创业者所创办的企业一共拥有员工近 10 万人,他们的企业市值共计超过 1 万亿,其中市值最大的是滴滴、今日头条和好未来。”创业者的学历越来越高,不仅有博士,还有海归,他们掌握知识、拥有能力,已经成为中国第四次创业浪潮中的生力军。比如“牛大坊兰州牛肉拉面”的创始人邓毓博,本是兰州大学应用数学专业博士、计算机专业博士后。2014 年,33 岁的邓毓博辞去兰州大学教师工作,创业在互联网上卖兰州牛肉拉面。他的“研发团队”核心成员有 5 人,其中 2 个硕士、1 个博士、2 个博士后。“学霸”变身“互联网厨师”,不仅仅是挣钱养家,更主要的是想用互联网思维改造兰州拉面,这才是他们的诗和远方。

“在这个剧烈变迁的时代,青年逐渐成为创业大军中的主力,成为中国经济增长新引擎中的重要一环,他们在消费互联网带来的渠道、内容、快乐的同时,也彰显着青年的个性,塑造着时代的精神,定义着中国的未来。"①"80 后"与"90 后"消费的特点是什么呢?体验、体验,还是体验。年轻人往往是"不求拥有,只求使用",他们不仅是共享经济的主要体验者,而且也是共享经济的主要消费者,由此他们的生活方式也产生了深刻的变化。《2017 年中国网民网络外卖服务调查报告》显示,快食简餐是网络外卖平台用户选择最多的餐饮品类,占了 73.6%;汉堡、比萨一类的西式快餐位列第二。相关数据显示,白领和大学生已然成为在线外卖平台的主力消费人群。周末的订单率要高于工作日,"宅文化"已经成为时下年轻人解压的一种选择。正如美国气象学家洛伦兹所说,亚马孙雨林一只蝴蝶翅膀偶尔振动,也许两周后就会引起美国得克萨斯州的一场龙卷风。一个有意思的现象是,外卖的兴起直接减少了方便面的销量,统一集团 2017 年上半年净利润同比下降了 26.5%,方便面正在中国市场失宠。2017 年 11 月共享单车活跃用户总量超过 2500 万,ofo 和摩拜单车的市场渗透率分别为 5.34%和 5.33%,这意味着每 100 个中国移动网民中,有超过 5 个青年网民安装了 ofo 小黄车 APP,也有超过 5 个青年网民安装了摩拜单车 APP。据国内最大的分享经济平台闲鱼提供的数据,目前闲鱼拥有超过 2 亿用户,其中 52%是"90 后";每个月都有 5000 万用户在闲鱼上寻找好物,其中 20 多岁的青年占比最大。选择二手交易的方式,既可降低开支,又可获得品质生活,这成为年轻人的新消费方式之一。

随着新媒体时代的发展,"斜杠青年"在中国职业舞台上悄然崛起,越来越多的年轻人不再满足"专一职业",而是选择拥有多重职业身份和多元的生活方式。上海一位"80 后"女孩,同时拥有商务咨询、自由撰稿人、编剧、活动策划、猎头、翻译、记者、自媒体 8 种身份,一个活儿能赚一年的工资。斜杠青年的职业身份不是天然形成的,而是青年自适能力增强、自主建构能力凸显、技能反哺能力提升、职

① 张耀铭、张路曦:《互联网驱动的青年与社会变革》,《中国青年社会科学》2017 年第 1 期。

业榜样多元的确立、职业价值寻求的彰显等综合归因衍力而成的。[①] 中国“大众创业、万众创新”的积极推进,为“斜杠青年”提供了良好的沃土,使他们不再需要依赖家庭背景、拼人脉或拼财力,而是可以完完全全通过自身的实力和才能获得成功。这或许应该归功于新媒体时代的发展,也是共享经济带给人才的红利。

3. 内容经济:新媒体时代的下一个风口

20 世纪 90 年代,美国维亚康姆公司总裁雷石东就提出“内容为王”这一概念。他认为:“传媒企业的基石必须而且绝对必须是内容,内容就是一切!”1996 年,比尔·盖茨在其博客的文章中再次予以强调:“我认为未来互联网上真正赚钱的将是内容,就如同在电视行业发生的一样。”尽管彼时的互联网还十分贫瘠,但比尔·盖茨看到了它如万花筒一般繁荣的未来。在传统媒体时代,媒体生态形式相对简单,做好内容是基础,有好的内容才会有大的发行量,大的发行量意味着更大的影响力和市场占有率,才能吸引更多的广告。到了新媒体时代,媒体传播虽然由以往的“一点对多点”变成了“多点对多点”,但内容资讯仍然是人们在互联网上消费的最主要的东西之一。内容大致分为三类:第一类是专业机构或专家生产的内容(PGC);第二类是普通用户生成的内容(UGC);第三类是“高品质专业内容”,如电影、电视剧、音乐、图书、体育赛事直播以及金融数据库等,这类是需要高水平人才和高额的投入所生成的内容。此外,在各种互联网业务探讨中,游戏也常被视为内容,游戏开发商常被称为内容提供商。[②] 可以说技术的迭代重塑了传媒业态,对内容的定义自然也随之发生了改变。“如果从前的‘内容为王’可以理解为内容作为一种消费品,是一种稀缺资源,那么在如今的内容生态下,或许要用另一种方式来阐释:能作为连接器的、有社交功能的内容产品正在成为稀缺

---

① 敖成兵:《斜杠青年:一种“互联网+”时代的职业身份解码》,《中国青年研究》2017 年第 12 期。

② 方军、程明霞等:《平台时代》,机械工业出版社 2018 年版,第 106 页。

资源。”①

(1)内容经济的类型

关于经济,主流经济学家给出的定义通常都是将其视为产品或服务的一个生产、分配和消费系统。但美国复杂性科学奠基人、著名经济学家布莱恩·阿瑟在其著作《技术的本质》中却认为,经济是某种类似盛放技术的大集装箱,是一架带有多种模块或零部件的巨型机器,这些模块或零部件都是技术或生产方式。经济是技术的一种表达,并随这些技术的进化而进化。沿着布莱恩·阿瑟的思想路径,我们认为内容就是产品,内容经济是建构在新媒体技术之上的、由技术作为中介而完成的一系列关于产品和服务的活动、行为或变现模式。

2015 年以来,内容产业风起云涌,无论是基于内容产业的创业潮,还是 BAT 各大平台对内容产品的争夺与生态布局,都再一次印证:内容经济是新媒体时代的下一个风口。内容经济涉及多个领域,并驱动着商业模式朝着多元化及差异化的方向不断迈进。

一是 IP 红利,泛娱乐化的商业模式。以《花千骨》《三生三世十里桃花》《鬼吹灯》《那年花开月正圆》等为代表的热门 IP 大剧持续火热,为内容经济的爆发式增长提供了强有力的支撑。由 IP 衍生的游戏、定制手机及服装等产品也为企业创造了高额的回报。从当前国内的 IP 产业来看,小说、漫画、游戏、影视剧、体育、音乐、明星、网红等都是 IP 内容的表现形式。IP 的商业化过程一般分为孵化培育、宣传运营、授权变现三大环节。对于成熟的 IP 运营来说,一次成功的改编不等于完成了对 IP 内涵价值的变现,只有多次完美跨越宣传媒介的界限,IP 的商业潜力才不会逐渐僵死。

二是视频直播,移动化传播模式变革。2016 年直播成为全面爆发的现象级风口。熊猫直播、斗鱼直播、虎牙、龙珠、花椒直播、映客、爱奇艺、腾讯视频、优酷等,你方唱罢我登台,好不热闹。有统计数据显示,在中国有 300 个左右的直播平

① 刘胜男:《算法时代“好内容”的定义》,《新闻与写作》2017 年第 6 期。

台，规模堪比当年的团购网站火拼时期的“百团大战”，十分惨烈。在线直播的门槛非常低，只需一台电脑和一个账号即可进行直播，手机更是可以随时随地直播，如同家常便饭。秀场、演艺、游戏、户外活动、电竞、音乐会、教育、明星等各类主播形态兴起，IP、粉丝、流量等让企业家和资本家兴奋不已，纷纷试水在线直播，行业发展鱼龙混杂。未来移动直播的发展将呈现五大趋势：移动直播行业吸引众多企业参与，直播平台融入更多社交元素，直播平台向开放性、综合性发展，直播平台需强化监管、提升质量，VR 直播是视频直播的下一代形态。[①]

三是内容电商，场景革命下的电商新形态。内容电商是通过内容来实现消费者与商品的连接，并引导消费者在看直播、看自媒体文章、看帖子的过程中购买商品。内容生产者大体可以分为三类，即达人、职业人士和卖家（典型者为网红）。如今的电商平台都开始了全面内容化，一手抓文字内容，另一手抓视频直播。电商巨头们也开始纷纷跟风做内容，淘宝做了微淘，京东做了发现。好的内容就像一块磁铁，吸引用户的注意，留住用户的目光。内容电商很显然可以让用户忘记价格，非常适合用来推广单价偏高、非刚需的商品，而且用户的黏性会比较高，一旦对某种内容或者社区产生感情就会长久信任。从交易型电商转到内容电商，游戏规则也会随之发生变化。变化之一，直播成为电商平台不可缺少的基础设施；变化之二，行业出现电商与泛娱乐直播平台合作；变化之三，纯粹的电商直播平台正在悄然兴起。

四是知识付费，新媒体时代的内容变现。知识付费的本质，就是把知识变成产品或服务，以实现商业价值。从 2016 年开始，一系列标志性的事件让内容付费渐渐成为时尚。2016 年 3 月和 4 月，知乎连续推出实时问答互动“知乎 Live”与一对一“值乎”两款知识付费产品。5 月，果壳网上线了新型付费语音问答产品“分答”，并邀请王思聪、佟大为和冯仑等各行各业大 V、网红入驻平台。分答上线 42 天，授权用户超过千万，付费用户多达百万，产生了 50 万条语音问答，交易总

① 谢利明：《内容经济：内容驱动下的商业模式创新》，人民邮电出版社 2017 年版，第 104—108 页。

额超过1800万元。随后，罗辑思维全力打造“得到APP”，以罗振宇、李翔、李笑来为代表的意见领袖吸引了海量粉丝，逐渐搭建起了自主的知识付费体系。喜马拉雅FM创办知识付费节“123知识狂欢节”，24小时销售额突破5000万元。马东推出的栏目《好好说话》在喜马拉雅上线的第一天，就突破了500万元的销售额。钛媒体和36氪等垂直媒体也纷纷开设了付费专栏，豆瓣网推出了首款付费产品“豆瓣时间”，就连腾讯CEO马化腾也表示，微信公众号正加快上线付费订阅。仿佛嗅到了远处传来的风信，许多网络平台和个人准备拎着知识迎风而起。线上知识付费主要有四种内容类型：第一，低频度使用的知识和内容；第二，跨界度高的内容和知识；第三，精粹度高的内容和知识；第四，高场景度的内容和知识。[①] 总之，知识付费市场的红利吸引了不少玩家进入，随着资本巨头的相继入场，知识付费必定成为一个“风口”。正如小米创始人雷军所说：创业就是要找到风口，赶到风口上，猪也会飞。

(2)迎接内容创作者的春天

凯文·凯利在《必然》中说：“在信息极大丰富的世界里，唯一稀缺的资源就是人的时间和注意力。”谁在最短的时间里吸引更多的用户，谁就是最后的赢家。平台靠什么吸引用户？内容，内容为王关系平台生死。所以，互联网巨头对内容的角逐正在愈演愈烈。“百度的搜索天然坐拥用户对于内容需求，因此在此基础之上自然衍生出了知识与娱乐的内容以及PGC内容+UGC内容的双重布局，而在此内容基础之上引入了百度联盟实现变现，是一个有头有尾的生态闭环。阿里基于电商完成了电商内容的自闭环，但由于电商无法向内容生态进军，因此其只能借助于投资或收购第三方公司完成内容布局并帮助其变现，但又由于阿里缺少内容入口支撑，因此无法为第三方公司提供内容分发，有尾无头，电商小闭环成立，内容大闭环不成立。腾讯以微信和QQ作为绝对的内容容器入口，在此基础之上建立起了全面的泛娱乐内容布局，最终其又以游戏和广告完成了变现，也是一个

---

① 喻国明、郭超凯：《线上知识付费：主要类型、形态架构与发展模式》，《编辑学刊》2017年第5期。

完整的闭环生态。”①

2015 年之后，内容产业在国内迎来了快速发展期。2016—2017 年，以 BAT 和今日头条为首的互联网公司，相继启动自媒体扶植计划，如百度百家号的“百+计划”、阿里大鱼号的“大鱼计划”、腾讯企鹅号的“芒种计划 2.0”与头条号的“千人万元计划”，各家注入大量资金和资源以争抢优质内容和优质自媒体创作人。2018 年百度百家号、阿里大鱼号、腾讯企鹅号、今日头条、网易、喜马拉雅 FM 等各大平台对内容创作者的资金扶持总额将达到 300 亿元。新媒体时代，内容生产出现三大趋势：一是内容呈现的多终端化，用户在任何时间、任何地点都可以参与信息交互与传播。二是内容产品的社区化，网络游戏、娱乐产品、社交产品等都属于内容生产的范畴，新媒体内容生产已经过渡到内容与关系相结合的生产阶段。三是内容生产主体的多元化，每个用户都可以作为个体性生产的主体，通过微博、微信、博客与各种各样的网络论坛和社区传播信息内容，而且这种传播不会受到时间与空间的限制。②

中国的消费结构正在发生巨大的变化，年青一代成为消费的新生力量。随之而来的媒体传播环境的变化，使许多互联网大平台放下身段，讨好青年消费者。微信公众号、百度百家号、搜狐、今日头条等几乎同时推出了自媒体平台，帮助年轻的自媒体人来创业，从而催生了前所未有的“自媒体热”。提供实时发生的一个热点事件、录制一个脱口秀、拍摄一段现场式的视频、上传一张“萌萌哒”的图片，不用很高的成本，一部手机就可以搞定。每个人都可以自由上传内容，每个人都可以做网红，每个人都可以打造属于自己的个人 IP。在自媒体的茫茫人海中，不去说罗振宇、吴晓波、高晓松、青龙老贼、魏武挥那些成功人士，即使 papi 酱、“天才小熊猫”、叫兽易小星、同道大叔、李叫兽、“小小包麻麻”等年轻网红，也都

① 承哲：《BAT 内容生态布局从入口到变现详解，各自剑指何方？》，艾瑞网 2016 年 7 月 14 日。

② 刘小华、黄洪：《互联网+新媒体——全方位解读新媒体运营模式》，中国经济出版社 2016 年版，第 65、66 页。

是励志的标杆。papi 酱(姜逸磊),毕业于中央戏剧学院导演系。2015 年 10 月,开始在网上发布原创短视频。2016 年初,一人分饰多角的情景设置、话题观点的犀利表述,使得“papi 酱的个人小剧场”的短视频在 2 分钟内拿到 10 万+的超高流量,让太多的自媒体人望洋兴叹。很快,她迅速占据各大平台头条和热搜榜首,先后获得罗辑思维、真格基金、光源资本和星图资本 1200 万投资,首个广告合作拍卖出 2200 万高价,成立了自己的 MCN 公司。papi 酱完成了由自媒体到创始人的蜕变升级,看似单薄的身躯却一时风光无限。“天才小熊猫”(张建伟),2010 年借着 3Q 大战创作了著名的《右下角的战争》系列一举成名。他坚持内容为王,擅长将段子巧妙融入创意,有效地保证了文案的趣味性。在 2015 年中国网红排行榜上,位列第三名。如今的“天才小熊猫”坐拥 700 万粉丝,几乎每条原创微博都会达到 2 万次转发,这是一般的明星都不能达到的明星效应。叫兽易小星(易振兴),是线上生长起来的一代内容生产者。作为一个制造欢乐的喜剧导演,他常年盘踞土豆网排行榜前列,其独具笑点的脱口秀视频一度风靡。其创作风格独特,作品题材多变,最擅长抓住时下最 IN 的受众心理,把 KUSO 文化完全巅峰化、风格化。同道大叔(蔡跃栋),2014 年 7 月在微博开始发布一系列星座吐槽漫画。诙谐幽默的文字及配图,以吐槽十二星座在恋爱中的不同缺点为主,吸引了大量“星座控”网友的关注,至今各平台粉丝总计超过 3000 万人。2015 年创立深圳市同道大叔文化传播有限公司,旗下有道仔传媒、同道生活、同道制造、同道影业、同道服饰、同道互动等多家控股子公司。2016 年 12 月美盛控股集团有限公司(美盛控股)以 2. 175 亿元收购同道大叔文化传播有限公司(同道文化)72. 5%的股权。“小小包麻麻”(创始人贾万兴)最早以微信公众号起家,主打母婴育儿内容,积累了 500 万+年轻的父母,之后基于精准人群开始尝试电商。从 2016 年到 2017 年,短短 15 个月就获得三笔融资,并将自己的整体品牌形象升级为“百宝新媒体”,由单一的母婴微信公众号拓展为新媒体矩阵,已经涌现出了像“Michael 钱儿频道”“说说咱家娃”“宝宝营养辅食”“小楼老师心理课”这样各自领域中的“大号”,全矩阵粉丝量超过 1000 万人。

这是一个内容创作者的春天，不少青年在春天里演绎着罗曼蒂克，也演绎着创业艰辛的故事。中国社会科学院国情调查与大数据研究中心和腾讯互联网与社会研究中心完成的《生活在此处——社交网络与赋能研究报告》显示，青年人在社交网络相关职业的选择中，排名前三的分别为微商、公众号写手、电子游戏玩家，其分别对应的百分比为30.3%、18.6%、16.8%。可见，以一种虚拟网络平台为基础构建的新型就业模式在青年中有一定的市场。在中国语境的“大众创业、万众创新”的浪潮中，这些成功的黑马，是一个更可以亲近、更具有借鉴意义的标本。但对大多数人来说，建构盈利模式只是一个传说。正如新媒体学者杰罗姆所说：“自媒体人在大平台上，圈下了一块地，种下自己的菜；而大平台们则让荒凉的西部，由此变成了传说中的淘金热土。至于这里是不是真的能够出现数不胜数的网络童话，以后再说。”①

三、新媒体时代青年发展面临的挑战

新媒体是一把双刃剑：一方面它以便捷、高效、即时、互动等方式推动着社会的巨大进步；另一方面，它又以前所未有的速度、广度、深度颠覆着社会秩序，也对青年发展提出了严峻挑战。

1. 互联网平台是天使还是魔鬼？

互联网平台是一个新的物种，它兼具企业和社会的特点和功能，是双边或多边市场的连接者、价值的整合者，更是生态圈的主导者。随着以淘宝、天猫、京东为代表的购物平台，以百度为代表的搜索平台，以微信、微博为代表的社交平台，以美团、饿了么为代表的外卖平台，以支付宝、财付通为代表的支付平台的普及，平台带来了商业模式的创新与产业组织的变革，正在中国越来越多的数字化产业领域取得主导优势。面对如此惊人之变局，用户与“吃瓜群众”有褒奖与依赖，有

① 杰罗姆：《如果自媒体做大了，那就不是自媒体了》，钛媒体。

嘲讽与指责，也有恐惧与抵制。尤其是近几年，争议、冲突甚至恶性事件时有发生，互联网平台到底是天使还是魔鬼，更是引发社会整体质疑和反思。

（1）互联网平台存在的问题

互联网平台连接人的线上、线下生活，融合数字经济与实体经济，成为经济与社会的主角，正在如火如荼地改变着中国。然而，我们对互联网平台的前瞻思考、对互联网平台的风险规制，还方兴未艾。互联网平台运营带来的风险，主要体现在以下四个方面。

第一，虚假信息泛滥，公信力不足。互联网平台虚假信息具有四个特点：一是传播速度更快，地域范围更广；二是发布成本低，传播主体泛化；三是传播呈散布型网状传播结构，所有网结生产、发布的信息都能够以非线性方式流入网络之中；四是以猎奇、怪异方式出现，更具有“传播力”。2016 年 8 月的徐玉玉电信诈骗案，让一个花季少女转眼间香消玉殒，折射出的是电信欺诈的恐怖。2017 年 7 月年仅 23 岁的大学生李文星，因 Boss 直聘一则虚假信息误入传销组织，最终身亡。放眼望去，虚假信息泛滥引发的案件数不胜数，这暴露出互联网平台公信力不足、诚信缺乏、审核不严、行业混乱的普遍现状。

第二，平台垄断，赢者通吃。互联网行业的特点是赢者通吃，只能做老大，不能做老二，所以形成了新的市场垄断。比如，阿里巴巴在电子商务领域、腾讯在社交网络领域、百度在搜索引擎领域等，都取得绝对主导的市场地位。“特别是近年来，互联网领域频频发生的合并事件，比如美团与大众点评、滴滴出行与优步中国、携程与去哪儿、58 同城与赶集网、百度外卖与饿了么等，进一步激起了对于平台垄断议题的广泛讨论。”①互联网平台垄断主要表现在三个方面：一是滥用市场支配地位，采取捆绑搭售、拒绝交易、价格歧视等方式赤裸裸地获取垄断利润，损害消费者利益。二是互联网行业巨头大肆收购潜在竞争者，许多有潜力的中小企业在崛起之前就被扼杀在摇篮之中。三是山寨抄袭、域名抢注、窃取信息、商业诋

① 中国信息通信研究院：《互联网平台治理白皮书（2017 年）》。

毁和流量劫持等手段花样百出，使互联网平台竞逐的残酷性看起来更加野蛮、兽性。互联网企业的各种合谋、经营者集中和滥用市场支配地位等垄断行为，对中国的创新不利，对中国发展实体经济不利。

第三，数据泄密，网民“裸奔”。维克托·迈尔-舍恩伯格在《大数据时代》中这样描述：一个孕妇的口味及消费模式等是有一定规律的，单一一条信息并不足以判定你的状态，但关于你的不同来源的数据集合一旦与孕妇特型（如果我们掌握了这个分析模型的话）高度相关，人们便很容易对你的真实状态进行一种准确的判断而不管你自己承认或者不承认。“大数据背后的逻辑是数据积累越多越好，很多企业都相信有了大量数据资源后，就能对企业的业务产生更大价值。但人们往往很快就会发现，除技术能力之外，如何妥当地管理、利用这些资源并非易事，安全合规是一方面，降低数据使用的阻力及风险也是困难重重。”①互联网平台都强调自己建立了一道安全可靠的“护城河”，但事实上并没有想象的那样坚不可摧，它们也有着自己的软肋。前几年，当当网、美丽说、蘑菇街等电商平台信息泄露事件就屡屡发生。近来，互联网平台安全问题一再爆发。弹幕网站 ACFun、摩拜、优酷、前程无忧等，相继被传有上千万用户数据被黑客盗取或内部人员泄露，包括用户的邮箱、密码、真实姓名、身份证号码、电话等被人瞬间摆上“货架”兜售。“互联网拉近了人与人之间的距离，也撕碎了人类的遮体布。在网上‘裸奔’的网民，不仅被‘画了像’，这些‘画像’甚至还被出售牟利。”②这无疑会对个人或企业造成声望与经济利益的损失。

第四，劳动关系重构，权益保护成为难点。平台经济的迅猛发展，颠覆了传统的雇用方式和劳动方式，消解了集体劳动关系赖以形成的利益基础。艾瑞咨询发布的《2016 年中国移动端出行服务市场研究报告》显示，截至 2015 年底，我国从事移动出行服务的司机总数为 1871.4 万人，其中顺风车、拼车司机数量达到 900

① 车品觉：《数据的本质》，北京联合出版公司 2017 年版，第 3 页。

② 宋奇波：《一年 50 亿条数据泄露，网络如何安全》，《新闻晨报》2018 年 6 月 22 日。

万人，专车（快车）司机达到555.5万人，代驾司机达到259.9万人，显示出移动端出行服务解决了大量社会劳动力的就业，也带动了兼职工作及多重雇用关系的发展。阿里研究院和菜鸟网络发布的《全国社会化电商物流从业人员研究报告》显示，截至2016年初，全国电商物流业的一线从业人员为163.6万人，以中专、技校、高中学历为主，近80%来自农村，每天劳动时间超过8—12小时，大部分人月收入在2000—4000元之间，劳动条件与劳动待遇很不理想。以快递从业人员为例，工作满3年以上者仅为15%。"他们以劳务派遣的方式在各类企业中游走，成为平台的边缘劳动力，具有很强的可替代性。这就难以与企业形成稳定的劳动关系，导致共生性劳动关系发育不足。"[①]总之，平台经济发展对就业、劳动关系、社会保障等方面产生了全方位的影响和挑战。一是平台经济发展加剧了用人单位的小微化，成为劳动保障违法行为易发多发的重点领域；二是平台经济发展加剧了用人单位的非正规化，给实施劳动合同制度带来了现实困难；三是平台经济发展提高了灵活用工的使用频率，但也剥夺了部分灵活就业人员的劳动权利和职业安全感；四是平台经济降低了劳动关系的稳定性，极易引发劳动争议甚至群体性事件。[②] 北京海淀区中级人民法院对近年来审理的105件涉互联网平台用工的劳动关系认定案件进行调研，其中确认互联网平台与从业者直接建立劳动关系的案件为39件，认定双方未建立劳动关系的案件为58件，认定双方建立劳务派遣关系的案件为8件。同为互联网平台用工，部分平台与从业者的关系受到法律承认，部分则不然，"司法裁判为何会呈现出如此明显的认识性差异？是因为平台的经营模式不同，还是法院裁判时基于对新生事物的不同认识采取了不同的价值取向？如何做好劳动者权益保护与鼓励新生事物发展之间的平衡？这些都成为在裁判互联网平台用工案件中不得不思考的真问题"[③]。

---

① 杨文华、何翘楚：《平台经济业态下去集体化劳动关系的生成及治理》，《改革与战略》2018年第1期。

② 王文珍、李文静：《平台经济发展对我国劳动关系的影响》，《中国劳动》2017年第1期。

③ 林挚、曾竞：《如何破解互联网平台劳动关系难题》，《经济参考报》2018年5月30日。

(2)互联网平台要讲成功,也应讲善恶

互联网平台已经成长为新的经济主体,聚合了海量的用户,越来越变得“无所不能”。互联网平台所拥有的权利和承担的职责已经超越了普通企业正常的行为范畴,可以制定规则,可以执行权力,还可以宣称“最终解释权归本平台所有”。这无疑对现有的网络治理模式提出了严峻的挑战。挑战表现在:一是平台与商户之间的矛盾与冲突,如2011年10月的“淘宝十月围城”事件;二是平台与用户之间的矛盾与冲突,如2016年11月的“徐世平与微信公众号”事件;三是平台与政府之间的矛盾与冲突,如2014年1月的阿里巴巴与国家工商总局的白皮书之争;四是平台与平台之间的矛盾与冲突,如2017年4月的苹果与微信的赞赏功能之争;五是平台与传统企业的矛盾与冲突,如2017年6月的阿里菜鸟与顺丰速运的矛盾。①

徐晋在《平台经济学》中,将互联网平台分为三种:纵向平台充当中介的角色,不参与具体的交易过程,仅起到促成双方达成交易的作用;横向平台是匹配具有相似特征的不同组成员的相互交流和组合的现实或虚拟空间;受众平台是通过给予观众(免费)服务和商品来捕捉目标客户,而这种(免费)服务与商品往往受到商户资助。当下多数的中国互联网平台技术中立,平台内容并非自主生产,比如百度提供第三方网站信息,淘宝只是为生产者或卖家提供店铺,QQ微信的信息主体是亿万用户生产的UGC内容。平台的属性,使得它们在遭遇危机事件时更具有争议性,因为普通大众很难界定平台要承担何种责任,更遑论定性这些平台的主观善与恶。因此在价值观层面,我们时不时看到平台是一地鸡毛,诸如流氓软件、病毒木马、欺诈信息、假货仿品等。互联网往往不涉及人身安全,这成为平台小恶不断的心理依托,即使发生“魏则西事件”、“空姐夜乘滴滴被害”案件,“技术中立”“技术本身没有错”便成了互联网平台最信手拈来的护身符。“在互联网

① 方兴东、严峰:《浅析超级网络平台的演进及其治理困境与相关政策建议》,《汕头大学学报》2017年第7期。

领域,有一个'避风港原则':技术提供者只要'不知道也没有合理的理由应当知道'技术被用于侵权,就可以免于连带处罚。但'避风港原则'并不涵盖全部情形,除它之外还有一个'红旗原则':如果侵权事实像红旗一样显而易见,技术提供者就不能装作看不见,或以不知道侵权为理由推脱责任。由是观之,司法裁判的关键在于技术背后的责任和意图,技术本身并不是谁的'免罪牌'。"①技术是天使还是魔鬼,取决于人类自身。技术在天使手里是天使,在魔鬼手里就是魔鬼。"技术中性"并不等于"价值中性",工具理性也不应凌驾于价值理性之上。技术促进了互联网平台的成长,但绝不应成为掩其龌龊的遮羞布。因此,互联网平台影响力有多大,责任就有多大。巨大的用户群体绝不仅意味着金山银山,还意味着责任如山。

2. 从解构严肃到"娱乐至死"

当下,从社交媒体平台到内容平台,从短视频到直播平台,无处不在的快餐式文化都在试图抢夺用户的注意力。即使对于经典戏剧和严肃话题的讨论,有时也变成一种娱乐,使其成为消费品。这些并非简单的炒作,其中还存在解构式的戏谑与反叛,从而能更大程度地实现审丑的快感。处于主导地位的网络话语大体呈现出以下几个典型特征:一是表达主题类型化,即利用受众业已形成的刻板印象来挑动他们的神经,如"潜规则""富二代";二是表述方式上多采用戏谑方式诉说悲情来打动受众情感,如"做俯卧撑";三是表现行为上的反智主义。一方面,无厘头的恶搞充斥网络;另一方面,离经叛道的快感和对权威的蔑视成为全民共识。在隐形的网络上已没有了现实生活中社会地位与身份上的高低贵贱,被网络盯上的人,注定难逃"板砖"袭击。②

---

① 李斌:《"技术中立"不是任何人的"免罪牌"》,《人民日报》2016 年 1 月 12 日。

② 张众:《自媒体时代大众传媒话语权的嬗变》,《今传媒》2014 年第 11 期。

(1)解构严肃

吐槽明星、解构严肃、躲避崇高,已经成为中国式脱口秀等娱乐节目的生存法则。流风所及,近年来从电视、图书、网络平台到手机微信,所谓的“恶搞”“无厘头”大行其道,甚至出现了“嘲弄”红色经典的势头。审丑是对审美的反叛,恶搞是对严肃的解构,嘲弄是对社会主流价值体系的消解。对主流价值、红色经典和严肃问题的解构,主要体现在三个方面:一是新编传统名著以娱乐的方式去迎合观众低层次的审美需求和嗜好,随意地丢弃了经典作品的文化内涵和意义,而又缺乏有价值的当代解读或新建构。“其实‘恶搞’早已在我们身边泛滥。电视剧、图书中,《天仙配》拍成了武打戏,孝子董永成了武林高手。‘大话’‘水煮’‘麻辣’乃至现在‘情蒸’四大名著的图书屡屡出现,原著中的故事早已被改得面目全非:红脸的关公,缘自好色害羞;孙悟空偷吃‘伟哥’引发一系列尴尬;‘桃园结义’三兄弟化身营销高手;贾宝玉竟成了‘文革’中的造反派;唐僧也卷入‘三角恋’,观音和唐僧接吻拥抱……”[①]这股恶搞之风,已经远远超出了轻松与娱乐的范畴。二是围绕革命先烈或道德楷模进行肆意解构。从“雷锋是因为帮人太多累死的”“黄继光是摔倒了才堵枪眼的”“董存瑞为什么牺牲,因为被炸药包上的两面胶粘住了”,到恶搞《黄河大合唱》,以床单来表现黄河,以“呼吁年终奖”来替换“保卫家乡!保卫黄河!保卫全中国!”主题,以“精神病合唱团”来戏谑音乐所表达的严峻形势和奋起抗战的态度。三是把严肃的反腐败报道加以“软化”,存在过多渲染贪官情色、过细描写贪官作案手段等低俗化倾向,将严肃的反腐新闻娱乐化,甚至出现一些失实、虚假报道。

国家新闻出版广电总局2018年初发布《关于进一步规范网络视听节目传播秩序的通知》,指出近期一些网络视听节目制作、播出不规范的问题十分突出。“有的节目歪曲、恶搞、丑化经典文艺作品;有的节目擅自截取拼接经典文艺作品、广播影视节目和网络原创视听节目片段,或者重新配音、重配字幕,以篡改原意、

① 肖春飞、苑坚等:《“恶搞”劣化社会风气》,《瞭望新闻周刊》2006年第46期。

断章取义、恶搞等方式吸引眼球，产生了极坏社会影响。”解构很普遍，但恶搞有底线，历史从来就不是一个任人打扮的小姑娘。主管部门在采取有效措施遏制“恶搞”“无厘头”之风蔓延的同时，要反思其产生、盛行的土壤，对症下药，疏堵结合，为主流价值观的建设，为青少年的健康成长，创造良好的文化环境。更为关键的是，青少年影响的将是未来！

(2)娱乐至死

1985年，美国媒体文化研究者、批评家尼尔·波兹曼在《娱乐至死》著作中这样写道：“一切公众话语都日渐以娱乐的方式出现，并成为一种文化精神，我们的政治、宗教、新闻、体育和商业都心甘情愿地成为娱乐的附庸，毫无怨言，无声无息，其结果是我们成了一个娱乐至死的物种。”33年过去了，曾经在美国社会泛滥的娱乐至死闹剧，却不断在今天的中国大地上演，这是多么具有讽刺意味的悲剧。表现之一，边缘游走，格调低俗。碎片化娱乐时代，一批网络社交、视听平台正处于热门风口。快手、抖音、火山、西瓜等一系列短视频APP人气高涨，已然成为当前网络流行文化的热门，它们共同的特点是主打娱乐性，逐渐形成了一种青年流行文化。企鹅智酷发布的《抖音 & 快手用户研究报告》显示，目前快手的月活跃用户超过2亿，抖音APP月活跃用户也已经过亿。可以说，娱乐类短视频已经是一个覆盖面非常广的市场。这当中虽然有不少极具创意的内容给人们带来了欢乐，但是也有一些内容边缘游走、格调低下，凸显了当前视频监管之殇。有些内容创作者为了“博出位”，将庸俗化、媚俗化、恶俗化进行到底。但很多时候面对问题，互联网平台选择沉默，尤其是沉默于利益休戚与共的关口。典型的案例，前有快播公司“传播淫秽视频”，公司CEO王欣被判刑；后有“内涵段子”导向不正、内容低俗，被国家广播电视总局责令今日头条永久关停其客户端及公众号。这些“辣眼睛”“毁三观”的内容，不仅违背了社会公序良俗，甚至有些走向了违法犯罪边缘，成为互联网平台中的精神毒瘤。表现之二，冷血麻木，集体狂欢。“在社会日趋多元化和媒介市场竞争白热化的背景下，一些媒介为单纯吸引受众眼球和追求利益最大化，在社会事件传播中严重偏离正常轨道和价值标准，有意无意地过滤了事件本身的启发性及严肃性，使社会事件高度娱乐化，或者将其包装成彻底的极端娱乐事件，甚至对一些社会变态行为和事件过度追逐并放大为极端娱乐事件的现象层出不穷，使娱乐变态泛滥。与此同时，部分公众对媒介制造的一些极端娱乐事件和话题不仅不表示反感，反而以一种狂欢的心态去追逐和消费，从而表现为变态的娱乐。”①典型案例如2018年6月20日傍晚，甘肃庆阳19岁女孩挣脱了消防队员的手，从丽晶百货8层跳了下去。自女孩爬出窗外到最终坠亡的4个多小时里，除了消防员在营救，几百名仰着头的看客，没有悲悯，没有劝说，有的只是嘲讽、催促。一个遭受侮辱的女孩，在一群看客冷血麻木的嘲讽之下，结束了自己的生命。可看客们，或高举手机拍摄女孩跳楼进行直播，或发朋友圈起哄，消费脆弱者的生命与鲜血。狄德曼说，如果道德败坏了，趣味也必然会堕落。消费苦难，无底线娱乐，无异于是在受害者的伤口上撒盐，也是对大众集体良知的挑战，当然应该受到谴责。特别要引起社会高度关注的是：祥林嫂死了，但鲁迅笔下的看客们至今还活着！

英国作家阿道司·赫胥黎在《美丽新世界》中写道：“人们感到痛苦的不是他们用笑声代替了思考，而是他们不知道自己为什么笑以及为什么不再思考。”“娱乐至死”的可怕之处不在于娱乐本身，而在于“劣币驱逐良币”的格雷欣法则在大众传播领域的不断上演，使人们除感官刺激和情绪宣泄之外，日渐失去对社会事务进行严肃思考和理智判断的能力，在于被轻佻的文化环境培养成了既无知且无畏失去严肃能力的文盲而不自知。文化成为一场滑稽戏，势必让我们民族与国家的文化精神枯萎，这并非危言耸听。

3. 工具理性对人文精神的消解

工具理性的概念来自马克斯·韦伯，他将人类的理性分为工具理性与价值理性两种。为使人的功利欲望得到满足，工具理性从效用最大化的角度考虑实现目

---

① 王银芹、李莹：《娱乐的变态与变态的娱乐》，《武汉理工大学学报》2011年第6期。

的所采取的手段的合适性与有效性。价值理性则是以无条件的固有价值的纯粹信仰为取向,强调行为不计后果地遵从价值信念,不管是否取得成就。

(1)价值理性消退

工具理性膨胀,价值理性消退,人们把理性当作实现物质欲望最大满足的工具,因而泯灭了对文化的渴望和对理想的追求。"只讲目的,不择手段;只要赚钱,不讲良心"的工具理性,已对公众道德和审美底线构成重大挑战与考验。"面对近年来拜金主义艺术家在竭力抹杀艺术与审美的崇高与渺小、优美与卑劣、隽永与平庸的天壤之别,有良知的人们实在应该有所警惕;艺术作品越来越缺乏人格力量和艺术良心,文化上的劣币驱逐良币就极有可能成为必然;'颠狂柳絮随风舞,轻薄桃花逐水流',若放任粗糙低级庸俗的作品一路狂歌,无异于坐视那些来到这个世界只是为了天下苍生的艺术家及其作品自生自灭,高贵的人性光辉难免日趋暗淡。"①

媚俗、消费主义、金钱至上、娱乐至死的文化,不光一点点侵蚀着社会的肌体,甚至在胁迫和消解着青年的人文精神。青年人开始对富有人文精神与关怀的深刻作品提不起兴趣,对宏大叙事表示拒绝,对不良现象仅有焦虑与泄愤,对现实社会充满了嘲讽与戏谑;取而代之的是道德功利化、幸福物质化、生活虚拟化、人生游戏化等。更为可怕的是,"人们对新媒体工具的过分依赖,削弱了人作为'智者'的思辨能力和批判精神"②。

(2)不能被算法推荐遮蔽了我们的双眼

毋庸置疑,我们已经进入算法时代。从满足受众的信息需求到内容的高效传播,算法都起着不可估量的作用。但同时,我们不能被算法推荐遮蔽了双眼,也应该看到其伤害价值理性的一面。算法推荐正一步步把人带向许多扭曲和异化的境地,用户在不经意间落入了私人订制的无形圈套。一是工具奴隶圈套:你是它

---

① 李文:《〈三枪〉:引领工具理性大行其道》,《中国青年报》2010 年 1 月 18 日。

② 方乐莺:《反思工具理性 坚守文化自觉——从新媒体技术对大学教育的影响谈起》,《理论观察》2014 年第 4 期。

的奴隶。算法推荐的内容占用了用户原本用于工作、学习、休息、发展其他爱好等的时间，令用户失去自主意识，成为算法推荐的奴隶。二是圆形监狱圈套：你干什么它都知道。算法推荐系统拥有所有可能获得的用户个人信息，仿佛置身于圆形监狱当中，成为被不断监视下的囚徒。三是信息茧房圈套：你只会收到这些信息。算法推荐通过精准的过滤帮助用户建构具有单一信息脉络的内容体系，无疑会令用户越来越沉溺于自己的回音，在信息茧房中越陷越深。四是价值迷失圈套：你可能被坏内容影响。仅以用户兴趣为内容衡量标准，往往会造成含负面价值取向的内容被大量推送由此陷入恶性循环，带坏社会风气，令越来越多的人迷失正确的价值追求。①

今日头条的成功崛起，主要得益于背后的个性化算法推荐。据官方描述，今日头条可以在 0.1 秒内计算出推荐结果，3 秒完成文章提取、挖掘、消重、分类，5 秒计算出新用户兴趣分配，根据社交行为、阅读行为、地理位置 10 秒内可以更新用户模型。通过这个很厉害的杀器，今日头条获得了巨大的流量和收益，正以让世人目瞪口呆的速度一路狂飙。但成也算法，败也算法。因为流量至上带来的低俗化和价值观的抗拒，也给今日头条带来了饱受社会质疑的负面影响。在算法时代，如何抵御流量的诱惑，真正赢得用户的口碑，如何保持后现代的忧思，呼唤人文精神的回归，才是今日头条需要认真对待的问题。

四、用好新媒体，凝聚新青年

“这是一个最好的时代，也是一个最坏的时代。”对于新媒体时代的青年来说，狄更斯的这句名言或许有着更为深刻的共鸣。新媒体是互联网新兴媒体的基本架构，是“具有媒体属性和舆论动员功能的网络传播平台”。从互联网平台成长、演变和竞争的探索来看，互联网平台本身恰好也蕴含了最好和最坏的实践和体验。因此，互联网平台对“恶”是技术中立还是守土有责？互联网平台应如何

① 郝雨、李林霞：《算法推送：信息私人订制的“个性化”圈套》，《新闻记者》2017 年第 2 期。

处理好准公共性质与运营企业的商业性质之间的矛盾,平台开放性与安全性、创新性与规范性之间的矛盾?政府应如何治理互联网平台?这是摆在我们面前的严肃课题。

从某种意义上说,互联网平台已经成为网络治理的关键节点。平台治理应着力于治理理念、治理思维、治理路径的创新。具体而言,互联网平台治理需要坚持三个基本原则:“一是线上和线下同步治理。互联网平台经济的问题不仅体现在线上,更多的是线下问题向线上的延伸或转化,必须坚持线上线下统一规范,同步治理。二是政府和企业协同治理。互联网平台经济是一个复杂的生态系统,其问题的解决不能仅依靠政府监管或企业自律,应在政府监管下充分发挥企业自主能动作用,开展政企协同治理。三是立法和技术并重治理。既要根据平台经济发展趋势,加快互联网立法建设依法监管,同时又要加强信息技术手段的运用开展科学监管,提高企业违法违规成本。”①

中国互联网络信息中心(CNNIC)发布的第 41 次《中国互联网络发展状况统计报告》显示,截至 2017 年 12 月,我国网民规模达 7.72 亿,以 10—39 岁为主,占比 73%,达 5.64 亿。其中,10—19 岁占比 19.5%,20—29 岁占比 30%,30—39 岁占比 23.5%;网民中,学生群体规模最大,占 25.4%。据统计,目前互联网从业者平均年龄为 27.5 岁,“85 后”和“95 后”占互联网从业者总数的 80%以上。可见,青年是互联网的使用主体,也是互联网行业的创业就业主体。他们通过互联网平台对现实进行了解构和去中心化,他们的身份和地位在这一虚拟世界中得到了承认。“但是,他们在现实社会中的处境和焦虑却仍然存在着,因为狂欢感受及泄愤心态、戏谑心态仍将是网络流行语背后的情绪基调。也许,青年的意义危机是无法短时间或不必要根除的,但导致青年社会处境恶化和内心焦虑不安的结构僵化,则是必须予以面对和解决的社会问题。”②

① 中国信息通信研究院:《互联网平台治理白皮书(2017 年)》。

② 王佳鹏:《在狂欢感受与僵化结构之间——从网络流行语看网络青年的社会境遇与社会心态》,《中国青年研究》2016 年第 4 期。

用好新媒体，凝聚新青年。网络的事情，就是青年的事情。我们每天忙忙碌碌地做的事情，除了让我们自己的生活过得更好，还有没有可能让我们生存其间的社会变得更好一些？在新媒体时代，这个问题应该是对许多青年人的严峻考问。互联网平台治理就提供了这样的成长机会，青年要成为价值的追求者、倡导者、践行者和承担者。

阳光洒落在每一代人身上，每一代人都能看到启示。

本文原载于《青年发展论坛》2018 年第 5 期，与张路曦合著

人工智能：人类命运的天使抑或魔鬼
——兼论新技术与青年发展

近些年陆续上映的《机器人总动员》《星球大战》《铁甲钢拳》《终结者》《机器管家》《变形金刚》《机械姬》《黑客帝国》《复仇者联盟》《人工智能》等科幻大片，或许让我们看到了人类发展的未来并为之热血沸腾，但技术异化与机器人反叛也令我们对人类命运充满了担忧与恐慌。第一次工业革命以蒸汽机的发明为标志，肌肉力量逐渐被机械力量取代，人类进入机械生产时代。第二次工业革命以电力和内燃机的发明与应用为标志，人类进入电气时代。第三次工业革命以计算机、互联网的兴起与发展为标志，人类进入互联网时代。第四次工业革命以数字技术与人工智能的融合互动为标志，引领人类进入智能时代。“同过去相比，互联网变得无所不在，移动性大幅提高；传感器体积变得更小、性能更强大，成本也更低；与此同时，人工智能和机器学习也开始崭露锋芒。”①指数级增长的、数字的和重组的力量，会比工业革命以来的任何推动力都要强大。过去10年，西方国家对人工智能以及它们对人类命运的潜在威胁备感忧心。人工智能革命很可能给中国带来更具戏剧性的影响，这是因为机器人到来的时候，中国还处在向富裕国家过渡的进程之中。“美国有能力在技术还远未达到先进时，依靠工厂就业建立起强大

---

① 克劳斯·施瓦布：《第四次工业革命》，李菁译，中信出版集团2016年版，第4页。

的中产阶级群体，而中国却要在机器人时代来面对这一问题。”①

中国的人工智能创业几乎与西方发达国家同步，发展速度也十分迅猛。中国发展人工智能的目标是构建人类命运共同体，在推动人类发展的进程中，关怀人类共享共赢的整体命运。世界的未来掌握在青年人手中，青年是影响人类发展的关键性因素。因此，如果说人工智能的过去和现在不仅改变了青年，而且与所有年龄段的人都密切相关，那么能否对人工智能的未来做出正确预判，则在更大程度上取决于今天的我们对人工智能与青年发展的认识与研究，进而又与决策者认清人工智能与人类命运的关系、了解人工智能变革的规律、制定国家发展战略与社会保障体系、既抓住机遇又减缓冲击等关系重大。因此，本文将从人工智能的历史回顾出发，对人工智能已对和将对人类命运产生的深远影响以及我们的应对策略等问题进行初步探讨。

一、人工智能的基本概念和发展历程

人工智能（Artificial Intelligence），英文缩写为 AI。它是研究、开发用于模拟、延伸和扩展人类智能的理论、方法、技术及应用系统的一门综合性的新学科。

（一）人工智能的基本概念

“人工智能”这个词第一次出现，要追溯至 1956 年的美国。当时新罕布什尔州汉诺威市的达特茅斯学院的数学系助理教授约翰·麦卡锡（John McCarthy）、哈佛大学的马文·明斯基（Marvin Minsky）、IBM 的内森·罗切斯特（Nathan Rochester）、贝尔实验室的克劳德·香农（Claude Elwood Shannon）、卡内基梅隆大学的赫伯特·西蒙（Herbert Alexander Simon）和艾伦·纽厄尔（Allen Newell）等人一起举办了一个学术探讨的暑期会议。在最初提交给洛克菲勒基金会的会议经费申请

① 马丁·福特：《机器人时代——技术、工作与经济的未来》，王吉美、牛筱萌译，中信出版集团 2015 年版，中文版序 XⅢ。

中,他们写道:“这项研究是基于以下推测:从本质上说,我们可以十分精确地描述学习等智力特征的每个方面,以至于可以用机器对它们进行模拟。我们将研究如何让机器使用语言、进行抽象思考和形成概念,让它们解决目前只能由人类解决的问题,并进行自我完善。”①这次会议之所以被人们永久记住,是因为麦卡锡非凡地提出了一个在 AI 历史上具有重大影响的概念——“人工智能”。这个提法,位移了时空,打开了脑洞,不仅将其描述为结合科学技术和机械手段制造出智能机器的过程,而且如达·芬奇一般跨越时空的障碍,为人类展现了未来的世界。此后,人工智能获得了科学界的承认,并发展成为一门崭新的学科,大放异彩。麦卡锡因在人工智能领域的贡献而被称作“人工智能之父”,并在 1971 年获得计算机界的最高奖项图灵奖。

关于人工智能的定义有多种,目前尚缺乏统一的认识。创新工场人工智能工程研究院院长李开复在《人工智能》一书中列举并分析了五种历史上有影响、目前仍流行的人工智能定义:(1)人工智能就是机器可以完成人们不认为机器能胜任的事;(2)人工智能就是与人类思考方式相似的计算机程序;(3)人工智能就是与人类行为相似的计算机程序;(4)人工智能就是会学习的计算机程序;(5)人工智能就是根据对环境的感知,做出合理的行动,并获得最大收益的计算机程序。他认为:“第一种定义揭示的是大众看待人工智能的视角,直观易懂,但主观性太强,不利于科学讨论。第二种定义特别不可取。第三种定义是计算机科学界的主流观点,也是一种从实用主义出发,简洁、明了的定义,但缺乏周密的逻辑。第四种定义反映的是机器学习特别是深度学习流行后,人工智能世界的技术趋势,虽失之狭隘,但最有时代精神。第五种定义是学术界的教科书式定义,全面均衡,偏重实证。”②这些定义各有千秋,但基本上都围绕着一个概念——“如何创造出一些计算机程序或者机器,让它们能够做出一些如若被人类实施则会被我们视为智

① J. McCarthy, M. L. Minsky, N. Rochester, and C. E. Shannon, A Proposal for the Dartmouth Summer Research Project on Artificial Intelligence, http://www—formal. Stanford. edu/jmc/history/darmouth/dartmouth. html.

② 李开复、王咏刚:《人工智能》,文化发展出版社 2017 年版,第 36 页。

能的行为"①。英国德勤有限公司发布的最新报告对人工智能做了一种新的、实用的定义:"人工智能是对计算机系统如何能够履行那些只有依靠人类智慧才能完成的任务的理论研究。"②

达特茅斯会议之后,人们对人工智能领域的兴趣迅速高涨。由于不同的学术背景、不同的基本理论、不同的研究方法和不同的技术路线,人工智能研究产生了以下三大学派。

一是符号主义学派。符号主义学派,又称逻辑主义学派、功能主义学派或计算机学派,核心是用符号表达的方式来研究智能、研究推理。符号主义学派认为,人类认知和思维的基本单元是符号,人是一个物理符号系统,计算机也是一个物理符号系统。因此,用计算机来模拟人的智能行为,也就是用计算机的符号操作来模拟人的认知过程。长期以来,该学派一直在人工智能研究中处于主流地位,其代表人物是赫伯特·西蒙和艾伦·纽厄尔等。

二是联结主义学派。联结主义学派,又称为仿生学派或结构主义学派,核心是神经元网络与深度学习。联结主义学派认为,神经元不仅是大脑神经系统的基本单元,而且是行为反应的基本单元,通过对脑神经的模拟就可获得人工智能。该学派强调思维过程是神经元的联结活动过程,而不是符号运算的过程,对符号主义学派持反对意见,并提出联结主义的大脑工作模式,用于取代符号操作的电脑工作模式。从神经元开始进而研究神经网络模型和脑模型,联结主义学派开辟了人工智能研究的又一发展道路,其代表人物是马文·明斯基、霍普菲尔特与鲁梅尔哈特等。

三是行为主义学派。行为主义学派又称进化主义学派或控制论学派,核心是基于"感知-行动"的行为智能模拟方法。行为主义学派认为,智能取决于感知和行为,取决于对外界复杂环境的适应,而不是表示和推理,不同的行为表现出不同

---

① 杰瑞·卡普兰:《人人都应该知道的人工智能》,汪婕舒译,浙江人民出版社2018年版,第2页。

② Deloitte:《德勤报告:从零开始认识人工智能》。

的功能和不同的控制结构。因此,行为主义人工智能研究的结果催生了机器人学的出现。你给机器人一个刺激,机器人就会产生一个响应动作,甚至做人所做不到的事情。行为主义学派的代表人物可以追溯至控制论的创始人诺伯特·维纳和机器人专家罗德尼·布鲁克斯等。

人工智能发展到今天,三个学派沿着不同的路径和方法进行着深入的研究与探索,各有特点和缺点,很难评判优劣。

人工智能是一门边缘学科,属于自然科学和社会科学的交叉,涉及哲学和认知科学、数学、神经生理学、心理学、计算机科学、信息论、控制论、语言学等学科。人工智能研究范畴包括知识表示、自动推理和搜索方法、机器学习和知识获取、知识处理系统、自然语言理解、计算机视觉、智能机器人、自动程序设计等方面。实际应用有机器视觉、指纹识别、人脸识别、视网膜识别、虹膜识别、掌纹识别、智能搜索、定理证明、博弈、自动程序设计,还有航天应用等。这一学科使我们正站在智能革命的边缘。“历史告诉我们:科技的颠覆能力非同小可。尽管历史的发展中不断有人试图抵制对我们生活和工作方式的改变,但是我们无法阻止这种向前的进程。今天,科技似乎正在以一种前所未有的速度瓦解着我们的生活。”①

(二)人工智能的发展历程

从概念的提出到 AI 大火,人工智能研究经历了两起两落,终于在 21 世纪初迎来了第三次发展浪潮。经过 62 年的探索,人工智能学科已经奠定了若干重要的理论基础,并取得了举世瞩目的诸多进展。

1. 人工智能的第一次浪潮(1956—1969)

“人工智能”的概念诞生于 1956 年,但“机器智能的探索可以追溯到图灵,甚至是更早的帕斯卡与莱布尼茨”②。英国数学家、逻辑学家艾伦·图灵 1950 年发

① 布雷特·金:《智能浪潮:增强时代来临》,刘林德、冯斌等译,中信出版集团 2017 年版,第 7 页。

② 曾毅、刘成林等:《类脑智能研究的回顾与展望》,《计算机学报》2016 年第 1 期。

表论文《计算机与智能》,提出著名的图灵测试:如果一台机器能够通过人的在线会话测试,则这台机器就被认知已经具有智能。与此等价的模型是:如果一位测试者在一场屏蔽对象的在线会话测试中不能分辨由人和机器分别控制的两个终端的回答哪一个更好,则说明被测试的机器已经具有了智能。后来的人工智能学者将图灵这篇论文中描述的计算机称为图灵机,这一测试方式称为图灵测试。

自图灵开创了通用计算机的思想到20世纪60年代末,人工智能在符号计算和神经计算两条道路上取得了辉煌的成就,这段时期被后来的研究者称为"黄金时代"。1955年艾伦·纽厄尔与赫伯特·西蒙等人合作编制的逻辑理论机,成功证明了罗素和怀特海所著《数学原理》一书提出的52个定理中的38个,从而使机器迈出了逻辑推理的第一步。1959年,亚瑟·塞缪尔发明了西洋跳棋程序。这个程序向世界证明,计算机可以根据程序来学习下棋,甚至可以通过和自己练习达到更高的水平。

联结主义学派的基本思想是通过模拟人类大脑的神经元网络,推动人工智能的发展。早在1943年,美国心理学家沃伦·麦卡洛克和数学家沃尔特·皮茨就提出了将神经网络作为一个计算模型的理念。1957年,康奈尔大学教授弗兰克·罗森布拉特设计出了一个"感知器"的模型。这是"第一个用算法来精确定义的神经网络,第一个具有自组织自学习能力的数学模型,是日后许多新的神经网络模型的始祖。感知器的技术在20世纪60年代带来了人工智能的第一个高潮"①。1959年,加拿大神经科学家大卫·休伯尔与瑞典神经科学家托斯坦·威泽尔在被麻醉的猫的视觉中枢上插入微电极,在猫的眼睛前投影各种简单模式,然后观察猫的视觉神经元的反应。实验结果证明视觉中枢系统具有由简单模式构成复杂模式的功能,从而启发了计算机科学家发明人工神经网络。

从20世纪60年代中期开始,人工智能研究得到了美国国防部高级研究计划局(DARPA的前身)的资金支持。这个"金主"认为,与其投资具体项目,不如投

---

① 顾险峰:《人工智能的历史回顾和发展现状》,《自然杂志》2016年第3期。

资精英中心。遵循这个理念,DARPA 每年向麻省理工学院、斯坦福大学和卡内基梅隆大学的三个新兴人工智能实验室以及斯坦福国际研究所和英国爱丁堡大学的一些著名的商业研究实验室注入几百万美元的资金。依靠政府资金运营,加上有理想、有情怀并且还有勇气,不少人争先恐后地试图证明人工智能的新本领。这期间,有的人脱颖而出,当然会有不少传奇;有的人花拳绣腿,只留下炒作的笑谈。1963 年到加州大学伯克利分校商学院任教的爱德华·费根鲍姆和菲尔德曼选编了人工智能当时最重要的论文集《计算机与思维》,书中收录的 20 篇论文中有 6 篇是兰德公司的研究报告。1966 年,麻省理工学院的约瑟夫·维森鲍姆发明了世界上第一个心理治疗师机器人 ELIZA。ELIZA 实现了人机对话,通过与病人聊天的方式,帮助病人完成心理康复。1968 年,美国加州斯坦福国际研究所的道格·恩格勒巴特发明了计算机鼠标,并构想出了超文本链接的概念,它在几十年后成了现代互联网的根基。1969 年第一届国际人工智能联合会议在美国西雅图召开,标志着这个新兴学科有了自己的组织和世界最顶级的会议,聚集了许多可能改变世界的人一起去探索。西雅图由此显得格外瞩目,成为一个别具意义的地方。

2. 人工智能的寒冬(1970—1979)

1957 年,赫伯特·西蒙曾有一段激动人心的宣言:我的目标不是使你惊讶或震惊,我能概括的最简单的方式是说现在世界上就有机器能思考、学习和创造,而且它们做这些事情的能力将快速增长直到可以预见的未来,它们能处理的问题范围将扩张到人类思想已经得到应用的范围。人工智能仿佛正在崛起,媒体的宣传与 AI 科学家下的结论听起来信心满满且掷地有声。然而,在博弈、问题求解、语言翻译和学习、模式识别这四个当时比较活跃的领域中,AI 研究都遇到了比较大的困难,并且潜藏着深层次危机。

1965 年 12 月,兰德公司顾问休伯特·德雷福斯发布《人工智能与炼金术》的研究报告对兰德公司主导的人工智能研究提出了严厉的批评:“包括国际象棋中的组合爆炸、启发式方法在机器定理证明中的停滞、10 年来投入了 1600 万美元的机器翻译面临的上下文歧义问题、模式识别只能做到识别手写的摩尔斯电码(MIT 林肯实验室)和英文字母的水平。”①研究报告大胆、辛辣的批评,几乎摧毁了兰德公司正在进行的 AI 研究的基础。与此同时,报告还直接攻击了马文·明斯基、艾伦·纽厄尔与赫伯特·西蒙等人工智能领域的知名大咖,大有将他们一棍打回炼金术士的气势。出于对内容的忧虑,兰德公司仅以最低级别的备忘录方式发布了此文的油印版,1967 年才发布了印刷版。即使这样,这份报告依然在人工智能研究者中引起了轩然大波。1968 年麻省理工学院的西蒙·派珀特以其人之道还治其人之身,同样发表了一份言辞激烈的备忘录,驳斥休伯特·德雷福斯的报告“谬论种种”。面对与 AI 共同体之间的关系剑拔弩张,休伯特·德雷福斯不卑不亢,没有丝毫怯意。1972 年他以该报告为基础,出版了《计算机不能做什么:人工智能的极限》。在书的序言中,他针对《计算机与思维》中所宣称的人工智能领域的显著进步是向终极目标的逐步接近的说法,提出了尖锐的嘲讽:第一个爬上树的人可以声称这是飞往月球的显著进步。作为人工智能的“反动派”,休伯特·德雷福斯从欧洲大陆哲学的立场出发,对 AI 研究的思考与批评,无疑起到了导火索作用,使得人工智能研究的声望在美国和英国空前下降。

1966 年 11 月,美国国家科学院的语言自动处理咨询委员会公布了一个《ALPAC 报告》。报告认为,机器翻译速度慢,准确率低,比人工翻译费用高得多,而且在近期或可以预见的未来,开发出实用的机器翻译系统是不可能的。因此,建议政府不要继续投资机器翻译,最终导致了机器翻译研究的锐减。这也就是历史上最著名的一次机器翻译评价活动,因而改变了机器翻译发展的走向。

1969 年是人工神经网络研究遭遇滑铁卢的一年。马文·明斯基作为人工智能的倡导者之一,坚信人的思维过程可以用机器去模拟,机器也可以有智能。“大脑无非是肉做的机器而已”,他的这句话流传很广。然而,一个被寄予厚望的感知

① 陈自富:《炼金术与人工智能:休伯德·德雷福斯对人工智能发展的影响》,《科学与管理》2015 年第 4 期。

器，居然连简单的 XOR（异或）问题都解决不了，这点让他颇为失望。于是，他和同事西蒙·派珀特合著出版了《感知器：计算几何简介》，着重批评了“感知器”存在的局限：首先，单层的神经网络无法处理“异或”电路；其次，当时的计算机能力低下无法支持神经网络模型所需的计算量。虽然神经网络被认为充满潜力，但实际距人们的期望还很远。作为人工智能界的权威大神，他的看衰和“咒语”无疑成了压死骆驼的最后一根稻草。

一连串的黑天鹅事件，导致 1969 年美国国会通过曼斯菲尔德修正案，要求国防部仅对那些“直接与具体军队职能或运作有明显关系”的项目提供支持。DARPA 开始紧缩，不再支持间接的基础研究。即使原先雄心勃勃在 BBN、IBM、卡内基梅隆大学、斯坦福研究院启动的语言理解识别项目，由于功能太差，也被取消了每年 300 万美元的资助。此后，人工智能研究很难从 DARPA 申请到经费资助。1973 年，英国科学研究理事会发布了剑桥大学卢卡斯讲席教授詹姆斯·赖特希尔爵士提交的一份关于英国 AI 研究现状的调查报告。报告的结论是仅支持对神经生理学和心理学过程的计算机模拟，而放弃对机器人和语言处理的资助，这导致科学研究理事会终止了对除爱丁堡、苏塞克斯、埃塞克斯三所大学之外的其他大学 AI 研究的支持。如果说休伯特·德雷福斯的报告因为其非专业出身的背景而不被 AI 领域研究人员认可，那么卢卡斯讲席教授却是知名的物理学家，其调查专业、分析严谨、观点独立，报告更具有权威性。面对这样找上门来踢馆的专业人士，人工智能不得不忍受胯下之辱，从而导致人工智能在经历了十多年的喧嚣之后，迅速跌入“AI 之冬”。

3. 人工智能的第二次浪潮（1980—1992）

人工智能进入第二个高速发展期的第一个标志是“专家系统”的广泛应用促进了人工智能产业化的发展。专家系统可以看作符号主义学派的进一步发展。专家系统定义为：使用计算机模型来处理现实世界中需要专家做出解释的复杂问题，并得出与专家相同的结论。简言之，专家系统可视作“知识库”和“推理机”的结合。“显然，知识库是专家的知识在计算机中的映射，推理机是利于知识进行推理的能力在计算机中的映射,构成专家系统的难点也在于这两个方面。"①按照发展阶段的不同,有学者把专家系统分为五个阶段:基于规则的专家系统、基于框架的专家系统、基于案例的专家系统、基于模型的专家系统、基于 Web 的专家系统。

早在 20 世纪 60 年代,赫伯特·西蒙的学生爱德华·费根鲍姆通过实验和研究证明,实现智能行为的主要手段不是具体的规则和理论,而在于掌握的知识,在多数实际情况下是特定领域的知识,从而最早倡导了"知识工程"。1965 年费根鲍姆与莱德伯格等人合作,开发出了世界上第一个化学专家系统程序 DENDRAL,为专家系统软件的发展和应用开辟了道路。因此被称为"专家系统之父"。70 年代中期,先后出现了以 MYCIN、HEARSAY、PROSPECTOR 等为代表的一批专家系统,其中斯坦福大学研究开发的包含了约 600 项规则的血液感染病诊断专家系统(MYCIN)被国际上公认为最有影响的专家系统。进入 80 年代,随着摩尔定律带来的内存容量和 CPU 运算速度的指数增长、关系数据库技术的成熟、个人计算机与局域网技术的普及等因素的影响,专家系统开始全面爆发并被许多大型企业所接受。1980 年,卡内基梅隆大学为美国数字设备公司开发了订单专家系统(XCON)。经过 6 年的发展,这套系统的规则由原来的 750 条发展到 3000 多条,共处理 8 万多笔订单,准确率超过 95%,为公司节省 4000 万美元的成本。正因为人工智能的商业应用前景被挖掘,越来越多的公司投入资金研发不同类型的专家系统,引发了人工智能的第二次浪潮。

"魔鬼已经跑出了瓶子。开发专家系统已经形成一个叫作'知识工程'的新学科。它提倡的是,你可以将科学家、工程师或经理人的专业知识打包汇总,并将它应用到企业数据中。计算机将有效地成为权威。"②这些技术对社会发展、人类命运将会有革命性的改变,不亚于福特开始量产汽车,也不逊色于互联网的诞生。人工智能逐步形成一个产业,市场相继成立了一批公司,大部分都是由人工智能

① 张煜东、吴乐南等:《专家系统发展综述》,《计算机工程与应用》2010 年第 19 期。

② 约翰·马尔科夫:《与机器人共舞》,郭雪译,浙江人民出版社 2015 年版,第 128 页。

领域的学者和研究者创立的。这些公司为政府机构和私营企业售卖专家系统的产品和相关的知识工程咨询服务。

国际的竞争、战略的考量、利益的诱惑，使各国政府和风险投资者又一次看到了机遇，他们以专家系统为抓手，携带充足的粮草弹药，破门而入AI领域，抢占先机。日本紧跟世界潮流，把人工智能的研究内容扩展到逻辑推论、神经网络、机器学习以及专家系统上来，取得了一批研究及应用成果。1982年4月，日本制定了政府主导、众多产学研机构参加的"第五代计算机技术开发计划"，总投入预期达到8.5亿美元，用10年时间制造出能够与人对话、翻译语言、解释图像，并且能像人一样推理的机器。面对"科技界的珍珠港事件"，西方国家再也不能置身事外，任凭日本人捷足先登，最后来消解自己。1983年9月，英国正式宣布阿尔维工程(AIT)实施计划，选择软件工程、人机入口、智能知识库系统和超大规模集成电路四个领域进行大规模技术革新，工程董事会把全英学术界、工业界、商业界等精英统一到一个轨道上，准备耗资3.5亿英镑，在1990年前完成研制第五代计算机和构筑信息系统工厂。美国也制定了若干共同研究开发计划，主要有国防部高级研究计划局组织的"战略计算机开发计划"(简称SCSP)，这是一个10年计划，预计最初5年投入6亿美元，以研制自律系统(无人驾驶车)、导航支援系统和战斗管理系统，创造出一种能够发挥更大能力的新技术，即给机器赋予人工智能等技术；14个民间重要的高科技公司组织的MCC，完成计划需要6—10年，预算3.5亿美元；半导体工业会资助大学实施的SRC计划，预算为1100万美元，到1986年已增加1倍。[①] 虽然这些计划的目的和研究开发领域多少有异，但大多是想通过先进计算机、微电子技术的研究开发维持美国的战略优势。日本和欧美国家推出这样与那样的计划，在主次、先后、强弱等不同维度上或许有些差别，但相同的是都想用10年左右的黄金时间，抢先营建好自己坚不可摧的围城，让别人签城下之盟。

人工智能进入第二个高速发展期的第二个标志是"反向传播算法"(BP算

---

① 国霞：《欧美先进计算机开发计划概要》，《现代防御技术》1987年第1期。

法）的提出与应用让人工神经网络再次引起了人们的广泛关注。1986年7月，杰弗里·辛顿与戴维·鲁梅尔哈特等合作在《自然》杂志上发表了一篇论文《反向传导误差的学习表征》，系统地提出了应用反向传播算法，把纠错的运算量下降到只和神经元数目成正比。同时，通过在神经网络里增加一个所谓隐层，反向传播算法解决了感知器无法解决的异或门难题。

20世纪80年代到90年代初是人工智能研究者和产品开发者的一个黄金时代。但从整体上看，人工智能的第二次浪潮仍然笼罩着浓厚的学术研究和科学实验色彩，虽然激发了大众的热情，但远没有达到与商业模式、大众需求接轨并稳步发展的地步。

4. 人工智能的低谷（1993—2005）

人工智能第二次低谷的起点之所以划在1993年，主要考虑五个关键节点：日本第五代计算机研究开发计划的幻灭、“专家系统”风光不再、反向传播算法遇到了梯度消失难题、万维网的流行与“奇点”理论的提出。

第一，日本第五代计算机研究开发计划的幻灭。据《日本经济新闻》报道，第五代计算机计划的最终目标是组装1000台要素信息处理器来实现并行计算，解题和推理速度达到每秒10亿次；与此相连接的是容量高达10亿信息组的数据库和知识库，包括1万个日语和外国语言的基本符号，以及语法规则2000条，可以分析95%以上的文章，自然语言识别率达到95%。此外，还将配置语音识别装置和储存10万个图像的模式识别装置等。然而，这一计划从一开始就不顺利。按照进度要求，至1987年应当组装出有500台处理器的并行计算机，但实际组装的不到100台。到1992年3月底预定结束时间，渊一博研究团队组装的并行计算机中最大的3台仅有256个处理器，也就是只达到预定目标的四分之一。[①] 总之，因最终没能突破关键性的技术难题，运算速度太慢，无法实现自然语言人机对话等目标，日本第五代计算机研究开发计划宣告失败。

---

① 郭凯声：《日本的第五代计算机研制计划将草草收场》，《世界研究与发展》1992年第4期。

第二,“专家系统”风光不再。专家系统经历了10年的黄金期,除计算机软硬件本身的限制外,也逐渐暴露出系统存在的发展瓶颈。“比如每个公司和研究团队研发的专家系统都是自成体系的封闭系统,没有开源软件和公开的数据标准来共享数据和策略,所以任何两个专家系统之间无法相互协作。”①另外,专家系统的成功再次引发了学术泡沫,不少人开始膨胀,认为专家系统可以很快应用到软件开发上,实现软件开发的自动化。对此种论调,IBM大型电脑之父弗雷德里克·布鲁克斯1986年发表论文《没有银弹:软件工程的本质性与附属性工作》予以批评,他甚至预言“在10年内无法找到解决软件危机的银弹”。这篇著名论文影响力惊人,最终导致了专家系统权威性的动摇。随着20世纪80年代末全球金融危机的持续,资本的逐利性很快对专家系统失去耐心,大幅度压缩投资,泡沫急速破碎,公司濒临破产,人工智能又一次成为欺骗与失望的代名词。

第三,反向传播算法遇到了梯度消失难题。20世纪90年代初,传统神经网络的反向传播算法遇到了本质难题——梯度消失。这个问题在1991年被德国学者霍克赖特第一次清晰提出并阐明原因。“简单地说,成本函数从输出层反向传播时,每经过一层,梯度衰减速度极快,学习速度变得极慢,神经网络很容易停滞于局部最优解而无法自拔。同时,算法训练时间过长会出现过度拟合,把噪声当成有效信号。”②当大家对反向传播算法失去信心时,支持向量机(SVM)因在解决小样本、非线性及图像和语音识别中表现出许多特有的优势,从而得到主流的追捧,这在客观上也使得神经网络的研究重新陷入低潮。

第四,“奇点”理论的提出。“奇点”这个词语来自天体物理学。它指的是时空中(例如黑洞内部)所有物理理论都失效的一点。然而,“奇点”这个概念在现代语境中的流行却主要归功于美国计算机科学家兼著名科幻作家弗诺·文奇。1993年,他写了论文《即将到来的技术奇点:后人类时代如何求生》,首次提到了

① 万赟:《从图灵测试到深度学习:人工智能60年》,《科技导报》2016年第7期。

② 顾险峰:《人工智能的历史回顾和发展现状》,《自然杂志》2016年第3期。

人工智能的“奇点”概念。论文开头就危言耸听地写道:“在未来30年间,我们将有技术手段来创造超人的智慧。不久后,人类的时代将结束。”①弗诺·文奇是最早的人工智能威胁论提出者,此后这把摇摇欲坠的达摩克利斯之剑一直高悬在人类的头顶上,令许多人心惊肉跳。

第五,万维网的流行与“信息高速公路”的实施。1993年1月,美国伊利诺伊大学为浏览万维网站开发的UNIX版本马赛克浏览器被放到计算机中心的免费服务器上,不到两个月就被下载了上万次。4月,欧洲核子研究组织宣布万维网向所有人免费开放,引爆了万维网的普及。马赛克浏览器刚出现时,全世界只有50个万维网服务器。随着马赛克浏览器的流行,万维网服务器的数量在当年10月达到500个,不久增加到2738个,呈现指数级增长趋势。9月,美国政府发布实施“国家信息基础设施”计划(简称NII),也就是我们常说的“信息高速公路”。重视电子计算机与建设信息高速公路成为美国掌握未来世界竞争先机的枢纽。12月,《纽约时报》的商业版头版介绍了马赛克浏览器,称其将创造一个全新的产业。马赛克浏览器的流行使得覆盖互联网的万维网成为新的连接世界的平台,也引发了以硅谷为中心的电子商务革命。在这种大的背景下,DARPA的新任领导认为人工智能并非“下一个浪潮”,因此大幅度地削减了资助,AI研究再次遭遇经费危机陷入低谷,并在漫长的寒冬中蛰伏起来。

5. 人工智能的第三次浪潮(2006年至今)

科学每经历一次葬礼,就前进一步。20世纪末,人工智能的发展虽然处于低谷,但却并没有停止。1997年5月,IBM推出的深蓝(Deep Blue)超级计算机成功战胜人类国际象棋世界冠军卡斯帕罗夫。2000年后,成千上万台计算机组成的大规模计算集群早已不再是稀罕物,尤其是以亚马逊、谷歌、微软为代表的前沿科技公司开始向用户提供云计算服务。2005年,谷歌在机器翻译专家弗朗兹·奥

---

① 马丁·福特:《机器人时代——技术、工作与经济的未来》,王吉美、牛筱萌译,中信出版集团2015年版,第259—260页。

科的主持下,使用上万倍于通常的数据量训练出了一个六元模型。在美国国家标准与技术研究所对全世界多种机器翻译系统的评测中,这个六元模型以巨大的优势打败了所有机器翻译系统,一跃成为领头羊。据此,有学者将这一年定义为“大数据元年”。大数据和云计算为深度学习提供了海量数据和近乎无限的计算能力,打破了限制人工智能发展的两个主要瓶颈,为其重出江湖准备好了足够的能量。

2006年是深度学习发展史上的分水岭。这一年,杰弗里·辛顿及其合作者在《科学》杂志上发表论文《利用神经网络刻画数据维度》,探讨了应用人工神经网络刻画数据的学习模型,正式提出深度学习的概念和计算机深度学习模型,立即在学术圈引起巨大的反响。这篇论文的主要观点体现在两个方面:首先,多隐藏层的人工神经网络具有很强的学习能力,学习到的特征对数据有更本质的刻画;其次,深度神经网络可以通过“逐层初始化”来有效克服训练和优解的难度,这有助于突破浅层学习模型。这一年,人工智能领域的大咖如尤舒亚·本吉奥、杨乐昆、尤尔根·施米德休伯等人也发表了一批关于神经网络研究的重要学术论文,在基本理论方面取得了若干重大突破,深度学习也由此进入了高速发展的全盛期。

2009年,斯坦福大学的李飞飞和普林斯顿大学的李凯合作建成了一个大型注释图像数据库,使得计算机通过监督学习方式识别包含各种物体的图像,而且能够用自然语言生成对每个图像中的物体关系进行简单描述。这一成果为后来图像识别能力的突飞猛进打下了基础。2011年2月,IBM人工智能系统沃森(Watson)挑战美国综艺节目《危险边缘》,战胜了两位人类高手——最高奖金得主和连胜纪录保持者。谷歌最早将“人工智能优先”设定为公司的科技发展战略,由科学家杰夫·迪恩与吴恩达团队建立谷歌大脑。2012年,谷歌大脑使用了一个拥有16000个处理器组成的集群,并向其展示了数百万张图片,结果计算机通过深度学习算法居然成功提炼出了猫的一般特征,并构建了一个带有梦幻色彩的猫咪的数字影像。科学家们将这种机制形容为大脑视觉皮层“控制论的表亲”。这是深度学习的成功案例,它意味着人工智能开始有了一定程度的“思考”能力。2013 年,世界对神经网络的兴趣从涓涓细流发展成了汹涌洪流,能够轻易获取的互联网大数据与低成本的众包劳动,为神经网络研究带来了训练所需的计算和人力资源。2014 年 IBM 生产了一款大脑神经形态芯片,赋予计算机认知能力,可以探测和预测数据中的规律和模式,大大释放了机器学习软件的工作效率。2015 年,谷歌开发了利用大量数据直接就能训练计算机来完成任务的第二代机器人学习平台 Tensor Flow,支持异构设备分布式计算,它能够在各个平台上自动运行模型。2016 年 3 月,由谷歌旗下 Deep Mind 公司戴密斯·哈萨比斯团队开发的阿尔法狗与围棋世界冠军、职业九段棋手李世石进行了五场人机大战,结果阿尔法狗以 4 比 1 的总比分获胜。人工智能战胜人类围棋高手,这是 AI 发展史上最重要的里程碑,也因此极大地激发了人们思考科技对于人类命运的特殊意义。

人工智能已经成为当前毫无争议的最大热点和前沿技术,各国政府高度重视,纷纷出台本国发展战略,参与国际竞争。2012 年,英国政府将智能机器人和人工智能技术列为英国最重要的八大技术之一。2013 年,欧盟启动了未来新兴计划(FET)旗舰“人脑项目”,这是全球最重要、最前沿的人类大脑研究项目之一,其目标就是要建立人工智能全脑模型。2015 年,日本文部科学省提出,将在未来 10 年内,投入 1000 亿日元用于人工智能的研究和开发。2016 年,美国白宫发布《为人工智能的未来做好准备》和《国家人工智能研究与开发战略规划》两份重要报告,详细阐述了美国在发展人工智能方面的整体框架及未来人工智能发展的七大战略。2016 年,韩国未来创造科学部公布 2017 年财政预算方案,拟大力扶持人工智能和机器人等最新技术的研发。《德国工业 4.0》的核心也是发展人工智能,重点包括智能工厂、智能生产和智能物流。

资本的嗅觉总是最灵敏的,在全球人工智能崛起之时,大量的风投资本涌入这个新兴的技术领域,引发了一波又一波的抢人大战。“一方面,科技巨头将开源作为加速技术创新、抢占技术高地、构建技术生态的重要手段,并且在硬件开源方面进行尝试,以提升运算速度;另一方面,企业重金投入研发,通过建立人工智能实验室、持续收购等方式提高技术及人才实力,开展从人工智能技术、整体解决方案、云平台到硬件和产业的全方位布局。"[①]2012 年以来,谷歌共收购了 15 家 AI 公司,其中收购英国著名的 DeepMind 公司,把深度学习专家戴密斯·哈萨比斯等人揽入怀中,就花了 6.25 亿美元。2010 年至今,IBM 已出资超过 120 亿美元完成了对 40 多家公司的并购,并购业务涵盖了云计算、智慧地球和人工智能等方向。[②]马克·扎克伯格也将人工智能定位为 Facebook(脸书)未来的三大重点发展领域之一,成立 FAIR 人工智能实验室,高薪聘请纽约大学著名人工智能学者燕乐存领导,其研发团队里已有很多中国人。苹果居然跑到亚马逊大本营的西雅图,组建了一支 Siri 研发团队,把战火烧到对手后院,火中取栗。人工智能的商业化竞争已经拉开了序幕,物竞天择,市场不相信眼泪。从某种意义上说,新技术发展的未来在多数条件下是被资本所定义的。然而,资本比权力更可怕,它的本质是逐利与贪婪。资本的野蛮会导致人工智能的利益攫取伤害社会的整体安定,不断将人类命运逼向死角,撕裂人类命运共同体。

二、奔跑的中国人工智能与青年发展

中国人工智能的研究起步于 863 计划、973 计划和国家自然基金项目持续对语音类人大脑、智能机器人等领域的研究予以资助,这为人工智能研究和产业发展奠定了坚实的基础。在政策指导方面,中国相继出台了多个与人工智能相关的文件。2015 年 7 月,国务院印发《关于积极推进"互联网+"行动的指导意见》,将"互联网+人工智能"列为 11 项重点行动之一。《中国制造 2025》重点领域技术路线图中也构建了中国机器人产业发展蓝图。2016 年 3 月,全国两会授权发布的《国民经济和社会发展第十三个五年规划纲要》提出,"重点突破大数据和云计算关键技术、自主可控操作系统、高端工业和大型管理软件、新兴领域人工智能技

① 尹丽波:《人工智能发展报告(2016—2017)》,社会科学文献出版社 2017 年版,第 143—144 页。

② 许晔:《下一代人工智能:引领世界发展的新兴驱动力》,《人民论坛·学术前沿》2017 年第 20 期。

术"。2017年7月,国务院印发《新一代人工智能发展规划》,重点任务是构建开放协同的人工智能科技创新体系,包括建立新一代人工智能基础理论体系,建立新一代人工智能关键性技术体系,统筹布局人工智能创新平台,加快培养聚集人工智能高端人才。顶层设计、国家战略揭开了中国人工智能最激情四溢的华章。

(一)中国人工智能的活跃度仅次于美国

中国的人工智能人才主要集中在中国科学院、清华大学、北京大学、中国科技大学、浙江大学和上海交通大学等科研院所及高等院校。庞大的理工科学生基础、高水准的教学水平,造就了一大批高素质的人工智能科学家和工程师。根据创新工场的统计,从2006年到2016年,近2万篇顶级的人工智能论文中,由华人贡献的论文数和被引用数,分别占全部数字的29.2%和31.8%。"中国人/华人正在人工智能领域里发挥举足轻重的作用,而且,从2014年和2015年开始,中国人/华人已经处于人工智能研究的领先地位,占据了人工智能科研世界的半壁江山。"①

据腾讯研究院《中美两国人工智能产业发展全面解读》统计,截至2017年6月,全球人工智能初创企业共计2617家,美国占1078家居首,中国以592家排名第二,其后分别是英国、以色列、加拿大等国家。其中,美国的人工智能企业约有7.87万名员工,中国的人工智能企业约有3.92万名员工,约为美国的50%。

在国内的互联网巨头中,百度最早开始人工智能战略布局。百度董事长李彦宏比喻说:"互联网是一道开胃菜,主菜就是人工智能。"为了这道主菜,百度先后成立了深度学习研究院、大数据研究院、硅谷人工智能研究室以及硅谷智能驾驶团队,并在美国先后聘请吴恩达、陆奇、张亚勤、顾嘉唯、林元庆、亚当·考特斯等顶级科学家加盟,建成了全球最大的深度神经网络"百度大脑",开始拓展垂直行业应用。阿里巴巴从2012年开始组建团队,2015年推出可视化人工智能平台

① 李开复、王咏刚:《人工智能》,文化发展出版社2017年版,第265—266页。

DTPAI,集成了阿里巴巴的核心算法库。2016 年,阿里巴巴推出 ET 机器人,拥有智能语音识别、图像或视频识别、情感分析等技术,已经初步具备听、说、看等感知能力。腾讯 2016 年下半年开始重点押宝人工智能,有“百万雄师过大江”的阵势。腾讯的人工智能基础研发部门包括腾讯人工智能实验室、腾讯优图实验室、微信人工智能实验室和 Robotic X 机器人实验室,张潼、俞栋、刘威等专家为领军人物,专注于自然语言处理、机器学习、语音识别和计算机视觉大数据四大领域的基础理论探索。2017 年 5 月,香港中文大学重量级的人工智能专家贾佳亚博士加盟腾讯优图实验室。腾讯已经开始在人工智能领域花重金疯狂挖角,并且在微软、苹果、Facebook 等重头科技公司大本营西雅图成立 AI Lab 西雅图实验室,可以预见的是将会有更多人工智能领域顶级专家加入腾讯。腾讯的觅影、翻译君、腾讯叮当、智能客服、天眼系统、知会门店等产品,已经应用在人们的日常生活中了。此外,科大讯飞、华为、小 i 机器人、思必驰、云知声、华大基因、捷通华声等企业,以智能交互为切入点,积极布局人工智能领域,抢占产业发展制高点。让机器模仿甚至超越人的智力行为和思考方式,始终是充满丰富想象与巨大挑战的科学领域。近期以无人驾驶及阿尔法狗等为代表的人工智能技术的重大进展,激发了金融资本进入人工智能领域的热情。“有的科技巨头更是直白地宣称人类社会将从移动互联时代跨入人工智能时代。”①

2017 年中国人工智能的市场规模达到 237 亿元,同比增长 67%。预计 2018 年,中国人工智能市场增速将达到 75%。因此,南京大学人工智能学院院长周志华教授认为:“如果仅从最近几年来看,我国在人工智能领域的发展速度非常快,活跃度不亚于美国,从这个角度确实可以说目前中国在人工智能领域仅次于美国。”②

---

① 蔡自兴:《中国人工智能 40 年》,《科技导报》2016 年第 15 期。

② 陈佩珍:《周志华:在人工智能领域激荡理想》,《文汇报》2018 年 5 月 30 日。

(二)人工智能正在改变青年人的生活

人工智能革命刚刚开始,正在颠覆我们的生活、工作和互相关联的方式,重塑工厂、各类组织机构以及教育、医疗、运输等体系。人工智能不仅会改变青年人的生活,更可能会改写人类的命运。人工智能在当下中国的应用,几乎渗透到各个领域,包括经济领域、空间技术、自动控制、计算机设计和制造、日常生活等众多领域,并产生了巨大的经济效益。AI 仿佛无处不在,我们都在不经意间享受着人工智能的服务。青年人更是捷足先登,或投进它的怀里,或让它住进自己的心里,不知谁将变成谁的宠物或者仆人。

1. 青年与智能服装

智能服装是智能技术与服装融为一体的高科技产品,它结合了电子信息技术、传感器技术及纺织科学、材料科学等相关领域的前沿技术。目前进入智能服饰的企业主要分为两类:一类是科技企业,以谷歌、三星、神念等为代表;另一类是传统服装品牌企业,以莱仕特、红豆集团、柒牌等为代表,通过智能服装的探索来谋求转型。随着科技、电商和时尚结合,智能服装也越来越受到青年消费者的追捧。2017 年,唯品会携手腾讯 QQ 空间发布《AI+时尚:中国 95 后流行色报告》。报告以唯品会上亿级的“95 后”穿戴类销售大数据和 QQ 空间相册 2016 年千亿级的公开照片为基础,通过腾讯优图 AI 人脸识别与图像处理技术,发现“中国 95 后最喜欢的颜色是-95 度黑”。为此,唯品会与腾讯邀请先锋设计师张驰将流行趋势作为灵感设计服装,并在纽约举办“AI+时尚”大秀,引起轰动。“我就是我,是颜色不一样的烟火”,彰显了中国“95 后”自我独立的时尚态度,这意味着今天的青年消费者已经和过去大不相同,C2F 时代的来临比子弹还快。今年 7 月,阿里首家人工智能服饰店落地香港。消费者只要站在智能试衣镜面前就会被扫描,并精确计算出肩宽、胸围、腰围、臀围、腿长等数据,然后会针对体形推荐各种新款或个性化的选择。它借助 AI 技术,拥有 50 万个服装搭配师的经验,3 分钟可提供 100 种穿搭建议。它具有社交分享功能,喜欢哪件衣服,可一键分享到朋友圈。

人工智能应用使这家店人气火爆，不仅青年人购买力旺盛，也吸引了不少中老年人到店里亲身体验。

2. 青年与智能餐饮

2016年12月，肯德基携手百度在北京金融街推出第一家"Original+"智能概念店。该概念店的核心卖点，就是把人工智能技术应用到餐饮场景，以更好地服务消费者，其中人脸识别点餐、AR表情互动装置是两大亮点。具体而言，吃货们来到餐厅特定的屏幕前，机器就会自动扫描拍照，并判断用户的年龄、性别、颜值以及当时的心情等指标，根据这些指标给你推荐个性化套餐(一共5种套餐)并且完成消费闭环。奶茶似乎已经进化成为"90后""00后"的"精神支撑"和"生活必备"，俨然成为饮料界的"流量担当"。2018年阿里巴巴旗下的本地生活平台在上海开了一家"未来的茶"店，玩的是基于大数据之上的智能化茶饮服务。这家茶饮店的最大特点就是全程无店员，完全依靠机器人智能化作业。来到这家店面，扫码，选择奶茶口味，付款，接着一台机械臂开始自动调配茶饮。出杯后的奶茶会被机械臂送到取餐柜，整个过程不到2分钟。无论是长沙的奥特曼机器人削面、深圳的E顿饭、南京的传厨无人科技餐厅，还是宁波的机器人送餐员、上海嘉定区南翔镇2.0版机器人餐厅，消费体验在青年人的购物过程中占有越来越重要的地位，将极大地激发消费潜力的释放，进而有力推动消费升级。

3. 青年与智能出行

人工智能在交通领域也刮起了一阵飓风，颠覆着传统认知与策略，吸引大量的热钱涌入，推动着无人驾驶技术的发展。自动驾驶技术落地也许还有待时日，但AI技术对于青年群体的智能出行已司空见惯。滴滴出行发布的《教育行业智能出行大数据报告(2016)》显示，一、二线城市的大学生对智能出行更为热衷，在前100名智能出行最活跃的高校里面，超九成都分布在一、二线大城市，其中北京和成都占比超过三分之一。智能导航作为智能出行的重要组成部分，已经成为青年群体的标配。无论是百度地图、腾讯地图、高德地图，还是苹果手机自带地图，在路线选择、交通路标、周围设施等数据点上都做了智能分析设计，不仅可以在线导航，而且会自动调用你的路线和交通信息，并对你的计划进行推断，这无疑更加高效和便利。当然，开车违章也难逃人工智能的法眼，智能摄像头拍照、对比，查找数据库、违章记录、缴款记录、消除违章等，都是通过智能系统自动实现的。从这个意义上讲，人工智能让出行更加文明、更加轻松、更加绿色。

4. 青少年与智能娱乐

随着智能手机的日益普及，人工智能技术已经是手机上许多应用程序的核心驱动力。作为走在时代潮流前端的群体，青少年几乎身不离手机，每天都游走在各色手机 APP 里。面部识别功能配置有“抬手亮屏”手势，通过人脸识别，用户在拿起手机时，手机会自动亮屏，识别面部特征进行解锁。智能助理和智能类聊天应用正颠覆人与手机交流的根本方式，将智能手机变成聪明的“小秘书”。“小秘书”的智慧场景可以将手机上重要的信息内容进行聚合——智能识别火车票、机票的启程和到达时间并提醒，音乐和电影推荐服务，出差目的地温度提醒，等等。AI 已经成为改善手机使用体验的一大发力点，而摄影则是手机 AI 的重要专攻方向。美颜摄像头能够针对不同场景中用户的发型、服饰进行全速精准人脸识别，并实现细腻自然的多种艺术虚化效果。2017 年，美图秀秀推出的手绘自拍功能一夜刷屏，无数新潮男生女生纷纷将自己变成二次元世界里超萌、超可爱的漫画形象。难怪英国《每日电讯报》说：“如果你突然在社交网络上看到到处都是迷人的自拍，那么你应该感谢这个来自中国的应用——美图秀秀。”

人工智能技术在电子游戏中的大量应用，促使游戏和社交媒体正在完成一种合流，并迅速挤占青少年的日常生活。《中国青少年网络游戏行业与保护研究报告(2017)》显示，截至 2015 年 12 月，中国青少年网络游戏用户规模达 1.91 亿，占青少年网民总数的 66.5%，呈现出低龄化、移动化趋势，自有设备拥有率高。智能手机新增了游戏助手功能，游戏 APP、游戏模式、游戏免打扰和锁定导航键使游戏时刻更加畅快。近些年手游的白热化也促成了“游戏手机”的诞生，小米黑鲨、努比亚红魔、vivoX21、华为 P20 系列、三星 S9+等相继问世，更是如虎添翼。哲学家詹姆斯·卡斯认为：“没有人能独自玩游戏。”游戏需要玩伴，需要分享。当游戏成为一种有趣的社交方式和形象标签时，青少年可能和朋友圈里一个并不熟悉的陌生人找到某种心灵上的共识，把关乎阶层、专业、智识、身份的距离一概消解。有人说他们玩世不恭，有人说他们玩物丧志，但青年们却对这些指责不以为然。他们说："'玩'是这个时代独属我们的'严肃'姿态，我们在'玩'中思考，'玩'中成长，学会责任与担当，回应时代召唤！相信我们，能'玩'出一个世界！"①

5. 青年与智能学习

随着人工智能逐渐从边缘走向中心，教育行业的教与学正在发生着一系列的变革，从知识图谱的生成与流动、学习形式的变化与交互、学习资源的构建与挖掘、教学内容的组织与实施到教学绩效的评价与管理，人工智能的魔力无处不在。目前，人工智能在教育领域的应用技术主要包括：儿童早教机器人、个性化学习、搜索引擎、人机交互、图像识别和语音识别等。儿童机器人市场从2015年开始起步，到目前市场上生产儿童机器人的企业大概有400多家，有高端的，也有劣质的，鱼龙混杂。使用儿童机器人的用户，绝大部分是以"80后"为主的职场主力军。他们对下一代的教育有两个鲜明的特点：一是婴幼儿智能启蒙教育，二是场景式陪伴，而儿童早教机器人正好具有这些功能。个性化学习就是"人工智能可根据学习者的过程数据或者反馈结果，确定学习者的学习风格，并据此向学习者推荐合适的学习型内容、媒体、方法与路径"②。学生获得的教育内容是个性化、精准化的，这激发了学生的学习兴趣，使其获得更多的学习成就感。在学习资源上，学生获取知识与方法的来源与途径，不再局限于教师与课堂，"学生会使用Siri、Cortana、Alexa等人工智能寻找学习资源，也不再拘泥于制度化、固定化的'课堂时间'"③。总之，图像识别技术可以将老师从繁重的批改作业和阅卷工作中解放出来，语音识别技术可以辅助教师进行英语口试测评，也可以纠正、改进学生的英语发音，而人机交互技术可以协助教师为学生在线答疑解惑。可以说，应试教

---

① 朱雯文：《青年说：为什么我们需要游戏?》，荔枝网2017年5月4日。

② 薛二勇、傅王倩：《人工智能对青少年教育体制机制变革的影响》，《中国青年社会科学》2018年第4期。

③ 李政涛：《当教师遇上了人工智能……》，《人民教育》2017年第23期。

育的真正危机已经来临。

（三）搭上天使的翅膀去远方

腾讯研究院发布的《2017全球人工智能人才白皮书》显示，目前全球人工智能人才约30万人。其中产业人才约20万人，大部分分布在各国AI产业的公司和科技巨头中；学术及储备人才约10万人，分布在全球367所高校中。在具有人工智能研究方向的高校中，有6000多名AI领域的学者，以及7万余名AI相关专业在读硕博研究生。每年AI相关领域硕、博毕业生约2万名。在367所高校中，美国拥有168所，占据全球的45.8%，独占鳌头。美国在高校规模、学术能力上均遥遥领先，加拿大、中国、日本紧随其后。人工智能顶尖学者的年龄段分布是：30—40岁占33.8%，40—50岁占32.4%，50—60岁占27.3%，60岁以上占8.5%。

清华大学发布的《中国人工智能发展报告2018》数据显示，中国人工智能企业高度集中在北京、上海和广东，在全球人工智能企业最多的20个城市中，北京以395家企业位列第一，上海、深圳和杭州也名列其中。人工智能浪潮刚刚到来，未来四五年对于创业者的意义，和20世纪70年代、80年代对于PC时代的意义相比，绝对毫不逊色。站在人工智能的“风口”上，许多青年人看准科技大势，搭上天使的翅膀，选择最正确的时间，正在做一飞冲天的创业梦想。

自2014年9月李克强总理发出“大众创业、万众创新”号召起，中国迎来了第四次创业浪潮。创业浪潮涵盖社会各个阶层，“80后”“90后”的大学生、海归人员、科技人员、返乡农民工正从边缘走向主流，从自我生存变为自我实现。“创业者的学历越来越高，不仅有博士，还有海归，他们掌握知识，拥有能力，已经成为中国第四次创业浪潮中的主力军。”①“80后”群体正逐渐成为中国社会的中坚力量，尤其在商界，其群体规模蔚为大观。他们的独角兽企业也已经成为新经济、新产业的引领者。

---

① 张耀铭、张路曦：《新媒体时代青年发展面临的机遇和挑战》，《青年发展论坛》2018年第3期。

有人将“80后”的创业归纳为四种类型：一是大学创业，好未来张邦鑫（1980年生）和饿了么张旭豪（1985年生）为其代表。他们未出校门就成名江湖，以做家教、大学生外卖起家。二是技术创业，大疆创新汪滔（1980年生）、商汤科技徐立（1981年生）、柔宇科技刘自鸿（1983年生）、光启刘若鹏（1983年生）、寒武纪陈天石（1985年生）为其代表。他们是国内外名校毕业的博士，是科学家和工程师，把技术应用于商业，是常人不可企及的。三是离职创业，知乎周源（1980年生）、蘑菇街陈琪（1981年生）、摩拜胡玮炜（1982年生）、滴滴出行程维（1983年生）、汇量科技段威（1986年生）等为其代表。从打工者变成创业者，是这部分人最常规的晋级路径。四是职业创业，微贷网姚宏（1980年生）、美图秀秀吴欣鸿（1981年生）、土巴兔王国彬（1982年生）、今日头条张一鸣（1983年生）等为其代表。这部分人创业艰辛，屡败屡战，反复试错，终于成就了今天的事业。①

“我还青春，不做咸鱼”是“80后”的呼声，代表的是一种卓越梦想，是态度，更是尊严。福布斯中国发布的《2018年中国30位30岁以下的精英榜》，涵盖了20个不同领域各30位30岁以下精英，共有600位青年才俊入选。其中，消费科技领域有虹宇科技范顺豪（25岁）、上海喵卡信息王磊（27岁）、齐悟机器人王一（27岁）、北京兔巴电子徐思源（23岁），企业科技领域有广州探迹科技陈开冉（25岁）、北京造数科技黄震昕（25岁）、深圳极视角科技陈振杰（26岁）、北京猫头鹰视界科技温子煜（27岁），能源环保领域有氦舶科技黄翟（27岁）、欧卡电子朱健楠（26岁）、绿能嘉业胡慧敏（24岁）、伏特猫杨剑南（24岁）。作为企业创始人或CEO，这些“90后”已经成为中国新生代企业家群体的杰出代表，“我喜欢乔布斯，但是超越是最好的致敬！”

科技部发布了2017年中国独角兽企业名单，全国164家入选企业中，人工智能行业独角兽企业共有6家，其中优必选科技CEO周剑、依图科技CEO朱珑、出门问问CEO李志飞是“70后”，而旷视科技联合创始人印奇、商汤科技CEO徐立、

① 姚心璐、陈晓平等：《80后创业者的4大族群》，《21世纪商业评论》2017年第12期。

寒武纪科技创始人陈天石都是"80后"。商汤科技有1500名员工、800名研发人员、150名人工智能博士，是一家专注于计算机视觉、深度学习技术的科技公司，在人脸识别、图像识别、视频分析、无人驾驶等方面都有技术突破和业务布局，业务范围覆盖安防、金融、智能手机、机器人和汽车等行业，服务中国移动、银联、华为、小米、微博等几百家客户。2014年，商汤科技首次出征人工智能领域权威竞赛ImageNet，在大规模物体检测比赛中就以40.7%的成绩荣获世界亚军，战胜微软、百度等企业，仅次于谷歌。2016年，商汤科技参与的人工智能团队与麻省理工、斯坦福等著名大学一起入选世界十大人工智能先锋实验室。旷视科技是中国最早一批用深度学习技术开展人工智能产业应用研发的AI企业，也是全球机器视觉人工智能行业领跑者和人脸识别产业先导者。截至目前，旷视科技Face+团队已累计获得国际人工智能技术评测冠军15项，其中包括在MSCOCO2017、Places2017两项全球顶级计算机视觉竞赛中击败微软、谷歌、Facebook和卡内基梅隆大学等国际巨头及高校夺得世界冠军。2017年5月，美国权威杂志《麻省理工科技评论》公布了2017年度全球十大突破技术，由旷视科技与蚂蚁金服共同研发的"刷脸支付"技术成功入选。这年7月，旷视科技受邀出席国家上半年经济形势专家企业家座谈会，并向李克强总理做了企业创新汇报。寒武纪科技是全球智能芯片领域的先行者，宗旨是打造各类智能云服务器、智能终端以及智能机器人的核心处理器芯片。公司创始人、首席执行官陈天石，在处理器架构和人工智能领域深耕10余年，是国内外学术界享有盛誉的杰出青年科学家，曾获国家自然科学基金委员会"优青"、CCF-Intel青年学者奖、中国计算机学会优秀博士论文奖等荣誉。寒武纪科技团队成员的平均年龄只有25岁，但骨干成员均毕业于国内顶尖高校，具有丰富的芯片设计开发经验和人工智能研究经验。寒武纪科技是全球第一个成功流片并拥有成熟产品的智能芯片公司，拥有终端和服务器两条产品线。2016年推出的寒武纪1A处理器是世界首款商用深度学习专用处理器，面向智能手机、安防监控、可穿戴设备、无人机和智能驾驶等各类终端设备，在运行主流智能算法时性能功耗比全面超越CPU和GPU，与特斯拉增强型自动辅助驾驶、

IBM Watson 等国内外新兴信息技术的杰出代表同时入选第三届世界互联网大会评选的 15 项“世界互联网领先科技成果”。

青年有创新,国家发展才有力量。创新是青年的灵魂,也是世界进步的希望。借助人工智能,中国正在走近世界舞台的中央,年青一代责无旁贷要做好践行人类命运共同体理念的接力者,秉承共享、合作精神,建设一个开放包容的世界。

三、人工智能对人类命运形成巨大挑战

人工智能是一场新的技术与产业革命,它至少通过三个方面促进经济增长。首先,人工智能可以使复杂的体力任务自动化,这种效应被称为“智能自动化”;其次,人工智能可以补充现有的劳动力和资产,提升工人能力和资本效率;最后,人工智能可以促进创新,并扩散到各个行业。[①] 几乎在每一个行业,技术进步都能带来前所未有的红利——更少的工作也可以创造出更多的财富。但这种进步同时也带来了各种分化——在高技能和低技能的劳动者之间,在资本和劳动力的回报之间,以及在明星大咖和其他劳动者之间。人工智能正在以前所未有的加速度进化,但是青年就业者的技能却无法保持相同的发展速度。结果导致数以十万、百万计的青年在社会变道的时刻,不能优雅地完成转型,却在这个过程中弄得遍体鳞伤。这意味着,失业是由于人类发现了使劳动者的劳动更有效的方法和手段,但这种提升却把劳动者的劳动机会远远地甩在了身后。在未来,青年发展要想搭上天使的翅膀,预示着必须与魔鬼同行。

(一)人工智能导致“技术性失业”

人类用聪明才智发明了技术,这些技术反过来却导致了人类自身的失业,这被称为“技术性失业”。早在 20 世纪 30 年代,英国经济学家凯恩斯就在《我们后代的经济前景》中指出:“我们正在被一种新型疾病所折磨,一种某些读者甚至没

① 埃森哲咨询公司:《2017 年人工智能发展报告——人工智能:经济发展新动力》。

有听说过名字的疾病，也是他们将在未来不断听到的疾病，那就是技术性失业。”但只要改变是平缓的，可以用几代人的命运去承担一次变革，市场就会自动做出调整。比如，19世纪时美国农场雇佣了80%的工人，到1900年下降到40%，到今天只有1.5%。相比那场跨越200年的更替，此番人工智能革命或许更为迅猛，要用一代人的生命去承担全部的变革。改变得过于迅疾，市场就会变得一片狼藉。人工智能领域的科技变化可能会以两种基本的方式搅乱劳动市场：第一种威胁，大部分自动化作业都会替代工人，从而减少工作机会。这就意味着需要人工作的地方变得更少了。第二种威胁，很多科技进步会通过让商家重组和重建运营方式来改变游戏规则。这样的组织进化和流程改进不仅经常会淘汰工作岗位，也会淘汰技能。① 这个世界变化太快，从体力劳动到脑力劳动，未来很多工作将被机器人取代，没有给青年人留下“短暂”的适应时间，就必须马上品尝失业的苦涩。因此，从某种意义上讲，有机器人存在的地方，便是“杀戮地带”。

第一，重复性工作将被机器取代。事实上，技术进步早已对中国工厂的就业产生重大影响。“1995—2002年，中国减少了大约15%的制造业员工，即约1600万个就业岗位。”②强有力的证据表明，这一趋势有可能还会加速。一份来自国家统计局的调查报告显示，2014年全国打工者的人数为27395万人，其中8400万人从事制造业，6000万人从事建筑业，2000万人从事家政工作。然而近几年，我国底端的密集型产业正加速转移到东南亚和非洲等劳动力更为廉价的地区。与此同时，机器替代人工在很多企业不再是现象，而是已经大面积铺开的现实。2016年，富士康已经利用机器人技术将江苏昆山工厂的员工人数从11万减少到5万，减幅高达54%。2013—2016年间，浙江省机器人代替了200万传统产业工人。③广东美的集团工厂和车间机器人数量从2011年的50台，增长至2018年的1500

① 杰瑞·卡普兰：《人工智能时代》，李盼译，浙江人民出版社2016年版，第126—127页。

② 马丁·福特：《机器人时代——技术、工作与经济的未来》，王吉美、牛筱萌译，中信出版集团2015年版，第13页。

③ 杜传忠、许冰：《第四次工业革命对就业结构的影响及中国的对策》，《社会科学战线》2018年第2期。

台，自动化率达到50%。生产线上，从铜管折弯到部件组装、条形码粘贴、检漏、抽真空，再到成品包装入库，这些原本由人工操作的多道工序，现在统统由机器人和机械手臂专门操作，它们能全天工作，并不需要睡眠、午餐或者喝咖啡，能够用比人工更低的成本高效率完成重复性体力劳动。2011年，美的空调工人数量达到5万，2015年减至2.8万，2018年降至1.6万。根据国家统计局的数据，2017年中国市场工业机器人产量达13.1万台，同比增长68%。产业规模的快速增长得益于机器人应用场景持续多元化的拓展，主要集中于三大方面，通俗讲就是人不愿干的工作、人干不了的工作和人干不好的工作。

第二，仓储、物流、快递工作正在受到冲击。无论是对于电商还是对于零售业来说，仓储管理涉及货物的搬运、码垛、分拣、包装、出库等多个步骤，是整个物流运营体系中极其重要的一环，也是雇用拣货员最为密集的岗位。2015年以后，无论是在天猫超市的天津仓库、京东上海"亚洲一号"的仓储中心，还是在菜鸟广东惠阳的智慧物流仓库，成百上千的机器人正代替拣货员完成各项繁重的工作，并且能够负重前行，灵活旋转，相互避让……这不是科幻片，而是真实场景。2016年6月，京东在刘强东的老家江苏宿迁，成功用一架三轴无人机送出了第一单快递。2018年5月，饿了么在上海宣布已获准开辟无人机即时配送航线，送餐无人机正式投入商业运营。随着机器人技术的迅速崛起，各行各业掀起一股机器换人的热潮。

第三，白领工作岌岌可危。自动化、优化算法和人工智能正在以超乎寻常认知的速度，影响着白领们的求职市场。或许过去他们的工作有其必要性和重要性，但在今天，这些复杂枯燥的程序化工作完全可以由机器取代。麦肯锡全球研究院2017年的一份报告称，银行、保险、证券业的一些白领工作，有43%的可能性会被自动化替代。典型的例子如美国高盛公司，2000年在纽约的现金股票交易柜台雇用了600名交易员，但时至今日只剩下两名交易员"留守空房"。音乐人工智能在欧美以及日本等国发展迅速，已成为人工智能的一个重要分支。2016年2月，第一部由算法创作的音乐剧《越过墙垣》在伦敦上演，给英国观众带来了美好的视听感受。2016 年 9 月,索尼计算机科学实验室利用人工智能程序创作了一首披头士音乐风格的歌曲《爸爸的汽车》,也广受好评。2017 年 8 月,美国网红歌手泰琳·萨顿制作了一张名为《我是人工智能》的专辑。这是世界上第一张 AI 谱曲的流行专辑,其中主打单曲《冲破藩篱》上线后,“听起来像人类写的一样”,好评如潮。人工智能不仅可以进行复杂的音乐创作工作,甚至可以以假乱真,达到“大师级”水平。

在中国,智能客服机器人则已经被众多企业引入,正在替代人工完成大量的客服工作和数据管理工作。以金融行业为例,在招商银行信用卡查额度、还款,都是智能客服机器人提供服务,每天有 99%的问题是由机器人回答的,只有 1%—2%是人工服务,而且机器回答问题准确率达到 99%。根据中国建行官方数据,由小 i 机器人提供技术支持的“小微”服务能力已经相当于 9000 个人工座席的工作量,远超 95533 和 400 人工座席的服务量总和。2011—2015 年,中国银行业的信审员风光无限,站在金钱的刀尖,掌握着放款的生杀大权。现如今,人工智能算法已成为全国性银行改善风险管理的工具,使投资组合风险评估和信用风险评估更透彻、更全面、更清楚。信审员岗位成了“鸡肋”,信审员成了第一波被驱赶到悬崖边上的人,要么拼命爬上去,要么成为时代的祭品。

人工智能正在向中国高端领域进军,像律师、翻译、会计、医师、记者等高端职位,也将大量地被人工智能所取代或错位竞争。法律领域将会是人工智能广泛运用的地方,AI 技术将会成为律师工作的辅助手段,如法律合同的修改和大数据分析,甚至会替代现有的一些法律工作。国外律师事务所雇用人工智能系统支持的虚拟助理,能够同时查阅数万份历史判决,以前需要 500 名初级律师完成的工作,它数分钟就能解决。2017 年 8 月,九寨沟地震发生 18 分钟后,中国地震台网的机器就写了篇新闻稿,写作用时 25 秒。稿件用词准确,行文流畅,且地形、天气面面俱到,即便专业记者临阵受命,成品也不过如此。其实,早在 2015 年 11 月新华社就推出了新闻写作机器人“快笔小新”,主要负责撰写体育赛事报道和财经新闻。2016 年里约奥运会期间,今日头条人工智能实验室研发的写稿机器人 xiaomingbot

正式上线。奥运会期间，通过对接奥组委的数据库信息，写稿机器人曾写过200余篇赛事报道，包括乒乓球、网球、羽毛球和女足等比赛，内容涵盖比赛时间、实时比分、运动员信息等主要新闻要素，可读性与职业记者作品相差无几。人工智能自动写作程序撰写稿件，不但可以节省记者、编辑的大量劳动，还可以在应对突发事件时充分体现出“闪电速度”。自从被人工智能“附体”后，机器翻译步入了全新的快速发展通道并开始引发社会广泛关注。莱博智翻译服务公司已经与IBM合作，开发出了一款机器翻译系统，可以采用在线应用模式，能够实时翻译不同语言环境下客户和客服人员之间的对话。2008年计算机科学与软件工程国际大会收到了一篇名为《电子商务模拟研究》的论文，决定邀请这篇投稿论文的作者参会。“而实际这篇论文的作者是‘SCIgen’，来源于麻省理工学院计算机科学与人工智能实验室的‘随机生成计算机科学研究论文’项目。”①2017年5月，微软机器人“小冰”创作的诗集《阳光失去了玻璃窗》由北京联合出版公司出版。这是人类历史上第一部人工智能创作的诗集，其中“青蛙儿正在远远的浅水/她嫁了人间许多的颜色”“树影压在秋天的报纸上/中间隔着一片梦幻的海洋”等诗句，因其独特的语言风格和意象拼接而颇受好评。据这一产品的研发团队介绍，“小冰”是在学习了1920年以来的519位诗人的现代诗的基础上，通过深度神经网络等技术手段模拟人类的创作过程，花费100小时，训练10000次以后，才拥有了现代诗歌的创作能力。小冰创作的诗歌，用“骆梦”“风的指尖”“一荷”“微笑的白”等27个笔名向天涯、豆瓣、简书等平台投稿，不仅获得录用，而且并未被人类读者察觉。2018年11月7日，第五届世界互联网大会在浙江乌镇拉开序幕的当天，搜狗与新华社合作开发的全球第一个“AI合成主播”正式亮相。该技术能通过人脸关键点检测、人脸特征提取、人脸重构、唇语识别、情感迁移等多项前沿技术，并结合语音、图像等多模态信息进行联合建模训练后，生成与真人无异的AI分身模型。这

① 埃里克·布莱恩约弗森、安德鲁·麦卡菲：《第二次机器革命——数字化技术将如何改变我们的经济与社会》，蒋永军译，中信出版集团2016年版，第49页。

项技术让机器首次做到逼真地模拟人类说话时的声音、嘴唇动作和表情，并且将三者自然匹配，与真人主播完全吻合，惟妙惟肖。

利用人工智能探索生命科技“无人区”，是当前医学的一大热点。在我国，人工智能已经活跃在医学影像诊断、新药研发、疾病风险预测、辅助医学研究平台等多个领域。我国的“天机”骨科手术机器人领先国际同类产品，弥补了人类的能力短板，已经成为医生的得力助手。腾讯觅影在学习大量医学影像数据后，实现了图像识别、深度学习等人工智能技术与医疗的跨界融合。腾讯先后与广州、深圳、南宁、成都等地医院合作建设“人工智能医学联合实验室”，用于食道癌、肺癌等病症的早期筛查。机器人护士、机器人抽血医生、机器人手术助手、机器人麻醉师和机器人药剂师都已经被研发出来了，这对老龄人口的医疗卫生需求无疑是一个福音，但给青年就业者带来的却是焦虑和不安。

（二）人工智能加剧收入不平等

据国际权威研究机构 CB Insights 统计，2017 年全球范围内有 152 亿美元被投资到 AI 领域，比 2016 年增加 141%，其中中国企业吸引的投资为 73 亿美元，全球第一。从全球比重来看，中国占 48%，美国占 38%。在 2017 年融资最高的 5 起投资事件中，中国企业占了 4 起。其中，蔚来汽车融资达到 16 亿美元，位列第一；其次是旷视科技 4.6 亿美元、商汤科技 4.1 亿美元、明码生物科技 2.4 亿美元；美国 indigo 农业科技公司 2.03 亿美元，排名第五。上述数据非常鲜明地表现出中国人工智能的创业热度，以及该领域创业公司对资本的吸引力，也在一定程度上验证了中国的人工智能正在崛起。百度首席执行官李彦宏认为有三个成长动力：第一个是算法，第二个是算力，第三个是数据。这三个动力现在都在快速地增长，实体经济的各行各业都会因为技术的创新而改变，都会因为人工智能技术的不断演进而改变。也就是说，由人工智能引领的这场变革将会给社会创造更多的财富，带来巨大的收益，从而形成新一轮技术红利。

技术进步、技术红利正在驱动财富和收入史无前例地重新分配。人工智能不仅在掌握着不同规模人力资本的拥有者中间创造了赢家和输家,它的使用也会对不同群体的边际产出产生不同作用,进而影响他们的收入状况。

第一,会影响不同要素之间的回报分配。现实社会中,多数资本往往集中于少部分人手中,而人工智能和自动化的发展会促进生产过程中资本要素的份额提升、资本报酬增加,从而加剧收入不平等。"更严重的在于,这是一个赢者通吃、一家独大的游戏,市场上只能有最赚钱的一家或者最多有 3—5 家同类型的产品或平台存在。QQ 生存下来了,MSN 退出了中国;微信生存下来,易信死掉了;阿里巴巴成功了,越来越多的中小电商网站消失了。"①美国的情况也是如此,"最富有的 1%家庭累计拥有的财富超过了整个美国财富的三分之一——差不多 20 万亿美元。假设年利率为 10%,他们每年都可以支配 2 万亿美元。美国工人的平均年薪是 3 万美元,也就是说他们能够雇用 6000 万人,或者说是美国所有劳动力的 40%"②。人工智能像"上帝之手"一样,将越来越多的财富集中在 1%的少数人手中,让他们最先成为智能时代的幸运儿。

第二,会影响不同技能水平劳动者的收入分配。人工智能对收入不平等的影响效果在不同的经济发展阶段也有所不同。"第一阶段,低技能劳动力的工资和自动化程度都较低,收入不平等和劳动份额较为稳定。第二阶段,自动化程度提高,技能溢价也相应提升,低技能劳动力的工资会停滞或者下降,劳动份额也会降低,因此会加剧收入不平等。第三阶段,自动化产品的份额开始稳定,低技能劳动力的工资以低于高技能劳动力的工资的速度增长。"③在现阶段,遭受自动化冲击较为严重的主要是那些以程式化任务为主,对技能要求较低的职业。不过,世界经济论坛(WEF)早前发表了一份名为《职业的未来》的报告,预测人工智能将在今后 5 年改变商业模式劳动力市场,导致 15 个主要发达和新兴经济体净损失超过 500 万个就业岗位。的确,未来无论你的领子是什么颜色,机器都会毫不留情。

---

① 刘庆振、王凌峰等:《智能红利:即将到来的后工作时代》,电子工业出版社 2017 年版,第 91 页。

② 杰瑞·卡普兰:《人工智能时代》,李盼译,浙江人民出版社 2016 年版,第 113 页。

③ 曹静、周亚林:《人工智能对经济的影响研究进展》,《经济学动态》2018 年第 1 期。

冰冷的事实和无情的逻辑，不断将人类命运逼向死角，让整个人类社会陷入了不公平的深渊。

（三）人工智能引发的法律与伦理困境

人工智能是把锐利的双刃剑，它在给人类带来巨大财富和生活便利的同时，也造成诸多的法律与伦理困境。

第一，人工智能隐含着各种算法偏见。算法本质上是“以数学形式或计算机代码表达的意见”，代表着人工智能决策的逻辑结构。然而，算法并非完全客观、中立，其中可能隐含着各种算法偏见。“算法偏见存在于算法设计和运行的每一个环节，主要包括算法设计者的偏见、输入数据的偏见和算法局限的偏见。任何一个环节出现偏见都将导致算法偏见，区别在于有的算法偏见是潜在的、不可避免的，有的算法偏见则是人为的、有意图的。”①智能算法的基本原理就是“以过去的数据预测未来的趋势”，而过去的偏见可能会在算法中固化并在未来得以强化，造成“偏见进，偏见出”的结果。美国的研究发现，聊天机器人会在推特上散布种族主义和性别歧视的信息，用 Google 搜索一个通常被黑人使用的名字，相较于搜索白人的名字，得到的结果更可能与提供犯罪背景相关。在中国的资讯信息分发市场上，算法推送的内容已超过 50%，已渗入从选题到分发的各个新闻生产环节。然而，“搭上所谓算法的‘便车’，一些原本信息量丰富的新闻客户端推荐的内容越来越单一，一些原本客观公正的内容生产者变得越来越偏激，一些新闻媒体原本宏大的格局变得越来越狭小”②，给新闻的未来带来了很大的负面影响。因此，我们在欢呼科技进步的同时，有必要对新技术忽视价值理性的后果进行认真检讨。

第二，人工智能使个人的隐私受到侵犯。个人隐私是指公民个人生活中不愿

① 张超：《作为中介的算法：新闻生产中的算法偏见与应对》，《中国出版》2018 年第 1 期。

② 吕洪：《新闻莫被算法“绑架”》，《人民日报》2017 年 7 月 6 日。

为他人(一定范围以外的人)公开或知悉的秘密。隐私大体分为信息隐私、空间隐私和自决隐私等。信息隐私主要包括个人登录的身份和健康状况、个人的信用和财产状况、电子邮箱地址、网络活动踪迹等。空间隐私是指自然人享有的个人生活私密空间(领域),不受他人侵入、窥视、骚扰的权利。因此,王利明教授说,没有隐私就没有真正的自由。自决隐私"是指个人不受外界干扰、可自主决定其隐私生活的权利"①,比如个人信息,权利人有权决定如何使用,哪些信息可以公开,哪些信息不可以公开。在大数据海量、多样、实时采集和保存的当下,上述三种隐私均存在着被人工智能侵犯的风险。人工智能可基于其采集到的无数个看似不相关的数据片段,通过深度挖掘分析,得到更多与用户隐私相关的信息,识别出个人行为特征乃至性格特征,导致现行的数据匿名化等安全保护措施荡然无存。接入新语境的隐私侵犯,具备了一系列新的特点:(1)侵权主体:从传统的"侵权行为人"变成各种"电子端口";(2)侵犯方式:从"侵入性""干扰性"变得更智能、更隐蔽;(3)获取隐私内容更多元、更隐秘,甚至深谙"读心术",读出你曾经以为可以"秘而不宣"的心理活动;(4)侵权的追责将异常困难,因为隐私主体举证难度大,侵权主体难以认定,损害结果不可逆转。②

第三,人工智能生成作品引发著作权问题。人工智能作品的出现颠覆了人们对作者与版权、发明家与专利等带有人身性质的知识产权权利义务关系的传统认识。当下的人工智能基于机器学习和深度学习,已经能够自行判断、独立抓取相关素材,并以一定创造性的方式加以重新表达。如此就出现两个与著作权相关联的问题:(1)人工智能生成的内容是否能够基于创造性标准认定为作品?(2)人工智能软件的设计者、使用者或著作权人是否可认定为人工智能生成内容的著作权人?对于作品的创造性,世界知识产权组织有明确的解释,即"作品是作者自己的创作,完全不是或基本上不是从另一作品抄袭来的"③。在中国的司法实践中,

---

① 邵国松、黄琪:《人工智能中的隐私保护问题》,《现代传播》2017年第12期。

② 许天颖:《人工智能时代的隐私困境与救济路径》,《西南民族大学学报》2018年第6期。

③ 世界知识产权组织:《知识产权纵横谈》,世界知识产权出版社1992年版,第21页。

判断作品是否具有创造性，法院强调的是作品是否能够表现出作者的个性和主观性。人工智能能够模拟人脑的神经网络和深度学习，已经具备创作有个性和主观性作品的条件。由此可以说，人工智能生成的内容，只要是机器人独立完成的，即构成受著作权保护的作品。从现行著作权法来看，作为著作权主体的作者主要包括创作者与投资者两类。人工智能生成内容乃是代表设计者或所有者意志的行为，“因此在面对人工智能生成内容的法律争议问题上，对该内容是否是作品完全可以适用独创性判断标准，并在满足的前提下以代表所有者意志创作为理由将著作权归属于人工智能所有者享有”①。人工智能创作作品的出现，无疑对知识产权提出了新的挑战，也凸显了现行著作权法律的滞后性与局限性。

第四，无人驾驶汽车带来法律挑战。在澳大利亚、加拿大、德国和英国，每10万辆车平均会发生5—10起致死事故。过去4年美国发生的事故25%是因为驾驶员在行驶过程中发送信息造成的。谷歌开发的无人驾驶汽车累计行驶200万英里（320万公里）没有引发一起事故。奇点大学教授布拉德·坦普尔顿兴奋地评价：“无人驾驶汽车不会疲劳、不会酒驾、不会分心、不会路怒，也不需要休息，除非它需要充电了。”然而，不久他就被打脸了。特斯拉自动驾驶汽车于2016年5月首次在佛罗里达州出现交通死亡事故，引发了全美对既有道路交通事故责任主体认定规则的热议。2016年9月，美国交通运输部公布了全球首个无人驾驶汽车政策文件《联邦自动驾驶汽车政策》。这是美国政府在推动无人驾驶汽车“发展和进行监管上迈出具有关键意义的第一步，会在世界范围内产生示范作用，刺激世界各国竞相研究制定发展无人驾驶汽车政策，并推动技术研发”②。

在全球范围内，美国和中国在自动驾驶领域遥遥领先。波士顿咨询（BCG）预测，到2022年带有城市自动驾驶模式的汽车上路；2025年以后，无人驾驶汽车会大量出现，全球市场价值将达到约420亿美元。由于庞大的汽车销量和消费者对

---

① 熊琦：《人工智能生成内容的著作权认定》，《知识产权》2017年第3期。

② 陈燕申、陈思凯：《美国政府〈联邦自动驾驶汽车政策〉解读与探讨》，《大数据时代》2018年第1期。

科技的需求,中国有望成为最大的无人驾驶汽车市场。然而,现有的法律制度与保险体系等都不是为自动驾驶时代的交通量身定制的。自动驾驶技术的发展对我国既有的道路交通事故处理规则提出了严峻的挑战。挑战之一,法律规制对象的转变。法律规制的对象不再是车辆的驾驶人员,而是智能驾驶系统的开发者、制造者。针对自动驾驶,北京、重庆等市已出台诸多相关法律文件,旨在规制和保障自动驾驶汽车产业发展,避免事故风险,确保自动驾驶的正面效应。挑战之二,交通事故责任主体的认定。自动驾驶使得支配力开始从人类驾驶者向智能系统转移。"运行支配者因掌握机动车的支配力而成为危险的开启者、控制者和终结者,其最有能力和可能规避、减少或杜绝危险的发生,这也是其成为责任主体的重要原因之一,而汽车生产者因掌握运行支配也具有了成为责任主体的可能。"①面对挑战,目前公安部正在配合立法部门修改《道路交通安全法》,界定自动驾驶汽车相关主体责任。

第五,"人机之恋"引发伦理危机。目前机器人的种类已很多,从应用环境与应用领域来看,大致可分为工业机器人、服务机器人、特种机器人三大类。根据发展趋势,伴侣机器人的出现也在情理之中。2007 年人工智能专家大卫·列维出版了畅销书《与机器人的爱与性》。他在书中预言人类与机器人的性爱将在半个世纪后成为一个严肃而认真的议题。人和机器人坠入爱河,将和人类之间迸发爱情一样平常。机器人从不欺骗,也不会伤心,可以教会我们如何成为更棒的朋友和情人。2010 年,美国新泽西州的"真实伴侣"公司宣布世界上第一款性爱机器人 Roxxxy 诞生。它除了具备充气娃娃的所有功能,还有向主人发送电子邮件、上网升级自己的程序、自动扩充词汇量等功能,甚至会陪人聊天。5 年之后,这款机器人在美国已经有数千人预定,包括肤色、发色和胸部大小都可以定制。2017 年 10 月,沙特阿拉伯授予香港汉森机器人公司生产的美女机器人索菲亚公民身份。索菲亚拥有仿生橡胶皮肤,可模拟 62 种面部表情,其"大脑"采用了人工智能和谷

① 张龙:《自动驾驶型道路交通事故责任主体认定研究》,《苏州大学学报》2018 年第 5 期。

歌语音识别技术，能识别人类面部、理解语言、记住与人类的互动。索菲亚在沙特说，它希望用人工智能“帮助人类过上更美好的生活”，人类不用害怕机器人，“你们对我好，我也会对你们好”。

作为史上首个获得公民身份的机器人，它受到媒体的“热捧”成为网红，接受了联合国副秘书长的访谈，走向了机器人生的巅峰。从理论上说，索菲亚成了世界上第一个“有人权”的机器人。亚里士多德曾说：“奴隶是有灵魂的工具，工具是无灵魂的奴隶。”当作为“工具”的索菲亚们，有了像人一样的“灵魂”和思维、面部表情和声音、柔情似水的“情感”时，它们也就脱离了纯工具的范畴。这无疑是人工智能给人类命运共同体带来的伦理危机与现实挑战。

人与机器人的区分，在今天似乎变得没有那么清晰明朗。我们一旦放开人工智能“电子人格”的权利，就意味着人与机器人的边界变成了一个难分彼此的门槛。这就迫使我们反思：我们把智能机器人看成何物？我们该如何定义它们？人和机器人建立怎样的关系是可能的、有必要的、合乎道德的？是否允许一些具有平等地位的“电子人格”的主体与人类对话和协商？更重要的是，机器人是否会对人类命运构成威胁？人与人工智能之间的关系究竟是竞争、敌对，还是协作、共存？

麻省理工学院雪莉·特克尔教授认为：“爱情意味着从对方的视角品尝人世间的惊喜与艰辛，由双方共同的经历、体验、悲伤和喜悦而形成。当我们把目光投向大众媒体的时候，常常担心我们的文化正走向‘低智商化’。而《与机器人的爱与性》则表现出‘低情商化’：固执地背离人性中伴侣关系的复杂面，将虚假的情感关系视为新美学。”①人类发明了技术，技术也反过来重塑了人类的情感生活。出于对亲密关系的渴望，我们与机器人的关系正在升温，可人与人之间的关系正在削弱。我们讨论人与机器人的谈情说爱，正是对人类关系失望的认同。但这绝不意味着，娶一个美女机器人就是彻底解决人类亲密关系的灵丹妙药。英国德蒙

---

① 雪莉·特克尔：《群体性孤独》，周逵、刘菁荆译，浙江人民出版社2014年版，第7页。

福特大学资深研究员凯瑟琳·理查森警告,机器人行业似乎已将性爱机器人作为研发的重心,他们更加注重机器人的外观、扮演的角色,这着实令人担忧。此类机器人的研发将会对男女、长幼以及同性之间的关系产生不利影响。这不仅是他人瓦上的霜,事实上也是我们门前的雪,作为人类命运共同体的一员,谁也不能置身事外。因此,"如何悬置人类心中的伦理学成见,真正将人工智能与人的关系的伦理学纳入到考量当中,重新建立人与人工智能共存的伦理学,将会是一个极其漫长且十分艰巨的任务"①。

(四)奇点临近带来的恐慌

人工智能分为弱人工智能、强人工智能和超人工智能三大类。弱人工智能指的是专注于且只能解决特定领域问题的人工智能,强人工智能指的是可以胜任人类所有工作的人工智能,超人工智能可能比世界上最聪明、最有天赋的人类还聪明。美国的未来学家和科幻作者喜欢用"奇点"来表示超人工智能到来的那个神秘时刻。未来研究实验室的特蕾西·福洛斯预测,2040年机器人犯罪率将远大于人类,"一旦机器人被黑客攻击后可以成为自杀性爆炸武器,利用机器人进行的恐怖袭击将越来越普遍"。未来学家雷·库兹韦尔认为,人类在21世纪的进步将是20世纪的1000倍。他在2005年出版的《奇点临近:当人类超越生物学》一书中写道,按照这个加速度,人类社会将发生远远超出我们预期和想象力的超级变化,奇点将在2045年左右发生。这将是极具深刻性和分裂性的时间点,非生物智能在这一年将会10亿倍于今天所有人类的智慧。② 早在谷歌阿尔法狗在公众中掀起AI热潮之前,《时间简史》的作者霍金就发出警告:完全人工智能的研发可能意味着人类的末日。在他看来,"人工智能可以在自身基础上进化,可以一直保持加速度趋势,不断重新设计自己。而人类,我们的生物进化速度相当有限,无法

① 蓝江:《人工智能与伦理挑战》,《社会科学战线》2018年第1期。

② 雷·库兹韦尔:《奇点临近:当人类超载生物学》,李庆诚、董振华等译,机械工业出版社2014年版,第80页。

与之竞争,终将被淘汰”[①]。2012年,计算机科学家摩西·瓦迪在《大西洋月刊》发表文章指出:“人工智能革命不同于工业革命。19世纪,机器战胜了人类的肌肉;现在,机器正在与人类的大脑角力。机器人兼具大脑和肌肉,我们都正在面对‘被我们的造物完全取代’的未来。”[②]上海交通大学讲席教授江晓原认为:“人类正在玩的最危险的火有两把,即基因工程和人工智能,其中最危险的就是人工智能。”[③]言犹在耳,基因编辑婴儿就诞生了。以科学家的身份打开潘多拉魔盒的贺建奎却贴着商人的标签,这突破的不是科学前沿,而是伦理学的底线。因此,霍金等学者并不是简单的悲观主义者,他们在提出警告的同时,也在积极行动,试图为人类找出应对人工智能威胁的对策。特斯拉的创始人埃隆·马斯克不仅主张在国家层面或国际层面建立规范的监管机制,而且与萨姆·奥尔特曼成立了非营利性质的科研公司Open AI,双管齐下,既积极研发强人工智能,又希望将这个魔鬼关在道德与制度的笼子里,让人工智能难以威胁人类命运。2017年初,霍金旗帜鲜明地支持加州阿西洛马会议通过892名人工智能研究人员以及另外1445名专家共同签署并发布《人工智能23条原则》,从方法、伦理、道德等方面,限定未来的人工智能可以做什么,不可以做什么。“23条原则”涉及伦理和价值观的原则有安全性、价值观一致性、由人类控制和非破坏性。“在下一代人工智能‘出笼’之前,我们必须保证它们尊重我们的习俗与惯例,因为人类世界需要文明的机器人。”[④]资本的蠢蠢欲动敲响警钟,监管红线已经到了必须硬起来的节点。因此,为确保人工智能的发展行进在正确轨道上,人类必须勒紧缰绳。

虽然库兹韦尔“奇点临近”的理论有很多的拥护者,但不少人认为离天花板还很遥远。麻省理工学院的语言学家诺姆·乔姆斯基认为,我们离建立人类水平的机器智能还“遥不可及”,称奇点是“科幻小说”。哈佛大学心理学家史蒂

① 霍金:《自动化和人工智能将让中产阶级大面积失业》,腾讯网2016年12月3日。
② 引自约翰·马尔科夫:《与机器人共舞》,郭雪译,浙江人民出版社2015年版,第86页。
③ 江晓原:《人工智能:威胁人类文明的科技之火》,《探索与争鸣》2017年第10期。
④ 杰瑞·卡普兰:《人人都应该知道的人工智能》,汪婕舒译,浙江人民出版社2018年版,第187页。

芬·平克说:“没有丝毫的理由相信奇点会在未来实现。你可以想象出一个未来,并不能证明它就有可能发生。”明尼苏达大学的生物学家 P. Z. 迈尔斯严厉斥责库兹韦尔是一个“对大脑如何工作一无所知”的“疯子”,而且他有“编造胡话和发表与现实毫无关系的荒谬言论”的嗜好。①

尽管对人工智能风险认识和评价有相当大的分歧和争议,但学界、业界以及政界对人工智能治理的必要性已形成基本共识。2016 年 6 月,日本 AI 学会的伦理委员会发布人工智能研究人员应该遵守的伦理指标草案,以引导和规范研究人员正确处理人工智能进一步发展导致的伦理道德、安全问题。2016 年 9 月,英国标准协会发布《机器人和机器系统的伦理设计和应用指南》,这是业界第一个关于机器人伦理设计的公开标准,旨在保证人类生产出来的智能机器人能够融入人类社会现有的道德规范。美国的《国家人工智能研究和发展战略计划》特别强调保障人工智能系统的友好性,推动人工智能系统的公平、透明与符合伦理。② 联合国教科文组织和世界科学知识与技术伦理委员会近年来连续多次联合发布报告,针对人工智能及机器人技术的发展对人类命运带来的威胁,提出了全新的思考方式与解决路径,对世界各国的人工智能监管具有重要指导意义。

四、协作共存,命运由我们自己塑造

《第二次机器革命》的合著者埃里克·布莱恩约弗森指出:“人工智能正在创造巨大的财富,但是面对这样的馈赠,我们却没有可以共享的经济法则。”人类命运共同体面临的最大挑战在于驾驭这些新技术并创造共同繁荣的同时,又要“道在魔先”,在潘多拉魔盒打开之前先要有制服之道。中国作为人工智能大国,既要积极布局抢占产业发展制高点,又要未雨绸缪及早做出人工智能发展的社会治理预案。第一,构建人类命运共同体,实现各国共同安全。2017 年 9 月 26 日,国家

---

① 马丁·福特:《机器人时代——技术、工作与经济的未来》,王吉美、牛筱萌译,中信出版集团 2015 年版,第 263—264 页。

② 陈伟光:《关于人工智能治理问题的若干思考》,《人民论坛·学术前沿》2017 年第 20 期。

主席习近平在国际刑警组织第86届全体大会开幕式发表主旨演讲强调:坚持合作共建,实现持久安全。坚持改革创新,实现共同治理。坚持法治精神,实现公平正义。坚持互利共赢,实现平衡普惠。只有这样,人工智能发展成果才能更好地实现平衡共享,造福于人类命运共同体。第二,构建包含技术、伦理和法律的信任架构,为人工智能发展保驾护航。法律制度建设,尤其要高度重视数据信息安全、知识产权保护、隐私泄密、算法偏见、伦理道德等问题。第三,建立有效约束人工智能寡头垄断的体系,防止智能鸿沟造成严重的两极分化难题。比起控制机器人,对那些控制机器的私人公司进行规制更显重要。第四,政府要制定合理优化的公共政策,减缓人工智能对劳动力市场带来的负面影响。(1)加强对工人的教育培训,从而帮助他们重新就业或随着技术变革而转换工作。(2)实行全民基本收入政策,使失业人群的生活标准保持在贫困线上。(3)通过对机器人征税,适当降低自动化的采纳,给予劳动者时间去适应其他职业。① 第五,青年要从人机协作共存而不是人机竞争敌对的角度去探寻发展道路。机器人大规模应用以后,人类的许多职业已经被替代或消失。2015年版《中华人民共和国职业分类大典》与1999年第一版相比,新增职业347个,取消894个,共计减少547个。② 但是,技术消除的是岗位而非工作,它在消除大量旧岗位的同时创造了更多的新岗位。互联网构成了过去50年间最具创新性的商业模型的核心内容。麦肯锡全球研究院在所调研的4800家中小型企业中,相对每一个因科技效率而消失的就业机会而言,互联网创造了2.6个就业岗位。③ 由此说来,技术性失业是经济增长过程中暂时但必要的垫脚石。

机器人既不善良也不卑鄙,更不应该被视为魔鬼。有思想、有追求、有温度的青年,应该热情地去拥抱人工智能,只有同机器合作才能发挥最大的潜能。这同时也是对自己认知的了解和重构。任何一次改变,都是不断地自我创新,都是一

---

① 曹静、周亚林:《人工智能对经济的影响研究进展》,《经济学动态》2018年第1期。

② 周文斌:《机器人应用对人力资源管理的影响研究》,《南京大学学报》2017年第6期。

③ 布雷特·金:《智能浪潮:增强时代来临》,刘林德、冯斌等译,中信出版集团2017年版,第38页。

种成长,都可能造就一种新的生活方式。《连线》杂志创始主编凯文·凯利提供了一个有利的视角:未来你的薪酬将取决于你跟机器人的合作。马云的观点值得参考:“机器不应该成为人的对手,机器和人只有合作在一起,才能解决未来的问题。”①

最后,我们以美国著名人工智能专家马文·明斯基教授的话作为结语:机器人将接手地球吗?是的,但是它们将成为我们的后代。

原载于《中国青年社会科学》2019年第1期,与张路曦合著

① 马云:《刚刚开始的数据时代》,《光明日报》2017年7月23日。

人工智能技术创新与大湾区青年发展

2017 年 7 月 1 日，《深化粤港澳合作推进大湾区建设框架协议》在香港签署，国家主席习近平出席签署仪式。2019 年 2 月正式出台的《粤港澳大湾区发展规划纲要》中，中央明确提出五个战略定位：一是充满活力的世界级城市群。二是具有全球影响力的国际科技创新中心。三是“一带一路”建设的重要支撑。四是内地与港澳深度合作示范区。五是宜居宜业宜游的优质生活圈。[①] 2019 年 5 月 16 日第三届世界智能大会在天津开幕。国家主席习近平在贺信中指出，当前由人工智能引领的新一轮科技革命和产业变革方兴未艾。在移动互联网、大数据、超级计算、传感网、脑科学等新理论新技术驱动下，人工智能呈现深度学习、跨界融合、人机协同、群智开放、自主操控等新特征，正在对经济发展、社会进步、全球治理等方面产生重大而深远的影响。粤港澳大湾区高度重视科技革命，把新一代人工智能作为推动创新发展、产业优化升级、生产力整体跃升的驱动力量，正在布局并构架起产业基础层、技术层、应用层，打造核心竞争力。在这个过程中，大湾区的青年将扮演极其重要的角色，或寻求突破华丽转身，或韶华易逝好景难寻，机遇与风险同在。

---

① 国务院港澳事务办公室：《张晓明就粤港澳大湾区建设等话题接受央视记者专访》，2019 年 1 月 12 日。

一、粤港澳大湾区的人工智能布局

根据乌镇智库数据库统计,截至2018年底,全球共成立人工智能企业15916家,共发生了13331起投融资事件,投融资总额达784.8亿美元。其中中国人工智能企业数量为3341家,位居全球第二。在3341家人工智能企业中,京津冀、江浙沪、粤港澳三大区域占据了人工智能企业数量的83%,融资次数的88%,总融资金额的95%,已经成为中国发展人工智能的重要引擎。

粤港澳大湾区土地面积5.6万平方公里,约占全国国土总面积的0.6%;常住人口6858万人,约占全国总人口的4.9%;2017年经济总量超过10万亿元。粤港澳大湾区是支撑中国经济发展的核心区域之一,也是中国对外开放程度最高和经济活力最强的区域之一。粤港澳大湾区的建立,把珠三角9个城市群与香港、澳门两个特别行政区连成一片,形成了差异化的竞争优势。广东的广州、深圳、珠海以及6个中小城市,形成了多层次、多中心的经济发展格局;香港是全球离岸人民币业务枢纽,也是国际金融、航运、贸易中心;澳门作为多元文化并存的历史文化名城,是我国与葡语国家商贸合作、对外交往的重要桥梁。三地各有所长、差异分工、优势互补,给予人工智能等新科技更大的发展空间。

(一)香港人工智能科研实力雄厚

香港高等教育发达,香港大学、香港科技大学、香港中文大学跻身全球百强、亚洲前十。香港拥有国家两院院士44人,在过去5年共获得国家科技奖励33项,其中包括国家科技进步特等奖和国家自然科学一等奖。2007—2017年间,香港科研人员共发表人工智能领域论文6074篇,全球排名第六,论文引用影响力全球排名第三。“香港多所研究型大学在医学、数学、化学、电脑科学、电子工程等基础研究领域都走在世界前列,在人工智能与机器人、健康与医药、金融科技、智慧城市等产业技术创新领域也具有领先优势。”①

香港大学和香港中文大学分别有 Makerlab 和多媒体实验室作为发展人工智能的基地。2016 年,在美国硅谷举行的 GPU 科技年度大会上,国际视觉运算技术的龙头英伟达赞扬香港中文大学多媒体实验室是与美国加州大学伯克利分校、麻省理工学院及斯坦福大学等实验室齐名的“人工智能研究先锋”。香港中文大学的多媒体实验室主要研究自然语言处理和分析。2018 年,由李安国教授带领的香港大学科研团队获得“Facebook 稀少资源神经机器翻译奖”,成为全球获得此项科研奖的四个团队之一。香港中文大学王平安教授带领的科研团队利用人工智能影像识别技术判读肺癌及乳腺癌的医学影像,准确率分别达 91%及 99%,识别过程只需 30 秒至 10 分钟。2018 年 5 月,香港科技园与阿里巴巴、商汤科技等企业联合推出了人工智能实验室。商汤科技和香港中文大学研发出准确度超过 99%的自动人脸识别系统,在短短的四年间迅速发展成为独角兽企业。正如香港特别行政区行政长官林郑月娥指出的,粤港澳大湾区是香港下一步经济发展的最大机遇,能为香港的经济、社会、民生的发展带来很大的信心和动力。

(二)广州人工智能产业综合实力强劲

自 2012 年起,广州的人工智能初创企业数量呈现上升趋势,在 2017 年出现爆发式增长。首批登记入库的人工智能企业为 339 家,2017 年营收过千万级的入库企业有 185 家,2017 年投入研发经费达到千万级的入库企业有 90 家。广州市出台的《广州市加快 IAB 产业发展五年行动计划(2018—2022 年)》明确提出,到 2022 年,全市 IAB(信息技术、人工智能、生物医药)产业规模年均增长 15%以上,总规模超 10000 亿元,其中,人工智能产业的规模将超 1200 亿元。

2018 年 6 月,广州市社会科学院主编的《广州蓝皮书:广州创新型城市发展报告(2018)》由社会科学文献出版社出版发行。《蓝皮书》指出,广州人工智能产

① 王志民:《把握粤港澳大湾区发展机遇 携手打造国际科技创新中心》,《学习时报》2018 年 8 月 31 日。

业综合实力位居全国第四，尤其在部分细分领域表现突出。自然语言处理领域，科大讯飞是国内语音识别和处理领域的领军企业，其产品与服务占据国内44%的市场份额。计算机视觉领域，佳都新太在生物识别、智能视频分析等领域掌握了多项核心技术，其人脸识别核心算法准确率高达99.5%，达到了国际先进水平。服务机器人领域，广州安望开发出的小i机器人是全球第一个手机应用的智能机器人，已成功为广州公安户政、12345热线等政务服务工作提供了专业应用服务，并且规模化应用于广东省国税行业。无人机领域，亿航智能开发出了全球第一款低空全自动载人飞行器亿航184，专门用于人造器官移植的快速运输。2016年，该公司跻身全球无人机领域前三强，其产品远销美国。总之，广州市在互联网、大数据、计算机视觉、计算机语音、智能制造等人工智能重要产业领域已经聚集了一批业内优秀龙头企业，初步形成了带动加快构建人工智能产业链的发展态势。

（三）深圳人工智能专利贡献最多

全球化智库发布的《2017中国人工智能人才报告》显示，深圳是人工智能专利贡献最多的城市之一，在全球人工智能数量排名中位居第八。亿欧发布的2018年"中国人工智能产业发展城市排行榜"显示，从企业规模、政策基础、学术技术、产业基础和资本环境五个层面测评市场发展人工智能的实力和前景，深圳的各项指标表现优异，位居全国第三。

2018年9月，亿欧根据公开数据，综合考虑企业的AI投入和在业界的认知度、影响力、融资金额等因素，盘点出了167家粤港澳大湾区人工智能企业。本次盘点中，深圳市共有106家人工智能企业上榜，超七成处于产业链维度分类中的应用层。由此可以看出，深圳是粤港澳大湾区中最具AI特质的城市。深圳在人工智能和与机器人密切相关的智能制造、智能汽车、无人机等领域已形成较为完备的产业链，正在加速打造人工智能产业高地。

（四）粤港澳大湾区城市相继出台政策文件提供全方位支持

《粤港澳大湾区新一代人工智能发展蓝皮书》显示，香港正成为人工智能与机器人产业发力最明显的地区。在 2018—2019 年度预算中，香港共留出 100 亿港元用于医疗科技和人工智能研究。澳门特别行政区政府与阿里巴巴签署《构建智慧城市战略合作框架协议》，将应用阿里巴巴领先的云计算和人工智能技术，在交通管理、旅游、医疗服务、城市综合管理、人才培训等方面展开合作，为澳门构建城市治理的人工智能中枢，助力澳门发展成一个“以数字引领科技，智能服务民生”的智慧城市。《广东省新一代人工智能发展规划（2018—2030）》将广州、深圳、珠海确立为人工智能产业的核心区，到 2020 年人工智能产业规模将突破 500 亿元，带动机器人等相关产业规模达 3000 亿元；累计培育 50 家以上人工智能核心领域国家高新技术企业，其中估值 1 亿元以上的企业超 10 家；初步建成 10 个以上人工智能产业集群，力争将广东打造成为国内人工智能创新和应用高地。《东莞市建设国家自主创新示范区实施方案》明确提出，东莞将重点发展智能机器人、智能终端、智能家居、智能医疗等新兴领域，推进智能装备产业的核心技术即关键零部件技术攻关。2018 年底粤港澳大湾区人工智能联盟成立，三地将通过整合各自优势资源，构建新型合作模式，搭建多元合作平台，推动形成以人工智能为桥梁的粤港澳发展新格局，打造世界级人工智能创新走廊。

二、粤港澳大湾区青年面临的机遇与挑战

亿欧发布的“2018 粤港澳大湾区人工智能百强企业”中，最热门的细分领域是计算机视觉，共 31 家公司入选，典型公司如商汤科技、云从科技。其次，做机器人的公司 24 家入选，典型企业如优必选、李群自动化；做数据分析的公司 17 家入选，典型公司如极光大数据、平安科技；做自动驾驶的公司 8 家入选，典型公司如景驰科技、Roadstar. aI；语音智能类公司 7 家入选，典型公司如达闼科技、智言科技；智能硬件产品类公司 7 家入选，典型公司如大疆创新、3Glasses；AI 计算平台类

公司6家入选,典型公司如芯启航、鲲云科技。人工智能从技术架构上,可以分为基础层、技术层、应用层。基础层主要包括AI芯片、物联网传感器等,技术层主要包括图像识别、语音识别、自然语言处理、知识图谱等,应用层主要包括无人驾驶、智慧城市、金融科技、智慧医疗、智慧物流等领域。粤港澳大湾区的人工智能在应用层优势最为明显,一是人工智能正在智能制造等环节提供产品和技术支撑,二是人工智能在医疗、金融、物流、教育、政务等领域拥有更多的落地场景。

(一)粤港澳大湾区建设为青年发展提供了更大舞台

创新、创业、青春、梦想……这些都是令青年人热血澎湃特别憧憬的字眼。粤港澳大湾区,则是串起这些字眼的大舞台。为打造国际科技创新中心,粤港澳三地联合发起的"5A行动"(学习、实习、交流、就业、创业5个方面都做到A级),就是通过制定扶持政策、搭建合作平台、打造落地项目等措施,加大对粤港澳大湾区青年创新创业的支持力度。粤港澳大湾区青年要紧跟新浪潮,抓住新机遇,创造新未来。

第一,粤港澳大湾区是青年人高度聚集的区域,具备良好的青年发展基础设施、体制机制和人文环境。恒大研究院最新发布的"2019中国城市发展潜力排名"前20名,粤港澳大湾区城市就占了4个:深圳第一,广州第四,东莞第十五,佛山第十六。香港特区政府统计处2018年发布的《2016年中期人口统计主题性报告:青年》中提到,香港青年人口77.7万人,占全港总人口的11.1%。澳门公布的2016年人口报告显示,澳门13—29岁的青年有14.7万人,约占澳门总人口的四分之一。[①] 深圳人口平均年龄约33岁,引进人才平均年龄27.07岁,青年占全市总人口一半以上。腾讯大数据发布的"2018全国城市年轻指数"显示,深圳市连续三年蝉联"最年轻的一线城市"。青年的发展促进了深圳的建设,深圳日益活跃的创新创业氛围、开放包容的社交环境也不断提升了对青年的吸引力,形成了

---

① 谢宝剑、胡洁怡:《港澳青年在粤港澳大湾区发展研究》,《青年探索》2019年第1期。

城市与青年相互促进、共同发展的良好循环。《广州青年发展报告(2017)》显示,2015 年年末,广州市常住青年人口达到 504.67 万人,其中 25—29 岁的青年人口占 32.22%,成为人工智能企业的主力,近五成人认同“爱拼才会赢”。

第二,粤港澳大湾区吸引了不同类型青年大众创业、万众创新。粤港澳大湾区既有华为、腾讯和华大基因这样的人工智能巨头公司,也聚集了商汤科技、大疆创新、云从科技、小鹏汽车等国内 AI 领域半数以上的“独角兽”企业,更吸引了高学历型、科技创新型、专业技术型、职业技能型等不同类型青年大众创业、万众创新。深圳作为改革开放的前沿,创业创新风气浓厚,具有包括机器人在内的完备的制造产业链,已经为有信仰、有理想、有情怀并且还有勇气的青年人提供了诸多惊世骇俗的创业实践,当然会有不少传奇。广州重点建设的南沙国际人工智能价值创新园、黄埔智能装备价值创新园、番禺智能网联新能源汽车价值创新园,不仅大力促进了广州人工智能的发展,更为广州不同类型青年提供了设计、开发、制造创业就业机会和岗位。东莞是全球制造业重镇,产业链配套完善,3C 行业、装备产业发达,这在应用人工智能方面具有独特优势。《东莞市支持新一代人工智能产业发展若干政策措施》提出,东莞将依托松山湖高新区、滨海湾新区等重大平台打造人工智能产业集聚区,对入驻的人工智能企业(项目)的办公用地给予最高 50%的租金补贴,每年补贴金额不超过 300 万元,补贴时限为 2 年。支持人工智能产业孵化器建设,根据服务企业的数量、服务效果、人才引进、产业集聚等情况给予奖励,奖励标准参考东莞市科技企业孵化器建设实施政策,奖励金额不超过 500 万元。东莞鼓励人工智能行业领军人才(团队)带项目入驻东莞,按其项目总投资额的 30%给予支持,资助金额不超过 3000 万元。人工智能企业承担市科技项目,其人员费用支出占市财政经费的比例不受限制。这些政策的出台,市场能见度更高,影响范围更远,更有标杆意义。

第三,“80 后”“90 后”群体规模蔚为壮观,正成为粤港澳大湾区人工智能产业的引领者。大疆创新汪滔、商汤科技徐立、柔宇科技刘自鸿、光启技术刘若鹏、寒武纪陈天石、蓝胖子机器人邓小白、松禾资本汪洋、视见科技陈浩、精锐视觉孔庆杰、云洲智能张云飞、高木学习刘瞻等为其代表,正逐渐成为中国社会的中坚力量。香港青年来粤港澳大湾区创业的有姊妹图高新科技董健业、我来贷龙沛智、前海随身宝郭玮强、秀妙科技张龙华等,澳门创业者代表有极视角陈振杰、贝壳派蒋磊等,"深港青年梦工场"更吸引不少港澳"80 后""90 后"创业团队研发创新产品,可以说粤港澳大湾区已经成为港澳青年创业最适合的试验田。粤港澳大湾区内目前有超过 1.89 万家国家级高新技术企业,每年的国际专利申请量占全国 56%,具备建设国际科技创新中心的良好基础,这将成为粤港澳大湾区青年实现自身发展、自我价值的绝佳机会。

(二)机器人对粤港澳大湾区青年就业形成了严峻挑战

人工智能技术正在颠覆我们的生活、工作和互相关联的方式。无论是规模、广度还是复杂程度,都与人类过去经历的变革截然不同。机器人和自动化的普及将成为全球性的趋势,人类发现了使劳动者的劳动更有效的方法和手段,但这种提升却把劳动者的劳动机会远远地甩在了身后。在 2018 年世界人工智能大会上,一大批企业展示了"机器换人"的最新产品:在无人物流方面,广东图匠数据科技研发的"AI 智能货架"可以自动监控和识别库存变化并通知及时补货,理货员减少了;在智能招聘方面,BOSS 直聘公司研发的 AI 机器人学习了大量应聘者和招聘方的数据后,可以更加精准地进行人员推送,猎头岗位减少了;在无人零售方面,猎豹移动推出的"豹咖啡",只要 1 分多钟,就可调制一杯媲美大师作品的香浓咖啡,食品制作员减少了……

2010—2015 年,世界制造业机器人的密度增长了 32%,而中国则增长了 230%,在全球成长速度最快。随着人口红利的趋于消失,劳动力成本的快速上升,2013 年成为拐点,中国工业机器人的使用率大幅度提高。有学者对广东、江苏、湖北、四川和吉林 5 个代表性省份 1882 家受访企业做随机分层调查,统计发现,最近 10 年来中国使用机器人的企业比例从 2008 年以前的不到 2%提高到 2017 年的 13%,而广东、江苏两省的机器人覆盖率更达到 18%和 19%,分别较全国平均水平高出5—6个百分点。机器人使用规模高速增长,已对我国三分之一以上的制造业企业产生影响,约有40%的制造业劳动力人口受到潜在影响。① 2016年富士康已经利用机器人技术,将江苏昆山工厂的员工人数从11万减少到5万,减幅高达54%。广东美的集团工厂和车间机器人数量从2011年的50台,增长至2018年的1500台,自动化率达到50%。生产线上,从铜管折弯到部件组装、条形码粘贴、抽真空,再到成品包装入库,这些原本由人工操作的多道工序,现在统统由机器人专门负责,能够用比人工更低的成本高效率完成重复性体力劳动。2011年美的的空调工人数量达到5万,2015年减至2.8万,2018年降至1.6万。② 人工智能技术已应用在东莞制造业的不少环节当中。以产品质量检测、机器运行监测为例,过去只能依赖经验丰富的工程师进行判断,过程烦琐复杂且滞后。而在东莞劲胜打造的智能工厂里,这些都被大量传感器、机器视觉系统、模拟软件等取代,不仅准确高效,而且能提前发现隐患。东莞大朗镇曾被誉为世界毛织之都,随着数控织机等先进设备的普及,近九成工人被机器替代了。香港"一国两制"研究中心发布《人工智能对香港就业市场的冲击》报告显示,香港370万就业人口中,约28%的工作处于高风险区域,未来10年至20年面临七成被人工智能取代的风险,当中牵涉约100万人。需要指出的是,机器替代人工并非中国独有。早在2010年前后,美国电话接线员数量减少64%,旅游代理数量减少46%,会计数量减少26%。欧洲则有三分之二的中产阶级职务成为技术的牺牲品。③

机器人应用场景正呈现多元化的拓展,主要集中于三大方面,通俗地讲就是人不愿干的工作(枯燥、单调)、人干不了的工作(污染、危害)和人干不好的工作(精度、效率)。从某种意义上讲,有机器人存在的地方,便会产生替代效应。因此,我们现在必须搞清楚它首先影响哪些领域、会替代哪些人群。"中国企业劳动

---

① 程虹、陈文津等:《机器人在中国:现状、未来与影响》,《宏观质量研究》2018年第3期。

② 张耀铭、张路曦:《人工智能:人类命运的天使抑或魔鬼——兼论新技术与青年发展》,《中国青年社会科学》2019年第1期。

③ 李长安:《经济新常态下我国的就业形势与政策选择》,《北京工商大学学报》2016年第6期。

力匹配调查”数据显示,机器人使用主要集中在汽车制造业、电气机械和器材制造业、计算机和其他电子设备制造业、专用设备制造业、通用设备制造业等五大行业。首先,机器人对劳动密集型行业劳动力整体的替代效应更强。其次,机器人对非技能劳动力具有显著的替代效应。机器人替代的,主要是焊接、组装、搬运、码垛和包装等体力性、程序性的工作任务。再次,机器人对技能劳动力具有显著的增进效应。机器人替代了部分非技能劳动力,但却需要增加更高技能的劳动力操作、管理和运用机器人。

人工智能也对服务业的就业者形成了冲击,银行引进 ATM 机后,导致窗口人员失业;数字音乐付费下载普及,导致实体音像店关门;物流仓库使用搬运机器人,导致拣货员大量失业。机器人频繁出现在我们的生活场景里,也正在悄无声息地抢走许多人的饭碗。人工智能正在以前所未有的加速度进化,职业也在不断更迭,旧的职业死亡,新的职业诞生,一些职业甚至只是昙花一现。然而,就业者的技能却无法保持相同的发展速度,导致许多青年人不能优雅转型,被弄得遍体鳞伤。

三、粤港澳大湾区青年发展的政策建议

与纽约湾区、旧金山湾区和东京湾区相比,粤港澳大湾区除了面积最大、人口最多,“一个国家、两种制度、三种货币、三个关税区、四个核心城市”也极具独特性,国际上没有先例。因此,粤港澳大湾区建设与青年发展面临的问题更具挑战性:一是体制差异,制约合作深化,存在要素自由流动与体制多样性的矛盾。二是产业水平分工,加剧区域竞争,存在区域经济互补合作与同质竞争的矛盾。三是协调制度缺失,降低合作效率,存在局部利益与全域利益的矛盾。① 四是青年政策碎片化,缺乏整体性、协同性,存在主体性与边缘化的矛盾。② 五是“虚置”的公民身份,使香港青年难以完整享有公民基本权利也无须履行全部公民义务,存在

① 陈广汉、谭颖:《粤港澳大湾区发展的演进与趋势》,《澳门理工学报》2019 年第 2 期。

② 朱峰、陈咏华:《粤港澳大湾区战略视角下我国青年发展试验示范区建设的想象力》,《青年发展论坛》2019 年第 1 期。

个人发展与国家认同的矛盾。

在“一国两制”框架下,粤港澳大湾区要发挥粤港澳地区的综合优势,打造国际一流湾区和建设青年发展试验示范区,使其成为全球经济发展的重要增长极,成为新技术、新产业、新模式、新业态的策源地。为此,提出以下政策建议:

第一,中央政府要宏观指导和战略规划湾区建设,避免同质竞争和市场无序。优化空间发展格局,协调城市功能,加强基础设施对接,实现互联互通,都是题中应有之义。但制度和政策如何创新,将是未来湾区经济发展的关键。

第二,粤港澳大湾区建设要突出市场机制功能,降低制度、人才、资本、信息等的流通成本,改善营商环境。比如港澳青年在湾区创业就业,就涉及同等待遇、创业支援、住房租房补贴、隐性成本等问题,这些都牵涉到政策创新。因此要尽量降低制度差异导致的成本,增加制度互补带来的收益,并以持续、稳定和完备的创新创业支援政策和机构服务将粤港澳大湾区建设成为青年创业的沃土。

第三,粤港澳大湾区要加强人工智能技术创新的顶层设计,统筹机器人的产业发展。应明确指导思想、发展目标、主要任务、技术路线和产业布局,引导建立“产学研”创新联盟,联合攻关,突破关键核心技术壁垒,加速机器人产业链上下游之间的协调发展。

第四,粤港澳大湾区要制定合理优化的公共政策,以减缓人工智能对劳动力市场带来的负面影响。一是加强对青年就业者的职业培训与再教育,使其更有效率地使用人工智能,以及更好地随着技术变革而转换工作。二是政府为下岗工人提供制度保障和政策支持,帮助他们实现多元灵活的再就业。三是企业等微观组织应把转岗培训和吸纳就业作为义不容辞的社会责任。四是对“机器人”征税,以降低自动化的采纳,给予劳动者时间去适应其他职业。“这部分收入也可以用来补贴劳动者,作为劳动力培训和实现全民基本收入的资金来源。”①

---

① 黎沛文、庄鸿山:《粤港澳大湾区建设背景下香港青年的公民身份建构与国家认同问题研究》,《青年发展论坛》2019 年第 1 期。

第五,粤港澳大湾区建设要抓住历史机遇,促进港澳青年融入国家发展。随着粤港澳大湾区经济的深入发展,越来越多的港澳青年北上就业创业。如何让这些青年进得来、干得好、留得下、融得入?首先要建立相关机制促进港澳青年合理流动,完善港澳青年人才政策,营造良好的就业创业环境;其次,推动爱国社团自港澳向内地延伸,凝聚进入内地的港澳青年;再次,成立粤港澳青年管理联席制度,对接三地青年工作。[①] 要鼓励港澳青年积极融入国家发展,在分享粤港澳大湾区建设的红利中担当使命。

总之,粤港澳大湾区建设为青年发展提供了难得的机遇,机器人给青年劳动者带来了严峻的挑战。人工智能是天使抑或是魔鬼,给青年发展带来的究竟是福还是祸,引发了许多争议。不过,人工智能技术创新充满了张力,许多人正在这个领域做着充满想象力的探索。我们还是边走边看,不忙着下结论。

原载于《特区实践与理论》2019 年第 4 期

① 曹静、周亚林:《人工智能对经济的影响研究进展》,《经济学动态》2018 年第 1 期。

人工智能驱动的人文社会科学研究转型

根据中国人工智能学会与罗兰贝格联合发布的《中国人工智能创新应用白皮书》报告，人工智能的定义是利用计算机模拟人类智能行为的统称，它涵盖了训练计算机使其能够完成自主学习、判断、决策等人类行为的范畴。人工智能奔跑的天梯是由移动互联网和大数据等新技术搭建的。万物互联后的大数据信息流，"除了会改变知识的产生过程和成本，还会颠覆知识传输的速度。正因如此，人工智能的力量得以爆发"①。人工智能与大数据之间的关系非常紧密，它们似乎就是天生的一对搭档。大数据作为一种"新能源"，推动着人工智能不断扩展所向披靡，至今已涉及计算机视觉、自然语言处理、语音识别、图像识别、机器学习、智能机器人和无人驾驶汽车等领域。

人工智能不仅是一次技术层面的革命，未来必将驱动中国的经济转型、社会转型、教育转型和文化转型，当然人文社会科学也不例外。在社会科学研究领域，推动转型的重要因素是海量数据，这将促使"小数据辅助"研究传统向"大数据发现"研究范式转换，运用"数据发现逻辑"，分析和解构知识，"寻找隐藏在数据中的模式、趋势和相关性，揭示社会现象与社会发展规律"。② 在人文科学研究领

① 车品觉：《数据的本质》，北京联合出版公司 2017 年版，第 63 页。

② 沈浩、黄晓兰：《大数据助力社会科学研究：挑战与创新》，《现代传播》2013 年第 8 期。

域,“人文计算的数据思维与计算方法为人文科学研究引入了新的思维模式,拓展了传统人文科学的研究样式,开阔了传统人文科学的研究视界与运用场景”①。显然,凭借大数据获取和超级算法的模式正在颠覆“凭借经验和直觉”的模式,这将促使“大部分人文社会科学走向具有自然科学的特征”,“科学性”显著增强。②

一、智能学术引擎开启文献搜索新视野

自 2004 年 11 月 Google 发布谷歌学术,科研工作者便站在了巨人的肩膀上,改变了以往的学术文献检索方式。学术搜索大体分为两类:一类是搜索引擎公司开发的,如谷歌学术、必应学术、百度学术、搜狗学术和 360 学术等;另一类是专业资源提供商开发的学术搜索,如中国知网、万方、读秀和百链搜索等。学术搜索具有“统一的检索平台;涵盖学术研究的各类型资源;一站式获取结果,提供全文或线索;结果按需排列或输出,能进行二次应用;能进行知识发现与分析”等特点。③但这些传统的学术搜索引擎,面对每年全球发表超过 250 万篇科学论文海量的数字化信息,不仅存在速度慢、信息过载、准确率低等缺陷,更无法像人类一样理解文献的内容。随着人工智能逐步应用于学术搜索,基于网络爬虫的智能化信息抓取、基于语义技术的用户意图自动识别,以及个性化搜索与信息推送,为人文社会科学带来了巨大的好处,尤其是它极大地拓展了我们获取文献资源与统计数据的渠道,也使得对海量文献的检索和利用大为便利。也正是在互联网平台上出现的文献资源与统计数据的共享性,为改变人文社会科学研究的方式和性质埋下了伏笔。李剑鸣教授认为,“过去一些机构和个人借助资料便利而取得的学术优势,可能遭到削弱,甚至颠覆。那些原来远离资料与信息中心的人,现在也能接触和利

---

① 黄水清:《人文计算与数字人文:概念、问题、范式及关键环节》,《图书馆建设》2019 年第 2 期。

② G. King: “Restructuring the Social Sciences: Reflections from Harvard ' s Institute for Quantitative Social Science” , *in PS:Political Science&Politics*, No. 1, Vol. 47(2014), p. 165.

③ 胡玮:《中文学术搜索引擎比较研究》,《情报探索》2018 年第 1 期。

用同样的资料，于是就可能从原来的知识的接受者变成知识的生产者”①。

人工智能与学术引擎深度融合，在学科渗透性、内容多样性、搜索便捷性、结果准确性等方面大幅度提升了用户搜索体验。2015 年 11 月，美国艾伦人工智能研究所发布人工智能学术搜索引擎（Semantic Scholar）。这款学术搜索引擎，利用“机器阅读”技术从文本中挑选出最重要的关键词和短语，可以判断论文所论述的主题；从论文中提取的图表，可以帮助用户快速理解论文的内容；从论文引用文献中的被引次数、每次被引时的位置及上下文背景等“高影响力引用次数”，评价引用的价值和论文的学术影响力。美国微软公司 2016 年 5 月发布的微软学术（Microsoft Academic），是一个支持访问超过 1.6 亿篇学术论文的智能搜索引擎，可以识别作者、论文、期刊或研究领域。“它通过递归算法（免费提供）来判断：根据论文被其他重要论文的引用频次来判断其重要性，据此得出每个分支学科中最具影响力的科学家和出版物的排行榜，并每日更新排行榜。微软学术在实体之间建立有意义的关联，并自动生成可视化的知识图谱，引导学者阅读。”②百度学术新推出了一项特色功能“开题分析”，用户只需要输入自己拟写的论文题目和关键词，就可以搜索到相关领域已有成果的统计分析。如以“发现系统”为关键词进行开题分析，就会显示研究走势、关联研究、学科渗透、相关学者和相关机构的情况，“并且还将已有文献做了‘经典论文’‘最新发表’‘综述论文’和‘学位论文’四种类型区分，满足不同的文献需求”③。

总之，智能学术引擎打开了人文社会科学文献搜索的新视野，可以更好地理解用户需求，给用户更直接的答案，并以一种更便捷、更专业、更友好的方式呈现；用户也可以随时随地获取数据、传递数据，了解和追踪人文社会科学研究中的新动向。

---

① 李剑鸣：《“网络史学”的神话与实际》，《史学理论与研究》2011 年第 4 期。

② 刘银娣：《学术出版领域的人工智能应用：现状、挑战与应对》，《科技与出版》2019 年第 1 期。

③ 王新才、谢宇君：《知识发现系统与通用学术搜索引擎文献资源比较研究》，《福建论坛》2018 年第 4 期。

二、大数据重构人文社会科学研究新范式

2007 年 1 月,美国计算机科学家、图灵奖获得者吉姆·格雷(Jim Gray)在加州山景城召开的学术会议上宣称:“科学世界发生了变化,对此毫无疑问。新的研究方式是通过仪器捕获数据或通过计算机模拟生成数据,然后用软件进行处理,并且将所得到的信息或知识存储在计算机中。科学家们只是在这个系列过程中的最后阶段才开始审视他们的数据。这种数据密集型科学的技术和方法是如此不同,因此值得将数据密集型科学与计算科学区分开来,作为科学探索的新的第四范式。”①吉姆·格雷认为人类科学研究经历了四种范式:第一范式为实验科学,以观察和实验描述自然规律;第二范式为理论科学,使用模型或归纳法进行研究;第三范式为计算科学,通过计算机对科学实验进行模拟仿真研究;第四范式为数据密集型科学,利用超级计算能力直接分析海量数据发现相关关系和新的知识。2009 年 10 月微软公司出版论文集 *The Fourth Paradigm, Data-Intensive Scientific Discovery*,以吉姆·格雷的演讲《论 eScience:科学方法的一次革命》作为开篇,并邀请国际著名科学家对“数据密集型科学”的理念、模式、应用和影响进行了深入研究。此后,关于“第四范式”的提法被广泛引用。不过,吉姆·格雷的四种研究范式主要是基于自然科学的发展历史而言的。在人文社会科学领域,研究范式的演化与吉姆·格雷总结的有所不同。国内有学者概括:第一研究范式,社会科学的定性分析;第二研究范式,社会科学的定量研究;第三研究范式,社会科学的计算实验的仿真研究;第四研究范式,基于数据科学的大数据研究。②

自 21 世纪以来,大数据和人工智能技术取得重大进展,成为一种新型认识工具和影响人类社会生活的有力手段。何为大数据? 2015 年国务院印发的《促进大数据发展行动纲要》指出:“大数据是以容量大、类型多、存取速度快、应用价值

① 董春雨、薛永红:《数据密集型、大数据与“第四范式”》,《自然辩证法研究》2017 年第 5 期。

② 米加宁、章昌平等:《第四研究范式:大数据驱动的社会科学研究转型》,《学海》2018 年第 2 期。

高为主要特征的数据集合。”大数据有多方面的来源：一是来自政府的总体数据，二是来自企业公司的销售交易数据，三是来自文献数据库的专业数据，四是来自互联网与新浪微博的社交数据。任何零散的数据一旦连接形成大数据，便会威力无穷。正如维克托·迈尔·舍恩伯格在《大数据时代》中所说：“大数据绝不会叫嚣‘理论已死’，但它毫无疑问会从根本上改变我们理解世界的方式。很多旧有的习惯将被颠覆，很多旧有的制度将面临挑战。”①大数据驱动的人文社会科学研究对象，是“全样本”的海量数据。与传统研究通过问卷调查采集到的“个别样本”不同，现在的研究者可以借助大数据与人工智能等新技术获得长时间的、连续的、大量人群的各种行为记录甚至情感偏好。这些数据包括属性数据、行为数据和时空数据，不仅为人文社会科学研究提供了更加坚实的基础，而且正在推动研究范式的转变。

（一）由“样本→总体”进化到“样本=总体”

传统的社会科学研究，尤其是在统计学研究中，有个非常著名的准则是使用样本来推断总体。这是在不可收集和分析全部数据的情况下的捷径选择，随机采样的最大优点是根据样本推论总体时，可用概率的方式客观地测量推论值的可靠程度，从而使这种推论建立在比较科学的基础上。正因为此，随机抽样在社会调查和社会科学研究中被比较广泛地采用，甚至应用于公共部门和商业领域。但是随机采集样本也存在许多固有的缺陷，首先，采集到的永远是个别样本信息，即使最大比例的样本也不可能穷尽对象，因此所有的结论都带有推论性质；其次，对于复杂的总体，样本的代表性难以保证；再次，采样的随机性一旦存在任何偏见，分析结果就会相去甚远。

大数据的出现，使“样本→总体”进化到“样本=总体”。采集“全样本”，提供

---

① ［英］维克托·迈尔·舍恩伯格、肯尼斯·库克耶：《大数据时代》，盛杨燕、周涛译，浙江人民出版社2013年版，第94页。

全数据，不仅解决了随机采样带来的样本代表性问题和因数据缺失造成的变量遗漏，而且为社会科学研究提供了“全景式”的新视野和新方法。在政治研究领域，大数据和人工智能技术已经被应用到美国的国会政治和总统大选。华盛顿 K 街的游说集团通过大数据，可以仔细分析各个议员的投票历史、政治捐款行业分布、所有选举数据基本能预测议员的投票情况。大数据技术的兴起，为美国总统大选提供了大量的宝贵信息，比如网络媒体中民众政治意见的表达、政治信息的传播与获取、社会动员与社会网络联络，选举动员、竞选宣传、选民投票、社会运动与群体行为的产生和发展，以及政府与民众的互动、公共政策的制定等。[①] 2016 年 11 月，英国政治数据分析公司剑桥分析公司以不正当方式获取了 5000 万脸书用户的个人信息，通过对选民心理进行大规模的分析评估以及大规模的行为干预，成功助力特朗普当选美国总统。大数据因其“全数据”“大背景”和时空跨度等优势，使得社会科学研究者得以重新审视和研究经典理论和宏大叙事成为可能。大数据正在宏观经济数据挖掘、宏观经济预测、宏观经济分析技术、宏观经济政策等领域大显身手。面对这样的场景，国内已有学者提出了“大数据经济学”概念。[②]

（二）由“模型驱动”到“数据驱动”

传统社会科学研究特别强调模型驱动。首先，选定模型的组成变量并提出基本假设；其次，设置模型的模拟与求解；再次，收集数据实证检验并得出分析结论。模型驱动的优点是直观、简洁，具有理论吸引力，但其缺点是在有限的范围内，通过有限的参数、有限的变量，在做“小概率”的实证分析。“现实中很多这样的实证分析纯粹是为了凑合假设。而一旦模型假设本身不科学、不符合实际，模型的分析结论也就失去了意义，甚至可能会扭曲事实真相。”[③]

数据驱动是通过移动互联网或者其他的相关软件为手段，对海量数据进行收

---

① 唐文方：《大数据与小数据：社会科学研究方法的探讨》，《中山大学学报》2015 年第 6 期。

② 俞立平：《大数据经济学的概念、框架与学科定位研究》，《统计与信息论坛》2015 年第 6 期。

③ 崔俊富、邹一南等：《大数据时代的经济学研究：数据驱动范式》，《广东财经大学学报》2016 年第 1 期。

集、整理、提炼并总结出一套规律。这是一种自下而上的知识发现过程,是在没有理论假设的前提下去预知社会和洞察学术趋势。其中,“精细的概率模型、统计推理、数据挖掘与机器学习相结合,成为大数据中提取知识的有力途径”①。以社会学为例,大数据为研究范式转换创设了基础条件:“它以‘总体’数据提供了认知宏观社会的数据基础;它为社会现象的‘异质性假设’检验提供了较为全面的数据;它以实时记录的特点排除了获取数据时的人为干扰;它也为恩格斯的‘结果稳定假设’提供了检验所用的充分的经验材料;它超越抽样调查的小数据,将小数据中被视为极端值并且往往被删节的个案或变量重新纳入统计分析。”②大数据能够捕捉并挖掘人际传播路径与传播过程,由此打破了传统媒体自上而下的传播方式,并直接影响新闻传播领域的生态结构与运作方式。近年来,数据新闻已成为新闻报道的核心,通过对大量数据的挖掘、分析和发现,可以将故事以可视化的形式呈现给观众,这无疑改变了原有新闻传播学的实践图景。

(三)由重视因果关系到更加重视相关关系

因果关系是西方哲学史上最具魅力的问题之一,从 18 世纪的休谟到今天的研究者们,可谓名家辈出,影响深远。爱因斯坦就曾说过:“在近代,西方科学的发展是以两个伟大的成就为基础的,那就是希腊哲学家发明的形式逻辑体系以及通过系统的实验有可能找出因果关系。”③尽管因果关系是现代科学建立的基石,但大数据时代用于因果关系的传统的设立假设、实验验证反复尝试的方法就变得异常笨拙和落伍。

随着人工智能科学的发展,社会科学研究由重视因果关系转化为更加重视相关关系。1998 年《哈佛商业评论》发表沃尔玛“啤酒与尿布”典型案例,据此美国

---

① 刘涛雄、尹德才:《大数据时代与社会科学研究范式变革》,《理论探索》2017 年第 6 期。

② 刘林平、蒋和超等:《规律与因果:大数据对社会科学研究冲击之反思——以社会学为例》,《社会科学》2016 年第 9 期。

③ 爱因斯坦:《爱因斯坦文集》(第 1 卷),许良英、范岱年译,商务印书馆 1976 年版,第 574 页。

学者提出通过分析购物篮中的商品结合，从而找出商品之间相关关系的相关算法，并根据商品之间的关系，找出购买行为模式并发现商机。2009 年谷歌公司从相关关系入手，通过每天来自全球超过 30 亿条诸如"哪些药物治疗发热和咳嗽效果好"的搜索记录，成功预测出了冬季流感的传播源头、暴发时间、传播路径等，其预测结果与官方公布数据的一致性高达 97%。[①] 受这一研究的启发，英国沃里克大学在《美国国家科学院院刊》发表报告指出：2004—2012 年间，美国网民在谷歌搜索上输入关键词的变化与"标准普尔 500 指数"的波动呈相关关系，美国网民搜索商业类和政治类关键词的频率同时上升，"标准普尔 500 指数"往往会下跌。如果根据大数据研究来制定投资策略，则收益率可高达 297%，而同期采取简单的买入持有策略只能获得 3%的收益。[②] 由此可见，大数据的相关关系分析法更准确、更快速，而且不易受偏见的影响。

（四）由传统文献资料分析到"数字人文"研究

传统文献的载体主要是甲骨、青铜、缣帛、简牍、纸张，电子文献是以数字代码形式存在的通过计算机技术存取的文献。随着大数据技术的飞速发展，"数字人文"研究在人文学科领域中的地位突显。如哈佛大学包弼德教授带领的"中国历代人物传记数据库"（CBDB）项目组通过扫描等光学输入方式将传统纸质文献的文字转化为图像信息，再利用文字识别技术将图像信息转化为文本，共收录 427000 人的传记资料，大大提升了研究者挖掘史料信息的能力。CBDB 数据库不仅能导出数据绘制社会关系网络，而且具有可以通过可视化技术绘制历史人物地理分布图等功能。香港科技大学人文与社会科学院李中清教授与康文林教授研究团队，依靠以档案登记为主的史料，围绕中国近代以来的土地财产、大学生、职业技术人员和官员群体建立四个个人层面的历史数据库，数据跨度超越 200 年

---

① 雷丽娟、李润珍：《大数据背景下的因果关系与相关关系》，《河南理工大学学报》2017 年第 1 期。

② 陈云松、吴青熹等：《大数据何以重构社会科学》，《新疆师范大学学报》2015 年第 3 期。

(1800—2000),包含超过200万人次的个人生命历程。“这四个主题数据库,可以进一步帮助学界从多维度和长时间两方面推进代际遗传问题研究;从过去以追求财富遗传为主扩张到理解教育和职业的代际传递;从过去强调血缘、宗族对后代的影响,到更直接地探讨官职(职位)的代际传递。”①大数据、“数字人文”等新技术,确实为传统的历史学研究带来极大便利。在概念史研究中,过去往往偏重引述传统文献资料进行语义分析与考辨,关注的问题既包括哪些体验与实情被带入到概念中,又包括这些体验或实情是如何被概念化的。现在则借助“数字人文”方法,通过词频分析研究概念的作者鉴定、概念的风格特点,通过用法和语境分析研究概念含义的形成和流变。有学者认为,“数字人文”方法发挥了验证、修正与创新的三重功能:一是透过数字技术,从巨量数据中,借由计算与分析,量化地验证过去史学研究者曾提出过的研究结论;二是透过巨量资料的计算分析,对过去史学研究结论进行补充修正工作;三是从巨量与复杂计算视野出发,数字史学工作者得以尝试提问与解答过去难以研究的巨量历史问题。②

2010年以来,在国家和省部级重大科研项目中,“专题数据库”建设成为重点支持的方向,如“汉译文学编年考录及数据库建设(1896—1949)”“中国新诗传播接受文献集成、研究及数据库建设(1917—1949)”“抗战大后方文学史料数据库建设”“延安时期未刊文献资料收集、整理与数据库建设”“中国文学史著作整理、研究及数据库建设”“中国近现代文学期刊全文数据库建设与研究(1872—1949)”等等。大数据方法和“数字人文”大大拓展了文学研究的领域,比如利用数据库、互联网从事现代文学版本与图像史料的研究、作家生平传记研究、文学社团思潮流派的谱系研究、文学思想史观念史研究、文学文本的风格学语言学研究等等。上海博物馆根据明代著名书画家董其昌“年谱、著述等文本资料和他遗留的作品,逐步梳理出对他的书画生涯产生影响的鉴藏、交游、教育、传承等多个人

---

① 梁晨:《用大规模量化历史数据库检验中国的长期代际遗传》,《南京大学学报》2019年第2期。

② 邱伟云:《验证、修正、创新:数字史学方法的三重功能》,《南京大学学报》2019年第2期。

文脉络，从而首次以可视化的形态为董其昌的研究设计了一个'主体—表达—时代'的综合维度，进而可以进一步探索董其昌的各种身份和相关表达，以及这些身份和表达与时代问题之间是如何彼此展开、相互作用的等等"①。这是利用"数字人文"技术做的一次积极探索。为纪念莎士比亚逝世400周年，有学者从"数字人文"的视角出发，运用文献计量与信息可视化的方法，对莎士比亚学术传播的时空分布、时间演化、内容热点和区域特色进行了分析研究，提供了新的视角和参考价值。②

在中国，大数据方法、"数字人文"虽然得到人文社会科学领域的快速响应，已经有了不少成熟的研究案例，但大数据存在的若干悖论，也不得不引起我们重视：一是总体与样本的悖论。大数据的采集与测量中，"一切皆可量化"的理想与数据获取现实之间存在较大差距。二是混杂与精确的悖论。大数据追求质量，但数据的混杂性与精确性却不可调和。三是相关与因果的悖论。大数据的分析与研究范式，相关性的探索不能替代推断的价值。③ 尤其重要的是，采用大数据方法研究还没有产生震动学界的成果。即使是目前热门的"数字人文"，许多研究也仅止步于"可视化"，以展示信息"图表""网络"和"图示"为成果。"这样的展示，对于大众普及类的知识传播而言无疑是十分高效、简明的方式，但对于学术研究，却削弱甚至消解了研究者的主体性。"④

三、"学科融合"引领人文社会科学研究新探索

人文社会科学是研究人的精神、文化、价值和各种社会现象及其发展规律的科学，由于分支和派别的日益庞大，"在社会科学的发展过程中导致了其内外部的对立：社会科学与自然科学、人文学科的对立，社会科学内部各分支的对立，实证研究、诠释研究和批判研究范式的对立，方法论个体主义和整体主义的对立，定性

---

① 童莹、张彬：《董其昌数字人文项目的探索与实践》，《中国博物馆》2018年第4期。

② 冉从敬、赵洋等：《数字人文视角下的莎士比亚学术传播研究》，《图书馆杂志》2018年第3期。

③ 倪万、唐锡光：《大数据应用于社会科学研究的价值与悖论》，《东南学术》2017年第4期。

④ 严程：《现代文学研究的"数字人文"方法刍议》，《现代中文学刊》2019年第1期。

研究和定量研究的对立"[①]。但是从20世纪后半叶开始，又出现了学科融合的趋势：一是自然科学与社会科学的互相融合，产生了一些新兴学科，如数学、电子计算机应用于经济领域，出现了技术经济学、计量经济学等。二是数字技术与人文学科的有机结合，推动了多种意义上的对话，包括跨越既有学科界限的对话，跨越纯理论与应用、定性与定量及理论与实际界限的对话等。对于传统人文学科而言，数字人文"借助新媒介所拥有的多样性和可扩展性，通过设计、计算、分析、可视化等手段重塑和改造人文知识，为学者提供更多差异化、规律性、宏观性、趋势性研究的可能和线索，从而扩展学术疆域和潜力，使学术领域实现'轮廓重绘'"[②]。比如大数据正从内、外两个维度对新闻传播学科范式进行着重构，内部学科的定位正从人文学科路径转向社会科学，实证研究逐渐占据上风，并朝向更加精确化的方向发展；外部与其他学科的融合程度更高，使对话和交流变得频繁，学科边界变得模糊。[③] 大数据方法改变了传统心理学研究通常采用的观察法、访谈法、问卷法等手段，而将实验室移植到互联网来获取多样化、多维化的海量信息，包括网络文本、音频、视频、生理数据等，以研究用户接受不同信息时的情绪反应，进而探索心理学研究。"大数据的产生、发展与研究还催生了心理学相关研究领域的拓展，如心理健康系统的建立、网络心理学、认知诊断评估系统的建立、消费者心理预测、交通心理学、环境心理学、通过社交网络分析人格等。"[④]

人工智能的兴起和近年的普遍性运用潮流为科研人员的跨学科研究开启了新的机遇和空间。很多自然科学家开始关注人文社会科学中的问题，很多人文社会科学家更加注重不同研究取向和方式的结合，如数据驱动与模型驱动相结合、演绎逻辑与归纳逻辑相结合、相关分析与因果分析相结合、空间分布与时间序列

---

① 米加宁、章昌平等：《第四研究范式：大数据驱动的社会科学研究转型》，《学海》2018年第2期。

② 冯惠玲：《〈数字人文：改变知识创新与分享的游戏规则〉序》，中国人民大学出版社2018年版。

③ 吴小坤：《大数据时代新闻传播学研究的重构与进路》，《南京社会科学》2016年第11期。

④ 李雨秦：《大数据为心理学研究带来机遇和挑战》，《中国社会科学报》2017年6月16日。

分析相结合、部分探索与整体研究相结合、人工分析与工具应用相结合。① 即使传统的人文学科，学者们也不再只是"看热闹"，大数据研究魅力已初试啼声。金观涛、刘青峰在香港中文大学做研究，从观念史的视角整合思想史，借助"中国近现代思想史全文检索数据库(1.2亿字)"和福柯的知识考古方法，追寻20世纪中国政治思想史的关键词含义、词频统计、语义分析等，解构传统历史观的统一性，力图寻求历史的真实性、复杂性与观念史变化之原因。他们认为，"一种以关键词为核心分析对象的数据库研究方法正在形成，在思想史研究中将占据越来越重要的位置"②。他们构建的跨越100年(1830—1930)的中国近现代思想史全文检索数据库，确实在解决近代观念史研究的诸多重大问题上展现了强大功能。历史研究也正经历与大数据应用结合的转型，出现了不少研究新成果，如詹荃亦《"主义"的数字人文研究》、夏明方《大数据与生态史：中国灾害史料整理与数据库建设》、陈志武等《清初至二十世纪前期中国利率史初探——基于中国利率史数据库(1660—2000)的考察》、金观涛等《统计偏离值分析于人文研究上的应用——以〈新青年〉为例》、龚为纲等《大数据分析下主要社会思潮的总体态势：以民粹主义为例》等等。在古代文学研究领域，有人通过大数据，研究唐代诗人之间的社交网络与关系图谱；有人用名人出生地和死亡地的大数据，研究文化艺术中心的历史迁移问题；有人运用计算机人工智能中的支持向量机技术、以44个文言虚字频率为特征向量，对《红楼梦》120回进行了分类研究，结果证明，从第81回开始的后40回和前80回在写作风格上存在明显差别，从技术的角度确认了《红楼梦》前80回和后40回为两人所作，运用信息技术手段有效地证明了红学界多年来的推断。③ 语言学科的跨学科研究为越来越多的研究者所关注，心理学、认知科学、生物学、计算机科学、社会学及人类学等与语言学之间的关系日益密切。语言学的

① 马费成：《推进大数据、人工智能等信息技术与人文社会科学研究深度融合》，《评价与管理》2018年第2期。

② 金观涛、刘青峰：《中国近现代观念起源研究和数据库方法》，《史学月刊》2005年第5期。

③ 施建军：《基于支持向量机技术的〈红楼梦〉作者研究》，《红楼梦学刊》2011年第5期。

跨学科研究"拓宽了语言学的研究视野,充实了语言学的研究内容,为语言学的理论建构提供了心理—生理上的佐证,同时也提供了新的研究思路和方法"①。近年来,通过艺术学、人类学、民俗学、文化学、自然科学视角的音乐图像研究取得了一定成果,能够做到图文互证、图与音乐实践互证,言之有据,以提高研究结论的科学性。"开展跨学科的音乐图像研究学术意义重大,它能够开阔音乐图像学研究视野,为中国音乐史论研究提供具体的、更有说服力的音乐图像史料,对于我们从整体上深层次把握音乐事物、音乐现象具有重要作用。"②

四、"人机协作"创造人文社会科学研究新场景

法国哲学家帕斯卡尔说:"人只不过是一根芦苇,是自然界最脆弱的东西,但他是一根会思想的芦苇。"人类因为思考变得无比强大,因为文字而传承文明。随着人工智能技术的飞速发展,人的思考能力这个最后堡垒正不断被侵扰。早在20世纪60年代,美国贝尔实验室就已尝试机器人写稿。进入新世纪,随着人工智能从运算阶段、感知阶段过渡到认知阶段,这一雄心勃勃的探索在美国已成燎原之势。《华尔街邮报》《纽约时报》、美联社、《洛杉矶时报》都开发了自己的写稿机器人,内容多为财经和体育方面的资讯。2005年,麻省理工学院的计算机科学与人工智能实验室的三位研究生杰里米·斯特里布林、马克斯·克伦和达纳·阿瓜约联合编写了一个叫作SCIgen的计算机程序,能够自动生成英文科技"论文",包含摘要、引言、文献综述、实验结果、结论、图片和参考文献等。此后几年用这个神器生成的论文,堂而皇之地出现在世界各地的科技学术会议,有的甚至通过了同行评审,被CSSE杂志录用。2010年,法国约瑟夫·傅立叶大学的计算机科学家西里尔·拉贝出于好玩或恶作剧,虚拟了一个叫作IkeAntkare的机器人作者,制造了102篇机器生成论文来测试"谷歌学术"是否收录。结果这位机器人成功

① 李姝雯、李曼丽:《语言学跨学科研究的新范型——基于2000—2016年PNAS研究进展评述》,《语言教学与研究》2019年第1期。

② 高兴:《跨学科的音乐图像研究》,《艺术探索》2019年第1期。

了,甚至 IkeAntkare 还成为世界上第 21 位被引用次数最高的“科学家”。

近年来,中国的机器人写稿实践发展迅猛。2015 年 9 月,腾讯财经发表机器人 Dreamwriter 写的《8 月 CPI 同比上涨 2.0%　创 12 个月新高》,由此拉开了国内机器人写稿的序幕。此后,阿里巴巴联合第一财经推出“DT 稿王”、今日头条推出“Xiaomingbot”。尤其是 IBM 中国研究院专家基于深度学习技术,开发的写诗机器人“偶得”一夜爆红。读者只要输入四个字,它就能生成一首符合平仄、对仗及韵律的七言藏头诗。如宋代秦观有诗:西津江口月初弦,水气昏昏上接天。清渚白沙茫不辨,只应灯火是渔船。“偶得”迅速生成:西窗楼角听潮声,水上征帆一点轻。清秋暮时烟雨远,只身醉梦白云生。这令许多专业人士也一时难辨真假。继商业媒体尤其是互联网公司率先发力之后,传统主流媒体也加大技术投入寻求突破,因此各种写稿机器人纷纷涌现,如新华社的“快笔小新”、《人民日报》的“小融”、《南方报业》的“小南”等等。以“DT 稿王”为例,目前能写出三大逻辑类别稿件:第一类是基于数字进行事实陈述,并进行简单逻辑分析的文章,比如二级市场的监控、体育赛事的简讯;第二类是对信息源进行针对性的信息提取,把非结构化的文本转为结构化及半结构化的数据,再根据不同的规则把信息要点组合写成单点内容;第三类是单点内容的关联生成,及时关联专家对基本数据的解读及评论,生成更有深度、更立体、更综合的稿件。[①] 机器人写稿背后的核心技术是自然语言处理(简称 NLP),同时涉及搜索引擎、数据挖掘、机器学习、知识图谱、内容聚合等多项人工智能技术。现有的机器人写稿主要有两种技术方式,一种是模板式,一种是摘录式。模板式是“人工模板”+“自动化数据”填充的套路,去组合生成原创的稿件。“具体的实现过程包括:基于输入的知识点与模板库进行候选模板检索;利用优化算法进行智能模板筛选,确定最终真正使用的模板;基于筛选得到的模板进行新闻文本生成。”[②]摘录式是采用自动摘要技术,从已有的海量

① 宿思、樊成琼:《写稿机器人与媒体智能时代》,《贵阳日报》2016 年 9 月 19 日。

② 申屠晓明、甘恬:《机器人写稿的技术原理及实现方法》,《传媒评论》2017 年第 9 期。

数据(文本)中摘录核心内容与关键词,通过计算分析方法进行二次创作,改写或重组为新的稿件。

2018年6月30日,中国智能写作产业联盟在北京成立。中国声谷、科大讯飞和金山软件等17家人工智能领域产业基地及企业成为首批理事单位,其目标是抢占计算机自然语言处理发展的制高点,推动构建智能写作产业生态体系,加速助推智能写作科技成果转化落地。未来机器人写稿或将成为常态,人文社会科学研究也将面临人工智能的野蛮敲门。一是通过语音识别输入法等技术完成语音和文字的转换,实现低效率和手工化的方式向高效率与机器化的方式转变。腾讯写稿机器人 Dreamwriter 推出的中文纠错算法,已能识别多种类型,包括同音字、近义字、易错字及上下文语境搭配错误,准确率达90%以上。二是通过智能学术引擎高效完成海量阅读,通过评估论文内容的相关度来实现搜索结果的快速排序,通过输入字段或论文摘要提取包含语义背景的关键概念,并以此来找到相关度较高的话题及其他论文资料。如借助 Iris. AI 的技术,用户在输入论文链接后,便能够在短时间内获取 Iris. AI 所构建的知识图谱。所以综述性、归纳性和程式化的论文写作,将大量由机器人所替代。三是目前用于机器人写稿的开发仍然处在初级阶段,还无法提供事实背后的真相,无法提供针对现实的深度解释,更无法提供高度创造性研究。因此,"人机协作"将成为未来人文社会科学研究的新趋势。人机协作就是由人给定写稿的题目、关键词、架构、段落等要素,充分利用机器收集和处理大数据的能力,根据模板嵌入不同数据、聚合内容和扩充文字。在此基础上,发挥人的思维模式和价值观,剔除模式化、同质化弊病,挖掘数据背后深层的思想,进行创意性加工。四是"机器人写稿"带来的黑洞。当下自媒体、通俗文学的写手,已经半机器化了。数据库里的细节、情节、台词、角色、环境描写等各种"零部件"是由人预先输入储备的,机器不过是根据指令自动完成筛选、组合、推演、语法检测、随机润色一类事务。这些作品,"其作者可能是人,也可能是机器,也可能是配比不同的人(HI)机(AI)组合——其中低俗版的组合,如淘宝网15元一个的'写作软件',差不多就是最廉价的抄袭助手,已成为时下某些网络作家的另一半甚至很大一半”，这被批评为“一种基于数据库和样本量的寄生性繁殖”。[1] 2008—2013 年，有 120 多篇由计算机自动生成的“论文”被提交给国际学术会议并得以出版。法国计算机科学家拉贝在德国学术出版机构施普林格的数据库中检测发现，尽管这些论文格式规范、图文并茂，但只不过是词汇和句子无意义组合的虚假论文。更打脸的是，这些论文的署名作者大多来自中国大陆。[2] 由此看来，“机器人论文”现象在中国早已存在，“代写代发论文”的买卖也已不是什么新闻，只不过学术不端行为的触角已然伸至国外，中介活动如此猖獗，还是令人有些吃惊。

五、结束语：面对未来接受变革

总之，由人工智能引领的新一轮科技革命和产业变革方兴未艾。人工智能技术正在快速进入人文社会科学领域，对传统人文社会科学研究构成了挑战。但这一切都还刚刚开始，人工智能杀手的本质还远远没有展现。在不久的未来，或许它能突破人类的“阿喀琉斯之踵”，也未可知。

人工智能充满了张力，机遇与风险并存。“中国作为人工智能大国，既要积极布局抢占产业发展制高点，又要未雨绸缪及早做出人工智能发展的社会治理预案。”[3]面对未来，如果不想成为恐龙，我们必须变得极其开放，拥抱转型，接受变革，深度融合。但愿我们能像村上春树在《海边的卡夫卡》结尾所言：“不久，你睡了。一觉醒来时，你将成为新世界的一部分。”[4]

原载于《济南大学学报(社会科学版)》2019 年第 4 期

---

① 韩少功：《当机器人成立作家协会》，《读书》2016 年第 7 期。

② 《法科学家检出 120 多篇机器人论文几乎全来自中国》，腾讯网 2014 年 4 月 10 日。

③ 张耀铭、张路曦：《人工智能：人类命运的天使抑或魔鬼——兼论新技术与青年发展》，《中国青年社会科学》2019 年第 1 期。

④ [日]村上春树：《海边的卡夫卡》，林少华译，上海译文出版社 2003 年版，第 514 页。

中巴经济走廊建设：成果、风险与对策

2013年5月，李克强总理访问巴基斯坦时提出要打造一条北起中国喀什、南至巴基斯坦瓜达尔港全长3000多公里的经济大动脉，推进互联互通。2015年4月习近平主席访问巴基斯坦期间，将中巴关系提升为全天候战略合作伙伴关系，并建议"以中巴经济走廊建设为中心，以瓜达尔港、交通基础设施、能源、产业合作为重点，形成'1+4'经济合作布局，实现合作共赢和共同发展，惠及广大民众，成为对本地区互联互通建设具有示范意义的重大项目"①。两国领导人共同见证签署了51项合作协议和备忘录，其中超过30项涉及中巴经济走廊。中巴经济走廊自提出之日起，就受到了巴基斯坦各方的高度重视。2015年5月，巴方通过走廊建设东、中、西三线方案，并确保"西线"率先推进。此后，中巴两国政府十分重视政策的沟通与对接，不仅签署了政府间"一带一路"合作谅解备忘录，而且签署了《中巴经济走廊远景规划》，为共建中巴经济走廊提供了政策保障。在中巴双方的有力推动下，中巴经济走廊建设进入快车道，成为"一带一路"的重要组成部分，是旗舰项目和样板工程。

① 杜尚泽、杨迅：《习近平同巴基斯坦总理谢里夫举行会谈》，《人民日报》2015年4月21日。

一、中巴经济走廊建设取得的先期成果

中巴经济走廊是两国领导人着眼双边关系长远发展做出的战略选择,目标是实现中巴在更高层次上的互联互通与发展对接,以实现和平合作、开放包容、互学互鉴、互利共赢。2017 年 11 月中巴双方签署的《中巴经济走廊远景规划》制定了三步走战略,分短期、中期、长期项目,预计到 2030 年完成,计划投资 460 亿美元。该规划既为中巴经济走廊建设提供指导,也推动了"一带一路"倡议与巴基斯坦"2015 发展愿景"的对接。2018 年 4 月,巴基斯坦总理阿巴西在博鳌亚洲论坛上发表演讲时就表示,巴基斯坦已经开始收获中巴经济走廊建设的红利,并创造了大量的就业机会。"我们国家电网发电能力增加了 1 万兆瓦,这改善了我们长期以来的能源短缺局面。"①中巴经济走廊建设已初见成效,先期成果表现在以下五个方面。

(一)能源合作项目实现众多突破

为了缓解巴基斯坦的能源短缺与电力危机,能源合作项目率先启动,并实现了众多突破。其实,中国电建早在 1987 年就进入巴基斯坦市场。截至目前,累计实施项目 28 个(其中包括 8 个中巴经济走廊项目),合同金额达 16. 44 亿美元。其中电力工程项目 18 个,装机容量占巴基斯坦市场的 42. 4%;火电站项目 5 个,占巴基斯坦火电市场的 55. 5%;风电领域占巴基斯坦市场份额的 60%,已居市场领头羊地位。② 此外,中国三峡集团、中国能建、中国华能集团等中资企业也积极投资建设巴基斯坦的水电、火电、太阳能、风电和光伏等能源项目。2015 年之后,卡洛特水电站、苏克阿瑞水电站、达沃风电站、塔尔煤电一体化电站等相继开工建设。2018 年底,随着萨希瓦尔燃煤电站(位于旁遮普省)等重大项目的陆续竣工、

① 巴基斯坦总理伊姆兰·汗:《中巴经济走廊建设正在加速推进》,参考消息,2018 年 4 月 12 日。

② 林韩:《中巴经济走廊建设背景下中国电建的机遇与挑战》,《中国建设信息化》2017 年第 20 期。

卡西姆燃煤电站(位于信德省)首台机组启动发电等,中巴经济走廊已进入早期收获阶段。这些早期收获项目已为巴基斯坦创造了3.8万个工作岗位,其中75%以上为当地就业。①

(二)交通基础设施项目全面推进

交通基础设施建设是中巴经济走廊建设中的关键环节,已经从公路、铁路、地铁与航空多个领域全面推进。在公路方面,2016年4月,由中国交通建设公司承建的喀喇昆仑公路升级改造项目(哈维至塔科特段)开工建设。中国建筑公司与巴基斯坦签署承建的卡拉奇至拉合尔高速公路(苏库尔至木尔坦段),已于2018年5月底举行了通车仪式,标志着中巴经济走廊最大的交通基础设施项目建设取得初步成果。在铁路方面,2015年4月中国铁路总公司与巴基斯坦签署《关于开展1号铁路干线(MLI)升级和哈维连鹿港建设联合可行性研究框架协议》,全长1726公里的巴基斯坦的1号铁路干线是巴基斯坦最重要的南北铁路干线,也是中巴经济走廊建设交通加长设施领域优先推进项目。在地铁方面,中国铁路总公司与中国北方工业公司联合承建拉合尔轨道交通橙线项目,这是中巴经济走廊框架下的首个大型轨道交通项目。在航空方面,2015年10月中国国航开通北京—伊斯兰堡的直飞航线,不仅成为"中巴经济走廊建设"的空中通道,同时也将进一步巩固和深化中巴两国友好关系,加强双边贸易和文化往来,助力当地旅游业蓬勃发展。

(三)瓜达尔港成为带动巴基斯坦发展的引擎

2013年中海港控取得瓜达尔港的运营权,2016年瓜达尔港自贸区正式启动。瓜达尔港建设包括修建瓜达尔港东部连接港口和海岸线的高速公路、瓜达尔港防波堤建设、锚地疏浚工程、自贸区基地建设、新瓜达尔国际机场等9个项目,计划

---

① 王南:《从中巴经济走廊建设看中巴关系及其前瞻》,《新丝路学刊》2018年第2期。

在3—5年内完成。2016年9月中国和平发展基金会捐建的中巴瓜达尔法曲尔小学落成,2017年5月中巴博爱医疗急救中心落成,2018年1月瓜达尔港自贸区海水淡化处理厂落成,这些民生项目满足了巴基斯坦人民的需求,大幅度提高了居民的生活质量。目前,瓜达尔港已经全面恢复运营能力,装卸效率大幅度提升。2018年3月,中远海运集装箱公司开辟了巴基斯坦瓜达尔中东快航,这条固定集装箱航线从根本上解决了瓜达尔港此前"有船无货,有货无船"的局面。瓜达尔港自贸区投资30亿元人民币,提供4G移动网络信号,已有30多家酒店、银行、保险、物流、家电组装等中巴企业入驻园区。这些企业全部投产后,年产值将超过50亿元人民币。2019年3月,新瓜达尔国际机场举行奠基仪式,巴基斯坦总理伊姆兰·汗出席仪式,他感谢中国政府和企业为瓜达尔港快速发展做出的贡献,称赞瓜达尔港正在成为带动巴基斯坦发展的引擎。

(四)贸易投资增长显著

据世界贸易组织的数据,2013年中国与巴基斯坦货物贸易额为142.23亿美元,2017年货物贸易额达201.56亿美元,5年间增长了41.7%。① 中巴51项协议清单以及榜单上的15家中国公司多数是世界500强企业,在中巴经济走廊建设中发挥了重要的示范作用。巴基斯坦海尔-鲁巴经济区已建成冰箱、洗衣机、空调等多条家电生产线,并完成海尔在巴基斯坦本土化研发、生产和销售的"三位一体"战略部署,成为拓展在巴业务及开拓南亚、中东等市场的重要平台。2018年底,在中国与巴基斯坦共同发表的联合声明《加强中巴全天候战略合作伙伴关系,打造新时代更紧密中巴命运共同体》中,双方将重点转向产业合作,旨在改善民生,促进农业、渔业和先进技术产业合作。2019年被定为"中巴产业合作年",合作更加重视两国产商对接、产能合作、产业投资。

① 徐秀军:《中巴经济走廊建设:进展、问题与对策》,《区域与全球发展》2018年第6期,第135—151页。

(五)资金融通取得超预期成果

随着中巴经济走廊建设的不断拓展,中巴金融合作在全天候、全方位战略合作伙伴关系的倒逼之下也在加快进程。2015 年 4 月,中方设立的丝路基金第一单投向了中巴经济走廊的清洁能源项目,即三峡集团投资建设的巴基斯坦卡洛特水电站项目。在股权投资方面,丝路基金认购了三峡集团控股的三峡南亚公司 15%的股份;在债权方面,丝路基金与中国出口银行、国家开发银行、国际金融公司组成银团,向卡洛特水电站项目提供 2 亿美元的贷款。2016 年 6 月,巴基斯坦 M4 高速公路(绍尔果德至哈内瓦尔段)项目获得亚投行和亚洲开发银行联合融资支持,融资额超过 2 亿美元。巴基斯坦塔尔煤田 II 区块煤矿和电站项目,由中国出口信用保险公司提供担保,由中国国家开发银行牵手中国工商银行和中国建设银行组成中方银团,通过美元贷款、巴基斯坦卢比贷款以及其他融资方式,总计为该项目融资超过 8 亿美元,为项目实施提供了强大的资金保障。① 截至 2017 年末,包括我国在内的 27 国财长签署《"一带一路"融资指导原则》,11 家中资银行在"一带一路"沿线国家设立了 71 家一级分支机构,共参与了 2600 多个建设项目,累计发放贷款超过 2000 亿美元。21 个"一带一路"国家的 55 家银行在华设立机构。② 2018 年 5 月,中国人民银行与巴基斯坦国家银行续签了为期 3 年的中巴双边本币互换协议,以加强双边金融合作,促进双边贸易投资和两国经济发展。经过 6 年的探索实践,中巴经济走廊建设资金融通取得超预期成果,构建了以重大项目为强劲驱动力的投融资合作新机制与新模式。

二、中巴经济走廊建设存在的风险障碍

中巴经济走廊经过 6 年的建设,已经取得了一些令人欣喜的先期成果,并为

① 国务院国有资产管理委员会:《国机 CMEC 签署巴基斯坦塔尔煤电项目融资协议》,2015 年 12 月 14 日。

② 温灏、沈继奔:《"一带一路"投融资模式与合作机制的政策思考》,《宏观经济管理》2019 年第 2 期。

未来的深入发展奠定了一个比较扎实的基础。但我们必须清醒地认识到,中巴经济走廊建设仍然面临着严峻的安全风险障碍、投资风险障碍、社会文化风险障碍与地缘政治风险障碍。

(一)安全风险障碍

澳大利亚智库经济与和平研究所(IEP)发布的《2017 年恐怖主义指数报告》显示,南亚地区的恐怖主义指数(GTI)为 5.6,受威胁程度位居全球之首。在全球最易遭受恐怖主义袭击的十国排名中,阿富汗和巴基斯坦分别位于第二、第五。2018 年,阿富汗(9.391)和巴基斯坦(8.181)的恐怖主义指数继续下降,成为最不和平的国家。[①]

目前,中巴经济走廊在建和拟开工项目 45 个,其中能源项目 20 个、瓜达尔项目 9 个、基建项目 8 个、经济特区计划 5 个、新省级计划 3 个,主要分布在旁遮普省、信德省、开普省、俾路支省、吉尔吉特巴尔蒂斯坦地区以及伊斯兰堡。特别需要说明的是,旁遮普省、信德省、开普省和俾路支省的工程项目就占中巴经济走廊项目的 88.9%,而这"四省的恐怖袭击发生频率也恰恰位居该国的前四位"[②]。中巴经济走廊沿线地区的多个恐怖组织具有实施大规模恐怖袭击的能力,而且对中资企业和人员实施过袭击。截至 2015 年底,中国公民在巴基斯坦共遭遇恐怖袭击 20 起,死亡 45 人,受伤 21 人。[③] 2015 年,俾路支分裂主义者以瓜达尔港机场为目标,制造了炸弹袭击。2017 年,俾路支解放阵线袭击并摧毁了瓜达尔附近的一座中资移动通信公司的信号塔。虽然巴基斯坦军方成立了一支走廊安保部队,专门用于"中巴经济走廊"项目安保,但恐怖袭击、汽车炸弹、抢劫等安全事件仍然频发。所有这一切都会影响工程建设的顺利进行,因此,安全风险问题已经成为中巴经济走廊建设至关重要的挑战。

---

① 海南公共安全研究院:《2018 东南亚地区恐怖主义新态势》,2019 年 1 月 2 日。

② 刘倩:《南亚恐怖主义与"一带一路"沿线的海外利益保护》,《印度洋经济体研究》2018 年第 5 期。

③ 王奇、梅建明:《中巴经济走廊沿线恐怖威胁分析及对策》,《南亚研究》2017 年第 4 期。

（二）投资风险障碍

中国驻巴基斯坦使馆经商参处发布的信息显示，2016—2017 财年，巴基斯坦国内政局在动荡中总体稳定，安全形势在反复中总体可控，经济延续了前几个财年的向好趋势。但财政赤字大幅增长，政府债务继续攀升；贸易逆差再创新高，经常账户赤字激增；侨汇收入 13 年来首现下滑，国际收支平衡压力加大。展望 2017—2018 财年，巴基斯坦经济面临的主要问题依然是对外贸易难有起色，政府债务压力增加，通胀回升势能积聚，稳定汇率难度加大。根据国际货币基金组织（IMF）的数据，在 2010 年至 2017 年间，巴基斯坦平均财政赤字率为 6.2%，远超 3%的国际警戒线。财政收支持续恶化，巴基斯坦政府不得不继续通过举债弥补财政赤字。截至 2018 年 6 月财年末，巴基斯坦政府债务占 GDP 的比例为 74.3%，其中内债占 47.7%，外债占 26.6%，如果加上国有企业的债务，巴基斯坦总体债务水平占 GDP 的 82.6%。如此不乐观的经济数据，要可持续推动中巴经济走廊建设只能依托外商直接投资（FDI）和外债。2017—2018 财年，外国直接投资净流入 27.6 亿美元，其中来自中国的 15.8 亿美元，占据总量的 57%，连续 5 个财年保持外资流入第一大国地位。面对巴基斯坦如此严峻的安全形势与持续恶化的财政状况，许多人担心，这将导致巨大投资需求背后隐含着巨大风险和不确定性。

（三）社会文化风险障碍

中巴经济走廊建设目前面临的挑战还有政策落实乏力，项目执行能力较低。首先，巴基斯坦国内政治掣肘。巴基斯坦家族政治严重，不论是谢里夫家族，还是扎尔达里布托家族，在政治经济方面的影响力巨大。他们之间的斗争既在政治权力方面，也在经济利益方面。为了在中巴经济走廊建设问题上凝聚国内共识，谢里夫总理执政时曾连续召集几次会议。虽然全巴基斯坦各党派会议已经就中巴经济走廊达成一致，但反对派在实际执行中仍千方百计阻挠，几乎每个项目都面临杯葛。伊姆兰·汗虽然就任新总理,但很难想象这些彼此纠缠了几十年甚至上百年的政治豪门在面对投资规模巨大的"走廊"计划时能够捐弃前嫌,勠力同心。其次,中央与各省及地方部落存在激烈的利益争夺。巴基斯坦是一个联邦国家,每个省份都享有自治权并对中巴经济走廊合作中的获利十分关切。因此,巴基斯坦国内对中巴经济走廊建设一直存在路线之争。开伯尔-普什图赫瓦省与俾路支省提倡"西线"方案,即北起喀什,经红其拉甫山口入巴基斯坦境内,沿喀喇昆仑公路入吉尔吉特伯尔蒂斯坦,经开伯尔-普什图赫瓦省最后到达位于俾路支省的瓜达尔港。而巴基斯坦政府则主张经过旁遮普省的"东线"计划,由此引发了一系列的争议。争议的焦点在于,最大的旁遮普省在道路基础设施方面的投资被认为受到了特殊的优待,因此引发了其他三省的不满。再次,巴基斯坦的营商环境欠佳。世界银行《2018 年营商环境报告》显示,2018 年巴基斯坦营商环境便利度前沿距离(Distance to Frontier,DTF)分数为 51.65,排名第 147 位。排名靠后并且难以大幅改善的营商环境,意味着在巴基斯坦的投资、贸易和经营面临的风险更大。最后,巴基斯坦的官僚体系积弊很深,办事效率低下。中巴经济走廊每个项目要经过二三十个部委的逐层审批,需要协调从中央到地方各方面的利益,增加了运营成本,严重制约了中巴经济走廊建设的进展。

中巴两国在语言、种族、文化甚至意识形态上存在着很大差异,遵从着明显不同的经济政治发展模式。我国企业进入巴基斯坦后,面临着内外双重挑战。从内部来看,我国企业在"走出去"方面经验不足;从外部来看,沿线国家企业相对于我国企业具有比较优势,导致企业层面的信用难以真正保证,从而形成道德危机。[①] 特别是地方国有企业与民营企业,由于跨国管理水平和员工素质参差不齐,对伊斯兰教传统文化、复杂的政商关系、法律体系缺乏了解,从而会用中国人所谓的"关系"来行贿政府官员,甚至破坏中国"不附加政治条件"的合作方式,结果造成道德风险。尤其在多宗教信仰聚集地克什米尔地区,投资项目与工程项目

---

① 王义桅、郑栋:《"一带一路"战略的道德风险与应对措施》,《东北亚论坛》2015 年第 4 期。

更面临着特殊的社会文化风险：一是项目建设征地，可能涉及当地宗教文物或宗教设施引起信徒抵制；二是安置补偿非自愿移民，可能因标准和方式的不同引起宗教群体间的冲突；三是中方企业员工可能因对当地宗教风俗缺乏了解而触犯禁忌，引起当地宗教信徒的反感与排斥等；[①]四是雇用当地劳工就业，因权益保障做得不到位引发社会风险。

（四）地缘政治风险障碍

中巴经济走廊建设是"一带一路"倡议的重要一环，在巨大的地理空间持续推进的过程中，可能会激起相关国家主动参与地缘政治博弈，可能会将由于地缘关系而限于一隅的矛盾激活，可能会引起地缘政治的相关方的反弹或反制。[②] 首先，印度强烈反对。印度认为中巴经济走廊建设是中国介入印巴争端的政治工具，瓜达尔港项目旨在扩张中国在印度洋的影响力。2017 年 3 月印度年度国防报告表示，中巴经济走廊穿过巴基斯坦占领的克什米尔地区，侵犯了印度的领土主权。[③] 2017 年 5 月中国在北京举办"一带一路"峰会，印度拒绝参加。为此，印度多次向中巴双方提出抗议，在国际社会公开表达反对立场，并希望以俾路支省的反对力量为筹码来干扰中巴经济走廊的开展。其次，周边国家的焦虑心态。中巴经济走廊建设将对原有的国际运输通道造成影响，尤其是瓜达尔港的投入运营，必然对周边国家现有和在建的港口如阿巴斯港、迪拜港、恰巴哈尔港等造成一定的竞争和威胁。所以，周边国家如伊朗、阿联酋表现出复杂的心态，或加强各自港口建设，或寻求国际合作，以削弱瓜达尔港的作用。2018 年底伊朗与印度签订协议，印度正式成为恰巴哈尔港的运营方，该港口为印度绕过巴基斯坦联通阿富汗和中亚打开一条新战略通道。美国彭博社旗下的印度新闻网站"The Quint"则直言，恰巴哈尔港的战略重要性体现在对抗中国上。再次，大国暗中掣肘。南亚

---

① 施国庆、张锐连等：《中国-巴基斯坦经济走廊投资社会风险探究》，《河海大学学报》2017 年第 1 期。

② 周平：《"一带一路"面临的地缘政治风险及其管控》，《探索与争鸣》2016 年第 1 期。

③ 刘艳峰：《印度对中巴经济走廊建设的认知与反应》，《国际研究参考》2017 年第 9 期。

地区位于世界的“核心地带”，涉足这一地区博弈的既有地区大国，也有区域外的大国，并且都有自己的地区开发构想。例如，美国有“新丝绸之路”战略，意图以阿富汗为中心，把中亚和南亚连接起来；日本有“新丝绸之路外交”，希望在这一地区抗衡中国和俄罗斯的影响；欧盟提出了《欧盟与中亚：新伙伴关系战略》，要求积极介入中亚事务。[①] 种种表述异曲同工，谁都不愿意从主角变身为配角，在大国博弈中屈居于从属的地位。美国外交学者网站发文，妄称中国是假借中巴经济走廊，行“地缘政治野心”之实。美国保守主义刊物《国民评论》网站甚至抹黑中国埋下“债务陷阱”，让弱小国家以借贷的方式一步步被套牢。英国《金融时报》引用巴基斯坦个别官员的话误导视听，声称中国企业获得了税收等优惠政策，在巴基斯坦享有过度特权。很显然，这是有组织、有计划的抹黑。巴基斯坦政府发表声明予以反驳，称这些报道往往是片面的，歪曲事实，来源于一些人不负责任的言论，他们要么不了解中巴经济走廊，要么出于不可告人的动机[②]。

三、中巴经济走廊建设可持续发展的政策建议

中巴经济走廊建设，有利于找到双方的利益会合点，构筑中巴两国“命运共同体”；有利于打造交通走廊和商贸物流走廊，优化中国经济结构和带动巴基斯坦的经济发展；有利于促进民心相通，带动中巴两国的文化交流；有利于将中亚、阿富汗、伊朗、印度与中国连接起来，改变中亚与南亚不能互联互通的状况以及南亚区域经济一体化进程分裂的局面；有利于推动全球的经济增长与共同繁荣，以一种合作共赢的方式为世界带来历史性的发展机遇。过去6年来，中巴经济走廊建设虽然取得了良好进展，并在应对防范风险方面积累了丰富的经验，但面对新的形势、新的问题和新的挑战，中巴两国政府必须深化合作，未雨绸缪预做准备，制定相应的对策，从而降低地缘政治风险、安全风险对中巴经济走廊建设可能构成的

① 何茂春、张冀兵等：《“一带一路”战略面临的障碍与对策》，《新疆师范大学学报》2015年第3期。

② 《巴基斯坦反驳抹黑中巴经济走廊报道：歪曲事实》，环球网，2018年8月9日。

影响，保证中巴经济走廊建设的可持续发展。

（一）照顾双方利益诉求，夯实中巴合作基础

巴基斯坦国内长期党派博弈，政府轮替，导致政局不稳。国内反对中巴经济走廊建设的声音此起彼伏，极少数地方党派和分离势力批评中巴经济走廊是“东印度公司”的复苏，并质疑巴基斯坦从瓜达尔港项目中的获益比例太小，这都给中巴经济走廊建设的顺利推进带来了干扰。为化解误会与矛盾，中国应采取合理有效的对策。

第一，加强高层交流，建立高效合作机制。2017 年 12 月《中巴经济走廊远景规划》正式发布，2018 年 11 月巴基斯坦总理伊姆兰·汗正式访华并出席首届中国国际进口博览会，都体现了中巴两国高层开展交流与建立高效合作机制的意愿。努力做好与此相关联的产业合作机制、能源合作机制、投融资合作机制以及法律、反恐合作机制等，充分发挥丝路基金和亚投行的融资作用，推动中巴双方的合作向高层次、宽领域方向发展。

第二，面向全巴，惠及全巴，夯实合作的社会基础。中巴经济走廊建设面向的是整个巴基斯坦，并不限于特定区域。今后应大力开拓与俾路支省和开伯尔-普什图赫瓦省的交流渠道，推动人文领域的接触与合作。深化中巴双方经贸合作，切实缓解巴方贸易逆差问题。办好教育培训机构和职业技术学院，为中巴经济走廊沿线企业培养技术人才。把解决当地就业作为中巴经济走廊具体项目获得支持的必要条件。今后在大多数中巴经济走廊项目中，只有少数对专业和高新技术要求较高的职位由中国人承担，其余绝大多数的项目建设者都将来自巴基斯坦。中巴双方已商定，中巴经济走廊建设下一步要更多向民生倾斜，两国还为此专门成立了社会民生工作组，未来会有越来越多的民生项目造福于巴基斯坦普通百姓。

第三，加强宣传，解疑释惑，以正视听。中巴经济走廊建设自提出以来，就被西方媒体贴上“债务陷阱”和“掠夺性贷款”等标签。美国国务卿蓬佩奥曾警告国

际货币基金组织，任何救助计划都不应该为巴基斯坦新政府提供资金去偿还中国的贷款。美国一些保守派人士更宣称中国觊觎巴基斯坦的经济利益，搞“新殖民主义”，抹黑中巴经济走廊。[①] 所有这一切都要求中巴双方联合起来，反击西方媒体宣传，以正视听。其实，通过借助国际融资实施重大项目是全球的通行做法。根据巴基斯坦政府公布的外债结构数据，“中巴经济走廊所占比例非常低，根本不是造成巴基斯坦债务问题的原因”[②]。至于巴基斯坦国内一些人质疑瓜达尔港收入的9%交与巴方港口管理局比例太小，则是因为信息不对称造成的。瓜达尔港协议是基于“建设运营转让”（BOT）模式签署的。按照国际通行惯例，采用BOT模式经营的项目在投资运营阶段的收入是不交与业主的。目前，港口收入的9%、自贸区收入的15%交与巴方，事实上已充分考虑了巴方的利益。“实际上它并非净利润的9%，而是总收入的9%，其数额十分可观。”[③]这一事实真相需要向巴基斯坦公众澄清。

（二）坚持开放共赢理念，化解地缘政治风险

风险障碍是近几年国内“一带一路”相关研究的经常性话题，学术界基本形成了三点共识：一是“一带一路”倡议目标能否顺利得以实现、伟大成果能否惠及沿线国家，其关键在于能否妥善解决建设过程中面临的各种障碍；二是“一带一路”建设中最重要的障碍并不是来源于资金、资源与技术，而是来源于沿线国家政府的认可、人民内心的认同、发展环境的安全以及干扰力量的化解；三是只有客观、全面地认清这些障碍，才能有针对性地对症下药，为“一带一路”的顺利建设扫清一切负面影响。[④] 作为“一带一路”的重要先行先试项目，中巴经济走廊的建设经验、治理创新和精神理念显得尤为重要。

---

① 巴尔拉斯：《谁在抹黑中巴经济走廊》，环球网，2018年8月28日。

② 赛义德·哈桑·贾伟德：《中巴经济走廊是推动巴基斯坦发展的引擎》，《人民日报》2019年2月22日。

③ 纳杰姆丁·谢赫：《关于中巴经济走廊建设的若干思考》，《新丝路学刊》2018年第1期。

④ 白永秀、何昊：《五年来“一带一路”研究的进展、问题与展望》，《西北大学学报》2019年第1期。

第一,从双边项目到多边参与,开创合作共赢局面。随着中巴经济走廊建设部分项目的相继落成,经济与社会积极效应的不断释放,越来越多国家看好巴基斯坦的发展前景,希望参与中巴经济走廊建设。如 2019 年 2 月沙特王储穆罕默德·本·萨勒曼访问巴基斯坦期间签署了一系列重大投资协议,总额达 200 亿美元,包括以 100 亿美元在瓜达尔港建设炼油厂和石化综合体。对于这些合作意愿,中方都持欢迎态度。随着第三方合作的逐步展开,中巴经济走廊建设不仅仅是双边经济合作项目,更是旨在实现整个地区互联互通和多赢的地区与国际合作项目。中巴经济走廊建设将发挥地区经济增长“发动机”与区域一体化“助推器”的作用。

第二,推动中巴经济走廊建设与其他地区发展计划对接,化解消极因素。中巴双方应积极推动中巴经济走廊建设与“土库曼斯坦、阿富汗、巴基斯坦、印度(TAPI)”区域能源合作项目、“伊朗、巴基斯坦、印度(IPI)”天然气输送项目和美国“新丝绸之路”计划对接,尽量化解消极因素。目前,伊朗已公开表示,希望将瓜达尔港与伊朗港口连接起来,俄罗斯也已在巴基斯坦投资建设能源项目。中巴经济走廊建设也可以与伊朗、印度、阿富汗、俄罗斯以及中亚等国的国内计划对接,“创造性介入这些项目可以丰富中印的合作平台,减弱印度对中巴经济走廊的反制,最大程度地防止印度搅局”[①]。美国主导的“新丝绸之路”计划与中巴经济走廊建设,二者具有一定的同质性。随着中巴经济走廊建设的不断推进,美国对其的担忧情绪日益明显,尤其不希望看到中国提出的互联互通倡议对欧亚大陆上的陆路商品形成主导,弱化美国在当地的地缘经济地位,所以对中巴经济走廊建设采取了干扰和围堵的政策。一是在规则上进行干扰,二是在道义上发难,三是搞升级版“新丝绸之路”实现地理上的对冲。[②] 因此,中巴两国政府要通过领导人外交、政府外交、公共外交和民间外交等多种形式,积极主动地去化解中巴经济走

① 刘艳峰:《印度对中巴经济走廊建设的认知与反应》,《国际研究参考》2017 年第 9 期。

② 梁桐:《试析中巴经济走廊对美国“新丝绸之路”计划的地缘冲击》,《南亚研究》2016 年第 3 期。

廊推进过程中可能遇到的地缘政治风险,减少外部干扰。

第三,完善安保体系,提高中巴经济走廊安保水平。根据商务部国际贸易司提供的数据,2018 年,我国对外劳务合作派出各类劳务人员 49.2 万人,年末在外各类劳务人员 99.7 万人。“中国海外利益的广泛出现、多向延伸和快速增长带来了海外安全风险的急剧放大,使得当前中国海外安保面临的压力日益增大。”[①]根据对中巴经济走廊东西线安全形势的分析,巴基斯坦恐怖主义仍然是中资项目建设的安全隐患。尽管巴基斯坦政府对中巴经济走廊建设制定了四层安保措施,约有 3.2 万名安保人员(含 500 多名中方安保人员)与警察力量为境内 210 处大小工程以及超过 1.4 万名中方人员提供安全保障(俾路支省与旁遮普省则是安保力量投放的重点),但情况并不乐观,突发事件时有发生。[②] 如何规避和减轻恐怖袭击造成的影响？一是深化情报交流,开展反恐务实合作。近年来,中巴双方相关部门已经展开充分的协调合作,包括情报分享、相互配合和相互支持。2015 年 9 月,在中巴双方的共同打击下,东伊运在巴境内的大部分成员已被成功铲除。2017 年 6 月,中国积极促成了阿富汗与巴基斯坦双方建立危机管控机制,三方同意建立中阿巴外长对话机制,就共同感兴趣的领域开展务实合作。2018 年 12 月,第二次中阿巴三方外长对话发表联合声明宣布,不允许任何国家、组织或个人利用本国领土从事针对其他国家的恐怖主义活动。三方同意加强在打击恐怖分子融资招募和培训等后勤能力、反恐能力建设、网络反恐、去极端化、切断毒品贸易和恐怖融资间联系等领域的合作。为此,三方签署了《中阿巴三方合作打击恐怖主义谅解备忘录》。二是建立风险监测和预警机制,完善中巴经济走廊安保体系。中国驻巴使馆、经参处、企业协会应定期发布中巴经济走廊地区的安全事件、安全预警和安全形势分析,建立中巴经济走廊建设项目的风险监测和预警机制,积极利用领事保护条约和外交渠道保护中国企业和公民的合法权利。同时也要

---

① 崔守军:《中国海外安保体系建构刍议》,《国际瞭望》2017 年第 3 期,第 78—98 页。

② 杨迅:《巴基斯坦 3.2 万名安保人员将护卫中巴经济走廊》,环球网,2015 年 11 月 2 日。

建设多元化的安全保障体系，发挥民间安保公司灵活性和适应性的优势。2017年8月，中国在巴基斯坦的第一家私营安保公司获批成立，有效整合了政府层面的公共资源与市场主体层面的私人资源，为预防和打击恐怖主义提供了更为多元、专业的选择。[①] 购买私营安保公司的服务，有利于维护中国在中巴经济走廊的安全整体利益，构建全方位多元化的安全保障体系，开拓中国正在大力实践的"军民融合式"发展道路；私营安保公司"外包"国家部分军事职能，可以节省军费开支，缓和国际舆论压力。[②]

（三）坚持市场运作规则，防范与应对投资风险

产业合作是中巴经济走廊建设的核心组成部分，对拉动经济增长、增加就业岗位、促进投资贸易、实现双方互利共赢具有重要意义，将为中巴经济走廊的可持续发展注入新的动力。作为产业合作的主体，中资企业要审时度势，甄别风险，有所为有所不为。

第一，中资企业要树立风险防范意识，加强防恐安保机制建设。中资企业要增强风险防范意识，建立适合本企业的财务风险、安全风险、突发风险的预警管控机制，提升风险应对能力。针对项目不同阶段的特点和地区恐怖风险来源应采取不同的安保规划与措施，比如既定项目建设施工阶段——不安全不建设，结项工程日常运营阶段——不安全不生产，以保证中巴经济走廊建设中资项目人员和资产的安全。[③]

第二，中资企业要遵守巴方法律法规，诚信经商，合规运营。在中巴经济走廊建设中，中资企业要坚持市场运作原则，保持项目的合法合规，积极履行企业的社会责任，重义轻利，多予少取，努力为当地创造就业机会，着力开发当地人力资源。

第三，应及时披露民用项目相关信息，增强中巴经济走廊建设透明度。早在

① 刘莲莲：《国家海外利益保护机制论析》，《世界经济与政治》2017年第10期。

② 刘波：《"一带一路"安全保障体系建构中的私营安保公司研究》，《国际安全研究》2018年第5期。

③ 白永秀、何昊：《五年来"一带一路"研究的进展、问题与展望》，《西北大学学报》2019年第1期。

2015年,国际货币基金组织驻巴基斯坦工作组就要求提高中巴经济走廊项目透明度。巴基斯坦国内有人认为诸多项目都是非公开进行的,更有议员危言耸听说:"中巴经济走廊可能会转变成另一个东印度公司。"①面对质疑,2018年9月9日,中国国务委员兼外长王毅在伊斯兰堡同巴基斯坦外长库雷希举行会谈后,面对记者做了澄清。(1)中巴经济走廊框架下目前共有22个合作项目,其中9个业已完工,13个在建,总投资190亿美元,带动巴方每年经济增长1至2个百分点,给巴方创造了7万个就业机会。(2)目前巴方所持外债中,47%来自多边金融机构。而中巴经济走廊的22个项目中,18个由中方直接投资或提供援助,只有4个使用的是中方的优惠贷款。因此,可以明确地说,中巴经济走廊项目并没有加重巴方的债务负担。相反,这些项目陆续建成运营,将释放应有经济效益,给巴方带来可观经济回报。(3)中巴经济走廊项目一直是透明的,所有项目都经过科学论证,履行应有程序,"透明"从来就不是一个问题。② 因此,中国应加强中巴经济走廊具体项目在巴基斯坦的宣传工作,通过公开透明的沟通,消除噪声与杂音。

四、结论与展望

综上所述,经过6年的辛勤建设,中巴经济走廊取得了丰硕的先期成果,并在三个方面凸显了它的示范效应:一是促进了中巴全天候的战略合作,为打造中巴命运共同体打下了坚实的基础;二是为巴基斯坦开辟了新的经济增长点,成为推动巴基斯坦发展的引擎;三是作为新时代的标志性工程,在"一带一路"合作中发挥了示范效应。当然,中巴经济走廊建设仍然面临着严峻的安全风险障碍、投资风险障碍、社会文化风险障碍与地缘政治风险障碍。如何保证中巴经济走廊建设可持续发展?首先要照顾双方利益诉求,夯实中巴合作基础;其次要坚持开放共赢理念,化解地缘政治风险;再次要坚持市场运作规则,防范与应对投资风险。

---

① 纳杰姆丁·谢赫:《关于中巴经济走廊建设的若干思考》,《新丝路学刊》2018年第1期,第16—21页。

② 王毅:《中巴经济走廊22个项目只有4个使用中方贷款》,观察网,2018年9月9日。

展望未来，工业、社会经济、农业及瓜达尔港等四大重点领域将成为巴基斯坦发展的优先领域，中巴经济走廊建设将进入提质升级的新阶段。展望未来，中国在中巴经济走廊的投资特别需要注意五点：一是寻求区域一体化，二是谋求合作共赢，三是建设利益和命运共同体，四是帮助当地增强造血功能，五是回馈当地社会和民生。展望未来，中巴经济走廊的规划和建设将不断完善，成为中巴合作更加亮丽的名片。

原载于《西北大学学报(哲学社会科学版)》2019 年第 4 期

数字人文的价值与悖论

近年来,数字人文已经成为学界、业界的热点,俨然有显学之势。2011 年成立的武汉大学数字人文研究中心,是中国大陆首个数字人文研究中心。此后,中国人民大学信息资源管理学院成立数字人文技术实验室,北京大学成立数字人文建设与发展研究课题组,曲阜师范大学成立数字人文研究中心,南京大学更是双管齐下:历史学院成立数字人文研究中心,人文社会科学高级研究院成立数字人文创研中心。随着研究机构的成立,各种学术会议相继召开,如北京大学主办的三届数字人文论坛,主题分别是“跨界与融合:全球视野下的数字人文”“互动与共生:数字人文与史学研究”“孵化与实践:需求驱动下的数字人文项目”;南京大学主办的“数字人文:大数据时代学术前沿与探索”“比较视野中的数字人文反思”;全国高等学校文科学报研究会主办、《河南大学学报》编辑部与河南大学文学院承办的“数字人文时代的文学研究”学术研讨会等等,畅抒己见,热烈争鸣,令人目不暇接。本文将围绕数字人文的发展源流、学术期刊在数字人文兴起中发挥的重要作用、数字人文应用于传统人文学科研究的价值与悖论,谈点不成熟的意见,求教于方家。

一、“数字人文”概念及发展源流

我们正进入一个由数字技术和互联网造就的万物皆媒的全新时代,各种新兴突破性技术集中出现，正以日新月异的惊人速度和不可限量的变革潜能在不断推出其最新形态。各行各业都在发生重大转变：旧的商业模式被颠覆，新的商业模式在出现；教育、金融和交通体系被重塑，生产方式与生活方式被刷新；技术革命与知识更迭的周期不断缩短，新的学术方法和理论取代旧的学术方法和理论也将成为常态。

（一）"数字人文"概念的形成

数字人文（Digital Humanities，简称 DH）这一术语，20 世纪末美国维吉尼亚大学人文科学高级研究所等机构就已经开始使用。2000 年，斯坦福大学英文系教授弗朗科·莫瑞蒂在后来成为经典的《世界文学的猜想》中提出一项研究"世界文学"的方法，就是远离"细读"传统，发展出一种新的"远读"模式，通过量化的方法，对庞大的文本体系中的类别因素和形式元素做出解释。"远读"概念的提出，预言了以计算机和"文本"结合来考察文学体系的做法。这被认为是"数字人文"文学研究在 21 世纪发生发展的一个转折点。莫瑞蒂也由此被认为是数字人文的代表性人物。大约在 2001 年，英国布莱克威尔出版社编辑安德鲁·麦克内利约请维吉尼亚大学英文系教授兼大学图书馆主任约翰·安斯沃思、苏珊·施赖布曼和雷蒙德·西门斯三位领域巨擘讨论出版物《人文计算年鉴》的更名问题。① 雷蒙德·西门斯主张用当时比较流行的术语，《人文学计算指南》作为书名；布莱克威尔出版社的编辑与销售人员从市场行销角度出发，提出一个更吸引读者眼球的书名《数字化的人文研究指南》；约翰·安斯沃思反对书名出现"简单的数字化"，建议使用《数字人文指南》。② 各方坚持已见，难以统一，更名的事情因此被搁置。

---

① ［德］Gerhard Lauer：《文化的数字丈量："数字人文"下的人文学科》，庞娜娜译，《澳门理工学报》2018 年第 3 期。

② 姜文涛：《数字人文文学研究与近代文学的兴起——以北美文学研究学科史为中心的文献学考察》，见陶东风主编：《文化研究》（第 33 辑），社会科学文献出版社 2018 年版。

不过"数字人文"这个新生事物,却得到众多学术会议、学术期刊和社会人士的支持。[①] 2001 年,美国加州大学洛杉矶分校信息研究学院教授约翰娜·德鲁克在 ACH/ALLC 会议上做主题发言,标题即为《现状核实:数字人文项目与前景》。从 2002 年开始,"数字人文"概念的使用得到了大幅度的提升。

关于"数字人文"的概念和诠释林林总总,并未形成共识。梳理目前的文献资料,大体上有四种不同的代表性观点。第一,把"数字人文"理解为一种实践。约翰·安斯沃思教授定义为"一种代表性的实践,一种模拟方式,一种推理,一种实践本体核心的思路。这种代表性的实践可分为两个方面,一方面是高效的计算,另一方面是人文与科技的沟通"[②]。第二,把"数字人文"看作一种研究方法。"它是人文学科研究方法的补充,这一方法基于对计算机和互联网的运用,是一种更广阔意义上的'计算'。对提出的问题采用不同的研究方法并研究一些目前尚未解决的问题,这构成了'数字人文'"[③]。第三,把"数字人文"视为一个研究领域。数字人文不仅发展迅捷,而且更具扩张性。除了历史学、文学、社会学、语言学、考古与艺术学,它有时也包括"平台研究""软件研究""媒介研究",以及像文本编码、数据挖掘和数据分析等新领域。[④] 第四,把"数字人文"看成一门学科。英国剑桥大学教授凯特·巴雷特在《从小册子到像素:转变中的人文学科》一文中提出了"数字人文学科"概念,是指用电子技术来处理和分析传统人文学科研究资料,并结合人文研究方法论和电子工具创建电子历史文本的人文研究。特别有趣的是,巴雷特还定义了"数字人文学者"的形象:他们不仅能在计算机实验室

---

① [美]凯萨琳·菲茨派翠克:《人文学科,数字化》,朱艳译,见陶东风主编:《文化研究》(第 17 辑),社会科学文献出版社 2013 年版。

② 潘威:《"数字人文"背景下历史地理信息化的应对——走进历史地理信息化 2.0 时代》,《云南大学学报》2018 年第 6 期。

③ [德]Gerhard Lauer:《文化的数字丈量:"数字人文"下的人文学科》,庞娜娜译,《澳门理工学报》2018 年第 3 期。

④ [美]戴安德、姜文涛:《数字人文作为一种方法:西方研究现状及展望》,赵薇译,《山东社会科学》2016 年第 11 期。

中操作数据库和编程软件，而且能够跨越狭义人文学科定义、进入与电子技术结合的广阔人文学科研究平台。① 欧美许多大学已经将“数字人文学科”纳入正式教育体系，涉及语言学与语言研究、计算机科学、文学和语言研究、历史、图书馆学与信息科学、人类语言技术等学科，开设“数字文化”“数字人文”“大数据与社会化、文化”“数字内容管理”“数字人文研究”“数字资产媒介管理”等系列课程，包括了本科、硕士、博士的整个阶段。

（二）“数字人文”的发展源流

“数字人文”概念的提出，其实才有十几年的时间，但要追根溯源到“人文计算”，已经有 70 年的历史。人文计算是通过引进计算机、统计学等技术与方法对传统人文学科（例如历史学、哲学、语言学、文学、艺术、考古学、音乐等）的问题进行辅助性研究的一种实践。英国伦敦艺术大学教授苏珊·霍基在《人文计算的历史》一文中对“人文计算”的历史进行了整体性梳理，将其分为“起始”“联合”“新发展”和“成熟”。

1.“人文计算”的起始阶段（1949 年—1970 年代）

“人文计算”（Humanities Computing），可以追溯到意大利耶稣会罗伯特·布萨（Roberto Busa）神父与 IBM 合作，用穿孔卡和磁带存储的计算机辅助编制意大利著名神学家、哲学家托马斯·阿奎那 1100 万的中世纪拉丁文词语的索引。工作从 1949 年开始，先后在意大利米兰、皮萨、威尼斯和美国的科罗拉多州的博尔德等地进行，团队人数最多时达 66 人。经过近 30 年的不懈工作，至 1980 年编成了 56 卷百科全书式的《托马斯著作索引：圣托马斯·阿奎那全集索引和语词索引》，由德国斯图加特市弗罗曼-霍尔兹柏格出版社印行。2005 年，已经 92 岁高龄的布萨与意大利托马斯·阿奎那基金会合作，把托马斯著作索引数据库推上万

① ［英］凯特·巴雷特：《从小册子到像素：转变中的人文学科》，转引自《西方人文社会科学研究困境与出路》，《中国社会科学报》2012 年 6 月 5 日。

维网,使其内容更翔实,检索更方便。布萨的贡献主要体现在三个方面:一是运用计算机将文本转化为数据的方法,具有革命性的开拓作用。二是把索引条目词目化,从而推动了词目化软件的开发,使词典编纂从中受益。三是对托马斯著作的文献数据处理程序,经过必要的技术改进,“也会适用于法律、化学、医学、工程技术等方面的文献分析和信息检索”①。布萨由此成为把计算机应用于人文科学的先驱者和“人文计算”的奠基人。

2. “人文计算”的联合阶段(1970 年代—1980 年代中期)

这个阶段,学者思想开放,学术会议增多,学术交流活跃。英国开启的“双年系列会议”成为人文学科计算的重要焦点,北美启动的“人文学科计算国际研讨会”系列会议影响提升。在此基础上,“文学与语言学计算学会”(ALLC)在英国成立,“计算机与人文学科学会”(ACH)在北美成立。这个阶段的“联合”,主要体现在两个方面:一是学术会议促进了学术共同体的建构,学术共同体反过来又推动了学者群体的聚合、学术期刊的创办和学术论文的生产。二是人文学者和计算机技术人员之间有了联合,从而开发出了以牛津语汇索引程序(OCP)和希腊语库(TLG)为代表的一系列软件程序,大大减少了人文项目在程序设计方面的费用,并促进了学科之间的交叉融合。

3. “人文计算”的新发展阶段(1980 年代中期—1990 年代早期)

这个阶段发生的三个事件与人文计算的发展有着密切的关系,值得一提。(1)个人计算机的出现。计算机最早应用在第二次世界大战中的军事领域,20 世纪 50 年代计算机应用在大学里快速增长,60 年代计算机支撑的研究方法在社会科学领域得到应用,70 年代随着数据库管理系统、网络管理系统的出现,应用领域从科学计算、事务管理逐步走向人文研究领域。1981 年 8 月 12 日,IBM 公司正式推出了全球第一台个人计算机——IBM PC,它首创了“个人计算机”的概念,并

① 林穗芳:《罗伯特·布萨和世界最早用计算机辅助编辑的巨著〈托马斯著作索引〉》,《河南大学学报》2007 年第 4 期。

为 PC 制定了全球通用的工业标准。这一具有划时代意义的发明,从此掀开了个人计算机普及的序幕。随着越来越多的纸本图书与期刊被数字化,并从图像扫描转换为文本字符,也促使更多学者依靠快速进步的计算机语义识别技术处理更大量的文本数据。(2)电子邮件的流行。虽然电子邮件是在 1970 年代发明的,但它却是在 1980 年代才得以流行。随着个人计算机的兴起,电子邮件开始在学者以及大学生中广泛传播开来。当时的大多数网络运营商提供了跨国收发电子邮件的服务设施,并创建了邮件自动回应程序软件。特别是 1987 年邮寄清单 Humanist 的创建,为人文计算领域学术共同体提供了一个定期保持联系和学术交流的社区平台,其意义非同小可。(3)文本编码倡议(TEI)的贡献。TEI 起源于"文本编码创始项目",用大约 400 个编码标记了一个结构,可以轻而易举地向新的应用领域进行扩展。该结构由两部分构成:一是各种类型文献的标识,二是此文献的书目信息(元数据部分)。[①] 1994 年 5 月,TEI 以纸媒形式和电子版形式发布《电子文本编码和交换指南》。这被认为是"历史上第一次系统化地对所有人文学科文本进行分类和定义"[②]。

4."人文计算"的成熟阶段(1990 年代早期—2003 年)

这个阶段的所谓"成熟"主要体现在两个方面:(1)互联网的广泛应用。经过 20 多年的高速发展,1991 年第一个网页和基于内容的搜索协定诞生,1993 年第一个图形浏览器出现,1994 年电子商务现身网络,1995 年亚马逊推出在线购物服务,1996 年由微软提供的免费电子邮件服务启动,1997 年博客让互联网成为私人交谈空间,1998 年谷歌上线标志着网上搜索时代来临,2003 年网络电话 VOIP 成为主流,社交网络聚友网发布。随着计算机的多媒体化及其与互联网的结合,"计算机不仅能处理文本对象,也可以处理图像、声音,同时用大规模数据库来存储和

---

① 王萍、宋雪雁:《EAD、DC、TEI 著录实例及其比较分析》,《图书情报工作》2006 年第 12 期。

② [英]苏珊·霍基:《人文计算的历史》,葛建钢译,见陶东风主编:《文化研究》(第 17 辑),社会科学文献出版社 2013 年版。

管理这些多媒体信息,更多的语料库、声音和图像数据库被建立”[①]。历史文献数据和新近产生的研究文献大部分被数字化,整个人文计算研究的基础也发生了革命性的变化。(2)“档案馆”项目密集出现。这个时期由美国国会图书馆和美国各大学等机构资助的项目增多,有相当数量的项目与档案或历史记忆主题相关,如美国维吉尼亚大学数字历史研究中心1993年启动的以美国南北战争时期平民生活档案为主题研究的“影谷档案”,美国维吉尼亚大学人文高新技术研究所2001年启动的以美国传奇诗人 Emily Dickinson 个人档案为主题的“迪金逊电子档案项目”,美国乔治梅森大学历史与新媒体研究中心2002年启动的“911事件数字档案项目”,美国维吉尼亚大学人文高新技术研究所2003年启动的以阿根廷查科省历史档案为主题的“查科研究档案项目”。[②] 此外,还有美国女作家档案、罗塞蒂档案、威廉·布莱克档案等等。根据国外档案数字人文项目划分标准,国外档案数字人文项目主要包括五大类:GIS历史地理可视化项目、语料库建设项目、历史数据库建设项目、社会及历史场景重建项目、档案数字化项目。“数字人文研究与档案、档案工作紧密相连,目前,全世界的档案学者都已对档案在数字人文中的角色、功能和参与实践活动等进行探讨和研究。”[③]

5.“数字人文”阶段(2004年至今)

1930年,陈寅恪在《陈垣〈敦煌劫余录〉序》中指出:“一时代之学术,必有其新材料与新问题。取用此材料,以研求问题,则为此时代学术之新潮流。”[④]通过数字人文提供的新方法和新实践,建立数据库、发掘新材料,验证旧结论、研究新问题,正成为我们这个时代的新潮流。

---

① 孟建、胡学峰:《数字人文:媒介驱动的学术生产方式变革》,《现代传播》2019年第4期。

② 赵生辉:《国外档案领域数字人文项目的实践与启示》,《浙江档案》2015年第9期。

③ 李子林、王玉珏等:《档案与数字人文的“和”与“合”——国外开展档案数字人文项目的实践》,《中国档案报》2018年10月15日。

④ 陈寅恪:《陈垣〈敦煌劫余录〉序》,《金明馆丛稿二编》,生活·读书·新知三联书店2001年版,第266页。

(1)《数字人文指南》出版

经过几年沉淀,安斯沃思命名的《数字人文指南》在2004年出版。这标志着人文主义与技术主义的争论暂时告一段落。“但名称的转换并不仅仅是为了吸引更多人文学者加入该领域而采取的策略,它还是从内部技术的发展和学科外延的扩大而对学科内涵和外延的一种修正。”①尽管该书中“人文计算”出现的频率次数是“数字人文”的大约两倍,但对“人文计算”进行总结的同时,也对“数字人文”进行了推广和前瞻,这对“数字人文”以后的研究与发展无疑具有里程碑的重要意义。从此,“数字人文”逐渐取代“人文计算”,成为计算机协同人文学科开展合作性研究的代名词。

2004年起,“欧洲研究基础建设策略论坛”联合英国、法国、德国、荷兰、丹麦等国的研究机构和力量,合作推动“艺术与人文的数字研究基础建设”。2008年,美国国家人文基金会设立数字人文办公室并启动“数字人文进步奖”,申请的项目内容包括:一是运用数字实验和计算等技术对人文学科开展创新研究,增强实践能力;二是分析数字文化对人类社会生活造成的影响;三是探索数字人文学科在特定领域或学科研究中的意义和作用,以及具有的哲学影响;四是振兴与恢复已损坏但依然有利用价值的数字项目,这些项目对人文学科的科研和教学有实质性帮助,并承诺可以提高公众的人文素养。② 这成为数字人文领域被制度化的重要标志。此后,数字人文技术创新充满了张力,许多人正在这个领域做着充满想象力的探索。“这种张力存在于那些已经进入这个领域很长时间的人和那些正准备进入的人之间,存在于学科性和跨学科性之间,存在于制作和解读之间,存在于这个领域的历史和未来之间。”③

---

① 陈静:《历史与争论——英美“数字人文”发展综述》,见陶东风主编:《文化研究》(第17辑),社会科学文献出版社2013年版。

② 徐志玮:《美国国家人文基金会支持数字人文的实践和启示》,《图书馆工作与研究》2018年第3期。

③ [美]凯萨琳·菲茨派翠克:《人文学科,数字化》,朱艳译,见陶东风主编:《文化研究》(第17辑),社会科学文献出版社2013年版。

(2)"数字人文"的技术体系

安妮·伯迪克、约翰娜·德鲁克等在《数字人文:改变知识创新与分享的游戏规则》中这样描述,当代数字人文寻求超越简单的数据仓储建设和编辑从而走向新的整合性实践,它包括开展统计处理(计算机语言学)、运用链接(超文字)、建模(包含结构构建与视觉呈现)、创造结构化数据(可扩张标记语言)、开展循环反复编辑并采用版本控制等。刘炜等认为数字人文的技术体系主要包括六个方面:一是数字化技术:构造数字人文的资源基础;二是数据管理技术:构造数字人文服务系统;三是数据分析技术:构造数字人文应用平台;四是可视化技术:构造数字人文的直观形象;五是 VR/AR 技术:构造数字人文的交互环境;六是机器学习技术:构造智慧系统实现智慧服务。①

总之,数字技术工具不仅是承载和处理人文科学内容的"形式",其本身就承担了知识界面、3D 建模、文本编码、数据库设计、地理空间分析、历史仿真、个性化服务与精准推送等实质性功能,可以引导、扩展甚至改变学者的研究习惯。当前由人工智能引领的新一轮科技革命方兴未艾。在大数据、数字人文、超级演算法等新理论新技术的驱动下,古老的人文学科正呈现智慧检索、数据分析、内容挖掘、场景模拟、跨界融合、平台协作、机器学习等新特征,这将促使传统的人文学科大量借用自然科学的技术手段进行研究,"科学性"显著增强。

(3)高校数字人文教育

近 10 年来,各个大学相继组建数字人文实验室,招收数字人文专业的研究生已经成为普遍现象。据国际数字人文组织联盟(ADHO)的统计,截止到 2018 年 3 月,全球有 194 个冠以"数字人文"的机构或项目正在运行。② 数字人文中心建设起源于美国,从全球的分布情况来看,绝大多数的高校数字人文中心集中在北美和欧洲国家,亚洲国家只有少数的专门研究机构。美国知名的高校数字人文中心

---

① 刘炜、叶鹰:《数字人文的技术体系与理论结构探讨》,《中国图书馆学报》2017 年第 5 期。

② 李子林、王玉珏等:《档案与数字人文的"和"与"合"——国外开展档案数字人文项目的实践》,《中国档案报》2018 年 10 月 15 日。

主要有维吉尼亚大学人文先进科技研究所、内布拉斯加大学林肯分校数字人文研究中心、斯坦福大学数字人文实验室、加州大学洛杉矶分校数字人文中心、哈佛大学"人文2.0实验室"、伊利诺伊大学香槟分校人文艺术与社会科学计算研究所等。此外,英国伦敦大学学院数字人文中心、英国伦敦国王学院人文计算中心、英国格拉斯哥大学人文科技信息研究所、英国谢菲尔德大学数字艺术与人文专门研究中心、德国哥廷根大学数位人文中心、加拿大维多利亚大学人文计算与媒体中心、日本立命馆大学日本文化艺术数字人文中心、中国武汉大学数字人文研究中心和中国台湾大学数位人文研究中心等,也取得不俗的研究成果。这些数字人文中心建设模式体现了四个方面的特征:一是数字人文中心建设主要是由综合性大学推动的,二是绝大多数定位于"跨学科协同创新服务机构",三是"项目制"是数字人文中心运行的基本方式,四是通过开展各种形式的活动促进信息技术和人文社会科学的融合。①

数字人文教育在欧美国家起步较早,且发展迅速。早在1995年,加拿大麦克马斯特大学就开始为人文学科的学生开设"人文计算引论""人文领域的多媒体介绍""电子文本和计算语言学"课程,旨在为学生提供信息技术基本方法。2002年英国伦敦国王学院数字人文系正式成立,2005年英国伦敦国王学院率先成立了数字人文博士学位授予点。随后的十几年中,美国的马里兰大学、德国的帕绍大学、意大利的博洛尼亚大学、瑞士的洛桑大学、爱尔兰的科克大学、荷兰的阿姆斯特丹大学、加拿大的多伦多大学等几十所大学开设了数字人文课程。2018年,美国哈佛大学东亚语言与文明系开设了东亚数字人文课程,课程内容包括文本数据分析与处理、数据可视化、数据库技术、地理信息系统等。欧洲语言资源与技术研究基础设施及艺术与人文数字研究基础设施合作建立的数字人文课程注册门户网站显示,截至2018年2月,在网站中注册的数字人文课程共有153个。这些课程包括本科、硕士、博士的整个阶段,其中,面向本科生的有39个,面向硕

① 赵生辉、朱学芳:《我国高校数字人文中心建设初探》,《图书情报工作》2014年第6期。

士生的有69个,面向博士生的有5个。此外,还开设了28个学分课程,4个暑期学校课程,1个继续教育课程,4个模块课程。① 美国与欧洲国家的数字人文课程涉及的学科种类较多,跨学科特征明显。学生除了学习专业课程,还在课堂上针对数字人文中遇到的实际技术问题,结合相关实用的工具类软件进行练习操作。②

二、学术期刊在数字人文兴起中发挥的重要作用

综观数字人文的历史,从布萨神父与IBM在1949年的合作开始,经历人文计算的联合、发展、成熟,到数字人文,数字技术与人文研究的跨界、融合已经形成了清晰的发展脉络。其中,学术团体、学术会议和学术期刊构成了组合性的学术共同体,并推动了数字人文的兴起与发展。

(一)学术共同体成为学术秩序的建设者、维护者

20世纪40年代,英国哲学家迈克尔·波兰尼(M. Polanyi)在文章《科学的自治》中首次提出"学术共同体"这个概念。他把具有共同信念、共同价值、共同规范的从事科学研究的科学家称为学术共同体,以区别于其他社会群体与组织。美国科学史家托马斯·库恩指出:"科学共同体是由一些科学专业的实际工作者组成。他们由他们所受教育和见习训练中的共同因素结合在一起,他们自认为也被认为专门探索一些共同的目标,也包括培养自己的接班人"。③ 学术共同体是什么?中国科学院院士韩启德认为,所谓的学术共同体就是指一群志同道合的学者遵守共同的道德规范,相互尊重,相互联系,相互影响,共同推动学术的发展,由此

---

① 魏清华:《欧洲数字人文教育现状及其启示》,《图书馆学刊》2018年第5期。

② 郭晶、王晓阳:《国外数字人文研究演进及发展动向——基于哈佛大学图书馆馆藏相关专著的梳理》,《图书与情报》2018年第3期。

③ [美]托马斯·库恩:《必要的张力》,范岱年等译,北京大学出版社2004年版,第288—289页。

而形成的群体。① 由此可见,学术共同体是基于某种学科、价值、理念和规范的认同而形成的结构松散的学者社群与学术团体。

从"人文计算"到"数字人文"的转变,使该研究领域逐渐获得世界人文学界的承认,从中我们看到学术共同体发挥的作用相当清晰。自 1973 年开始,在欧美相继成立了一些学术团体,比较重要的有文学与语言计算协会(简称 ALLC)、人文计算协会(简称 ACH)、美国人文计算学会、澳大利亚数字人文协会、日本数字人文协会、欧洲数字人文协会和国际数字人文组织联盟(简称 ADHO)等。这些学术共同体由学者以专业为基础自主结社和自主运作,制定规则、召集会议、创办期刊、同行评审、学术培训、发现人才,学术共同体通过学术交流、学术批评、学术评论表达"民意"和进行监督。可以说,"这种由团体、刊物和会议所构成的组合性学术共同体,不啻是一个开放的学术讨论和批评的空间,是学术秩序的建设者、维护者和监督者"②。

(二)学术会议成为数字人文讨论和批评的开放空间

自从 1970 年在英国剑桥召开第一次 ALLC 人文计算会议之后,逐渐形成通过会议定期开展学术交流与批评活动的机制,以后更发展成为在欧洲和北美轮流召开的惯例。20 世纪 70 年代,ALLC 会议召开了四届,ICCH 会议召开了三届。2016 年开始,由密歇根大学数字人文项目发起的年度数字人文研讨会(简称 GDHS)已举办三届。1977 年 8 月,第三届人文领域计算机国际会议由加拿大蒙特利尔大学和滑铁卢大学共同主办,参加会议的有人文、计算机、数学、工程等领域的专家,跨学科交流了词典学、历史、音乐、舞蹈、文学数据管理与计算机辅助教学等领域的新研究发现,并出版了论文集。从此以后,编辑出版会议论文集成为扩大数字人文会议影响的重要形式。有学者分析了近 50 年国际数字人文研究的

① 中国科协主席韩启德致第十一届中国科协年会开幕词,人民网,2009 年 9 月 8 日。

② 李剑鸣:《自律的学术共同体与合理的学术评价》,《清华大学学报》2014 年第 4 期。

高被引文献，在排名前十（被引频次≥10）的知识来源中，图书类文献8部，学术论文2篇，表明图书对推动数字人文知识积累和研究演化的贡献力度更大。明尼苏达大学出版社2012年出版的《数字人文学科的争论》排名第一。这本会议论文集，收录美国数字人文教育机构、高校以及图书馆领域的数十位专家发表的论文，"旨在探索数字人文理论、方法和实践，试图挖掘出数字人文的发展潜力与张力"[①]。麻省理工学院出版社2012年出版的《数字人文研究》，排名第二。该报告不仅回答了"数字人文是什么？"这一核心问题，而且提供了一个考察数字人文领域的深邃视角。

在美国学术界，学术会议自始至终都是一个学术评价的过程。1999年和2002年，美国维吉尼亚大学分别举办了"人文学计算是大学学科吗？"和"数字人文课程研讨班"两个重要的学术研讨会。会议由英文系教授杰罗米·麦根、约翰·安斯沃思和加州大学洛杉矶分校信息研究系教授约翰娜·德鲁克发起并组织，会前对申请参会的论文进行评审，论文品质合格的作者才有资格参会。会议中的报告、评议、问答等流程，既是对提交论文进行的学术评价，也是学术争鸣、学术批评的重要环节。来参加这两次研讨会的史蒂文·拉姆塞、马修·克申鲍姆、本特尼·诺维斯基等人，后来都成为数字人文研究领域最重要的代表人物。两次会议主题虽各有侧重，但又能看出其传承与发展的脉络，会议最终"正式将人文计算塑造为数字人文，并将目录校勘等有关文本等学术工作定义为它主要的内容"[②]。2004年，约翰·安斯沃思与S. Schreibman、R. Siemence联合在布莱克威尔出版公司出版《相伴数字人文》（*A Companion to Digital Humanities*），该论文集收录37篇原创性成果，提供了一个全面而简洁的数字人文研究评述，书中明确提出要克服人文计算"单纯数字化"的倾向，从技术视角回归到研究对象相关知识体

① 周晨：《国际数字人文研究特征与知识结构》，《图书馆论坛》2017年第4期。

② 姜文涛：《数字人文文学研究与近代文学的兴起——以北美文学研究学科史为中心的文献学考察》，见陶东风主编：《文化研究》（第33辑），社会科学文献出版社2018年版。

系的数字化呈现上来，建立“数字人文”新视角。[①] 2006年，许多原本属于人文计算领域的会议与研究中心纷纷更名搭上“数字人文”的快车。2007年，美国马里兰大学创建“数字人文中心网络”，依托关系网络和资源平台更加便利地与国际同行在项目共建、工具共用和知识共用等领域开展合作。目前已有200多家一流高校的学术机构加入，成为重要的数字人文研究与协作的国际性科研组织。2009年，北美人文学科领域最重要的现代语言协会年会召开，会议上诸多讨论的主题都是围绕着数字人文展开，诸如：何种研究可以算作数字人文研究？怎样的学者算作领域内的研究者？数字人文本身的目的到底是完成项目、探究理论化、研究计算技术、跨学科沟通、实践技术应用，还是单纯的科研经费需要？等等。[②] 学者们对数字人文本身存在很多不同理解、不同见解，交流、争论、批评成为常态，这既造就了开放的学术讨论和批评的空间，也彰显了数字人文独特的学术魅力。

（三）学术期刊成为传播数字人文的重要平台

人文计算的实践公认以1949年罗伯特·布萨神父为托马斯·阿奎那及相关作者的著作编制语词索引为开端。1966年由约瑟夫·雷宾主编的《计算机与人文学科》杂志创刊发行，标志着作为学科领域的人文计算正式走向学术舞台。[③] 1986年由ALLC在牛津大学出版社出版的《文学与语言计算》，被认为是数字人文领域最早的学术期刊。随着时代的发展，这本期刊也与时俱进，先改名《文学与语言计算：人文领域的数字学术》，后更名《人文领域的数字学术》，而被业界广泛熟知。[④] 2007年出版的《数字人文季刊》，直接抛弃传统的纸本模式，采取在线出

---

① Schreibman S, Siemens R, Unsworth J. : *A companion to digital humanities*, OXford: Blackwell, 2004, pp. 3–19.

② 高瑾：《数字人文学科结构研究的回顾与探索》，《图书馆论坛》2017年第1期。

③ ［英］苏珊·霍基：《人文计算的历史》，葛建钢译，见陶东风主编：《文化研究》（第17辑），社会科学文献出版社2013年版。

④ 郭晶、王晓阳：《国外数字人文研究演进及发展动向——基于哈佛大学图书馆馆藏相关专著的梳理》，《图书与情报》2018年第3期。

版，涵盖人文学科数字媒体的各个方面。国际数字人文组织联盟，目前拥有《文学和语言计算》《文本技术》《人文领域计算机应用工作论文》《数字人文季刊》四本同行评审期刊，通过召集圆桌会议、发表专题文章、组织书评和回顾性评论，向全球传播数字人文研究的理念、方法和成果。这些学术期刊，已经成为数字人文学术传播稳定的基本单元，成为数字人文学术共同体成员聚合、交流、监督的重要中心。“如果没有学术期刊作为组织的公共平台，那么，共同体就难以聚合，其边界也难以清晰，学术交流则难以高效地展开，共同体在研究和评价中的作用势必难以发挥。”①

学术共同体的形成取决于诸多条件，其中学术期刊对于学术共同体的产生、发展有着不可替代的作用。首先，学术期刊划定了学术共同体的边界。“学术共同体主要包括学术期刊系统和专业学会系统。这二者是学者进入学术共同体、参与并建立正式学术交流网络的关键平台，在学者和‘门外汉’之间划定了一条明显的边界，因此对学者的学术生涯和学术共同体的运行至关重要。”②其次，学术期刊成为学术评价的平台。由于学术期刊的办刊主体是学术共同体成员，所以其除了展示、交流和传播作者的学术发现和见解，还有一个重要属性就是学术评价。学术共同体是学术评价的制定者，也是构建学术传播秩序的当然主角，它可以自主地制定评价规则、评价标准和评价程序，并且主导评价过程。在对成果本身的评价中，学术共同体采用的是复合评价的制度，即学术会议的评议和讨论，发表前的评审（包括第三方评议），论文发表或著作出版后的评价（学术期刊组织专家发表专题文章进行评议），组织同行专家学术评奖。在这个过程中，学术期刊不仅发挥了重要的引领作用，更体现出对学术标准、学术方法、学术品质、学术评价和学术精神等方面的公信力和权威性。最后，学术期刊成为凝聚学术共同体成员的中心。学术期刊作为学术传播的中心所在，其作用的发挥离不开学术共同体的认可

---

① 朱剑：《学术共同体、学术期刊体制与学术传播秩序——以媒体更迭时代人文社会科学期刊转型为中心》，《澳门理工学报》2016 年第 3 期。

② 张斌：《我国学术共同体运行的现状、问题与变革路径》，《中国高教研究》2012 年第 11 期。

和支持。所以说,“一个有生命力的学术期刊背后一定站着一个思想活跃的学术团体,而这个学术团体应该是一个世界性的学术共同体的有机组成部分”①。以美国历史学会为例,在学术共同体的努力下,2006 年以后的学会年会上,不定期出现数字史学的讨论板块,2014 年开始更设置了数字史学工作坊,提供各种层次的技能培训与资源分享。《美国历史杂志》从 2013 年开始辟专栏“数字史学评论”,对数字史学的研究成果进行学术评议。近 6 年来,该专栏发表了评论文章 101 篇,先后点评超过 100 多个数字史学的研究和项目,突显了数字史学在美国史学界是一个充满活力和希望的话题。②

三、数字人文助力人文学科“轮廓重绘”

美国著名数字人文专家约翰·安斯沃思用七个“学术原语”概括数字人文常用的基本方法,即“发现”“注释”“比较”“参考”“抽样”“说明”“表现”。该理论后来被欧洲学者布兰克·托拜西和安德森·希拉等规范为五个基本原语,即“发现”“收集”“比较”“传递”和“协作”。③ 这种数字人文研究的“方法论共同体”对于传统人文学科的价值在于,借助数字技术所拥有的多样性和扩张性,通过五个基本“学术原语”等手段进行跨界研究,从而扩展疆域和潜力,使学术领域实现“轮廓重绘”;对于数字技术的价值在于,“在注入人文主义价值观和方法后,其功能更加多元和强大,更符合人文学术的本质特征”。④

(一)从文献检索数据库到量化分析数据库的飞跃

中国历史悠久,现存的古代文献资料浩如烟海。经过 20 多年的努力,历史文

① 原祖杰:《学术期刊何以引领学术——兼论学术期刊与学术共同体之关系》,《澳门理工学报》2014 年第 1 期。

② 王涛:《中国的世界史研究实现数字转型要面对的问题》,《南京大学学报》2019 年第 2 期。

③ 刘炜、林海青等:《数字人文研究的图书馆学方法:书目控制与文献循证》,《大学图书馆学报》2018 年第 5 期。

④ 冯惠玲:《数字人文——在跨界中实现交融》,《中国社会科学报》2017 年 12 月 21 日。

献的数字化已经取得了很大的进展，建成了一些可供检索的文献数据库。第一，图书馆、档案馆的古籍、档案数字化目录。第二，借助扫描、数码拍照等技术手段，将纸本转化为数码图像文件，形成了对古籍文献、档案资料、报纸期刊的图像文件进行存储和检索的图像数据库。第三，通过OCR技术与人工核对的结合，建成全文检索资料库。第四，事实型工具书被做成数据库、软件或插件。① 这些文献数据库，既有图书馆、档案馆、学术期刊自建的，也有商业公司生产的数据库产品。如北京大学的《中国历代典籍总目》《中国基本古籍库》、首都师范大学电子文献国学传播中心的《古籍电子定本工程》、浙江大学与哥伦比亚大学合作开发的"甲骨文数字化项目"、国家图书馆的"华夏记忆项目"、敦煌研究院的"数字敦煌"、上海图书馆的"民国时期期刊全文数据库(1911—1949)"、南京图书馆的"中国近代文献图像数据库"、商务印书馆的"《东方杂志》期刊全文检索数据库"、瀚堂公司的"瀚堂近代报刊数据库"等为代表的古籍与专题数据库的大量出现，为学者们获得文献文本并储存提供了极大的便利。但这些文献数据库还处于比较原始的纸质替代状态，普遍只有检索功能，并且只能按原始资料的结构进行浏览，不能说明研究者统计、分析文本。

所谓量化数据库是"统指各种搜寻能够涵盖一定地域范围、具有一定时间跨度的整体性大规模个人或其他微观层面信息的系统(一手)资料，并将这些资料按照一定数据格式进行电子化，构建成适用于统计分析软件的量化数据库并进行定量研究的方法"②。美国学术界利用历史资料进行量化数据库构建与研究的实践远远超前，其中学者们利用国际微观共用整合数据库、美国犹他人口数据库研究出的很多成果与著作，产生了重大的学术和社会影响，也成为中国学术界构建量化数据库的参照坐标。从20世纪80年代起，历时20多年时间，李中清、康文林团队建立了基于八旗户口册和清代皇室族谱资料的中国多代人口数据库系列

① 申斌、杨培娜：《数字技术与史学观念——中国历史数据库与史学理念方法关系探析》，《史学理论研究》2017年第2期。

② 梁晨：《量化数据库与历史研究》，《历史研究》2015年第2期。

(简称 CMGPD),包含辽宁、双城和皇族三个子数据库。辽宁数据库涵盖了1749—1909年间辽东地区26万人的150余万条记录。双城数据库涵盖了1866—1913年间双城县10万人的130余万条记录,并尝试与不同时段的家户地亩资料相连接。这些大规模、长时段的微观历史数据包含丰富的人口和社会经济信息,具有时间上的深度和空间上的广度,对人口统计学、家与家族、亲属关系、社会分层与流动、卫生健康等多个研究领域有重要价值。① 再比如美国哈佛大学教授包弼德领导的与北京大学中古史研究中心以及台湾"中研院"史语所合作的"中国历代人物传记数据库"(简称 CBDB),支持各种各样的查询。"包括单个人物查询、入仕途径、官职查询,还可以查询社会关系网络、查询两个人之间的社会关系,甚至查询不同地区间人物的关系。"②所以,包弼德教授又把这种数据库称为"关联式数据库"。量化数据库的开发与研究对历史学而言,至少有两方面非常重要的价值:"一是丰富了历史学研究的方法论与范式;二是能有效利用大规模材料,实现不同材料的彼此连接,推动大规模、合作化研究形式的出现。"③

(二)从地图到地理信息系统和空间分析的飞跃

英国地理学家罗格·汤林森最早提出地理信息系统概念,并在1971年建立了加拿大地理信息系统。地理信息系统(Geographic Information System,简称GIS),以计算机技术为基础,通过对地理原始数据进行数据化的处理、存储、提取与管理,通过数据建模、空间分析、专题制图等手段,研究其与历史、社会、自然之间的关系,探索发展演变的规律和趋势。20世纪90年代之后,西方发达国家相继建立了一些颇具特色的历史地理信息平台,如美国东海岸公共图书馆开发的弗

① 雷家琼:《构建量化数据库 算出更精确的历史——访香港科技大学人文社会科学学院院长李中清教授》,《中国社会科学报》2014年6月30日。

② 包弼德:《数字人文与中国研究的网络基础设施建设》,夏翠娟翻译整理,《图书馆杂志》2018年第11期。

③ 梁晨:《量化数据库:"数字人文"推动历史研究之关键》,《江海学刊》2017年第2期。

吉尼亚 1870—1935 的铁路项目、纽约图书馆开发的纽约城市地理信息系统项目、加州大学伯克利分校开发的菲律宾文化地图、布朗大学开发的非洲史动画地图集和瑞典于默奥大学开发的拜占庭帝国犹太社区项目、爱尔兰皇后大学数据数字化与分析中心开展的“爱尔兰土豆大饥荒研究”等。[①] 随着地理信息技术的快速发展，各国的学者们相继利用这项技术开展空间分析与模型建构，并取得了一系列的科研成果。1992 年，美国地理学家 Michael F. Goodchild 教授正式提出“地理信息科学”概念。从此，地理信息系统不再仅仅是一门技术，更被广泛地视为一门科学。

地理信息系统及其相关平台和方法的利用，已成为数字人文中不容忽视的要素和不可或缺的一部分。中国在这方面的起步较晚，最初甚至要借助国外的基金、技术与人才，以寻求发展之路。

(1)中国历史地理信息系统(简称 CHGIS)。该项目 2001 年 1 月正式启动，由罗斯基金会资助，主要参加机构为哈佛大学与复旦大学中国历史地理研究中心等。CHGIS 项目以秦朝建立的公元前 221 年到清朝灭亡的 1911 年为时间范围，试图建立一套中国不同历史时期政区连续变化的基础地理信息库，为研究者提供 GIS 数据平台、时间统计以及查寻工具和模型。通过 CHGIS 系统的分层地图，可以看到一个县的辖区是如何与当地的地理景观产生联系的，可以看到历史信息的空间关系，从而解决了“时间—空间”维度的整合问题。(2)中国历代人物传记数据库(简称 CBDB)。CBDB 利用中国历史地理信息系统的数据，在人物传记资料的组织与展示上融入“空间分析法”，将历史人物的籍贯、生平、仕途、游历、关系、著作、死亡等置于多维时空架构之中，为研究者提供了全新的方法。例如，从 CBDB 中提取信息并映射到地图上，即可生成明代进士地理分布图。明代进士主要来自江南地区，东南以及江西远远超过其他地区。“仔细研究明代进士的地理

① 王大学：《国际学界国家历史地理信息系统建设与利用的现状及启示》，《江苏师范大学学报》2016 年第 3 期。

位置,就会发现明代政治体系的空间特点。"①(3)中华文明时空基础架构(简称CCTS)。该项目由台湾"中研院"主持,主要内容包括基础历史地理图资、Web GIS的整合应用环境以及主体性空间信息三大部分。基础历史地理图资以谭其骧主编的《中国历史地图集》为主要范本,提供中国从先秦到清朝历代的疆域,并结合丁文江20世纪30年代所编的《申报地图》,构成上下逾两千年的中国历代基本历史地理底图。以20世纪90年代百万分之一《中国数字地图》为现代底图,同时结合历代黄河变迁、汉代古墓分布、清代粮价人口、明清江南市镇等多个图层,整合台湾"中研院"汉籍全文检索系统、地方志检索系统、古今地名检索系统等,期望透过"时间—空间"的基础信息架构,提供多学科研究成果,发展出各种专题地理信息系统,进而促成多学科之间的交流。② 此外,"台湾历史文化地图系统""民国时期北京都市文化历史地理信息数据库""华夏民族家谱地理信息系统""丝绸之路历史地理信息开放平台"等也已经取得了一定的成绩。总之,GIS技术为现代历史地理学注入了新的活力,"许多过去无法解决的难题通过GIS手段得以解决,它的开发价值也越来越受到学者的重视"③。

(三)从数据化到文本挖掘研究的飞跃

数字化、数据化和文本挖掘,是历史文献数据库的三种不同形态。数字化就是将许多物理形态的文献转化为可以度量的数字,再以这些数字建立起适当的数字化模型,把它们转化为一系列二进位码的电子形态。数据化是将电子形态的文献数据结构化,按照一定数据格式构建成适用于可制表分析的量化形式,数据分析才是其核心。文本挖掘也称"文本数据挖掘"或"文本知识发现",通俗地讲就

① 包弼德:《数字人文与中国研究的网络基础设施建设》,夏翠娟翻译整理,《图书馆杂志》2018年第11期。

② 廖泫铭、范毅军:《中华文明时空基础架构:历史学与信息化结合的设计理念及技术应用》,《科研信息化技术与应用》2012年第4期。

③ 张萍:《地理信息系统(GIS)与中国历史研究》,《史学理论研究》2018年第2期。

是从海量的非结构化的文本数据中发现隐含的、以前未知的、有效新颖的规律、模式和趋势。随着数据分析研究的不断发展,数据挖掘的对象已远远超出了结构化数据的范围,数据来源还可能是数据仓库、文本数据集合、数据集、文档等。面对众多半结构化或非结构化的文本,如何有效地进行文本挖掘已经成为数字人文领域研究的趋势之一。国外学者主要在文本结构分析、文本摘要、文本分类、文本聚类、文本关联、文本规则和趋势预测等方面进行了研究,比如作者的活动轨迹与归属、作品的情感分析、人物关系挖掘、人文学科本体构建等。①

21 世纪以来,随着互联网和数字技术的突飞猛进和迅速普及,中国的数据库建设也进入群雄并起的阶段。《2011 中国数据库软件市场研究报告》显示,2007—2011 年,中国整体数据库市场规模稳中增长,国产数据库软件市场每年增长的速度都在 15%以上,呈现爆发式增长态势。为了摆脱约翰·内斯伯特称之为"信息丰富而知识贫乏"的窘境,文本挖掘技术应用被引介到了国内。文本挖掘理念引导了数据库建设、开发思路的转变,这使得"专题数据库"的发展呈现出与以往完全不同的面貌。例如台湾"中研院"近代史所所建"胡适档案资料库""袁氏家藏近代名人手书""徐永昌日记",北京中国社科院近代史所所建"顾维钧档案数据库",北京大学图书馆所建"陈翰笙档案数据库",上海图书馆所建"盛宣怀档案知识库",浙江大学蒋介石与近代中国研究中心筹建的"蒋介石资料数据库"等,可谓百花齐放,异彩纷呈。更为重要的是,"人文学研究者不再是被动选择既有的数据库,而是参与数据库建设过程,由其自身研究需要引导数据库开发,数据库开发过程也就成为其研究的一部分"②。台湾大学数字人文研究中心开发的"台湾历史数字图书馆"(THDL),主要收录台湾地区契约文书及台湾总督府档案。THDL 不仅提供词频分析、关联分析和人物关系分析,而且为用户提供研究环境并帮助发现问题。香港科技大学李中清、康文林团队建构的"财富信息数据

① 郭金龙、许鑫:《数字人文中的文本挖掘研究》,《大学图书馆学报》2012 年第 3 期。

② 赵思渊:《地方历史文献的数字化、数据化与文本挖掘:以〈中国地方历史文献数据库〉为例》,《清史研究》2016 年第 4 期。

库”,包括中国多世代人口数据库的双城部分、中国土地改革数据库的双城部分、中国四清阶级成分数据库,“这三个子数据库涵盖了从19世纪到20世纪中期150年内,国家在不同的区域、社群内对财富分配进行主导、干预,以建构不平等与平等的历史进程,为从基层出发理解中国社会的财产权利与政治权利提供了可能”[①]。王业键不仅主持建设了“清代粮价资料库”,而且通过对清乾隆时期粮价的统计分析,发现清代官书中言之凿凿的“乾隆十三年米贵问题”很难成立。陈志武、彭凯翔等通过建立“中国利率史数据库”发现,传统借贷市场有多个层次,简单地撷取某些样本或者资料去评判整个借贷市场是不可取的。[②] 文本挖掘已经切入现代文学研究,包括现代文学版本图像史料在内的诸多文献史料研究、作家生平传记研究、文学社团与思潮流派的谱系研究、文学思想史与观念史的研究、文学文本的风格学和情感分析、现代文学的跨学科与跨语言研究等。[③] 文本挖掘进入史学领域发挥了三重功能:第一是“验证”,借由计算与分析,量化地验证过去史学研究者曾提出过的研究结论;第二是“修正”,透过巨量数据的分析挖掘,对过去史学研究结论进行补充修正;第三是“创新”,通过巨量且复杂的计算,提出新的研究问题。[④]

(四)从文本到图形图像可视化的飞跃

近年来,把用文字符号表示的知识转化为图形、图像呈现的知识已成常态,这将预示着我们已经进入读屏、读图时代。可视化是利用计算机图形学和影像处理技术,将数据转换成图形或者图像在荧幕上显示,并进行交互处理的理论、方法和技术。可视化的本质在于针对海量文本信息,最大程度地实现抽象和概括。它不

① 梁晨:《用大规模量化历史数据库检验中国的长期代际遗传》,《南京大学学报》2019年第2期。

② 陈志武、彭凯翔:《清初至二十世纪前期中国利率史初探——基于中国利率史数据库(1660—2000)的考察》,《清史研究》2016年第4期。

③ 王贺:《“数字人文”如何与现代文学研究结合》,《现代中文学刊》2019年第1期。

④ 邱伟云:《验证、修正、创新:数字史学方法的三重功能》,《南京大学学报》2019年第2期。

仅仅是多样的图形、图像的组合,更大的作用在于发现一篇文档或者一系列文档集合中特定的、潜在的模式结构。大体上分为三类:一是以词频统计方法为基础,发现特定的词频模式来实现文本的可视化。二是基于聚类演算法比较文档的相似性来实现文本的可视化。三是基于语义的标注、计算、统计等方法,发现特定的隐含语义关系来实现文本的可视化。①

数字人文的出现促进了传统人文科学与新技术的融合,为大规模古籍可视化呈现与挖掘研究提供了可能。(1)数据可视化。以词语首见年代为视角,以可视化(散点图)的形式展现字词的年代及词频分布,力求量化地呈现不同时期的词汇分布趋势与词义演变规律。(2)空间信息可视化。以古籍作者为主线,利用GIS技术,对我国庞大且分散的数字化古籍进行大数据的集成和地图展示,并呈现相关作者的地理分布与活动轨迹,以深度开发中国古籍中的多元文化价值。②中南民族大学王兆鹏教授主持的《唐宋文学编年地图》,经过近10年的努力,已收入唐宋时期大多数知名作家及其作品的相关史料,并根据最新的研究成果及时予以更新。通过时间、人物、地点、事件四个部分,立体、多元地创建了一份时间与空间上相互衔接的文学地图。这个项目首先带来文学呈现方式的三个变化:一是变选择性呈现为全景性呈现;二是变间断性呈现为连续性呈现;三是变未知为可知。其次是带来文学史认知方式的变化,即从限知视角到全知视角的变化。王兆鹏认为,“可视化将是未来文学研究的必然趋势,会成为文学研究中一个新的学术增长点”③。浙江大学徐永明教授利用ArcGIS、QGIS、CHGIS、CartoDB、Worldmap等数据库和地理信息系统软件,以汤显祖为例,展示了其行迹和活动地点、社会关系地理分布、社会关系点线表达等多种可视化效果图,给人以直观明了、耳目一新之

---

① 张智雄、孙坦:《文本可视化及其主要技术方法研究》,《现代图书情报技术》2008年第8期。

② 欧阳剑:《面向数字人文研究的大规模古籍文本可视化分析与挖掘》,《中国图书馆学报》2016年第2期。

③ 王兆鹏:《今后古典文学研究的可视化趋势》,《古代文学前沿与评论》2018年第1期。

感。[1] 数据可视化呈现也为历史研究提供了新视角，如历史档案领域可视化分析研究的“淡新档案诉讼关系图”、基于符号分析法的宋代政治网络可视化研究、基于 GIS 的城市发展历史可视化展示等，这些探索使历史研究也可获得直观形象支持。数字历史是面向公众开放式实践项目，旨在在公众与历史研究之间建立互动式的沟通机制，在线互动、可视化是其主要特点。[2] 可视化方法更被应用在博物学、艺术学、文化遗产数字化保护等方面，舞蹈、音乐、语言、手稿等都是数字化的对象，目标是建设数字化的文化遗产馆藏。越来越多的机构、学者借助 GIS 技术进行静态和动态的可视化研究和呈现，如故宫博物院开发的“虚拟紫禁城”，就产生了很好的人文形象效果。

四、数字人文应用的价值与悖论

数字人文的概念和诠释林林总总，并未形成共识。目前学术界大体上存在四种不同的代表性观点，可以理解为一种实践，看作一种研究方法，视为一种研究领域，看成一门学科。数字人文概念的提出才有十几年的时间，但要追根溯源却有70 年的历史，大体上经历了人文计算与数字人文两个阶段。数字人文的兴起不仅为人文学者提供了新的研究路径与方法，而且为科研人员跨学科研究开启了新的机遇和空间。“很多自然科学家开始关注人文社会科学中的问题，很多人文社会科学家更加注重不同研究取向和方式的结合。”[3]在数字技术与传统人文学科研究的跨界、融合过程中，学术团体、学术会议和学术期刊构成了组合性的学术共同体，并推动了数字人文的兴起和发展。数字人文应用于传统人文学科研究的价值，主要体现在前文所述四个方面的“飞跃”。武汉大学数字人文研究中心主任王晓光教授认为，目前国际数字人文研究的前沿和典型应用包括：(1)历史学方

---

① 徐永明：《中国古典文学研究的几种可视化途径——以汤显祖研究为例》，《浙江大学学报》2018 年第 2 期。

② 周晨：《国际数字人文研究特征与知识结构》，《图书馆论坛》2017 年第 4 期。

③ 张耀铭：《人工智能驱动的人文社会科学研究转型》，《济南大学学报》2019 年第 4 期。

面的基于GIS的历史地理可视化；(2)文学方面的文本挖掘与TEI标准；(3)语言学方面的基于大型语料库的语料库语言学；(4)舞蹈方面的视频捕捉、运动分析与虚拟实景实现；(5)考古学方面的图像分析、色彩还原和数字重建；(6)数字图书馆和网络数据库。[①] 研究方法的革新，研究领域的拓展，研究问题的交叉，使得数字人文的内涵与外延变得更加复杂和多样。

数字人文自诞生以来，就伴随着不断争议和批评。在美国众多反对的声音中，有三篇文章具有代表性。2014年，亚当·克思奇在《新共和》杂志发表《科技接管英文系：数字人文的虚假承诺》，直接质疑高校管理的技术化和职场化，而数字人文即是其直接表现。[②] 2016年，丹尼尔·阿林顿在《洛杉矶书评》发表《新自由主义工具(及档案)：数字人文的政治史》，认为数字人文并不是其所号称的使用数字或量化方法来回答人文领域中的研究问题，只不过是将技术知识定义为一种人文知识，并认为这种知识会高于其他形式的知识，推行以计划和lab为中心的学习和研究，以取代阅读与写作。[③] 2017年，蒂莫尼·布伦南在《高等教育纪事报》发表《数字人文的幻灭》，大胆直白地批评数字人文研究对演算法的依赖，认为"与其说数字人文是一场革命，不如说数字人文为了反对主流形式，从而强行将人文从其存在原因中剥离出来的那个楔子"[④]。这些批评提供的角度与思考，虽然另类，但颇具冲击力。倘若做理性思考，不难发现数字人文应用于传统人文学科研究，确实存在着若干悖论。一是数字人文研究的大多数项目确实没有推翻传统意义上的预设，还没有产生完全新的叙述，更没有出现震动学界的成果。二是某些数字人文宣导者重数据轻思想、重图像轻文字、重印证轻发现，推崇数据中心

---

① 王晓光：《"数字人文"学科的产生、发展与前沿》，见全国高校社会科学科研管理研究会组编：《方法创新与哲学社会科学发展》，武汉大学出版社2010年版。

② 李点：《面对数字人文的幽灵》，《燕山大学学报》2017年第1期。

③ 姜文涛：《数字人文文学研究与近代文学的兴起——以北美文学研究学科史为中心的文献学考察》，见陶东风主编：《文化研究》(第33辑)，社会科学文献出版社2018年版。

④ 转引自陈静：《数字人文知识生产转型过程中的困境与突围》，见陶东风主编：《文化研究》(第33辑)，社会科学文献出版社2018年版。

论,从而使人文研究失去人文意义,削弱甚至消解了研究者的主体性。三是 GIS 建设需要相对完备、充裕与精准的空间、属性数据及规范化处理,这却是历史地理研究中最欠缺的。历史地理数据的时空关系复杂,并且具有不确定性,这将使“一切皆可量化”的理想与数据获取现实之间存在较大差距。总之,技术的每一次进步,都带着利弊的两重性,我们在享受数字人文带来的各种便利时,也要避免成为“计算”和“数字”的附庸。

数字人文与传统人文学科的联姻已成事实,是自由恋爱还是包办婚姻,已不重要。重要的是,一个幽灵,数字人文的幽灵,从欧美正向或正在中国游荡。这将预示着,新技术与古老学科的哲学关系将被重新审视,一种新的研究范式与方法不仅改变传统人文学科的研究技术,还改变着人文学科“解释性学术”思考问题的角度和探索途径。

原载于《澳门理工学报》2019 年第 4 期

数字人文的张力与困境
——兼论“数字”内涵

“数字人文”概念被提出并为该领域的多数学者所接受，不过十几年的时间，各种相关争论却一直持续不断。有学者总结出关于数字人文的21种不同的定义，但又声明没有一个是完全令人满意的。[①] 学界对数字人文之所以难有共识，首先是由于数字技术是不断变化、发展的，新的技术内容和形式随着时代的演进不断丰富和增加，因而导致数字人文概念的内涵与外延也不断地更新和拓展。其次数字技术是一柄双刃剑，在发挥巨大的社会进步核心动力功能的同时，也引发了许多难以消除的负面效应。因此数字人文没有公认的标签，也一直处于不断被定义、被争论、被批判的过程，数字人文的版图边界还有待商榷。

数字人文在当下的中国，俨然已成为学术热点。从已有的研究看，尽管有数字技术及其相关问题的讨论，但对数字人文的“数字”组成部分却鲜有深刻认知与批判反思。因此对数字人文中的“数字”进行比较深入的讨论是完全必要的，比如：数字是什么？“数字”彰显了“张力”和“创新”，是否又带来了困境与偏见？“数字”与“人文”结合，又推动了何种意义上的对话？笔者不揣冒昧，谈一些肤浅

---

① Matthew K. Gold, ed.: *Debates in the Digital Humanities*, Minneapolis: University of Minnesota Press, 2012, pp. 69–71.

之见。

一、"数字"提供的机遇与挑战

"数字"是什么？从工具层面讲是软件和算法、技术和工具，从数字层面讲是基础设施和研究范式，"不仅包括使用编程语言进行文本计算、数据库搭建，也包括利用和开发软件开展相关研究"①。必须承认"数字"这个词充满了张力，这种张力存在于数字技术与网络分析之间，存在于齐一性和离散性之间，存在于现实性和虚拟性之间，存在于学科性和跨学科性之间，存在于创新和困境之间。当今时代被称为数字时代，诸如数字资源、数字工具、数字技术、数字计算、数字媒体、数字出版、数字方法、数字思维、数字文化、数字经济等，数字已经无孔不入地融入我们的经济、商业和社会之中。即便是学术领域，数字技术也为人文学术研究提供了全新的维度和组织介入方式。今天人文学科中凸显的许多问题的解决，计算技术已成为首要的考虑条件，几乎所有人文学科的学术工作正在越来越多地用"数字"的方式完成，这也导致"技术困境"与人文焦虑的产生。

我们正生活在数字技术突飞猛进的时代——电子技术、通信技术、多媒体技术、声像技术、数据库技术、人工智能技术等让人目不暇接。数字技术是一种内涵丰富的综合技术，或者说是一个技术群落。在这个技术群落里，网络技术和计算机硬件、软件是其核心。网络技术几乎克服了传播过程中可能遇到的任何障碍，这包括空间、时间上的距离障碍和文化传播意义上的语言障碍，可以说无处不在。计算机硬件如高性能计算机、便携式移动终端、3D 打印机、高精度扫描仪、智能传感器、VR 虚拟现实眼镜、360 度超高清全景摄像机等数字工具的应用，为数字人文核心的基础活动"保管、分析、编辑和建模"，提供了快捷高效的处理。② 软件是一系列按照特定顺序组织的计算机数据和指令的集合，分有形和无形两个部分。

---

① 陈静：《复数的数字人文——比较视野下的中国数字人文》，《中国比较文学》2019 年第 4 期。

② [美]安妮·伯迪克、约翰娜·德鲁克等：《数字人文——改变知识创新与分享的游戏规则》，马林青、韩若画译，中国人民大学出版社 2018 年版，第 18 页。

有形部分指软件文档、程序代码、二进制代码、用户界面和输出报表等；无形部分指软件的技术逻辑和开发者的思想关切。数字人文研究可以利用的软件工具颇多，文献收集、管理软件有 Mendeley、EndNote、Zotero 等，文本编码软件有 TEI(Text Encoding Initiative)、DocuSKY、GATE 等，文本挖掘软件有 ABBYY FineReader、Wordseer、ATLAS. ti 等，地理空间系统分析软件有 ArcGIS、Story Map、GRASS 等，图像语义标注软件有文本-图像链接环境(TILE)、文档-图像链接编辑器(TBLE)、伊斯兰多拉图像标注框架(IIAF)、数字标注与链接工具(DM)等。好的软件是人文文本研究领域的哈勃望远镜，是人文学者手中得力的技术工具，它能给用户一种新的知识发现和文本蕴含意义揭示。

在数字人文的知识生产、知识发现过程中，人文越来越重视“数字”，而“数字”的含义越来越依赖于算法。算法通常被定义为一种“系统的过程，可以在有限的步骤中产生问题的答案或问题的解决方案”①。换言之，算法就是一种编码程序，不是单指某次计算，而是通过特定的运算把输入数据转化为输出结果，更强调解决问题的思维和高效。国外有学者把数据比作食材，算法比作食谱——只有遵循食谱所设立的步骤和指令，按照要求筛选和搭配食材，才能做出指定口味的菜肴。这样的比喻颇为形象生动。随着计算机的发展，算法应用于人文学科也不乏成功的案例。2011 年，以让-巴蒂斯特·米歇尔为首的哈佛大学、麻省理工学院、大英百科全书的学者与谷歌研究团队，利用谷歌 500 多万种数字化图书的语料库(时间跨度 500 年，规模总计 5000 亿词)，以自然语言处理中使用最为广泛的 N-gram 模型方法，通过英语关键词或人名在历史文献中随时间变化的频率进行算法分析，由此推导出人类文化的发展趋势和演变规律。② 他们的研究成果《使用百万数字化书籍的文化定量分析》在《科学》杂志上发表后，遂开创了“文化组学”(Culturomics)研究的先河。多伦多大学教授 Gelila Tilahun 团队，利用算法完

---

① [英]大卫·M. 贝里、[挪]安德斯·费格约德：《数字人文——数字时代的知识与批判》，王晓光等译，东北财经大学出版社 2019 年版，第 61 页。

② 杜晓勤、孙茂松等：《国学大数据时代来了》，《光明日报》2013 年 9 月 16 日。

成历史文献断代。英国大约保存下来100多万份没有标明年代的契据,有的是原始文献,更多的是古代原件复制品。这些契据具有珍贵的历史记忆与文化信息,为今天人们了解10世纪至14世纪之间的英国政治、经济和社会状况提供了难得的依据。Gelila Tilahun团队开发出一套计算机统计技术,使用1万份署有年代的契据,考察所使用的语言随时间的变化情况,以此来确定其他契据的年代。分解、抽象、自动化在计算机编程中结合在一起,通过由逻辑运算符和条件语句约束的一系列机械应用程序从输入创建输出,让断代取得了有价值的实验结果。"鸟枪测序法"被应用于文学研究中,用来对中世纪"英国诗歌之父"杰弗里·乔叟的《坎特伯雷故事集》手稿版本(同一作品的不同手稿版本的年表)提出假设,并且绘制出Harlequin出版的爱情小说的常见流派特征。"这种在不同问题领域之间套用算法的能力是数字人文学科开辟的令人兴奋的研究机会之一。"①总之,算法是一种能力,这种能力是数字人文领域创建和处理数据的核心组成部分。算法作为重要资源,海量数据集的计算方法使得大尺度的研究问题变得更加可行;算法作为技术方法,对于数字人文研究具有可检验与证伪性意义;算法作为竞争工具,背后其实是一种技术优势实现高效率的认知。

数字的技术、工具和媒介为数字人文学术研究与传播方式带来机遇的同时,数字的困境和痛点也已显现。第一,技术困境。首先,大量技术是根据数字人文项目实施过程中碰到的具体问题而研发的,有的成功,有的难产,更有的因为项目设计不切实际而陷入失败。我国数字人文研究因文本与语言的特殊性,要求基础技术、数据库和专业软件的研发必须匹配中文语境,由此便构成了汉字的多义性与机器分析的单一化、已知与未知、已行与未行之间错综交织的技术开发困境。②其次,人文学科与信息科学的研究者之间最大的问题是"互盲"。③ 一方面多数人

① [英]大卫·M.贝里、[挪]安德斯·费格约德:《数字人文——数字时代的知识与批判》,王晓光等译,东北财经大学出版社2019年版,第62页。

② 王伯鲁:《广义技术视野中的技术困境问题探析》,《科学技术与辩证法》2007年第1期。

③ 朱本军、聂华:《数字人文:图书馆实践的新方向》,《大学图书馆学报》2017年第4期。

文学者缺乏必要的数字技术基础,不可能参与到探索底层数据库、系统数据流、跨平台数据及其体系结构,还有应用编程接口(API)、移动视觉搜索(MVS)等相关技术和问题。这与早期的数字人文学者大多具有计算机技术背景、熟知电脑语言、会编制程序的情形大相径庭。另一方面数字技术人员多为工程师出身,与哲学、人文、伦理等方面知识存在一定程度的隔膜,导致技术系统与人文学者产生了严重疏离,形成"专业鸿沟"困境,从而影响了技术对研究的辅助作用。第二,伦理困境。首先,对数据的过度依赖,对算法的过度崇拜,造成数字人文研究人文属性被碾压而变得异常平庸化。重图像、重制作、重编码、重量化,轻文字、轻阐释、轻洞察、轻思想,似乎已经成为数字人文研究的一股潮流,这需要高度警惕,也需要批判反思。数字人文不是在技术祭坛上牺牲人文,而是数字与人文的融合发展。两者之间的融合发展,技术只是工具和方法,人文才是灵魂和根本。面对已陷入困境的人文和被扭曲的数字,我们该怎么办?借海德格尔的话说"让一棵树在它站立的地方站着"。其次,对数字或数字人文缺少批判性反思,导致不少数字人文研究成为"技术决定论"的产品。一种极端数字主义的观点认为,数据就在那里,收集并完善它们,剩下的就等着学者们对其随心所欲地排列。所以,研究问题之前先着手处理数据集,就变成了首要条件。数据是学术研究的基础和核心,数据仿佛也成了任人打扮的小姑娘。在这种模式中,研究主题是在没有预设观念,没有需要验证的问题、对象和模式的时候产生的,计算机通过算法读取文本(图像),只需极少的人工干预,对现象进行自由探索,实际上是废除了人文论证和阐释。这种通过假说驱动的阐释,被数字人文学家艾伦·刘批评为"白板阐释"。[①] 欧美国家的学术界对数字人文的批判一直不断,其中斯坦利·费什《数字人文及其不朽》、亚当·克思奇《科技接管英文系:数字人文的虚假承诺》、蒂莫尼·布伦南《数字人文的幻灭》、笪章难《以计算的方法反对计算文学研究》等颇具代表性,批评辛辣,更具反思与祛魅意义。我国的数字人文研究虽然取得了一

① [美]克莱尔·毕夏普:《方法与途径——"数字艺术史"批判》,冯白帆译,《美术》2018年第7期。

些成绩,但仍属于起步阶段,缺少原创,“大多数项目确实没有推翻传统意义上的预设,还没有产生完全新的叙述,更没有出现震动学界的成果”①。之所以如此,一个重要原因是自说自话的文章多,质疑批评的文章少。批判缺席,学术则难以进步;反思不足,学人则难以成长。

二、从数字化生存到数据化发现

数字技术与数字工具被大量引入人文科学,通过数字化、数据化、网络化,建构了大规模的研究基础设施(数据库平台、数字人文中心等)。这种研究基础设施对于传统人文研究,不仅带来新的思维模式和研究视角,而且实现了“载体的转型进而导致的意义变迁”②。

(一)数字化的生态环境

美国经济学家卡尔·夏皮罗和哈尔·瓦里安在《信息统治》中,把数字化界定为“对信息流进行数字化的编码”。③ 换一种说法,就是通过平面和立体扫描、智能文本识别、数字录音和摄影摄像等技术把过去遗留的文本、图像、声音、艺术品、建筑等各种各样的信息转换成一系列二进制代码,引入计算机内部统一处理。数字化在过去数年的时间里狂飙突进,其发展速度之快、数量之多、范围之广、程度之深,都远远超出了我们的想象。数字化时代,对传统人文学科带来三个最重要的变化:一是所有学术生产活动的核心都会转向数字化生存,二是拓展了人文学者检索、搜集、研究与传播学术的视野与能力,三是传统人文学科呈现出边界模糊、交叉融合的趋势。数字化时代已经来临,我们都希望用数字化的逻辑去做今天和未来的事情。

---

① 张耀铭:《数字人文的价值与悖论》,《澳门理工学报》2019 年第 4 期。

② 胡易容、张克:《从“数字化生存”到“符号的栖居”》,《华南师范大学学报》2016 年第 2 期。

③ [美]埃里克·布莱恩约弗森、安德鲁·麦卡菲:《第二次机器革命》,蒋永军译,中信出版集团 2016 年版,第 86 页。

自20世纪90年代以来,世界各国纷纷投入巨资进行数字化建设,其中美国是最早提出数字图书馆概念并从事数字化建设的国家。1993年9月,美国国家科学基金会、国家宇航局和国防部高级研究计划署联合公布了《数字图书馆倡议》,开始领导、组织和资助美国数字图书馆的研究和开发工作。1995年,国会图书馆协同15家主要图书馆组建了"国家数字图书馆联盟",意图在互联网上建设分布式的开放图书馆,动态地保存美国的历史和文化遗产。2004年谷歌发布了一个野心勃勃的计划,试图把所有版权条例允许的书本文献进行数字化。为此,谷歌与密歇根大学图书馆、哈佛大学图书馆、斯坦福大学图书馆、牛津大学图书馆等达成交易,并发明了一个能自动翻页的扫描仪开始工作。在短短几年的时间里,共扫描了大约2500万本图书,终于使印刷文本上的内容变成了网络上的数据化文本,供用户通过搜索引擎查询和进行文本分析。然而,谷歌的"网上图书馆"因涉嫌侵权被美国出版商和美国作家协会告上法庭。官司虽旷日持久,但谷歌因"合理使用原则"成为最终的胜利者。这仿佛是一剂猛药,令美国知识界以及更广泛的社会领域人士兴奋,并展开双臂呼唤数字化浪潮的到来。美国数字公共图书馆(DPLA)捷足先登,将美国图书馆、博物馆和档案馆的人文资料及相关资源进行数字化和网络化开发,并于2013年4月上线,免费提供给世界用户。美国各大学采用跨学科的方法,将专业知识与数据集结合起来,相继建立了大量的人文主题网站、专题数据库,从长远考虑以数据化形式储存、保护、开发手中的资源。一些非营利组织也有计划地从事原生数字资源存档、互联网存档,开始布局数字化时代知识共享与大众化普及行动。各类基金会加大资助不同主题领域、研究方向中数字化项目的力度,成为研究基础设施的重要推动力量。与此同时,英国、法国、俄罗斯、澳大利亚等国家的数字化建设也如火如荼,成为国家信息化建设的重要组成部分。

我国的数字化建设虽然起步较晚,但投入和提速较快,不仅培育了若干个数字化科技巨头,而且为各行各业进入"数字世界"、共建人类命运共同体创造了良好的生态环境。以数字图书馆为例,1997年7月"中国试验型数字图书馆项目"

立项,1998 年以后数字图书馆在我国开始升温。中国数字图书馆示范工程、中国试验型数字式图书馆、教育部数字图书馆攻关计划、中国高等教育文献保障体系(CALLS)、国家科技图书文献中心(NSTL)、国家科学数字图书馆(CSDL)相继启动,国家图书馆文献数字化中心、数字图书馆研究所相继成立,中国数字图书馆、中国知网、超星数字图书馆、上海数字图书馆、华东师范大学数字图书馆等相继运营与完善,进一步推动了我国数字图书馆的研究与建设工作。2008 年全国图书馆标准化技术委员会成立,围绕数字图书馆建设制定了一批相应的国家标准、行业标准。2012 年《全国图书馆标准化工作"十二五"规划纲要》,将"数字图书馆"列为第一个重点领域。麦肯锡全球研究院发布的"中国行业数字化指数"显示,中国与美国之间相对应行业的数字化程度差距正在迅速缩小。2013 年,美国的数字化程度是中国的 4.9 倍,到 2016 年已缩小到 3.7 倍。在零售业和娱乐业,中国的数字化程度已明显高于欧盟和美国。[①] 数量可观的年轻网民,体量庞大的数字化市场,源源不断的海量数据,不断扩张的数字化生态系统,构成了数字人文研究的生机和命脉。

(二)数据库改变了学术

数字化只是转换了传统文献资料原先的存在方式,能够让计算机存储、处理和展示,在没有被数据化之前,其本身不代表任何潜在的意义。真正能够改变传统文献资料利用方式的是数据化,数据化是将电子形态的文献数据结构化,按照一定数据格式构建成适用于可制表分析的量化形式。其意义在于:让数据从静态的"原矿状态"变为动态的可分析数据资源。

从数字化走向数据库进而走向平台化,是未来的发展方向。数据库按照数据结构来组织、存储和管理,既是一个长期储存于计算机中的有组织、可共享的、统一管理的数据集合,也是一个应用领域的通用数据处理系统。不同的用户可以按

① 麦肯锡全球研究院:《中国行业数字化指数》,中国日报网,2017 年 12 月 5 日。

各自的需求使用数据库中的数据，多个用户可以同时共享数据库中的数据资源。数据库的类型，大体有层次数据库、网状数据库、数字化文献资源库、关系型结构化数据库等。关系型结构化数据库的数据之间可以任意重组关联，形成新知识，发现新问题，已经成为目前数字人文研究中最重要的平台。2008 年，美国人文学科国家基金会推出"数字人文行动计划"，并成立了专门的"数字人文办公室"，推动各种类型数字人文项目的规划和实施。由此，使"数字人文"这个幽灵得以在美国和世界其他各国自由徜徉。近十多年来，数字人文研究机构如雨后春笋般涌现，全球多个国家相继成立了数字人文研究学会和数字人文中心。数字人文中心主要分为两大类：一是以大学院系为主体成立的数字人文中心，主要依托文学、历史、艺术、考古与计算机等学科，有专职的专家与技术人员队伍，呈现出专业学术研究的特征。比如，建立数字馆藏作为学术或教学资源，开展人文科学和人文计算研究，举办与专业领域相关的讲座、工作坊、会议，编辑出版专业书籍、期刊、会议报告以及博客等形式的研究成果，招收和培养研究生等。二是以大学图书馆为主体建立的数字人文中心，相当于各类数字人文项目的孵化器。这类中心多数定位于"跨学科协同创新服务机构"，通过具体的项目将不同学科的研究力量整合在一起，并为项目的运行提供必要的技术和管理服务。因此，这类中心集多种职能于一身：一是公共数据中心，通过数字化技术采集必要的信息资源，实现集成存储；二是技术支持中心，形成人文科学专家、计算科学专家与技术人员协同创新格局；三是在线服务中心，通过数字人文项目链接提供深层次信息服务；四是协同管理中心，围绕数字人文项目建设实现人力资源的合理配置；五是教育培训活动，强化社会大众的数字人文意识和相关工作技能。[①] 截至 2019 年 4 月 20 日，数字人文合作组织"数字人文中心网络"（Center Net）收录的数字人文中心已达 201 个。据统计，数字人文中心约一半在美国，而这其中又有约一半设在图书馆，另有约四

---

① 赵生辉、朱学芳：《我国高校数字人文中心建设初探》，《图书情报工作》2014 年第 6 期。

分之一和图书馆有某种程度的合作关系。[①] 可见在数字人文基础设施建设中，图书馆的作用不容忽视。

在欧美国家，大学、图书馆、数字人文中心、有影响力的学术期刊、商业公司和有能力的学者个人通常是数据库和平台的构建主体。欧美国家与中国文化有关的数字人文研究项目中具有范式意义的有三个：(1)中国历代人物传记数据库(CBDB)，该项目由哈佛大学东亚语言与文明系、北京大学中国古代史研究中心和台湾"中研院"历史语言研究所合作，包弼德教授主持。这是目前世界上最大的中国历史人物传记资料分析数据库，专业一流，功能强大，支持各种各样的查询，包括人物入仕途径、官职查询、社会关系网络等，实现了数据、平台、方法论与工具的有机整合。"这样的数据库为研究者提供了一种新的方式，基于大量数据来思考人类的过去和历史。"[②]但系统过于专业复杂，也会给普通用户的使用带来不便。(2)中国历史地理信息系统(CHGIS)，由复旦大学历史地理研究中心与美国哈佛大学东亚语言与文明系、哈佛燕京学社、澳大利亚格里菲斯大学亚洲空间数据中心等机构合作，包弼德主持。项目将中国历史地名和历史地图矢量化，并且以关系型数据库的方式记录地名的层级、沿革信息及可视化的展示，试图建立一套可靠、开放的基础地理信息数据库。(3)古籍半自动标记平台(MAR KUS)，由荷兰莱顿大学魏希德教授与何浩洋博士设计开发，是一个纯线上文本标记工具。该平台自身没有数据，但可利用中国历代人物传记数据库及其他数据库，使用者可以为文本标记出人名、地名、年号、职官等关键词。这些经过标记的文本导入数据库后，会成为其他数字人文学者进行统计分析的数据来源。

近十几年来，我国各个领域、各个方向统建、自建、共建的人文社会科学专题数据库不断涌现，但各自为政，条块分割，鱼龙混杂，参差不齐。性能比较优化的

① 冯晴、陈惠兰：《国外图书馆参与数字人文研究述评》，《图书馆杂志》2016年第2期。

② [美]包弼德：《数字人文与中国研究的网络基础设施建设》，夏翠娟翻译整理，《图书馆杂志》2018年第11期。

也有三个代表:(1)台湾大学 DocuSKY 数位人文学术研究平台,由项洁教授主持。这是台湾大学数位人文研究中心与资讯工程学系开发的平台,2018 年新版页面正式上线。DocuSKY 提供研究者在平台中上传自己从各种不同渠道搜集来的文本资料,并且运用各式各样的新颖工具,进行文本格式转换,建置数字资料库,支持用户对自己的数据进行个性化探索,从多元的视角挖掘潜藏于资料中的议题线索及脉络。(2)唐宋文学编年地图平台,由中南民族大学王兆鹏教授主持开发,2017 年 3 月上线。目前上传的唐宋诗人行迹数据已近 500 人,地图融时间、地点、人物、事件、作品为一体,将诗人的编年事迹和编年作品转化为关系型结构化数据,一生活动轨迹都能可视化。这种支持多元素呈现的模式,不仅强化了文学史的空间维度,更改变了文学地理空间的认知方式。(3)学术地图发布平台,由浙江大学徐永明教授主持开发。自 2018 年 3 月上线以来,已发布 300 余幅数据地图、600 多个图层、40 万条数据,涉及地学、农学、健康、环境、交通、气候气象及人文等各个领域,力求从空间维度展示中国人文与历史。

数据库已经成为一种新的文本形式,一种新的数字媒介,正在改变着学者阅读与检索、分析与研究、写作与传播的方式。从这个意义上讲,说数据库改变了学术也不为过。但我们在使用、依赖这些性能各异的数据库和平台的同时,也对伴随的挑战充满了焦虑。第一,数据库不断扩张,重复无序,互相独立,壁垒森严。各个数据库之间缺乏统一的标准,互不支持,互不买账,这与数字人文开放、多元、协作的学术氛围格格不入。第二,部分专题数据库数据不完整、数据更新慢、数据冗余、数据共享不给力,已经成为"僵尸库"和"负面标签",亟待升级转化为关系型结构化数据库。第三,部分大型数据库出版商通过垄断学术资源数字出版权而在市场竞争中取得了极强的优势。把带有公益性质的数字学术资源进行纯商业化运作,并且采取差别定价、不断涨价、不公平高价的做法,不仅损害了消费者的合法权益,而且也使学者(也是作者)们深感切肤之痛。

三、从思辨式方法到数据驱动范式

人文学科传统研究是一种思辨式的研究方法，即“先预设问题，然后收集及整理相关材料，通过对材料的思辨和诠释而形成成果”①。然而，这种过度依赖已有的研究成果与研究者的经验性、直觉性，极易导致知识发现陷入“路径依赖”和“个性依赖”，并在很大程度上限制了学术研究的科学性。“数字”的多样性、包容性和可扩展性，数字技术的大爆发为学术研究提供了一种新的思路与范式——数据驱动的研究范式，即通过数据挖掘、算法参与、社会分析、机器学习等手段重塑和改造人文知识。数字人文之所以不同于传统人文研究之处，“正在于‘数字’的背后代表的是一批学者试图以科学方法介入人文研究，从而建立新的认知方式、新的研究范式的自觉意识和实践”②。

（一）文本挖掘

欧美国家的数字人文研究一般以项目为基本单位，这些项目覆盖面比较广，几乎包括了所有人文学科，常见的有数字历史研究项目、档案与文献研究项目、语言与文学研究项目、艺术研究项目、图书馆信息和博物馆研究项目、数字人文公众科学项目等。例如档案与文献研究项目，就包括 GIS 历史地理可视化项目、语料库建设项目、历史资料库建设项目、社会及历史场景重建项目、档案数字化项目五类。虽然都是围绕特定领域建立、特定问题组织，但追求的价值是对特定主题数字资源的深度挖掘与“基于数据的研究”。文本挖掘技术在欧美的数字人文项目中已经得到了广泛应用。数字人文学者通过从文本中挖掘隐含在数据背后、先前并不知道，但存在潜在价值、能被赋予意义的信息，进而发现新的知识。文本挖掘最常用的技术，包括词频统计、特征提取、结构分析、文本摘要、文本分类、主题模

① 欧阳剑：《大数据视域下人文学科的数字人文研究》，《图书馆杂志》2018 年第 10 期。

② 陈静：《数字人文知识生产转型过程中的困境与突围》，《文化研究》2018 年第 2 期。

型、关联分析等。文本挖掘的一个重要指向,就是学者们利用它去研究文学与社会问题之间的关系。Elson 等对 60 部 19 世纪的英国著名小说和期刊进行了社会网络关系挖掘,给出了这一阶段社会网络特征的新解释,阐明了小说人物的数量与社会网络特征的相关关系以及小说的形式与背景对社会网络关系的影响。[①]美国有学者利用 MALLET 工具对美国 1776 年至 1820 年间的殖民者通信记录、政府文件、政治精英的写作进行 LDA 聚类分析,研究美国早期殖民情况。德国有学者使用主题模型分析法国古典时代的启蒙运动的戏剧文本的体裁类型。[②]

文本挖掘在文学方面的应用越来越受到中国学者的关注。有学者"通过建立不同文本的语料库,统计分析其中所使用的语言及其特质,帮助确立作者的身份,或重新分析其中的小说情节、人物功能等等"[③],如对中国现代作家李劼人《大波》三部曲的研究。有学者"对不同文类文体的语言特征及其文本功能进行分析,尤其是对声韵词句特征、格律形成演变、情感表达等做出新的探寻。利用文本深度挖掘得出的数据,对文学研究中重要的两个领域'文体'与'文论'中出现的重要论题进行具体而微的专题研究"[④]。还有学者,基于叙事理论设计的文本挖掘和分析工具,可以分析数以百万字计的超长篇网络小说,还能实现同时对比分析成百上千部类型小说或史传叙事,析出其类型特点或叙事程式。[⑤] 在人文学者的知识视野中融入数据驱动,无疑推动了人文学科研究的发展。

(二)量化分析

数据科学家维克托·迈尔·舍恩伯格说过,大数据时代,一切皆可"量化"。20 世纪 60 年代起,计量史学在欧美学界颇为兴盛。经过几十年的发展,欧美出

---

① 郭金龙、许鑫:《数字人文中的文本挖掘研究》,《大学图书馆学报》2012 年第 3 期。

② 王军、张力元:《国际数字人文进展研究》,《数字人文》2020 年第 1 期。

③ 王贺:《"数字人文"如何与现代文学研究结合》,《现代中文学刊》2019 年第 1 期。

④ 刘石:《大数据技术与古代文学经典文本分析研究》,《数字人文》2020 年第 1 期。

⑤ 严程:《现代文学研究的"数字人文"方法刍议》,《现代中文学刊》2019 年第 1 期。

现了一些重要的大型量化数据库,如美国整合公共微观数据库(IPMS)和犹他人口数据库(UPDB)、加拿大巴尔扎克人口数据库(BALSA Population Database)、荷兰历史人口样本数据库(HSN)、瑞典斯堪尼亚经济人口数据库(SEDD)等等。这些数据库,实质上是计算技术与结构数据的组合。数字人文学者"多以'大数据'为基础,关注材料的系统性和可量化数据平台的构建,重视对长时段、大规模记录中的各种人口和社会行为进行统计描述及彼此间相互关联的分析,以此揭示隐藏在'大人口'中的历史过程与规律"[①]。例如,法国经济学家托马斯·皮凯蒂所撰《21世纪资本论》,就是依据多国20世纪国民账户、收入、财产与纳税等多种系统历史数据,研究资本主义社会不平等的长期演化的畅销著作。美国经济学家克劳蒂亚·高丁与劳伦斯·凯兹合著的《教育与技术的竞赛》,就是基于一个世纪以来美国教育、职业和收入的个人层面微观数据讨论美国经济不平等的历史脉络和技术革新、教育进步对收入分配结构的影响。[②] 在概念史研究中,以往偏重引述文献以进行语义的铺陈和考辨。而现在借助大数据方法,则可对词频、用法和语境进行量化分析,以梳理概念含义的形成和流变。[③]

20世纪80年代计量史学被介绍到中国大陆,其方法成为经济史、人口史、社会史、军事史等专业学者的一种必不可少的研究手段。例如,中山大学陈春声出版的著作《市场机制与社会变迁:18世纪广东米价分析》,就是史学界当时唯一一部成功应用计量史学方法的力作。西安交通大学蒋正华运用数学模型方法计算中华人民共和国成立以来历年的人口出生率和死亡率,在此基础上估算出三年经济困难时期非正常死亡人数。[④] 计量史学方法在显示其突出功效的同时,也呈现出统计图表抽象、函数公式难懂、演算过程复杂导致计算质量欠佳的局限性。20

① 梁晨:《量化数据库:"数字人文"推动历史研究之关键》,《江海学刊》2017年第2期。

② 梁晨、董浩、李中清:《量化数据库与历史研究》,《历史研究》2015年第2期。

③ 李剑鸣:《大数据时代的世界史研究》,《史学月刊》2018年第9期。

④ 蒋正华、李南:《中国人口动态估计的方法与结果》,《中国人口年鉴(1987)》,经济管理出版社1988年版,第94—106页。

世纪 90 年代中期以来,随着欧美一些重大历史量化数据库对学界开放,李中清、康文林团队“中国多代人口系列数据库”(CMGPD)、北京大学与北京爱如生公司“爱如生系列数据库”等量化数据库的相继问世,计算机辅助下的量化分析成为中国数字人文研究中的一股新风潮。量化分析给历史研究带来的改变体现在三个方面:第一,借助量化数据库,通过计算与分析关键词的意义,并将其放到历史语境中认识过去曾经盛行过的普遍观念,发现历史真实。例如詹荃亦、王乃昕的《“主义”的数位人文研究》,就是从量化的角度勾勒出“主义”概念的历时性发展轨迹,量化地证明了“主义化”在近代中国曾煊赫一时。第二,“透过巨量资料的计算分析,对过去史学研究结论进行补充修正工作”①。史学界传统观点一般认为,《新青年》创刊的宗旨是以青年为主,教育青年。金观涛、梁颖谊等人的《统计偏离值分析于人文研究上的应用——以〈新青年〉为例》则修正了这一说法。文章指出《新青年》第 1 卷的关键词是“国家”与“政府”,而并非“青年”。随着国家主义的幻灭,中国知识分子才真正走向关注青年的觉醒道路。因此,“青年”概念在第 2 卷成为关键词并在之后大量涌现,是有其深刻时代背景的。第三,量化分析方便学者“发现数据统计与传统记述性史料不同的历史面向,或者不同数据系统之间的差异,进而以此为起点,提出新的学术问题”②。例如陈志武、彭凯翔等的《清初至二十世纪前期中国利率史初探——基于中国利率史数据库(1660—2000)的考察》指出,流行观点多将中国传统民间借贷简单斥为“高利贷”,但具体情形则更为复杂。通过数据库,可以更清楚地看到这种解读的偏差之所在及产生之缘由。量化分析发现:以往研究中“高利贷”印象的形成,实与史料运用上偏向概述资料有关,一旦运用统计手段对大量的原始材料进行系统分析,其偏差就立即呈现出来了。以往关于传统“高利贷”的讨论往往忽略商业化放贷,直接以私人间借贷的利率来讨论经济发展受到的阻碍,可以说存在严重的误读。由于信息

① 邱伟云:《验证、修正、创新:数字史学方法的三重功能》,《南京大学学报》2019 年第 2 期。

② 申斌、杨培娜:《数字技术与史学观念——中国历史数据库与史学理念方法关系探析》,《史学理论研究》2017 年第 2 期。

不对称及信贷配给,平民无法跨越商户、钱庄直接向票号借贷,不同市场间的利率因此不完全受"一价法则"的支配,呈现出的特征也很不一样。另外,文献中以中国的私人借贷利率与西欧的机构同业借贷利率相比的常见做法,也是不太得当的。

(三)地理信息系统

作为一个采集、存储、显示、管理、处理信息的计算机软件系统,地理信息系统(GIS)不仅融合和集成其他技术,而且还利用定位将海量信息整合、分析及可视化,正促成历史和其他人文学科对地理空间的重新发现。1963 年,加拿大测量学家汤林森首次提出"地理信息系统"概念。20 世纪 90 年代,欧美学者逐渐将 GIS 技术引入历史分析之中,为历史地理学研究注入了新鲜活力。2000 年之后,伴随着计算机技术的巨大进步与互联网的飞速发展,GIS 在历史和文化中的应用成了研究热点。Knowles 主编的《逝去的时空:历史地理信息系统》、Knowles 与 Hillier 主编的《定位历史:地图、空间数据和 GIS 改变历史学研究》,集中展示了电子地图、GIS 在古代聚落、城市、交通网络、历史事件重建、人口史、土地利用等方面的应用,从而引起了历史、考古、语言、文学等人文领域学者研究的极大兴趣。[①] 到目前为止,世界各国基本都建立了本国的历史地理信息平台与专题历史地理信息系统,比较著名的有美国加州大学圣巴巴拉分校的空间综合社会科学研究中心、英国伦敦大学学院的高级空间分析中心等,以及瑞典于默奥大学开发的拜占庭帝国犹太社区项目、美国加州大学伯克利分校开发的菲律宾文化地图、美国布朗大学开发的非洲史动画地图集等。与此同时,欧美学术界利用 GIS 技术研究的问题涉及方方面面。例如,19 世纪二三十年代,美国风沙侵蚀区的出现是由过度开垦农田还是环境变化所导致?伊丽莎白一世时期,伦敦城市风貌巨变对英格兰地区的文学有何影响?19 世纪德国在周边多变的政治格局中,统治者和领土间的关

① 陈刚:《"数字人文"与历史地理信息化研究》,《南京社会科学》2014 年第 3 期。

系是什么？空间网络对中国封建时期的行政区划有何影响？空间如何塑造了美国洲际铁路的建设发展？[①] GIS 技术为这些问题的研究不仅提供了新的视角，而且突破了学科界限。

我国已开发的历史地理信息平台，有哈佛大学与复旦大学合作的“中国历史地理信息系统”、南京师范大学虚拟地理环境教育部重点实验室开发的“华夏家谱历史地理信息系统”、中国人民大学清史研究所开发的“清史地图集与地理信息系统”等。GIS 进入中国历史学研究领域，“在历史时期环境演变、河流地貌、气候变动、水利社会、乡村聚落、城市形态、传统舆图、疫病传播等方面都取得了非常重要的突破，许多过去无法解决的难题通过 GIS 手段得以解决，它的开发价值也越来越受到学者的重视”[②]。GIS 进入中国古典文学研究领域，至少可以协助解决如下问题：中国历代作家在不同时期的地域分布状况、自先秦以来中国历代作家在不同地域的消长、历代作家的迁徙与文化重心之转移、作家群体的诞生嬗变与其地域之分布、家族文化与文学在不同历史时期的演变、具体作家在不同年月的创作情况及其作品在不同地域的分布、作家文集在不同时代不同地域的流布刊刻、精确描述文学事件作家活动与编年文学史写作、作家年谱的编纂、著名作家在不同地域不同历史时期的影响研究。[③]

（四）社会网络分析

社会网络分析受到人类学、社会学、物理学、数学、统计学、计算机科学等不同学科的影响，经历了几次起伏的发展阶段，最后相互融合成对社会主体的“属性数据”及“关系数据”加以“结构分析”的一种新范式。社会网络分析的精髓，“在于把复杂多样的关系形态表征为一定的网络构型，然后基于这些构型及其变动，阐

---

① ［美］David J. Bodenhamer：《超越地理信息系统：地理空间技术及历史学研究的未来》，孙頔、钦白兰等编译，《文化艺术研究》2014 年第 1 期。

② 张萍：《地理信息系统（GIS）与中国历史研究》，《史学理论研究》2018 年第 2 期。

③ 郑永晓：《以 GIS 为例看信息技术在古典文学研究中的应用》，《重庆教育学院学报》2006 年第 5 期。

述其对个体行动和社会结构的意义”①。20世纪90年代以来,“以网络中心度、网络密度等常规分析为基础,动态空间分析、重叠网络概念的应用、凝聚子群分析等新方法不断出现,极大提升了社会网络分析对考古学材料的多角度解读能力”②。考古学社会网络分析研究迎来了大发展,产生了如对古代贸易和交流路线、人群流动、文化边界和文化传播、古代政治集中化和国家起源等一系列多维度的研究成果。数字人文研究也从传记或小说类文学文本或关系数据库中提取各种人物关系构建社会网络,去分析并思考人类的过去和历史。文学研究应用社会网络分析,也取得了许多典型案例。例如,英国学者戴维·K.埃尔森、尼古拉斯夫人、凯思琳·麦基翁提出从文学小说对话中提取社会网络,数据获取的方式是选取60部19世纪的英国小说和连载文集,统计人物之间的对话数量,最后得出的结果是有意义的,且为研究其他类型小说的社会网络提供了参考。③ 加拿大的Evalyn等人构建了37部莎士比亚戏剧中人物的交流关系网络,并依据网络分析的指标来判断喜剧、悲剧与历史剧等体裁。④

社会网络分析引入中国,应用最为广泛的是图书情报、网络舆情、数字图书馆、政治学与经济学等领域,近年来才有学者将其应用于数字人文,且较为集中在历史与文学研究领域。例如王涛的《数字人文框架下〈德意志人物志〉的群像描绘与类型分析》,就用Python语言编写代码,对《德意志人物志》进行了结构化处理和社会网络统计分析,清晰地勾勒了历史人物迁移的图景,从而推演了德意志中心城市的生成。⑤ 严程的《顾太清交游网络分析视野下“秋红吟社”变迁考》,借助社会网络分析来考察顾太清与沈善宝等十余位诗友的往来诗作,将文献中涉及

① 李林艳:《社会空间的另一种现象——社会网络分析的结构视野》,《社会学研究》2004年第3期。

② 陆青玉、栾丰实、王芬:《社会网络分析及其在考古学研究中的应用》,《东南文化》2019年第5期。

③ 魏会洋、袁曦临:《社会网络分析在文学阅读研究中的适用性问题——以数字人文视角下的〈白鹿原〉人物关系阐释为例》,《新世纪图书馆》2019年第3期。

④ 王军、张力元:《国际数字人文进展研究》,《数字人文》2020年第1期。

⑤ 王涛:《数字人文框架下〈德意志人物志〉的群像描绘与类型分析》,《历史研究》2018年第5期。

的人物、时间和事件信息转换成变动的人际网络，发现以顾太清为中心的女性诗人交游群体在诗社存续期间的两次重大结构变化，并破解这一清代满汉融合闺秀诗社的兴衰变迁之谜。①

（五）可视化分析

可视化是利用计算机图形图像处理技术，将文本中复杂的或者难以通过文字表达的内容和规律以视觉符号的形式在屏幕上显示出来，通过图形或视角解读数据。“可视化可以作为分析和解释工具，来揭示模式、反常现象或并发事件；可视化也可用于显示新发现，或作为论证的总结。”②欧美国家的许多数字人文研究成果采用了可视化分析，特别是“视觉历史研究”的盛行，让人为之眼前一亮。在历史研究方面，越来越多的学者借助数字技术对历史事件进行静态和动态的可视化展示。例如弗吉尼亚大学的“视界”项目就利用数字化手段将大量数据转化为地图、图表、图形等，从另一个角度讲述重要的历史事件，并建立庞大的数据库，供用户搜索和了解历史事件的发展。美国斯坦福大学的历史学家将美国报业发展的详细过程按照年份以图示形式予以呈现，形成《图说美国报业发展史（1690—2011）》的研究成果，从而填补了美国新闻史的空白。Schich 等通过获取公元前600 年到公元 2012 年间 15 万名不同领域的杰出历史人物的出生和死亡地点数据，描绘了这些著名人物的迁徙模式，通过网络和复杂性理论的工具，识别特征模式，确定文化和历史的关联，使用大规模可视化和定量工具从宏观的角度绘制了3000 年欧洲和北美的文化史图，获得文化中心发展的历史趋势。③

近年来，可视化技术在中国的发展很快，从概念、理论与方法介绍，到空间、地

---

① 严程：《顾太清交游网络分析视野下“秋红吟社”变迁考》，《山东社会科学》2018 年第 7 期。

② ［美］安妮·伯迪克、约翰娜·德鲁克等：《数字人文——改变知识创新与分享的游戏规则》，马林青、韩若画译，中国人民大学出版社 2018 年版，第 45 页。

③ 欧阳剑：《面向数字人文研究的大规模古籍文本可视化分析与挖掘》，《中国图书馆学报》2016 年第 2 期。

理、文献、数据库的广泛应用，人文学界越来越明显地呈现出“视觉转向”的趋势。例如，严承希、王军借助符号分析方法对哈佛大学“中国历代人物资料库”进行实证探索与可视化分析，从宋代政治整体网络分布特征、核心人物的地位与结构拓扑以及不同时期宋代政治网络的时序政治关系演化模式三个层次，进行变量统计与散点图比较讨论，为研究宋代党争政治格局提供了新的思考方式，同时也展现了可视化技术在历史研究领域中的可行性与巨大潜能。[①] 王哲以清代南方粮价空间分布和粮食运销网络为例，说明了如何对历史空间经济数据进行可视化，分析得到清代南方地区米价从东到西的四个空间梯度，同时根据旧海关统计中的“多种粮食”贸易源汇数据，在分析其空间属性基础上定量重建了 20 世纪 30 年代的粮食贸易网络。他认为可视化能够在原始史料“二次整理”过程中发挥较大的作用，在学科交叉和融合方面有着很好的学术前景。[②] 王兆鹏认为“可视化的意义，它不只是一种表达方式的变化，更可以带来学术研究范式的变化”[③]。

托马斯·库恩认为，新的范式可以带来“革命性”的后果，推动科学研究的飞跃。大数据的兴起，机器学习算法的迅猛发展，推动了数据驱动研究范式的拓展深化，使得数字人文研究的科学性提高和视野扩大，能够解决传统研究方法无法解决的问题，并出现了具有一定原创性的学术成果，如弗吉尼亚大学杰罗姆·麦根开创的“文本批评”、美国当代新媒体理论家列维·曼诺维奇和马克西米里安·席希提出的“文化分析学”、芝加哥大学弗朗哥·莫莱蒂提出的“远读”等。2009 年之前，中国国家社会科学基金几乎没有数字人文项目。2016—2018 年，国家社会科学基金重大项目中分别有 16、22、15 个数据库和平台建设项目立项，涵盖多个学科、多个主题。这些数据库和平台，有的侧重数据挖掘，有的长

① 严承希、王军：《数字人文视角：基于符号分析法的宋代政治网络可视化研究》，《中国图书馆学报》2018 年第 5 期。

② 王哲：《历史空间数据可视化与经济史研究——以近代中国粮食市场为例》，《中国经济史研究》2017 年第 5 期。

③ 王兆鹏：《今后古代文学研究的可视化趋势》，《古代文学前沿与评论》2018 年第 1 期。

于平台架构，还有的注重方法论推广，但都具有人文学术研究的“计算转向”特征。

四、结论

数字人文在当下的中国，已经成为人文科学研究的学术热点和趋势，因此有必要对数字人文的“数字”组成部分进行比较深入的讨论。第一，“数字”是软件和算法，数字是技术和工具。数字工具和技术为数字人文研究带来机遇的同时，数字的技术困境和伦理困境也已显现。第二，从数字化生存到数据化发现，不仅带来新的思维模式和研究视角，而且实现了载体的转型进而改变了学术。第三，从思辨式研究方法到数据驱动研究范式，实现了人文学术研究的“计算转向”。数字人文研究采用了大量“数字”方法和技术手段，诸如文本挖掘、量化分析、地理信息系统、社会网络分析和图像可视化技术等，确实重塑和改变了人文研究的眼界及其路径，为学者们提供了更多差异化、开放性、趋势性研究的可能和线索，从而扩展了学术疆域和潜力。

数字人文可以拆解为“数字”和“人文”两个概念，两者既独立又连贯，倘二者联姻就会产生聚合效应，成为一种超越历史和媒介的创建知识和意义的路径。但问题在于“数字”一家独大，技术思维导致“数字孤岛”出现，不能很好体现人文理念，影响中国原创性学术成果的生产。如何突破数字人文的“数字困境”？数字人文学者不能再满足于独自研究，不能仅专注于学术研究的“数字”性，而应加强协同作战，加强学术研究的“人文”性。一是加强问题导向，深度介入项目研究，发现、分析、解决问题，对关键人文理念提出建议或质疑，专业领域的需求，只有专业学者最为了解。二是提升复合素养，积极参与数据库的开发，接受计算的流程方法，学习编程语言、数据库技术和数据格式的建构过程，使自己成为既懂数字又懂人文的“刺猬型”和“狐狸型”合一的人才。三是跨界合作创新，不能仅满足于如何对相关数据进行人工标记、如何处理词频、如何使用分析软件，更重要的是尝试转换身份，用技术思维思考问题和提出问题。要与数字领域的技术专家建立密切合作关系,处理好两者的相斥、相容、相加问题。四是提倡文化批评,不仅针对技术工具、数据与元数据、算法和计算的批评,还应将批判性思维延伸到社会、经济和文化的范畴中去,以此包容不同形式的学术研究和批评方法,丰富数字人文的学术能力。如果没有问题导向,没有批判精神,没有独立观点,没有原创成果,那么数字人文只能是少数人圈子内的狂欢,只能沦为新技术的炫耀场。因此,"未来的数字人文研究,只能以人文为本位,以技术为手段来发现、分析和解决人文社科领域的问题,而不能仅用人文社科领域的数据来验证算法"①。近年来,数字人文领域内部的争论也日益加剧,面对实践者不断提出的颠覆性问题,痛苦或许是这个领域未来的标志。

原载于《吉首大学学报》2020 年第 4 期

---

① 王兆鹏、郑永晓、刘京臣:《借器之势,出道之新——"数字人文"浪潮下的古典文学研究三人谈》,《文艺研究》2019 年第 9 期。

下编　学术随笔

《雾里看花：谁的期刊，谁的评价》序

其实,我与朱剑教授相识很晚。在此之前只是久闻其名,未见其人。江湖传说,他是一个昼伏夜行、特立独行的主编,也是一个提问刁钻、批评辛辣的“剑客”。2005年早春,我随教育部“名刊工程”专家组去《南京大学学报》作中期检查,第一次见到现实中的朱剑。他长得玉树临风、一表人才,汇报条理清晰、不卑不亢,我感觉他是一个有思想、有个性的人物。此后在不同的会议上碰到,到共赴一地座谈发言,再到坐在一起喝茶、聊天。就这样一回生两回熟,从相识到相知,我们对学术评价、学术期刊的改革发展、媒介融合的理念及进路在大逻辑上都有着很多的共识。这也是我愿意写下这篇小文的初衷和动机。

《雾里看花:谁的期刊,谁的评价》分“上编:学术研究　谁人评说”“下编:学术期刊　何以定位”,收录16篇文章,共40余万字。这本书,有料,有干货,有自己的理论和思想,可谓雪泥鸿爪。它不但清晰完整地展现了朱剑近十年来呕心沥血、上下求索所取得的学术成果,也代表了中国当下学术评价与学术期刊研究的水平,在中国语境的“期刊改革”浪潮中是一个更可以亲近、更具有参考意义的范本。也就是说,他提供的研究与思考,虽然尖锐,但更具冲击力,也可能走得更远,更值得深入挖掘。

毫不谦虚地说,朱剑这些论文我以前大多看过。这回汇集成册,再次拜读,仍有“一览众山小”的感觉:雄辩与自信,分析与解构,专业与深刻,责任与情怀,跃然纸上。他是一个有理想、有情怀,并且还有勇气的学者型主编,读他的文章,的确可以闻到荷尔蒙的气息。窃以为,这本书有以下三个特点:

一是独立思想。学术文章不仅是学术与知识的载体,更是思想的载体。朱剑不是一个随波逐流之人,而是一个思想者。"我思故我在",这是他的追求,也是他的存在方式。在这背后是专心致志、心无旁骛的思考,在自己熟悉的研究领域发出思想的灵光。在这个物欲横流的年代,他不被名利绑架,所以也就不需要去应付和说客套话,因此他的时间变得富足,空间变得自由,思想变得独立,于是就有了一系列创新观点的提出,比如"评价蜕变说""评价权力说""学术传播中心转移说""构建学术传播新秩序说""学术新媒体说""编辑身份焦虑说"等等,一时独领风骚。学术界与期刊界不少研究者,或下载,或引用,积极地传播他的观点。这也说明一个真理:独立的思想是期刊生命的血液。据中国知网数据统计,截至笔者撰写本文时,《高校学报的专业化与集约化、数字化发展》下载1845次,被引170次;《学术评价、学术期刊与学术国际化》下载1806次,被引60次;《重建学术评价机制的逻辑起点》下载1859次,被引56次;《科研体制与学术评价之关系》下载1376次,被引34次。对于"小众"的学术话题来说,这样的数据尤为难得。能够紧紧抓住这样的高被引作者,让同行不得不羡慕嫉妒恨《清华大学学报》主编仲伟民教授,这也印证了"热闹的马路不长草,聪明的脑袋不长毛"颇有些道理。

二是批评精神。国内学术界有一个现象,就是缺少严肃的学术批评。同行之间缺少学术商榷,学术会议缺少学术争鸣,学术期刊缺少学术批评,你好我好大家都好,表面和谐的下面,却潜藏着种种弊端。朱剑对学报时弊的批评,不留情面;对科研体制弊端的抨击,不遗余力;对扭曲的学术评价的批判,更是一针见血。几年前,我俩出席上海的一次学术研讨会,一家外国知名评价机构负责人在台上夸夸其谈、自我标榜。朱剑坐听风雨,不动声色,互动时抽丝剥茧、环环紧扣、连珠发问,面对这样专业的切磋,演讲者瞠目结舌尴尬至极。他是一个比较理性的人,批评的内容未必宏大,如国家、民族、人类之类,即使对量化指标的批评,对科研体制的反思,也都是从细节入手,但寄托却深远,包含着对当下学术期刊人的生存境遇深刻的同情与理解,可谓"知我者谓我心忧,不知我者谓我何求"。有锐气的批评,意味着拒绝浅薄与平庸,意味着对事不对人,意味着见庙拆庙、见佛杀佛。但朱剑绝对不是堂吉诃德式的中世纪骑士,分得清纸上与人间。也许现实生活中,他可以远离庙堂,寄居陋室,然而他的精神世界是宽广的,最不缺乏的是批评的勇气、责任和正义感。

三是编研一体。学术期刊从17世纪中叶在欧洲诞生时,采用的就是"编研一体"模式,中国也不例外。民国最引人注目的变化是大学与刊物结合,大学教授创办的《新青年》《学衡》《国学季刊》《燕京学报》《清华学报》《禹贡》《食货》等,给新时代带来了新思想、新气象。斗转星移,风云变幻,"编研一体"的传统并没有因此而中断。教育部"名刊工程"中的有许多学报主编在担任,诚如王学典、吴承学、汪涌豪等知名学者,教书育人、钻研学问、编辑刊物,目标迥异,但却成绩斐然。朱剑编刊36年,殚精竭虑,废寝忘食,把对学术的厚爱,对生命的眷恋,全都倾注在了一篇篇论文的推敲之中。但他不是编辑匠,而是一个思想者,这体现在三个方面:第一,倡立"专栏特约主持人"制度。特色栏目在学报界的相继推出,也暴露了学术期刊编辑在知识结构、前沿意识和学术水平方面的不足。为了弥补这一短板,朱剑在《南京大学学报》2000年第1期率先推出了"本专栏特约主持人"。邀请知名学者做专栏主持人开风气之先,其做法逐渐得到学术界和期刊界的广泛认可。2004年之后,多家大学学报相继推出了"栏目主持人"制度,从而提升了学术期刊的内容质量,也促进了学术期刊与学术共同体之间的血脉关系。第二,"网刊"设想的提出。2010年9月,朱剑在《清华大学学报》第5期发表《高校学报的专业化转型与集约化、数字化发展》一文,首次提出了高校名刊学报专业化转型和集约化、数字化发展可行性方案,即对各刊纸质版发表的文章进行同步数字化编辑重组,打破校域界限,成立联合编辑部,创立若干一级学科专业期刊,组成期刊群。教育部袁贵仁部长阅后批示,嘱教育部社科司进行研讨,"中国高校系列专业期刊"(简称"网刊")的尝试也由此拉开了序幕。到2015年,加盟网刊的学术期刊达到了140余家,《经济学报》《政治学报》等专业刊12个,《三农问题研究》《儒学研究》等专题刊 7 个。“网刊”取得了很好的效果，不仅提高了收录文章的下载量、引用率，而且还提高了原发期刊的影响力。第三，奠定了“域出版”的理论基础。2015 年 3 月，朱剑在清华大学主办的“首届学术期刊文学编辑论坛”上明确提出“专栏是在线数字传播的最佳单元”。朱剑认为，“专栏学科边界和问题边界最为清晰，可以完美对应学术共同体，是最合适的共同体交流平台；依托专栏可以实现编辑与专家完美结合，由专家担任的专栏主持人可以组织学术研究，甚至引领学术研究，以专栏为单元的学术传播最具影响力；专栏最能体现编辑思想、编辑理念和编辑不可替代的作用；专栏最能发挥综合性学报的优势，具有持续发展的能力；专栏也是最佳跨校合作单元”。应该说，这是朱剑对学术期刊数字化多年思考的结晶，由此也奠定了“域出版”的理论基础。“域出版”是高校学术期刊界与北京超星公司双向互动、合作创新的产物，也是思想与技术、专域与渠道、内容与平台融合的新尝试，值得我们期待。

学报是我国学术期刊的重镇，云蒸霞蔚，人才辈出。作为二次文献的编辑，能够与学报结缘 30 年，这是我的荣幸。我与学报有五层关系：第一，读者关系。学报是我多年来的必读刊物，尤其是办得好的。第二，作者关系。我的大学毕业论文就是在学报发的，感恩之情铭记于心。近年来先后在《清华大学学报》《四川大学学报》《澳门理工学报》《中国青年社会科学》《济南大学学报》《云梦学刊》等刊物发表文章，得到提携。第三，编者关系。学报是二次文献的衣食父母，每种文摘刊物表面的光鲜亮丽，都有学报编辑后面的默默奉献。第四，阅评关系。我是教育部“名刊工程”“名栏工程”的评审专家，每次参评都是一次学习的机会。第五，朋友关系。学报研究会的五任理事长杨焕章、潘国琪、龙协涛、武京闽、蒋重跃教授，我都熟悉；退休或卸任的黄颂杰、蔡德贵、高瑞泉、徐杰舜、程郁缀、张积玉、何明、何一民、胡智峰、王道平、崔月琴、尤红斌、姜胜利、赵仁康、罗骥、邓乐群、杜振吉等主编，我也熟悉；现在在岗的主编、编辑，有不少人是可以交心的朋友，与他们相处乐以忘忧，不知老之将至尔。所谓缘分，就是遇见了该遇见的人，并能够与之共享人生的悲欢，这于我深有体会。

近年来，我转换身份，回到了文人的老本行——写文章，研究媒介融合与学术期刊。参考朱剑的文章，时有醍醐灌顶、茅塞顿开之感，也曾多次引用过朱剑的观点与见解。我在《澳门理工学报》发表过5篇学术文章，其中《重建学术期刊的公信力和权威性》(2015年第2期)、《媒介融合：学术期刊转型发展的新趋势》(2017年第4期)两篇，刘泽生总编辑都是找朱剑审读的。朱剑认真审读，严格把关，以“损友”的身份提建设性的修改意见，使拙文增色不少。

我与朱剑认识十几年，以文论道，交流心得，为可与庄语的朋友。生活中，他是一个正直义气的人，也是一个沉静谦卑的人。不论我在位不在位、在岗不在岗、退休不退休，他都一视同仁，与我保持真挚的友谊。那一年的秋天，我去南京开学术会议，朱剑利用周日时间，陪我们走一段山路，赏一溪清流，饮一杯老酒。这让我百般感怀，在金陵即赋诗一首，抒发感情。现录于此，以志纪念：

会朋访古乐悠悠，登高栖霞满目秋；
执事领路谒名寺，佛院煮茶禅自由。
北风暮吹惊红叶，寒雁南飞览旧楼；
曲桥枫连送归客，友情常在水长流。

哲学家蒙田说过，真正的学者，就像田野上的麦穗。麦穗空瘪时，它总是高傲地昂着头；麦穗饱满而成熟时，它总是低垂着脑袋。朱剑何尝不是田野上的一株成熟的麦穗？

最后以袁枚《汉江遇风》中的两句诗与朱剑共勉：黄昏渐喜惊涛停，远远渔歌唱夕阳。

是为序

张耀铭

2018年3月18日落笔于京城藏晖阁

知行合一　贵在践行

——读李学举“《认知》四卷”有感

中国社会新闻出版总社精心策划、精选精编的“领导干部知与行丛书”出版了，开山之作是民政部原部长李学举同志的《认知民政》《认知民主》《认知民生》《认知人生》。这套书共4本，116篇文章。这些文章不仅内容丰富，思想深刻，理论价值与现实意义兼具，而且文风质朴，深入浅出，通俗易懂。概括起来，我认为有三大特点：

一、凸显理论功底，展示真知灼见

4本书是一个整体，紧紧围绕“为民”这个民政工作的根本属性和永恒主题，抓住“民政”“民主”“民生”这三个关键点，以“专题”形式，梳理了作者17年间特别是任部长8年来，对民政工作的本质、特性、理念、职责、功能、体制、机制、方法、策略等一系列基本问题的深入思考和新的认识。

比如在《民政工作的基本认识》中，提出了“以民为本、为民解困、为民服务”的民政工作核心理念，明确了“解决民生、落实民权、维护民利”的民政工作根本职责，确定了“保障民生、发展民主、服务社会”的民政工作基本任务，厘清了“促进公平、维护稳定、增进和谐”的民政工作功能定位。在《推进民政事业发展中的若干辩证关系》中，分析了民政事业发展中的若干辩证关系，提出了“突出一个主线、打造两个平台、造就三支队伍、保障三个群体、健全五大格局、建设六大体系”的民政事业发展布局，明确了新时期民政工作改革发展的基本思路。在《城乡基层群众自治综论》中，创造性地提出了“四个民主”（民主选举、民主决策、民主管理、民主监督）的思想，认为“民主选举是基层群众自治的前提，民主决策是基层群众自治的关键，民主管理是基层群众自治的根本，民主监督是基层群众自治的保证”。这在当时不仅澄清了各种片面认识，而且对村民自治示范活动起到了引领和推动的作用。这些精辟的提炼和概括，凸显了作者的理论功底和真知灼见，也体现了作者的远见与胆魄。

二、情系民生疾苦，开拓创新工作

李学举说过：“做民政工作的人，对广大群众，特别是对困难群众一定要有感情。从某种角度讲，民政部门就是群众的贴心部门，民政干部就是困难群众的贴心人。”他主张在民政系统要做实实在在的事，少说多做，把关系民生的事做细、做实、做好。

这些思想，这些情感，集中体现在《认知民生》这本书中。民生问题，说小了就是老百姓的吃穿住行、养老就医、子女教育；说大了，关系到政府的公共服务、社会的公平正义、国家的制度安排，甚至社会治乱与政权兴亡，马虎不得，大意不得。作为读者，我们欣慰地看到，作者不仅在对民生问题的理论研究上有不少建树，而且把保障和改善民生作为工作的重中之重，在推动解决民生问题的实践方面，做了许多创新性工作。比如，建立农村低保制度，建立城乡医疗救助制度，推进养老服务社会化，推进村务公开和民主管理，推动流浪乞讨人员救助管理，等等。面对复杂多变的形势和问题，作者懂得抓主要矛盾，懂得客观辩证地看人论事，懂得用新思路、新办法去解决新矛盾、新问题，因此总能取得令人刮目相看的效果。求真务实、知行合一、与时俱进，这是一种能力。而这样一种能力，对一个领导者来说，在全球化的今天显得尤为重要和必要。

三、文风质朴无华，评论切中肯綮

在17年的民政工作生涯中，作者亲历了许多重大历史事件，形成了许多思考和感悟，其中既有工作随笔、考察体会、调查研究，也有思想评论、人生感悟。这些文章，收录在《认知人生》之中。在这本书中，我们看到的不是空话、大话、套话，而是一种轻松、平等、朋友式的文字交流。正是这样一种自由的叙述方式，读之却有着非同寻常的感染力。

首先，文风质朴无华。对青年干部的7篇寄语，情真意切、语重心长；对女性干部的谈话，春风化雨、殷切勉励；对老同志的心里话，感恩情怀、虚怀若谷；8次进出汶川灾区的感悟，感人至深、催人泪下；对父亲的缅怀、对孙女的祝愿，不加修饰、不事雕琢。他力求用最质朴的语言叙述自己人生平凡的一面，所以我们读其文好像见到自己熟稔的邻家大哥，感受的是一种亲切和家常。

其次，评论针砭时弊。身为一部之长，作者却不虚美、不隐丑。针对社会上的庆典之风、纪念之风、自造"节日"之风、文艺晚会之风、招商活动之风，作者指出："热热闹闹，解决不了群众疾苦；轰轰烈烈，处理不了实际问题。形象活动，要不得；造势之风，要不得。"针对"抓典型、树样板"工作中存在的问题，作者认为："抓典型、树典型，需要端正思想。不能把典型当作宣传自己的'政绩工程''形象工程'，当作给人欣赏的'花瓶''装饰品'，当作供领导视察工作的'参观点''宣传站'。"针对干部"本领恐慌"问题，作者提出："我们一定要有足够的勇气敢于正视和承认'本领恐慌'，要有旺盛的求知欲，不断充实和丰富自己的知识，全面提高自身素质。"针砭时弊，多数人用杂文笔法，而作者用的是散文笔法。所以他的"思想评论"，风格是平易，是坦率，是真诚，虽无锋芒，反倒能切中问题的要害与本质的脉络，让人心悦诚服。或许这正是李学举先生的用心所在。

最后，经历给人启迪。作者在书中写道："我总在想，像我这样的人，能走出农村，从基层进入中央机关，被提拔为共和国部长，是我从来没有想到的，可能在高级干部行列中也为数不多，这完全是党和人民培养的结果，是领导和同志们造就了我。”作者从一个农家子弟，一步一个脚印地走来，最后成长为一名部长。他的经历，见证了改革开放以来部分高级干部的成长史；他的成长，也切切实实给更多的公务员提供了可资借鉴的经验。他身在高位，但脚却站在老百姓的中间。他最高兴的事：困难群众能过上好日子；最牵挂的事：孤儿和灾民的衣食冷暖；最感动的事：人民群众的慈行善举。他知道，作为领导干部，来自百姓，终其一生，最后还是要回归百姓，所以要常怀感恩之心，勤思报国之事。“一个人，能力可以有大小，职务可以有高低，但人品不能低下。公忠为国，乃做人之大节；慈善感恩，乃做人之基础；质朴守规，乃做人之循理；宽容礼让，乃做人之根本；诚信思义，乃为人之要义。”这些话，是作者读书践行的自然流露，也是他做人为官的肺腑之言。读罢此书，我们或许从中能够获得诸多的教诲和启迪。

原载于《中国社会报》2011 年 3 月 8 日

灾难中展现的民族精神
——评《中国的力量》

又是一年“5·12”,无尽沧桑之感袭来。怆然回首,4年来,中国出版界围绕宣传英模事迹、弘扬抗震救灾精神、反映对口援建和心理重建、关注震区文化遗产保护等方面,推出了大量优质图书。其中,由四川大学校长谢和平院士主编的《中国的力量——从汶川与海地震后20天看中国的制度、文化和精神》一书,显得尤为给力和厚重。

全书分为上篇“力量的彰显”和下篇“力量的源泉”。作者对中国汶川与海地地震后20天政府与民众的反应进行了系统比较,并从制度、文化和历史轨迹等不同角度进行了反思和总结。翔实的事例、可靠的数据、全球化的视角,体现了严谨的学术风格和知性的表达方式。概括起来,该书有以下三个特点:

展现灾难中的民族精神是它的深刻主题。《中国的力量》凸显了中国政府和人民所表现出的优秀民族精神。正如该书主编谢和平院士在序言中所写:“灾难不仅意味着伤痛,还意味着进步与发展……尊重自然并不意味着人类只能在自然面前束手待毙。政府的使命在于为人民服务,知识分子的使命在于以天下为己任,居安思危,能够从灾难中总结经验,在逆境中增长智慧。”今天,汶川早已不只是中国西南边陲一个小小的县城,它的符号与象征价值,已经跨越国界,具有世界意义。它给世界开启了一扇了解中国的窗口,中国的能力、中国的信心、中国的经验、中国的精神在大灾大难面前淋漓尽致地呈现在世界面前。

“中国经验”“中国道路”是它的崭新视角。如果说上篇彰显了在中国共产党领导下得以充分发挥的国家和社会的救灾力量，那么下篇则是从经验和学术的角度追溯了这一力量的源泉所在，那就是中国政治制度的优越性、人民群众的法治意识、中华文化的高度凝聚力和中国特色社会主义道路的正确选择。书中写道：“文化是一个国家的灵魂，国家在遭遇大灾难时，民族文化精神最能得到充分的展现……作为具有强大力量的心理共同体，民族文化激励受难民族走出灾难的阴影，张扬灾后民族重建的心灵信念，以悲剧的力量和崇高的精神书写民族的尊严。”这种文化精神既包括中华民族文化的优秀部分，也包括改革开放以来建立和塑造的社会主义核心价值。当这种精神成为文化，当这种精神融入血脉，自然就有了战胜灾难的力量。

书中的结论部分以“历史与现实的内在逻辑”为题，概括并突出了中国发展模式与道路的“中国经验”：国家的主权与独立是自立于世界民族之林的必由之路，适合本国国情的政治制度是民族力量得以发挥的强大支撑，雄厚的经济实力是应对各种灾难与危机的物质基础，有效的法治是民众生存、发展与尊严的基本保障，先进的民族文化是社会凝聚力的黏合剂。作者试图用“中国经验”“中国道路”的崭新视角，去解读“中国震撼”的奇迹，去总结中国社会的独特发展道路，这无疑提升了本书的学术价值和现实意义。

比较分析、整合研究是它的鲜明特色。全书在研究方法上的特点有二：一是比较分析贯穿始终。通过比较分析，“我们知道中国曾经有过与海地相似的殖民地、半殖民地历史，有过与海地相似的混乱与纷争，有过与海地相似的困惑与迷惘。之所以有今天的不同，是因为我们与海地在现代化进程中做出了不同的选择”。二是尝试整合灾害研究。汶川地震冲击着传统灾害（或危机）的认识和管理，改变了中国应急管理的理念与组织架构。作为灾害社会科学研究，本书组织了政治、经济、历史、文学、法学、新闻等不同学科的专家，强调学科、理论、视角、方法上的整合，强调灾害研究的全灾种、全程性、综合性、关联性，以及本地与全球的结合，这与以往的研究明显不同。

原载于《中国教育报》2012 年 5 月 11 日

对世界性难题的整体性思考

——读《地球之难：困境与选择》

孙家驹所著《地球之难:困境与选择》,是一本纯正的学术书,作者从容自如的叙述中蕴含着对重大问题的深思。地球与人类的关系是它的主题,利奥波德的“土地共同体理论”、拉伍洛克的“盖娅理论”和马古利斯的“共生进化理论”是它的依托,生态整体主义的视角是它的特点。用全球化的眼光研究“地球之难”,以理性反思“人类中心主义”的弊端,以忧患意识探求“囚徒困境”的现实出路。解构文本,介绍新知,颠覆旧说,提出人类必须彻底放弃征服自然和相互征服的思维方式和发展方式,为“人类同自然的和解以及人类同本身的和解开辟道路”。作者不是从狭隘的民族意识面对“世界性难题”,而是以人类整体去思考人类、思考世界。重视地球,关心人类的未来,那种难以割舍的人文情怀,在书中都有着淋漓尽致的表露。真正的思想构建,都是靠孤独的灵魂锲而不舍地涵泳出来的,本书亦不例外。它的学术价值和社会价值,当然有待时空的考验,但其见解上的诸多启迪性,足以令人耳目一新。

原载于《求实》2012 年第 9 期

编辑人才流动符合市场规律

近几年,高校人才流动是教育系统最引人注目的现象之一。尽管人们对此议论纷纷,但总的来看是成功的,效果是好的,也是符合市场经济规律的,客观上促进了高校之间的良性竞争,也促进了高校的科研与教学。相对于高校,其他科研院所及相关部门比较稳定,计划经济的色彩更浓。但近来这种状况有所改变,比如中国社科院系统正在酝酿改革。影响所及,最近期刊界也逐渐发生了些许变化,一些高校学报开始从社科院所办学术期刊中引进高水平办刊人才,比如《中国社会科学》一位资深的高水平编辑就被清华大学引进来办学报了。

无论在高校还是在研究部门,在现行体制下编辑都是边缘人员。在中国社科院,编辑待遇低于研究人员,他们申请课题很难;在高校,编辑待遇低于教师,因为他们一般不承担教学任务。而实际上,编辑付出的劳动绝不比研究人员或教师少,但由于他们势单力薄,人微言轻,待遇状况很难改善。因此,编辑部留住人才较难,法律、经济、外语等热门专业更是如此,长此以往,导致编辑队伍非常不稳定,青黄不接。

随着中国社会经济的迅速发展,我们要对学术期刊进行反思,就必须把学术期刊放在中国整个哲学社会科学学术生产体制中来进行考量和权衡,才能把握学术期刊在这一体制中所承担的功能。哲学社会科学学术生产完成之后,必须借助相应的学术期刊,才能实现知识产品的社会化和公共化。在这一过程当中,学术期刊是展示学术水平和学术阵容的重要窗口，是引领学术研究方向和评价学术成果的重要标志，是开展国内外学术交流的重要桥梁，是发现和培养学术人才的重要园地，其重要性不言而喻。一个单位的学术水平如何，除了一些常见的学术指标，其所承办的学术期刊水平的高低是一个重要的方面。拿高校来说，学报就是这个学校的一个窗口，是这个学校的一张名片，学校怎么重视都不过分。不过，由于各种各样的原因，高校学报水平始终难以提高，更难以与中国社科院系统的杂志相抗衡。有人说，中国社科院系统的期刊是精品专卖店，高校系统的期刊是杂货铺，此言虽有点刻薄，却也道出了部分事实真相。不久前，教育部实施“高校哲学社会科学名刊工程”，在某种程度上推进了高校学报工作的开展，提升了一些高校学报的学术水平，但从整体上看学报还有差距，其中编辑人才的缺乏和不被重视是一个重要的方面。

为了想方设法提高学术水平，有的学术期刊专门请名学者名教授当主编或专栏特约主持人，投入大笔资金，但从实际效果看大多没有取得预期的成效。因为学术期刊有其自身的规律和特点，不是靠几个名教授或靠金钱就能办好的。不少人终于意识到，编辑是一种特殊的人才，办好学术期刊需要高水平的编辑，尤其需要高水平的主编。在这种情况下，高水平编辑人才的流动应该是非常正常的现象，是市场经济规律在期刊界迟到的反映。我估计在不久的将来，会有更多的高水平的编辑人员流动，形成一种良性的互动，从而提高我国学术期刊的整体水平。

原载于《光明日报》2006 年 1 月 12 日

“让思想站起来”

——祝贺《中国政法大学学报》创刊

《中国政法大学学报》刚刚诞生。面对今日中国现代化的进行，我们高兴地看到，人们的思想空前活跃，经济基础的多元带来社会舆论的多样化，传统思想和现代思想相互交融，本土文化与外来文化相互激荡，贫富分化加剧与社会公正诉求相互交织，这一切成为转型期的中国社会进步的重要象征。《中国政法大学学报》创刊在这样一个伟大的时代，具备了办好刊物的“天时”。

中国政法大学是一所以法学为主，兼有政治学、哲学、文学、管理学等多学科的国家211工程重点建设院校和教育部直属全国重点大学，集55年之天地灵气、日月精华，秉承“厚德、明法、格物、致公”的教育理念，培养了大批的精英人才。《中国政法大学学报》依托名校、名家，具备了办好刊物的“地利”。

《中国政法大学学报》主编由积极倡导和开展思想文化和价值观念研究、主张“让思想站起来”的哲学家李德顺教授担任，副主编由以维护学术共同体的尊严为己任的杨玉圣教授担任，由众多著作等身、颇有建树的海内外名家出任编委，具备了办好刊物的“人和”。

孟子曰：“天时不如地利，地利不如人和。”得其中一条就了不得了，更何况集天时、地利、人和于一体？就此而言，《中国政法大学学报》可谓前程无量。

从孔夫子到现在，跟着别人屁股后面跑的人总比特立独行的人多。古人云：

“千人之诺诺,不如一士之谔谔。”齐白石先生说过:“学我者生,似我者死。”一个有品质的社会科学期刊,不应该是既有声音一次次重复,而应该敢于发出独立思考的声音。因为一片国土,一个社会,只有独立思考的声音,才能有生气,才能有活力。

有这样一个寓言:开学第一天,苏格拉底对学生们说:“今天咱们只做一件事,每个人尽量把胳膊往前甩,然后再往后甩。”说着,他做了一个示范,“从今天开始,每天做300下,大家能做到吗?”学生们都笑了,这么简单的事,谁做不到?可是一年之后,苏格拉底再问的时候,全班却只有一个学生坚持下来,这个人就是后来的大哲学家柏拉图。作为学术期刊界的一名老兵,我本人真诚希望《中国政法大学学报》能够成为上述寓言中坚持到最后的那个人,保持操守,保持格调。

原载于《中国政法大学学报》2007年第11月15日

坚实的建构需要深刻的审视
——在改革开放 30 年学术史研讨会上的发言

“学术”对于中国来说，有数千年的历史。学术史研究，前人大体沿循两条路径：一是“因书求学”，侧重于从文献的传衍揭示学术的脉络，如章学诚《校雠通义》；二是“因人求学”，重视个案研究，强调学术在学人之间的传承，如黄宗羲《明儒学案》。黄宗羲首创“学案体”，梁启超在《清代学术概论》中给予了很高评价，说“中国之有‘学术史’自此始也”。黄宗羲之后，学术史作为显学在清末民初勃兴，出现了章太炎、刘师培、梁启超、王国维、罗振玉、夏曾佑、廖平、皮锡瑞等一批学术大家。20 世纪的现当代，更是大师辈出，知名的有鲁迅、陈垣、孟森、熊十力、陈寅恪、胡适、郭沫若、顾颉刚、蒙文通、钱穆、冯友兰、傅斯年等，每当面对他们，我们常怀敬仰！20 世纪 90 年代以来，当代学术史研究渐次成为热点，涌现出了一些学术带头人物，相继出版了一些较高质量的学术著作，成立了一些相关机构，召开了一些学术会议，并取得了不小的成绩，可喜可贺。

今天我们回顾学术史的意义，讨论当代学术史的发展，不是发思古之幽情，也不仅仅在于见贤思齐，而是要思考一些更深层次的问题。从一个读者和编辑的角度看，我以为：第一，考镜源流，历史地呈现学术发展脉络是如何延伸的。第二，探幽发微，追寻传统学术在西学东渐的激荡下，是如何在扬弃中获得新生，转型成为现代学术的。第三，追溯钩沉，研究来自西方的所谓现代学术，是如何形塑出中国的学术观念与方法的。与中国固有的学问不同,西学作为一个全新的知识体系和学说体系,其客观的科学精神和严密的论证方法震撼着中国学者。在当时中国政治、文化和知识语境中,有人曾试图按中学模式规定和剪裁西学,结果证明此路不通。那么,中国知识界是如何通过吸纳西学促进中国学术进步的?这是要着力研究的。第四,扩展视野,以问题为中心,探求研究的新路径。波普尔曾经提出一个著名的命题:"科学始于问题,而不是始于观察。"爱因斯坦也说过:"提出一个问题往往比解决一个问题更重要。"第五,正视历史,不回避敏感话题,不回避事实,不为尊者讳。学问是智慧与自我的表达,济世也罢,自娱也罢,不为潮流所动才是真的。第六,审时度势,扎实推进,不要匆忙构造体系。费孝通先生曾经就社会学被破坏30年的事实,沉痛地指出:一门学科可以挥之即去,但不能招之即来。坚实的建构需要深刻的审视,需要时间的检验。我们必须保持史家之清醒,在操守和格调上也要有古人之风!

"出得尘世三万里,可读古今五千年。"让我们大家携起手来,共同为"当代学术史"的孕育、发展并逐渐走向成熟贡献自己的力量。

原载于《云梦学刊》2008年第4期

《新华文摘》创刊30周年的回顾与展望

《新华文摘》创刊于1979年1月,在思想解放中诞生,在改革开放中成长。30年的改革开放,铸就了中华人民共和国历史上最好的时期,成就辉煌;30年的精心打造,《新华文摘》创新思想、引领学术,硕果累累。30年,《新华文摘》以推动和促进中国学术发展和社会进步为目标,坚持正确的办刊方向,追求学术品位,关注时代问题,突出理论深度,为广大读者展示了哲学社会科学的新成果、新观点、新理论、新知识、新思想、新方法,为中国学术界提供了一个高起点的学术平台。30年,《新华文摘》出刊442期,转载27000余篇文章、20000余条论点和3200余幅美术作品,总字数达到2.5亿,总发行量在7000余万册,以其思想性、学术性、可读性、权威性享誉理论界和学术界。

一、《新华文摘》改革的历程

感谢第一代的办刊人,他们敏感于时代的脉搏,思想界的探索,读者对知识的渴求,创办了《新华文摘》。她承继文化传统,回应现实挑战,规范性与创造性结合,学科理性与人文精神兼具,既有刚性的学术专栏,又有柔性的漫画、文艺作品,刚柔相济,构成特色,文脉相继,薪火相传。此后经过几代编辑人员的不懈努力,《新华文摘》形成了“博、大、精、深、新”的风格。1999年、2003年、2005年《新华文摘》先后三次荣获期刊最高奖——“国家期刊奖”。

30年间我们多次转型：由小字本增设大字本，由月刊改为半月刊，由“思想性”到“思想库”，无论从纸张到设计，从栏目到专题，从形式到内容，不断在追求卓越，不断在提高核心竞争力。特别是2004年改为半月刊以来，加快了传播速度，增强了时效性；加大了承载容量，提升了前沿性；加强了精选精编，体现了权威性，成为引领和推动中国学术创新和发展的标志性刊物，其学术公信力和社会影响力得到各界的肯定。值此30华诞之际，我们向曾经辛勤耕耘《新华文摘》的前辈们表示崇高的敬意！向30年来指导、支持、扶携《新华文摘》前行的领导、作者、读者和兄弟报刊的编者致以深深的谢意！

但是也应该看到，进入21世纪，期刊的生存环境也发生了显著的变化，这些变化集中体现在三个方面：期刊读者群的日益分化，国际交往的日益加强，以互联网为代表的新媒体的日益壮大。身处变动大潮之中的《新华文摘》自身的一些不足也就愈加凸显：媒体品种单一、盈利模式单一、国际交流缺位、经济规模较小，使得《新华文摘》市场竞争力和抗风险能力比较弱，发展后劲严重乏力。如何解决这些问题？只有继续深化改革。

二、《新华文摘》未来的定位

胡锦涛总书记在党的十七大报告中强调：“繁荣发展哲学社会科学，推进学科体系、学术观点、科研方法创新，鼓励哲学社会科学界为党和人民事业发挥思想库作用。”根据十七大精神，结合新的形势和改为半月刊5年来的成功经验，我们认为未来《新华文摘》应突出三大功能：

第一，思想库功能。《新华文摘》受众以各级领导干部、知识分子和企业高层管理人员为主要对象。这个读者群是中国社会中的主流阶层和最具社会影响力的受众，他们更关注的是资讯的品质、价值的判断、思想的传递、意义的解读，他们更愿意以全球化的眼光看中国社会经济现代化进程，把握中国的发展在世界格局中的地位。作为思想库，《新华文摘》应该发挥认识世界、传承文明、创新理论、资政育人、服务社会的重要作用，奉献读起来比较“解渴”的文章；作为思想库，《新华文摘》应该主流大气，以观点、思考见长，以深度、品位为风格，以公信力、权威性为追求；作为思想库，《新华文摘》在解释政策、探讨重大理论问题时，应侧重于历史性、深邃性、思想性，而不是短期性、概念性、说教性。

第二，学术评价功能。据统计，现在国内社科学术期刊近3000种，数量虽然很多，但学术水准良莠不齐。在这种情况下，《新华文摘》已经不自觉地担当了学术评价的重任。目前，全国大多数高校和科研机构都将被《新华文摘》转载作为最重要的评价指标，有的高校甚至将被《新华文摘》转载等同于在中国最高学术水平的《中国社会科学》杂志上发表文章，并有高额奖金。这些足以说明，《新华文摘》在学术层次上有了大幅度提升，已经得到了学术界的公认。

就媒体的主体地位而言，《新华文摘》是新闻出版总署主管、人民出版社主办的期刊，独立于我国现有的社科院、社科联、高等院校等学术系统，不受这些机构的非学术因素干扰，符合评价机构的中立规则。所以，我们应该变被动为主动，更加积极地探索出一套科学的评价标准、公正的评价程序以达到权威的评价结果，进一步强化学术评价功能。

第三，中外文化交流功能。十七大报告明确提出，要增强我国的"文化软实力"，这是国家战略的一部分。随着中国综合国力的日益增强和全球国际合作程度的不断加深，不仅中国的文化界、学术界有着越来越强的学习与对话的要求，而且国际上了解中国文化、研究中国学术成果的需求也在不断增强。所以，我们要按照柳斌杰署长的要求，"以开放的眼光观察世界期刊业的竞争发展，以学习的心态与国际期刊业界往来，以极大的热情学习、借鉴国外期刊业的办刊经验，用世界文明的新成果丰富自己"。作为总署直属的发行量最大的期刊，《新华文摘》必须进一步深化改革、树立标杆，在激发内部活力的同时提高竞争力，积极探索"走出去"的路子，发挥好中外文化交流的功能。

三、《新华文摘》的发展目标

为了适应新的形势，为了做强做大，我们通过对整个期刊市场和自身的特点、条件的分析后认为重点应放在以下几个方面：

（一）创办《新华文摘·海外版》

随着中国期刊市场的迅速发展，阅读人群的细分是一个不可逆转的趋势。满足所有人群的阅读需求已经越来越成为媒体不可能完成的任务，重点满足细分的、特定的阅读人群已经成为多数刊物的必然选择。《新华文摘》也同样不能仅靠一本刊物来包打天下，而应该利用自己30年来累积的品牌、资源、经验、人才等优势，创办面向不同人群的刊物，为更多、更广泛的读者提供服务。这些新刊物有的仍然可以保留公益性的性质，有的完全可以以市场化的方式运作。

《新华文摘·海外版》将以翻译、转载的形式，介绍国外和港台社会科学和人文科学研究的学术成果、学术流派、学术人物、学术争鸣、学术动态等内容。新刊物将是《新华文摘》内容的补充和延伸。

（二）建设“新华文摘学术网”

《新华文摘》的数字化进程包括两层含义：一是出版管理流程的数字化。《新华文摘》的管理要上台阶，必须实现精细的数字化管理，应逐步在编辑与管理流程中引入网络化与数字化手段，以提高工作效率及管理水平。销售上要利用互联网开展网上订刊，在线销售期刊及数据，扩大发行手段与发行方式。二是开展数字出版业务，成为跨媒体期刊集团。《新华文摘》拟将自己的官方网站进行大规模的内容及功能扩充，建设成内容丰富、服务多样的，面向各级领导、知识分子、公务人员、企业管理者的“新华文摘学术网”。“新华文摘学术网”的功能将包括：(1)学术评价及文献检索功能；(2)主流思想理论传播功能；(3)学术交流功能；(4)电子商务功能。通过联合其他学术期刊、著名学者，将“新华文摘学术网”打造成中国最有影响的学术交流及检索平台。通过建立庞大的内容数据库、作者数据库、订户数据库，建立与兄弟期刊的数据互换机制，建成全球最大的中文哲学社会科学数据交易平台和知识管理平台，完成《新华文摘》由期刊出版商向综合数据服务商的转换。

（三）成立“新华文摘学术评价研究中心”

《新华文摘》要从比较被动地承担“学术评价系统”的角色，转变为具有更加积极的态度、更加科学的方法，更具独立性和公信力的学术评价机构，就必须建立自己的研究部门。这个部门由少量的专职研究和管理人员以及部分外聘专家组成，专门从事对每个年度发表的哲学社会科学论文进行研究，通过分析研究热点、研究趋势，评价研究成果、活跃人物以及存在的问题，从而对每年的学术研究状况做出整体评估。这些研究成果除用于提高《新华文摘》的选编质量，最主要的是要成为《新华文摘》整个学术评价体系的基础支撑。

（四）打造“新华文摘学术文库”

近几年，《新华文摘》尝试性地出版了一些高品位、高质量的学术著作，收到了比较好的效果。今后，我们将依托自己的品牌优势、传播优势，延伸产业链，以市场化手段运作、策划原创精品著作，精心打造“新华文摘学术文库”。

（五）组建新华文摘期刊集团

目前，国内的期刊集团大多由文化生活类的大众期刊组建，比如“家庭期刊集团”“知音集团”“读者出版集团”，而哲学社会科学类期刊组建集团却是空白。哲学社会科学是我国综合国力的重要体现，恰恰也是十七大后强调要繁荣更要大力发展的重中之重。

《新华文摘》在当代世界期刊格局中，占有独特而又较为重要的地位。说其独特，她是综合性、多学科的哲学社会科学学术文摘期刊，这在世界上独一无二，可以说填补了空白。日本、欧美的社科学术文摘期刊大多是单科性、专门性的。说其重要，她不仅是中国这一期刊大国中的名刊大刊，而且还是当代世界综合性社科学术文摘期刊中发行量最大的。日本、欧美发行量大的期刊都是大众期刊，学术期刊发行量都很小。《新华文摘》近30万册的月发行量与大众期刊相比显然不大，但与世界知名的社科学术期刊相比，其发行量是最大的。她为中国社会提供的精神动力和智力支持，她的思想穿透力和巨大影响力，都是文化生活类的大众期刊无法相比的。

经过30年的发展，《新华文摘》已经具备了期刊集团化的一些条件：一是品牌有着巨大的影响力，二是有其他刊物可以共享的资源，三是提供了宝贵的办刊经验，四是拥有数量可观的现实读者与潜在读者，五是有产业链延伸的相对空间，六是有一支政治强、素质高、业务精的编辑团队，七是具备了一定的经济实力。我们应该在时机成熟时，组建新华文摘期刊集团。

四、要正确处理好六个关系

随着品牌的提升，影响的日益扩大，《新华文摘》肩负着更大的使命和更多的责任。作为《新华文摘》的编辑团队，怎样才能不辱使命、不负众望呢？我们认为应特别注意处理好以下六个关系：

我们将正确处理学术与政治的关系，欢迎那些既有研究深度和学术价值，又能产生积极影响的文章；正确处理创新与坚持的关系，必须坚持马克思主义的基本原理，马克思主义的立场、观点、方法，还要坚持实事求是、与时俱进、勇于探索真理的精神；正确处理好求真与务实的关系，关注全局性、前瞻性、战略性的重大课题，自觉应答当代现实问题；正确处理热点与引导的关系，不回避矛盾，正面亲切有效地回答问题，为广大群众解惑释疑；正确处理通俗与格调的关系，在强调专业性、深刻性的同时，不忽视通俗化和大众化，并适当地吸取民间话语，增加人文精神，展现人文魅力；正确处理转载与责任的关系，牢固树立大局意识，牢记社会责任，“导向正、基调好，高品位、高质量”，是我们追求的方向。

走向未来，我们将牢记刘云山部长对我们的要求与勉励：

“精心策划，精选精编，精益求精，办成精品！”

走向未来，我们将牢记读者的鞭策与厚望：

贴近实际,贴近生活,贴近群众!

走向未来,我们将肩负起民族的文化承担:

会泽百家,繁荣学术!

原载于《新华文摘》2009 年第 23 期

加强栏目策划　塑造期刊品牌
——评《云梦学刊》"当代学术史研究"栏目

《云梦学刊》"当代学术史研究"栏目发表了不少好文章(其中有相当多的知名学者的文章),主办了多次有影响的学术会议,今年又在人民出版社出版了大部头的论文集《当代学术史研究》,这样就由论文、会议、图书组成了一个有机体。可以说,成绩突出,影响颇大,但还要看到其不足。从总体上看,"量"很不错,但"质"有欠缺,主要是缺少名家的精心之作,缺少学术争鸣。

《云梦学刊》的"当代学术史研究"以后怎么发展、提高?我谈几点看法。

第一,《云梦学刊》要加强栏目策划,要系统地梳理学术史发展的脉络,特别要关注学术史上争论的重大问题,或者是影响学术发展的重大问题。《云梦学刊》的"当代学术史研究"栏目至少要梳理出十个重大问题,并且每期围绕一个重大问题有目的、有计划地组织学者撰写文章,一起讨论。每一个专题讨论至少要有三篇文章,可以更多。对同一问题,可以从不同的角度、不同的侧面来展开研究。这些文章之间是一种互补的关系,甚至可以是一种争论的关系。

第二,对于一些学术史上某些讨论过的老问题,可以重新认识。通过发现新的材料,做出新的诠释、提出新的见解或者采用新的方法来研究。

第三,要特别组织一些有意义的学术争鸣。学术研究就是要争鸣,要讨论,不能是一边倒的意见。同时,争鸣的时候要讲究文风,文风要对,要摆事实,讲道理,要把握分寸。争鸣的时候一定要有风度,要容忍别人说话,容忍别人批评。现在有些学术争鸣中,一些文章就很没有风度,少数几个甚至变成了骂街,斯文扫地。

第四,从编辑的角度来讲,一定要组织名家的精心之作。过去有的是名家之作,但可能不是他的精心之作,是急就之作。另外,还可以组织特约编辑、特约审稿、特约主持人,在组稿方面要有长远规划。

第五,对于《云梦学刊》每年举办的学术会议,应该提出更具体的问题来讨论、研究。比如,2007年《云梦学刊》在上海社会科学院与《社会科学报》联合主办的"当代高等教育与当代学术发展"论坛中讨论的问题,就显得比较宏观,其实可以范围更小些,例如可以讨论知名学府对学术发展的影响,具体来说,如现代史上西南联大对学术发展的影响,当代史上北大、清华等知名学府对当代学术发展的影响,等等。

原载于《云梦学刊》2009年第4期

高校学报改革需要突破口

我国社科学术期刊的情况比较复杂,2600多种期刊分布在四大板块:社科院、社科联及其下属单位,高等院校及其科研机构,中央及地方党政部门和专业研究机构,新闻、出版机构。由于管理体制不同、改革阶段不同、身份属性不同、工资待遇不同,因此对这些期刊的改革不宜一刀切,而要充分调研,精心设计,分类改革。我认为,对社科学术期刊的改革应面向三个群体:一是带有公益性质的学术期刊,包括一些基础学科、前沿学科,继续实行事业体制。二是公信力差、影响力小的综合性、专业性期刊,要转为企业,确立市场主体地位。三是对学术质量差、经营水平低、靠收取版面费生存的期刊,要实行退出机制。

高校学报有1300多家,占据了中国社科学术期刊的半壁江山。无论从数量质量,还是存在的问题,都具有典型性。因此,抓住高校学报改革的突破口,就抓住了问题的关键。随着报刊体制改革的推进,高校管理部门和学报界有识之士也在探索改革。目前存在三种改革模式:第一种是将学报和学术期刊并入学校出版社,一起转制。有的学校不再提供办刊经费,而由期刊或出版社自负盈亏。第二种是以专业期刊为龙头成立杂志社,集中管理学校所有刊物,以刊养刊,多种经营。第三种是南京大学、清华大学等近20家期刊主编提出的"名刊工程"专业化发展方案,即"联合创办数字化专业期刊"的设想。具体做法是:成立联合编辑部,对纸本综合性学报拟发表的文章进行同步数字化、专业化重组,在主要一级学科联合打造“中国高校系列专业期刊”,通过中国知网进行传播。首批推出系列专业期刊10本,定名为《马克思主义学报》《文学学报》《哲学学报》《历史学报》《政治学报》《经济学报》《法学学报》《社会学报》《教育学报》《传播学报》,统一封面和版式设计。我看好“中国高校系列专业期刊”的美好前景,也真诚希望教育部、新闻出版总署给予大力支持,将其纳入“国家重点学术期刊建设工程”,力争在“十二五”期间,办成具有国际一流水平和较强国际影响力的我国自主品牌期刊。

原载于《光明日报》2011年4月2日

“清华学报”现象

2013年5月27日,第二届“百盛—清华学报优秀论文奖”颁奖仪式在清华大学甲所举行。这里环境清幽,陈设雅致,中华人民共和国成立前曾作为清华大学校长的官邸,入住过清华历史上有名的校长梅贻琦。改革开放后,经过逐步翻修,成为清华校内著名的专家招待所。选择在这里颁奖,可谓匠心独具,无疑把活动定位在广阔的文化背景和深厚的学术底蕴里。德高望重的专家、年富力强的学者和眼光独到的名刊编辑,从全国各地赶来出席颁奖活动。清华大学领导、教育部社科司领导和马来西亚金狮集团百盛基金会主席陈秋霞女士,出席并讲话。我以本届评委会主任和期刊界代表的双重身份发言,十分荣幸,也感慨万千。

为了庆祝清华大学百年校庆,《清华大学学报》编辑部利用马来西亚金狮集团百盛基金会捐助资金设立了“百盛—清华学报优秀论文奖”,并于2011年召开了第一次颁奖会。首届评奖共有4篇文章获特等奖,每篇奖金2万元,13篇文章获一等奖,每篇奖金1万元。如王学典《“20世纪中国史学”是如何被叙述的——对学术史书写客观性的一种探讨》、胡鞍钢《特大地震灾害的应对周期》等文章,皆在获奖之列。获奖文章全部发表于2006年至2010年间的《清华大学学报》。首届评委由李学勤、傅璇琮、童庆炳等先生担任,学界对这个奖项给予了很高的评价,称之为最有影响力的民间学术奖项之一。名师风范在前,我们这届评委诚惶诚恐,丝毫不敢大意。本着“学术至上”和“公平、公正、公开”的原则,经认真审读，反复讨论，严格筛选，最终产生了罗志田的《一次宁静的革命：清华国学院的独特追求》、胡鞍钢的《中国特色的公共决策民主化——以指定“十二五”规划为例》、许章润的《论国民的法治愿景——关于晚近三十年中国民众法律心理的一个描述性观察》等15篇优秀论文。获奖文章全部发表于2011年至2012年间的《清华大学学报》。评选的过程，其实也是评委学习的过程、纠结的过程、思考的过程。我就在想：《清华大学学报》有什么“武功秘籍”？何以能在短短几年之内崛起于全国学术期刊之林？我以为有三点值得重视：第一，有一个好的传统；第二，有一个好的目标；第三，有一个好的团队。

清华大学“自强不息，厚德载物”的校训，“独立之精神，自由之思想”的文化，以及《清华大学学报》“博通今古，融贯中西”“阐发学理，宣扬文化”的传统，无疑化作《清华大学学报》同人的精神风骨和文化底蕴。古人云：“成大事者必有大境界。”早在2005年12月22日举行的“庆祝《清华大学学报》创刊90周年学术研讨会”上，仲伟民就雄心勃勃地提出“办全国第一流的文科学报”。当时听了，付之一笑，以为“头上没毛”，办事不牢。8年过去，被他不幸言中，作为一个过来人我只能做心灵的内省和感叹。《清华大学学报》主编号称“三驾马车”，但却是一个和谐的团队。主编罗钢教授，担任清华大学人文学院党委书记，主要研究文学理论、比较诗学、中国现代文艺思想。他任人文学院副院长分管科研时，毫不隐晦自己的观点：教育部要求大学每年统计老师们的科研成果，这是不对的，好的科研成果需要时间，不可能每年结项。为了鼓励大家研究大课题，他说：学院不必每年统计，老师们可以自己安排时间，可以五年报告一次科研成果。其实，老师的科研是不用催的，他们自己能安排好。就像农民种地，政府不必告诉农民何时播种、何时收割。这个四川人，好可爱！不仅具有深刻的胆识，而且还充满人文情怀。副主编刘石教授，担任清华大学人文学院副院长兼中文系主任，主要从事中国古代文学、文献学、中国书法研究，曾在美国、韩国、马来西亚等国高校任客座教授。因他牵线搭桥，才有了马来西亚金狮集团百盛基金会资助《清华大学学报》评奖和清华大学“中国书法与文化研修中心”的成立。常务副主编仲伟民教授，担任清华大学文科处副处长，主要从事中国历史学、专门史研究。他是办刊专家，曾在《历史研究》《中国社会科学》《中国社会科学文摘》三本一流学术期刊供职，有着丰富的办刊经验和不断进取的创新意识，在业界有比较高的声望，同行都亲切地叫他“伟哥”。三个人都是才子，对历史、文学、典章制度、文化现象多有研究，于司空见惯之事中，总能说出异样的声音。罗钢的放达、刘石的机敏、仲伟民的执着，在办刊中都得到了尽情挥洒，于是在交流、碰撞、包容中，找到了一种属于他们自己的协同创新方式。这在当下期刊中是少有的。三个“人精”聚在一起，居然能团结得亲密无间、“夫唱妇随”，把事业干得风生水起、有声有色，这令人十分嫉妒。不过，这种嫉妒是一个人发自心底的最大认可！团队是什么？是由一批人组成的、完整的、合理的结构，在各个环节上都有独当一面的将才，而且能够互补。《清华大学学报》就是一个例证！当然，这都归因于谢维和校长领导有方、知人善用。办好刊物最重要的是主编，主编的思想胆识、学术眼光、胸怀气度、操守格调，甚至对学术公信力的追求和处理复杂问题的政治智慧，都关系着一本刊物的生死存亡。美国总统肯尼迪在《时代》杂志10周年的贺词中讲道：“伟大的杂志都是它主编身影的延长。”这句话，值得我们深思。

学报不好办，比社科院的专业期刊难办；清华学报尤其难办，因为清华大学在1952年后变成了纯工科学校，回复到今天尽管初具规模，但同北京大学、中国人民大学、北京师范大学、复旦大学等老牌文科学校相比，还相差较远。在此背景下办文科学报，难度更大。然而，改变明天的唯一方法，就是今天做一些不同以往的事。所以，才有了《清华大学学报》近些年的跨越式发展。2005年前，在全国前30名学报中找不到《清华大学学报》；从2006年开始，《清华大学学报》一年实现一个梦，不仅进入教育部“名刊工程”方阵，而且在“三大文摘”以及中国人民大学报刊资料中心排名中多次名列第一。2012年入选国家社科基金学术期刊资助第一批名单，2013年6月又被评为“百强期刊”。

说起来好多人不信，《清华大学学报》的办刊条件是比较差的，表现在两个方面：一是办公条件差，学报办公地点是一所破败的简易楼，说它是清华大学校园内的“最后一滴眼泪”也不为过。在全国学报编辑部办公场所中，是我所见条件最差的一个地方。二是人员少，正式编辑只有4人，合同制人员1人，也是我所见人数最少的编辑部。在这种条件下，能办成全国一流的社科学术期刊，我们只能归结为办刊人孜孜不倦的职业追求和无私的奉献精神。

《清华大学学报》已经成为学报界的一面旗帜，而且正在成为期刊界的一面旗帜，它的很多做法为外界所津津乐道：

一是重视文史哲基础学科和跨学科研究，反对功利主义和浮躁学风，不是为转载率而办刊。《清华大学学报》从2006年改版之初，就明确提出了以发表文史哲基础学科论文为主、兼顾其他学科的主张，这在学报界是很少见的。初步统计，在2006年至2012年间发表的论文中，文史哲基础人文学科的论文占到了发文总量的一半以上。众多知名人文学者，比如李学勤、傅璇琮、李伯重、陈来、王学典、罗志田等，都在《清华大学学报》上发表过文章。

二是重视“国情研究”，为中国社会发展建言献策。《清华大学学报》关注前沿问题和重大现实问题，在国情问题研究方面发表了一系列产生广泛影响的论文。胡鞍钢教授近年来重要的有关国情研究的论文，几乎都是发表在《清华大学学报》上，这充分体现了作者对学报的信赖。

三是开设“期刊与评价”栏目，关注学术评价与期刊改革。2007年第4期发表《徘徊于十字路口：社科期刊的十个两难选择》一文，全面揭示了社科期刊存在的问题和面临的困境。2010年第5期发表《高校学报的专业化转型与集约化、数字化发展——以教育部名刊工程建设为中心》一文，提出了高校学报改革的设想，引起了强烈反响。新闻出版总署2012年7月30日颁布《关于报刊编辑部体制改革的实施办法》后，《清华大学学报》2012年第5期集中发表了三篇文章进行深入讨论，不仅在期刊界引起巨大反响，而且拉开了学术期刊体制改革讨论的序幕，并在某种程度上促进了管理部门对此问题的重视。

四是率先改变编排规范，使学术期刊真正做到为学者服务、为学术服务。鉴于人文社会科学学术期刊注释混乱以及严重不符合学术研究规范的情况，《清华大学学报》编辑部联合全国几十家综合性学术期刊，于2007年8月20日在清华大学召开了“综合性人文社会科学学术期刊编排规范研讨会”，来自全国各地的期刊总编和专家学者就人文社会科学学术期刊编排规范中存在的问题进行了讨论。会议取得了突破性成果，制定了《综合性人文社会科学学术期刊编排规范（征求意见稿）》。2008年起，全国很多高水平的学术期刊都采纳了新的注释规范，对《清华大学学报》的做法给予充分肯定。

五是设立“百盛—清华学报优秀论文奖”，鼓励学术创新，活跃学术思想，促进学术繁荣。

六是牵头21家高校学报于2011年创办“中国高校系列专业期刊”，实现了学术期刊内容与数字传播的对接。两年多来，专业期刊的运行获得了巨大的成功，不仅扩张到90多家期刊，提升了高校学报在学术评价中的地位，开创了中国学术期刊改革和协同创新的成功模式，而且为期刊走向数字化和国际化做了准备。

所有这些努力、这些探索，我称之为“清华学报”现象。新事物的出现，伴随的不仅仅是掌声，也会时有批评，这很正常。对心灵最好的锻炼办法，就是弯下腰把跌倒的人扶起来。

有则寓言这么说，哲学家来到集市，屠夫问：“你会杀猪吗？”哲学家答：“不会。”铁匠问：“你会打铁吗？”哲学家答：“不会。”商人问：“你会经商吗？”哲学家说：“不会。”他们又问：“那你会什么？”“我会思想。”众人大笑：“思想多少钱一斤？”哲学家说：“我不能做你们所能做的事，但能思考你们所不能思考的问题。”说完他便开始思考，众人无语。结束本文之前，我想强调的是：一个民族需要的是自由的天空，精神的魅力；一本学报需要的是学术的创新，思想的成果；一名学者需要的是独立的人格，道义的担当。特别是在一个物质主义的时代，这很重要！

原载于《现代出版》2013年第5期

学术期刊要超越平庸

2015年4月14日,由《清华大学学报》编辑部主办的第三届"百盛—清华学报优秀论文奖"颁奖仪式在清华大学主楼隆重举行。第三会议室里,群贤毕至,少长咸集,表明这个奖项得到了学术界、期刊界和社会的认可。此次获奖的15篇论文,涵盖文学、历史学、哲学、语言学、法学等诸多研究领域,均是优中选优的学术精品。获奖论文中既有对中印边境、中日钓鱼岛等领土争端问题的再研究,也有涉及当前社会现象如韩寒神话、大数据等问题的再思考;既有对中国法学体系建构的开创性研究,也有对重大历史问题权威学术观点的新挑战;既有对语言翻译、方言调查的精细研究,也有直面期刊评价问题的实证考察。"做有思想的学术,出有学术的思想",充分展现了获奖作品应该具有的深度和力度。此次获奖的作者,既有夏晓虹、许章润、王邦维、辛德勇等功力深厚的著名学者,也有梁晨、张晖、施爱东、孟庆龙等潜力不凡的中青年学者。新老接力,阵容强大,充分显示了刊物作者队伍的广度和厚度。

近年来,学术界先后设立了"孙冶方经济科学奖""刘诗白经济学奖""吴玉章人文社会科学奖""思勉原创奖""百盛—清华学报优秀论文奖"等,旨在通过优秀成果的评选,确立学术发展的标杆和方向,从而推动学术研究的开展,提升学术研究的质量,促进学术研究的交流与传播。在众多奖项中,官方奖项居多,唯有"百盛—清华学报优秀论文奖"是学术期刊编辑部自己搞的,奖金是由马来西亚金狮集团百盛基金会赞助提供，属于民间奖项，确有一些特别的意义。

民间立场、大众视野、人文情怀，独立的、自由的、批判的精神，这是民间奖项区别于体制奖项的根本所在。学术的价值与尊严只能存在于独立与自由的研究、交流和阅读之中，权力老是能凌驾于学术之上，学术就会被玷污。人文学科的评价系统，"只能在一个竞争性的学术公共空间之中获得其内在尺度，而无法用一种外在的、一刀切式的量化管理指标来评估和衡量学术成果的好坏"①。由此说来，"百盛—清华学报优秀论文奖"是一次学术尊严的重构，一次学术生态的修复，可谓开风气之先，引领学术潮流。

学术期刊能否引领学术潮流？学术界、期刊界一直存在争议。笔者赞成"引领"，因为在学术发展的进程中，并非只有学者是主动的，学术期刊也同样可以是主动的，特别是那些标志性的学术期刊。其实学者与期刊并非矛盾的两极，完全可以携手共进、协同创新。但我反对把"引领"的作用抬高到不适当的位置，因为"引领"是有条件的。学术期刊主编不仅需要有崇高的事业追求，更需要有超出单一专业的宽广视野、对前沿成果的高度敏感，以及对社会现实的深刻思考。在推动学术期刊发展和引领学术潮流方面，那些为社会公认的名主编、名期刊发挥的作用更为突出。试举几例：

例一，《文史哲》杂志就一系列重大学术问题主办相关会议。从 2006 年起他们共主办了五次高端学术研讨会，名家荟萃，讨论热烈，影响深远，体现了主流大气、引领学术潮流的办刊追求。高端学术研讨会之一是"纪念《古史辨》第一册出版 80 周年暨上古史重建学术研讨会"，之二是"中国文论遗产的继承与重构"，之三是"传统与现代：中国哲学话语体系的范式转换"，之四是"秦至清末：中国社会形态问题"，之五是"反省与展望：中国人文研究的再出发"。学术会议一般由学术团体发起或主办，由学术期刊来举办重量级的学术研讨会，在学术界并不多见。《文史哲》主编王学典是著名的历史学家，他认为："一份杂志的影响力取决于该

① 许纪霖：《回归学术共同体的内在价值尺度》，《清华大学学报》2014 年第 4 期。

杂志锻造的公共学术话题的能力——提出的话题越多，覆盖面越广，敏感度越高，影响力可能就越大。”①

例二，《南京大学学报》倡立“专栏特约主持人”制度。特色栏目的相继推出，也暴露了期刊编辑人员在知识结构、前沿意识、学术水平方面的不足。诚如有学者所言：“编辑人员素质的提高是有限度的。目前大量的文科学术期刊是以综合性作为自己的特征的……这样就产生了一个矛盾，假如一个编辑人员只熟悉一个二级学科（其实要做到这一点也是十分困难的，他可能至多只能熟悉一个二级学科中的某个研究方向）的话，那么，他又如何去判断来自人文社会科学其他一级学科、二级学科的论文质量呢？……这就启示我们，任何一个编辑人员，哪怕他再有天赋，也无法通晓整个一级学科，更不要说其他一级学科了。”②为了弥补这个短板，朱剑主编引领学术期刊潮流，在 2000 年第 1 期率先推出了“本专栏特约主持人”。此后几年《南京大学学报》独领风骚，其做法得到学术界和期刊界的广泛认可。2004 年开始，《北京师范大学学报》《浙江大学学报》《南开学报》《复旦学报》等相后推出了“栏目主持人”制度，一时间武林高手频现江湖，各使绝招，促进了学术期刊的发展，也推动了学术研究的繁荣。

例三，以南京大学、清华大学、南开大学、四川大学、武汉大学等 17 家学报主编提出成立的“中国高校系列专业期刊”（简称“网刊”）。网刊创刊于 2011 年 2 月，其宗旨是：打破校域界限，集中名校优势，在数字平台上实现学术期刊的专业化转型。具体做法是：联合编辑部对加盟期刊拟发表文章进行专业化选编和数字化重组，通过中国知网实现优先出版和整体传播，并利用网络和手机推送等全媒体新型手段强化传播效果。在 17 家学报主编的引领下，目前加入网刊的高校学术期刊已增至 130 余家。网刊已经形成了以学科为边界的专业期刊群和以问题为中心的专题期刊群两大体系，其中包括《马克思主义学报》《文学学报》《哲学学

---

① 王学典：《走一条不为时风所动的厚重办刊之路》，《文史哲》2011 年第 6 期。

② 俞吾金：《文科学术期刊建设之我见》，《文汇报》2004 年 2 月 12 日。

报》《历史学报》《政治学报》《经济学报》《法学学报》《社会学报》《教育与心理学报》《传播学报》《民族与人类学报》《艺术学报》等12个专业期刊，以及《三农问题研究》《资源环境研究》《性别研究》《青少年研究》《区域文化研究》《儒学研究》等6个专题期刊。网刊的运行获得了巨大成功，文章下载量大幅提升，在学术界的影响力不断扩大。学术期刊“借船出海”，通过与中国知网合作，不仅能实现内容与技术的融合、刊物与网络平台的融合，而且能实现编者与作者、读者的融合，知识生产与传播扩散、利用过程的融合。

例四，《清华大学学报》设立“百盛—清华学报优秀论文奖”。为了庆祝清华大学百年校庆，《清华大学学报》利用马来西亚金狮集团百盛基金会捐助基金设立了“百盛—清华学报优秀论文奖”，并于2011年召开了第一次颁奖会。首届评奖共有4篇文章获特等奖，每篇奖金2万元，13篇文章获一等奖，每篇奖金1万元。如王学典《“二十世纪中国史学”是如何被叙述的——对学术史书写客观性的一种探讨》、胡鞍钢《特大地震灾害的应对周期》等文章，皆在获奖之列。获奖文章全部发表于2006年至2010年间的《清华大学学报》。首届评委由李学勤、傅璇琮、童庆炳等先生担任。2013年、2015年相后又举行了第二届、第三届“百盛—清华学报优秀论文奖”评奖活动，学界对这个奖项给予了很高的评价，称之为最有影响力的民间学术奖项之一。

近年来，《清华大学学报》已经形成独特的风格，并在全国综合性学报中处于领先地位。一是重视基础研究，杜绝浮躁学风，尤其重视文史哲基础学科，近年来基础学科的论文占70%以上；二是关注热点问题、前沿问题和重大现实问题，在国情问题研究上发表了系列论文，产生了非常大的影响；三是在总体策划和栏目设置上重视刊物的可持续发展，优先发表跨学科、边缘学科、交叉学科研究方面的文章。学报立足清华，放眼全球，以开放的姿态和胸襟，广泛吸纳海内外的优秀学术成果，从而使学报具备了学术公信力和权威性，被称为“清华学报”现象[①]。

---

① 张耀铭:《“清华学报”现象》,《现代出版》2013年第5期。

《清华大学学报》设立“百盛—清华学报优秀论文奖”，具有明确的导向功能，体现在三个方面：

一是超越平庸，鼓励创新。有人以“井喷现象”形容学术论文近年的生产和发表。教育部科技发展中心的基本科学指针统计显示，1997—2007年的10年间，在前145个国家中，我国论文总数排第13位，论文引用数排第6位，但单篇论文的平均引用数却位居第117位，尤其在2000年以后，在论文总数加速增长的同时，单篇论文的平均引用数却下降至世界第124位。在这种虚假繁荣的背后，是数量与质量的不成比例，是学术质量不高、学术观点雷同、论证重复的平庸之作泛滥，是“劣币驱逐良币”的现象大量发生。学术平庸的主要表现形式是低水平重复、肤浅分析和把学术变成“娱乐至死”的舞台，其本质特征是思想能力的缺失，美国政治理论家阿伦特称之为“平庸之恶”。当下的学术期刊，平庸之作泛滥，带给我们的常常是无聊或失望。套句流行的诗句，看与不看，它都在那里。似曾相识，只是换了点外在的行囊——除了发表，并无太多的价值。评选优秀论文，就是要超越平庸①，鼓励创新。

二是意在改变“以刊评文”的不正确做法，回归以文章质量论高下。“当今的学术评价中，与‘数量崇拜’紧密相连的是‘级别崇拜’。高校管理部门制定的各种评估、检查、验收细则中，在评价学术单位或个人的学术水平、学术研究质量时，基本不看学术成果的实际情况和实质内容，只看项目、获奖、论文、研究基地、平台、团队等贴的‘标签’是否为国家级、省级、市级。在具体的论文统计和评价中，也不重论文本身的质量和水平，只看重文章是否发表在CSSCI(中文社会科学引文索引)来源期刊。这样‘只认衣裳不认人’，催生了不少学术贿赂，甚至还造成一些骗子去办假‘C’刊。”②级别崇拜，太重“衣裳”，势必本末倒置，导致学术评价的乱象丛生。其实，学术期刊的权威性，不是强制性的权力赋予的，不在于刊物的

---

① 徐岱：《超越平庸：论美学的人文诉求》，《杭州师范大学学报》2012年第4期。

② 余三定：《做学问莫买椟还珠》，《人民日报》2013年4月16日。

行政级别，不在于是国家一级学会或者国家重点大学主办，更不在于被哪家评价机构定为“顶级期刊”“权威期刊”“核心期刊”。学术期刊的权威性，关键体现在论文的学术质量、学术创新等方面的突出表现而得到学术共同体的普遍认可。

三是引领学者坐得住冷板凳，潜心写出精品力作。以本届获奖论文为例，许章润《汉语法学论纲——关于中国文明法律智慧的知识学、价值论和风格美学》，从中国文化命意的深度和高度，以学术的敏锐和严谨，挖掘了中国古代传统法律文明背后的价值思想脉络，系统地展示了这一法律文明的思想形式、理论体系、知识体系和风格美学，并进而探讨与现代法学的转轨对接途径。全文共计 12 万字，在 1949 年后的学术期刊界一次性发表如此长文尚属首例。该文一经发表，即在学术界引起广泛的关注和讨论。关于 Being 的中译，是我国哲学界多年来一个聚讼纷纭的难题。王路《Being 的翻译》是解决这一难题的一个尝试。论文对以往的两种翻译实践做了凝练的总结，并从词性和词义的角度讨论了两种译法的差异。作者赞同“一是到底”的译法，不仅有力地阐释了语言学和哲学的理由，而且也给出了具体的翻译范例。这篇论文论证精细，却题旨宏大，启发人们思考的不是单纯的哲学语境中的一个词语翻译问题，而是一个跨语种实践问题。1962 年的中印边界战争具有更深远和更复杂的国际背景，其中印度的原宗主国英国也是一个重要因素。孟庆龙《中印边界冲突中的英国因素》，利用解密的英国外交档案，对英国在战争期间和前后的相关外交政策及其考虑做了有理有据的论述，史料基础坚实，论证审慎精细，结论合理有度，学术价值与现实意义兼具，堪称一项高水平的专题研究。辛德勇《汉武帝晚年政治取向与司马光的重构》，挑战的是日本学者市村瓒次郎（1930 年代）和中国学者唐长孺、田余庆（1980 年代）持有的权威观点，即汉武帝晚年治国路线经历从穷兵黩武转向“守文”的重大转变。作者认为，首先从史源学角度论证，见于《汉书 · 西域传》记载的所谓“轮台诏”，只是一种调整对外作战策略的权宜之计，而不是从根本上转变汉廷的政治路线。其次，市村瓒次郎、唐长孺、田余庆诸人主要依据的史料是《资治通鉴》，而《资治通鉴》相关记载不见于《史记》《汉书》等汉代基本史籍，而是出自南朝刘宋时期王俭著的小说《汉武故事》,完全不可信据。最后,司马光肆意取舍《汉武故事》中的某些记载,是刻意构建符合其政治需要的汉武帝形象,其目的是借古喻今,来证释和阐扬他的政治主张,尤其是针对王安石一派与其直接对立的施治方针。文章洋洋洒洒8万余字,300余条注释,旁征博引,锐见迭出,展示了作者文献学的深厚功底和不凡见识。

在学术风气日益浮躁的当下,阅读这些获奖论文,不免使人心中流出一股暖意,有对学问与审美的双重的尊敬。“板凳须坐十年冷,文章不写半句空”,这应该是学者的追求,也是编者的期盼。

总之,“百盛—清华学报优秀论文奖”有助于挤破学术泡沫,扭转学术粗制滥造之风;有助于打破“核心期刊”的神话和迷信,让学术回归正途;有助于破除学术的论资排辈,促进青年才俊的成长。衷心希望《清华大学学报》把握方向,超越平庸,引领学术,在清华文科从重建到繁荣再到产生影响力的重要过程中,发挥更大作用!

原载于《云梦学刊》2015年第4期

学术批评的维度

近年来学术生产的上、中、下游都出现了种种弊端，其中学术批评的弱化，可以说是主要问题之一。学科之间缺少学术争鸣，同行之间缺少学术批评，你好我好大家好。学术会议奉承“权威”、专家的声音多，敢于说真话直面批评的声音少。学术期刊自说自话的文章多，质疑批评的文章少。之所以出现如此局面，究其原因，“在学人方面，除了缺乏明锐的批判眼光和强劲的批判能力外，更重要的原因还在于畏首畏尾——怕惹麻烦，怕得罪人，怕冒犯权威，怕触怒强权。一句话，怕得不到种种实惠，反而招来一大堆祸患”①。在期刊方面，主编怕冒风险，怕得罪权势，怕树“敌”过多，怕给领导添乱，怕承担责任，导致学术批评的勇气不足，更别提批评的公正性、正义感、使命意识。面对权力关系、利益关系、利害关系、人情关系，批评之刀缺少了锋芒，批评的功能就大大打了折扣，也就成为一种自我阉割。

随着国内政治气候的或冷或热，中国文艺界出现了一个更加温和的批评术语——评论，甚至后来居上，已经基本替代了哲学层面的“批评”。20世纪90年代以来，由于消费文化的侵入，阿谀奉承的“评论”开始大行其道。“评论毫无批判精神可言，跪倒在拜金主义的裙下。没有非难，没有指责，没有吹毛求疵，文艺

① 李醒民：《批判是学术的生命》，《中国社会科学报》2011年6月28日。

就没有危机感。当文艺批评成为作家、作品的吹鼓手和抬轿夫，成为金钱的奴仆，死亡的就不仅仅是批评本身，它与文艺作品一起走进了坟墓。”①

批评是学术的生命，是学术进步的必由之路。离开了学术批评，学术期刊、学术评价就潜在着走向腐败；离开了学术批评，学术生产、学术共同体也就有自我塌陷的危险。学术批评大致应包括两个方面：首先是对学术不端、学术腐败行为的揭露、谴责和鞭挞，以维护学术尊严，净化学术生态。其次是对学术“问题”本身展开的辨伪、驳疑、商榷、对话等，以达至真理的发生。知识在争论中丰富，真理在批评中彰显。雅斯贝尔斯曾经说过：“对话便是真理的敞亮和思想本身的实现。”②所以，没有质疑性的批评，就没有真理的发现。学术批评从本质上讲是对学术成果的研究和评价，“在其出发点上应当是一种所谓的‘无罪推断’，而不是‘有罪推断’，即首先是努力探寻被批评对象的合理之处，进而在探索的过程中发现其不合理之处，并对其展开批评”③。学术批评必须从事实出发，不虚美，不苛责，坦诚公允。学术批评不能避重就轻，更不能避实就虚，无论是“隔靴搔痒”之“赞”，还是“借题发挥”之“骂”，都不是正常的学术批评。“学术批评应该坚持‘五个提倡’：提倡使用指名道姓，这样既是对被批评者的尊重，也是批评者磊落的表示；提倡就事论事，反对上纲上线；提倡彼此尊重，反对相互诋毁；提倡理性态度，反对感情用事；提倡以理服人，反对以势压人。”④

学术批评需要宽松、宽容的社会环境和学术氛围，正如法国著名剧作家博马舍所说“若批评不自由，则赞美无意义”。批评好比一只啄木鸟，不是为了把树击倒，而是为了让它长得更直。思想是文明的先锋，创新是时代的足迹。一个社会愈宽松，迸发的新思想就愈多；一个社会愈宽容，包容的新学术就愈多！当然，批评是一把双刃剑，当它的张力突破一定的界限，它就会展示出有害的一面。因此，

① 丁帆：《中国当代文艺批评生态及批评观念与方法考释》，《文艺研究》2015年第10期。
② 雅斯贝尔斯：《什么是教育》，三联书店1991年版，第12页。
③ 孙正聿：《学术批评与学术繁荣》，《光明日报》2007年7月24日。
④ 何中华：《当前学术批评亟待解决的几个问题》，《北京日报》2012年7月16日。

我们在行使批评权利的同时,必须时刻提防批评被滥用的危险。

原载于《云梦学刊》2016年第4期

桃李不言自成行

感谢复旦大学哲学学院的邀请，使我能以一个期刊界老兵的身份出席今天的学术研讨会暨“黄颂杰教授从教55周年恳谈会”。我们大家来自不同的地方，彼此的年龄、学历不同，职业或者职务也不同，但我们拥有相同的心愿，就是真诚祝福黄颂杰教授健康长寿、开心快乐！我们拥有同一个梦想，就是衷心希望黄颂杰教授宝刀不老、青春常在！

我毕业于复旦大学，是那种没有多大出息的学生。特别强调，这和黄颂杰教授没有一点关系，我学历史，他教哲学。他虽然没有教过我，但我一直把他当作亲老师。我与《复旦学报》主编汪涌豪教授可以称兄道弟，却在黄老师面前不敢造次。他比较正经，世人多浮躁，他却能依然保持书生文人的本色，更有一份守住书桌、守住宁静、守住文化传统的操守，令人肃然起敬！我在《新华文摘》供职27年，黄老师任《复旦学报》主编17年，在相当长的一段时间内，我们做着同样的工作，面临着同样的挑战，怀揣着同样的焦虑。因此，我们一起探讨问题，交换观点，交流经验，由相识到相知。虽然在会议上经常见面，但一直保持舒适距离，属于那种君子之交淡如水的关系。我没有请黄老师吃过一顿饭，作为学生来说，颇感惭愧！

黄颂杰教授1938年出生，上海市人，1965年复旦大学哲学系研究生毕业。1965—1968年任复旦大学哲学系教师，1968—1975年在西北大学从事国际问题研究，1975年起一直在复旦大学哲学系任讲师、副教授、教授。1986—1995年曾任复旦大学哲学系副主任、主任。1988年、1998年、1999年、2001年先后赴美国、英国、加拿大、意大利进行学术访问,任美国俄亥俄大学访问教授,英国利兹大学访问研究员。黄颂杰教授长期从事西方哲学教学与科研,发表论著(合作)百万余字、译著百万余字。其主要成果有:论著《欧洲哲学史讲话》《西方哲学史》《萨特其人及其"人学"》《当代西方学术思潮》《西方哲学多维透视》《古希腊哲学》等,译著《弗洛姆著作精选》《新哲学词典》《二十世纪欧洲大陆哲学经典文本》《哈佛教学用书哲学译丛》等;发表在《中国社会科学》《哲学研究》《哲学动态》《复旦学报》《学术月刊》《文汇报》《中国教育报》等核心报刊上的学术论文百余篇;参与《中国大百科全书哲学卷》《辞海》《哲学大辞典》等大型辞书编著撰写和修改定稿工作,任《哲学大辞典》常务编委、《外国哲学辞典》副主编、《辞海》和《大辞海》外国哲学分科主编;多次承担并完成国家级、教育部和上海市哲学社会科学科研项目。1986年、1994年、2002年、2004年先后获上海市哲学社会科学优秀论文、著作奖。曾任中华外国哲学史学会理事、中国现代外国哲学学会理事、上海市哲学学会理事、全国高校学报研究会副理事长,为享受国务院特殊津贴专家。1986年起迄今指导硕士生24余名,1993年经国务院学位办审批为博士生导师,迄今指导博士生36名,培养了一代又一代黄门弟子与再传弟子,可谓"桃李不言,下自成蹊"。或许不久他会告别三尺讲台,但他的学术生命不会终结,可以借助于弟子们的成长和代际传递而继续延续。

黄颂杰教授是一位温文儒雅的长辈学者,但我愿意把他看成一个"两栖人"。一面当博导,一面任主编,水陆两栖,游刃有余;或者说两个基本点,两手都要抓,两手都要硬。我更想把他称为"高级厨师",他曾经有个形象的比喻:编者是做饭的,作者是提供大米原料的,读者是吃饭的。没有编者,大米原料不会自动变成饭;但是,"巧妇难为无米之炊",没有作者,编者再强再能干也是做不出好饭的;没有读者,饭做得再好,也是白做。这三者应该是相辅相成、互动互助的关系。话说得很通俗,但却很透彻。一个哲学家改行研究做饭了,那真的是件可怕的事,十分庆幸黄教授不是我的同事,否则我就没有活路了。

因为做了主编，黄老师成了社会活动家，出入于高等学府，游走于会议论坛，与专家学者约稿，与青年才俊对话，“投我以木桃，报之以琼瑶”。因为做了主编，黄老师开始研究学术期刊，撰写了《学术期刊与学术事业共生共存》《办刊境况与学术期刊发展的问题与思考》《学术期刊改革的变与不变之辩》《从现代化视阈创新人文社科学术期刊》等力作，产生了不小的影响，受到了学术期刊界同行的尊重。他能放下哲学家的架子，与学术期刊界的朋友们打成一片，以诚相见，也印证了那句流行歌词“千里难寻是朋友，朋友多了路好走”。因为做了主编，黄老师殚精竭虑地打造《复旦学报》的核心竞争力。一是确定特色栏目，约请名家撰稿，办出复旦特色，体现中国水平；二是较早在全国高校文科学报中设立栏目主持人制度，依托知名学者，保证专栏稿源的学术质量，提升学报的知名度和影响力；三是首家推出英文版的高校文科学报，不但引进了国外的学术成果，而且把本土学者的研究成果也传播出去；四是出版《光华文存：〈复旦学报〉复刊 30 周年论文精选》5 卷本，昌明传统学术，锻铸人文新知；五是举办多次学术讲座和学术会议，扩大了《复旦学报》的美誉度。山东大学教授王学典认为：一本刊物的影响力取决于该杂志锻造的公共学术话题的能力——提出的话题越多，覆盖面越广，敏感度越高，影响力可能就越大。不忘初心，牢记使命。正是基于黄颂杰主编的不懈努力，《复旦学报》2004 年首批入选教育部高校哲学社会科学“名刊工程”，2006 年获“全国社科学报名刊”称号，2009 年荣获“新中国 60 年有影响力的期刊”，为“华东地区优秀期刊”“上海市最佳学报”。2012 年首批获得国家社科基金学术期刊资助，为以后《复旦学报》的健康、快速发展，打下了坚实的基础。我以为，坐冷板凳并不难，难的是还能著作等身；笑傲江湖并不难，难的是还能全身而退。而这两点，黄老师恰恰都做到了，所以他不是一般人是二般人，值得我们大家点赞！值此研讨会之际，赋诗一首，向黄颂杰教授致敬：

江涵秋影雁南飞，旧友门生聚重阳。

六十教研八十翁，桃李不言自成行。

谦逊为人恭敬让，提携后学思见贤。

花甲编刊做嫁妆，老夫聊发少年狂。

夕阳洒落，江湖已远，转身处青山遮红颜。黄颂杰教授从此可以，乘桴浮于海，海上有歌声。

原载于《学术评论》2018 年第 4 期

后 记

这本文集分上、中、下三编，共收录35篇文章，绝大多数是近10年来（2011—2020）发表的学术研究成果。虽无抉隐索微、剀切敷陈，但也雪泥鸿爪、点点印痕。编这本文集，给了我一个回过头来重新审视自己这几年走过的路的机会，是总结，更是自省。不以物喜，不以己悲，不会苟且，继续前行。心若年轻，则岁月不老。

上编学术期刊收录10篇论文，围绕学术期刊存在问题、使命职责、媒体融合、发展对策等做了比较深入的思考和研究。《中国学术期刊的发展现状与需要解决的问题》，发表在《清华大学学报》2006年第2期。之所以收录这篇早期的文章，有三层含义：其一，这是我研究人文社科学术期刊的发轫之作，有纪念意义；其二，那两年我黄杨厄闰、如履薄冰，这篇文章是仲伟民主编逼出来的，有朋友情谊；其三，这篇文章已下载1700多次，被引近130次，引起学术期刊同行们的高度关注，令人欣慰。

中编学术创新收录11篇论文，涉及学术创新、学术评价、青年发展、人工智能与数字人文等多个新兴领域。撰写这些文章，最初并没有什么系统规划，有的属于兴之所至，如《学术创新的几个问题》《学术评价存在的问题、成因及其治理》《人工智能驱动的人文社会科学研究转型》；有的属于机缘巧合，如《中国崛起与“中国学”的本土化》《数字人文的价值与悖论》和《中巴经济走廊建设成果、风险与对策》；有的属于误打误撞，如《互联网驱动的青年与社会变革》《新媒体时代青年发展面临的机遇与挑战》《人工智能：人类命运的天使抑或魔鬼——兼论新技术与青年发展》。《中巴经济走廊建设成果、风险与对策》是应邀为深圳大学“一带一路”国际合作发展研究院与巴基斯坦方面举办的国际学术会议而撰写的，论文如期完成，但会议却因安全风险而取消，可谓失之东隅，收之桑榆。2016 年 6 月底，应邀出席上海青年研究中心、《青年学报》编辑部主办的“青年研究：新视野、新问题和新方法”研讨会。会议期间，一不留神答应写篇青年问题研究的文章。回京之后颇为后悔，叹自己还是太年轻，不知深浅。但君子一言驷马难追，只能在书与论文中寻找力量，熬过漫漫长夜。不过青年问题、互联网、新媒体这些内容，对于我这个年龄的人来说，就跟午觉做的半截子梦似的，不明不白。无奈只好求助于从事新闻工作的“80 后”儿子，反哺新知识，讨论新方法，研究新问题，这才有了爷俩合作的第一篇论文《互联网驱动的青年与社会变革》。好在这篇文章发表之后，人大书报资料中心的《青少年导刊》全文转载，上海交大出版社出版的《青年研究：新视野、新问题和新方法》全文收录，河北团省委邀请我去做了一场讲座，引起了一些关注，取得了一些反响。此后，我们又合作撰写了《新媒体时代青年发展面临的机遇与挑战》与《人工智能：人类命运的天使抑或魔鬼——兼论新技术与青年发展》。文集收录的这三篇文章第二作者是张路曦，他在论文资料收集、青年现象分析与新媒体研究方面做出了诸多努力，特此说明。

下编学术随笔共收录 14 篇短文，为序言、书评、随笔、评论等形式的短文，透过这扇窗口可以感悟时代的变迁与期刊的改革，也客观反映了我的关注热点、人文情怀与书生本色。不都是软软的无奈，也有寄托的潜流。我很喜欢学术随笔这类体裁，灵活多样，不拘一格，或评述研究成果，或发表学术观点，或嘲讽浮躁学风，或批评学术平庸，百家争鸣，百花齐放，既要思想，又讲文采，还要穿越视见，看出辽阔，这很难。然短文式微，长文泛滥，而疑思四起，乃必然之事。都说是学术评价惹的祸，恐不全面。

文集中的多数文章属于跨界研究，初衷在于关注学术前沿，把脉时代脉动，突出问题意识，探索求解途径。然我才疏学浅，又没见过世面，所以做学问依然是一瓶子不满半瓶子晃荡，欲望依稀尚存，烦忧依旧满地。好在还有一帮三观一致、酒风相似朋友的关爱，看书、听雨，抑或是晒晒太阳，都是一种享受！感谢刘泽生、仲伟民、朱剑、原祖杰、王刘纯、张前进、余三定、武卫华、姚申、高自龙、赵有光、周晓燕、卫玲、李孝弟、陶一桃、刘学东、刘宏森、戴婕、张莉、陈志雄、桑海等各位朋友的约稿、催稿与长期支持。感谢杨玉圣、刘泽生教授的动员与鼓励，才使我有底气将散落的文章编辑成册。见字如面，青山不改，绿水长流！在拙作出版之际，向各位致以崇高的敬意！

张耀铭

写于2021年5月30日